中国语言文学文库·荣休文库

吴承学 彭玉平 主编

沁庐岭南文史汇稿

杨 权 著

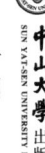

中山大学出版社
·广州·

版权所有　翻印必究

图书在版编目（CIP）数据

沁庐岭南文史汇稿/杨权著. ——广州：中山大学出版社，2025.6. ——（中国语言文学文库/吴承学，彭玉平主编）. ——ISBN 978-7-306-08418-7

Ⅰ. K296.5-53

中国国家版本馆 CIP 数据核字第 2025KP7493 号

QINLU LINGNAN WENSHI HUIGAO

出　版　人：	王天琪
策划编辑：	嵇春霞
责任编辑：	王延红
封面设计：	曾　斌
责任校对：	邓诗漫
责任技编：	靳晓虹

出版发行：中山大学出版社

电　　话：编辑部 020-84111901，84113349，84111997，84110779，84110776
　　　　　　发行部 020-84111998，84111981，84111160

地　　址：广州市新港西路 135 号

邮　　编：510275　　传　　真：020-84036565

网　　址：http://www.zsup.com.cn　E-mail: zdcbs@mail.sysu.edu.cn

印　刷　者：佛山市浩文彩色印刷有限公司

规　　格：787mm×1092mm　1/16　28.75 印张　516 千字

版次印次：2025 年 6 月第 1 版　2025 年 6 月第 1 次印刷

定　　价：88.00 元

如发现本书因印装质量影响阅读，请与出版社发行部联系调换

中国语言文学文库

主　编　吴承学　彭玉平

编　委（按姓氏笔画排序）

　　　　王　铮　王霄冰　张　均

　　　　陈伟武　陈斯鹏　吴承学

　　　　范常喜　范　劲　郭丽娜

　　　　黄仕忠　彭玉平　谢有顺

　　　　程相占

总　序

吴承学　彭玉平

中山大学建校将近百年了。1924年，孙中山先生在万方多难之际，手创国立广东大学。先生逝世后，学校于1926年定名为国立中山大学。虽然中山大学并不是国内建校历史最长的大学，且僻于岭南一地，但是，她的建立与中国现代政治、文化、教育关系之密切，却罕有其匹。缘于此，也成就了独具一格的中山大学人文学科。

人文学科传承着人类的精神与文化，其重要性已超越学术本身。在中国大学的人文学科中，中国语言文学学科的设置更具普遍性。一所没有中文系的综合性大学是不完整的，也几乎是不可想象的。在文、理、医、工诸多学科中，中文学科特色显著，它集中表现了中国本土语言文化、文学艺术之精神。著名学者饶宗颐先生曾认为，语言、文学是所有学术研究的重要基础，"一切之学必以文学植基，否则难以致弘深而通要眇"。文学当然强调思维的逻辑性，但更强调感受力、想象力、创造力和语言表达能力。有了文学基础，才可能做好其他学问，并达到"致弘深而通要眇"之境界。而中文学科更是中国人治学的基础，它既是中国文化根基的重要组成部分，也是中国文明与世界文明的一个关键交集点。

中文系与中山大学同时诞生，是中山大学历史最悠久的学科之一。近百年中，中文系随中山大学走过艰辛困顿、辗转迁徙之途。始驻广州文明路，不久即迁广州石牌地区；抗日战争中历经三迁，初迁云南澄江，再迁粤北坪石，又迁粤东梅州等地；1952年全国高校院系调整，始定址于珠江之畔的康乐园。古人说："艰难困苦，玉汝于成。"对于中山大学中文系来说，亦是如此。百年来，中文系多番流播迁徙。其间，历经学科的离合、人物的散聚，中文系之发展跌宕起伏、曲折逶迤，终如珠江之水，浩浩荡荡，奔流入海。

康乐园与康乐村相邻。南朝大诗人谢灵运，世称"康乐公"，曾流寓广州，并终于此。有人认为，康乐园、康乐村或与谢灵运（康乐）有关。这也许只是一个美丽的传说。不过，康乐园的确洋溢着浓郁的人文气息与诗情画意。但对于人文学科而言，光有诗情是远远不够的，更重要的是必须具有严谨的学术研究精神与深厚的学术积淀。一个好的学科当然应该有优秀的学术传统。那么，中山大学中文系的学术传统是什么？一两句话显然难以概括。若勉强要一言以蔽之，则非中山大学校训莫属。1924 年，孙中山先生在国立广东大学成立典礼上亲笔题写"博学、审问、慎思、明辨、笃行"十字校训。该校训至今不但巍然矗立在中山大学校园，而且深深镌刻于中山大学师生的心中。"博学、审问、慎思、明辨、笃行"是孙中山先生对中山大学师生的期许，也是中文系百年来孜孜以求、代代传承的学术传统。

一个传承百年的中文学科，必有其深厚的学术积淀，有学殖深厚、个性突出的著名教授令人仰望，有数不清的名人逸事口耳相传。百年来，中山大学中文学科名师荟萃，他们的优秀品格和学术造诣熏陶了无数学者与学子。先后在此任教的杰出学者，早年有傅斯年、鲁迅、郭沫若、郁达夫、顾颉刚、钟敬文、赵元任、罗常培、黄际遇、俞平伯、陆侃如、冯沅君、王力、岑麒祥等，晚近有容庚、商承祚、詹安泰、方孝岳、董每戡、王季思、冼玉清、黄海章、楼栖、高华年、叶启芳、潘允中、黄家教、卢叔度、邱世友、陈则光、吴宏聪、陆一帆、李新魁等。此外，还有一批仍然健在的著名学者。每当我们提到中山大学中文学科，首先想到的就是这些著名学者的精神风采及其学术成就。他们既给我们带来光荣，也是一座座令人仰止的高山。

学者的精神风采与生命价值，主要是通过其著述来体现的。正如司马迁在《史记·孔子世家》中谈到孔子时所说的："余读孔氏书，想见其为人。"真正的学者都有名山事业的追求。曹丕《典论·论文》说："盖文章，经国之大业，不朽之盛事。年寿有时而尽，荣乐止乎其身，二者必至之常期，未若文章之无穷。是以古之作者，寄身于翰墨，见意于篇籍，不假良史之辞，不托飞驰之势，而声名自传于后。"真正的学者所追求的是不朽之事业，而非一时之功名利禄。一个优秀学者的学术生命远远超越其自然生命，而一个优秀学科学术传统的积聚传承更具有"声名自传于后"的强大生命力。

为了传承和弘扬本学科的优秀学术传统，从 2017 年开始，中文系便组织编纂中山大学"中国语言文学文库"。本文库共分三个系列，即"中国语言文学文库·典藏文库""中国语言文学文库·学人文库"和"中国语言文学文库·荣休文库"。其中，"典藏文库"主要重版或者重新选编整理出版有较高学术水平并已产生较大影响的著作，"学人文库"主要出版有较高学术水平的原创性著作,"荣休文库"则出版近年退休教师的自选集。在这三个系列中,"学人文库""荣休文库"的撰述,均遵现行的学术规范与出版规范;而"典藏文库"以尊重历史和作者为原则,对已故作者的著作,除了改正错误之外,尽量保持原貌。

一年四季满目苍翠的康乐园,芳草迷离,群木竞秀。其中,尤以百年樟树最为引人注目。放眼望去,巨大树干褐黑纵裂,长满绿茸茸的附生植物。树冠蔽日,浓荫满地。冬去春来,墨绿色的叶子飘落了,又代之以郁葱青翠的新叶。铁黑树干衬托着嫩绿枝叶,古老沧桑与蓬勃生机兼容一体。在我们的心目中,这似乎也是中山大学这所百年老校和中文这个百年学科的象征。

我们希望以这套文库致敬前辈。

我们希望以这套文库激励当下。

我们希望以这套文库寄望未来。

2018 年 10 月 18 日

吴承学:中山大学中文系学术委员会主任、教授
彭玉平:中山大学中文系系主任、教授

目 录

上 编

诗派标准与"岭南诗派" ………………………………………………… 2

岭南诗歌文献整理与《全粤诗》编纂 …………………………………… 20

发潜德之幽光
　　——在钦州市"纪念冯敏昌诞辰270周年文化学术研讨会"上的主题
　　发言 ……………………………………………………………………… 38

张其淦与《东莞诗录》 …………………………………………………… 46

张其淦对东莞张氏家族文献的整理 ……………………………………… 63

王弘诲与利玛窦进京 ……………………………………………………… 69

"郦学"因缘
　　——吴天任及其《杨惺吾先生年谱》 ……………………………… 80

吴天任撰著的两位梁氏年谱 ……………………………………………… 88

变鲁犹思木铎传
　　——在"纪念莫仲予先生诞辰一百周年学术座谈会"上的发言 …… 99

下 编

清初岭南禅史研究与佛教文献整理 ……………………………………… 104

岭南因缘：虞山本《憨山大师梦游全集》的编纂 ……………………… 131

《广东释道著述考》与海云派佛教文献研究……145

精神领袖，遗民所崇
　　——天然函昰评传一……153

法门砥柱，壁立千仞
　　——天然函昰评传二……169

风雅大家，缁素共尊
　　——天然函昰评传三……193

遗民僧函可"私携逆书"案述析……215

"僧其貌"而不"僧其心"
　　——论屈大均的失路逃禅与归儒辟佛……226

屈大均之名本为法名……247

清初丹霞遗民舍山缘起……259

澹归今释传略……275

《澹归日记》的文本问题……292

今无、今释交往事辑……315

成鹫及其《咸陟堂集》……365

成鹫"通海"辨……375

成鹫与海云派的关系……384

华林伦序之诤……406

广州华林寺塔瘗舍利来历考……411

从西来庵到华林寺
　　——《华林寺开山碑记》与"西来初地"历史的还原……426

灵鹫山四题……437

后　记……449

上编

诗派标准与"岭南诗派"

作为诗歌创作流派的岭南诗派是否存在，这是一个有争议的问题。早在上世纪 80 年代，著名文学史家王季思就曾在《诗词》杂志上撰文，呼吁"振兴岭南诗派"①，在他看来，岭南诗派的存在是不易的事实。近年来，岭南文学史家与古典文献学者陈永正先生对岭南诗坛的历史状况做了很认真的考析，其《岭南诗派略论》②一文，对岭南诗派的发展与演变情况，以及历代评家对它的论评，都有系统的勾勒。其后，他又在专著《岭南诗歌研究》③中立专章探讨了此诗派的发展线索和基本特点。刘世南也在其力作《清诗流派史》中开辟了记述岭南诗派的专章，他说："岭南诗派的名称，由来已久。即以明末清初而论，它除了反映一种地方色彩……更主要的却因为它风格遒上，和当时的江左三大家完全不同。"④这种观点，得到若干学者的认同，例如郑礼炬先生在其论文《闽中诗派对明代翰林诗歌创作的影响》中谈到："元代末年以及明初的诗坛，出现了闽中派、越中派（包含在'浙东文派'中）、岭南派、吴中派、江右派（或称西江派）等五个以地域分野命名的创作群体。"⑤不过另一方面，也有学者对此问题有不同见解。比如，有人认为，广东诗歌虽然创作人数不少，也很活跃，但不能因此认为有一个岭南诗派存在，"因为这群人，共同的东西很少，基本都是个人写个人的，他们没有一个流派所具有的共同宗旨和追求，大家也不认同（其）作为一个文学共同体"⑥。这位先生主要观照的是现代诗坛，但也包含了他对古代、近代诗坛的看法。另外，笔者也在某一学术交流场合听到过以江西诗派为参照否定岭南诗派存在的议论。两种不同意见的碰撞，激发了笔者对此问题的兴趣。兹略陈管见。

---

① 王季思：《振兴岭南诗派的设想》，《诗词》1988 年第 2 期。
② 陈永正：《岭南诗派略论》，左鹏军编《岭南学》第 1 辑，中山大学出版社 2007 年版，第 1—6 页。
③ 陈永正：《岭南诗歌研究》，中山大学出版社 2008 年版。
④ 刘世南：《清诗流派史》，人民文学出版社 2004 年版，第 15 页。
⑤ 郑礼炬：《闽中诗派对明代翰林诗歌创作的影响》，《闽江师院学报》2007 年第 6 期。
⑥ 林贤治：《文化不要失去与这块土地的联系》，《新快报》2010 年 9 月 7 日。

一、诗派的标准

诚如孟子所言,"不以六律,不能正五音",要判断岭南诗派是否曾存在,首先需确定标准。

按《中国大百科全书·中国文学卷》对"文学流派"的阐释,文学流派是"文学发展过程中,一定历史时期内出现的一批作家,由于审美观点一致和创作风格类似,自觉或不自觉地形成的文学集团和派别,通常是有一定数量和代表人物的作家群"①。词条还进一步指出:"文学流派是在文学发展过程中自然形成的。从基本形态上看,大体有这样两种类型:一种是有明确的文学主张和组织形式的自觉集合体。这种流派,从作家主观方面来看,是由于政治倾向、美学观点和艺术趣味相同或相近而自觉结合起来的,具有明确的派别性。他们一般有一定的组织和结社名称,有共同的文学纲领,公开发表自己的文学主张,与观点不同的其它流派进行论战。但这些还只有文学集团的意义,只有进而在创作实践上形成了共同的鲜明特色,这才是严格意义上的文学流派。这种有组织、有纲领、有创作实践的作家集合体,是自觉的文学流派。……另一种类型是不完全具有甚至根本不具有明确的文学主张和组织形式,但在客观上由于创作风格相近而形成的派别。这种半自觉或不自觉的集合体,或者是因某一个作家的独特风格,吸引了一批模仿者和追随者,逐渐形成了一个有特定核心和共同风格的派别;或者仅仅是由于一定时期内的一些作家创作内容和表现方法相近、作品风格类似而被后人从实践和理论上加以总结,冠以一定的流派名称。"② 根据以上论述,可悉两种流派的区别,主要在有没有明确的组织形式与文学主张,或者说有没有显示出明确的派别性。但创作应有共同而鲜明的特色,这一点无论是"自觉的"、"半自觉的"还是"非自觉的"文学流派都应当具备。所谓"共同而鲜明的特色",是指在创作上具有特定的核心人物,创作内容相近、表现方法相近和作品风格类似。

由汪涌豪、骆玉明主编,陈广宏、郑利华、归青著的《中国诗学》第二卷,则从诗学的角度,对与诗歌流派相关的概念做了专门的辨析:"按照一般的理解,所谓流派是指那些因创作个性、作品风格相近而形成的作家群

---

① 《中国大百科全书·中国文学》,中国大百科全书出版社 1986 年版,第 952 页。
② 《中国大百科全书·中国文学》,中国大百科全书出版社 1986 年版,第 952 页。

体。这似乎应该是很明确的，但当我们联系到中国诗歌史时问题就复杂了。在中国诗学上固然有与上述理解完全一致的概念，如江西诗派、江湖诗派、公安派、竟陵派等，然而除此之外更多的是一些文学并称、诗体和社团的称谓。这些称谓与流派的概念是一种交叉的关系，它们相互间不能简单地划等号。"① "大多数的流派并没有什么明确的理论主张。这些诗派并不是诗派领袖主观追求的结果，而是诗人在创作过程中由于审美趣味相同，题材、风格相近而自发形成的，更确切地说是被人看作为一个流派的。"② 上面的论述和分析，揭示了诗歌流派的复杂性，这提醒我们，应从多个角度着眼观察，对具体问题作具体分析，而不能简单地拿它们与某些"典型的"或"成熟的"诗派来作比照。

综合上面的理论，我们归纳出诗派所应当具备的几项标准：（一）由一定数量的诗家组成，并有其代表人物；（二）以某种组织形式聚合在一起，并有明确、共同的诗学主张（此条标准仅为"自觉的"诗派所必备）；（三）彼此审美旨趣大体一致，诗风接近或类似；（四）在诗坛产生过重要影响，为当时或后代的评家所认可。这四条标准，是判定诗派能否成立的"公共标准"。特定时期的诗人群体，如果能同时满足上述四条标准，或者能满足第二条之外的其他标准，我们就有理由认为它是诗派，否则就不是。

二、对岭南诗坛的衡量

下面，让我们用上述标准来对岭南诗坛的历史状况做一番衡量与观照。

（一）创制之盛与诗家之众

岭南诗歌出现的时间甚为久远，但具有严格意义的岭南诗歌史，应当是从曲江张九龄开始的。这位被唐玄宗誉为"文场元帅"的一代诗宗，以其杰出的创作活动为岭南诗歌在诗坛争得一席之地，同时也开创了粤海的百代诗风。唐至五代，诗家邵谒、陈陶、孟宾于均有名于时。其后，随着本地区经济的逐渐发展以及与中原地区文化交流的日益密切，岭南的诗歌创作出现了新气象。两宋时期，先是余靖与张九龄相业与诗才前后辉映，紧接着崔与之、李昴英、葛长庚、区仕衡、赵必瑑相继而起，诗作力持气格，而济之以

---

① 汪涌豪、骆玉明主编：《中国诗学》，东方出版中心 1999 年版，第 2 卷，第 329 页。
② 汪涌豪、骆玉明主编：《中国诗学》，东方出版中心 1999 年版，第 2 卷，第 331 页。

葩华。元代，则有罗蒙正、黎伯元并称作手，作品调高字响，元气浑然。经过自唐以来数百年培育酝酿，岭南诗家到元末明初遂发展成为一股有影响的力量，而以群体形式崛起于诗坛，其标志是"南园五子"（亦称"前五先生"）孙蕡、王佐、赵介、李德、黄哲的出现。五子之中，以孙蕡最为出色，《粤东诗海·例言》有集中论述。温汝能称他"无所不学，而炉锤独运，自铸伟词，固卓然名家"①。另外的诗家亦都超群拔俗，为一时之杰。继"南园五子"之后，不凡诗家不断涌现，先是有陈献章、丘濬和黄佐。陈献章诗本性原情，自然超妙。丘濬诗矩度精严，深得风人之旨。黄佐诗体貌雄阔，思意深醇，有"吾粤之昌黎"之誉。在他们的引领下，岭南诗坛旗鼓振发，群英竞从。后来在陈献章门下出现了湛若水，在黄佐门下出现了"南园后五子"（亦称"后五先生"）欧大任、梁有誉、黎民表、吴旦、李时行。温汝能认为，后五子"才情笔力，足亚王、李而配四溟。梁兰汀习染稍重，然风流蕴藉，亦过徐、吴。李青霞冲和有味，惜稍庸。吴兰皋……以比肩青霞，当亦无愧色"。这些诗家在明中叶高张风雅，使岭南诗名远扬内地。降至明万历，岭南诗坛又出现了摆脱复古主义羁縻的新局，导其先路者是主张"力祛浮靡，还之风雅"的区大相，温汝能评曰："模范百家，陶镕万象，含华佩实，纯瑜无疵，必也其海目乎？"明末，粤东成为抗清的最后主战场，并因此产生了大批慷慨激昂的爱国诗人，如黎遂球、陈子壮、梁朝钟、陈邦彦、邝露、张穆、张家玉等等，他们的诗作激情喷薄，往往无意求工而自然法立，足以流传千古。其中以有"吾粤之太白"之称的黎遂球、"吾粤之少陵"之称的陈邦彦和有"吾粤之灵均"之称的邝露最为有名。黎遂球诗少负才名，其诗屈伸如意，灵光异彩，迷离满目。陈邦彦笔力老健，气啮长虹，"直摩少陵之垒而拔其帜"②。邝露诗品格高尚，古色璀璨。在上面这些代表性诗家的引领之下，有明一代，岭南地区的诗歌创作出现了前所未有的繁盛局面。清朝的温汝能在编《粤东诗海》时曾提到："自唐以诗取士，海内多事声律。五岭以南，作者奋兴，日月滋广，遂蔚为奇观。明区启图尝会萃诸集，编为《峤雅》，采择孔翠，芟简繁芜，自唐迄明，得五百余家，可谓盛矣！"③ 根据我们近年编纂《全粤诗》所进行的粗略统计，自秦至元末，有诗作流传的岭南诗人不到 200 家（包括有名字的与名字失传

---

① 温汝能：《粤东诗海·例言》，清嘉庆十八年文畲堂刊本。
② 温汝能：《粤东诗海·例言》，清嘉庆十八年文畲堂刊本。
③ 温汝能：《粤东诗海·例言》，清嘉庆十八年文畲堂刊本。

的）；而仅明代就有诗人2200余家。考虑到版籍散佚、资料匮缺等因素，实际参与过创作的明代诗人，当远远超过上述统计。诗人数字的大量增加，有力地反映了岭南诗人群在明代崛起的事实。岭南诗人的创作活动繁盛的直接结果，是产生了为数众多的诗歌作品。它们内容丰富，形式多样，蕴含了千百年的历史积淀，具有丰富而深厚的文化内涵，对研究本地区文学、政治、经济、哲学、经济、民生、宗教、风俗等，均有参考价值。

清代岭南诗坛也涌现了大批标志性诗家，其中名声最显赫者当数清初的"岭南三大家"屈大均、陈恭尹与梁佩兰。屈大均的诗雄奇高浑，慷慨超迈；陈恭尹的诗沉郁苍劲，精警隽永；梁佩兰的诗伉爽排宕，深稳雅健。三位都是具有全国性影响的大诗人，他们以高明超迈的作品，将岭南诗歌的创作水平推到了一个前所未有的高度，为岭南诗坛赢得了崇高声誉。他们的出现，标志着岭南诗人的创作水平与实力，已可与中原、江南颉颃。清初王隼编辑屈大均、陈恭尹、梁佩兰之诗，把书名定名为《岭南三大家诗录》，据邓之诚《清诗纪事初编》考证，王氏这么做，是隐以"岭南三家"来与"江左三家"相抗①。与"岭南三大家"差不多同时的名诗家，还有梁朝钟、黄公辅、郭之奇、程可则、方殿元等，以及以诗僧函昰、函可、成鹫等为首的一批禅门诗人。程可则诗声早擅海内，与王士禛等并称"海内八家"，名重一时。方殿元诗纯以神行，高蹈不凡，深远古澹。而成鹫之诗或意度闲雅，或郁律有神，被论者认为"本朝僧人鲜出其右者"②。此外，吴文炜之诗疏快清逸，王隼之诗宛曲典赡，易弘之诗苍凉深沉，均各擅胜场。到乾嘉时期，又有冯敏昌、黎简、宋湘、张锦芳、胡亦常、黄丹书、吕坚等并称名家。冯敏昌学识渊博，功力深厚，其诗意境阔大，气势宏伟，被认为是当时岭南骚坛的领袖。黎简与张锦芳、黄丹书、吕坚并称"岭南四子"，他的诗如玉梅拒霜，古香独绝，在诗界长有令誉。宋湘在其生活的当时有"岭南第一才子"之誉，被认为"粤诗自黎简、冯敏昌后，惟湘为巨擘"③。至嘉庆、道光年间，李黼平及"粤东三子"（谭敬昭、黄培芳、张维屏）相继而出，李黼平之诗沉凝奇警，谭敬昭之诗超脱浏亮，黄培芳之诗清微淡远，张维屏之诗一唱三叹。这些诗人，共同打开了岭南古代诗学向近代诗学转变的序幕。到近代之后，岭南诗歌又进入了新的繁荣期，诗坛以朱次琦、

---

① "江左三家"是指当时的江苏诗人钱谦益、吴伟业，安徽诗人龚鼎孳。
② 沈德潜：《清诗别裁集》，中华书局1975年版，下册，第586页。
③ 《清史列传》卷七十二，中华书局1987年版，第5978页。

康有为、黄遵宪、丘逢甲为领袖，而谭宗浚、潘飞声、丁惠康、梁启超、何藻翔、邓方羽、黄节等副翼之。由黄遵宪发其端而由梁启超倡其帜的"诗界革命"，更是在中国诗坛上掀起了一股变革巨浪。

根据上面对岭南诗史的简单回顾，可悉从元末明初开始，岭南诗人群便已经作为一股有影响的力量崛起，岭南诗歌创作出现了越来越繁盛的格局。从"面"的意义上来说，参与诗歌创作的诗人非常多，作品数量也非常大；从"点"的意义上来说，每一个重要时期，岭南诗坛都有其公认的领袖。这些事实说明，岭南明清时代的诗人群体符合诗派成立的第一项标准——"由一定数量的诗家组成，并有其代表人物"。

（二）诗歌社团与文学并称

岭南诗人群的崛起，与历史上各个时期诗人组织的建立有着密切的关系。岭南诗人结社，最早见于载籍者，是宋末赵必𤩪、李春叟、陈纪等人在东莞乡间建立的"吟社"。元末明初，孙蕡、王佐等人在广州南园抗风轩组结"南园诗社"，试图力矫元代诗歌创作的纤弱萎靡之风，这是岭南诗史最负盛名的诗社。明嘉靖年间，刑部主事王渐逵、祭酒伦以训在广州越秀山麓结"越山诗社"。明万历间，学士赵志皋谪官广州，于城西"开浮丘大社，与粤中士大夫赋诗"（屈大均《广东新语》卷五《三石》）①。稍后，郭棐与王学曾、陈堂、姚光洴、张廷臣、黄志尹、邓时雨、梁士楚、陈履、邓于蕃、袁昌祚、杨瑞云、黄鏊、陈大猷、金节、郭槃等16人又建"浮丘诗社"，以续南园。到明中叶，欧大任、梁有誉等人为了振拔"风雅中坠"的岭南诗坛，又续"五子"故事，重建南园诗社。梁有誉、黎民表、欧大任诸诗人还曾在广州城光孝寺的西廊组织"诃林净社"。明末天启年间，顺德人梁元柱复与陈子壮、黎遂球、赵焞夫、欧必元、李云龙、梁梦阳、戴柱、梁木公重辟"诃林净社"。黎遂球、陈子壮、陈子升、欧主遇、欧必元、区怀瑞、区怀年、黎邦瑊、黄圣年、黄季恒、徐棻、僧通岸等12人则复集南园，组成社团。黎遂球、陈子壮、陈子升、区怀瑞、区怀年、高赍明、黄圣年、梁佑逵、黎邦瑊、谢长文、曾道唯等还复结社于浮丘。明末广州尚有"芳草精舍诗社"，为崇祯末年广州诗人陈虬起与萧奕辅、梁佑逵、黎邦瑊、区怀年所建。陈子壮还曾在广州城北的兰湖边与同好结"兰湖诗社"，清人颜师孔曾有《兰湖诗社》诗记其事。清初王之蛟在其东皋别业聘屈大均、

---

① 欧初、王贵忱主编：《屈大均全集》，人民文学出版社1996年版，第4册，第162页。

陈恭尹、梁佩兰创"东皋诗社",后来在雍正、嘉庆年间,均有诗人再结社于此。清顺治年间,梁佩兰、陈恭尹、岑梵则、张穆、陈子升、王邦畿、梁连、何绛、梁观等诸人常集于高俨的西园旅舍唱和,后结为"西园诗社",参与雅集者尚有程可则、邝日晋、王鸣雷、彭钎、潘楳元、屈大均、王隼、梁无技及释达津、释愿光等人。"诸子吟社,初无定址,多集于西园丛桂坊六莹堂、梅花村等处。康熙乙卯后,则多集于新迁法性寺。"① 清顺治年间,光孝寺僧愿光与梁佩兰、周大樽诸人结社于诃林净社。此社自明中叶建立,在光孝寺存在了百年左右,影响仅次于南园诗社。梁佩兰与陈恭尹、陶璜、方殿元、吴文炜、黄河澂等也重建了兰湖诗社,称白莲诗社。清梁宪《花朝社集西禅寺》题注提到,康熙二十三年(1684),吴绮"集海内之词人于西禅寺,结'越台诗社',至期则宴叙分题"②。康熙二十九年(1690),岭南三家修复了浮丘诗社,屈大均曾有诗《修复浮丘诗社有作》。康熙三十五年(1696),黄登于广州东郊黄村辟"探梅诗社",延梁佩兰主持社事,于梅花开时约名流饮酒赋诗其下,诗人梁无技、僧成鹫等参与其事。康熙年间,诗人何执隐居于广州南塘小岛,开"湖心诗社",何栻曾有《湖心诗社》诗记其盛。雍乾年间,广州诗社如林,安徽望江人檀萃南游粤东,亲见岭南诗社之盛,曾在《楚庭稗珠录》卷四《粤琲上》中很有感触地说:"仆客粤三年,居羊城者久,见士大夫好为诗社,写之于花宫、佛院墙壁间皆满。其命题多新巧,为体多七律。每会计费数百金,以谢教于作诗者,第轻重之。流离之英俱得与,不具姓名,以别号为称,有月泉吟社之遗风。"③ 其中可述者有何梦瑶组织的"南香诗社"、潘正衡组织的"常荫轩诗社"。道光年间,谭莹、熊景星、徐荣、徐良琛等又重结"西园吟社",成员均为学海堂的学者。咸丰二年(1852),许祥光在广州太平沙结"袖海楼诗社"。稍后,沈世良、陈澧、谭莹等又在广州结"东堂吟社"。清末梁鼎芬、黄节等八人,则在广州组建了"南园后社"。陈永正指出:"通过雅集活动,诗人互相交流切磋,品评高下,并培育了一批青年诗人,如王隼、梁无技、陈阿平、周大樽、邓廷喆、徐璆、韩海以及女诗人王瑶湘等,都是在频繁的诗坛活动中成长起来的。还有一些外省入粤的诗人,也参与诗社的组织和活动,如越台诗社就是以'多风力、尚风节、饶风雅'著名的诗人吴绮所倡

---

① 吕永光:《梁佩兰年谱》,"康熙三年",未刊稿。
② 张其淦编:《东莞诗录》卷二二,民国十三年东官张氏寓园刊本。
③ 檀萃:《楚庭稗珠录》,广东人民出版社1982年版,第139—140页。

议的。赵执信、潘耒、严绳孙、周在浚、徐釚、张尚瑗等一大批游宦诗人，都加入诗社唱和，通过这些创作交流活动，岭南诗家逐渐为中原、江左人士所知，也提高了岭南诗派在全国诗坛中的地位。"①

除了诗歌社团之外，明清时期岭南诗坛还有某些诗家由于意趣相投而经常在一起切磋，又有某些诗人由于诗风接近、水平相当而常常被人相提并论，从而形成文学并称。有些文学并称与社团有关，例如"南园五子"（或称"南园派"）、"南园后五子"和"南园十二子"；有些则与社团无关，例如"陈庄体"（陈献章与庄定山），"岭南前三家"（邝露、黎遂球、陈邦彦），"海云诗群"（以释函昰为首的海云系众诗僧），"岭南三大家"（屈大均、陈恭尹、梁佩兰），"岭南四家"（黎简、吕坚、张锦芳、黄丹书），"近代岭南四家"（梁鼎芬、曾习经、罗惇曧、黄节）等等。这些文学并称，对岭南骚坛的振拔与粤海诗家的凸显，也起到了重要的作用。不过，这些诗歌社团与文学并称都属于松散的组合，并没有系统、成型的诗学理论或纲领主张，前后也不存在直接的继承关系，"派别性"不明确，因此不能被认为是"有明确的文学主张和组织形式的自觉集合体"。它们与流派的概念，只是交叉的关系。若拿第二项标准——"以某种组织形式聚合在一起，并有其明确的、共同的诗学主张"来比照，可以说基本不合。这就意味着，历史上的岭南诗人群体不是"自觉的"诗歌诗派，而只能算是"非自觉"或"半自觉"的诗歌诗派。

（三）审美旨趣与诗风特点

诗派成立的第三项标准为"彼此审美旨趣大体一致，诗风接近或类似"，以此来衡量明清时期的岭南诗坛，则基本相合。这一点，陈永正已在《岭南诗派论略》一文指出：岭南诗人群的诗歌创作，虽然历代有所发展变化，但是自明而至近代的六七百年间，他们在诗坛上均独树一帜，表现出明显不同于其他地区的独特风貌。陈先生归纳了近数百年来岭南诗坛的创作特色，为"标举唐音""诗风雄直""地方色彩鲜明""富于革新精神"与"善于向民歌学习"诸点，笔者基本赞同，并且认为前三点尤其值得重视。

首先说"标举唐音"。所谓"唐音"，向来是与"宋调"相对举，指以三唐为代表的诗歌创作风格。陈永正认为："历代的岭南诗人，多以唐诗为

---

① 陈永正：《广州历代诗社考略》，《羊城今古》1998年6月。

宗，不随风气转移。"① 这一判断符合历史实际；不过，考虑到历代岭南诗人标举三唐往往是与推崇汉魏结合在一起的，因此就审美旨趣而言，把近数百年来岭南的诗歌创作的第一个特色归纳为"法汉宗唐"，可能更为准确。元朝的罗蒙正，其诗元气浑然，向来被认为圭臬盛唐而上溯汉魏。明末薛始亨在为陈子升的《中洲草堂遗集》而作的序中写道："洪、永、成、弘迄于今，天下之诗数变矣，独吾粤犹奉先正典型。自孙典籍以降，代有哲匠，若黄文裕门下兰汀、瑶石、仑山诸公，暨李青霞、区海目，背项相望，其他未易枚举，彬彬乎曲江流风，于斯为盛。"② 清初诗坛大家屈大均曾说："吾粤诗始曲江，以正始元音，先开风气。千余年以来作者彬彬，家三唐而户汉魏，皆谨守曲江规矩，无敢以新声野体而伤大雅，与天下之为袁、徐，为钟、谭，为宋、元者俱变，故推诗风之正者，吾粤为先。"[《翁山文外》卷二《广东文选序（代）》]③ 又说："为古体者，以两汉为正朔；为今体者，以三唐为大宗。固广东诗之渊薮也。"(《翁山文钞》卷一《东莞诗集序》)④ 温汝能则在《粤东诗海·例言》中说，曲江之诗，"实为太白之先声，吾粤如白沙、海目、湛若、一灵、湟溱诸公，皆其嫡派"⑤。上述言论，反映出古代岭南诗家一向是以汉魏三唐为诗歌正音的，在他们看来，所谓的"新声野体"均有伤大雅，实不足法。清人韩海在《郭苾亭诗集序》中说："吾粤诗多以唐为宗，宋以下概束高阁。"在法汉宗唐这一点上，"远自南园五先生开其源，近则屈、梁、陈三大家树之帜。粤人士从之，翕然如水之赴壑"。浙人朱彝尊在《静志居诗话》卷三中也说，南园五先生"五古远师汉魏，近体亦不失唐音"，欧大任"近体羽翼盛唐"⑥。温汝能则在《粤东诗海·例言》说梁有誉"五古必师文选，今体必效盛唐，矩度有余，未极变化"。李时远也说黎民表的诗"和平典雅，渢渢乎盛唐遗响"⑦。"南园后五子"之后，区大相之作被认为"纯乎唐音"。至于黎遂球被目为"粤中李白"，陈邦彦被目为"粤中杜甫"，而由黎遂球引领的"南园十二子"，所力

---

① 陈永正：《岭南诗派略论》，左鹏军编《岭南学》第1辑，中山大学出版社2007年版，第3页。
② 陈子升：《中洲草堂遗集》，伍元薇辑《粤十三家集》，清道光二十年伍氏诗雪轩刻本。
③ 欧初、王贵忱主编：《屈大均全集》，人民文学出版社1996年版，第三册，第43页。
④ 欧初、王贵忱主编：《屈大均全集》，人民文学出版社1996年版，第三册，第279页。
⑤ 温汝能：《粤东诗海·例言》，清嘉庆十八年文畬堂刊本。
⑥ 朱彝尊：《静志居诗话》，人民文学出版社1990年版，第396页。
⑦ 《南园前五先生诗》，中山大学出版社1990年版，第174页。

为标榜的创作风格，亦不外汉唐。至于"岭南三大家"之宗唐，又是人所共知的事实。许多评家都提到，屈大均诗神似李白。潘耒《广东新语序》说："翁山之诗，祖灵均而宗太白，感物造端，比类托讽，大都妙于用虚。"① 谭献亦认为屈大均之诗"神似太白，不徒形似"②。周炳曾《翁山诗略序》则认为："翁山之诗兼李杜而有之，取材极博，镕铸以自成家。"③ 程秉钊《国朝名人集题词》以杜甫来比拟陈恭尹，说他的七言"不减工部"。彭士望也说："予故谓元孝，今之杜甫也。"④ 而王士禛《渔洋诗话》卷上也说陈恭尹之诗"清迥绝俗"，"得唐人三昧"。梁佩兰诗，亦被给他作序的王隼认为"决从汉魏入"⑤ 岭南法汉宗唐之风，一直被传承到近代，例如康有为曾这么自我表白："某经史学可谓前无古人，但作诗却未能忘情杜甫。"⑥ 汪辟疆亦指出，近代岭南诗家"或直溯杜公，得其沉郁之境；或旁参白傅，效其讽谕之体"⑦。

不过"法汉宗唐"只是岭南诗坛的主要历史风气，随着时代的发展，岭南的诗风亦发生变化。从清乾隆时代开始，随着岭南与江南、中原等地文化交流的密切，在岭外诗家的影响下，岭南的诗风也发生了嬗变。据李永新研究，在乾隆诗家罗天尺、何梦瑶等人那里，已有学步宋人的迹象；而在稍后的黎简、冯敏昌那里，宗宋的痕迹已相当明显。⑧ 张维屏《国朝诗人征略》初编卷四六认为黎简诗"由山谷入杜，而取炼于大谢，取劲于昌黎，取幽于长吉，取艳于玉溪，取瘦于东野，取僻于阆仙，锤焉凿焉，雕焉琢焉，于是成其为二樵之诗"⑨。张维屏并认为黎简所取法的诗家有唐有宋，但"锤焉凿焉，雕焉琢焉"是宋诗的典型特征。与黎简同时代的冯敏昌功力极深，《清史稿》列传二七二《文苑二》称其"悱恻之情，旷逸之抱，一寓于诗"⑩，说他也是由山谷、昌黎入手而上追正始，下宗李杜的。黎简、冯敏昌是岭南诗风嬗变的转折点，其后的诗家，如张维屏、宋湘、李黼平、

---

① 欧初、王贵忱主编：《屈大均全集》，人民文学出版社1996年版，第四册，第1页。
② 谭献：《复堂日记》，河北教育出版社2001年版，第91页。
③ 欧初、王贵忱主编：《屈大均全集》，人民文学出版社1996年版，第八册，第2126页。
④ 彭士望：《独漉堂集序》，陈恭尹《独漉堂集》，中山大学出版社1988年版，第2页。
⑤ 梁佩兰：《六莹堂集》，中山大学出版社1992年版，第8页。
⑥ 汪辟疆：《近代诗派与地域》，《汪辟疆文集》，上海古籍出版社1988年版，第315页。
⑦ 汪辟疆：《近代诗派与地域》，《汪辟疆文集》，上海古籍出版社1988年版，第315页。
⑧ 参李永新《略论岭南诗风之嬗变》，"岭南诗派"研讨会，2011年。
⑨ 张维屏：《国朝诗人征略》，中山大学出版社2004年版，第672页。
⑩ 《清史稿》，中华书局1998年版，第3431页。

朱次琦、康有为、黄遵宪、丘逢甲、丁惠康、梁启超等人，差不多都是唐宋兼宗的。汪辟疆就这么评论过黄遵宪："迹其所诣，颇欲兼太白、东坡之长。"①

其次说"诗风雄直"。所谓雄直，是指诗作气势雄伟，骨力遒上，不矫不媚，直抒胸臆。陈永正指出，诗风雄直是岭南诗歌区别于其他地区或流派的诗歌的主要特征之一，这是正确的。清人陆莹《问花楼诗话》卷三有言："国朝谈诗者，风格遒上推岭南。"②近人汪辟疆亦说："雄直二字，岭南派诗人当之无愧也。"③但我们应当注意到，岭南诗风的雄直，是与"法汉宗唐"的诗学旨趣紧密联系在一起的，因为雄直在本质上是对宋调所追求的艰涩的否定。洪亮吉《更生斋诗》卷二《道中无事偶作论诗截句二十首》曾谓岭南诗"尚得昔贤雄直气"④。洪氏所说的这种岭南诗歌的"雄直气"，从唐代就可以找到渊源。陈永正《岭南诗派略论》指出："邵谒诗的真朴与张九龄诗的雅正，成为岭南诗派两条艺术主线，一直影响着各代的诗人……岭南诗歌的'雄直'之气已露端倪。"⑤北宋余靖之诗沉郁峭健，清苍朴老。南宋的崔与之诗格调高华，刚健壮亮；同代的李昴英骨力遒劲，诗意深醇。元末明初的"南园五子"亦是雄直之气自然不掩。比如黄佐《广州人物志》就曾说孙蕡之诗"气象雄浑，兴喻深致"；而黄佐自己的诗也是汪洋恣肆，体貌雄阔，被人誉为"粤中昌黎"。他们的诗风，对"南园后五子"产生了直接的影响，"黎民表诗沉着清劲，欧大任诗气格沉雄，梁有誉诗意趣沉实，诗风亦有相类之处"⑥。至明末"广东三忠"——陈子壮、陈邦彦、张家玉，以及邝露、黎遂球、梁朝钟、黄公辅、郭之奇等人之作，亦多慷慨激越，悲壮沉郁。在清代，最能体现岭南雄直诗风的是"岭南三大家"。屈大均之诗，前期慷慨豪迈，后期苍凉深刻，蔚为骚坛正声。陈恭尹之诗，寄托遥深，多哀感苍凉之慨。梁佩兰之诗，虽稍逊于屈、陈，但亦俊健而有直致。岭南雄直诗风，经过他们的倡导，在清代为不少主流诗人所继承，例如宋湘之诗，便雄浑奔放，峻爽豪健，被认为是岭南"雄直"诗风的代表作

---

① 汪辟疆：《近代诗派与地域》，《汪辟疆文集》，上海古籍出版社1988年版，第316页。
② 郭绍虞编选：《清诗话续编》，上海古籍出版社1983年版，第2312页。
③ 汪辟疆：《近代诗派与地域》，《汪辟疆文集》，上海古籍出版社1988年版，第314页。
④ 洪亮吉：《洪北江先生遗集》，清光绪授经堂刻本。
⑤ 陈永正：《岭南诗歌研究》，中山大学出版社2008年版，第26页。
⑥ 陈永正：《岭南诗派略论》，左鹏军编《岭南学》第1辑，中山大学出版社2007年版，第1-6页。

品。雄直诗风在岭南的长久保持，与广东为大海与南岭所隔阻而自成一统的独特地理环境关系密切，汪辟疆先生说"岭南振雄奇之逸响，西蜀泻青碧之灵芬，并能本其风土，播诸声诗"①，就是本此而言的。岭南诗风的雄直，与本地区从古形成的"忠贞而文明，不肯屈辱以阿世"②、"狎波涛，轻生死，嗜忠义若性命"③的独特民风，亦有密切关系，限于篇幅，此处不展开。

以上说岭南诗风雄直，只是就主流诗家的创作而言的。汪辟疆《近代诗派与地域》指出："顾岭南诗学，雄直之外，亦有清苍幽峭近于闽赣派者，如梁鼎芬之幽秀，罗惇曧之骏快，罗惇曼之简远，黄节之深婉，曾习经之浓至，潘博之清丽，黄孝觉之清警，则以久居京国，与闽赣派诗人投分较深，思深旨远，质有其文，与岭南派风格迥异其趣。"④

最后说"地方色彩鲜明"。作品的地方色彩，不仅是一个诗派所得以成立的重要因素，甚至是关键因素，这一点从历代诗歌流派的命名可获印证。在中国诗史上，固然有众多诗派是以诗歌的内容特点或艺术旨趣来命名的，如游仙诗派、玄言诗派、宫体诗派、新乐府诗派、讽喻诗派、江湖诗派、神韵派、格调派、性灵派、肌理派等等；但也有不少诗派是以地方区域来命名的，如吴越诗派、茶陵诗派、吴中诗派、公安派、虞山诗派、河溯诗派、浙西诗派、竟陵派、云间派等等，就连北宋后期那个以黄庭坚为代表而被认为最具典型意义的诗派——江西诗派也不例外。究其原因，就在于地域因素对诗派的形成具有重要意义。汪辟疆很早就注意到了这一点，他在《近代诗派与地域》中，按地域把近代诗家分为六派——湖湘派、赣闽派、河北派、江左派、岭南派和西蜀派，并一一阐述了之所以这样分的理由。他提出："民函五常之性，系水土之情，风俗因是而成，声音本之而异，则随地以系人，因人而系派，溯渊源于既往，昭轨辙于方来，庶无尤焉。"⑤ 这也就是说，一方水土养一方人，一方水土也孕一方诗。

中国地域辽阔，不同地区有不同的地貌、气候、风俗、习惯、语言、物产等，文化亦相互有别并各具特色。岭南北枕五岭，南濒大海，道路与内地阻隔，地方闭塞，如潘耒《广东新语序》所说："物产之瑰奇，风俗之推

---

① 汪辟疆：《近代诗派与地域》，《汪辟疆文集》，上海古籍出版社1988年版，第291页。
② 温汝能：《粤东诗海·序》，中山大学出版社1999年版。
③ 邓之诚：《清诗纪事初编》，上海古籍出版社1984年版，第302页。
④ 汪辟疆：《近代诗派与地域》，《汪辟疆文集》，上海古籍出版社1988年版，第317页。
⑤ 汪辟疆：《近代诗派与地域》，《汪辟疆文集》，上海古籍出版社1988年版，第292页。

迁，气候之参错，与中州绝异。"① 这种"绝异"于中州的自然环境、物产与气候，及其因此而形成的地方风俗，必然在岭南诗人的作品中有众多反映。清温汝能在《粤东文海·序》中说："粤东濒大海，宅南离，山禽水物，奇花异果，如荔枝、木棉、珊瑚、玳瑁、孔翠、仙蝶之属，莫不秉炎精，发奇采。而民生其间者，亦往往有瑰奇雄伟之气，蟠郁胸次，发于文章，吐芬扬烈。"② 这里说的是物产对地方文风的影响，诗文同理，诗风亦然。事实上，在岭南诗人的作品中，把罗浮山、西樵山、鼎湖山、丹霞山、梅岭、珠江、崖山、灵洲山、云门山、浮丘山、越秀山、南海神庙、花田、光孝寺、南华寺、飞来寺等这样的自然人文景观，以及英石、端砚、木棉、荔枝、龙眼、桄榔、素馨等这样的具有浓郁本地特色的物产，作为题咏对象的作品，可谓浩如烟海。已有论者注意到："在岭南诗歌中，有一些诗歌主题和意象，因其意义或其他特殊性，而在历代诗人的创作中不断重复出现。在这样同主题创作过程中，主题本身的文化和文学内涵亦得到不断的充实和拓展，就像接力赛一样，集数代人及时代之功而成为经典的命题，构成具有岭南特色的人文风景。"③ 这种经典命题，可以"岭南第一山"——罗浮山为例。罗浮山自古被认为是"百粤群山之祖"，在诗家的心目中是一座"圣山"，故一直为人们所讴歌。如宋代古成之有《忆罗浮》：

忆昔罗浮最上峰，当年曾得寄仙踪。凭栏月色出沧海，欹枕秋声入古松。采药静寻幽涧洗，寄书闲仗白云封。红尘一下拘名利，不听山间午夜钟。④

明代孙蕡有《罗浮歌寄洛阳李长史仲修》：

（前略）仙家三十六洞天，罗浮夐与沧洲连。丹霞射影四山静，群真环佩来翩翩。蕊珠之峰数千丈，君时与我缘萝上。水帘直下飞晴虹，万壑天风度流响。山中刘郎司玉台，仙书授我琅函开。心如明月炯虚照，身与浮云同去来。……山中洞房春寂寂，山中之人长叹息。松花酒

---

① 欧初、王贵忱主编：《屈大均全集》，人民文学出版社1996年版，第四册，第1页。
② 吴道镕辑，张学华增补：《广东文征》，（香港）珠海书院1977年版，第135页。
③ 翁筱曼：《古代诗学视境下的"地域意识"》，《汕头大学学报》2008年第6期。
④ 姚良弼修：《（嘉靖）惠州府志》卷一六，明嘉靖三十五年刊本。

熟人不归,瑶草春风几回碧。①

清代屈大均《翁山诗外》卷一四有《罗浮曲》:

可怜罗浮山,离合亦有时。天雨罗浮合,天晴罗浮离。
赖有一铁桥,高高跨紫霄。罗浮离复合,不用涉江潮。②

以上这些作品,除了对罗浮山的自然山水作了勾勒渲染之外,更多的是结合历史传说展开想象,将罗浮山描绘成远离人世喧嚣的洞天灵府。这一点,几乎成为各代罗浮山题咏作品的主调。

又如厓山,也称厓门、崖门、崖山,作为南宋抵抗蒙古征服的最后战场,这里曾发生过在古代战争史上可称惨烈的"崖门海战"。宋亡以后,借崖门来抒发吊古幽思的岭南诗人作品层出不穷,成为极具地方特色的爱国主义教育诗篇,激励了一代又一代的仁人志士。例如孙蕡的《崖山有感》:

崖山峙海门,乃宋沉国所。双龙如九渊,义士赴疆虏。妻子驱先沦,焚香亦何补。我来吊忠魂,但见浪花舞。底用玺发光,凄其为怀古。③

梁有誉的《崖门吊古三首》之二:

谁悟当年谶已真,汴杭回首总成尘。愤无勾践三千士,死恨田横五百人。海上乾坤春梦短,崖前风雨客愁新。贞魂若作啼鹃去,葛岭山头哭万巡。④

此外,岭南诗歌的地方特色,还表现在受到诸如客家地区的山歌,白话地区的粤讴,潮州地区的歌册以及疍民的摸鱼歌、咸水歌等民歌的影响,比如黄遵宪的《新嫁娘诗》51 首,就因吸取了客家民歌的语言养分与表现手

---

① 孙蕡:《西庵集》卷三,清道光十年刊本。
② 欧初、王贵忱主编:《屈大均全集》,人民文学出版社 1996 年版,第 2 册,第 1066 页。
③ 孙蕡:《西庵集》卷一,清道光十年刊本。
④ 梁有誉:《兰汀存稿》卷四,清康熙二十四年梁氏诒燕堂刻本。

法而散发出浓郁的岭南地方气息。又由于受粤讴的影响，在晚清与民国时期，广东曾有一些诗人——最著名的是何淡如与廖恩焘等——曾尝试以粤语入诗，这些粤语诗民间色彩殊浓，却属文人创作范畴。近人余祖明所辑《广东历代诗钞》即有"粤语诗"①之目，其中收有廖恩焘、何又雄、胡汉民、李蟠、梁寒操诸家之作。笔者几年前曾在复旦大学图书馆读到过一部名为《西关吟》的诗作手稿，应为清末作品，全用粤语写成。而香港程中山先生辑注的《香港竹枝词初编》②，所收录的作品不仅有以粤语入诗者，甚至有以英译词入诗者。这一类以粤语入诗的作品，更是体现了岭南诗歌的鲜明特色。既是编辑亦是学者的胡文辉曾有文③对此问题作过较为系统的讨论，在此不赘述。

上述诗歌特色既然为岭南所特有，自然成为岭南诗派区别于其他诗派的标志之一。

三、评家对"岭南诗派"的认可

岭南诗人群体在元末明初崛起之后，便引起了诗评界的重视与关注。从现在所能够掌握的文献资料来看，"岭南诗派"这个概念最早出现于明代天顺朝东莞籍进士祁顺的《宝安诗录·序》。其中说到："吾宝安诗人为岭南称首，盖岭南诗派也……百十年来，声诗洋溢，复有结'凤台''南园'二社以大肆其鸣者，于是岭南之派益大且远，噫，盛哉！"④ 这段话，不仅已明确指出了岭南诗派在有明一代"声诗洋溢"的事实，而且认为它的发展壮大与东莞的凤台、广州的南园二诗社的大力提倡密不可分。

嘉靖间欧大任则在《潘光禄集·序》中说："五岭以南，孙蕡、黄哲、王佐、赵介、李德五先生起，轶视吴中四杰远甚"（转引自屈大均《广东新语》卷一二《诗语·诗社》）。⑤ 说明南园五先生出，岭南诗家已足可与江左相颉颃。无独有偶，明朝万历时期的著名学者、浙东诗家胡应麟也在其《诗薮》续编卷一中说："国初吴诗派昉高季迪，越诗派昉刘伯温，闽诗派昉林子羽，岭南诗派昉于孙蕡仲衍，江右诗派昉于刘崧子高。五家才力，咸

---

① 余祖明编：《广东历代诗钞》卷一〇，（香港）能仁书院，1980年。
② 程中山编：《香港竹枝词初编》，（香港）汇智出版有限公司，2010年。
③ 胡文辉：《粤语与旧诗》，《中国文化》2011年第33期。
④ 祁顺：《巽川集》卷一一，清康熙二年在兹堂刻本。
⑤ 欧初、王贵忱主编：《屈大均全集》，人民文学出版社1996年版，第4册，第321页。

足雄踞一方，先驱当代。"① 这里不仅指出了"岭南诗派"在明初异军突起，与"闽诗派""吴诗派""越诗派""江右诗派"并驾齐驱的事实，而且富有识力地把位列"南园五子"之首的孙蕡看成这个诗派的开辟者，他的言论仿佛是上引祁顺说的注脚，说明当时的岭外诗家是完全认同祁顺之说的。胡应麟在上书续编卷二又提到，明正德、嘉靖的诗坛，"自吴、楚、岭南外，江右独为彬蔚"②，这句话说吴、楚、岭南、江右是明中叶诗歌创作的四大中心区，实际上也隐含着认为岭南是当时诗歌创作的一大流派的意思。

清初的诗坛盟主王士禛《池北偶谈》卷一一评价岭南之诗说，东粤"僻在岭海，不为中原、江左风气熏染，故尚存古风耳"③。他虽然没有用"诗派"的字眼来指称岭南，但是把岭南与中原、江左并举，岭南自成一派的意思已寓于中。在《渔洋诗话》卷下，他又说："粤东诗派皆宗区海目，而开其先路者邝露湛若也。"④ 则已明确说岭南诗派是当时诗坛的独立流派，区大相是该派的诗宗、邝露是该派先驱。

与王士禛齐名的清初"浙西词派"的创始者朱彝尊也把岭南诗派看作明中叶诗坛上的流派之一。他在其《静志居诗话》中说："岭表自'南园五先生'后，风雅中坠，文裕力为起衰，如黎惟敬、梁公实辈，皆其弟子。嘉靖中，'南园后五先生'，二子与焉。盖岭南诗派，文裕实为领袖，不可泯也。"⑤

乾嘉时期江苏常熟的学者与诗人洪亮吉曾作《道中无事偶作论诗截句二十首》，其中在评论陈恭尹的诗时说："尚得昔贤雄直气，岭南今不逊江南。"⑥ 把岭南诗与江南诗相对举，并认为由于有昔贤的"雄直"之气的传承支撑，前者的水平已不在后者之下。清末江苏常熟的诸生沈汝瑾的评论则更进一步说，若论气概的雄壮豪迈，岭南诗家还在江南诗家之上——"珠光剑气英雄泪，江左应惭配岭南"。这类说法，虽然包含有江南人士的自谦成分在内，却也反映出在清代人的心目中，岭南诗派已是一个可与江左诗派相颉颃的流派。这种看法，其实在岭南诗家心目中亦存在。例如，嘉庆年间的粤东诗人李黼平就曾言："至唐张曲江公出，实有以追正始之音。流风未

---

① 胡应麟：《诗薮》，中华书局1962年版，第336页。
② 胡应麟：《诗薮》，中华书局1962年版，第354页。
③ 王士禛：《池北偶谈》，中华书局1982年版，第251页。
④ 王士禛：《渔洋诗话》，人民文学出版社1963年版，第274页。
⑤ 朱彝尊：《静志居诗话》，人民文学出版社1990年版，第297页。
⑥ 洪亮吉：《更生斋诗集》卷二，上海涵芬楼影印北江全书本。

微,积而发于胜国,维时天下之诗派有三:河朔为一派,江左为一派,岭南诗自为一派。"① 清末洋务大员、江苏武进人盛宣怀在为郑观应《罗浮待鹤山人诗草》所作的序中,也曾标举过岭南诗派之名。此书的另一篇序文为光绪年间曾任安徽、山西、黄州巡抚的广东人邓华熙(顺德人氏)所撰,他也指出:"吾粤诗派代有闻人,国初屈氏、陈氏、梁氏刊成合集,鼎峙争雄,世称'岭南三大家',脍炙人口,殆四子继之,二百年来瓣香弗替。"② 说明自清初至光绪二百年间,岭南诗派一脉相承,不曾中断。

汪辟疆特别对近代岭南诗派的格局与影响等作了有系统的研究,在《近代诗人述评》一文中说:"岭南诗派,肇自曲江","迄于明清,邝露、陈恭尹、屈大均、梁佩兰、黎遂球诸家,先后继起,沉雄清丽,蔚为正声","乾嘉之间,黎简、冯敏昌、张维屏、宋湘、李黼平诗尤为有名"。③ 在另文《近代诗派与地域》中,他又把岭南派作为近代诗家六派之一与湖湘派、闽赣派、河北派、江左派、西蜀派并举,认为它们"皆确能卓然自立蔚成风气者也"。岭南之所以能力标派,是因为它在诗坛曾"振雄奇之逸响"。④ "岭南诗派,初囿一隅,至黄公度、康长素二氏出,乃益宏大,海内响风,群尚新体。"⑤ 他认为"此派诗家,大抵忾于世变,思以经世之学易天下,及余事为诗,亦多咏叹古今,指陈得失。……故比辞属事,非学养者不至,言情托物,亦诗人之本怀。其体以雄浑为归,其用以开济为鹄,此其从同者也"⑥。

上述材料证明,自明代而迄民国,评家对岭南诗派的品评接连不断,这说明了岭南诗人群在诗坛所具有的影响也来自外部,来自外部者,比来自内部者甚至更多。这就足以说明,"岭南诗派"并不仅仅是岭南诗家们的自我标榜,它也是明以来岭外诗评界的共识。这说明岭南诗派相合于诗派成立的另外一项标准:"在诗坛产生过重要影响,为当时或后代的评家所认可。"

通过上述的考察,我们不难得出结论:"岭南诗派"的存在是一个毋庸置疑的客观事实,不过,它并不是一个"自觉"的诗歌流派,而是非自觉

---

① 李黼平:《著花庵集·序》,清嘉庆以文堂刊本。
② 邓华熙:《罗浮待鹤山人诗草序》,郑观应《罗浮待鹤山人诗草》,《续修四库全书》集部,上海古籍出版社2002年影印本,第1570册。
③ 汪辟疆:《近代诗人述评》,《南京大学学报》(人文科学版)1962年第1期。
④ 汪辟疆:《近代诗派与地域》,《汪辟疆文集》,上海古籍出版社1988年版,第291页。
⑤ 汪辟疆:《近代诗派与地域》,《汪辟疆文集》,上海古籍出版社1988年版,第319页。
⑥ 汪辟疆:《近代诗派与地域》,《汪辟疆文集》,上海古籍出版社1988年版,第314-315页。

的诗歌流派。与那些只在历史上某个时期存在的横向型诗派不同，这个诗派是一个纵向型的诗派。它自元末明初产生之后，就一直绵延下来，存在时间长达六七百年。它在历史发展的每一个重要节点上，都有一定数量的诗人群体及其代表人物，其形状有如一串冰糖葫芦。在漫长的岁月里，虽然伴随着时代的发展与时势的变迁，诗家的创作内容与创作风格也在嬗变，但是该诗派区别于其他诗派的一些基本内涵或本质特征，仍然被一代一代地传承下来，直至近世。

（原载《学术研究》2012年第3期，《新华文摘》2012年第13期摘要转载）

岭南诗歌文献整理与《全粤诗》编纂

依本人理解,岭南诗歌文献整理主要包括诗歌作品编纂、诗评著述汇集与诗人传记汇辑三个方面的内容,① 其目的是汇集、整理该地区历代诗人的诗歌创作与诗学理论成果,以为岭南文学与文化研究提供素材。而由中山大学中国古文献研究所组织编纂的大型区域诗歌总集——《全粤诗》,则是近年来学术界在此领域取得的最重大成果。本文将对相关的学术情况进行具体介绍。

一、岭南诗歌文献整理

在展开讨论前,拟先对"岭南"与"诗歌"两个概念进行界定。岭南在地理上是指横亘于江西、湖南与广东、广西之间的"五岭"(大庾岭、骑田岭、都庞岭、萌渚岭、越城岭)以南的地区。在历史上,其地域范围是动态变化的。唐代的岭南道曾覆盖当时属于中国的越南红河三角洲地区。宋以后其地域范围收缩为两广(广东与广西)。现代意义上的岭南,指广东、广西、海南、香港、澳门五省区。但在本文的语境中,岭南只包括广东、海南、香港、澳门以及广西原属广东的部分(即钦州、北海、防城港三市),其地域范围大致相当于旧时所说的"粤东"或"东粤"。之所以这样界定,是因为这里一直是岭南诗歌创作的主体地区,"岭南诗派"的代表性诗家与标志性作品都产生在这里。至于"诗歌",是用高度凝练的语言形象表达作者思想情感与反映社会生活,并且具有一定节奏和韵律的文学体裁。广义的诗歌不仅包括诗,而且也包括赋、词、曲及民间谣谚之有韵者;狭义的诗歌仅指诗。在本文中,诗歌取狭义概念,即只是指古体(包括古诗、楚辞体、新乐府等)与近体诗(律诗与绝句),而不包括赋、词、曲及民间谣谚之有韵者,更不包括新诗。

---

① 还可以包括其他方面,如编撰《岭南诗歌总集别集叙录》。

（一）历代岭南的诗歌创作

相对于华夏的政治中心区域中原与经济文化向称发达的江南，岭南曾是一个地理偏僻、文化落后的"蛮荒之地"，在很长一段时间里诗歌创作乏善可陈。但进入中古之后，随着岭内外经济文化交流的密切，与岭南社会经济发展水平的提高，局面逐渐发生了变化。

唐代曲江张九龄的出现，可以说是岭南诗歌立帜的信号。这位被唐玄宗誉为"文场元帅"的诗宗以其超拔的创作，在为岭南诗坛争得一席之地的同时，也引领了粤海的百代诗风，自此之后岭南诗坛创作渐兴。唐以后，有越来越多的岭南文人产生了向中原学习的自觉意识，而中原的士子也开始注意到岭南诗家的存在。唐至五代，邵谒、陈陶、孟宾于有名于时。宋代，先是有余靖在相业、诗才方面与张九龄前后辉映，紧接着崔与之、李昴英、葛长庚、区仕衡、赵必𤩽相继称雄，岭南诗坛于是出现了崭新气象。元代则有罗蒙正、黎伯元并称作手，他们的诗作调高字响、元气浑然。经过唐以来数百年的培育酝酿，岭南诗家在元末明初发展成了一股具有重大影响的创作力量，并以群体形式崛起于诗坛，产生了影响长达六七百年之久的"岭南诗派"，其标志是"南园五子"（亦称"前五先生"）——孙蕡、王佐、赵介、李德、黄哲的崛起。五子之中，以孙蕡最为出色，清温汝能称其"无所不学，而炉锤独运，自铸伟词，固卓然名家"①；余四子亦超群拔俗，并为一时之杰。南园诗人标榜汉魏，力追三唐，尤重风骨，诗风雄直，对岭南诗坛的发展壮大起到了重要的推动作用。继步"南园五子"，明代又有名家陈献章、丘濬和黄佐巍然出世。陈献章之诗本性原情，自然超妙。丘濬之诗矩度精严，深得风人深旨。黄佐有"吾粤之昌黎"②之誉，其诗体貌雄阔，思意深醇。在他们的引领下，岭南诗坛旗鼓振发，群英竞从。陈献章门下产生了湛若水，黄佐门下产生了"南园后五子"（亦称"后五先生"）——欧大任、梁有誉、黎民表、吴旦、李时行。这些诗家在明中叶高张风雅，使岭南诗名远扬中原、江左。降至万历，岭南诗坛又出现了着力摆脱复古主义羁縻的新局面，导其先路者是"力祛浮靡，还之风雅"的区大相，温汝能评价说："模范百家，陶镕万象，含华佩实，纯瑜无疵，必也其海目乎?"③ 明

---

① 温汝能：《粤东诗海·例言》，清嘉庆十八年文畲堂刊本。
② 温汝能：《粤东诗海·例言》，清嘉庆十八年文畲堂刊本。
③ 温汝能：《粤东诗海·例言》，清嘉庆十八年文畲堂刊本。

末，广东成为南方抗清的重要战场，并因此产生了大批慷慨激昂、具有民族气节的诗人，他们的诗作大多激情喷薄，无意求工而自然法立，足以流传千古。其中以有"吾粤之太白"之称的黎遂球、有"吾粤之少陵"之称的陈邦彦和有"吾粤之灵均"之称的邝露最具时名，他们被并称为"岭南前三大家"①。黎遂球少负才名，与陈子壮、陈子升、欧主遇、欧必元、区怀瑞、区怀年、黎邦瑊、黄圣年、黄季恒、徐棻、僧通岸并称"南园十二子"，其诗屈伸如意，灵光异彩满目。陈邦彦之诗笔力老健，气贯长虹，"直摩少陵之垒而拔其帜"②。邝露之诗品格高尚，古色璀璨。在这些代表性诗家引领下，岭南的诗歌创作出现了繁盛局面。温汝能曾赞叹："自唐以诗取士，海内多事声律。五岭以南，作者奋兴，日月滋广，遂蔚为奇观。明区启图尝会萃诸集，编为《峤雅》，采择孔翠，芟简繁芜，自唐迄明，得五百余家，可谓盛矣！"③

　　清代岭南的诗歌创作出现过三次高潮。第一次高潮形成于清初，其标志是"岭南三大家"——屈大均、陈恭尹、梁佩兰的崛起。屈大均之诗雄奇高浑，慷慨超迈。陈恭尹之诗沉郁苍劲，精警隽永。梁佩兰之诗优爽排宕，深稳雅健。清人林枫在其诗《论诗仿元遗山体》之五写道："岭南诗派屈梁陈，一代风骚鼎足身。"④ 三大家以其超拔的创作，将岭南的诗歌创作推到了一个崭新的高度，他们的出现，标志着岭南诗家已可与中原、江南诗家进退颉颃。据邓之诚《清诗纪事初编》卷八考证，清初王隼辑屈大均、陈恭尹、梁佩兰之诗，把书名定为《岭南三大家诗录》，隐含了与当时的"江左三大家"（钱谦益、吴伟业、龚鼎孳）相抗之意。清代江苏诗人洪亮吉曾在《道中无事偶作论诗截句二十首》中论及当时的粤诗创作，诗中称"尚得昔贤雄直气，岭南今不逊江南"⑤。这一说法虽包含了江南士人的自谦，但也反映了岭南诗歌在清代诗坛地位的提升。与"岭南三大家"差不多同时或稍后的本地名家，有梁朝钟、黄公辅、郭之奇、程可则、潘楳元、梁无技、方殿元、王隼、易弘等一批骚客，以及以函昰、函可为代表的华首台—海云派遗民诗僧群，还有与该派关系密切的和尚成鹫。程可则诗声早擅南北，与王士禛等并称"海内八家"。方殿元诗以神行，深远古澹。成鹫之诗意度闲

---

① 温汝能：《粤东诗海·例言》，清嘉庆十八年文畲堂刊本。
② 温汝能：《粤东诗海·例言》，清嘉庆十八年文畲堂刊本。
③ 温汝能：《粤东诗海·例言》，清嘉庆十八年文畲堂刊本。
④ 郭绍虞等：《万首论诗绝句》，人民文学出版社1991年版，第361页。
⑤ 洪亮吉：《更生斋诗集》卷二，涵芬楼影印北江全书本。

雅、郁律有神，论者认为"本朝僧人鲜出其右者"①。王隼之诗宛曲典赡，易弘之诗苍凉深沉，均各擅胜场。

清代岭南诗歌创作的第二次高潮形成于乾嘉时期，以"岭南四家"（黎简、张锦芳、黄丹书、吕坚）、"岭南三子"（冯敏昌、张锦芳、胡亦常）、"梅诗三家"（宋湘、李黼平、黄香铁）、"粤东三子"（谭敬昭、黄培芳、张维屏）等诗人集群或并称的出现为标志。冯敏昌学识渊博，功力深厚，其诗意境阔大，气势宏大。黎简之诗如玉梅拒霜，古香独绝，富有禅意，在诗界长有令誉。宋湘在其生活的时代有"岭南第一才子"之誉，《清史列传》卷七二说"粤诗自黎简、冯敏昌后，惟湘为巨擘"。谭敬昭之诗超脱浏亮，黄培芳之诗清微淡远，张维屏之诗一唱三叹。这些诗家前呼后应，以出色的创作，大大丰富与充实了岭南诗歌文学的宝库，并掀开了岭南古代诗歌向近代诗歌转变的序幕。

清代岭南诗歌创作的第三次高潮出现于近代，其表现形式是文人雅集普遍、诗社活动繁多。岭南诗人结社最早见于载籍者，是宋末赵必㻋、李春叟、陈纪等在东莞建立的"吟社"。元末明初，孙蕡等五子在广州南园抗风轩组建的"南园诗社"，是岭南文学史上最负盛名的诗社。明代产生的诗社，还有"越山诗社""浮丘大社""浮丘诗社""诃林净社""芳草精舍诗社""兰湖诗社"。清代则有"东皋诗社""西园诗社""诸子吟社""诃林净社""白莲诗社""越台诗社""探梅诗社""湖心诗社""南香诗社""常荫轩诗社""西园吟社""袖海楼诗社""东堂吟社""南园后社"。岭南的诗社活动在近代尤其活跃。陈永正先生指出："通过雅集活动，诗人互相交流切磋，品评高下，并培育了一批青年诗人。……还有一些外省入粤的诗人，也参与诗社的组织和活动，如越台诗社就是以'多风力、尚风节、饶风雅'著名的诗人吴绮所倡议的，赵执信、潘耒、严绳孙、周在浚、徐釚、张尚瑗等一大批游宦诗人，都加入诗社唱和，通过这些创作交流活动，岭南诗家逐渐为中原、江左人士所知，也提高了岭南诗派在全国诗坛中的地位。"② 这个时期的创作名家，走传统一路的有梁鼎芬、曾习经、罗惇曧、黄节、朱次琦、陈伯陶、张其淦等等，走革新一路的则有黄遵宪、丘逢甲、康有为、梁启超等。而由黄遵宪发其端、梁启超张其帜的"诗界革命"运动，在诗坛掀起了一股变革巨浪，开始了中国诗歌的近代化进程。梁启超是

---

① 沈德潜：《清诗别裁集》，中华书局1975年版，第586页。
② 陈永正：《广州历代诗社考略》，《羊城今古》1998年第6期。

第一位鲜明提出"诗界革命"口号的诗家,他主张"以旧风格含新意境"①;而其师康有为则主张"新世瑰奇异境生,更搜欧亚造新声"(《与菽园论诗兼寄任公孺博曼宣》)②,追求新思想、新事物。而在他们之前,黄遵宪已经提出"我手写我口,古岂能拘牵"(《杂感五首》之二)③的口号,并以富有影响的创作使自己成了"诗界革命"的旗帜,在理论与创作两方面给"诗界革命"开辟了道路。以岭南诗家为骨干的"诗界革命派",无论是在思想境界方面还是在艺术贡献方面,在当时的全国诗坛都处于压倒性地位。

(二) 古近代岭南诗歌总集的编纂

岭南诗坛的振拔,诗人创作的勃兴,导致了繁多诗作产生。但是这些诗作只有一部分被收入了某些作者的别集中,许多都未付剞劂,为了使这些诗作流传不坠,历代均有留心乡邦文化建设的文士自觉担负起积聚、保存的责任,对它们勉力采辑,纂为总集。

据文献记载,明区启图曾纂《峤雅》而未成。现存岭南最早的诗歌总集,是明张邦翼编纂的《岭南文献》[万历四十三年至四十四年(1615—1616)刊本]。入清后,粤诗创作的广泛普及,为本地方诗歌总集的编纂创造了有利条件。据骆伟《岭南文献综录》一书著录,广东现存的本地诗歌或诗文总集数量不下 200 种,其中具有总汇性质(即作品覆盖全粤)的共 13 种,分别是屈大均的《广东文选》[康熙二十六年(1687)广州三闾书院刊本],黄登的《岭南五朝诗选》[康熙三十九年(1700)刊本],梁善长的《广东诗粹》[乾隆十二年(1747)达朝堂写刊本],陈兰芝的《岭南风雅》[乾隆五十年(1785)自刊本],刘彬华的《岭南群雅》[嘉庆十八年(1813)玉壶山房刊本],温汝能的《粤东诗海》[嘉庆十八年(1813)文畲堂刊本],凌扬藻的《国朝岭海诗钞》[道光六年(1826)狎鸥亭刊本],梁九图、吴炳南的《岭表诗传》[嘉庆二十年至二十三年(1840—1843)顺德梁氏紫藤馆刊本],伍崇曜的《楚庭耆旧遗诗》[道光二十三年至三十年(1843—1850)南海伍氏刊本],陈堂等的《岭南鼓吹》[同治六年(1867)龙氏刊袖珍本],何藻翔的《岭南诗存》[民国十四年(1925)

---

① 梁启超:《饮冰室诗话》第 63 则,《饮冰室合集》,中华书局 1989 年版。
② 郭绍虞主编:《中国历代文论选》,上海古籍出版社 1980 年版,第四册,第 188 页。
③ 钱仲联:《人境庐诗草笺注》,上海古籍出版社 1999 年版,第 42 页。

商务印书馆铅印本］，邬庆时、屈向邦的《广东诗汇》［民国三十年（1941）稿本］，黄文宽的《岭南小雅集》［民国二十五年（1936）广州天南金石社铅印本］等。这类总集，除了《广东文选》与《岭南风雅》是诗文合集以外，其余均为诗歌专集。若按朝代划分，属通代类的有《岭南五朝诗选》《广东诗粹》《岭南风雅》《粤东诗海》《岭南鼓吹》《岭南诗存》《岭南小雅集》《广东诗汇》八种，属当代类的有《岭南群雅》《国朝岭海诗钞》《岭表国朝诗传》《楚庭耆旧遗诗》四种，属跨代类的有《广东文选》一种。

　　除了上述具有总汇性质的集子之外，在岭南地区还出现了形式不一的各种诗歌选集或合集。它们有的是郡邑之选，如明代陈琏的《宝安诗录》（已佚），祁顺的《宝安诗录》（已佚）；明清之交蔡均的《东莞诗集》（已佚）；清代陈珏的《古瀛诗苑》（钞本），顾嗣协、顾嗣立的《冈州遗稿》［康熙四十九年（1710）绿屏书屋刊本］，罗元焕的《粤台征雅录》（乾隆刊本），言良钰的《续冈州遗稿》［道光二十三年（1843）松溪精舍刊本］，黄登瀛的《端溪诗述》［光绪二十六年（1900）重刊本］，彭泰来的《端人集》［同治六年（1867）刊本］，张煜南、张鸿南的《梅水诗传》［光绪二十七年（1901）刊本］，胡曦的《梅水汇灵集》［光绪十二年（1886）铅印本］，邓淳、罗嘉蓉的《宝安诗正》（未刊），罗嘉蓉、苏泽东的《宝安诗正续集》（稿本）；民国张其淦的《东莞诗录》［民国十三年（1924）东莞张氏寓园刊本］，黄绍昌、刘熽芬的《香山诗略》［民国二十六年（1937）铅印本］，温廷敬的《潮州诗粹》（稿本），王国宪的《琼台耆旧诗集》［民国七年（1918）琼山饶宝华校刊本］等。有的是家族之选，如清代陈恭尹的《番禺黎氏存诗汇选》［康熙三十三年（1694）黎延祖刊本］，冯玉坚等的《冯氏家集诗》［咸丰十年（1860）冯光裕堂刊本］，冯询的《冯氏清芬集》［光绪二年（1876）上海榷署重刊本］，潘仪增的《番禺潘氏诗略》［光绪二十年（1894）刊本］，黄映奎的《香山黄氏诗略》［稿本、光绪二十九年（1903）抄本］等。有的是师友之选，如清代李长荣的《柳堂师友诗录》［同治二年（1863）刊本］等。有的是闺阁之选，如近人黄任恒的《粤闺诗汇》（光绪刊本）等。有的是方外之选，如清代周大樽的《法性禅院倡和诗》［康熙四十一年（1702）刊本］，徐作霖、黄蠡的《海云禅藻集》（道光、同治间刊本）等。有的是诸家合刻，如清代王隼的《岭南三大家诗选》［康熙三十一年（1692）自刊本］，刘彬华的《岭南四家诗钞》［嘉庆十八年（1813）刊本］，盛大士的《粤东七子诗》［道光二年（1822）刊本］，伍元薇的《粤十三家集》［道光二十年（1840）南海伍氏诗雪堂刊本］等。

为编纂这类诗集，前贤们付出了许多心血。他们的努力，使众多诗人的作品逃过了损毁、散佚的厄运，从而历千百载仍能流传于世。陈凯玲在《论广东省级清诗总集的基本类型与文化价值》一文指出，总集所收作品主要来源于别集，而别集除常见刊本外，往往是以稿本、钞本形式存世的，有些作品在收入总集前甚至是以口耳相传的方式流传的。凌扬藻辑《国朝岭海诗钞》卷九所收王文锦作品、卷二二所收尹蓉作品、卷二四所收契清作品，便属这种情况。"至于诗歌别集已佚之作家，其作品更有赖总集以传。如清初吴文炜曾著《金茅山堂集》，今佚，《岭南五朝诗选》选其诗多达77首，数量较为可观，可以略窥原书之大概。"① 不过由于主观能力与客观条件的限制，这些总集篇幅都不大，所收诗歌作品数量有限。温汝能曾指出它们的缺陷："今所传《岭南文献》《广东文选》《五朝诗选》《广东诗粹》，或搜辑未富，或采取未精，均未足以尽其奇。"② 以是之故，他殚精竭虑，编成了后出转精、后来转富的《粤东诗海》，这是古代编成的最大的粤诗总集。即便如此，此书也只有106卷，入集诗家1055人、诗作共数千首，远谈不上已囊括岭南历代诗人创作的大部。

（三）岭南诗歌作品集在现当代的出版情况

岭南的诗歌作品，无论总集还是别集，刻本还是稿本、钞本，都是岭南文化遗产的组成部分，具有丰富的思想文化内涵和重要的文学与历史价值，因此自民国以来，便一直有文化人士着力于对其搜辑出版。

上世纪三四十年代，粤港文化界、学术界的一批人士在著名粤籍学者与社会活动家叶恭绰的倡导下，以"中国文化协进会"的名义，通过各种渠道，系统搜辑、抢救粤人的珍稀诗文著作，并编成丛书出版。他们于1941年编成《广东丛书》第一集。入集著作包括唐张九龄的《唐丞相曲江张文献公集》，宋余靖的《武溪集》（附黄佛颐的《武溪集补遗》），明黄公辅的《北燕岩集》、陈子壮的《礼部存稿》、黎遂球的《莲须阁文钞》、梁朝钟的《喻园集》等，大半为诗文集。由于战争影响，《丛书》迟至1945年抗战胜利才由商务印书馆香港分馆全部出版。之后，1946年，叶恭绰又自任主任

---

① 陈凯玲：《论广东省级清诗总集的基本类型与文化价值》，《惠州学院学报（社会科学版）》2012年第4期。

② 温汝能：《粤东诗海·例言》，清嘉庆十八年文畬堂刊本。

委员,与简又文、陆丹林、黄荫普、徐绍棨等十余人组成《广东丛书》编印委员会,筹划续编《广东丛书》。1947年《广东丛书》第二集编成,收入明薛始亨的《蒯缑馆十一草》等孤本,于次年由商务印书馆香港分馆出版。紧接着叶恭绰等又辑编了《广东丛书》第三集。后因国共内战,事再难赓续。

20世纪八九十年代,广东一批高校学人有感于"岁月不居,屡经蠹鱼之蛀蚀;沧桑世变,每遭兵火之摧残","时愈久而版册弥湮,岁越迈而耆宿遂老"①,遂在全国高校古籍整理研究工作委员会的指导下,成立了《岭南丛书》编委会,黄灼耀、管林先后任主任委员。他们踵武前贤,分门别类,对以诗文集为主体的岭南文献提出了一个较为系统的整理计划。项目开局,便完成了十多种集子的整理工作,分别由中山大学出版社、暨南大学出版社与广东高等教育出版社出版。已被整理的文献,包括南宋李昴英的《文溪存稿》(杨芷华点校,暨南大学出版社1994年版)、明代孙蕡等的《南园前五先生诗》(梁守中、郑力民点校,中山大学出版社1990年版)、欧大任等的《南园后五先生诗》(梁守中、郑力民点校,中山大学出版社1990年版)、张家玉的《张家玉集》(杨宝霖点校,广东高等教育出版社1992年版),清代陈恭尹的《独漉堂集》(郭培忠点校,中山大学出版社1988年版)、邝露的《峤雅》(黄灼耀点校,广东高等教育出版社1990年版)、梁佩兰的《六莹堂集》(吕永光点校,中山大学出版社1992年版)、黎简的《五百四峰堂诗抄》(梁守中点校,中山大学出版社1990年版)、宋湘的《红杏山房集》(黄国声校辑,中山大学出版社1988年版)、张维屏的《张南山全集》(陈宪猷等点校,广东高等教育出版社1993—1995年版)等。这些粤人诗集或诗文集的出版,对推动岭南文化研究产生了积极的作用,但后来由于学者谢世与经费不足,整理与出版工作未能继续下去。

除《岭南丛书》以外,一些当代出版的丛书也收入有岭南的诗歌文献。比如,中山大学中国古文献研究所主持整理的《清初岭南佛门史料丛刊》,第一辑收有清释函昰的《瞎堂诗集》,释今释的《徧行堂集》(正、续集),释成鹫的《咸陟堂集》(初、二集),于2006年至2008年分别由中山大学出版社与广东旅游出版社出版。第二辑共分六册,分别是《清初岭南洞宗高僧三种》(中有释二严的《啸楼诗集》与释一机的《涂鸦集》),释函可的《函可和尚集》(中有《千山诗集》),释弘赞的《弘赞和尚选集》(中有

---

① 《〈岭南丛书〉编辑缘起》,见梁佩兰《六莹堂集》,中山大学出版社1992年版。

《木人剩稿》《鼎湖山庆云寺外集》），释道忞的《木陈和尚选集》（中有《布水台集》与《北游集》），释今无的《今无和尚集》（中有《光宣台集》），徐作霖、黄蠡编《海云禅藻集》并附释愿光编《法性禅院倡和诗》，均于 2017 年由广东旅游出版社出版。近一二十年间由广东人民出版社出版的《岭南文库》，所收作品虽以专著为主，但间中亦有诗集或诗文集，黄节的《蒹葭楼自定诗稿原本》（1998 年版）便是一例。还有一些重要的粤人诗集或诗文集经学者整理后以单行本的形式出版，如刘斯翰校注的张九龄《曲江集》（广东人民出版社 1986 年版），李玉宏校注的张九龄《曲江集》（当代中国出版社 2004 年版），熊飞的《张九龄集校注》（中华书局 2012 年版），欧初、王贵忱主编的《屈大均全集》（人民文学出版社 1996 年版），陈香白点校的翁万达《稽愆集》（中山大学出版社 1997 年版），黄志辉整理的余靖《武溪集校笺》（天津古籍出版社 2000 年版），陈永正整理的《屈大均诗词编年笺校》（中山大学出版社 2000 年版，经修订后更名为《屈大均诗词编年校笺》，2017 年由上海古籍出版社出版），林子雄点校的《廖燕全集》（上海古籍出版社 2005 年版），黄国声主编的《陈澧集》（上海古籍出版社 2008 年版），严志雄、杨权点校的释函可《千山诗集》（台湾"中央"研究院 2008 年版），等等。

近年来，广东文化学术界在地方文献汇辑出版方面的最重大举措，是推出了《清代稿钞本》（2007—2014）与《广州大典》（2008—2015）两部大型丛书。桑兵主编的《清代稿钞本》于 2006 年立项，是国家清史工程框架内规模最大的地方藏文献发掘抢救整理项目，也是 1949 年以来规模最大的历史未刊珍稀稿本、钞本出版工程，已作为"十一五"国家重点出版选题由广东人民出版社出版。丛书以广东省立中山图书馆、中山大学图书馆馆藏稿本、钞本和少量稀见刻本为影印对象，到 2017 年，编集出版了八辑共 400 册，所收内容多为清代文献，其中有不少是诗歌文献。以初编为例，收有诗集或诗文集 144 种，其中包括潘有为的《南雪巢诗钞》、何若瑶的《海陀华馆诗草》、何巩道的《越巢诗集》、唐大经的《舫楼诗草》、陈华封的《复斋诗钞》等数十种粤人诗集。续编中的诗集与诗文集作者，有南海招衡玉、叶官桃、陈如龙、谢兰生、朱次琦、梁达卿，番禺陈子瑞、梁松年、陈澧，顺德马肇梅、邓华熙，香山刘世重、黄培芳，新会黄炳堃，鹤山吕冠雄，东莞张其淦等 16 人是粤人。

《广州大典》是一项由地方政府出资编纂的大型文献丛书，于 2005 年 5 月启动，由陈建华、曹淳亮任主编，已由广州出版社出齐。丛书以广东省立中山图书馆与中山大学图书馆所藏文献为基础，所收均为旧时的"广府"籍人士（含寓贤）的著述及穗版丛书，入选文献下限为清宣统三年（1911），个别门类延至民国，地域以清中期广州府所辖南海、番禺、顺德、东莞、从化、龙门、增城、新会、香山（今中山、珠海）、三水、新宁（今台山）、新安（今深圳）、清远、花县（今花都），以及香港、澳门、佛冈、赤溪（今台山）为界。该书集部共 123 册，收录文献 1294 种，有相当部分是粤人诗集或诗文集。

值得一提的大型丛书还有中国人民大学和北京大学联合编纂、上海古籍出版社独家影印的《清代诗文集汇编》。该丛书填补了学术界此前无清代断代诗文总集出版的空白，共收入清代诗文集 4000 余种，分 800 册出版，已于 2010 年出齐。丛书提供了大量足资学术参考的原始文献资料，其中有很多是首次面世的善本、稿本、孤本。这部大型丛书也收录有一些粤诗文献，如释道忞的《弘觉忞禅师北游集》，释函昰的《瞎堂诗集》，释函可的《千山诗集》，释今无的《阿字无禅师光宣台集》，陈子升的《中洲草堂遗集》，程可则的《海日堂集》，屈大均的《道援堂诗集》《翁山诗外》，陈恭尹的《独漉堂诗集》，张维屏的《听松庐诗钞》《松心诗集》《松心诗录》《松心杂咏》，黎简的《五百四峰堂诗钞》，李符清的《海门诗钞》，宋湘的《红杏山房诗钞》《红杏山房试诗》《红杏山房试帖诗》《丰湖漫草》《丰湖续草》，李黼平的《著花庵集》《吴门集》《南归集》，叶衍兰的《海云阁诗钞》，李文田的《李文诚公遗诗》，康有为的《康南海先生诗集》，梁鼎芬的《节庵先生遗诗》，等等。

上述各种丛书及单行本的出版，给学术研究带来了方便，也为大规模粤诗总集的编纂创造了有利的条件，功莫大焉。不过，由于编纂目的与出版方案的制约，上述出版物也存在一些局限。一表现在作品的搜辑范围还不够广泛。比如《广东丛书》只重珍本、孤本而不重普通本，《岭南丛书》的整理对象仅仅是名家的诗文集，《清初岭南佛门史料丛刊》只收方外之作，《清代稿钞本》的收录对象仅为稿本、钞本，《广州大典》所收作者的范围限于"广府"，《清代诗文集汇编》针对的是全国而不是广东。二表现在对所收文献未进行深度整理。除《岭南丛书》外，其他丛书所收的文献都未经点校，《广东丛书》与《清代诗文集汇编》均照古籍原样影印，《清代稿钞本》强调保持作品的"原生态形式"，《广州大典》对文献的处理原则是"不选、不编、不校、不点"。三表现在搜辑出版对象只限于已入集作品，零散作品一般不进入整理范围。

（四）岭南诗评著述汇编

伴随诗歌创作的繁荣与诗社活动的频繁，岭南的诗学批评也在清代活跃起来，产生了若干著述，其最主要的形式是诗话。诗话是中国古代独有的文体，它是古代诗歌体制高度发展的产物，是评论诗作诗人诗群、记录诗歌本事的随笔，它的出现在很大程度上改变了古近代文学批评的格局，因此向来备受文学研究者重视。古今都有人对重要诗话著述进行过汇编，例如何文焕编有《历代诗话》、丁福保编有《历代诗话续编》、孙涛编有《全宋诗话》、王夫之编有《清诗话》、周维德编有《全明诗话》、郭绍虞等编有《清诗话续编》等等。不过前人对诗话作品的汇编虽称宏富，却不能说已臻完备。

由于种种原因，岭南的诗话创作起步较晚，至明代始有出现，数量与名家辈出的粤东诗坛也不相称。清至民国，岭南的诗评园地稍显活跃，产生了屈大均的《广东新语·诗语》，劳孝舆的《春秋诗话》，黄培芳的《香石诗话》《粤岳草堂诗话》《香石诗说》，张维屏的《国朝诗人征略》《艺谈录》，梁九图的《十二石山斋诗话》，何曰愈的《退庵诗话》，黄钊的《诗纫》，李长荣的《茅洲诗话》，伍崇曜的《茶村诗话》，刘燠芬的《小苏斋诗话》，黄绍昌的《秋琴馆诗话》，屈向邦的《广东诗话》，张其淦的《吟芷居诗话》，梁启超的《饮冰室诗话》等作品。根据学者所作的初步摸查①，迄今可知其名的岭南文言诗话，明代共有6种，清代与民国共有104种，但有的已散佚或残缺，完整存世的只有数十种。它们虽然不多，却是中国诗学理论著作的组成部分，文化内涵独特而丰富，对研究岭南的诗歌创作与诗学批评具有特殊价值。因此，从区域文学研究的角度，对岭南的诗学批评著述作系统的搜集整理，便成了岭南诗歌文献整理的应有之义。

这项工作，是由笔者主持的国家社科基金资助重大项目"岭南诗歌文献整理与诗派研究"（批准号15ZDB076）的"岭南诗评著述全编"子课题负责人，中山大学吴承学教授及香港中文大学程中山博士率团队完成的，成果形式是合集《全粤诗话》。该子课题的研究目标是全面收集、系统整理岭南存世的诗话著述，以展示历史上该地区的诗学理论成果与学术特色，为文学批评提供素材，深化岭南文学史研究。《全粤诗话》315万字，共收入岭南地区明代至民国的文言诗话作品57种。它们均是粤籍（包括落籍）人士的作品，唯萧涤非的《读诗三札记》因所记对象是粤人而例外。《全粤诗

---

① 吴承学、程中山的未刊稿：《岭南诗话知见录》。

话》的编纂较广泛地利用了海内外的各种图书收藏资源,如李长荣的《柳堂诗话》清钞本得自北京大学图书馆,同氏的《茅洲诗话》清光绪三年重刊本得自日本大阪大学怀德堂文库。《全粤诗话》的收录对象,除了原已成书刊行或以稿本、钞本形式存在的著述外,亦包括连载于报刊的作品。零星数则或残缺不全的连载诗话则不在收录之列。未独立成书、附总别集而行的诗话,如屈大均的《广东新语·诗语》、刘彬华的《岭南群雅·玉壶山房诗话》等,亦辑出入集。同一种诗话,若有不同版本,则择善而从,以善本、足本、原刻本、定本等为底本,并参校他本,若有异文则出校记,讹、脱、衍等错误径改。为方便读者了解作者与内容,在每种诗话的前头均附提要,内容包括作者的字号、里籍、科第、仕履、事迹、著作及诗话的版本与概要等。

(五) 岭南诗人传记汇辑

在存世的各种古文献中,有不少岭南诗坛人物的传记资料。这些文字是对诗人生平事迹的具体记录,对今人从事文史学术研究,了解各个时期岭南诗人的思想、履历、创作、活动、交游等,具有重要意义,不可或缺。但是它们散见于各种正史野史、诗集文集、诗话词话、小说笔记、地方史志、金石碑刻中,要全面系统搜集相当不易。因此若能把它们汇辑出版,将为学术研究带来极大便利。

中山大学中国古文献研究所以仇江先生为首的学术团队在若干年前就已进行了这项工作,其成果凝结在岭南美术出版社2010年出版的四册本《粤诗人汇传》中。《粤诗人汇传》是学术界汇编的第一部岭南诗人的传记作品,所收诗家生活断限从古代至民国初,时间覆盖面广,人数也较多,是了解岭南诗人事迹的一部有用的资料集。不过它也存在着若干不足,例如取材还不够广、每位诗家只录一传等。有鉴于此,笔者特意在2015年立项的国家社科基金资助重大项目"岭南诗歌文献整理与诗派研究"中设立了一个子课题——"岭南诗人传记汇编",其成果形式是《粤诗人传记汇辑》。这是一个以图片形式呈现的电子资料库,建库工作由笔者与子课题负责人倪俊明研究馆员主持。研究目标是在《粤诗人汇传》的基础上,更广泛地汇集散见于各种文献的粤诗人传记资料。《粤诗人传记汇辑》共收入古近代岭南诗家5809人的传记约22000篇,图片共32867幅。与《粤诗人汇传》比较,《粤诗人传记汇辑》有三点区别:一是呈现形式不同。《汇传》的载体形式是实体图书,提供的是已加标点的传记文字;而《汇辑》的载体形式是电子资料库,提供的是保持了资料原始样貌的传记图片。二是取材范围不同,《汇传》的资料采自张邦翼的《岭南文献》、郭棐的《粤大记》、屈大均的《岭南文选》、黄培芳的《香石诗话》等96种文献,有不少正史野史、总集别集、诗话诗评、小说笔记、地方史志中的材料未及利用;而《汇辑》的文献采集范围要广大得多,共利用了619种文献,覆盖经、史、子、集四部。三是内容构成不同。《汇传》中每位诗人只选录一传;而《汇辑》是一人一传或多传(视材料而定)。《粤诗人传记汇辑》入库人物自汉至清,少部分延伸至民国,他们不一定以诗名,凡符合以下条件之一者即在收录范围:(一)出现在"诗海""诗话""诗略""诗述""诗选""诗粹""诗钞""诗征""诗传""诗苑""诗录""诗汇""诗存""群雅""文海""词钞""文述""家集""禅藻集""征雅录""清芬集""传芳集""艺文考""画征"等艺文类著述者。(二)在地方志、史籍、别集与其他相关著述中有诗歌创作活动记录者。如明代琼山人唐冕,事迹并不见于艺文著述,但《广东通志》说他"旁通诗",故收入。(三)有诗集、诗文集刊刻,或有诗作传世者。传主中有少量是文章家、学术家、教育家、书画家、篆刻家、出版家、鉴藏家,考虑到我国传统,文人雅士每能诗,而其术业亦多与诗相关,故从宽收入。

二、大型诗歌总集——《全粤诗》的编纂

岭南文化是在中原文化影响下产生与发育起来的独具特色的区域文化,是灿烂悠久的中华文化的组成部分,它具有其母体文化的一般品格,但另一方面又受到本地区的自然、社会因素乃至海外因素的影响,形成了有别于其他地区的独特形态。岭南的地理、气候、物产、语言、饮食、风俗、习惯等等与内地均有明显不同,粤诗创作于这样的环境中,难免会打上鲜明的地域烙印,表现出不同于其他地方的文化特质。这种特质,使得对粤诗的系统汇编整理成为必要,而当今文献资源的利用条件也为这种汇编整理创造了便利。于是广东学术界便有了编纂一部大型诗歌总集——《全粤诗》的盛举。

(一)《全粤诗》编纂的相关情况

1998年,中山大学中国古文献研究所的岭南研究团队在陈永正研究员的带领下,启动了《全粤诗》的编纂工程。《全粤诗》本为全国高校古籍整理研究工作委员会的重点规划项目,名列"七全一海"(《全元文》《全宋

文》《全宋诗》《全明戏曲》《全明文》《全明诗》《全粤诗》与《清文海》），是岭南迄今最大规模的诗歌总集，也是目前中国大陆唯一的大型区域诗歌总集，其规模前无古人，具有"大"而"全"的特征。它定下的编纂目标，是广泛利用海内外公私收藏的文献资源，尽可能完整齐备地把粤人的诗歌作品都采编入集，以全面展示岭南的文学创作成果。编纂原则是"竭泽而渔"，所知必采，所见必录。整理对象只限于粤籍（包括落籍）人士之作，寓贤之作不在采辑之列。作品收录的时间上限自岭南有诗歌作品开始，下限为清宣统三年（1911），一些曾在清朝生活过的重要民国诗人的作品也酌情收入。

《全粤诗》的编纂以中山大学中国古文献研究所为主体，参纂者除了该所的专业人士外，还包括了中山大学中文系、中山大学图书馆、华南师范大学、广东商学院、华南农业大学、广东工业大学、广东省立中山图书馆、香港中文大学等学校与单位的师生与工作人员。作为一项"跨世纪工程"，《全粤诗》的编纂需要处理海量文献，因此从工作开始进行到最终完成，共经历了24年时间，参与过编纂工作的人员有二三百之多。在此期间，编纂团队曾受到过经费、人手问题的困扰，在资料搜集、文献整理等方面也遇到过许多困难，但是学术团队迎难而上，协同作战，想方设法解决问题、克服困难，经过不懈努力，终于完成了艰巨的编纂任务。其工作分为两个阶段：第一个阶段是秦汉至明代部分的编纂，由陈永正先生主持，从1998年开始，至2007年完成。这个部分共有797卷，约800万字（含目录），收入诗家2421人、诗作6万多首。编纂成果已分为26册，于2008年12月至2017年9月间出版。第二个阶段是清代部分的编纂，由笔者主持（陈永正先生为荣誉主编），从2008年开始启动。2015年11月，该编纂计划被整合到笔者主持的国家社科基金资助重大项目"岭南诗歌文献整理与诗派研究"中，成为其子课题之一，名称为"岭南诗歌作品全编"。作为子课题"岭南诗歌作品全编"的最终成果，《全粤诗》清代部分已于2022年12月底编纂完成，并于2023年6月25日通过了专家组鉴定。这个部分共有3000万字（含目录），收入岭南诗家4667人的诗作约25万首，将编为3111卷，分100册出版。清代部分的完成，使规模宏大的《全粤诗》编纂工程终于打上了句号。

《全粤诗》的编纂工作从摸查文献综录一类工具书与各图书馆的馆藏目录入手，在全面、准确掌握有关信息的基础上形成整理总目，然后按照总目的提示，通过复印、拍摄、下载、誊抄等方式从各收藏单位或个人手中逐一获得所需的文献资源，或者从书店购买已出版的图书。获得资料后，便分别对各诗人的别集进行标点校勘。同一集子若有不同版本，则择善而从，以稿本、原刻本、稿本、足本或定本等为底本，参校其他版本。底本若发现有讹误，予以改正，并在校记中说明根据。底本与参校本文字相异而各俱可通，底本估计有误但根据不足，俱在校记中指出。别集整理完成后，再从各种总集、省府州县志、山志寺志、金石碑刻及书画作品中搜辑无集作者的零散作品或有集作者的集外作品。诗作按作者生活时代的先后编入总集。每位作者均提供一个小传，简要介绍其字号、生卒、里籍、科第、事迹、封赠、著述等，文献记载不足者暂缺。

《全粤诗》不仅收罗宏富，而且追求精审。例如明代新会陈献章诗，以清康熙四十九年何九畴刻《白沙子全集》为底本，参校了明弘治九年吴廷举刻《白沙先生诗近稿》、明万历元年何子明刻《白沙先生全集》、明万历九年何上新刻《白沙子全集》九卷本、清顺治十二年黄之正刻本，其中《白沙先生诗近稿》藏于台湾"中央研究院"历史语言研究所，为罕见版本。此外整理者还从《陈献章诗文补遗》《岭南五朝诗选》《广东诗粹》《石斋八月稿》《香山主人遗草》等总别集，《颂斋书画小记》《广东书画征献录》《广东历代书法图录》《中国书画图目》《书法图史》《鹤山诗词四百首》诸书及明嘉靖《广东通志》等13种方志中辑出了不少集外诗，所收作品比内容向称齐全的孙通海点校本《陈献章集》多了56首。又如揭阳翁万达诗，以广东省立中山图书馆藏道光约心轩版《思德堂诗集》为底本，作品比通行的翁氏《稽愆诗》多115题。在《全粤诗》中，有部分诗作是通过特殊渠道搜集而得的。例如收入卷三九三的番禺何其伟诗录自明天启版《毂音集》，书藏香港中文大学图书馆，是《中国古籍善本书目》未著录的孤本。收入卷四八三的区大伦诗，是以中山图书馆特藏部所藏清初善本《区罗阳集》为底本整理的。收入卷二五四的兴宁张天赋诗，是以兴宁县图书馆藏明嘉靖孤本《叶冈诗集》为底本整理的。收入卷五六九的东莞王猷诗原无刻本，是以在其族内流传的抄本《壮其遗集》为底本整理的。收入卷七一的东莞陈琏的诗作，是以香港学海书楼藏清康熙六十年万卷堂陈氏后人重刊的《琴轩集》为底本整理的。《全粤诗》清代部分在编纂过程中使用了海量文献，仅别集就有837种、总集57种，其中有部分是珍稀资料，例如张锦麟的《少游草》（清刻本）藏于广东省立中山图书馆，畲锡纯的《畲锡纯诗集》（清雍正五年刻本）藏于华南农业大学农业历史遗产研究室，江仲瑜的《掷馀堂吟草》（清钞本）藏于暨南大学图书馆，均为海内孤本。有一些诗集本子采自海外，如黄仲畲的《心字香馆诗钞》（清同治六年涞阳署斋刻本）是日本京都大学图书馆的藏本，谈子粲的《古风今雨楼诗钞》（清道光二十一年刻本）是日本大阪府立图书馆的藏本。有一些诗集本子则得自于私家收藏，如清乾隆四十三年刻《杨假堂合刻诗草》是顺德叶耀恒的藏书，清刻龚章《澹宁堂集》是北京大学潘建国的藏书，清宣统元年刻梁子瑜《存庵文集》是笔者本人的藏书。有一部分诗作，采自报刊与书轴、扇面等艺术品。

（二）编纂《全粤诗》的意义

编纂《全粤诗》，是一项需要消耗大量人力、物力、财力，并且需要花费很长时间才能完成的文化工程。那么学术界为什么要不遗余力地编纂这样一部超大规模的诗歌总集呢？因为《全粤诗》的编纂具有下列重要意义——

第一，有利于推动岭南区域文化研究。近年来在各地此起彼伏的地域文化研究，几乎都是从文献资料入手来展开的，这是因为文献资料最能反映各个地区的文化特质。岭南文化是中华文化的组成部分，是在中原文化影响下在南方地区发育起来的一种区域文化，它既具有母体文化的一般品格，又受到本地区自然、人文因素的影响而呈现出独特的个性。岭南诗歌是岭南文化的重要内容之一，甚至是最精粹的内容，因此编纂《全粤诗》，就能推进岭南文化研究的深入，对其他区域的文化研究也能起到某种示范作用。

第二，有利于摸查岭南文学的"家底"。岭南的诗歌创作曾有过一个长达数百年的繁荣期，其成果是岭南的宝贵文化财富；然而现代的人们对古近代粤人的诗歌创作情况并未形成清晰的概念，并不知道其数量有多少、质量有多高、分布有多广。而编纂《全粤诗》，对岭南的诗歌做了一次有史以来最大规模的作品集成，通过这项工作，人们可以对岭南诗歌文学创作的情况进行一次系统摸查，从而掌握各种信息，对相关的问题获得清楚、准确的认识。过去由于受到搜辑条件与编纂规模的限制，有一些罕见的诗集或诗文集既未被区域性的通代总集收录，也未被全国性的断代总集收录，而通过这次的全面、系统整理，它们浮出了水面。

第三，有利于展示岭南的诗歌创作实绩、增强粤人的文化自信。诗歌编集向来是乡邦文化建设的重点之一，因此编纂《全粤诗》的过程实际上也是一个展示岭南诗歌创作实绩的过程。通过这项工作，人们可以了解到粤诗人在历史上的各个时期有过什么样的创作，水平有多高，成就有多大，影响有多广，在全国诗坛处于什么样的地位，等等。事实上，《全粤诗》告诉了人们,岭南诗坛不是没有大家,而是有大家而名不著,因为粤海士风向来低调、不爱张扬。清人凌扬藻说:"岭海士习喜实行,耻浮名,故有著作等身、裒然成集者,亦取自怡悦,未尝辄付剞劂以问世。"①《全粤诗》的编纂在一定程度上改变了这种低调之风,入集诗作既凸显了岭南大家的创作成就,也反映了一般诗人的写作水平,对本地区人士的文化自信起到了某种提振作用。

第四,有利于保存岭南的文化遗产。粤诗人在漫长的历史长河中,曾创作了为数众多的诗歌作品。作为岭南文化的宝贵财富,它们具有重要的文学价值,是研究诗人的社会生活、思想感情、往来交游、创作活动与文学成就等的珍贵资料;而且具有丰富的历史价值,可为研究本地区的政治、经济、哲学、民生、宗教、风俗等提供佐证。然而由于天灾人祸的破坏与虫蠹兵燹的侵损,许多作品已散佚;而随着时间的流逝,还会有更多作品面临被侵损的危险。只有采取有效措施,把它们全面、成系统地汇编在一起,才可能实现对它们的有效保存,使其流传久远。编纂《全粤诗》,就是这样一个文化抢救与保护工程。

第五,有利于社会各界对岭南诗歌作品的利用。古代、近代的粤人诗作一方面数量众多,另一方面又载体分散,想要把它们收集起来往往颇为不易。特别是一些藏于公家或私人手中的珍稀集子,一般读者很难有机会寓目。而集合学术界的力量,编纂出《全粤诗》这样一部超大规模的区域诗歌总集,把岭南的古代、近代诗歌作品都收罗在一起,便能从根本上满足广大读者的阅读、利用需求;而现代图书馆的收藏规模、检索手段与利用条件,也为这一目标的实现提供了便利。

正因为意义重大,所以《全粤诗》陆续出版后,引起了社会的广泛关注。粤、港、澳的多家传播媒体,如《羊城晚报》、《广州日报》、《南方都市报》、《南方日报》、香港《大公报》、《澳门日报》等,以及一些学术期刊,都对此项目做过报道与评论。论者无不认为这部区域诗歌总集规模宏大、内容广博、点校精审、分量厚重,是岭南文化建设的标志性工程之一。例如《羊城晚报》2009年11月21日发表了署名文章《〈全粤诗〉证广东非"文化沙漠"》,香港《大公报》2009年10月15日发表了署名文章《〈全粤诗〉为"蛮荒之地"正名》,香港《大公报》2011年1月17日发表了署名文章《〈全粤诗〉展示岭南诗坛的繁荣》,南方网2009年11月19日发表

---

① 凌扬藻:《国朝岭海诗钞·凡例》,清道光六年狎鸥亭刻本。

了署名文章《〈全粤诗〉编纂成果获专家肯定》；广州的《荣誉》杂志第21期（2014年）发表了署名文章《传承中华文化的"接力棒"——记古典文献〈全粤诗〉主编杨权教授》。广州的《华声》杂志2014年第1期发表了署名文章《为往圣继绝学　为万世传诗篇——中山大学整理区域性古典诗歌文献〈全粤诗〉》。在一次研讨会上，广东省文联主席刘斯奋先生说自己深知编纂《全粤诗》困难之大之多，唯其如此，所以对参与此项工程的专家、学者们怀有深深的敬意。在这个充满竞争、充满机遇也充满欲望的时代，一个研究团队，大家都能齐心协力，沉下心来踏踏实实地做成一件事情，完成一个经得起历史考验、能传之后世的项目，确实不容易。既要有甘坐冷板凳的心态，又要有相应的学术水平，两者缺一不可。中山大学前常务副书记梁庆寅教授说："数千万字，这些数字既是枯燥的，也是可以说话的。它们可以说明很多东西。我们有一批很好的学者，他们甘于寂寞，不计名利报酬，潜心于学，才做出了这么可喜的成绩。成果说明他们花了很深的功夫，同时也展示了他们的学问。什么是精品力作？我看《全粤诗》就是精品力作！"著名学者、中山大学历史系张荣芳教授说："《全粤诗》封面上印着'中山大学中国古文献研究所编'，分量很重。《全粤诗》是广东文化学术界的标志性成果。在中山大学能产生这样的成果，很值得我们骄傲。"著名学者、中山大学中文系黄天骥教授则表示，《全粤诗》的出版具有很大的意义，它像从前中大所编纂的《全元戏曲》一样，是可以拿国家的标准、广东省的标准、中山大学的标准来衡量的著作，是能藏之名山、传之久远的著作。

（据发表于《图书馆论坛》2019年第2期的《粤诗文献整理与作品编纂》一文改写）

发潜德之幽光

——在钦州市"纪念冯敏昌诞辰270周年文化学术研讨会"上的主题发言

我首先想向东道主致谢！为筹办会议，我们钦州市有关方面做了许多细致、笃实的工作。市政协的领导与钦北区的部门领导曾两次造访中大，来到我的工作室，与我交流举行本研讨会的种种想法，并面邀我参加研讨；还特意请钦州的陶艺家把陈永正先生与我的书画作品刻到坭兴陶上，作为礼物送给我们，礼重，情义更重。为其诚意所打动，是我决定与会的原因之一。不过，就算我们钦州市的领导不那么礼贤下士，我想我也应当与会，因为我是广西人。弘扬本土文化、宣传先贤事迹，是本籍学者义不容辞的责任。

近十多年来，我一直从事岭南文献的整理与研究工作。我的主要任务之一是主持全国高校古籍整理与研究工作委员会重点规划项目——《全粤诗》的编纂工作。这部规模宏大的著作，汉代至明代各卷由著名的古文献学家与岭南文学史家陈永正先生主编，清代部分由我主编。目前后者已被整合进2015年国家社科重大项目"岭南诗歌文献整理与诗派研究"之中，而我是这个重大项目的首席专家。《全粤诗》篇幅很大，有三四千万字之多，所收为旧时的"粤东"诗人的作品，其中包括钦州的诗人。冯敏昌（1741—1806）存世的2200多首诗作，已被收录进去。岭南的诗人众多，以前我并没有像在座的一些学者那样，曾对冯敏昌做过专门研究。接到参会邀请之后，我在短时间内补了一点功课，浏览了冯敏昌的诗文别集［主要是《小罗浮草堂诗集》与《文集》，与翁方纲的部分著作（如《复初斋文集》《石洲诗话》等）］，也翻阅了古代、近代文献中的部分相关批评文字，对发表在各种期刊上的冯敏昌研究论文也看了一遍。经过这样一番阅读，我对冯敏昌研究的问题形成了以下几点心得。兹与大家交流，说错了请指正！

一、冯敏昌在诗歌创作方面巍然为岭南一大宗

冯敏昌是进士，当过翰林院编修，也当过部曹（户部、刑部主事），却没有明显的事功，因为他任官时间较短（六年），而且做官也不顺心。他的

贡献主要还是体现在文化上，比如主持河阳书院、端溪书院、粤秀书院、越华书院的讲席，当山长，培养了不少士子；又比如编纂《河阳金石录》，修撰《孟县志》《华山小志》，等等。这次参会的论文，就有不少是讨论他的教育与学术贡献的。冯敏昌在书法、绘画方面也很有造诣。汪兆镛《岭南画征略》卷四说他"画松石兰竹苍秀绝俗"，当世与后代都有很多人喜爱他的作品。《粤小记》卷一说："先生德性渊纯，学问该博，诗字皆臻至妙，得其片纸，珍若拱璧。"现在在北京国子监的石壁上，就存有他的字画。这方面，在座的广东省博物馆的陆文岭先生更有发言权。

不过，在我看来，冯敏昌所以成为冯敏昌，主要还是因为他的诗。换言之，冯敏昌的文化贡献，最重要是在诗歌创作上。如果说顺康时期屈大均、陈恭尹、梁佩兰"三大家"的崛起是清代岭南诗歌创作的第一轮高潮的话，那么乾嘉时期"岭南三子""岭南四家""粤东三子""粤东七子"等诗人集群的产生，便是清代岭南诗歌创作的第二轮高潮，而冯敏昌便是在此轮高潮中涌现出来的诗坛巨擘。他的诗作，内容牢笼百态，包罗万有，不仅数量众多，而且水平极高，向有令誉。比如后学诗人张维屏便说他"学韩而得其骨之重"，境界"阔大"，还说："先生豪情胜概，有时下笔几不能自休，如洪炉之火，金铁齐熔，大河之流，沙砾并下者往往有之，然宗派甚正，体格甚宏，洵属坛坫雄师、钟镛巨响。"（见《国朝诗人征略》初集卷四十五）冯敏昌博采众家，继承了岭南诗坛的雄直之气，在创作实践中形成了"拙""苍""朴"的艺术风格。民国屈向邦认为："钦州冯鱼山诗笔雄深雅健，足以笼罩一切，巍然岭南一大宗。"（《广东诗话》卷四《冯鱼山诗集家藏本》）。何曰愈《退庵诗话》"冯敏昌"条则说他"凡名山大川云烟变灭、波涛起伏之状，盘薄胸次而注于笔端，浑浑浩浩，包孕万象"。

冯敏昌的诗歌创作为什么能取得这么高的成就呢？古人早就探究过原因，结论大致有三点：一是天姿超迈，学殖宏富；二是穿穴百家，独开生面；三是遍游天下，负抱旷逸。张维屏《听松庐诗话》说："鱼山先生天资超迈，生平师友既多博雅通儒，而中年遍游五岳，揽胜探奇，名山大川，复有以开拓胸怀，增长魄力。故其发而为诗，自有一种伉爽雄豪、寄欸磊落之概。"（《国朝诗人征略》初编卷四十五）刘彬华《岭南群雅》初集卷一说："盖其（指冯敏昌）天姿既超（迈），又沉酣古籍，穿穴百家，由昌黎、苏、黄上窥李、杜堂奥，乃自具炉冶，独开生面。其才富，其气盛，其声正以大，其骨苍以劲。中年遍游五岳，足迹直抵长城，凡夫名山大川、云烟变灭、波涛起伏之状，磅礴胸次而注于笔端，盖浑浑浩浩，包孕万象，诸体靡弗擅胜，而七言古阳辟阴，阖海涵地负，叹观止矣。"

二、冯敏昌是区域大家，亦具全国声望

冯敏昌诗名极盛，可称乾嘉时期岭南诗坛第一人。这并非我有意溢美，古人即持此论。比如，黄培芳《香石诗话》卷一就把他与张九龄相提并论："余谓曲江极其醇，至先生极其大，皆当以一代论者也。"刘彬华《岭南群雅》初集卷一则说："（冯敏昌）诗笔雄深雅健，实足笼罩一切。……粤诗自曲江后，一振于南园，再振于海雪、药亭、独漉、湟溱诸公，以迄于今，其力追正始，凌轹前喆，以弁冕百余年来风雅群英者，非先生其谁与归！"将他与张九龄、南园五子、邝露、梁佩兰、陈恭尹、程可则相提并论。冯敏昌的朋友、曾任广东惠州知府的伊秉绶在《清故奉政大夫前翰林院编修冯先生墓志铭》中记道："（冯敏昌）尤为秀水钱侍郎载、大兴朱学士筠所推重，谓将与曲江代兴。"这些说法，在岭南诗史上都把冯敏昌推尊到了与张九龄比肩的地位。何曰愈《退庵诗话》"冯敏昌"条则说："吾粤诗自三家而后风雅迭兴，而必推冯鱼山为最。"认为冯敏昌是"岭南三大家"之后最杰出的诗人。可见不少名流都认为他是清中期岭南诗家第一人。

上述评论都是在岭南范围内品论冯敏昌。我们可不能因此就把冯敏昌仅仅定义为一位区域名家。其实，他除了在岭南享有令誉外，在全国范围内也享有时名。翁方纲在《皇清诰授奉政大夫刑部主事鱼山冯君墓表》中说："中外士大夫无不知有冯鱼山者。"宋湘在《小罗浮草堂诗钞跋》中说："先生道德醇萃，问学通雅……自入翰林，官部曹，名重天下，奇崛不尽其蕴。"凌扬藻在《国朝岭海诗钞》卷十二评论说："比部（指冯敏昌）天资高超，学殖宏博，而登览遍五岳，声气满九州。"这些议论，都说明了他在全国也大名鼎鼎。冯敏昌为什么能在全国享有广泛的知名度呢？根本原因，当然是他在诗歌创作方面取得了卓越的成就。这一点，许多岭南以外的名流都是认可的。他的老师、曾三任广东学政的学者与诗论家大兴翁方纲就十分赏识他，翁氏曾在《铜马篇示冯鱼山》和《天涯亭》等诗中，说冯敏昌是"天马""骅骝""栋梁材"。冯敏昌在乾隆三十五年（1770）的恩科乡试中以第三名中式，兴奋不已的翁方纲在典试者上海陆锡熊面前盛赞冯敏昌，说他是"天下异才"。在《冯鱼山诗集序》中，翁方纲记道："陆耳山典粤试榜发，予与耳山交口称为天才，罗台山、李南涧皆同几激赏其诗笔。"这些"激赏"冯敏昌"诗笔"的人士，都非粤籍。罗台山名有高，江右瑞金人，

以优行贡京。李南涧即李文藻,山东益都(今青州)人,官至广西桂林府同知,是著名藏书家、文学家与金石收藏家。在《皇清诰授奉政大夫刑部主事鱼山冯君墓表》中,翁方纲回顾了自己当年视粤而发掘冯敏昌的经过,说"予历掌文衡,所得英俊匪一,而以天才独擅,屈指君为最先",对冯敏昌给予了高度的肯定。

像翁方纲一般赏识冯敏昌的,还有钱载(号萚石)。他是《四库全书》的总纂,官至内阁学士兼礼部侍郎,是当时诗坛"秀水派"的代表人物,"以学问、诗书鸣一时"。冯敏昌在中进士前曾以诗进质,钱载击节叫好,手书云:"(君)实有天才,加以博学,在所必传。若岭南诸先正皆得偏方之音,而此独否。精进不已,横绝古今,固当拔戴于三家之上,并驱中原,扶轮大雅。幸不以博取功名而自小之!"(冯士镰《先君子太史公年谱》)对冯敏昌极寄厚望,后来还干脆就把冯敏昌收到了门下。

像翁、钱这般赏识冯敏昌的非粤籍政要、学者与诗家,还有很多很多。比如,清温汝能《粤东诗海》卷八十七《冯敏昌》引秦小岘云:"鱼山学既宏富,又尝游五岳,周游边塞,广搜金石。其诗环怪奇特,盘郁苹崒。"秦小岘即秦瀛,无锡人,清朝大臣,官刑部右侍郎。冯敏昌的弟子、清朝内务府大臣、翰林院掌院学士觉罗桂芳说:"先生之诗,高者入天心,穿月胁,幽窈奇崛,不可为状;次者直抒胸臆,宁蓬首粗服而耻为苟饰。星月之光,不避云雾;江河之流,不憎泥沙。"(《小罗浮草堂诗钞序》)乾隆五十五年(1790)殿试榜眼阳湖洪亮吉是眼界很高的学者与文学家,他在《北江诗话》卷一中一一点评了入他法眼的诗家,其中就有冯敏昌。他的话是:"冯户部敏昌诗,如老鹤行庭,举止生硬。"洪氏的评论是中性的,他所指的是冯敏昌的诗风,并不是贬低冯敏昌。

冯敏昌能在岭南以外的地区受到关注,也有一个客观原因,那就是他的活动范围比许多岭南的诗家要大得多。由于地理条件的限制,岭南诗家往往足不出岭,他们的创作情况自然就难于为其他地区所了解——除非有入粤人士推介。冯敏昌与许多岭南诗家不同的地方,就在于他长期活动在北方。为应科举,他曾滞留京师数年"补习"。中进士后为翰林院庶吉士,散馆后任编修,后在户部、刑部任主事,又居京数年,阅历相当丰富,因此与许多名流都有交往,谢兰生《鱼山先生传》便说他"所交尽名下士"。这些名士,除上面提到的几位外,还有大兴朱筠(筠河),休宁戴震(东原),嘉定钱大昕(晓征),益都周永年(林汲),龙溪李威(畏吾),阳湖黄景仁(仲则)、孙星衍(渊如),绵竹李鼎元(墨庄),钱塘潘庭筠(兰坨),偃师武亿（虚谷），宁化伊秉绶（墨卿）等等。这些豪俊君子，有不少人是响当当的人物，比如戴震是乾嘉之学皖派的领袖，钱大昕被人认为是 17 世纪最精博的学者。他们都很欣赏冯敏昌的诗才，有不少人与他有唱和。冯敏昌中年后曾长时间云游天下，这也增加了他的社会影响力与作品传播度。

冯敏昌逝世后，嘉庆十四年（1809）其四卷本诗选《小罗浮草堂诗钞》（收诗四百余首）出版。这本诗选，便是由翁方纲、吴嵩梁、秦瀛、觉罗桂芳、陈寿祺、宋湘等人各自提出取舍意见，在京城合作编成的。这几个人，除宋湘以外，均为外省籍的士人。翁方纲，号覃溪，直隶大兴人。清代大臣，历官内阁学士、左鸿胪寺卿。吴嵩梁，号兰雪，江西东乡人。清代江西最杰出的诗人。有"诗佛"之誉。嘉庆五年（1800）举人，授国子监博士。秦瀛，见上文。觉罗桂芳，清朝大臣，爱新觉罗氏，满洲镶蓝旗人，内阁学士，迁礼部、吏部、户部侍郎，翰林院掌院学士。陈寿祺，儒学家，字恭甫，福建侯官人，嘉庆四年（1799）进士。

又，冯敏昌在清朝国史馆修《清史列传》卷七十二与民国赵尔巽主修《清史稿》卷四百八十五《文苑传》都有传，这一事实也是冯敏昌具有全国性声望的有力证明。

在本次研讨会的论文集中，我看到有的作者把冯敏昌称为"钦州诗人"，这种讲法，说籍贯可以，作为诗家定义则不可以。

三、冯敏昌的崛起是岭南的文化奇迹

岭南诗坛，杰出诗人辈出。在冯敏昌之前，就有张九龄、余靖、崔与之、李昂英、葛长庚、区仕衡、赵必瑑，有"南园五先生"，有陈献章、丘濬和黄佐，有出自黄佐之门的"南园后五先生"，有有"吾粤之太白"之称的黎遂球、有"吾粤之少陵"之称的陈邦彦和有"吾粤之灵均"之称的邝露，有"南园十二子"，有海云诗僧群，有"岭南三大家"，等等。在冯敏昌生活的时代，与他齐名的也有好几位，《清史列传》卷七十二便认为他与黎简、宋湘并驾宇内，《清史稿》则把他与张锦芳、胡亦常合称"岭南三子"，凌扬藻《国朝岭海诗钞》卷十二这样评价冯敏昌："在同时诸公中，当与药房（张锦芳）、二樵（黎简）、石帆（吕坚）划疆而霸。"虽然如此，冯敏昌的崛起，与上面提及的诗家还是有很大的不同：这些诗家基本上都产生于以广州为中心的珠三角地区，以及相对来说较具人文传统的潮州与嘉应州地方；而冯敏昌却是在钦州这个当时经济落后、人文资源有限的"荒服"

冒出来的!古人已经注意到这个事实的奇异,以诗、古文名世的清朝大臣无锡秦瀛曾在《小罗浮草堂诗钞序》指出:"有明岭海多诗人……然诸君子虽产岭海,多在广州数百里间,要未有拔起于穷荒僻远之区;独以其诗鸣,才情横鹜,别树帜于诸君子之外者,则如钦州冯君鱼山是已。"清朝学者青浦王昶则在《蒲褐山房诗话》中说:"鱼山所居钦州乃广东西南濒海处,盖地近安南,汉以来无文学士。鱼山读书砥行,无师而成……工书能诗。"奇才罕见,因此清人谢兰生便在《鱼山先生传》中把冯敏昌与官至中书门下平章事的唐代遵化人姜公辅和明代海南籍大学士丘濬相比拟,说冯"虽功业禄位不逮,而所造深邃,与之代兴无愧焉"。

我曾试图把冯敏昌的崛起归因于其家学与师承,但发现都不对。冯敏昌出身并不显赫,其曾祖父冯宪万只是一名太学生,祖父冯经邦是增广生,父亲冯达文是岁贡生,少年时代的冯敏昌在受教育方面值得一提之事不外两件:一是十三岁时跟本州明经谢涵川读制艺,二是十四五岁时在方梅轩家塾从合浦学者谭崧堂游。当然,为扩拓视野,冯敏昌在十六岁时曾离开钦州,到肇庆从学者陆大田读书于端溪书院,一年后又赴省城入粤秀书院,游于学者柴屿青之门,但时间都不长。总的来说,其师承并不明显,老师也不很有名。翁方纲的赏拔当然是他崛起的一个举足轻重的因素,但是他的根基是在认识翁方纲之前就打好了的。对这个问题的解释,只能归因于其天才。大抵其诗艺多靠"夙慧",学问则有赖自修。

正因为冯敏昌的崛起是一个文化奇迹,所以冯敏昌研究才成为岭南研究的一种珍贵的历史资源,冯敏昌才成为钦州的一个文化符号或一张"文化名片",冯敏昌的事迹才值得我们下大气力去探讨弘扬。

四、冯敏昌研究这个课题还有待拓展深化

对冯敏昌,古代、近代人都很重视,有不少令评,倒是今日学术界对他有些冷落了。兹举两例:第一例,清国史馆《清史列传》卷七十二说:"粤诗自黎简、冯敏昌后,推湘为巨擘。"意思是黎简、宋湘与冯敏昌的诗歌创作成就相仿佛。可是在陈永正主编的《岭南文学史》中,对黎简、宋湘均有专章介绍(第六章、第七章),而对冯敏昌的讨论只有半节(第五章第一节,与张锦芳合在一起)。第二例,迄今在知网上发表的研究冯敏昌的文章总共只有19篇,另有硕士论文一篇,专著未见出现。而研究其老师翁方纲的论文多达133篇,专著也有很多种!这种局面与冯敏昌的成就与贡献显然

是很不相称的。

　　造成上述局面的原因,可能与1965年之后钦州被划归广西有关。广西原不把冯敏昌视为本籍诗人,而广东的学者却以为既然钦州已划给广西,那么研究冯敏昌便不是他们的责任了。面对这样的局面,钦州的学者更应当自觉地负起这个责任来。

　　冯敏昌研究的著述不仅少,而且大多浮泛。我看了发表在知网上的论文,发现大多数的文章停留在对冯敏昌事迹的一般介绍与对冯敏昌诗作的欣赏分析上,真正进入学术研究层面的作品并不多。因此我认为,冯敏昌研究,应从两个维度来推进:一是在面上扩拓,二是从点上深化。

　　其实冯敏昌研究,是有不少课题可作的。兹举几例:

　　潘务正先生在《文学遗产》2013年第2期发表了一篇论文《翁方纲督学广东与岭南诗风的演变》,认为在乾隆、嘉庆时期,岭南的诗歌创作出现了一轮高潮,诗风也产生了方向性的转变,由宗唐变为唐宋兼宗。他认为推动这种转变的人物有张锦芳、黎简、"粤东三子"(张维屏、黄培芳、谭敬昭)等,而主将首推冯敏昌。这个结论当然是没有问题的,可是对"第一主将"冯敏昌在这场变局中是如何发挥作用的,并未见有人作过专门的研究。

　　又比如,冯敏昌"于诗,始学山谷,继乃腾踔百家,由韩苏而归于杜。至其炉锤炼冶,生面独开,则自成一家言焉"(张岳崧《小罗浮草堂诗钞跋》)。他虽然没有写过一本《诗话》或《诗论》,但是他在诗歌创作的实践中形成了独特的诗学观念。他曾说过:"诗不可以不守绳尺,亦不可徒涉旧案;不可专恃性灵,亦不可浪逞博洽。必深悉古人堂奥而穷其离合浅深,然后自辟一境,以附古人之后。"又说:"凡大家诗,宁质毋浮,宁拙毋巧,宁秃毋纤,而尤要在陶淑性行、读书穷理,乃能为正大洪达之音,有合温柔软厚之旨。"(张岳崧《小罗浮草堂诗钞跋》)他的诗学观念散见于一些文章与论诗诗中,有待于学术界系统收集、整理、归纳,并作为一个具体的课题来研究。

　　翁方纲是冯敏昌的第一恩师,翁、冯关系是冯敏昌研究的一个惹人注目的题目。但是学者们大多只是看到了翁方纲的宗宋崇苏倾向及"肌理说"诗论对冯敏昌产生的影响,看到了冯敏昌对翁方纲的追随,而没有注意到冯敏昌其实也有独立的诗学观念与主张。我是在阅读冯敏昌与翁方纲的一些文字时偶然发现这一点的,在最近几个月中,一直在对这个问题进行研究,所撰论文题目叫《冯敏昌与翁方纲在诗学观念上的分歧》。在研究这个问题的过程中，我看到了在座的杨年丰先生的《论岭南诗人冯敏昌的诗歌》(《钦州学院学报》2008年第5期)一文，文章提到翁方纲后期对冯敏昌不无失望，这让我感到很兴奋，因为他的结论印证了我的判断。我的论文迟迟不能成型，是因为问题的研究难度较大。但真正有价值的学术课题，研究起来都是不容易的。随随便便就能写成的东西，不叫学术。

另外，对钦州本籍的学者，我还想提出一点告诫，那就是不要因为对冯敏昌有感情便影响学术研究的科学性。我的意思是，不要把无根游谈当成信史，不要拔高冯敏昌。任何一个结论的提出，都要以文献资料为依据。文献证据不足，宁可存疑。这才是科学的态度。否则你越想塑造冯敏昌，别人就越不以为是。

今天我们从不同地方、不同部门、不同单位会聚到这里，举行这个"纪念冯敏昌诞辰270周年文化学术研讨会"，目的不外一个，那就是"发潜德之幽光"，让岭南文化史上的杰出人物冯敏昌的事迹、贡献彰显开来，让更多的人关注他、重视他。举行这样一个研讨会是非常必要的，但是仅仅举行一个研讨会还不够。要达到上述目的，还有赖在座诸位，有赖学术界，做更多更具体更扎实的研究工作。让我们大家共同努力！

（未刊稿）

张其淦与《东莞诗录》

　　近代东莞籍名流张其淦（1859—1946）是一位集学者、文人、诗家、官僚、地主、商人、资本家、教育家、慈善家于一身的复合型人物。他本字汝襄，后改豫泉（亦作豫荃、寓荃），晚号罗浮豫道人，亦号岭南迂叟，是东莞篁村人，生于清咸丰九年（1859）。其父张端是同治三年（1864）举人，撰有《云梯馆文集》。张其淦幼承家教，学业有成，科举得意，光绪五年（1879）中式举人。后入广州学海堂、菊坡精舍就读，为粤中大儒陈澧的入室弟子。光绪十八年（1892）会试中榜，因患天花未参加殿试。光绪二十年（1894）补试，为二甲进士，选翰林院庶吉士。散馆，授山西黎城知县，有政声。光绪二十六年（1900）调山西巡抚府，掌文案，数月后受黎城教案的牵连而被革职。返乡任龙溪书院山长。光绪二十七年（1901）东莞学堂（东莞中学前身）成立，与进士尹庆举同任名誉校长。光绪三十三年（1907）复官，以候补道员充安徽洋务局会办。宣统二年（1910）署安徽提学使，赏戴花翎。清朝灭亡后以遗民自命，隐寓沪上，投资农工商业，并涉足金融，成为大实业家，但其产业在日本的侵华战事中大多被毁。1946年逝世于上海，享寿八十八。一生著作甚多，已刊者有《寓园文钞》《邵村学易》《左传礼说》《洪范微》《松柏山房骈体文钞》《明代千遗民诗咏》《邵村咏史诗抄》《邵村寿言》《梦痕仙馆诗钞》《吟芷居诗话》《五代咏史诗钞》《元八百遗民诗咏》《老子约》《邵村重游泮水诗集》等等，未刊者有《孟子学说》《寓园文钞》《春秋教旨》《春秋持平》《读老随笔》《庄子旨归》《郭子翼庄偶释》《读列随笔》《梦痕仙馆诗抄续集》等。治学范围覆盖经学、子学、史学、诗学等领域。在整理乡邦文献方面亦卓有建树，曾刊刻了抗清义士张家玉的遗作《张文烈公遗诗》及其家珍的《寒木居诗钞》，又组织了大型族谱《东莞如见堂张氏族谱》的编修，并编纂、刊行了广东最大也最重要的县域诗歌总集——《东莞诗录》。本文兹对《东莞诗录》的编纂与刊行情况进行研究。

一、邑先达所曾做过的工作

东莞的诗歌状况,以宋季赵必㻌之崛起为标志,历代俊彦辈出,在岭南占有举足轻重的地位。清初诗歌大家屈大均曾在《翁山文钞》卷一《东莞诗集序》中说:"东莞自宋嘉定间,竹隐李先生父子出,而后东莞始有诗。明兴,东莞伯罗山何公真继之。三百年来,洋洋乎家《风》户《雅》,为古体者,以两汉为正朔;为今体者,以三唐为大宗,固广东诗文渊薮也。"①而与张其淦科举同年的东莞籍探花陈伯陶则指出:"明时(吾粤)风雅蔚兴,作家林立,然开其新者则陈琴轩,殿其后者则张文烈。"②陈琴轩即陈琏,张文烈即张家玉,均系莞人。清人邓淳在《宝安诗正序》曾分析东莞诗所以繁盛的原因:"吾莞居五岭东南之极界,以巨海天下山川之气尽乎此,则必极其发泄之盛。"③然而,由于天灾人祸的毁损,东莞诗家有遗集传世者甚眇。因此,如何把历代莞诗汇辑起来以使之流传久远,就成为当地士人的一个课题。

早在张其淦编纂《东莞诗录》前,就已有邑先达致力于东莞诗歌的搜集整理了。最早从事此项工作的是明正统年间的礼部左侍郎陈琏。陈琏(1369—1454),字廷器,号琴轩,东莞厚街人,明洪武二十三年(1390)举人。初授桂林府教授,旋升国子助教。永乐元年(1403)以有治才擢许州知州。永乐三年(1405)任滁州知州,不久以扬州府知府掌滁州事。永乐二十二年(1424)任四川按察使。宣德元年(1426)任南京通政使掌国子监事。正统元年(1436)任礼部左侍郎,六年后致仕。景泰五年(1454)病逝于家,年八十五。在东莞与李用、李春叟并称"三贤",合祀于邑祠。著作有《琴轩集》《归田稿》。陈琏辞官归里后,以搜辑乡邦文献为己任,曾汇集邑中宋、元及明初诗家的作品,编为《宝安诗录》,这是有史记载的首部东莞诗歌总集。④

继陈琏后,在明成化年间还有一位叫祁顺的士人接续了陈琏的工作。祁

---

① 欧初、王贵忱主编:《屈大均全集》,人民文学出版社1996年版,第3册,第279页。
② 陈伯陶:《东莞诗录·序》,见张其淦编《东莞诗录》,民国十三年东官张氏寓园刊本。
③ 邓淳:《宝安诗正序》,见张其淦编《东莞诗录》,民国十三年东官张氏寓园刊本。
④ 宝安是东莞的古称。《宝安诗正》残本例言:"晋咸和中,即其地立东莞郡,县宝安。梁天监中,始命名东莞。隋既平陈,遂废郡为县,改隶广州。迨唐而东莞之名乃定。"转引自杨宝霖《莞人历代著作序录(一)》,东莞莞城图书馆《书香》2009年夏季刊。

顺（1434—1497），字致和，号巽川，东莞棠梨涌人，明天顺四年（1460）进士。曾以兵部主事出巡山海关，后转户部督饷临清，升员外郎郎中，任会试同考官。成化十一年（1475）出使朝鲜，之后历任江西左参政、山西右参政、福建右布政使、江西左布政使。弘治十年（1497）卒于任上，年六十四。著有《巽川集》《石阡府志》。祁顺的贡献是续辑《宝安诗录》，增录了数十位诗家。其书前集为陈琏的初辑，后集为他本人的续辑。《宝安诗录》初、续辑的刊行是东莞人文建设的大事，不仅系统汇辑了历代莞人的诗作，而且打破了广东各邑无诗歌总集行世的局面，在岭南文学史上具有重要的意义，但作品集没有流传下来。

作为陈琏、祁顺的后继者，东莞还有一位叫蔡均（字子平）的文士再次对莞人诗作进行了汇辑，他就是屈大均的姻家蔡均。蔡均是东莞白市村人，曾将袁崇焕存留于东莞的遗诗编为《率性堂诗集》。他汇集本地诗人的作品，编成《东莞诗集》40卷，屈大均曾为其书作序，序曰："是集也，于宋首纪竹隐，以其不仕元也；于国朝首纪罗山，以其能归命大明也。意良深厚，虽一邑而隐，然系天下之重焉。"（《翁山文钞》卷一《东莞诗集序》）①

二、《东莞诗录》编纂的前奏

如果说上述明代乡贤的工作只是具有文献编纂史意义的话，那么以下三位清代乡贤所从事的工作，则无疑对张其淦《东莞诗录》的编纂产生了直接作用，可称为《东莞诗录》编纂的前奏。

第一位是乾隆至道光间的学者邓淳。邓淳（1776—1850），字粹如，号朴庵，东莞茶山人，出身于书香门第。其高祖父邓奇是清顺治十四年（1657）举人，曾知河南原武。曾祖父邓廷喆是康熙二十三年（1684）举人，曾出使安南。祖父邓云霄②是雍正七年（1729）举人，有《邓云霄诗文集》传世。父亲邓大林是乾隆十八年（1753）举人、乾隆二十六年（1761）进士，官至礼部郎中。邓淳本人是嘉庆二年（1797）庠生，道光元年（1821）举孝廉方正，曾受邀协助两广总督阮元编修《广东通志》，曾成《东莞志草》50卷以进。晚年主龙溪书院教席。道光三十年（1850）病逝，年七十五。邓淳一生著述宏富，有《岭南丛述》《粤东名儒言行录》《主一

---

① 欧初、王贵忱主编：《屈大均全集》，人民文学出版社1996年版，第3册，第280页。
② 与著有《百花洲集》的万历同邑进士邓云宵不是同一人。

斋随笔》《家范辑要》《邓氏献征录》《朴庵存稿》《邓氏家谱》《乾惕录》等行世。《苏选楼宝安诗正续集序》提到,道光二十六年(1846),邓淳在与人闲聊时"论及文献,以不获见《宝安诗录》为恨,遂偕罗明经秋浦于故家搜求遗集,以备选辑,为陈、祁二公补亡而作"①。与邓淳合作的罗秋浦名嘉蓉(1812—1897),字载徽,号秋浦,莞城西门人,道光二十二年(1842)补诸生,乡试屡考不中,终生以教书为业,著有《云根老屋诗钞》,在与邓淳合作时正值盛年。较诸清季,道光社会尚算"升平",搜采旧家书籍并不十分困难,加上有罗嘉蓉配合,因此邓淳对诗集的辑编工作进展顺利,期年而书成。

邓淳受儒家诗教观的影响甚深,故在汇编莞人诗作时以"正"与"不正"为价值评判的第一原则,他说:"(东莞)莲花山火焰插天,九峰峻耸,以为少祖;黄旗峰秀丽端正,以为近宗。以故其人刚正不屈,数代以来,怀贞抱悫,厉节重义,立德立功,垂名史乘,谓非禀山川钟毓之正气而成耶?"② 而屈大均《广东新语》卷一二《宝安诗录》也有"明兴,东莞有凤台、南园二诗社,其诗颇得源流之正"③ 之说,因此邓淳把他与罗嘉蓉合辑的这部诗歌总集命名为《宝安诗正》。《宝安诗正》模仿清初朱彝尊《明诗综》的体例,广泛收集各阶层诗家的作品,"尊而宫闱,远而藩服,自才人硕士暨于死事之臣、党锢之士、遗逸之民,旁及妇寺僧道、幽索之鬼神"④ 匪不录入,入集诗家多达600余人,合编为60卷。在《宝安诗正》编成后一两年,邓淳便在贫病交加中辞世了。邓淳及其后人生活困窘,无力把《宝安诗正》付诸剞劂,因此这部总集一直以手稿形式存世。

邓淳殁后40余年,又有一位叫苏泽东的乡贤主动站出来负担起保存与增益《宝安诗正》的责任。苏泽东(1858—1927),字选楼,东莞南城蚝冈人,晚清诸生,工诗文,著有《祖坡吟馆诗略》《祖坡吟馆撼谈》《胜朝东莞题名录》《国朝东莞题名录》等。苏泽东是一个深具文化使命感的士人,他曾言:"阐幽光、挽坠绪,正吾辈之责。"⑤ 因担心无法付梓的《宝安诗正》会日久失传,所以他到邓氏旧宅从邓淳侄孙南坪秀才⑥手里借出《宝安

---

① 邓淳:《宝安诗正序》,见张其淦编《东莞诗录》,民国十三年东官张氏寓园刊本。
② 邓淳:《宝安诗正序》,见张其淦编《东莞诗录》,民国十三年东官张氏寓园刊本。
③ 欧初、王贵忱主编:《屈大均全集》,人民文学出版社1996年版,第4册,第323页。
④ 邓淳:《宝安诗正序》,见张其淦编《东莞诗录》,民国十三年东官张氏寓园刊本。
⑤ 苏泽东:《宝安诗正续集序》,见张其淦编《东莞诗录》,民国十三年东官张氏寓园刊本。
⑥ 南坪为号,名字不详。

诗正》的原稿，亲手抄录了两份副本，并把其中一份寄给了正在山西任官的张其淦。幸得苏泽东这位有心人，《宝安诗正》的内容才得以保存下来。在他过录后不久，原稿便云散烟消了。邓淳所编《宝安诗正》只编至道光朝，为使诗集内容更为完备，苏泽东又与当年曾协助邓淳汇编此书的罗嘉蓉联手搜罗前代的遗漏及道咸以来的新作，共得100余家，于光绪二十一年（1895）编成了《宝安诗正续集》12卷。入民国后，东莞屡遭兵燹，人才流徙，文献散失，加上原有的诗家相继作古，资料搜辑难度更大了。面对"风雅之沦亡没世无称"之局，为了使先贤的作品不至于见蚀蠹鱼，苏泽东又就见闻所及，独力编成《宝安诗正再续集》（其时罗嘉蓉已逝世）。据曾寓目此书残本的东莞文史学者杨宝霖先生介绍，该书共收诗家58人，除了明代苏应机、闺秀林兰雪，均为同治、光绪间的诗人。① 苏泽东把《宝安诗正续集》与《再续集》也一同寄给了张其淦，张其淦的《东莞诗录》便是在《宝安诗正》及其《续集》《再续集》的基础上编成的。

三、《东莞诗录》的编纂与刊行

张其淦虽长期身居异土，但心中一直系念着东莞，他对家乡怀有很深的情感，曾说：

> 吾邑自宋以来，贤哲辈出，奇节伟行，彪炳史册。即以科甲仕宦而论，明代尤盛，甲于他邑。邱琼山云："岭南人才最盛之处，前代首称曲江，在今日则皆以为无逾东莞焉。"夫所谓人才者，立德、立言、立功也，以其余力而作诗，人本不足神奇，矧复凤台诗社嗣响骚坛，哲匠宗公联镳接轸。②

张其淦东莞人才之盛冠乎岭表之说，实本自上文提到的祁顺。祁顺在《宝安诗后录序》中曾说过："吾宝安诗人为岭南称首。"东莞钟灵毓秀、人文繁盛是事实，但是否一定"冠乎岭表"，还是有再讨论的余地的。③ 无论如何，正是对家乡才俊之夥、人文之盛的自信，使张其淦产生了强烈的自豪

---

① 杨宝霖：《莞人历代著作序录》（一），东莞莞城图书馆《书香》2009年夏季刊。
② 张其淦：《东莞诗录·自序》，民国十三年东官张氏寓园刊本。
③ 陈伯陶便曾说此语"稍过"，见其所作《东莞诗录序》。

感，意识到自己在发掘、整理乡邦文献方面所肩负的责任。

苏泽东把《宝安诗正》的副本寄给张其淦时，张其淦正在山西黎城任县令。他要苏泽东给他提供这个副本，并不仅仅是想"宦游异地仍得与吾邑诗人如相晤对"①，更主要是想在此基础上编纂一部内容更为完备的东莞诗歌总集。他在《东莞诗录》的自序中提到："吾友苏君选楼向其（指邓淳——引者）后人借钞，余得是书，宦晋宦皖，无日不在行箧中也。"② 张其淦编纂《东莞诗录》，是一个旷日持久的过程：汇编工作在任官黎城时就已开始，但主体工作是在光绪二十六年（1900）被革职还乡后完成的；而书稿最后定型时，他已在安徽任署理提学使③。这部大型总集能编集出来，在很大程度上是因为利用了《宝安诗正》的既有成果，他曾在《东莞诗录·自序》谈及相关情况：

> 幸有徵君此篇，存什一于千百……公余之下，因为删其烦芜，芟其累句，得《诗正》十之六七，编为《东莞诗录》。其有专集者三四十家，亦重为选入。盖犹是陈、祁二公录诗之意，且以成徵君未竟之志。④

可见《宝安诗正》对《东莞诗录》的编纂作用之大、贡献之多。杨宝霖先生曾于2008年冬在某友人处见到《宝安诗正》残本一册、《宝安诗正续集》残本一册、《宝安诗正再续集》残本二册，均为抄本。经与《东莞诗录》相对照，杨先生发现《宝安诗正》卷一、卷二收宋梁文奎等29家，卷三收元梁士楚等6家，卷四至卷二三收明何真等262家，卷二四至卷五八收清尹源进等364家，卷五九、卷六〇收徐亚长、朴庵等闺媛、方外25家，共683家；而《东莞诗录》共收诗人682家。除了在明崇祯年间任刑部尚书、后来降清的李觉斯不收之外，其余全部收录。⑤ 这个发现有力地证明了《东莞诗录》对《宝安诗正》的继承关系。

《东莞诗录》的初稿在清末就已基本编纂完成，但为了使是书的内容更

---

① 张其淦：《东莞诗录·自序》，民国十三年东官张氏寓园刊本。
② 张其淦：《东莞诗录·自序》，民国十三年东官张氏寓园刊本。
③ 今传东官张氏寓园本张其淦《东莞诗录·自序》落款为"宣统庚戌十二月张其淦自序于安徽寓庐"，可证该书初稿是张氏宣统二年在安徽任提学使期间完成的。
④ 张其淦：《东莞诗录·自序》，民国十三年东官张氏寓园刊本。
⑤ 杨宝霖：《莞人历代著作序录（一）》，东莞莞城图书馆《书香》2009年夏季刊。

精博完备，张其淦在入民国后还对它做了长时期的增删修改，其中最重要的工作是把罗嘉蓉、苏泽东二人对《宝安诗正》的增补内容吸收到《东莞诗录》中去。张其淦在《东莞诗录》的后序中说：

> 苏选楼茂才与罗秋浦明经于邓朴庵徵君辑诗之后，复搜罗吾邑人诗，得百余人，名曰《宝安诗正续集》，吾借观之，因采入《东莞诗录》之内，其中或有添补删节。

收入《宝安诗正续集》的东莞诗人共191家，其中74家被采入《东莞诗录》。不仅《宝安诗正续集》为张其淦所重视，《宝安诗正再续集》亦同样受到张其淦的重视。根据曾寓目《宝安诗正再续集》残本的杨宝霖先生比对，《宝安诗正再续集》共收诗人58家，其中57家见于《东莞诗录》。[①] 杨宝霖先生还注意到，残本"《宝安诗正》的目录中多有张其淦涂改、勾乙、增入的亲笔。与罗嘉蓉《宝安诗正续集》（抄本残本）、苏泽东《宝安诗正再续集》（抄本残本）对观，情况完全和《宝安诗正》一致"。杨先生因此得出结论："可以说，张其淦编《东莞诗录》时，就以《宝安诗正》作《东莞诗录》的工作本，把需要选取的诗，从工作本中标出作为《东莞诗录》的稿本，以省抄工。""《东莞诗录》是将这三书合而为一，经过整理增删而成。"[②] 根据上述介绍，我们完全可认为《宝安诗正》及其《续集》《再续集》是《东莞诗录》纂集的基础。假若没有邓淳、罗嘉蓉、苏泽东在前头铺路，就不可能有张其淦在后头继步。就算张其淦能够不靠《宝安诗正》及其《续集》《再续集》而独立编成《东莞诗录》，其书也会与我们今天所能看到的面目相去很远。其实对于邓、罗、苏三人的贡献张其淦是心知肚明的，他也没有掠人之美，在《东莞诗录》编成之后，他特意把邓淳的《宝安诗正序》与苏泽东的《宝安诗正续集序》附在卷首，就是想说明他们功不可没。当然，我们在强调《东莞诗录》继承《宝安诗正》的同时，也不应该忽视张其淦在编纂《东莞诗录》的过程中所付出的艰巨努力和所做出的重要贡献。

张其淦从光绪末年开始编纂《东莞诗录》，到民国十年（1921）编定成书，前后耗时20多年，地点自山西而广东而安徽，可谓旷日持久。这部以

[①] 杨宝霖：《莞人历代著作序录（一）》，东莞莞城图书馆《书香》2009年夏季刊。
[②] 杨宝霖：《莞人历代著作序录（一）》，东莞莞城图书馆《书香》2009年夏季刊。

一县为区域的诗歌总集共 65 卷，收录了宋初至清末的东莞诗家 816 人，诗作 5736 首，各卷内容如下：

卷一、卷二为宋代诗家，包括梁文奎等 29 人；

卷三为元代诗家，包括梁士楚等 7 人；

卷四至卷二三为明代诗家，包括何真等 261 人；

卷二四至卷六三为清代诗家，包括张穆等 494 人；

卷六四为闺媛诗家，包括徐亚长等 8 人；

卷六五为方外、仙鬼诗家，包括朴庵等 17 人。

虽然张其淦曾自谦说："谓《东莞诗录》之所传可以得东莞诗人之面目，吾亦未敢信也。渊明诗云'慰情聊胜无'，是之谓矣。"① 但是这部总集应当基本反映了东莞 800 余年来诗坛的总体面貌，它对莞诗的收录比《宝安诗正》及其《续集》《再续集》更加宏博，也更加精当。《东莞诗录》辑成后，也曾面临出版资金来源的问题。最初，苏泽东向张其淦提议："此书关一邑之文献，当由邑局公款刊之，与县志并传不朽。"② 能获得公款资助自然好，但张其淦考虑到当时连陈伯陶主纂的《东莞县志》在邑局都遭遇了经费方面的问题，若再把《东莞诗录》交给邑局，出版日期不知在何时。因此他决定独任剞劂之费，将其书作为"东官张氏寓园"丛书的一种出版。《东莞诗录》的编纂工作是民国十年（1921）三月完成的，刊刻与印刷大约用了三年时间，该书正式面世，当在民国十三年（1924）四月之后。③ 线装的张氏寓园本《东莞诗录》总共 22 册。

四、《东莞诗录》的得失

《东莞诗录》充分吸收了《宝安诗正》及其《续集》《再续集》的编纂成果，在此基础上又更广泛地搜罗资料，因此后出转胜是必然的。一部诗歌总集的质量，除了受材料齐备程度的影响外，与编纂者的识力也有很大干系。我们注意到，虽然邓淳编纂《宝安诗正》与张其淦编纂《东莞诗录》的活动性质相同，但是两者对总集的编纂思想有很大差别。邓淳是一个观念守旧的人，东莞知县郭汝诚曾在《宝安诗正序》中说他"刻刻以转移风俗

---

① 张其淦：《东莞诗录·自序》，民国十三年东官张氏寓园刊本。
② 张其淦：《东莞诗录·后序》，民国十三年东官张氏寓园刊本。
③ 陈伯陶《东莞诗录序》落款时间为民国十三年四月。

为念，心古人之心，行古人之行"①。邓淳在选辑《宝安诗正》时一意从"正"字着想，选诗"悉取正言庄论、有关风化暨乎借题书写、吐露胸臆者"②，"凡词浮靡，一概弗登录"③。他以为这样做，就可以"上稽夫子删《诗》与《春秋》相表里，中述朱子之《诗序》为'正'字作根原，末靠《新语》言莞诗'得源流之正'便非自夸之语"④。殊不知太拘泥于诗之"正"与"不正"，必然会把一些具有较高艺术价值却不符合诗教要求的作品排斥在外。相比而言，张其淦的观念就开放得多，他对邓淳的编纂思想是不赞同的。他在肯定《宝安诗正》的贡献的同时，也"疑其选择之地未尽善也"⑤。所谓"未尽善"，一个重要方面就是受诗教观的过分束缚。在《东莞诗录》的自序中，张其淦曾就诗之"正"与"不正"的问题，提出了与邓淳相异的见解：

> 韩昌黎曰"诗正而葩"，其言最当"思无邪"，所谓正也；可以兴观群怨，多识于鸟兽草木之名，所谓葩也。朱子注《诗》，谓郑风多淫奔之作，然则孔子何以不删之而存之耶？三百篇后，首推《离骚》，美人香草，寓意深远，彼夫文采鸳鸯合欢裁被。《古诗十九首》接《风》《骚》，下至山采蘼芜将缣比素。《玉台新咏》彤管猗与，亦未尝以为流荡忘返而弃之也。⑥

在这篇文章中，张其淦还以被言诗者公认是诗歌正宗的唐诗为例，指出即使像诗仙李白、诗圣杜甫这样的大诗家，也有"吴宫花草""晋代绮罗""清平之调""丽人之行""鹦鹉凤凰之句""云鬟玉臂之思"一类的绮丽作品；在李商隐的《无题》诗中，就有"楚雨含情皆有托"这样的绮语俪句。张其淦认为，邓淳的标准"可以训及门、示子孙，而持以选诗，其义则隘"⑦。编纂观念的差别，导致了选择结果的不同。因为张其淦思想较开放，所以《东莞诗录》选诗较《宝安诗正》更注重作品的艺术性，而不那么注

---

① 郭汝诚：《宝安诗正序》，见张其淦编《东莞诗录》，民国十三年东官张氏寓园刊本。
② 张其淦：《东莞诗录·自序》，民国十三年东官张氏寓园刊本。
③ 郭汝诚：《宝安诗正序》，见张其淦编《东莞诗录》，民国十三年东官张氏寓园刻本。
④ 张其淦：《东莞诗录·自序》，民国十三年东官张氏寓园刊本。
⑤ 张其淦：《东莞诗录·自序》，民国十三年东官张氏寓园刊本。
⑥ 张其淦：《东莞诗录·自序》，民国十三年东官张氏寓园刊本。
⑦ 张其淦：《东莞诗录·自序》，民国十三年东官张氏寓园刊本。

重作品的教化性。它收录的作品比《宝安诗正》宽泛而精当，原因也在此。

像《宝安诗正》及其《续集》《再续集》一样，《东莞诗录》的汇编体例，在很大程度上借鉴了清初朱彝尊辑录的百卷本断代诗歌总集《明诗综》以及清中叶阮元在任浙江学使与浙江巡抚期间汇编的浙江诗歌总集《两浙輶轩录》的编纂经验。《明诗综》首卷辑录帝王之作，卷二至卷八二按时代编录明朝的诗家之作，卷八三至卷九九辑录宫掖、宗室、闺门、僧道、土司、属国等之作；《两浙輶轩录》前38卷按作者生活时代的先后排列，卷三九为《方外》，卷四〇为《闺秀》。《东莞诗录》前63卷也是按时代的先后排列作者，卷六四为《闺媛》，卷六五为《方外·仙鬼》。这种设计安排，明显是模仿前面所说的两部总集。

诗歌总集除了有因人存诗的意义之外，还有因诗存人的意义，因此仅把诗家作品采撷在一起还是不够的。好的诗歌总集，除了汇辑作品之外，还应对作者的事迹与作品的特点有所评介，"博征史乘，暨名人之评论以为据辑诗，而史之义通焉"①。受《明诗综》与《两浙輶轩录》的影响，《宝安诗正》在某些诗家的名下曾缀以小传及诗话评语，《东莞诗录》不仅继承了这一传统，而且安排更加完善周详。其优点表现在四个方面：一是除了吸收《宝安诗正》本有的小传内容之外，还从《广东通志》《广州府志》《东莞县志》等地方志书，《方氏族谱》《张氏族谱》《罗氏族谱》《王氏家传》《陈氏家传》等族谱家乘以及《宋东莞遗民录》《胜朝粤东遗民录》等人物传记中，抄录了许多诗人的传记资料；二是从《楚庭耆旧集》《柳堂诗友录》《岭南丛述》《养拙山房诗话》《茶林诗话》《晋陵诗话》《红叶山房诗话》《听松庐诗话》《海山诗屋诗话》《祖坡吟馆摭谈》《觉世录》等艺文作品中采撷了多种诗话评语；三是模仿朱彝尊在《明诗综》中收入朱撰《静志居诗话》的做法，在各家诗话评语之后也收入了张其淦自己所作的《吟芷居诗话》，从而使论评内容更为丰富，也更具个人特色；四是把诗家小传、诗话评语与选辑作品按统一格式编集在一起，解决了《宝安诗正》的小传与诗话评语各起始页码不相连属、割裂特甚的问题，更适合于阅读。

虽然从整体上来说《东莞诗录》后出转胜，但是在某些方面它也存在着缺陷。有《邵村重游泮水诗集》《梦痕仙馆诗钞》《五代咏史诗钞》《元八百遗民诗咏》《明代千遗民诗咏》《邵村咏史诗钞》等诗集传世的张其淦，在诗歌创作方面具有深厚的修养，许涵度曾认为其七律风怀不减竹垞（朱

---

① 邓淳：《宝安诗正序》，见张其淦编《东莞诗录》，民国十三年东官张氏寓园刊本。

彝尊），绝句神韵不减渔洋（王士禛）。其子张景韩在为父亲六十寿辰而作的传记节略中提到，当年其父在翰林院当庶吉士，散馆时因所作诗"有粗豪句"而"置二等首"，"以知县用"，张其淦对朝廷这一安排很不满意，曾遗憾地对人说："吾以诗鸣，自谓豪放，不料以诗见弃！"① "懂诗"是好事，但好事有时也会变成坏事。张其淦就因为"懂诗"，眼界过高，所以在编纂《东莞诗录》时下手过"狠"，把一些本来比较不错而不入其"法眼"的作品摈弃了。杨宝霖先生在翻阅《宝安诗正》及其《续集》《再续集》稿抄残本时发现："《宝安诗正续集》（残本）有总目，内收宋代许国泰一家，明代李彰等23家，清代翟宝沙等154家，闺媛、方外李映桃、释玄机等4家，共191家。"② "《宝安诗正续集》（残本）内文，其中脱作者姓名及诗者74家，存117家。对照张其淦的《东莞诗录》，《宝安诗正续集》脱去的74家，全在《东莞诗录》中，《宝安诗正续集》（残本）所存的117家，全不见于《东莞诗录》。"③ 同样情况也出现在对《宝安诗正再续集》的处理上，只是情况没有这么严重罢了——58家诗人删了一家。对张其淦这么"大刀阔斧"地狠删莞人之诗作，杨宝霖先生也不无遗憾地说："《宝安诗正续集》（残本）中的明代32家，清代85家全被张其淦删去，良可惜也。如果《宝安诗正续集》（残本）不存于人间，此117家东莞诗人（就）湮没无闻了。"④ 程中山先生说："张其淦《东莞诗录》编纂一县诗歌，所选的人物基本上是求全不求精，《吟芷居诗话》评论亦多多益善，这不像传统诗话比较倾向著录较为著名的诗人或摘评佳句。"⑤ 这个结论似与实际不符。张其淦编纂《东莞诗录》，应该说既求全亦求精，而其《吟芷居诗话》对诗人及作品的品评也只集中在某些名流身上，并未覆盖多数作者，谈不上"多多益善"。因为过于"求精"，张其淦在汇编《东莞诗录》时删裁了不少莞人之作，这样做，对地方文化的保存是不利的。

张其淦在诗作方面眼界过高，还导致了他在编纂《东莞诗录》时因"手痒"而妄替撰者修改作品。张氏在《东莞诗录·自序》中即提到，他在

---

① 张景韩：《家严节略》，见桑兵主编《续编清代稿抄本》，广东人民出版社2007年，第65册，第459页。
② 杨宝霖：《莞人历代著作序录（一）》，东莞莞城图书馆《书香》2009年夏季刊。
③ 杨宝霖：《莞人历代著作序录（一）》，东莞莞城图书馆《书香》2009年夏季刊。
④ 杨宝霖：《莞人历代著作序录（一）》，东莞莞城图书馆《书香》2009年夏季刊。
⑤ 程中山：《论清代广东诗歌总集编纂与诗话写作》，《清代广东诗学考论》，广东人民出版社2012年版，第278页。

编纂诗录时曾做过"删其烦芜,芟其累句"的工作,后序则说"其中或有添补删节";而杨宝霖先生也注意到,残本"《宝安诗正》的目录中多有张其淦涂改、勾乙、增入的亲笔"。这都透露了他替前人改诗的事实。例如《东莞诗录》卷二五收有祁文友(字兰尚,号珊洲,棠梨涌人)的《过王园看花》:"千株红紫斗芳妍,春到频添酒债钱。任是打门官吏急,公家不税种花田。"比对清乾隆时顺德进士梁善长所辑《广东诗粹》卷一一,"打门官吏"为"邻家称贷","公家"为"君王"。又如《东莞诗录》卷三九所收清乾隆进士郑修(字在湄,一字为易,号十洲)的《过中宿峡上飞来寺纪作》,有"拥衾晤幽独"之句,而在乾隆至道光间的诗人凌扬藻所编《国朝岭海诗钞》卷九中,"晤幽独"作"眠未熟"。这些名气不很大的诗人作品通常少有别本可据,因此,这些诗句的变动很可能是由于张其淦在汇编《东莞诗录》时看着"不顺眼"而导致的。这类例子在《东莞诗录》中虽不多,但毕竟造成了作品的失真,改得再好也不足取。

五、《吟芷居诗话》对莞诗的品评

《吟芷居诗话》是张其淦本人的诗评作品,附《东莞诗录》而行,以莞诗为主要品鹭对象。张其淦自撰的《东莞诗录·自序》作于宣统二年(1910),据此我们可以断定《吟芷居诗话》在清代已基本撰成,不过入民国后仍被不断续写,以适应《东莞诗录》扩编的需要。民国二十四年(1935),张其淦曾把《吟芷居诗话》析为四卷在陈柱主编的《学术世界》杂志连载,后因抗战军兴,至卷三而中辍。由于此书未单独出版过,诗学书目对其鲜有著录。

《吟芷居诗话》的主体内容是对诗家及其作品的品评,但是像黄绍昌、刘熽芬的《香山诗略》一样,该书对东莞诗歌的发展源流也有宏观的审视:

> 吾邑自宋赵晓秋、李梅外及吾祖恕斋公、小山公昆仲诗歌酬倡以来,流风所被,邑人之扬风雅者,代不乏人。明初陈琴轩崛起,粤人推为一代词宗,与南园五先生竞爽东南坛坫,实惟主盟。邑城内有凤凰台胜景也。何止斋、罗思贻、陈靖吉及梁柏庭、梁乐道、任东桥、李思朋辈先后结社于此,提壶挈榼,刻烛催诗。吾邑诗人于斯为盛。《广东通志·黄裳传》曰:"东莞有凤台诗社,则陈靖吉、何潜渊、罗泰为之宗,皆欲力追唐音。"《广东新语》曰:"明兴,东莞有凤台、南园二诗

社，其诗颇得源流之正云。"惜代远年湮，当时诗社之篇既少专集流传，剩馥残膏，无从沾望。①

吾邑自赖介山、简东州，何梅士、陈友珊二夫子，及罗秋浦明经继起，主持风雅，故邑人能诗者甚多。光绪某年容青田夫子提倡续凤台诗社，月课一诗，曾以《望罗浮》《白桃花》《女儿香》为题，与余评阅……②

上文提到，东莞自宋而风雅兴起，至明而臻于大盛，以陈琏为代表；凤台诗社建立，对东莞诗歌的繁荣产生了深远影响；清光绪时东莞诗人曾续凤台诗社的活动，使东莞的诗歌创作形成过新一轮的繁盛局面。

与青少年时期"风雅之事，有志未逮"，因研习心性、考据、古文、制义之学而"忽忽数十年不敢窥骚坛、拟酬唱"的邓淳不同，张其淦本人是著名诗家，谙熟诗歌的创作规律与评判标准。因此其论评文字品骘笃实，对诗家作品往往有到位的点评，有时还涉及一代的文献掌故，可补史乘记载所未及。例如论评清诗家张璐（字伊珮，号渔石，篁村人，道光辛巳岁贡）：

《吟芷居诗话》：家渔石明经，古文简净，有法力，追古人所作《紫衣郎传》，缪莲仙激赏，收入《文章游戏》，风行海内。刻有《渔石初稿》，族人尚有藏之。诗有《渔石剩稿》，不可得而见矣，仅从《柳堂诗友录》录数诗耳。柳堂摘句图五言云："孤客多奇梦，高僧少俗思"，"情息劳思借，枕伤乱不删"。诗七言云："性孤地爱寻清静，交广诗多感别离"，"岂有爱花能戒酒，断无见月不思家"，"交轻知己谈何易，诗重忧时语转难"。又《呈张南山》云："总持风雅关文运，管领湖山谢俗缘。"语甚工稳，其《桑梓识佚》一书，苏选楼有藏本，为友人借去，付诸丙丁，今亦不可得而见矣，可为太息！③

论评之后，即录张璐诗五题。通过上述评语，读者很容易便了解到了张璐的诗风特点。

---

① 张其淦编：《东莞诗录》卷七，民国十三年东官张氏寓园刊本。
② 张其淦编：《东莞诗录》卷六二，民国十三年东官张氏寓园刊本。
③ 张其淦编：《东莞诗录》卷五一，民国十三年东官张氏寓园刊本。

及至民国,《东莞诗录》始最后编定。其时陈伯陶正以"九龙真逸"为号遁迹于香江,而张其淦亦作为前清遗老隐居在沪上。"遗民"心态难免会对人的思想行为产生重要影响,就像陈伯陶作《胜朝粤东遗民录》与《宋东莞遗民录》是"借古人的酒杯,浇自己的块垒"一样,张其淦亦曾撰《明代千遗民诗咏》《元八百遗民诗咏》来表达自己的"异世同感"。附《东莞诗录》而行的《吟芷居诗话》,亦受到了作者遗民心态的影响,它非常重视对前代遗民作品的论评,对遗民诗人往往极力表彰。例如对宋遗民诗人殷彦卓、刘宗、陈庚、黎献、何文季,《吟芷居诗话》都有正面论评。在宋遗民诗人群中,赵必𤩰可称领袖,故张其淦《吟芷居诗话》对他尤其褒扬有加,称赵氏识大体、有气节:"赵秋晓,宋宗室,保卫桑梓,宋亡不仕,每望厓山,伏地大哭,画文天祥像朝夕泣拜。"① 他把赵必𤩰推为莞诗鼻祖,认为他志节高迈、风格拔俗,作品在宋末亦不同凡响,别树一帜:

《四库提要》谓其集在宋末诸家中未为脱颖,然体格清劲,不屑为靡靡之音。余按南宋人诗多沿江湖流派,写景琐碎,边幅狭窄,人遂谓诗教视世运转移。吾邑诸遗民诗格不高,然以骚屑哀音寓黍离麦秀之感,皆可宝也。秋晓古体诗霜天鹤唳,清气往来,近体诗寓意遥深。……昔人谓诗品文品之高下往往多随其人品,斯言不诬。秋晓志节高超,宜其诗之清矫拔俗也。②

同样,对活动于清初的明遗民,如张家玉、吴而达、张穆、梁邦桢、梁邦集、方日琼、方声宏等人,《吟芷居诗话》亦多欣赏表彰之语。对曾为隆武朝重用、与张家玉一起参加过抗清斗争的著名遗民诗人兼画家张穆(字穆之,号尔启,又号铁桥,茶山人)的人品作品,张其淦极为欣赏,他评论说:

张穆之以明代遗民隐于诗画间,流连山水,尝游楚南、上衡岳、泛湖湘,又东行入留都、历吴越,所至与诸名士游。其纪游诗皆奇杰可诵。……穆之人品高绝,诗歌亦一洗尘俗之气,五古尤皆,直有杜韩笔

---

① 张其淦编:《东莞诗录》卷七,民国十三年东官张氏寓园刊本。
② 张其淦编:《东莞诗录》卷一,民国十三年东官张氏寓园刊本。

意，宜邝湛露、朱竹垞诸公之倾服也。①

相反，对那些曾仕两朝的"贰臣"，张其淦所表现出来的便是完全不同的态度。例如王应华（字崇闇，号园长，石冈人）是明万历四十六年（1618）举人、崇祯元年（1628）进士，仕于明，顺治三年（1646）十一月与苏观生等拥立绍武即位于广州，任东阁大学士。次月绍武败亡，苏观生等自缢死节，王氏降清，旋又转投永历帝，为光禄寺卿。张其淦先引用了《宝安诗正》的评论：

> 应华受明厚恩，鼎革后拥立绍武，复拜为大学士，乃与吾驺等悉降，虽未受新朝之职，然已无颜以对旧君。生平诗文颇有可观，而《通志》、邑志皆未采录，已有微词，乃《粤东诗海》选入四首，或未及细察，或不以人废言，均未可知也。

紧接着，《吟芷居诗话》对王应华做出了如下评价：

> 王应华侍郎与苏观生阁部拥立绍武，同为大学士，观生殉节，应华迎降，说者谓应华舍不得石冈鲫鱼，可谓谑矣！当明之季，吾邑忠臣义士奇节甚多，空山逸民更仆难数，即彼以尚书侍郎薙发出降者曾未受新朝雨露之恩，较之钱谦益反复小人、吴伟业一钱不值，犹为彼善于此，而若辈皆为邑人之所不齿，可见吾邑节义之气卓越一时。王应华诗，选入《粤东诗海》者四篇，余辑《诗录》，亦选一首。嗟乎！王侍郎大节已亏，虽名高于钱、吴，何足重也！②

但对王应华之子王鸿逷，《吟芷居诗话》却有不同评价，因为王鸿逷有气节，"耻父之降，弃诸生，削发为僧，后溺死于泷江"。张其淦感叹说："王应华可谓有子矣！"③

《吟芷居诗话》对王应华固持贬斥态度，但是张其淦毕竟还是手下留情，在《东莞诗录》中给他留了一首诗，另外一位莞籍明降臣李觉斯（字

---

① 张其淦编：《东莞诗录》卷二四，民国十三年东官张氏寓园刊本。
② 张其淦编：《东莞诗录》卷二四，民国十三年东官张氏寓园刊本。
③ 张其淦编：《东莞诗录》卷二四，民国十三年东官张氏寓园刊本。

伯铎，后坊人）就没有这么幸运了。本来，在邓淳的《宝安诗正》中，李觉斯是颇受重视的。从今存残本可悉，李觉斯诗收在《宝安诗正》卷二〇，其名下有蔡均所编《东莞诗集》的一个小传、邓淳的一段评论以及李觉斯本人的诗作21题共22首①；而张其淦把此人连同其全部作品都摈除不用。也就是说，在《东莞诗录》中，根本就没有李觉斯的影子！为什么这么做呢？张其淦并未做任何解释，不过我们了解一下李觉斯的行状就可以明白原因。

李觉斯是明万历四十六年（1618）举人，天启五年（1625）进士，以在滁州抵御李自成而被提拔为工部侍郎，又以督建北京城有功而升刑部尚书。晚年因上疏为良臣说话触怒崇祯帝，罢官归里。他在东莞名头很响，与袁崇焕几乎齐名，有"文武两尚书"之称。清顺治四年（1647）张家玉在东莞联乡兵抗清，因队伍给养困难，遂向李觉斯借钱筹饷，遭到李觉斯的拒绝。张家玉的部下忍无可忍，籍其家资犒军。李觉斯一气之下联络清兵，对张家玉大肆报复。《明史·张家玉传》载："家玉败走铁冈，文豹等皆死。觉斯怨家玉甚，发其先垄，毁及家庙，尽灭家玉族，村市为墟。家玉过故里，号哭而去。"张家玉殉国后，清军搜获其尸，让李觉斯前往确认，李觉斯跪向清将贺道："此真逆贼张家玉首，一齿缺，以银镶之，发长二尺三寸许，量之果然。"清军于是将张家玉的头颅悬挂在莞城东门示众。据说由于这个缘故，东莞的村头张与县后李至今不通婚。李觉斯的行径在清初即为人所不齿，乾隆进士檀萃在《楚庭稗珠录》卷三《粤囊下》"文烈遗迹"条说："尚书以重臣遭国难，犹自怙其资，乞而不与，然后籍之，良不为过；乃恃前隙，反面倒戈，灭文烈之宗，真不齿人数矣！事具《明史》，岂可讳之？乃《广志》犹列尚书于名臣传，与香山何相国一列褒；载笔者伊谁，能无受金之疑乎？"②张其淦在《东莞诗录》中所以摈弃李觉斯，并不仅是因为张、李二家有"世仇"，更主要是因为他认为李觉斯联络清兵镇压张家玉部行为卑鄙。张其淦对王应华、李觉斯辈的批判立场自然有其道理，但这种因人废诗的做法对地方人文成果的保存却不利。《宝安诗正》所收的李觉斯诗22首，有13首不见于他的《晚翠居诗集》，弃而不收，未免可惜。

《东莞诗录》后十余卷所录以近人之作为主，其作者多为张其淦早年曾接挹问学的乡贤，因此这部分诗话多为推扬前辈、讲述交谊之语。例如

---

① 杨宝霖：《莞人历代著作序录（一）》，东莞莞城图书馆《书香》2009年夏季刊。
② 檀萃：《楚庭稗珠录》，广东人民出版社1982年版，第108页。

《吟芷居诗话》褒扬其师陈铭奎及其诗作：

> 陈友珊夫子著有《荔庄诗存》，其诗寝馈于唐宋诸大家，镕为一炉，以炼骨为主，故能摆脱凡俗，独出冠时。①

这与其《陈友珊夫子荔庄诗存序》（《松柏山房骈体文钞》卷一）之说相互映照：

> 叹其镌劓造化，雕镂肝肾，清言妙句有若天成，声律格调取高前式，刘彦和所谓源奥而派生、根盛而颖峻，裁云制霞不让天工，断卉刻范有同神匠也。②

张其淦耗时20多年，编纂《东莞诗录》，把自宋初至清末的本邑诗家800余人的诗作5000余首汇为一帙，蔚为大观，显示了东莞深厚的历史文化沉积，为东莞地方乃至整个岭南地区的人文研究提供了丰富的资料，可称为东莞的文化建设做了一件大事，功在桑梓。陈伯陶曾这般评价其老友的贡献："君之此编，博收精择，冀以延一邑诗人之血脉，比前诸录为尤备。"③而杨宝霖先生则指出："今天研究东莞历代诗歌的人，舍此书而无别材。"④今日由中山大学中国古文献研究所编纂的全国高校古籍整理研究委员会规划重点项目——《全粤诗》，其东莞部分在很大程度上就利用了这部总集，这也从侧面证明了此书的价值。

[原载《中山大学学报（社会科学版）》2014年第2期]

---

① 张其淦编：《东莞诗录》卷五八，民国十三年东官张氏寓园刊本。
② 张其淦：《松柏山房骈体文钞》，民国十六年铅印本，第21页。
③ 陈伯陶：《东莞诗录序》，见张其淦编《东莞诗录》，民国十三年东官张氏寓园刊本。
④ 郑子龙：《东莞诗才世代出 欲窥全貌翻"诗录"》，《南方都市报》2011年10月18日。

张其淦对东莞张氏家族文献的整理

作为东莞如见堂张氏的后人、进士出身的张其淦以扬先世之令名、发潜德之幽光为己任。他很重视本家族文献资料的整理,在这方面,做了两件有影响的工作,一是汇编张家玉、张家珍兄弟的遗作《张文烈公遗诗》与《寒木居诗抄》,二是作为荣誉总纂参与了《东莞张氏如见堂族谱》的编纂。

一、编集《张文烈公遗诗》与《寒木居诗钞》

清初与陈子壮、陈邦彦并称"岭南三忠"的抗清英雄张家玉,是张其淦的族祖。张家玉(1615—1647),字元子,号芷园,东莞万家租人。明崇祯十六年(1643)进士,改翰林院庶吉士,未及散馆,北京陷于李自成,不久,清兵入关把李自成逐出了北京。张家玉脱身后来到金陵,投南明弘光帝,但被指曾降李自成,下狱。清顺治二年(1645),清兵下南京,弘光帝被俘,张家玉南逃至福州,被隆武帝任为翰林院侍讲,兼修起居注。七月初隆武帝亲征江西,张家玉被委为监军,督部救抚州围。翌年清军攻福州新城,张家玉出战中矢,堕马折臂。退兵后以右佥都御史巡抚广信,募兵于惠、潮二州,得人十余万,取精壮万人成五营。闻隆武帝被执于汀州,遂遣散之,返家乡东莞图谋再举。顺治三年(1646)冬,清抚军佟养甲、督师李成栋潜师陷广州,出其不意地摧毁了刚建立的绍武朝;随即溯江西进,向据守在肇庆一带的明永历朝军队发起进攻。永历君臣慌不择路,向广西方向撤退。就在永历朝岌岌可危之际,顺治四年(1647)正月,东莞张家玉与南海陈子壮、顺德陈邦彦相约联合行动,在广州周边发动了大规模的反清武装起义。张家玉与举人韩如璜率义军攻入东莞城,清主力反扑,他率军撤退,其祖母、母、妹、妻等家人均死于乱。四月,张家玉被永历帝任为兵部尚书,提点岭东军务。其后,他又率部取新安、袭东莞。因势孤力单而战败,其族人有许多被杀,先垄遭毁,家庙尽灭。张家玉过故里,号哭而去,愤而再次聚兵,连克龙门、博罗、连平、新丰等地。是年十月在增城之战中被李成栋统率的清兵围困。在战斗中,张家玉身中九箭,伤势严重。为了不做俘虏,他投塘而死,壮烈殉明,年三十三。永历帝把他追赠为太子少保、东阁大学士、吏部尚书；后又加赠太保兼太子太保、武英殿大学士、增城侯，谥"文烈"。《明史》《广东通志》《东莞县志》《永历实录》及《胜朝粤东遗民录》等书中均有传。

以在抗清战场上领军与敌鏖战而赢得英名的张家玉其实是一个很有文心的书生，其舍生取义的大无畏精神在其诗文作品中有淋漓尽致的表现。他写于抗清战场上的诗集《军中遗稿》尤其激昂悲怆，可称惊天地而泣鬼神。兹举三首为例：

庐室空余一炬灰，祖骸仍暴委蒿莱。可怜忠孝难兼尽，血洒西风寄夜台。(《痛悼先茔被发》)

野外磷飞闪闪明，奇鸲相叫互悲声。沙场满眼英雄骨，独有流波咽不平。(《早行河源》)

落落南冠且笑歌，肯将壮士竟蹉跎。丈夫不作寻常死，纵死常山舌不磨。(《自举师不克与二三同志怏怏不平赋此》)

张家玉的忠肝义胆历来受到文人学者的赞扬，康有为就曾以无比崇敬的语气称颂张家玉："吾乡东莞张文烈公位不过庶常之下，士官无守土之责，当明室之亡，仅余尺土而展转战于乡土，百折不回，蹉跌而益厉，全家就死赴义，靡回严颜，岂作降将军哉！今读其遗集，生气犹懔懔也。门人张篁溪刻公遗集，沉雄磅礴之气，如见高山大河，有仗剑峨冠之伟丈夫存焉。"①张其淦对他的这位族祖极为赞赏，把他与文天祥相提并论。《吟芷居诗话》评曰："（文烈公）忠愤满腔，一字一泪，与文山同一鼻孔出气。文烈公古体诗，含英咀华，与文山声调不同，而近体则沉瀁一气。"②而其《松柏山房骈体文钞》卷一《新刊族祖文烈公（家玉）遗诗序》亦说：

吾尝读文文山《指南录》诗，如飞霜走地之清冷，如天风海雨之飒爽，如邓林巨枝之森竦，如钱塘怒涛之奔驰。拔地倚天，既钦气节；敲金戛玉，更爱讴吟。今读家文烈公遗诗，风起水立，沙鸣石飞，日陷星堕，珠啼玉泣，美矣哉，云屋天构！星海源探，知其与文山《指南

---

① 康有为：《张文烈遗集序》，见张伯桢编《张文烈公遗集》（《沧海丛书》第一辑），民国东莞张氏刊本。

② 张其淦编：《东莞诗录》卷二一，民国十三年东官张氏寓园刊本。

录》双烟一气者也。①

张家玉死后，清初其家族中人曾把他的诗文作品汇成《名山集》六卷刊行于世。但此书被朝廷列为禁书，随见随焚，于是张家玉的文字逐渐消失于世间。② 为了表彰先烈的光辉事迹，弘扬忠君爱国的正气，张其淦通过各种途径收集了151首张家玉的诗作，汇成《张文烈公遗诗》，于光绪二十九年（1903）作为东官张氏寓园私刻书的一种出版。虽然遗漏不少，但毕竟使后人有了感受张家玉这位抗清英雄的火魂血性之诗的机会。《张文烈公遗诗》后来又于光绪三十三年（1907）被国学保存会收入了《国粹丛书》中。特别值得一提的是，在为这部遗诗而作的序③中，张其淦还专就《明史》所记张家玉因惧家人被磔而向李自成下跪一事辩诬，指出诚如九龙真逸（陈伯陶）所考，这是阮大铖为倾陷东林而捏造的罪名，史臣无识而因之，殊乖实录。步张其淦后尘，东莞如见堂张氏还有一位叫张伯桢的人士（康有为的门人）另辑了《张文烈公遗集》六卷（五卷为文，一卷为诗），收入于民国二十一年（1932）至二十三年（1934）年陆续出版的"沧海丛书"中。

张家玉的胞弟张家珍，字璩子，十六岁即从戎，随其兄驰骋于抗清战场上，曾率所部千人为奇兵，转斗数胜。张家玉殉国后，以兄荫拜锦衣使。"广州再陷，家居奉养，始折节读书。通宾游，所居不三亩，而客常数十人，自高僧、羁人、剑士、技术，无不披肝胆，写意气，人竭其欢心。援笔为诗歌，画兰竹，皆慷爽有致。年及三十而卒。"④ 张家珍之诗，若仅就技巧而论，可能还胜于其兄。民国时孙谷纫曾这么评价他："即以诗论，古体抗手颜、谢而益以整峻，今体造庐韦、孟而变为清刚，其格调盖在宋遗民方凤、林景熙伯仲也。"⑤ 张家珍死后，其友人将其遗作编成了《寒木居诗钞》。寒木居为张家珍之书斋，地在金龟洲之南、珊瑚洲之东，张其淦尝到此地凭吊，目睹故宅，感慨良多，因此在刊刻了《张文烈公遗诗》之后，又于光绪三十二年（1906）刊刻了《寒木居诗钞》。时至今日，人们所能见

---

① 张其淦：《松柏山房骈体文钞》，民国十六年铅印本，第16页。
② 《名山集》在吴道镕所著的《广东文征作者考》卷六中记为"今存"，《广东文征作者考》成书于光绪辛巳（1881），可知其时《名山集》尚在。
③ 此序收入《松柏山房骈体文钞》卷一，未見置于《张文烈遗诗》中。
④ 陈恭尹：《张金吾家珍传》，《独漉堂集》，中山大学出版社1988年版，第786页。
⑤ 孙谷纫：《寒木居诗钞·序》，清光绪三十二年东官张氏寓园刊本。

到的《寒木居诗钞》，只有张其淦的"东官张氏寓园"刊本与张伯桢的"沧海丛书"刊本两种。

二、名誉总纂《东莞张氏族谱》

　　族谱又称家谱、家乘、祖谱、宗谱、会通谱、统宗谱、支谱、房谱等等，是古代宗法制度的产物，它以父系人物为中心，记录一个家族的世系传承情况，是中国特有的一种文化遗产。"族之有谱，所以考世次、序昭穆、别亲疏，扬善而隐恶、继往以开来，辨道而耀文、敦宗以睦族也。"① 族谱不仅记述了某姓的世系源流、让本族后人能数典而知其辈分，对相关地方的历史学、民俗学、人口学、姓氏学、社会学等研究亦有不可忽视的价值。正唯其如此，古往今来，各地诸姓修谱不绝。而由张其淦担任名誉总纂的《东莞张氏族谱》，便是民国期间岭南修成的一种大型族谱。

　　《东莞张氏族谱》又称《东莞张氏如见堂族谱》。张氏上古属姬姓，据说青阳氏帝挚的第五子挥能制弓矢教民，帝遂命为弓正，赐姓张氏，封地尹城。根据相关文献记载，东莞如见堂张氏是唐朝开元时期的名相张九龄之弟、殿中监张九皋的后裔，其一世祖张岘（汉留侯张良的四十一代孙）原籍福建省福清县，宋绍兴年间在广东省海丰县任县尉，遂占籍东莞。其后子孙以繁以衍，人才浸炽浸昌，经八百载三十传，至清末演成二十四派，共数万人，成为一方的望族。东莞张氏家族自宋、元、明、清以迄民国，一直以"文学行义官宦"著称，人文蔚然。如宋末元初保全莞城的张元吉，南明的抗清英雄张家玉、张家珍兄弟，广东四大名园之一可园的修建者张敬修，书画名家张嘉谟，康有为的弟子张伯桢等等，皆是其族人。东莞张氏族谱由七世祖敬德公始修于元皇庆元年（1312），其后明永乐、天顺、正德、嘉靖、万历、天启，清康熙、乾隆均有族人续修，最后一次（即第十次）纂修时在嘉庆九年（1804）。至民国初年，嘉庆旧谱只存一部，它不仅简断篇残、几不能卒读，而且没有嘉庆九年以后一百余年间的信息，因此很有必要大规模重修。如见堂张氏重修族谱的计划是民国六年（1917）年仲冬由众族人提出来的，纂修工作从次年开始进行，订以四稔为期，由张其淦与张光翙任名誉总纂，张鸿安任纂修，承担分修、干事、采访及庶务、会计等工作的人多达数十。志书纂修时曾遭遇兵祸，谱局被军人盘踞累月，不过参修者最终

---

① 张其淦：《重修族谱序》，《东莞张氏族谱》，民国十一年莞城驿前街福文堂印行。

还是在预定期限内完成了纂修任务。民国十一年（1922）《东莞张氏族谱》由莞城驿前街福文堂印行，共32卷，卷一及卷二的前半为序、旧序、例言、总目、溯源、二十四派图说，卷二的后半至卷二一为图系，卷二二至卷二三为恩荣，卷二四为宅里、祠墓，卷二五为蒸产、族规，卷二六至卷二七的前半为人物，卷二七的后半为艺文，卷二八为杂录，卷二九至三〇为正集文，卷三一至三二为外集文。作为岭南地区不多见的大型族谱，《东莞张氏族谱》的内容相当丰富。例如卷二二至二三的恩荣谱详细记载了本族历代的制诰、重燕、文武进士、辟举、贡生监生、文学、名宦、封赠、追恤乃至各类新式学校毕业生的名单。旧谱无人物志，新谱则参考志书的做法，"就其行实中至卓异者而传之"，且不拘泥于"孝友""忠烈""儒林""文苑"等的划分，从宽而收之，目的是备他时修志采辑。旧谱对宅里叙述仅置数语，相当简略，新谱的面目与之有很大不同。它的记述做到了"详其里数，系其裔派，写其形胜与夫衣冠、文物、习尚之所在"，目的是使"览其书者如过其地，过其地益想见其为人，始知前人择里之臧也"①，又增补了不少古代名胜遗址以备观览。卷二四还记录了悬挂于各种古建筑里头的楹联。卷二九至卷三〇按"以类相从"的方式收录了宋以降族人所作的诗文，它们有不少只见于此谱之中，弥足珍贵。卷三一至卷三二则收录了历代族外人士所撰的与张氏家族相关的诗文。其他如杂录、艺文等所存文献资料亦复不少。总而言之，《东莞张氏族谱》既是研究东莞如见堂张氏一族的重要文献，也是研究东莞乃至广东地方历史的重要资料。族谱通常都有自夸本族文物之盛、门第之高的毛病，《东莞张氏族谱》也未能免俗。不过较诸某些无根的族谱，该谱的内容还是比较翔实可靠的。

《东莞张氏族谱》纂修时，张其淦正隐居于沪上，因此族谱的实际编修事宜是由纂修张鸿安等人负责的。但张其淦作为名誉总纂，人虽不在东莞，对修谱工作还是投以了相当大的关注。他曾说自己"以修谱之事梦魂萦绕，乃不获橐笔从诸君后商榷考订，亦可耻也"。他对此谱的贡献，至少体现在以下三个方面：一是利用了自己作为前清"提学"在族内所具有的影响力，对修谱的动议给予了肯定，从而使其能得以贯彻执行。张鸿安曾回忆："一日，集众提议（修谱），众皆雀跃。时二十五世豫泉提学隐居沪上，遂走邮筒与商，复书赞成。"②而张其淦自己亦说："民国戊午，吾族绅耆有修谱之

---

① 《东莞张氏族谱·例言》，民国十一年莞城驿前街福文堂印行。
② 张均安《戊午重修族谱序》，《东莞张氏族谱》，民国十一年莞城驿前街福文堂印行。

举，寓书询余，余欢喜赞成。"① 二是拿出重金，以实际行动支持了修志工作的开展。根据族中最初的估算，完成《东莞张氏族谱》的纂修工作将耗银6000两以上，族中"拟先由祠中尝产存款及租项年拨七百余元，不足由各支祖及殷富捐助"②，张其淦身体力行地贯彻了族中的这一议定，一个人就捐出了500元，在整个家族中是出资最多的。根据《东莞张氏族谱》卷一所列"各房题签芳名"，在他的带领下，张氏各房总共捐款6700元。巨额的捐助，为族谱的修成提供了可靠的经济保证。三是作为名誉总纂，对此族谱纂修不仅有宏观的协调，亦有微观的指导，他对谱的内容结构与编纂凡例等都曾把过关。民国十年（1921）族谱修成，张其淦因丁内艰还籍，他通览了付印前的谱稿，在高度评价其纂修质量的同时，也在一定程度上发挥了把关的作用。

（原为《张其淦对东莞乡邦文献的整理》的一部分，载于《东莞地方文献整理与东莞学人研究文集》，齐鲁书社2015年版）

---

① 张其淦：《重修族谱序》，《东莞张氏族谱》，民国十一年莞城驿前街福文堂印行。
② 张锦贤：《戊午重修族谱序》，《东莞张氏族谱》，民国十一年莞城驿前街福文堂印行。

王弘海与利玛窦进京

明代万历年间以来，曾有不少西方传教士先后来华传教，而意大利人利玛窦是第一位扎根中国内地并成功进入明朝京师的传教士，这一点众所周知；但是鲜少有人注意到，是广东省琼州府（今属海南）籍的南京礼部尚书王弘海，是利玛窦首次进京的策划者与引导人。

利玛窦与王弘海，一位是西方的罗马天主教耶稣会的传教士，一位是中国明朝的封建士大夫，本来"风马牛不相及"，是什么机缘把他们联结在一起了呢？

利玛窦（Matteo Ricci，1552—1610），字西泰（一说畸人）①，意大利中部教皇邦安柯那（Ancona）省马塞拉塔（Macerata）城人，罗马天主教耶稣会士。1581年，利玛窦奉耶稣会远东巡阅使范礼安（Alexandre Valignari）之命从印度来中国传教。《明史》卷三二六《意大里亚》载："至万历九年（1581），利玛窦始泛海九万里，抵广州之香山澳。"所谓"香山澳"，即系当时广州府香山县所辖之澳门。在澳门经过一年多的语言熟悉与其他方面的准备之后，他与另一位同国籍的耶稣会士罗明坚（Michele Ruggieri）一起进入广东肇庆，在中国内地建立了第一个传教会所。后来他离开肇庆，到韶州、南昌、南京等地传教。万历二十六年（1598），他在王弘海引领下成功进入北京，使罗马天主教耶稣会的触角伸到了明朝的政治文化中心。万历三十八年（1610），他病逝于北京。他逝世后，比利时籍耶稣会士金尼阁（Nicolas Trigault）把利玛窦在中国传教三十余年所作的笔记手稿从澳门携归罗马，并参考其他资料，用拉丁文写成了《基督教远征中国史》（中译本名为《利玛窦中国札记》），为中西文化交流史留下了第一手的珍贵资料。这本书对王弘海与利玛窦的结交和王弘海把利玛窦引领入京的经过，有翔实的记录。

王弘海（约1541—约1617），字绍传，广东省琼州府定安县（今隶海南省）人，学者称忠铭先生。他十三岁中秀才，明嘉靖四十年（1561）以

---

① 荣振华：《在华耶稣会士列传及书目补编》，中华书局1995年版，第543页。

弱冠之年中解元，四年后中进士。隆庆四年（1570）授翰林检讨。万历十一年（1583）升南京国子监祭酒，十七年（1589）任南京礼部尚书，十九年（1591）告休回籍。万历二十六年（1598）复起，后因未获重用而乞休，得旨致仕。大约于万历四十五年（1617）逝世。著有《太子少保王忠铭先生文集》，今存世。

对照《太子少保王忠铭先生文集》卷首所附区大伦《赠太子少保南京礼部尚书忠铭王先生传》与《利玛窦中国札记》两种中西文献，可悉王弘诲是在万历十九年（1591）与利玛窦结识的，地点是广东韶州，即今日的韶关。这一年王弘诲因仕途不顺心，在南京礼部尚书的任上"再疏告休，得旨回籍"①。当王弘诲乘坐官船路过韶州时，适逢利玛窦在韶州传教。王弘诲在过境前，早已"从这样或那样的渠道，听说到外国教士（利玛窦）所表现的奇迹"，于是这位"从来没有离开他所乘的豪华船只登岸去做正式拜访的习惯"的明朝二品大员舍舟登岸，专程前往教堂拜访利玛窦。利玛窦向来喜欢和中国的士大夫与社会名流交往，对王弘诲的来访自然热烈欢迎。二人相见甚欢，王弘诲"跟他们差不多谈了一整天，而且他十分大方地不仅表示友谊，还赠送贵重礼品"。大概是意犹未尽，当然也是为了践行"来而不往非礼也"的中国礼仪，第二天，利玛窦专程到王弘诲停泊在江中的官船回访，"他在船上受到甚至超出他所预期的尊敬而又客气的接待"，二人相聚甚欢，一直交谈到深夜。②这韶州城里一来一往的会见，使这两位本来素昧平生的中西人士结下了友谊。利玛窦这位"泰西儒士"表现出来的宽容精神与渊博学识，让王弘诲欣赏不已；而王弘诲所具有的中华缙绅风度，也给利玛窦留下了深刻印象。正是在此次会面中，王弘诲给利玛窦留下了在适当时候把他引领入北京的诺言。信守承诺的君子王弘诲，后来果真履行了自己的诺言。

王弘诲与利玛窦分别之后，就沿北江南下，回到了海南。他的"告休回籍"，说白了就是辞职。不过王弘诲并没有从此告别官场，万历二十年（1592），日本的封建领主丰臣秀吉为了吞并明朝的属国朝鲜，发动了"壬辰战争"。在朝鲜国王的请求下，明朝出兵援朝，开始了长达七年的援朝抗

---

① 区大伦：《赠太子少保南京礼部尚书忠铭王先生传》，见王弘诲《太子少保王忠铭先生文集》，清康熙刊本。
② 利玛窦、金尼阁：《利玛窦中国札记》，广西师范大学出版社2001年版，第191页。

日战争。由于战争初期战局不利,朝廷召回了部分在籍的官员,王弘诲也于万历二十六年(1598)"复起",奉诏北上。① 王弘诲这次经过韶州时,利玛窦已移地江西南昌府传教,因此他在韶州只见到了利玛窦留守该地的助手,意大利托斯卡纳人郭居静(Lfizaro Catfino),并在郭的陪同下来到了南昌。王弘诲、利玛窦两位老朋友在时隔几年之后在南昌再度相会,自然欣喜万分。也许是对数年前王弘诲韶州赠礼的回报,在这次见面时利玛窦把一块玻璃三棱镜赠给了王弘诲。正好王弘诲这次有意到北京疏通关节,"王欣然接受了这一西方珍玩,称赞说这是一块无价之宝,到北京后可以作为入阁的'台石'"②。在交谈中王弘诲了解到,万历二十三年(1595),利玛窦曾借口为一位北上任职的官员之子治病而到过南京,但未能在南京站稳脚跟。王弘诲获悉这一情况之后,答应这次可陪利玛窦等再赴南京。不仅如此,他主动提出愿意利用自己去北京参加神宗皇帝万寿圣节庆典③的机会,把利玛窦引进北京。王弘诲的提议,使利玛窦大喜过望。

1598年7月4日,王弘诲等与利玛窦、郭居静一起乘船离开南昌,前往南京。在这次旅途中,利玛窦又送给王弘诲一座当时看来非常名贵的时钟,并教会了他开启和调整的方法。羁旅给利玛窦接触王弘诲家人以某种便利,利玛窦力图"同王大人全家、仆人、儿子,尤其是其舅父姓晁者,搞好关系"④。利玛窦的努力似乎很奏效,王弘诲的一个儿子在利玛窦的影响下接受洗礼,成为天主教徒,教名保罗。正是这个"王保罗",后来于崇祯五年(1632)到澳门把外国传教士请到海南,开启了天主教在岛内传播的先河。⑤

王弘诲和利玛窦一行抵达南京后,发现形势有点不对头。由于抗倭的关系,南京城里的气氛十分紧张。官府在城里实行了严格的戒备措施,严禁窝藏任何有嫌疑的人。利玛窦身为外国人,自然在"有嫌疑者"之列。这种形势使王弘诲这个二品大员也不无慌张,生怕有人控告他秘密带进了外国

---

① 区传所记王弘诲复职的时间是"甲午",即万历二十二年,与《利玛窦中国札记》所记的时间有四年出入,兹从《札记》。
② 顾卫民:《中国天主教编年史》,上海书店出版社2003年版,第53页。
③ 明神宗生于嘉靖四十二年(1563)八月十七日(西历9月17日),万历二十六年八月正是他的三十五大寿。
④ 利玛窦、金尼阁:《利玛窦中国札记》,广西师范大学出版社2001年版,第240页。
⑤ 章文钦:《澳门历史文化》,中华书局1999年版,第42页。

人。所以没人敢接待神父们,他们被留在小船里,天气酷热又没有任何保护。利玛窦曾"好几次进城拜望尚书,但总是乘着遮起来的轿子;而且即使以这种方式他也不能旅行,除非是向驻军司令通知他的到来"。① "驻军司令"甚至有一次派兵捉拿他,但当知道他是礼部尚书的好友之后又把他放了。大概是为了掩人耳目,王弘诲到南京后不久即从陆路出发北上,而没有与利玛窦同行。过了 10 天,利玛窦在应邀到衙门拜访了王弘诲的密友——南京的"总督"(实为应天巡抚)赵可怀之后,才带着自己的两位随同,与王弘诲的家人一道,登上了沿运河北上的快马船。

利玛窦及其随同于西历 1598 年 9 月 7 日(即万历二十六年八月七日)到达北京,这时上距他万历九年(1581)从印度来到澳门,已经整整 17 年!利玛窦在中国居留了这么久,才在王弘诲的帮助下如愿以偿地进入大明的政治文化中心,心情之激动自不待言。在自己的日记中,利玛窦怀着劫后余生的心情,情不自禁地用大量笔墨记述了自己作为一个外国人对来到倾慕已久的中华帝都的感受,激动喜悦之情溢于言表。利玛窦是历史上第一位成功进入明朝京城北京的西方传教士,他的进京之举,是中西交流史上的一件大事,标志着中华文明与西方文明的第一次正面碰撞与对接,利玛窦也因此被看作"沟通中西文化的第一人"。而王弘诲在利玛窦进京这一重大事件中,充当了策划者与引路人的角色,发挥了至关重要的作用。可以这么说,如果没有王弘诲的策划与引导,就不会有利玛窦的这次进京。

利玛窦甫到北京,即迫不及待地与已从陆路先期到达的王弘诲联系。既是为了安全,也是为了方便,王弘诲干脆让利玛窦住在自己在京城的私家府第中,而随从利玛窦进京的郭居静等人则居住在王弘诲的郊区别墅中。进入京城的利玛窦十分希望觐见神宗皇帝,王弘诲答应尽可能利用自己的关系来帮助他实现这个目的。他找到了自己所熟识的一位宫中太监,希望他转递利玛窦写给皇帝的奏章。这位太监表示可以考虑帮忙,不过在传递奏章之前希望先看看利玛窦送给皇帝的礼物。于是王弘诲在约定的日子里陪他来到自家的郊外别墅,让他观看了利玛窦准备贡献给皇帝的自鸣钟、耶稣十字架受难像、圣母像、八音风琴以及玻璃三棱镜等奇珍。这位太监原先听说传教士有把水银变成真银的法力,当获悉他们并没有这样的法力之后,就变卦了。他告诉他们,由于各种原因他不能代表外国人向皇帝进言,特别是在这个非常

---

① 利玛窦、金尼阁:《利玛窦中国札记》,广西师范大学出版社 2001 年版,第 225 页。

时期，他还向他们说，中国人对外国人不加分辨，认为他们全部相同，或者几乎相同，所以可能把神父们当作日本人。由于同样的原因和友人的劝告，王弘诲"也开始认识到，使自己卷入外国人的事是很危险的"，他"对自己的努力感到绝望，所以想把神父们送回南京去"。① 为了不使进京的巨大劳动和开销白费，利玛窦等又在北京待了一个月，想方设法希望能获得皇帝接见，但在战争阴影的笼罩下，他们的努力是徒劳的。至11月初，眼见留京期限已到，他们不得不黯然离开北京，于次年2月6日回到南京。后来利玛窦在王弘诲的护佑下在南京居住了下来，并以自己非凡的个人魅力逐渐征服了南京的社交圈。在王弘诲的策划与引领下进入北京的利玛窦，虽然未能实现觐见皇帝并留在北京长期传教的目的，但此次行程并不是完全没有意义的。它使利玛窦等人积累了一些经验，也培养了若干关系，为后来再次进京并成功在京居留打下了基础。

两年之后，1600年的5月18日，利玛窦等第二次从南京向北京进发；他费尽周折，才于1601年1月24日（此日为万历二十八年十二月二十一日，《明史》卷三三六《意大里亚传》记为"至二十九年入京师"，时间略有不同）第二次进入北京。利玛窦此次进京，王弘诲已无法同行，因为前此一年，他已致仕南返。不过他在临行时"向他在北京的朋友们发了信，推荐神父们到首都去工作"②，为利玛窦等最终留在北京传教出了一分力。从此之后，退出了官场的王弘诲与居留在北京传教的利玛窦一南一北，天各一方，再未谋面。利玛窦这次进京，由于已无战争阴影的影响，且获得某些官僚和太监的帮助，终于成功地把礼品送入了宫中。在利玛窦进贡的自鸣钟、《圣经》、《万国图志》、大西洋琴等方物中，一大一小两座自鸣钟最受神宗皇帝喜爱。由于当时宫内缺乏维护自鸣钟的专门技术人手，皇帝下旨，利玛窦每季进宫检查保养时钟一次。这样利玛窦就成了御用的时钟修理师，获得了出入紫禁城的特许，成功地留在了北京。而作为利玛窦"恭顺"的回报，神宗皇帝"在宣武门内赐予传教士一处地面，建起了北京第一座天主教堂，即现在的'南堂'"③。利玛窦以其丰富的东西学识广泛结交明朝的士大夫，并以中文编撰新书，获得了不少中国知识分子的尊重，并成功地使

---

① 利玛窦、金尼阁：《利玛窦中国札记》，广西师范大学出版社2001年版，第235页。
② 利玛窦、金尼阁：《利玛窦中国札记》，广西师范大学出版社2001年版，第269页。
③ 余三乐：《早期西方传教士与北京》，北京出版社2001年版，第85页。

一部分人皈依了天主教。利玛窦于万历三十八年（1610）五月逝世于北京。本来，依照明朝的惯例，客死中国的西方传教士必须迁回澳门神学院的墓地安葬，但利玛窦死后，耶稣会士庞迪我（Diego de Pantoja）向神宗皇帝上奏，希望皇帝能破例赐地埋葬利玛窦。庞迪我在奏章中这样申述：

> 利玛窦以年老患病身故，情实可怜，况臣利玛窦自入圣朝，渐习熙明之化，读书通理，朝夕虔恭，焚香祝天，颂圣一念，犬马报恩忠赤之心，都城士民共知，非敢饰说。生前颇称好学，颇能著述，先在海邦，原系知名之士，及来上国，亦为缙绅所嘉。臣等外国微臣，悲其死无葬地，泣血祈恳天恩，查赐闲地亩余，或废寺闲房数间，俾异域遗骸得以埋瘗，而臣等见在四人，亦得生死相依，恪守教规，既享天朝乐土太平之福，亦毕蝼蚁外臣报效之诚。①

这一请求获得了神宗皇帝的恩准，利玛窦因此被安葬在平则门外二里沟的滕公栅栏。这块墓地，后来成为明清以来的西方传教士在东方安息的一个最为集中的场所。由利玛窦开辟的在华传教事业则历经百年而不衰，直至清康熙末期某些自负、倨傲的传教士因违背了"利玛窦规矩"才遭受了重大挫折。

与利玛窦结交并把他引入北京，这在王弘诲的人生经历中，无疑是一件令他终生难忘的事。可是奇怪的是，在王弘诲留下的传世文字中，对这件事却只字未提；在散见于各种史乘、志书的王弘诲传记中，这件事也未留下任何痕迹！要不是利玛窦自己把它写入札记中，这件事在历史的长河中必定湮没无闻了。因此我们禁不住要问：王弘诲与利玛窦为何会结下友谊？是什么动机使王弘诲把利玛窦引进北京的？为什么王弘诲对自己与利玛窦的交往讳莫如深？

对第一个问题，虽然历史资料并没有提供正面的答案，但是从他们的个性特征与交往轨迹中可以看出，是精神的投契与旨趣的相合促成了他们的接近。本来，王弘诲与利玛窦分属于东西方民族，社会角色大异，一个是罗马的耶稣会士，一个是中国的朝廷高官，无论是教育背景、文化观念还是思维

---

① Um Lee：《天主教耶稣会传教士——利玛窦》，知乎，https://zhuanlan.zhihu.com/p/20607939357。

方式、精神信仰，均差距甚远。但是这些差异并不一定成为二人交往的鸿沟。在王弘诲初识利玛窦之时，利玛窦已在广东居留了十年。利玛窦本来就是一位西方硕学，在哲学、历史、科学、宗教等方面均有深厚修养。16世纪的西方传教士，身上大都散发着那种"绝对真理占有者"所特有的夸张性格——热情、坚毅、不乏殉道精神，但也因为对非欧洲民族文化毫不妥协而显得僵直、教条、不近人情。与这些传教士不同，利玛窦从踏上中国领土的最初一刻开始，就已经清醒地认识到，若要使罗马的传教事业获得成功，就必须摒弃"欧洲中心论"，实行"文化适应主义"，努力适应东方的社会环境，尽可能在中国的文化土壤中扎下根来。当年他初到肇庆，即自称来自"天竺"，并这样向中国官员解释来华的原因："我们是从遥远的西方而来的教士，因为仰慕中国，希望可以留下，至死在这里侍奉天主。"以至中国官员误以为他们是佛教徒，而他在肇庆建立的第一个传教基地竟然称为"仙花寺"。在肇庆期间，他刻苦研习汉语，了解各地的风土人情。为了表明自己的"僧人"身份，他甚至脱下天主教教服而改着佛教僧衣。到了韶州之后，为了更方便地与中国的官员与士人交往，在征得罗马耶稣会远东巡阅使范礼安同意后，他又开始蓄发留须，穿起了儒士的服装。利玛窦不仅穿衣、打扮与中国人无异，而且在内心中对中华文明由衷赞叹。他觉得除了还没有沐浴"神圣的天主教信仰"之外，中国的伟大乃是举世无双的。他感叹柏拉图在《共和国》中作为理论叙述的理想，在中国已被付诸实践。中国的传统典籍"四书"，就是由他在韶州首次翻译成拉丁文的。关于这一点，教宗若望·保禄二世在《利玛窦到北京四百周年国际学术研讨会致词》中对利玛窦的评价可以说代表了天主教的观点：

> 利玛窦神父最大的贡献是在"文化交融"的领域上。他以中文精编了一套天主教神学和礼仪术语，使中国人得以认识耶稣基督，让福音喜讯与教会能在中国文化里降生。由于利玛窦神父如此道地"做中国人中间的中国人"，使他成为大"汉学家"，这是以文化和精神上最深邃的意义来说的，因为他在自己身上把司铎与学者，天主教徒与东方学家，意大利人和中国人的身份，令人惊叹地融合在一起。①

---

① 转引自鼓浪隐士《意大利传教士在华活动述评》，《福音时报》2019年3月20日，https://fuyintimes.cn/index.php/portal/article/index/id/47333。

利玛窦的博学卓识,尤其是他推崇中华文化的态度,使他作为"泰西鸿儒"而深受中国士人尊重。其美名一传十、十传百,连远在南都的王弘诲亦有所闻。正是利玛窦的良好社会声望,使王弘诲纡尊降贵,在路过韶州时主动登门拜访了他。

至于王弘诲本人虽贵为南都的礼部尚书,但从其传记资料与仕履历程看来,似乎还算得上是一位保持了风骨的知识分子。其本传说他虽在高官的位置上,却敢于得罪当时的内阁首辅张居正,并因此14年不得升迁。其传载:

> 江陵当国专恣……,公作《火树篇》《春雪歌》讥焉。……江陵闻而衔之。会赵、吴两翰林疏论江陵构祸,公为救解。江陵愈怒,思以蛰之。……公在馆十四季,始转司业,十八季,江陵败,乃晋春坊。①

直至张居正死后,他才当上了有职无权的南京礼部尚书(南京的六部机构自成祖迁都北京后便成了徒有虚名的"中央"行政机构)。而在这样的位置上,他也不怎么见宠于朝廷,正唯其如此,他才不得不在任上"告休回籍"。这样一个人物,当比那些官气十足的官员更易于与利玛窦沟通。事实似乎也是如此。俗云:"酒逢知己千杯少,话不投机半句多。"他们初次见面就谈了一整天,次日又从白天谈到黑夜,如果不是同声相应、同气相求,哪里会有这么多的话可聊?我们可以断定,二人初次相见,必都有相见恨晚之感。特别是王弘诲,利玛窦的人格魅力一定深深吸引了他。

至于王弘诲为何会把利玛窦引入北京,这更是一个饶有趣味的问题。根据利玛窦本人的记载,王弘诲主动提出要引他入京,是想要他用自己所拥有的西方数学与天文学知识,为朝廷修订历法服务。《利玛窦中国札记》提到,利玛窦在初会王弘诲的时候,曾向王弘诲谈及一些数学问题的解法,并向王弘诲介绍了西方天文学的若干知识。这一点让王弘诲很感兴趣,他因此承诺,将来如果有机会,他将把利玛窦带到京城去校正中国历法中的错误。中国的历法是从上古时代发展起来的,早在春秋时代就已出现了《夏小正》一书,汉武帝时期实行了有完整资料记载的《太初历》,后来各代又出现了数十家经过不断改进的历法,著名的有《乾象历》《大明历》《皇极历》

---

① 区大伦:《赠太子少保南京礼部尚书忠铭王先生传》,见王弘诲《太子少保王忠铭先生文集》,清康熙刻本。

《大衍历》《宣明历》《统天历》《授时历》等等。在王弘诲生活的时代，明朝行的是《大统历》。中国的历法为太阴历，与西方的太阳历相比，在准确性方面有若干差距，因而需要不时置闰来纠正误差。在王弘诲与利玛窦初次见面的时候，利玛窦广博深厚的数学知识与天文知识，就给王弘诲留下了深刻的印象，从而使他产生了带利玛窦进京参与历法修订的想法。这一点毫无疑问是王弘诲把利玛窦引领入京的最初动机，想来也是他后来果真这么做时向外宣称的理由。王弘诲官居南都礼部尚书，本来就负有接待在南方各省的外国人的责任，把有特殊知识与技艺的人带进朝廷为皇帝服务，也是其职责所在。

不过，王弘诲把利玛窦引入北京还有另一层更深的、他自己也从来没有向人透露过的动机，这就是帮助利玛窦发展其传教事业。作为罗马耶稣会派来中国的传教士，进入紫禁城为明神宗服务并不是利玛窦进京的真正目的——尽管他十分愿意用自己所掌握的知识与技能为皇帝服务。传播《圣经》的教义、使更多的人皈依上帝，才是他进京的真正目的。利玛窦雄心勃勃，他在写给罗马方面的信件中，甚至提出了进京后设法使中国皇帝也皈依天主教的计划！皇帝崇信上帝意味着什么，这是不言而喻的，因此罗马方面对利玛窦进京充满了期待。在利玛窦进京前夕，范礼安特意任命他为中国传教团监督。《利玛窦中国札记》记载："巡阅使神父特别向新监督（指利玛窦）建议的是，尽一切努力在北京开辟一个居留点，在他看来，除非有某个人被皇帝欣然接受，否则长期居留在中国就没有任何保证。"为了使利玛窦实现上述目的，范礼安特意搜集了他认为凡是有助于这个目标实现的所有物品，都送往南昌府，为利玛窦准备了一大批贡品。显而易见，利玛窦的传教计划虽然宏大，但是如果没有中国高层的支持，是很难实现的。本来利玛窦首先想到的靠山并不是王弘诲，而是他在南昌结交的建安王，因为这位王爷在血统上与皇帝最近。然而，经过重新考虑，他肯定这种接近方式是无用的。他注意到这样一个事实，皇帝不仅使他的亲属置身于公共生活之外，而且实际上还在防范他们，惟恐一有机会他们就会毫不迟疑地篡夺他的帝位。利玛窦放弃与建安王的接近还有一个原因，就是他毫无疑问不会对这个计划感兴趣。而恰在这个时候，利玛窦获悉他的老朋友王弘诲将要北上复官，便想到让王弘诲充当替他穿针引线的角色。王弘诲不仅与建安王的身份不同，对利玛窦进京传教的态度也不相同，他有能力也乐意于帮助利玛窦。

读者不禁要问，王弘诲身为明朝大员，为什么会这么不遗余力地帮助、支持利玛窦呢？道理很简单：在利玛窦的感化下，王弘诲已经成为一名准天主教徒。这并不是臆测，而是有史为证的事实。上文已经提到，《利玛窦中国札记》记载，王弘诲与利玛窦在韶州城初次见面就谈了几乎一整天。二人具体谈了些什么，利玛窦并没有具体记录下来，不过我们可以想见，作为传教士，利玛窦一定忘不了向王弘诲灌输基督教义。而在利玛窦登船回访的时候，他们的确直接谈到了天主教。王弘诲告诉利玛窦，他已从韶州府同知的口中了解到利玛窦宽恕了袭击过自己的强盗的事情，利玛窦的"这种宽仁使他相信，基督教义是难以理解的尽善尽美，他对这一点赞不绝口"①。在后来的接触中，他进一步受到了利玛窦的理论的影响，这种影响潜移默化，最终导致了王弘诲信教。我们可以举出的一个有力旁证是，王弘诲的儿子——教名"王保罗"者——在利玛窦的"洗脑"下皈依了天主教。须知在"父为子纲"的时代，如果未获王弘诲首肯，王保罗是不可能成为天主教徒的。其实要不是王弘诲多妻的身份与基督教教义的要求有冲突，他很有可能成为利玛窦发展的第一位高官教徒。根据利玛窦的评传记载，王弘诲的确对天主教产生了信仰。利玛窦说他"对我教就更有感情了，虽然始终由于某些很大的障碍（即纳妾问题）而不能入教"②。"敬鬼神而远之"固然是许多中国知识分子遵循的人生哲学，但也有不少知识分子因为不得志、心情苦闷而对宗教产生信仰。仕履并不是很平坦的王弘诲正是后者。在明代，像他这样信仰天主教的贵族或官僚并不在少数。在利玛窦的感化下，北京有数百人信奉了天主教，当中有数名是公卿大臣，其中包括后来影响很大的翰林徐光启、官至太仆寺少卿的李之藻。明永历二年（1648，清顺治五年），以永历朝王太后为首的五十余妃嫔、大员四十人及多名太监受洗入教③。据当时的外国传教士记载，连当时的重臣瞿式耜也皈依了天主教，不过瞿式耜在自己的诗文集中对此事只字不提，这一点与他的前辈王弘诲颇为相似。把利玛窦引入北京来传教，是准天主教徒王弘诲心中的一个秘密，他是不会轻易向人泄露的。

至于王弘诲为何对自己与利玛窦的交往讳莫如深，那是很容易理解的：

---

① 利玛窦、金尼阁：《利玛窦中国札记》，广西师范大学出版社2001年版，第191页。
② 裴化行：《利玛窦神父传》，商务印书馆1998年版，第287页。
③ 顾卫民：《中国天主教编年史》，上海书店出版社2003年版，第154页。

一方面因为王弘诲是朝廷高官，如果让人知道自己与一位西方的传教士过从甚密，甚至在其劝导下信奉了天主教，这显然对仕途不利；另一方面，在万历时期，东北地区的后金已经崛起，日本则在经营了多年之后妄图侵吞朝鲜并进而侵犯中国，接踵而来的西方海盗则骚扰海上甚至袭击沿海地区，在这样的背景下，如果对自己帮一位外国人潜入北京之事大事张扬，就有被弹劾的危险，弄不好会因"里通外国"丢官，王弘诲可不这么傻！

不管如何，王弘诲把罗马耶稣会士利玛窦引入北京，是中西交流史上的一段佳话，值得我们今日大书特书。这一事件，促进了西学东渐，使一批中国知识分子开阔了视野，初步了解了欧洲的宗教和科学技术；也促进了东学西渐，让欧洲人认识到了中华的地大物博、人文鼎盛，推动了西方的启蒙运动。我们对王弘诲在这一事件中所发挥的关键作用，是不应忘记的。

（原载《图书馆论坛》2007年第4期，与李君明合作）

"郦学"因缘

——吴天任及其《杨惺吾先生年谱》

以清末民初的舆地、金石、目录学家杨守敬为谱主的《杨惺吾先生年谱》,是香港已故学界宿耆吴天任的手笔。吴天任(1916—1992),字荔庄,广东南海人。幼贫失学,年十一始就傅读书,曾从学于康(有为)门弟子三水邓醴芝,后又游罗定陈墨樵、南海曹宏道门下,是以旧学根底深厚。上世纪40年代末,吴天任从内地移居香港,从此蛰居海隅四十余载。在此期间,先后从教于香港学海书楼、金文泰中学、葛量洪师范学院、香港中文大学、树仁书院。吴氏善诗,年十九即以诗名,曾是活跃于香港的诗人群体"硕果社"的成员。其诗境界高迈,为时贤所激赏,有"当今诗坛祭酒""五言大作手""今之人境庐、秋蟪吟馆""三百年鲜见"之誉[1]。但吴氏沉潜尚质,中年后即甚少吟咏,潜心文史研究,故学术成绩卓著。与吴天任同时之香江硕学,论识见高拔或有超乎其上者,论著述宏富则罕有人可匹。据统计,吴天任所撰之已刊或未刊著作总数在30种以上,谓其"著作等身",斯非虚言。论者以其为"真正读书种子""吾粤文坛大手笔"[2]。香港学人黎子俊论南来人物,对吴天任最为推重,曾说文学讲天才,历史重工夫,而吴君文史兼优,实属罕见。[3]

在吴天任的著述中,年谱一项尤为引人注目。吴氏终其一生共做了八部年谱,谱主分别是梁启超、黄遵宪、何藻翔、梁鼎芬、邝露、今释、蔡锷和杨守敬。这些人物,均生活在历史剧变期(明末清初或清末民初),不是在政治上曾产生过影响便是在学术上卓有贡献,而且都是粤人或与粤关系密切

---

[1] 刘兆璯:《吴君天任简介》,见吴天任《荔庄诗词初续集》,(台北)艺文印书馆1981年版。
[2] 刘兆璯:《吴君天任简介》,见吴天任《荔庄诗词初续集》,(台北)艺文印书馆1981年版。
[3] 曾广才:《荔庄先生二三事》,见《学海书楼七十五周年纪念集》,(香港)学海书楼1998年版。

之人①；唯有一人例外，那就是在疏校郦道元《水经注》方面做出了杰出贡献的"郦学"大家——鄂人杨守敬。

《水经注》40卷，是北魏郦道元所作的一部具有很高文学价值的舆地著作。郦道元好学博览，文笔深峭，他通过注《水经》阐发自己的学术见解，对原书的内容进行了重要补充，篇幅20倍于原书。《水经注》用绚烂的文字，对神州大小一千多条水道一一穷源竟委，详细记述了这些水道所经过的地方，以及这些地方的历史事件、风土人情、神话传说，是公元6世纪前我国最全面系统的综合性地理著作。《水经注》所引用的古代书籍多达437种，此外还引用了许多汉魏碑刻，由于这些资料多已不存，因此此书对保存古代文献亦有重要价值。因为这个缘故，所以历史上曾有不少学者对《水经注》着迷，有的人用了许多心血对它进行疏校；但论成就，却都比不上后来居上的杨守敬。

杨守敬，字惺吾，别署邻苏老人。湖北宜都人。道光十九年（1839）生，民国四年（1915）卒。他24岁举于乡，但六次会试不第。他是"清末到民国初一位很大的史地学者"（容肇祖语），也是一位大收藏家。光绪六年（1880），他随驻日公使何如璋赴日本，适逢当时日人追求"西化"，视汉籍为"落后""无用"之物而废弃之；杨守敬利用此机会肆力搜求散落东土的中国旧籍，所获甚多。此次在日访书的不寻常经历，彻底改变了杨守敬的价值取向。他在从日本致国内友人的一封信中说：

> 若明年无他故，此身必当有五百年之称。……弟现在所藏书，已几十万卷，其中秘本亦几万卷，就中有宋版藏书五千六百册。大约在本朝唯钱遵王藏书可以相并，其他皆不足言也。自幸此身有此奇遇，故一切富贵功名皆漠不关怀。②

杨守敬在日本所获隋唐逸书、宋元旧籍，后来有一部分被选入了"古逸丛书"，然而遗铢尚不少。杨守敬差满回国后，曾在其家乡湖北主持过多

---

① 除了杨守敬之外，吴天任所撰年谱的谱主还有两位不是粤人，一位是今释（澹归）和尚，一位是蔡锷将军。今释是浙江人，但其一生最主要活动地是岭南，因此可视为"准粤人"；蔡锷是湘人，但他是梁启超主持长沙时务学堂时代的学生，且曾在岭南活动，其发动的"护国运动"与粤省的关系亦很密切。

② 杨守敬：《致黄萼》，见杨先梅辑、刘信芳校注《杨守敬题跋书信遗稿》，巴蜀书社1996年版。

家府学、书院、学堂的讲席。他嗜古成癖，收藏之富，举世罕俦；而在学问研讨上则博闻强记，著作等身。杨守敬一生的学术，大致集中在金石、目录和舆地三端，而以舆地之学功力最深、贡献最大。他曾这样自我评述：

  守敬二十即好舆地之学，壬戌计偕入都，始嗜金石之学，庚辰至日本，又致力于目录。此三端者，皆自信不随人作计，而于舆地尤始终不倦。①

  在杨氏的已刊作品中，除了《日本访书志》、《三续寰宇访碑录》、《钱录》、《邻苏老人手书题跋》、《观海堂金石丛书》、《望堂金石》（初、二集）、《瀛寰译音异名记》、《丛书举要》之外，其他都是舆地方面的著述。根据朱士嘉研究，杨守敬的舆地学著述有《历代舆地图》（共45种）、《隋书地理志考证》、《汉书地理志补校》、《晦明轩稿》、《禹贡本义》、《三国郡县表补正》、《辑古地志》等。② 杨守敬的这些舆地学著述，均是围绕其终生的事业——"郦学"而作的。他在这方面的最终成果是《水经注疏》80卷，这是一部凝聚了他半生心血，且代表了清代"郦学"最高水平的著作。杨守敬为了完成它，可谓矢志不渝，他在《答王先谦》中曾有语："一息尚存，此志不懈。"③ 为求审谛，初稿写成后他不肯轻出，至垂老方交界其弟子熊会贞，嘱其把缺漏部分续补完成。熊会贞遵照师命，尽一生之力而为之，历22个寒暑方毕其事。师生两代尽瘁一书，前后60余载得成绝业，实为古今罕有之佳话。杨守敬以其在舆地之学的杰出成就而受到学术界的推崇，罗振玉曾把杨氏的舆地之学，王、段的小学，李壬叔的算学推为有清"三大绝学"。潘存评价说：

  《水经注疏》神光所照，直与郦亭共语，足使谢山却步，赵、戴变色，文起、梅村未堪比数，霾缊岁之，焕若神明，旷世绝学，独有千

---

① 杨守敬：《致□吾》，见杨先梅辑、刘信芳校注《杨守敬题跋书信遗稿》，巴蜀书社1996年版。
② 朱士嘉：《杨守敬地理著述考》，见存萃学社编《杨守敬研究汇编》，（香港）崇文书店1974年版。
③ 杨守敬：《答王先谦》，见杨先梅辑、刘信芳校注《杨守敬题跋书信遗稿》，巴蜀书社1996年版。

古，大雅宏达，不我河汉。①

那么身为粤人的吴天任，为何会对鄂人杨守敬那么感兴趣，竟至于为他撰著年谱呢？因缘在"郦学"。吴天任自幼喜读《水经注》，后来更对郦道元之学产生了浓厚兴趣。他曾说：

> 余少读《水经注》，爱其文字奇丽，博识多闻，足为修习词章之助。稍长复读，乃转骛其考古脉水，博奥精深，系乎史地之学，非寻常文章可比，然后知前贤所称为"宇宙未有之奇书"（刘继庄语），信不诬也。②

出于对"郦学"的爱好，吴天任在研读《水经注》的过程中，也对在疏校这部奇书方面做出了卓著贡献的杨守敬产生了敬意。他认为对杨守敬这样一位半生贡献于"郦学"，且在金石之学和目录之学方面亦有高见博识的学者，应大力表彰，而不应让其事迹湮没。吴天任说：

> 窃以先生为近世通儒，一生刻苦学问，勤勉平实，不求近功，不骛恢诞，其学除致力郦书，于地理金石目录诸端，皆成就卓卓。而访书日本，搜回我国逸籍，尤有足述。其所造诣，实即近代学术之一体，后人欲就而究其所学，为继往开来之业者，使无一条贯详明足资知人论世之谱录，宁非至憾！③

基于这样的动机，吴天任上世纪40年代便开始了撰辑杨守敬年谱的工作。在他撰著的八部年谱中，这部年谱所花的时间最长——从民国三十四年（1945）收集资料、草写杨守敬著述简表，到1974年《年谱》撰写完成并交台北艺文印书馆出版，前后费时30年。

吴天任辑述《杨惺吾先生年谱》，有一种较为翔实可靠的年谱可资参考，这就是杨守敬自编的《邻苏老人年谱》。杨守敬生前，曾有日者推求其

---

① 杨守敬、熊会贞：《邻苏老人年谱》，见贾贵荣、张爱芳选编《清代民国藏书家年谱》（6），北京图书馆出版社2004年版。
② 《杨惺吾先生年谱·自序》，（台北）艺文印书馆1974年版。
③ 吴天任：《杨惺吾先生年谱·自序》，（台北）艺文印书馆1974年版。

命数,谓其"流年止七十三";因为"中间所云休咎皆验"①,所以杨守敬虔信这位术士的预测,并在73岁那年自撰了《邻苏老人年谱》作为一生的交代。可是这位算命先生没有算准,杨守敬实际上活至78岁。在杨守敬去世之后,其门人熊会贞又对他最后五年的事迹做了续补。《邻苏老人年谱》是一个简谱,只有一万多字,内容限于记述家事及著作年份,对谱主的学术成就及著述内容并无记述。《杨惺吾先生年谱》在杨守敬自撰、熊会贞续补的这部《邻苏老人年谱》的基础上,分参多种书刊,略采纲目之体,对谱主事迹做了大量增订。与旧谱相比,篇幅扩大了十多倍,内容则更丰富充实。它的正文与一般年谱相类,按事直书,不加评骘;所有考论,均通过按语阐发。因为《水经注疏》是杨守敬一生学术的核心,所以年谱对与"郦学"相关的事件十分关注,凡研讨经过、判断结论,悉就作者所知一一记述。资料网罗,堪称宏富。

  吴天任撰《杨惺吾先生年谱》,不能不涉及一则学术公案,即戴震疏《水经注》是否存在抄袭的问题。以郦道元及其《水经注》为研究对象的"郦学"的产生,大抵始自金代蔡珪作《补正水经》,其后明清通儒朱谋㙔、刘献延、沈钦韩、全祖望、赵一清、戴震等人都曾做过此类工作。在诸儒所作的《水经注》疏本中,全祖望本、赵一清本与戴震本在内容和文字上有很多相同之处。全祖望、赵一清是好友,他们在疏解《水经注》时有过交流,因此疏本内容、文字相同还可以理解;戴震与赵一清并没有直接的关系,疏本内容、文字却十同八九,问题就来了。就成稿时间而言,赵本早于戴本(但镌版在后),因此前人已对此事有所怀疑,认为戴书袭赵。杨守敬经过研究后又提出若干新证据,认为"戴之袭赵,证据确凿,百啄不能为之解"②。作为清代的学术巨匠、乾嘉"朴学"皖派的领军人物,戴震居然也抄袭,这未免使人难以接受。是以后代陆续有学者站出来为戴氏打抱不平,其中以戴震的后辈同乡胡适最为卖力。胡适曾撰《论杨守敬判断〈水经注〉案的谬妄》及《致卢慎之书》(卢为杨守敬门人),为他的这位前代乡贤洗刷罪名。平心而论,戴震究竟是否抄袭了赵一清的研究成果,这还是一个尚值得再研究的问题;因为不同的作者疏解同一本书,只要方法得当,

---

① 杨守敬、熊会贞:《邻苏老人年谱》,见贾贵荣、张爱芳选编《清代民国藏书家年谱》(6),北京图书馆出版社2004年版。
② 杨守敬、熊会贞:《邻苏老人年谱》,见贾贵荣、张爱芳选编《清代民国藏书家年谱》(6),北京图书馆出版社2004年版。

在许多问题上都有可能得出相同的结论。就是杨守敬本人，在晚年之时也曾对此问题提出过新见解。他在致王先谦的信中说：

> 守敬刻《（水经）要删》时，但觉戴袭赵，故力诋之。今细核之，乃觉全、赵、戴三家相袭。赵之袭戴，是梁氏兄弟所为，全之袭戴，乃王梓材及董沛（孟）之所为，均有破绽可寻。窃而论之，戴之学与脉水之功，终在全、赵之上。①

从这段话看来，杨守敬似乎推翻了自己从前的结论。胡适认为杨守敬的结论错了而加以纠正，这本来没有什么不可以；问题是，胡适在为戴震辩护的时候言出题外，恶语诋毁、攻击杨守敬，甚至连他疏校《水经注》的重要贡献亦予以否定。这样做，就不合乎学术讨论的通则了，与他的"文坛泰斗"的身份亦不相称。对胡适的做法，吴天任深不以为然。吴天任素性平和，"悯默如初禅"，但在批驳胡适时，态度却很激愤。他在《杨惺吾先生年谱》光绪十九年（1893）、光绪三十年（1904）和1966年（吴天任称"民国五十五年"）的按语中，用长幅文字交代了戴书袭赵这一学术公案的由来；又批评胡适指杨守敬对《水经注》本无研究、是光绪十九年某日与梁鼎芬的一席讨论才有了"著作《水经注疏》的野心"，是"假说很大胆，求证不充分"。他在《年谱》1970年的按语更直率地说胡适：

> 其辩驳文字，更多凭意武断或避重就轻，小题大作，每撷拾一字半句之微，断章取义，作为攻击口实，于前辈之惺吾先生，数十年研治郦书以成空前集大成之疏稿，不惟无一字之赞扬，反借枝节问题之赵、戴疑案，用尽恶毒字句，肆意谩骂，不留余地，既伤忠厚，尤非论学态度。

吴天任一方面坚持认为杨守敬所列出戴注袭赵证据确凿——尽管杨惺吾自己在晚年已改变看法；另一方面则针尖对麦芒地反击胡适对杨守敬的诋贬，不遗余力地捍卫《水经注疏》。后来吴天任与人合纂《水经注研究史料汇编》，在书中选入了自己的八篇文章，其中《水经注疏最后订本易水·滱

---

① 杨守敬：《寄王先谦之二》，见杨先梅辑、刘信芳校注《杨守敬题跋书信遗稿》，巴蜀书社1996年版。

水篇中列举全赵戴校相同之例证》《清代学者整订水经注之贡献与全赵戴案之由来》《胡适手稿论水经注全赵戴案质疑》等文,均是上述讨论的继续。不管吴天任的观点是否正确,其出发点都是为了伸张学术公义,亦是为了维护杨守敬的学术尊严。年谱一般都是客观记述谱主的事迹、活动的,像吴天任这样投入很浓重的感情色彩与胡适商榷、为谱主辩护,是不多见的。从这一点,可以看出作者学术态度之鲜明、对谱主感情之深。

吴天任撰《杨惺吾先生年谱》,还有一个异乎常例处:不是写到谱主辞世便结束,而是写到谱主身故后51年才停笔。这是为什么呢?原来在吴天任看来,作为肉体之身的杨守敬存在与否并不是最重要的,最重要的是他的呕心沥血之作——《水经注疏》。这部书,才是杨守敬的真正生命所在。(杨守敬生前曾有言:"此稿不刊,死不瞑目。")因此不能不介绍杨守敬去世后《水经注疏》的有关情况。为了解决谱主的生卒与作品的影响反映在年谱中的矛盾,吴天任特意在《杨惺吾先生年谱》中设置了"先生卒后×年"这么一种格式,择"郦学"的重要事件辑录之,把年谱从民国九年(1920)杨守敬逝世一直赓续到1971年《杨熊合撰水经注疏》在台北中华书局影印出版才结束,其中有事实的年头共18个。这种做法,在年谱写作中虽十分罕见,却不是没有先例可寻。当年王守仁的门人钱德洪等为其师撰述《王阳明年谱》时,便在谱主死后安排了二卷多的内容。梁启超也认为这种做法可取,他在《中国历史研究法补编》中说:

> 谱主死后,一般的年谱多半就没有记载了,其实不对。固然有些人死后绝无影响,但无影响的人我们何必给人做年谱呢?即使说没有影响吧,也总有门生子侄之类后来做了什么事,那也总不能摆在正文中。……若谱主是大学者,他的学风一定不致跟他的生命而衰竭。……所以如果年谱自谱主死后便无什么记载,一定看不出谱主的全体,因而贬损年谱本身的价值。①

《杨惺吾先生年谱》有一个附编,这就是《水经注疏清写本与最后修订本校记》。《水经注疏》曾经熊会贞六易其稿,所以有不同文本流传于世。所谓"清写本"是指北京科学出版社较早影印出版的早期誊抄本;而"最

---

① 梁启超:《中国历史研究法 另一种 中国历史研究法补编》,中国书籍出版社1997年版,第198-199页。

后修订本"则是指台北中华书局后来影印出版的熊氏改定本。吴天任花了很大精力，把这两个版本的字句差异逐一寻出，并进行了排比对照。这一工作，无疑是很费功夫的，但也很有贡献（后来大陆的学者因信息不畅，做了重复的工作）。为杨守敬撰辑了年谱的吴天任在垂暮之年更以"郦学"名家。他除了撰写了上面所说的《水经注疏清写本与最后修订本校记》外，还与人合编了《水经注研究史料汇编》一书（上册为郑德坤所编，下册为吴天任所编，台北艺文印书馆1984年出版）。此书由吴天任编纂的部分，收辑了"郦学"研究史料共178篇。吴天任自己则独著了《郦学研究史》一书（台北艺文印书馆1991年出版）。这部填空白之作，广泛搜罗了古今中外"郦学"研究的成果，并对它们的得失进行了全面深入的分析讨论，发前人所未发，受到了国际"郦学"界的高度重视。大陆"郦学"研究的权威原杭州大学（现并入浙江大学）的陈桥驿教授曾在《中国历史地理论丛》1992年第2期发表《吴天任与〈水经注〉》一文，对吴天任的成就做过推介。

（原载《图书馆论坛》2005年第6期）

吴天任撰著的两位梁氏年谱

香港已故学界名宿吴天任（1916—1992）终其一生，共撰写了八部年谱，谱主分别是梁启超、黄遵宪、何藻翔、梁鼎芬、邝露、今释、杨守敬与蔡锷。这些人物，差不多都生活在历史剧变期（明末清初或清末民初），而且不是粤人就是与粤关系十分密切的人①。兹论评其中两种——梁启超年谱与梁鼎芬年谱。

一、后出转胜的《民国梁任公先生启超年谱》

章学诚说："年谱者，一人之史也。"按年代顺序记载一人生平履历的年谱，在晚唐就已经有了。历代的年谱，或为谱主自订，或为门人故旧所撰，或为后人所辑述。高质量的年谱，所记事实往往准确翔实，不仅可补史记阙失，而且可提供研究指南，因此往往为学者所重视。而年谱应怎样写，也成为人们所关注的问题。梁启超在《中国历史研究法补编》中，曾把年谱作为"人的专史"的一种，对其作法做过详细的讨论。年谱，表面上只是罗列谱主的行状事迹，似乎无需太多做文章的技巧，其实不然。因为要从凌乱零碎或复杂浩繁的资料中淘筛事迹，去伪存真，按时间顺序清楚准确地展现谱主的人生脉络与历史影响，并不是一件容易的事，有时甚至比作一部洋洋洒洒的专著还难。梁启超自己就曾说过：

> 做年谱不是很容易的事情，……我们才一动笔，便有许多复杂的问题跟着，想去解决，不是骤然可了的。解决不了，便觉干燥无味。稍不耐烦，便丢下不做了。倘使这几层难关都能够打通，则精细、忍耐、灵

---

① 严格来说，只有鄂人杨守敬一人与粤没有关系。吴天任撰著《杨惺吾先生年谱》，是由于《水经注》的因缘，关于这个年谱，笔者已另文讨论。和尚今释是浙江人，但其一生最主要活动地是岭南，因此可视为"准粤人"；蔡锷是湘人，但他是梁启超在长沙时务学堂任总教习时的学生，且曾在岭南活动。

敏、勇敢诸美德齐归作者身上,以后做别的学问也有同样的成功了。诸主的事迹,不是罗列在一处的,我们必须从许多处去找;找来了,不是都可以用的,我们必须选择;择好了,不是都是真实的,我们必须辨别;辨清了,不是都有年代的,我们必须考证;考定了,不是可以随便写上去的,我们必须用简洁的文字按照法则去叙述。至于无年可考的事迹,言论,怎样去安排?帮助正谱的图表,怎样去制造?谱前应从何时说起?谱后应到何时截止?种种困难,都须想方法解决。倘使不能解决,便做不成年谱。①

梁启超自己一生曾作过《明末朱舜水先生之瑜年谱》《辛稼轩先生年谱》等几种年谱,在这方面自然深有心得。可见要做好一部年谱,并不那么容易。

吴著《民国梁任公先生启超年谱》于 1988 年由台北商务印书馆发行,共四册,收入"新编中国名人年谱集成第廿一辑"。全书正文 1908 页,插图 20 页,其他 30 页。正谱前有提要索引,还有一段"谱前",字数超百万。年谱做得这么大,固然与谱主是中国近代史上著名的政治、文化人物有关,亦与撰者的写作指导思想有关——吴天任认为梁启超"其文多关系家国之重,虽然有别集行世,而谱中述及重大要举时,亦应摘录有关文字,庶读者得所印证,而免旁检之劳"②,因此他把很多有关的原始材料,例如著述、奏疏、信札、诗文、报道等等,都扼要地采入了相应年月的正文之下。梁启超曾把年谱分为"附见的"或"独立的"两种,"独立的须要使不读本集的人能够知道那人身世和学问或事业的大概",梁氏认为独立的年谱"越简越不好。他的起原只因本集太繁重或太珍贵了,不是人人所能得见、所能毕读的。为免读者的遗憾起见,把全集的重要见解和主张,和谱主的事迹摘要编年,使人一目了然"③。吴撰梁启超年谱的方法与梁启超的见解正好相合。如单从字数看,这部年谱的确有"过详""过繁"之嫌,与其说是"年

---

① 梁启超:《中国历史研究法 另一种 中国历史研究法补编》,中国书籍出版社 1997 年版,第 204 – 205 页。
② 吴天任:《民国梁任公先生启超年谱·序例》,(台北)商务印书馆 1988 年版。
③ 梁启超:《中国历史研究法 另一种 中国历史研究法补编》,中国书籍出版社 1997 年版,第 187 页。

谱",不如说是"月谱""日谱";但具体问题应具体分析,梁启超是清末民初政坛的核心人物之一,他的一举一动,无不对当时的政治产生影响,有的事对于梁启超本人而言是"小事",对于整个社会而言却是"大事";同时,梁启超又是学界巨擘,他在人文领域以及社会科学领域——例如社会学、政治学、法学等——都有杰出贡献,其学术光芒足以与政治光芒相辉映。伟大人物往往与伟大事业相关涉,反之伟大事业往往又影响伟大人物的生活。撰写梁启超这样的伟人的年谱,若不辑录相应的背景资料,不把个人事迹与当时的政治、学术联系起来,读者便难于领略谱主活动的意义与价值。从这个角度来看,把重要的史料汇系于相应条目之下,这似乎是必要的——虽然这样做会使篇幅大大增加。

　　梁启超在讨论什么人最宜于为之作专史时曾说:"人物要伟大,作起来才有精采。所以伟大人物是作专史的主要对相。……有许多伟大人物可以做某个时代的政治中心,有许多伟大人物可以作某种学问的思想中心,这类人最宜于做大规模的专传或年谱,把那个时代或那种学术都归纳到他们身上来讲。"① 而他自己恰好就是一位同时兼罗了"某个时代的政治中心"与"某种学问的思想中心"的人物。这位广东新会的晚清举人,早年曾拜康有为为师。光绪二十一年(1895)甲午战败后,与康有为一起联合各省举人,发动"公车上书",要求朝廷变法。后又组织"强学会",探求强国之路;担任上海《时务报》主笔,发表《变法通议》;编纂《西政丛书》,介绍西方资本主义国家政治经济理论;担任湖南长沙时务学堂总教习,培养新式人才。光绪二十四年(1898)他奉旨入京,办理京师大学堂、译书局、编译学堂等,与其师康有为一起,在光绪皇帝的支持下,发动了中国近代历史上著名的"戊戌变法"。变法被以慈禧太后为首的"后党"镇压后,他流亡国外,主编《清议报》《新民丛报》,力谋起兵勤王,主张君主立宪,同时介绍西方社会政治学说。辛亥革命后,回国组织进步党。民国五年(1916)与其学生蔡锷联合发起护国运动,使袁世凯复辟帝制的梦想破灭。后出任段祺瑞政府的财政总长。晚年在清华国学研究院担任教授,致力于学术研究。这位对中国近代政治、学术都曾产生巨大影响的人物,无疑是作年谱的合适

---

　　① 梁启超:《中国历史研究法 另一种 中国历史研究法补编》,中国书籍出版社 1997 年版,第 163 页。

对象,吴天任说:

> 任公先生早年对我国国民知识,与政治思想之启导,及其晚岁讲学育才、政治学术,影响宏远,举世咸喻,无待赘陈。在政治方面,对袁帝制及扑灭复辟两役,于再造共和之功,彰彰显著,尤难否认。此一代巨人,其一言一动无不与近代史事有关,而凡中晚年之知识分子,无论为敌为友,殆无不读其书而被其影响,是宜有一详明完备之年谱。①

可是令人感到奇怪的是,尽管梁启超名满天下,在他逝世以后想为他作年谱的人却少之又少。上世纪30年代前期,北京大学教授丁文江出于为撰写《梁启超传记》做准备的动机,曾在其助手赵丰田的帮助下,编著过一部《梁任公先生年谱长编》。这部连总目、遗墨、序言在内总共41卷的《年谱长编》,以近万种信札及笔记为素材,记载了梁启超从同治十二年(1873)出生到民国十八年(1929)逝世共57年的事迹。在吴撰《年谱》出版前,这是关于梁启超事迹的最完整亦最翔实的记录。不过,《年谱长编》毕竟是长编,它充其量只是"保存了许多没有经过最后删削的原料"②;而且丁文江生前并未来得及把它整理修改完毕,有些地方简直就是草稿。因此这部《年谱长编》撰成后一直未刊行,直到20多年之后(1958),征得谱主家属同意,台北世界书局才以《梁任公先生年谱长编初稿》为名将其出版。刘知几《史通·史官建置》有言:"书事纪言,出自当时之简;勒成删定,归于后来之笔。"丁撰《年谱长编》就是还未"勒成删定"的"当时之简"。在丁文江撰《年谱长编》正式出版时,胡适就曾在序言中对梁启超逝世29年、丁文江逝世22年之后仍未有一部"梁任公年谱定本"问世表示遗憾,他期望有后来者继丁文江之后重做这项工作,撰写出更完备的梁启超年谱来。而过了半个世纪,吴天任撰著的这部任公年谱才"姗姗来迟"地出现了。

吴天任1984年开始展开撰著工作,至1986年即克其功,前后凡两载。虽然直接花在撰著上的时间不是很多,但是作者在动笔之前,为采撷文献资

---

① 吴天任:《民国梁任公先生启超年谱·序例》,(台北)商务印书馆1988年版。
② 胡适:《梁任公先生年谱长编初稿序》,见丁文江《梁任公先生年谱长编》,(台北)世界书局1958年版。

料,已花费了大量的功夫,"无论片纸只字,皆在搜寻之列"①。《年谱》引用或参考的书刊有近300种,可见吴天任对梁启超事迹的辑述,是以厚实的材料为基础的。作为"后来之笔",《民国梁任公先生启超年谱》在丁文江撰《年谱长编》的基础上,以杨克己的《康梁师生合谱》《康南海自编年谱》(及其女康同璧所编的补遗)和梁启超的《饮冰室合集》为主要素材,杂采相关人物的年谱传记、清末民初的官私记录、近人的评述文字以及各种档案材料等,按"年经事纬"的方式,对梁启超一生的事迹活动做了细致的勾勒。吴撰《年谱》与丁撰《年谱长编》相比较,有以下几点显著的不同:

第一,在文风形式上,丁文江囿于梁启超是胡适的好友而拥护胡适提倡白话文的主张,罕有地一反年谱的传统做法,用白话文而不是文言文来撰写《年谱长编》。虽然文字畅晓明白,却有繁累啰嗦之弊;而吴撰《年谱》是用浅白的文言写成的,文字比《年谱长编》来得简洁凝练。

第二,在格式体例上,丁撰《年谱长编》所采用的是所谓"平叙体",往往简单介绍某年某月发生了什么事之后,便把相关的文札辑于相应年月之下。例如民国十七年戊辰有:

> 二月十二日先生与思成一书,告结婚后游历各事:"思成:得姊妹电,知你们定三月行婚礼,想是在阿图和吧,不久当有第二封信了。……"

这样一种格式体例,如不把辑系文札阅读完毕,读者便很难知道当时究竟发生了什么事情;要是文札过长或所涉事件过于复杂,眉目不清的毛病就更明显。而吴撰《年谱》所采用的是所谓"纲目体",即先就文札中所言内容,以类相从,概括出大致纲要,然后用低两格的形式,辑录原始资料。这种处理方法,经纬各别,纲举目张,较好地弥补了《年谱长编》在格式体例上的缺陷。

第三,梁启超在清末民初名满天下,其所言所行,均关乎时局,可是丁撰《年谱长编》对梁氏各年活动的时代背景十九不提,这不能不说是明显

---

① 吴天任:《民国梁任公先生启超年谱·序例》,(台北)商务印书馆1988年版。

的缺失。例如民国十年日本向我国提出鲁案节略，梁启超曾致书当时的外交部长，请政府坚持立场，勿落日人圈套。所谓"鲁案"为何，丁撰《年谱长编》并未提及，这样读者在读到梁启超的信札时，就有可能堕入云里雾里，不知其所以然。对这类不可不交代的背景，吴天任在撰著《年谱》时十分注意，不是在正谱中加以追记，便是在按语中加以解释，从而把事情的原委交代得很清楚明白。

第四，做年谱，有行平叙一路的，有行考订一路的。像吴撰的其他年谱一样，《民国梁任公先生启超年谱》很重考订。这是因为谱主与作者并不是同时代人，由于资料散失或者谱主经历复杂，文献记载难免有出入，前人看法也未必一致，需以事实为依据加以辨正。丁撰《年谱长编》资料采撷虽广，但对梁启超一生事迹的记述，仍不免有漏略或讹误。吴撰《年谱》系后出，撰著时所可资利用的资料反比丁文江撰写《年谱长编》时更丰富，故有可能比丁撰《年谱长编》更上一层楼。纵观《年谱》全书，吴天任对丁文江所记梁启超事迹的重要增补订正，共有41处之多。例如，丁撰《年谱长编》说光绪二十年（1894）梁启超奔走于各处是试图挽救中日战争爆发后国家的危局，而吴撰《年谱》则证明梁实际上是在为开脱康有为《新学伪经考》案之罪而斡旋，这便是重要匡正。而光绪二十五年（1899）所记梁启超与同门13人（世称"十三太保"）曾劝康有为退隐，光绪三十年（1904）所记清廷下诏赦免戊戌党人唯康、梁二人例外，宣统二年（1910）所记梁启超力促清廷早开国会以避免朝廷倾覆，民国五年所记梁启超在上海致书蔡锷指示护国战争的军事、财政、政治方略，民国十年所记梁启超与张君劢论社会主义书，民国十一年所记梁启超著《中国历史研究法》及其对近代学术的影响，等等，都是丁撰《年谱长编》所未记而不可不记的重要事件。至于对细小史实的补正，更不可胜数。

吴撰《年谱》所采辑的资料虽然宏富，但若以广博衡之，仍有不足。最为明显的是，自上世纪50年代以来，中国内地在研究中国近代史方面曾产生过许多有价值的著述，而对康、梁活动及其思想的研究更是成果累累；但吴天任因抱有"大陆论人观点，动以马列思想为准，于任公评价，亦难例外，强施枷锁，偏谬悖理"的偏见，遂认定大陆学者的研究成果"既不足采,亦无庸辩"①,把它们差不多都排除出了引用或参考资料之列(只采录了十余种)。这种人为地限定资料采撷范围的做法,使吴氏在吸收内地学者的学术研究成果方面受到了限制,这不能不说是《年谱》的一个遗憾。

二、引人注目的《梁节庵先生年谱》

吴天任为梁鼎芬作年谱,有一段历史因缘。抗战期间,吴天任是广东省某地方行政机构的属员,曾随公署避地肇庆。他发现当地有一所"二公祠",里面供祀的人物是朱一新和梁鼎芬,这使吴天任不无诧异。嗜濂洛关闽之学的浙江义乌人朱一新是儒学名宿,曾应两广总督张之洞之聘来粤教授士子,功业卓著,自有资格入祠;而在吴天任的印象中,广东番禺人梁鼎芬只不过是一个"以诗名"的前清遗老而已,怎能与朱一新相提并论而享此殊荣呢?嗣稽阅地方志乘,方知朱、梁均执掌过当地端溪书院讲席,以文化俗,贡献良多,固足并美。抗战胜利后,吴天任又有机会读到了梁氏的遗诗,深服其作境界之高迈,骨格之清奇。移居香港后,吴天任又在《清史稿》中读到了《梁鼎芬传》。吴天任对梁氏生的品格个性颇为欣赏。他认为,作为清末民初重要的政治与学术人物,梁鼎芬个性独特鲜明,品格謇謇高举,"固非世之徒事吟哦者比"。这种欣赏的心情,使吴天任生出了撰辑梁鼎芬年谱之念。在澳门学者汪宗衍的鼓动及帮助下,吴天任乘撰著何藻翔、杨守敬年谱之余勇,抱病采撷资料,撷拾遗事,终于在1976年撰成《梁节庵先生年谱》。这部大略勾勒了梁鼎芬一生事迹或轮廓的著作,于1979年由台北艺文印书馆出版发行。全书正文及附录424页,其他18页,插图14页;书后附有汪宗衍纂《重编节庵遗诗目录》。

梁鼎芬,字星海,号节庵。少时曾就读于广州菊坡精舍。光绪二年(1876)年十八,以国子监生应顺天乡试,中举人。光绪六年(1880)成进士,改翰林院庶吉士,散馆,授编修。后因参劾权要李鸿章而被贬,南归后曾主广东肇庆端溪、惠州丰湖、广州广雅,江苏南京钟山,湖北两湖诸书院讲席,复佐助湖广总督张之洞筹设湖北文武各级学校,遣送人才出国留学。光绪二十七年(1901)因得张之洞、端方举荐,开复原衔,起为知府,历

---

① 吴天任:《民国梁任公先生启超年谱·序例》,(台北)商务印书馆1988年版。

署盐法道、安襄郧荆道,后洊升湖北按察使兼署布政使。光绪三十三年(1907),被清廷赏加二品衔。年底引疾辞官,在粤倡继南园诗社。宣统三年(1911)辛亥革命爆发,筹划独立事宜的广东士绅有举其为都督之议;梁鼎芬闻讯星夜离穗,逃隐沪上。民国后,清朝旧臣或投靠民国政府另谋出路,或逍遥津沪充当寓公,梁鼎芬却孤身出关,到崇陵任"守陵种树大臣"。民国五年(1916)被招入紫禁城毓庆宫,任逊帝溥仪师。在张勋复辟期间,他是活跃的政治人物。民国八年(1919)逝世,年六十一。

从人生经历不难看出,梁鼎芬是那种顽冥不化地效忠清朝的人物。他忠于皇室的铁杆立场,在清逊帝溥仪所作《我的前半生》第一集第三章中所记的崇陵祭拜故事中,被表现得活灵活现:

> 那一天,这一批国务员由赵秉钧率领前来,在致祭前,赵秉钧先脱下大礼服换上清朝素袍褂行了三跪九叩礼,孤臣孽子梁鼎芬大为兴奋,也不知怎么回事,在那些没有穿清朝袍褂来的国务员之中,叫他一眼看中了孙宝琦,他直奔这位国务员面前指着鼻子问:"你是谁?你是哪国人?"孙宝琦给这位老朋友问得怔住了,旁边的人也都给弄得莫名其妙。梁鼎芬的手指头哆嗦着,指点着孙宝琦,嗓门越说越响,"你忘了你是孙诒让的儿子,你做过大清的官,你今天穿着这身衣服,行这样的礼,来见先帝先后,你有廉耻吗?你——是个什么东西!""问得好!你是个什么东西?"劳乃宣跟了过来。这一唱一和,引过来一大群人,把这三个人围在中心。孙宝琦面无人色,低下头连忙说:"不错不错,我不是东西,我不是东西。"①

除了以"顽固"出名之外,梁鼎芬似乎很少有政治建树,在学术上也不见得有什么了不起的成就。对于这样一位人物,究竟值不值得特别关注,有没有必要为他撰辑一部年谱,这的确是一个值得讨论的问题。所以有人质问吴天任:"节庵先朝遗臣,无甚事功之可见,遗诗数百首,亦一诗人而已,清史已有其传,何劳吾子为纂年谱,详其生平?"② 对此,吴天任的回

---

① 爱新觉罗·溥仪:《我的前半生》,东方出版社1999年版,第91-92页。
② 吴天任:《梁节庵先生年谱·序例》,(台北)艺文印书馆1979年版。

答是：梁鼎芬不仅是近世之诗词名家，而且是重要的政治角色。他一生中的许多活动，都是关乎当时而影响后世的。例如，他曾说服慈禧太后接纳废黜大阿哥的动议，曾奏请清廷化除满汉界限，曾在八国联军占领北京期间首倡进贡方物之议，曾创设丰湖书院及广州梁祠图书馆，曾协助湖南巡抚陈宝箴建立警察局，等等。凡此诸端，莫不与国家政治、社会、文化息息相关。而论梁氏一生的事功，最显著者莫过于在鄂佐助张之洞推行新政。张之洞兴办两湖洋务，成效最著者乃是兴新学、练新兵、办实业三项，而前两项实由在其幕中参与机要的梁鼎芬具体操办。故张之洞在向朝廷汇报时说，梁鼎芬在创办文武书院学堂、建立新式教育模式方面"擘画精详""勤劳最著"；又对梁鼎芬本人说："文通武达，一堂兼之，创始书院，开千百年未开之风气，欲起中华十八省有用人材，公之教也。"① 而梁鼎芬对自己在湖广"化育英才"之功也颇感得意，曾在武昌府署门前题联："燕柳最相思身别修门二十载，楚材必有用教成君子六千人。"对张之洞与梁鼎芬的关系，梁启超曾有以下形象说法："天下崇拜之洞者，必并崇拜鼎芬；唾骂之洞者，必并唾骂鼎芬。鼎芬即小之洞，之洞即大鼎芬。"

不过吴天任为梁鼎芬撰辑年谱，主要的还不是因为欣赏梁鼎芬的"事功"，而是因为钦佩梁鼎芬的"风节"。梁鼎芬少时曾执贽理学名儒陈澧之门，从老师那里，他不仅学到了精纯的儒家学问，而且培养了醇厚的人文精神。梁鼎芬笃念故旧，不忘所自，曾上奏朝廷表彰其师友的博雅端洁。他对古人往哲抱有大节、忠义不阿者，靡不率加钦敬，不是亲往祭祀，便是捐资建祠。他教育学生，亦以博学于文行有耻为主旨，其文教对厚人伦移风俗颇多裨益。梁鼎芬的"风节"，表现得最突出者，莫过于在朝廷横批逆鳞，纠劾权要。光绪十年（1884）中法甲申之役，他参奏大学士北洋大臣直隶总督李鸿章"骄横奸恣，罪恶昭彰，有六可杀"，请慈禧太后特旨将其"即行正法"并"穷搜党类，以戢奸谋"②，直声震动朝野。结果以刚直得罪，被降五级调用。梁鼎芬毫不在意，反刻"年二十七罢官"小印自我调侃。在张之洞的举荐下复出后，他又参劾庆亲王奕劻、军机大臣袁世凯及其党羽，措辞十分激烈严切，毫不畏惧当时狼抗朝列、虎步京师。梁鼎芬是以"精

---

① 张之洞：《张文襄公全集》书札六，中国书店1990年版。
② 杨敬安辑：《梁节庵先生剩稿》卷一，（台北）文海出版社有限公司2004年版。

卫填海"的精神来与这些权要做斗争的，因此他把自己的寓所命名为"精卫庵"。对于梁鼎芬铁杆效忠清室的政治立场，吴天任认为，若按新时代观点衡量固属"顽冥"，然而若从胜朝立场来看却是"尽忠"，因此不但不应谴责反而应该同情。吴天任说：

> 论史者往往持有主观，以为"甲朝之忠臣，即乙朝之罪人"，以衡量前人功罪，如此必难得平允。先生既属清室忠臣，吾人当设身处地，就其当日立场，尚论其人。盖人必有所立，即有所守，其所守所立，确定不移，即其所以过人处，不必问其为彼为此也。①

人有所守所立即可，"不必问其为彼为此也"，成为吴天任撰写《梁节庵先生年谱》的总原则。这条总原则，一直贯穿于年谱的始终。由此可见，传统的"气节"观对吴天任影响之深。吴天任对胜朝遗民梁鼎芬持同情、肯定以至欣赏态度并不奇怪，因为于1949年"鼎革"之际从内地迁居香港的吴天任，在本质上也是一位顽固的"遗民"②。

梁启超曾说："年谱这种书，除了自传的或同时人做的以外，若在后世而想替前人做，非那人有著述遗下不可。没有著述或著述不传的人的年谱，是没有法子可做的，除非别人的著述，对于那人的事迹，记载十分详明才行。"③ 从此角度来看，吴天任给梁鼎芬撰著年谱，可谓犯了大忌。梁鼎芬一生的经历十分丰富，可是与其经历形成鲜明对照，他所留下来的传世文字却少之又少。梁鼎芬生前曾对人言："我生孤苦，学无成就，一切皆不刻，（文章）今年烧了许多，有烧不尽者，见了再烧，不留一字在世上。我心凄凉，文字不能传出之也。"④⑤ 梁氏诗作，只有其表弟龙凤镰所刻五卷，其表侄余绍宗所编六卷，叶恭绰续编《节庵先生遗诗》一卷，汪宗衍补辑一卷；其词作，只有叶恭绰所编《款红楼词》一卷；其遗文，则只有其门人杨敬

---

① 吴天任：《梁节庵先生年谱·序例》，（台北）艺文印书馆1979年版。
② 荔庄的遗民倾向，从他发表作品均奉"中华民国"的"正朔"这一点便反映得很明显。
③ 梁启超：《中国历史研究法补编》，中国书籍出版社1997年版，第187页。
④⑤ 蔡登山：《番禺梁鼎芬：做过帝师的"遗老"诗人》，读特（深圳门户），《文化湾区》057期，2023年6月13日，https://www.dutenews.com/n/article/7585048。引文为旧网材料。书正式出版后，内容已被作者删除。

安所编《节庵先生遗稿》五卷、剩稿一卷。这就是梁氏残存下来的全部私人文献。因此要编撰梁鼎芬的年谱，在资料上不能不说有很大的困难。好在梁鼎芬是清末民初的名流，与朝野的人事瓜葛很深，其活动在当时的奏章、史志、实录、报纸、档案和当时名流的书信、年谱和诗文集中时有反映。这些资料，多少给撰述梁鼎芬年谱带来了一些帮助。对这些资料，吴天任广为利用，使年谱的内容尽可能获得了充实。《梁节庵先生年谱》引用或作为参考的重要书籍达到110种，由此可见吴天任搜求资料之勤。

正因为梁鼎芬本人的传世文字不多，所以他残存下来的诗文、书信，以及奏折与官文，就显得十分珍贵。对这些文献，不管年份是否可稽，吴天任均作为注释资料尽可能地采入了《梁节庵先生年谱》中，重要文献甚至全部采录，例如光绪二十三年（1897）和光绪二十九年（1903）的书院、学堂名表，有的年份甚至把梁鼎芬招收的学生名册都罗列了出来。这种做法在年谱中是很少见的。作者这样做，无疑是想让这些"焚余"对考索谱主的事迹行状产生某种作用。这也是吴撰《梁节庵先生年谱》的一个特色。

（未刊稿）

变鲁犹思木铎传

——在"纪念莫仲予先生诞辰一百周年学术座谈会"上的发言

感谢广东省文史馆与广东省书协邀请本人参加这个座谈会！莫仲予先生是当代广东的文化名人，是岭南诗界的巨擘、书坛的耆宿，名重士林，能有机会在他百岁冥寿之际向他老人家的在天之灵表达敬意，这是我的一种荣幸。我并不像在座的一些曾亲近过莫老的先生那么幸运，曾有很多机会向他老人家请益；但我又比在座的一些未见过莫老的先生幸运，因为我与他老人家曾有一面之缘。

那是 2002 年的 3 月 26 日，为庆祝莫老的《留花庵诗稿》与《莫仲予章草集》出版，省文史馆与省书法家协会在广东迎宾馆举办了一个"莫仲予诗书艺术研讨会暨《留花庵诗稿》《莫仲予章草集》首发式"，我应邀参加了这个盛会。那时莫老已八十七高龄，虽然年事已高，但他还是执着拐杖出席了这个研讨会暨首发式。当时来参加活动的有不少人是广东的社会名流，其中包括曾任广州市委书记的欧初先生。欧老那年八十一岁，他在会上打趣说，自己年方"一十八"，在莫老面前是"小朋友"。我那时只有莫老的一半年龄，之所以能参加这个研讨会暨首发式，是因为我的前辈同事、时任广东省书法家协会主席陈永正先生的相约。会前的某天，我有事到他家，他告知了我会议的信息，并用开玩笑的口吻对我说："如果你有意参会，就得事先准备'饭票'（会议论文）。"说完特意把莫老的《留花庵诗稿》与《莫仲予章草集》各送了我一册。我以前在陈先生赠我的《岭南五家诗词抄》中拜读过莫老的诗作（莫老是五家之一），领略过莫诗的峭拔不凡，读完了《留花庵诗稿》之后，更觉得其诗格不同一般，有孤峰拔地的气势。于是我便认真整理自己的阅读心得，撰成了《莫仲予〈留花庵诗稿〉读后》一文。在这篇拙文中，我表达了三点感想：一是觉得莫老是一位"素心人"。钱锺书先生曾说："大抵学问也者，乃荒江野屋二三素心人商量培养之事，朝市之显学，必成俗学。"我觉得不止学问，其实诗词吟咏也是"荒江野屋二三素心人商量培养之事"。莫老曾说自己"无取悦于时、垂名后世之念"，创作诗词，"自适而已"。正因为他用这样一种泊然自如、不求名利的心态来创作，所以才能做到出入经史、化至情至性而为辞章，写出高雅绝俗的诗词作品来。二是认为《留花庵诗稿》题材丰富、形式精美，展示了莫诗的风神秀骨。这些诗境界宏阔，格调超迈，意韵深邃，炼字精严，在当今是不可多得的逸品，不同凡响。其中有不少佳句直逼唐宋，不让古人。三是对莫老的诗学渊源作了分析，认为其诗有"唐骨宋面"的味道。他早岁师法盛唐，后学宋人梅尧臣、陈师道、陈与义，故诗歌格律精严，作品苍郁雄浑又深沉淡远。另外，清代的"同光体"对莫老的诗歌创作也有影响。我就是带着这篇文章来与会的。因为我是晚辈，轮到我发言时，莫老的精神已有些困顿。我心想，老人家大概没有心思听我发表意见了。哪里想到我刚开口，他便抬起了头，双眼炯炯有神地紧盯着我；我不断地往下说，他便不断地朝我点头；待到我把话说完，老人家竟重新振作起来了！这件事让我不无惊讶，须知莫老并不认识我。我揣摩他老人家所以对我的发言感兴趣，可能是因为我在准备这篇发言稿时下了一点功夫，他听得出我发表的不是浮泛之论。有趣的是，我刚发言完毕，在场的徐续先生便在众目睽睽之下走到我面前，弯着腰用双手把他的《对庐诗词集》送给了我，书的扉页写着："杨权先生雅正。徐续，壬午春日。"徐老与我也不相识，他特意把自己的作品送给我这个晚辈，可能也是因为觉得我对莫诗的品评比较到位。徐老也是岭南五家之一，我对他的作品也很欣赏，本来想给他写一篇诗评，但到如今还未命笔，而徐老已于三年前作古。

岭南一向给人"文教不昌"的印象，其实不然。现在很少有人知道，从元末明初的"南园五先生"开始，诗坛就崛起了一个引领风骚长达六七百年之久的"岭南诗派"，影响不让中原、江左，陈永正先生主编的《岭南文学史》及撰著的《岭南诗歌研究》对此有具体论述。南园的传统，被一直继承了下来。即使在当下这个旧诗风光不再的时代，在岭南也仍有一批有诗心诗情者在继续守护着古典诗歌的阵地，希冀承先贤之余绪、挽变世之颓风，莫老等当代岭南名家便是他们的杰出代表。

2002年的研讨会暨首发式结束后不久，我在网上看到有一位网名"咏馨楼主"的先生（真名冯永军）发布了他撰写的《当代诗坛点将录》，这篇《点将录》吸引了很多人的眼球。所谓"点将录"，是清代的舒立（有《乾嘉诗坛点将录》）创造的一种具游戏色彩的品藻榜，方式是以《水浒传》的一百零八将比附某一领域的代表性人物。从前汪辟疆先生曾作过《光宣诗坛点将录》，钱仲联先生曾作过《顺康雍诗坛点将录》《近代诗坛点将录》《近代词坛点将录》，景孤血老先生曾作过《梨园点将录》；当代则有王家葵先生作过《近代印坛点将录》，胡文辉先生作过《现代学林点将录》。"咏馨楼主"发表的《当代诗坛点将录》让我有些不平，因为里头居然没有一位广东的诗人！我平时一般是不在网上发表意见的，但这回内心的不平使我破了戒。我给"咏馨楼主"发了一封信，指出了他视野的局促。在信中我特别向他推荐了"岭南五家"（冈州莫仲予、中山刘逸生、惠阳徐续、茂名陈永正、番禺张建白），并把拙文《莫仲予〈留花庵诗稿〉读后》发给了他。也难得这位"咏馨楼主"从善如流，他居然很快就对《当代诗坛点将录》做了更新，剔除了某些原先入榜其实不够格的人物，而把我推荐的岭南五家全都补了进去！刘逸生被点为"天异星赤发鬼刘唐"，陈永正被点为"天慧星拼命三郎石秀"，张建白被点为"天平星船火儿张横"，徐续被点为"地奇星圣水将单廷珪"，莫仲予被点为"天退星插翅虎雷横"。后来"咏馨楼主"还弄出了个《当代词坛点将录》，把刘逸生点为"地雄星井木犴郝思文"，陈永正点为"天剑星立地太岁阮小二"，张建白点为"地强星锦毛虎燕顺"，徐续点为"地火星神火将魏定国"，莫尚质（仲予）依旧是"天退星插翅虎雷横"，入选的广东词家还有朱庸斋（被点为"地速星中箭虎丁得孙"）、饶宗颐（被点为"天寿星混江龙李俊"）。

在《当代诗坛点将录》中，作者是这么点评莫老的：

> 留花庵诗词，中大杨权先生尝有专文论之，所论颇当。余知有留花庵诗词，亦赖杨先生指引。莫仲予诗词俱佳，傅子馀称其诗"雄浑古雅"。留花庵诗，余所见者，尚非全集，所收多七言近体，七律可谓属对亲切，多为摘句图中上乘之作。又，五言排律，今人所作者不多见，留花庵五言排律数首亦颇佳，并无凑韵之病。此老才大，令人惊佩。

《当代诗坛点将录》已于 2011 年由华东师范大学出版社出版，因为我没有找此书比对，所以不知道在这个最后定本中，评语是不是有改变。不过我觉得仁者见仁、智者见智，怎样论评其实并不是太重要，重要的是谁应当上榜、谁不应上榜。当代诗家，如果数到一百零八人还没有莫老的"交椅"，我觉得那是说不过去的。"点将录"固属戏论，但戏论中也有正论的成分，清人叶德辉就说过："（点将录）虽游戏之作，能使读者于百世之下，想象其生平，斯固月旦之公评，抑亦文苑之别传矣。""咏馨楼主"的这个"文苑之别传"凸显了莫老在诗坛的地位，这是功不可没的。反过来，莫老等岭南五家出现在月旦榜上，也为我们广东争了光。要是没有他们，广东诗坛将黯然失色。

莫老是一个传统文化素养很全面的人，他不仅是诗人、词家，还是书法家、篆刻家、画家、琴家，在艺文领域有多方面的造诣。他的章草书法艺术给人的印象尤其深刻。章草是早期的草书，是由草写的隶书演变而成的，出现于秦汉，至唐宋已式微。明代行草流行，章草完全被人丢到了历史的角落；清代碑学兴起，章草亦鲜有人问津。至晚清沈增植提倡，章草书法艺术的沉寂局面才被打破。广东是章草书法的重镇，而莫老则是沈增植以来屈指可数的章草书法大家。

莫老并不是职业学者，但是他的旧学素养是当今许多职业学者都比不上的，因为他有"童子功"。他曾在《留花庵诗稿》卷末附言中说："余自束发受书，先君即授以音韵骈偶之学，诵《三百篇》、《离骚》、汉魏唐宋之诗，左氏、司马、韩、欧之文。及长，获交海内才彦，始习文词。"他的诗歌创作起步并不很早，但是成就比许多人突出，因为他能融通文史，创作是以深厚的学养为基础。在莫老的身上，我们分明能感受到一种旧式文人的气息。在当代社会，具有这种气息的人是越来越少了。现在传统在式微中，但是它无论如何不会断绝，因为世上还有若干像莫老这样的人维护着它的"文脉"，自觉充当它的传承者。我数年前在暨南大学参加书法展，曾拟过一副对联："过秦最惜绢书绝，变鲁犹思木铎传。"我忽然觉得用它来讲莫老，是很恰当的。

（原载《岭南文史》2015 年增刊第 2 期）

下编

清初岭南禅史研究与佛教文献整理

清初岭南禅史研究与佛教文献整理是近年来兴起的学术领域。该课题正在以其丰富的内涵与独特的魅力不断吸引着区域内外的学者,且成果不断涌现。但是由于文献资料搜集、发掘不足,研究深度与广度受到制约。进入本世纪以后,此种局面有了改变,一批重要的岭南佛教文献被整理出来,为学术研究的深化提供了条件。兹把相关情况阐述于下。

一、清初是岭南佛教的又一繁盛期

岭南佛教,自六朝时菩提达摩入粤,尤其中唐六祖慧能振兴顿教以来,一直传灯不绝。石头希迁、仰山慧寂的出世,云门宗在五代的兴盛,临济宗在宋、明的发展,都说明了这一点。释成鹫《鼎湖山志》卷三所载《鼎湖山第二代住持在犙禅师塔志铭》有言:"宗风西来,粤疆是即。爰及《楞严》,广州初译。五岭巍巍,斯为佛国。曹溪发源,演于迁寂。万派千江,皆其涓滴。"这便是岭南佛教发展大势的写照。故清初番禺的秀才李蛮粤在其诗中说:"岭南本是禅宗地,世世传灯有姓卢。"[①]

岭南佛教虽然历代继轨有人,但是曹溪的细流,在经过历史的千折百回之后,到清朝初年才在这个地区形成了汤汤大潮。当时"佛国"的繁盛,为六祖圆寂以来所未有,在同时期亦为其他地区所罕见。域内寺院林立,法众云集,高僧代起,著述迭出,禅净济洞都有长足发展。兹以曹洞宗寿昌系博山支的海云派为例,该系以岭南为主活动区域,以番禺雷峰海云寺为核心基地,形成了一个以高僧天然函昰为中心、以"海云十今"(函昰的十位嗣法弟子)为骨干的庞大法众群体,"缙绅缝掖执弟子礼,问道不下数千人,得度弟子多不胜纪"[②]。而函昰的法嗣也有众多门徒。海云系的势力曾达于

---

① 李蛮粤:《奉赠应公尊宿》,见徐作霖、黄蠹等辑《海云禅藻集》,广东旅游出版社2017年版,第184页。

② 释今辩:《本师天然昰和尚行状》,见释函昰《天然昰禅师语录》,(香港)梦梅馆2007年版,第210页。

粤赣闽三省,道场有博罗罗浮山华首台寺,番禺雷峰海云寺,东莞芥庵、戢庵,广州光孝寺、海幢寺、无着庵,仁化丹霞山别传寺,九江庐山归宗寺、栖贤寺,福州西禅长庆寺等。饶宗颐先生在为《石濂大汕与澳门禅史——清初岭南禅学史初编》所作的序中指出:"明季遗民遁入空门,一时才俊胜流,翕然趋向。其活动自江南迤及岭南,徒众之盛,实以金陵天界寺觉浪上人一系,与番禺海云天然和尚一系最为重镇。"① 而蔡鸿生先生则说:"甲申(1644)以后,男女遗民逃禅成风,逐步形成爱国爱教的三大中心";"(函昰)将弘法护生与忠孝节义结合起来,言传身教,不遗余力,成为十七世纪岭南佛门的精神领袖"。② 而与此同时,同出博山支的曹洞宗高僧在犙弘赞③亦在肇庆鼎湖山招贤纳士,使庆云寺精英麇集,声名鹊起,从此成为岭南的著名丛林,故人有"粤人成僧者,非鼎湖即海云焉"④ 之说。可以毫不夸张地说,就全国范围而言,当时论佛教之繁盛可与岭南颉颃者只有江南,西南近之,而中原佛教几乎没有影响。覃召文先生指出:"在历史上,岭南禅文化亦有沉浮升降、盛衰正变,然而从总体上说,禅文化之于岭南,却要比其它地区,特别是中原地区更为突出,这也是显而易见的。"⑤ 这种情况在清初尤其明显。

对岭南佛教比较繁盛的原因,覃先生是这样分析的:

第一、儒学在岭南的崛起并没有完全占领禅、道思想的统治地盘,更没有产生取而代之的发展态势。因为重在"知人心"的思想根基已经深深地扎入了岭南社会文化的土壤之中,并已结出了丰硕的文化成果……第二、即使在岭南儒家日渐发展的历史时期,它本身也受到禅、道思想的影响。……禅文化在岭南有着十分深厚的历史根基和社会基础。⑥

---

① 姜伯勤:《石濂大汕与澳门禅史——清初岭南禅学史初编》,学林出版社1999年版,序第1页。
② 蔡鸿生:《清初岭南佛门史料丛刊总序》,见释今释《徧行堂集》,广东旅游出版社2008年版,第一册。
③ 弘赞嗣杭州妙行寺雪关道誾法,而道誾与道独同出博山门下。
④ 汪宗衍:《天然和尚年谱》,(台北)新文丰出版股份有限公司1987年版,第17页。
⑤ 覃召文:《岭南禅文化》,广东人民出版社1996年版,第2页。
⑥ 覃召文:《岭南禅文化》,广东人民出版社1996年版,第3页。

覃先生的分析不无道理，但它只是对岭南禅教所以长盛不衰的一般性解释，并未能说明清初岭南佛教特盛的原因。佛教在清初勃兴于岭南，除了覃先生所论及的文化因素之外，政治因素亦有重要作用。事实上正是以下两个相反相成的原因，直接促成了岭南佛教在当时的繁盛：其一，在明清鼎革的社会背景下，岭内外有大批不愿接受新朝正朔的庄臣节士接踵在岭南这个南明抗清的最主要阵地遁身佛门，成为具有鲜明政治立场的遗民僧。而清朝统治者实行的"留发不留头"的野蛮政策，以及把汉族士民落发为僧视为"臣服"的奇怪逻辑，也对遗民的逃禅起了推波助澜的作用。新出家的袈裟遗民有不少是文化学术底蕴深厚的社会知识精英，他们加入僧团，不仅扩大了佛教的队伍，更给禅门注入了新鲜血液，使岭南佛教出现了崭新气象，推动了佛教的繁荣。其二，面对同样的社会环境，与"故国派"僧人相反，在岭南佛教界内部，有一部分人在政治形势尘埃落定之后，乃主动改变立场，向新朝靠拢。这类"新朝派"僧，有一部分获得了朝廷的恩宠，成为禅门新贵，他们在统治者的扶持之下，不断扩大本门的势力，使岭南佛教在全国的影响迅速扩大。"新朝派"僧的最典型人物，是临济宗杨岐派的木陈道忞（潮州潮阳人）与茆溪行森（惠州博罗人）。道忞于顺治十六年（1659）奉诏晋京，为世祖说法，被皇帝赐号"弘觉禅师"。行森是清朝策封的"大觉普济能仁国师"玉琳通琇的弟子，于顺治末年入事内廷，深受宠信，雍正时被追封为"明道正觉禅师"。

二、清初岭南禅史研究的意义

上述分析已隐约凸显清初岭南禅史研究的价值。与一般人的理解不同，清初岭南禅史研究并不单纯是一个区域性课题，它也是一个具有全国性意义的课题，对于推动与深化南明史、清朝史、佛教史、文学史、艺术史研究，对于推动与深化岭南文化研究，都具有重要价值。这个课题的内涵的丰富性，可以从以下角度来认识。

清初岭南禅史研究首先是一个宗教课题。通过此项研究，人们可以了解佛教各宗派的法脉传承情况、佛教在岭南勃兴的原因及其影响、禅门高僧的弘法活动情况、曹洞宗与临济宗的关系、岭南疏经作品对宗乘教义的诠释、重要寺刹的营建与经营状况、丛林制度的制定与作用、各山志的内容与价值、儒释学说的交融与矛盾等等。其中，曹洞宗的活动是研究所应当关注的重点之一。清初活动在岭南的曹洞宗僧人多属寿昌系博山支。博山大师的杰出弟子宗宝道独、雪关道訚与栖壑道丘在明清之交将"寿昌慧炬"从江西传到了广东,并由他们各自的门人发扬光大。在洞上正宗传播岭南的过程中,道独的上首法嗣天然函昰发挥了最为重要的作用,而道丘的门人契如元渠、道訚的门人在犙弘赞等亦功不可没。此外,寿昌派东苑支亦有名僧无可大智(即方以智)、湛慈传源与石濂大汕在岭南留下了活动足迹。

清初岭南禅史研究其次是一个政治课题。佛门虽号称"红尘不染",但其实很难摆脱与现实政治的干系。一方面现实政治会对它产生干扰,另一方面它也会与现实政治发生联系。甲申鼎革后,在岭南佛门内部的不同宗派之间,或者同一宗派的不同僧人之间,对世局的认识看法往往存在差异,政治态度甚至完全不同。有的人出家后以袈裟为掩护,与抗清力量潜通声气;有的人对复明运动持同情态度,使寺院成了志节之士的安身立命之所;有的人隔岸观火,冷眼察看时局的变化;有的人靠拢朝廷、交结官府,成为禅门新贵;有的人全然不理世事,如如不动地修炼"枯木禅"……了解这些禅门人士大异其趣的生存样态,可以使我们对清初社会的复杂性获得更深入的认识。在各种类型的僧人中,最值得关注的是那些以"亦释亦儒"或"外僧内儒"为特征的袈裟遗民,"清初岭南佛门的历史地位,是由亦儒亦释的高僧群体奠定的。他们的功业和智量,超越群伦,值得后人景仰和追思"①。在他们身上,充满了法缘与俗缘的纠葛,他们既不能忘情于世务,又极欲参悟色空之理,出家而不出世,对世俗社会依然保持着深切关怀。他们多面的生活样态与复杂的人格特征,最能反映甲申鼎革对社会的冲击,也最能看出传统政治价值观与文化价值观在士人身上的作用。在这个方面,课题很多,例如明清易代与岭南佛教的兴盛,政治环境与士人逃禅,遗民僧的来源与构成,袈裟遗民的政治与文化价值观,清廷对士人逃禅的态度、政策及其影响,佛门与朝廷的纠葛,各宗各派僧人政治立场的差异,朝廷政策对佛教的冲击,禅门内部"新朝派"与"故国派"的对立,反清复明运动与岭南曹洞宗的关系,等等。

清初岭南禅史研究再次是一个文化课题。在清初的岭南佛门,集结着一批富有文化学术修养的社会精英,他们在出家前后,曾撰著了许多体裁、内容不同的作品,它们往往思想深刻,意蕴丰富,从不同角度记录或反映了作者的政治立场、思想倾向、生活态度、艺术见解、审美意趣、宗教信仰、处

---

① 蔡鸿生:《清初岭南佛门史料丛刊总序》,见释今释《徧行堂集》,广东旅游出版社2008年版,第一册。

事哲学以及社会交往，包含了其所处时代的政治、经济、军事、文化、宗教等诸多方面的信息，具有很高的历史价值、文学价值或文献价值。尤其值得注意的是，他们融佛缘、世缘、学缘与翰墨缘于一体，把禅宗的"明心见性"之说引入创作领域，以艺文悟禅，又以禅入艺文，创作了不少圆融空灵、自然入化、富有意趣的作品，使滨海法窟放出了时代之光。例如天然函昰在诗歌方面具有极高的修养，他与其法弟函可祖心、法嗣今释澹归并称"岭南三大诗僧"，以他为核心的"海云诗派"囊括了包括"岭南三大家"在内的一批僧俗诗人，作品蔚为大观，成为推动岭南诗坛繁荣的重要力量。以他为首的"海云书派"还在书坛独树一帜，他们的书法作品道韵深隐，弥漫着一股泉石烟霞气，给当时的书苑注入了一股清新气息。又如临济宗高僧成鹫迹删才华横溢，学问博洽，在长期的创作实践中总结出了一套独特的艺文理论。清代岭南名士胡方论道："大抵其才，以敏捷雄浩推倒一世，艺苑之士无与抗衡者。"① 而晚清的沈德潜则在《清诗别裁集》卷三二中评价他："所著述皆古诗歌杂文，无语录、偈、颂等项，本朝僧人鲜出其右者。"② 成鹫为文为诗，往往直抒胸臆，笔端有一股浩荡之气，"其文尽情发泄，不拘守八家准绳，颇有似庄子处"③。他一生著述甚丰，见诸著录者有《楞严直说》《金刚经直说》《老子直说》《注庄子内篇》《鹿湖草》《诗通》《不了吟》《自听编》《渔樵问答》《自听编》《咸陟堂集》《纪梦编年》等。可见清初岭南禅门人士的艺文活动与贡献，存在着很大的研究空间。在这个方面，可着重研究禅学在岭南文化建设中的作用与意义，僧人与士人的交游活动，"明心见性"之说对僧人创作的影响，岭南诗、书、画僧的艺术理论与创作实践，重要禅门诗派、书派的贡献，等等。

清初岭南禅史所具有的多方面研究意义，反映了这一课题的重要价值。事实上研究中国古代佛教史若忽视了清初的岭南，就难免出现偏失，不是内容残缺，便是结论不当。在这个方面，笔者可举出几个例子来说明问题：1980年，中国佛教协会主编的多卷本《中国佛教》第一辑由知识出版社出版，该书第三篇"中国佛教宗派源流"称，曹洞宗"慧经下元来一系很早就无从考核"。这一结论与史实严重不符，其实以元来无异为首的曹洞宗寿

---

① 胡方：《迹删和尚传》，见释成鹫《咸陟堂集》，广东旅游出版社2008年版，第一册，序第4页。

② 沈德潜：《清诗别裁集》，中华书局1975年版，第586页。

③ 邓之诚：《清诗纪事初编》，上海古籍出版社1984年版，第295页。

昌系博山支清初一直活跃于岭南，活动情况多可考核。而蒋维乔《中国佛教史》的第十八章"近世各宗"则说："有福州长庆宗宝独禅师，传庐山归宗天然函昰禅师，昰为番禺曾氏子，康熙年间人，著有《楞伽心印》八卷、《楞严经直指》十卷。嗣法门人有今释、今辩，为博山第四世，以后则不可考矣。"① 其实所谓"不可考"，是因为未"考"。据笔者所知，多年来一直在此领域默默耕耘的仇江先生撰有《曹洞宗华首台寺法脉新知》②，在此文中，他根据自己的调查研究结果，列出了从明末曹洞宗第 31 世寿昌无名慧经禅师到当代第 46 世华首圆行宗园禅师的完整传承系统，从第 33 世起，与华首台道独和尚所定传派法偈"道函今古传心法，默契相应达本宗。森罗敷演谈妙谛，祖印亲承永绍隆"③ 完全吻合，这说明华首台法脉一直传灯至今。又佛教专家郭朋撰著的《明清佛教》，上篇（明代部分）共 292 页，下篇（清代部分）只有 48 页，内容严重失衡。究其原因，实为由于对清初佛教在岭南的活动注意不够，但作者却在该书的前言说："本书上篇稍详，下篇甚略。这主要是由书的内容本身决定的，并非作者取舍的结果。"④ 再有，1991 年，香港佛教志莲图书馆出版了吴天任所撰《澹归禅师年谱》，记述清初曹洞名僧今释的事迹。吴天任是香港的文史大家，治学深有功力，然而这个年谱做得却不理想，全书只有 133 页（间中还抄录了不少原文），不仅内容简单，而且对谱主事迹、履历的记载有很多缺漏。原因是吴先生在撰此年谱时，并没有看到被清朝列为禁书的今释撰《徧行堂集》（只看过《徧行堂续集》）。这四个事例，从不同侧面反证了清初佛教文献的开发与岭南禅史研究的重要性与必要性。

三、学术界对清初岭南禅史的研究

在本学术领域，最早问世的著作是陈垣 1941 年出版的《清初僧诤记》，而作者在先此一年出版的《明季滇黔佛教考》（现有河北教育出版社 2000 年版），对此问题亦有涉及。在这两部著作中，作者以现代眼光审视宗门故事，冲破了传统灯录、僧传的藩篱，首次从"外学"角度探讨了明清之交

---

① 蒋维乔：《中国佛教史》，商务印书馆 1935 年版，第四卷，第 38 页。
② 杨权主编：《壁立千仞——"澹归与〈遍行堂集〉"学术研讨会论文集》，中山大学出版社 2019 年版。
③ 据清道光六年（1826）潮州开元寺住持绍法和尚所编《开元寺传灯录》。
④ 郭朋：《明清佛教》，福建人民出版社 1982 年版。

佛教在南方的存在样态，特别讨论了济洞之诤、新旧势力之诤等问题。著作选题独特，立论精严，具有奠基的意义。陈寅恪曾说，"严格言之，中国乙部之中，几无完善的宗教史，然其有之，实自近岁新会陈援庵先生之著述始"①。无独有偶，在史学上与陈垣并称"南北二陈"的陈寅恪晚年亦把研究视点投注到了清初岭南僧人身上，他在1964年完成的皇皇巨著——《柳如是别传》（现有三联书店2001年版）第五章（"复明运动"）中，以实录、史传、笔记、诗文集、塔铭、年谱等为据，考证了岭南的著名遗民僧剩人函可（函昰的法弟）参与反清活动及被下狱流放的内幕，揭示了佛门与政治的纠葛，以及岭南僧人与江南士人的联系。从1990年出版的《陈垣来往书信集》可悉，20世纪30年代，澳门的学者汪宗衍曾就嘉兴续藏中的《天然昰禅师语录》与《千山剩人和尚语录》等岭南禅史资料问题与陈垣进行过讨论，并于1940年着手编撰《天然和尚年谱》（现有香港梦梅馆2007年版），后又编撰《剩人和尚年谱》（台湾商务印书馆1986年版）。汪宗衍还给曾当和尚的岭南诗坛名宿屈大均编撰了《屈翁山先生年谱》（1957年初版，人民出版社1996年版《屈大均全集》附）。香港学人吴天任则编撰了《澹归禅师年谱》（香港佛教志莲图书馆1991年版）。这些年谱之谱主，均为明末清初岭南的遗民僧。汪兆镛、汪宗衍父子，还曾为现藏澳门禅院的珍贵清初佛门档案——今释的《澹归日记》作过题跋。同样是在陈垣的帮助指导下，中山大学的冼玉清于1961年完成了力作——《广东释道著述考》（收入中山大学出版社1995年版《冼玉清文集》），这是学术界首部全面叙录与考释岭南释道文献的著作，为学者从事相关研究提供了极有价值的资料。1975年马国维在台湾出版了《明季粤高僧传》（台北市广东同乡会1975年版），1984年梁永康在香港出版了《广东佛教史》（香港兴亚印刷公司2000年版），1996年覃召文出版了《岭南禅文化》（广东人民出版社1996年版），后者从历史、禅院、人物等多个方面，讨论了岭南禅文化的特质与影响，其中第三章"岭南禅文化人物"所论及的函可、光鹫（即成鹫）、今释、今无等人均为清初名僧。最早将清初岭南佛门的活动作为独立课题进行研究的学者是中山大学的蔡鸿生，他于1997年在广东高等教育出版社出版了《清初岭南佛门事略》，此书分八个专题，讨论了若干禅门人物的活动与当时的社会风气。1999年著名的敦煌学者姜伯勤客串本领域，出版了专著《石濂大汕与澳门禅史——清初岭南禅学史研究初编》（学林出

---

① 陈垣：《明季滇黔佛教考》，河北教育出版社2000年版，第235页。

社1998年版),该书从个案入手,对大汕和尚的生平、政治表现、交游、宗教传承、禅学文学艺术成就等做了全方位研究,在追溯这位佛门奇士足迹的过程中,展示了岭南文化与江南文化的互动、中国文化与越南文化的交流,拓宽了清初岭南禅史研究的视野与思路。李公明的《广东美术史》(广东人民出版社1993年版)、陈永正主编的《岭南文学史》(广东高等教育出版社1993年版)与《岭南书法史》(广东人民出版社1994年版),三部著作对明末清初的方外画家、诗人与书家的创作情况均有介绍。而2012年岭南美术出版社出版的"广东历代书家研究丛书",收有杨权撰著的《天然函昰》与钟东撰著的《澹归今释》,两书都是侧重于书法的高僧传记。李舜臣的专著《岭外别传——清初岭南诗僧群研究》(南方日报出版社2017年版),李福标的《清初丹霞天然年谱》(广东人民出版社2020年版),都是学术力作。

  论文方面,从上世纪40年代开始,便有汪宗衍对函昰的著述做过考证,其后他又与王在民等分别对函可的事迹进行了考证。不过在上世纪五六十年代,本学术领域产生的论文不多。从80年代开始,特别是90年代以后,局面渐有改变,研究方向亦自政治向宗教与艺文展开。进入本世纪后,成果逐渐增多。已发表的论文有研究岭南禅学与文化的关系的,如姜伯勤的《明清之际岭南禅学与南方文化》、张燕的《以天然为核心的僧团与岭南文化的关系》;有研究遗民问题的,如廖肇亨的《明末清初遗民逃禅之风研究》、李舜臣的《法缘与俗缘的反复纠葛——金堡澹归逃禅考论》、何光耀的《澹归出家前后明清易代观和夷夏观析》、释存德的《论天然函昰与木陈道忞的传统价值观——以"亡国"与"亡天下"的思想视域为中心》;有研究岭南僧人与政治的纠葛的,如陈此生的《政治和尚函可》、蔡鸿生的《岭南三尼与清初政局》、汪宗衍的《清代第一宗文字狱——函可和尚"再变记"案》、姜伯勤的《论木陈道忞——潮阳大埔林苴与清初禅宗史》、何光耀的《澹归金堡与〈元功垂范〉关系考辨》、谢正光的《新君旧主与遗臣——读木陈道忞〈北游集〉》、张道济、陈镇昌的《顺治皇帝与潮籍高僧道忞》;有探究法系源流的,如段晓华的《中兴慧炬照西江——明清之际曹洞宗支溯源》、仇江的《清初曹洞宗丹霞法系初探》、李君明的《岭南佛门瑰宝——〈开元寺传灯录〉》;有研究僧人交游的,如姜伯勤的《石濂大汕与方以智》《石濂大汕与觉浪道盛》、林子雄的《澹归与廖燕》《天然与澹归》、李舜臣的《王夫之与金堡澹归关系考论》、韦盛年的《略论天然和尚函昰与"函"字辈诸人的交往》、刘俊的《成鹫与丹霞山》、张贤明、聂明娥的《成鹫与清初广东曹洞宗》；有考察史迹的，如曾昭璇、曾新、曾宪珊的《广州海幢寺建设初期考》，仇江的《天然和尚塔墓访寻记》《清代丹霞山别传寺和尚塔》《韬光佛地记海云》，钟东的《广东番禺雷峰海云寺金石辑录》，刘勇的《庐山考察天然和尚遗踪日记》；有研究宗乘教义的，如夏志前的《〈楞严〉宗趣与晚明曹洞宗风》，陶乃韩的《大乘菩萨道精神在明末清初的落实与发展——以天然一系在岭南（广东）的发展为例》，冯焕珍的《〈楞伽心印〉校勘前言》；有研究文学成就的，如李舜臣的《释澹归及其诗文》，陈永正的《澹归词略论》，莫尚葭的《今无诗歌研究》，李福标的《论胡方〈梅花四体诗〉与天然和尚〈梅花诗〉》，璩龙林的《瞎堂诗风浅探》，何泽棠、吴晓蔓的《瞎堂五古与汉魏两晋诗》，廖肇亨的《澹归今释之文艺观与诗词创作析论》，李舜臣的《释澹归与〈徧行堂词〉》，刘辉的《天然函昰和尚诗歌及其对岭南诗僧群体影响的研究》；有研究艺术的，如朱万章的《明清之际岭南释氏画风初探——兼论海云诸今画艺》《天然和尚及其书艺论略》《澹归今释传世书迹考释》，姜伯勤的《论石濂大汕的绘画艺术》《再论石濂大汕的画学》，杜霭华的《天然禅师墨迹遗珍》；有研究文献的，如汪宗衍的《天然和尚著述考》，姜伯勤的《石濂大汕与〈离六堂集〉》《澹归与〈徧行堂集〉》，李福标的《天然老人梅雪诗的流传经过及现存单刻本的文献价值》，梁基永的《程可则（今一）与〈海日堂集〉》，张红的《〈华严丛书〉天然系列叙略》；有研究僧人事迹的，如张红的《今无阿字禅师出关事迹考述》，等等。① 特别值得指出的是，中山大学中国古文献研究所曾与韶关丹霞山别传寺合作，分别于2002年、2005年、2008年与2012年组织广东省内外的学者举行了四次有关岭南佛教历史的学术研讨会，前三次研讨会的学术成果已分别收入钟东主编的《悲智传响——海云寺与别传寺历史文化研讨会论文集》（中国海关出版社2007年版）与杨权主编的《天然之光——澹归与〈遍行堂集〉学术研讨会论文集》（中山大学出版社2010年版）两书中，第四次研讨会的成果则收入杨权主编的《壁立千仞——纪念丹霞山别传寺开山三百五十周年学术研讨会论文集》，2019年由中山大学出版社出版。2012年中山大学宗教文化研究所与中山大学中国古文献研究所协助广州花都华严寺主办了首届华严论坛，会议论文集《天然禅师与岭南文化——广州华严寺首届"华严论坛"论文集》已于2014年7月由巴蜀书社出版。

---

① 限于篇幅，各篇论文恕不罗列出处。

从上述介绍可悉，学术界对清初岭南禅史的研究取得了一定进展，成果正在逐渐显现，研究局面令人兴奋。不过，在一些方面亦有明显的缺陷，所存在的主要问题是研究面不够广，深入度亦有所不足。从宗派来说，研究重心多集中在以函昰为核心的曹洞宗海云派身上，临济宗只有少数高僧进入了学者的视野。从内容来说，学术界对禅门政治史、文学史关注较多，对宗教史本身关注较少，法疏著作与语录研究方面的成果更是寥若晨星，多角度、全方位的立体性学术成果至今尚未见到。

四、清初岭南佛教文献叙录

清初岭南禅史研究所以存在上述不足，除了因为受到主体的素养训练与时代的学术口味等因素制约外，文献资料发掘、采集不充分也是一个重要因素。清初岭南佛门曾留下一大批具有丰富历史文献价值与文化学术价值的著述，它们既是中国佛教文献的组成部分，也是岭南文化的宝贵财富。然而，由于自然与人为的原因，它们受到了很大的破坏，有的业已散失，有的损毁严重，有的存世稀罕，有的成了孤本。长期以来，许多学者对它们连寓目的机会都没有，更别说采集利用。连撰著了《广东释道著述考》的冼玉清，也有一些重要禅门著述未曾经眼，如《澹归日记》。因此，发掘、抢救、保存、利用这些"僧宝"，以为清初岭南禅史研究提供更多更丰富的文献资料，就成了学术界的迫切任务。有鉴于此，近年来中山大学中国古文献研究所的研究人员与本校图书馆、华南农业大学、华南师范大学、广州大学、广东省博物馆、广州艺术博物院等单位的专家、学者及广东佛教界人士通力合作，组成团队，利用《四库全书存目丛书》《四库未收书辑刊》《四库禁毁书丛刊》及足本《嘉兴大藏经》出版的有利机会，对岭南的若干重要佛教文献进行了点校整理，经过不懈努力，到目前已取得一系列成果，共整理出版了作品三套共18种。兹介绍于下：

（一）《岭南名寺志·古志系列》七种

岭南是佛教传入中华的海路门户，在历史上曾有过众多寺院，而不少寺院曾经修志。但随着岁月的流逝，这些寺志多已亡佚，存世者只有数种，且流传甚少。鉴于这些寺志对岭南禅史研究所具有的历史价值与文献价值，上述学术团队自上世纪末即对它们进行系统的收集整理，从《光孝寺志》的最早整理到《曹溪通志》的最后推出，历时十年。其间虽然遇到过很多困难,甚至几度陷于山穷水尽的境地,但是幸赖各界善士襄助,整理与出版工作最终得以完成。2005年全国高校古委会把其定为直接资助项目。目前值得整理的7种寺志已分别由中华书局、西泠印社与香港梦梅馆线装出版,装帧形式一致。

1.[康熙]《丹霞山志》

清陈世英等纂修。仇江、李福标点校。北京,中华书局2003年7月版,线装,一函三册。

此为仁化丹霞山别传寺的寺志。别传寺清康熙元年(1662)由函昰的第四法嗣今释开辟,原是曹洞宗海云系的道场,与曲江南华寺、乳源云门寺并称粤北三大丛林,开法祖师为天然函昰,其后澹归今释、乐说今辩、泽萌今遇、角子今薝、尘异今但、圆音古梵、愿来古奘、密因古如先后继主法席。乾隆四十年(1775)今释文字狱发,寺中僧人被悉数驱赶下山,海云系在别传寺的经营活动遂告中辍。上世纪80年代初当代禅门泰斗本焕老和尚在原址恢复了别传寺,使古刹重光。

康熙三十八年(1699),仁化县知县陈世英纂修《丹霞山志》,别传寺僧释今薝、释今遇校订,文士吴寿潜、陶煊、刘授易同辑,书刻成于康熙三十九年或稍后。雍正十一年(1733),别传寺僧释古奘、释古如分别对康熙刊本作了删订增补,所记内容亦下延至此时。全书共10卷,卷一《形胜疆界志》,卷二《建置志》,卷三《源流法统志》,卷四《规约格言志》,卷五《宗旨志》,卷六《人物志》,卷七《田赋志》,卷八至卷一〇《艺文志》。卷首有图17幅及今释的《乞山偈》、李充茂的《舍山牒》及《山水总序》。本志较翔实地记载了别传寺开山以来数十年间的历史,记叙一代祖函昰、二代祖今释的事迹尤夥。志书文简词达,史料价值与文学价值均称一流。

陈世英是嶷山(今湖南宁远县)人。同辑者吴寿潜、陶煊与刘授易行履事迹不详。

由于今释文字狱的拖累,《丹霞山志》在清朝被官府查禁,传世印本几乎全部被销毁,目前只有一个孤本藏于上海市图书馆,另有一个清光绪间的抄本在世。抄者程运南在誊录原文时增补了一些资料,包括雍正以后的。

点校本以上海市图书馆藏雍正十一年刻本为底本,参校了以下诸书:《丹霞山志》清光绪程运南抄本,释函昰《天然昰禅师语录》嘉兴藏本,释函昰《瞎堂诗集》道光刻本,释今释《徧行堂集》《续集》乾隆五十年(1785)刻本,明郭棐撰、清陈兰芝增辑《岭海名胜志》乾隆五十五年(1790)刻本。

2. [乾隆]《光孝寺志》

清顾光综修，何淙纂辑。中山大学中国古文献研究所整理组点校。北京，中华书局 2000 年 8 月版，线装，一函三册。

广州光孝寺是岭南历史最悠久的庙宇，寺址原是南越王赵敬德的宅第。三国时东吴虞翻居此讲学，种了许多苹婆树和诃子树，故古称"虞苑"，又名"诃林"。虞翻卒后，其后人施宅为寺，匾曰"制旨"。东晋隆安中，罽宾国三藏法师昙摩耶舍始创为王苑朝廷寺，又称王园寺。唐贞观十九年（645）改称乾明法性寺。宋高宗绍兴七年（1137）改称报恩广孝禅寺，二十七年（1157）易广为光，沿用至今。自东晋以迄唐，印度来华僧人在寺中译经、说法者甚众。梁武帝天监元年（502），梵僧智药三藏携菩提树来，植于该寺坛前，为中国最早之菩提树，后菩提成为佛教的象征。唐高宗仪凤元年（676），中国禅宗六祖慧能在该寺曾与人有过著名的"风幡"辩论，并在菩提树下削发受戒，寺名声益著。在漫长的历史岁月中，寺院屡经限佛灭佛之难、灾祸战乱之劫，幡竿始终不倒。

明崇祯时，地方信士张悰曾搜遗编、咨近事，辑成《光孝寺志》二卷，分殿宇、建置、法宝、圣锡、人物、檀越、艺文七章，有崇祯十三年（1640）刻本，版毁于清初的兵燹。清乾隆三十四年（1769），广州知府顾光发愿重修《光孝寺志》，由何淙纂辑，温闻源参订，释成鉴校修。新志以明末何悰的旧志为基础，芟其繁冗，补其阙误，内容由二卷增为 12 卷，分别为法界、建置、古迹、法宝、净业、法系、名释、檀越、语录、艺文，后两卷为题咏，凡十数万言，且有图。志从各个方面记载了从西来古僧昙摩耶舍、求那跋陀罗到禅宗初祖达摩，到六祖慧能，再到明清的德清大师、函昰和尚等高僧大德的活动历史，昭示了禅宗在中华萌芽、发展、兴盛的轨迹，反映了朝野上下特别是岭南士众对佛教的崇信。采择精核，记叙平实，为研究岭南佛教尤其是禅宗历史提供了可贵、可信的资料。乾隆刻本《光孝寺志》已不存，嘉庆以来只有抄本传世。各种抄本讹漏较多，且一度缺卷四至卷八。

综修顾光，字实甫，号涑园，浙江仁和人，乾隆三年（1738）举人，以大挑知县宰清丰，有惠政，累擢广州知府。纂辑何淙，字厚宣，广东连平人。

点校本以经补抄全璧的中山大学图书馆藏光孝呈心堂抄本为底本，参校民国二十二年（1933）顺德大良铅印本、民国二十四年（1935）中华书局铅印本，及无名氏抄本。

3. ［光绪］《华峰山志》

清释鉴传纂修。仇江、钟稚鸥点校。杭州，华宝斋古籍书社2006年9月版，线装，一函一册。

此为增城华峰山海门禅院的寺志。海门禅院亦名华峰寺，位于增城（今属广州黄埔区）永和禾丰村的华峰山，山高而不险，石秀而不露，林密泉清，松篁交翠。禅院于清康熙二十一年（1682）由南樵和尚始创，构造精巧，史称"古寺一厂别有洞天，老梅百株自成香国"。抗战期间被日军焚毁，现在在重建中。

鉴传光绪四年（1878）入住海门禅院，十七年（1891）筹划纂修《华峰寺志》，至二十六年（1900）书成。寺书记载了本寺从祖师南樵至第13代主僧鉴传之间220余年的历史，凡五卷，首叙名胜，院中诸人物附之；后为历代碑记序疏，殿以游客诗；卷四附刻觉海《虚舟遗稿》一卷；卷五附鉴传《藏拙堂诗存》。从此志所收历代祖师传记，可悉华峰寺与番禺雷峰海云寺的密切关系，为研究清代曹洞宗海云系在岭南的传承情况提供了某种线索。志为清光绪二十六年（1900）海门禅院刊本，后未见重印，传世甚少。

纂修者释鉴传，清末南海人，好读书，耽吟咏，好与文士游。主华峰，承海幢之派。

点校本以原光绪二十六年刊本为底本，新增彩色山图10幅及古碑拓本10帧。

4. ［康熙］《禺峡山志》

清孙绳祖纂修。仇江、曾燕闻、马德鸿点校。北京，中华书局2006年9月版，线装，一函三册。

此为清远禺峡山飞来寺的寺志。禺峡山是清远北江飞来峡两岸山峰的古称，南岸称南禺，北岸称北禺。飞来寺位于北禺，传说本为安徽舒州上元的延祚寺，梁武帝普通元年（520）轩辕的两位庶子太禺和仲阳作法，把它从安徽搬到了这里，故寺称"飞来"。实际上寺为岭南古刹，建造时间甚早，历代曾经不断重修、扩建。

《禺峡山志》明代已成书，作者为邵谒。康熙四年（1665）邑人夏云得此书，曾把它删订成四卷出版。夏云，据民国《清远县志》卷六《先达》载："字文石。父九畴，善诗文，隐于峡山，与诸衲为方外友……云少凤慧，能属韵语，有神童之目。十五善属文，补邑弟子员……屡举不偶，以岁荐终。著有《二禺志》，辑邵谒遗稿传世。"今书已不传。康熙末年，清远知县孙绳祖有感于旧志有"不分纲领条目""各篇首未列总论""规制俱已改观,而旧志仍多载原名""'建置''古迹'内窜入题咏,错杂无伦"等缺陷,决定踵事增华,进行重修。新志前附图经,正文仍为四卷:卷一前部名胜备考,分山水、古迹、仙释、事实诸门;后部建制沿革,分殿宇、坊表、碑刻、匾额、寺产诸门。卷二古今艺文,分敕诰、传赞、说文、碑记、赋集诸门。卷三登临题咏,集唐、宋、元、明诗。卷四登临题咏,集清诗、歌等。较诸他志,此志对历代艺文作品收录较富,保存了地方的文化遗产。而对本寺的法统源流、寺院规则、高僧活动与经解语录等,记载就比较单薄。书刊于康熙六十年(1721),同治元年(1862)与光绪十年(1884)曾两次重刊,重刊本增加了若干序跋与后人的诗词。

纂修者孙绳祖,号澹翁,满洲镶红旗人,监生,于康熙五十二年(1713)来知县事。

点校本以光绪十年补刻本《禺峡山志》为底本,参校同治元年印本,及光绪、民国等修《清远县志》。

5. [康熙]《鼎湖山志》

清丁易总修,释成鹫纂述。李福标、仇江点校。北京,中华书局 2006 年 9 月版,线装,一函三册。

此为肇庆鼎湖山庆云寺的寺志。肇庆庆云寺与广州光孝寺、曹溪南华寺、潮州开元寺并称"岭南四大丛林"。明崇祯六年(1633),上迪村居士梁少川在鼎湖山建莲花庵,邀新会朱子仁(即后来的在犙弘赞和尚)同住,不久改莲花庵为庆云庵。崇祯九年(1636),曹洞宗博山无异元来禅师之高弟栖壑道丘南返岭表传法,改庵为寺,为一代祖。故庆云寺在法脉上属洞上正宗寿昌系博山支。但受道丘兼善博大道风的影响,庆云寺在开山之初亦接纳其他法系的僧人主持法席,从八代祖立雪一安开始才成为子孙丛林。庆云寺自一代祖道丘开始,便以禅宗为主而兼修净土、律宗。二代祖弘赞一依道丘所定云栖法规,三教并行,尤其肆力于律,著述宏阔,成为岭南最具名望的律学大师。三代祖湛慈传源、四代祖契如元渠、五代祖空石传意、六代祖圆捷一机、七代祖迹删成鹫,皆曾弘化一方,颇具时名。该寺在长期的佛教修持念诵活动中,形成了用南腔(粤语)诵佛的传统,在佛门中最具特色。

《鼎湖山志》由庆云寺七代祖释成鹫纂述,而由高廉罗道丁易总修。成鹫曾于康熙三十八年(1699)应四代祖元渠之邀入鼎湖修志,后因元渠圆寂而中辍。九年后成鹫被推为庆云寺住持,乃重续前缘。志书于康熙四十九年(1710)修成并付梓,康熙五十六年(1717)又经人补刻。全书八卷,卷一鼎湖山总论、星野疆域、山川形胜、殿阁堂寮、创造缘起、新旧沿革、卷二开山主法，卷三为继席弘化，卷四为清规轨范，卷五耆硕人物、檀信外护，卷六登临题咏，卷七为艺文碑碣，卷八附山中杂志。在岭南诸山志中，此志体例最齐整，内容最丰富，文字亦最简明。《华峰寺志》即仿此而修。

纂述者成鹫为临济宗高僧，事迹见下文。总修丁易，河南汝宁人，进士，康熙四十六年（1707）来粤任高廉罗道。

点校本以康熙四十九年刻、五十六年补刻本为底本。

6. ［天启］《阴那山志》

明李士淳纂修，清李阆中等增补。钟东点校。北京，中华书局 2006 年 9 月版，线装，一函三册。

此为梅州阴那山灵光寺的寺志。阴那山在梅州东南约 80 里的雁洋镇，秀甲潮梅，名播闽粤，灵光寺古与罗浮、南华相鼎足，为粤东名寺。明洪武十八年（1385）由粤东监察御史梅鼎捐俸，在唐圣寿寺基础上扩建而成。清咸丰八年（1858）曾重修。

《阴那山志》六卷，仅广东省立中山图书馆藏有全本一部，梅州市剑英图书馆藏有残本半部。书全称《嘉应州阴那山志》，内有"灵光寺藏版"牌记，未知刊于何年。不过山图前有天启辛酉李士淳所作之序，据此可推知志书修成不晚于明朝天启元年（1621）。卷首题签署"咸丰丁巳七年（1857）仲秋月新增""辛酉（1861）翻刻"，卷二又有同治元年（1862）李阆中跋，跋后许多文字作于清同治至光绪年间，可知其内容经过清人的陆续增补。全书文字、版式、体例甚不统一，内容亦较繁复芜杂。大抵前两卷为明天启时的旧志，主要内容为祖师传、修造记及与田粮相关的碑文，从中可见开山缘起及早期史迹；另外四卷为清人在不同时期陆续增入，内容为题咏、楹联、匾额及相关的公牍档案等，虽不成系统，但毕竟保存了文献。

纂修者李士淳为明万历三十年（1602）解元、崇祯元年（1628）进士，曾任山西翼城令，以治行卓异召对称旨，授翰林院编修。著有《三柏轩集》《古今文范》。晚年曾创耆英书院。清朝的续补者唯李阆中有名字可考。

点校本以中山图书馆藏本为底本。在整理的过程中，点校者厘正了原本凌乱的目录，实现了目录与内文的对应；又校正了书中的文字错误，统一了体例。卷首增入新山图 10 幅。

7. ［康熙］《曹溪通志》

清马元、释真朴纂修。杨权、张红、仇江点校。（香港）梦梅馆 2008 年 5 月版，线装，一函四册。

此书为曲江南华寺的寺志。曹溪在韶州南 60 里许，相传魏武帝曹操的玄孙叔良曾隐居于此地，溪因而得名。梁武帝天监年间西域僧智药自海路到粤，见曹溪山色"宛如西天宝林山"，乃倡议在此地建梵刹。唐高宗仪凤二年（677），六祖慧能来到曹溪，在当地官绅的襄助下大规模营建寺院，曹溪遂成为南禅的祖庭。

南华寺明嘉靖前无志，嘉靖至万历间韶州官绅曾先后修成《南华志》与《重修南华志》，均已失传。清康熙《曹溪通志》是在明万历三十二年（1604）释德清重修、清顺治间人增修的《曹溪通志》五卷的基础上纂修的，修成于康熙十一年（1672）。书前凡例云："旧但称《南华寺志》，今以《通志》言之者，盖以曹溪为天下禅宗本源之地，若洙泗云。"书凡八卷，卷一山川形势、古迹、建制规模（附香火供奉）；卷二道脉源流、传灯人物、继席宗匠（附住持过化）、佛法提纲（附激扬）；卷三至卷六王臣外护，包括敕、锡典、序、疏记、序、文、碑记、引、塔记、碑铭、铭、跋、塔铭、疏、启、书、实录、法语、偈、传赞等，卷七至八品题词翰。志在道光十六年（1836）与民国二十一年（1932）重刊时加入了若干序跋，为了解和研究南华寺历史提供了较为翔实的资料。

纂修者马元，辽东籍北直隶真定人，累官至湖广按察使，康熙九年（1670）迁守韶州。释真朴，字雪樀，福建漳州人，俗姓徐，出家前为举人，是临济宗名僧木陈道忞的法嗣，辑录有《弘觉忞禅师北游集》，晚年主南华寺法席。

点校本以道光十六年（1836）怀善堂版《曹溪通志》为底本，参校民国二十一年（1932）重刊本。

上述诸山志，2015至2016年已由广东教育出版社出版了平装本。

（二）《华严丛书·天然系列》七种

天然名函昰，字丽中，号天然。俗姓曾，名起莘，字宅师，番禺县慕德里司迳村人（地在今花都），崇祯六年（1633）举人。崇祯十三年（1640）在江西庐山归宗寺礼宗宝道独和尚，祝发受具。明末曾在广州诃林（光孝寺）开法。入清后在番禺雷峰创建海云寺，并历主博罗罗浮山华首台寺、广州海幢寺、仁化丹霞山别传寺、九江庐山归宗寺与栖贤寺等刹法席。康熙二十四年（1685）圆寂于海云寺的丈室瞎堂，年七十八。函昰是明清之际岭南曹洞宗的杰出高僧，也是明代岭南遗民的精神领袖。他在明清易代的社会背景下，将弘法护生与忠孝节义结合起来，言传身教，不遗余力，赢得了巨大声望，一直受到人们的高度推崇。岭南三大家的陈恭尹有诗咏之：

"孤高如月万方看，至道无言仰颂难。垂老尚闻勤梵行，太平先已薄儒官。身为硕果时方剥，书满名山墨未干。曾住朱明洞天上，仙人不敢爱还丹。"[1] 参与岭南佛教文献整理的学者们怀着景仰先贤、保存典籍、弘扬学术的素心，对函昰以及与其相关的七种著述进行了整理，并把它们编入由广州市花都华严寺方丈释印觉主编的《华严丛书》中。已故佛门高僧、中国佛教协会咨询委员会主席释本焕老和尚为丛书撰写了总序，说"编者期望基于佛法一味、浅深得宜的精神，通过适当的选材、精当的校勘和恰当的编辑，既为广大佛学信众提供一些更为准确可靠的诵读经典，又为众多佛学研究和爱好者贡献一批校勘精审的基础文献"[2]。七种著述分别是：

1. 《瞎堂诗集》

清释函昰撰，释今球编。李福标、仇江点校。杭州，华宝斋古籍书社 2007 年 6 月版。线装，一函四册。亦以平装形式收入《清初岭南佛门史料丛刊》（第一辑）。

《瞎堂诗集》是函昰个人的诗歌别集，共 20 卷，收入函昰各时期的诗作 1719 首。函昰示寂后，其门人雪木今球把他的未刊诗稿及已单行的《天老人梅花诗》《天老人雪诗》与《似诗》合为一集，定名为《瞎堂诗集》刊行。"瞎堂"是番禺雷峰海云寺的丈室，也是函昰的终老之所。《瞎堂诗集》原有海云寺康熙刻本，乾隆四十年（1775）因今释文字狱发，书遭禁毁，版片亦被销毁。今见《瞎堂诗集》均为道光海幢寺刻本或其影印本。

函昰在诗歌创作方面诸体兼擅，可称多面手。这一点，从《瞎堂诗集》分卷可以看得很清楚：卷一为古歌谣、风雅体、骚体，卷二为乐府，卷三至卷六前半部分为五言古，卷六后半部分为七言古，卷七至卷九为五言律，卷一〇至卷一六为七言律，卷一七至卷一八为五言绝及七言绝。最后两卷，即卷一九与卷二〇分别以梅花与雪为题，以上下平声 30 韵为次，各作五、七言律、绝 30 首，共 240 首。函昰的乐府诗，较多继承汉乐府抒情言志的传统，常直接袭用汉乐府原题来立意，而在思想上加以发挥。函昰有部分五古作品是对汉晋间重要作家的仿真，尤多拟陶之作。虽然各体兼擅，但是函昰的诗作还是以近体居多，其中又以七律最多，亦最见功力。函昰的近体诗较多取法中晚唐诗人，尤其是杜甫，作品沉郁苍凉中蕴含着一股雄直之气。

---

[1] 陈恭尹：《独漉堂集》，中山大学出版社 1988 年版，第 183 - 184 页。
[2] 释本焕：《华严丛书总序》，徐作霖、黄蠡等辑，黄国声续辑并点校《海云禅藻集》附《海云文献辑略》，西泠印社出版社 2004 年版。

编者今球，字雪木，东莞尹氏子。生于崇祯十五年（1642），童年即孑身至雷峰为沙弥，随函昰20余年，曾七驻道场。

点校本以道光海幢寺刻本为底本。

2. 《海云禅藻集·海云文献辑略》

清徐作霖、黄蠡等辑，黄国声补辑并点校。杭州，西泠印社出版社2004年11月版，线装，一函三册。

番禺雷峰海云寺由函昰于清顺治六年（1649）至康熙十三年（1674）间营建，前身为南汉时"贾胡"马罗连开辟的小庙隆兴寺。清初，海云寺位列"粤中四大丛林"，是岭南曹洞宗的第一寺刹与弘法的核心基地。[①] 当时围绕函昰，在岭南乃至江西、福建形成了一个人数庞大的曹洞宗法众群体，这个群体被学术界称为"海云禅派"。在清代岭南佛教史与文化史上，该寺具有非同寻常的地位。

《海云禅藻集》共四卷，收录函昰以下今、古、传三代僧人60人及居士128人的诗作1010首（其中僧人之作732首），内容均与函昰或海云寺有关，实为围绕在函昰法座四周由儒入佛人士的诗选。《凡例》第一条说："是集颜曰'禅藻'，《雷峰志》之一尔。禅者既已声尘俱断，宁用文藻标其唾弃。癸甲之秋，天然和尚开法岭表，四方章缝之士望光皈命，于是不二法门开，才俊名流翕然趋向。斯集也，志一时之盛，见当日工文翰者皆弃词藻而归枯寂，非入枯寂而又以禅藻名也。观者毋因其名而反议其实焉。"汪兆镛民国排印本序说："《海云禅藻集》一书，凡所采录，附著里贯、行义，考岭南明遗老轶事，以此书为最详。"

冼玉清《广东释道著作考》云："此书首目录，次凡例，次汪序。卷一今无等七人，同学弟徐作霖、黄蠡编；卷二今湛等27人，同参王锡远、黎璲元编；卷三今湛等24人，同参刘克则、李芬编；卷四黎遂沐（当作球）、梁朝钟、罗宾王、王邦畿、陈恭尹、王准等59人，后学陈天道、谢殿臣编。每人姓名后皆有小传，详于释子而略于居士，只说明其名字、籍里、皈依法名。诸人所作多寡不一，或参悟禅机，随缘山水，或痛深家国，移情空案，虽不足以语正宗，亦可觇天然一派宗风，及明末诸贤之往迹也。"[②]

此书乾隆间被列入禁毁书目，清《禁毁书目补遗一》说："《海云禅藻

[①] 海云寺的主体建筑于1940年被附近陈边村的一恶霸拆毁，残余建筑则毁于1958年"大跃进"期间。

[②] 冼玉清：《冼玉清文集》，中山大学出版社1995年版，第688－689页。

集》乃雷峰诸僧之诗，中有金堡诗名，其它亦多冗杂不伦，应请销毁。"半个多世纪后，至道光十年（1830）始由番禺陶克昌如不来斋出版。民国二十四年（1935）逸社同人曾排字重印，收入逸社丛书。

点校本以道光如不来斋本为底本。点校者并把散见于僧、俗诸家著述而关涉海云文献史迹的诗文词颂近300篇汇集在一起，编成附编《海云文献辑略》，以补阙遗。

3.《天然和尚年谱》

汪宗衍撰。李福标、仇江点校。香港，梦梅馆2007年6月版，线装，一函一册。

年谱扼要、翔实地记录了明末清初岭南遗民的精神领袖、曹洞宗三十四世函昰一生的行履事迹，从明万历三十六年（1608）起，至清康熙二十四年（1685）止，凡78年。末附《天然和尚著述考》，所录有《楞伽心印》、《首楞严直指》、《金刚正法眼》、《般若心经论》、《天然昰禅师语录》、各刹《语录》、《禅醉》、《焚笔》、《似诗》、《瞎堂诗集》、遗作。

此书民国三十二年（1943）首次出版，铅印。其后港、台等地曾多次再版重印，或单行，或入于丛书。

撰者汪宗衍（1908—1993），字孝博，广东番禺人，岭南文献研究专家。并撰有《明末剩人和尚年谱》《屈翁山先生年谱》《陈东塾年谱》等。

点校本以民国三十二年铅印本为底本。

4.《天然禅墨》

朱万章编。杭州，华宝斋古籍书社2004年10月版，线装，一函一册。

是书共收入天然函昰禅师的书法作品16幅，计为：一、行书栖贤山居诗，香港何氏至乐楼藏；二、行书栖贤山居诗，香港中文大学文物馆藏；三、行书栖贤山居诗法帖，载清人潘正炜《听飒楼集帖》；四、行书诗句，香港何氏至乐楼藏；五、行楷书五律竹简拓本，广州艺术博物院藏；六、行草书七律扇面，广州艺术博物院藏；七、行草书七律，广州艺术博物院藏；八、行书五绝梅花诗，广东省博物馆藏；九、行书五绝梅花诗，广州谢氏节香楼藏；十、行书议建海云寺殿宇卷，广东省博物馆藏；十一、行书和今无法偈卷，黄氏小画舫斋藏；十二、行书浴日亭诗轴，广东省博物馆藏；十三、行书七言联，原载《广东文物》；十四、行书梅花诗，原载《广东名家书画选集》，东莞梁氏藏；十五、行草书七律和梅影诗，台湾何创时书法艺术基金会藏；十六、行书至道无难四言偈，载潘正炜《听飒楼集帖》。（本文对部分作品的定名与原书有异。）后附《天然和尚及其书艺论略》《天然和尚艺术活动年表》及《各家评论摘录》。

函昰是"海云书派"的核心人物,其书法源出李邕、米芾,骨气洞达,结体稳重,在岭南僧人中首屈一指。比较而言,其早年作品遒劲雄健,豪宕纵逸;晚年作品则萧散自然,淳厚古朴。

5.《天然昰禅师语录》

清释函昰撰,释今辩重编,陶乃韩点校整理。香港,梦梅馆 2007 年 10 月版,线装,一函三册。

天然函昰禅师曾驻锡诃林、华首、雷峰、丹霞、归宗、栖贤,在诸山均曾开堂说法,日常对弟子亦时有垂示,其言说被法众奉为津筏琬琰。禅师住世时,各刹已陆续刊布其语录,如崇祯十六年(1643)有《诃林语录》,顺治十五年(1658)有《雷峰语录》,康熙九年(1670)有《丹霞语录》,康熙年间有《栖贤语录》。康熙二十四年(1685)函昰示寂后,其第六法嗣今辩将各刹语录汇编成一帙,并于康熙三十年(1691)将其请入《嘉兴大藏经》(下文简称"《嘉兴藏》"),入藏语录题为《庐山天然和尚语录》。全书共 12 卷,前八卷为上堂、小参、普说、茶话、室中垂示、举古、问答颂、问答、颂古,属"语录"殆无疑问;后四卷为赞、偈、铭、书问、杂著、佛事,内容明显属于"文"的范畴。函昰无文集传世,故此书有补阙之功。语录后附释今辩《本师天然昰和尚行状》、汤来贺《天然昰和尚塔志铭》。

乾隆四十年(1775)今释文字狱发,此书亦被朝廷定为禁毁书,幸赖《嘉兴藏》而得以保存。

点校本以收入《嘉兴藏》的《庐山天然禅师语录》为底本,参校《宗宝道独禅师语录》(卍续藏本)、《千山诗集》(道光广州海幢寺本)、《徧行堂集》(乾隆丹霞别传寺本)等。原书后附的《梅花诗》《雪诗》,因已有专门点校本而未收入。

6.《楞伽经心印》

清释函昰撰。冯焕珍点校。杭州,西泠印社出版社 2011 年 12 月版,线装,一函八册。

此书四卷,是函昰的法疏著作,全称《楞伽阿跋多罗宝经心印》,是撰者研究中期大乘经典《楞伽经》的心得。楞伽是佛教所说的南海宝山,为罗婆那夜叉王所居,因夜叉王曾请佛说法于山上,故经以山名。此经在历史上曾四次汉译,有北凉(已佚)、刘宋、元魏、武周四个译本,在众多佛教经典中,它以哲学色彩浓厚而著称。经以如来藏为万法的依体,援入唯识思想,说明众生流转与还灭的过程,开出了如来藏的缘起法门,故被如来藏缘起系奉为宗经，亦被唯识家尊为根本经典。又因经中所阐理论似为"教外别传"之旨张目，故该经也受到禅宗的推崇。在历史上，曾有法藏、善月、德清、通润、正受、宗泐、如玘等大德对它进行过疏解阐释。函昰顺治十年（1653）在庐山时就已阅读过《楞伽经》，他说枣柏大士曾云："此经为根孰菩萨顿说种子业识为如来藏，异于二乘灭识趣寂，亦异般若修空菩萨乐空增胜，直明识体本性全真便成智用，如彼大海无风，斯境像明彻。心海不摇，境风非别，但能了真，即识成智。"① 考虑到弟子请益、禅教并重、禅病泛滥、旧疏未达等因素，函昰于康熙九年（1670）撰著了《楞伽经心印》。是书以刘宋求那跋陀罗的译本为依，共分4卷（每卷又分上、下，实为8卷）。其第一法嗣今无说："雷峰老人之疏是经也，以宗门爪牙，入性相窟宅，慨义学之荒芜，悲禅门之侻侗。盖自癸巳退隐匡埠，睹世寒心，感时励志，所由来矣。挂瓢金井，倚仗玉渊，问契证则心湛海澄，仰嘉遁则身高岳峙。地藏琛之耕田博饭，栖贤湜之立诵行披。寒炉冷灶，惟大法之全提；丛棘乱丝，仗智峰而独断。其于古人实兼之矣。"②

此书的版本有两个系统：一为康熙三年（1664）刊本，版原藏东莞芥庵，后移藏广州海幢寺，至康熙三十年（1691）被今辩连同《首楞严直指》一起请入《嘉兴藏》。后来的《大日本续藏经》《大藏新纂卍续藏经》本都是该刊本的影印本。二为雍正二年（1724）海幢寺新刊本。

点校本的经、疏均以上海图书馆藏雍正二年刻本为底本，经的部分参校《嘉兴藏》《影印宋版碛砂大藏经》《影印宋版频伽精舍大藏经》《高丽大藏经》《乾隆大藏经》《大正新修大藏经》《中华大藏经》等本，疏的部分参校《嘉兴藏》与《大藏新纂卍续藏经》本。

7.《首楞严经直指》

清释函昰撰。释普明、冯焕珍点校。杭州，西泠印社出版社2011年12月版，线装，一函十册。

康熙七年（1668）函昰在丹霞山撰成《首楞严直指》，此书是函昰对《大佛顶如来密因修证了义诸菩萨万行首楞严经》所作的阐释。《首楞严经》由龙树菩萨从龙藏中默记后诵出，据说为天竺所秘重，禁传外国。唐朝时有梵僧般刺密谛，欲利益中土，用细白绢将经抄下，剖开肩膊，把其缝在肌肉中。创口平复后航海东来，于唐中宗神龙元年（705）抵达广州。其时同中

---

① 释函昰：《楞伽经心印·自序》，西泠印社出版社2011年版。
② 释今无：《楞伽经心印缘起》，见释函昰《楞伽经心印》，西泠印社出版社2011年版。

书门下平章事房融被贬在穗,请般刺密谛剖膊出经,在广州制旨道场(即词林)翻译,由乌苌国沙门弥迦释迦评语,罗浮山南楼寺沙门怀迪证译,房融笔受,中土众生因此有缘沾此法益。作为大乘佛教的重要经典之一,此经在历代极受关注。有人不相信其真实性,说是"假经";有人却评价很高,甚至说"自从一读《楞严》后,不看人间糟粕书"。明代莲池大师袾宏曾说此经是应当"死心信受"的"至精至微、至玄至美之典"[①]。经义理深玄,文字简古,颇不易理解,故历代注本有六七十种之多,疏家不仅禅、教、净、律诸宗皆有,而且覆盖儒、释、道三教,如明代禅门大德德清憨山和学者钱谦益就曾对这部经进行过研究探讨。历代疏家虽各有所长,却不免以词害意、执药成病。《首楞严直指》不用浮语,直达本源,言简意赅,疏经方式与前贤明显不同,对经文内容的理解亦有差别,反映了函昰对《首楞严经》意旨的独特认识。全书10卷,有诸经通例、本经缘起、直示圆悟、依悟圆修、广垂修范、细别业界精剔魔外、本经流通、诸经流通等内容。

此书于康熙十七年(1678)在广西巡抚傅宏烈(字竹君)的捐助下刊行,康熙三十年(1691)被今辩请入《嘉兴藏》,其后被影印到《大藏新纂卍续藏经》等汉文大藏经中。雍正二年(1724)曾在海幢寺与《楞伽经心印》一同重刊。

点校整理本以《大藏新纂卍续藏经》所刊《首楞严经直指》为底本,参校《大正新修大藏经》本、《乾隆大藏经》本,并吸收了《大正藏》本的校勘成果。

(三)《清初岭南佛门史料丛刊》(第一辑)四种

明清易代之际,社会动荡,士人逃禅成风,岭南佛门,会聚了大批逃禅遁世的社会精英。这些人士出家前深受儒家文化的熏陶,出家后又受到禅学思想的影响,胸中儒、释合一,具有"外僧内儒"或"亦僧亦儒"的特征。他们身入空门而不能忘情于世事,常用文字寄托情怀、宣泄郁结,这种出世与入世的矛盾纠结,形诸文字,便成了各具旨趣的方外诗文集。蔡鸿生先生《清初岭南佛门史料丛刊》总序说:"这批历劫幸存的岭南僧宝,不仅是

---

① 释袾宏:《竹窗随笔》"楞严房融所作"条,华东师范大学出版社2013年版。

'桑海换'的历史记录,也是'典型存'的文化象征,非同凡响。"① 根据冼玉清《广东释道著作考》统计,顺治到康熙的清初 80 年间,留传下来的佛门著作有 174 种,作者 57 人。参与岭南佛教文献整理的学者们选录了其中较具学术文化价值的著作 18 种,编为《清初岭南佛门史料丛刊》两辑。第一辑 4 种已出版,分别是:

1.《瞎堂诗集》

清释函昰撰,释今球编。李福标、仇江点校。广州,中山大学出版社 2006 年 5 月版,平装,一册。

(略)

2.《徧行堂集》

清释今释撰。段晓华点校。广州,广东旅游出版社 2008 年 8 月版,平装,四册。

今释(1614—1680)是一位极富传奇色彩的人物,在僧俗两界均享有大名。他出家前俗名金堡,字道隐,号卫公,又号蔗余,浙江仁和(今杭州)人,生于明万历四十二年(1614),是崇祯十三年(1640)进士,曾任山东临清直隶州知州,因得罪上司引疾去职。甲申鼎革后,他在杭州举兵抗清,兵败逃脱,往福建入仕南明隆武朝,以兵科给事中的身份奔走于浙、闽一带,联络义军经略三吴。隆武帝败后,他又辗转到岭南,于清顺治五年(1648)到肇庆行在谒见永历帝,因其师广西巡抚瞿式耜之推荐,再任兵科给事中。在朝中忠直敢谏,时常纠弹权佞,故有"虎牙"之号。顺治七年(1650)因上《时政八失疏》议论朝政而被人陷害,以"误国"罪被捕下狱,受尽酷刑后被流放贵州清浪卫(在今岑巩县境),在赴戍所途中遇清兵南下而得脱。他流寓桂林,在茅坪草庵落发为僧,法名性因。两年后礼函昰于番禺雷峰,受具足戒,改法名今释,字澹归,后自号舵石翁。康熙七年(1668)元旦,函昰付今释以大法,为第四法嗣。康熙初年,今释在丹霞山创建了粤北名寺别传寺,请函昰主法,自充西堂;后继主法席,故人称丹霞禅师。晚年以请藏出岭,康熙十九年(1680)示寂于吴门,世寿六十七,法腊二十九。

今释一生著作甚丰,据清代《禁书总目》著录即有《丹霞》初、二集、《临清来去集》《行都奏议》《粤中疏草》《梧州诗》《梦蝶庵诗》《徧行堂

---

① 蔡鸿生:《清初岭南佛门史料丛刊总序》,见释今释《徧行堂集》,广东旅游出版社 2008 年版,第一册。

杂剧》《今释四书义》《金堡时文》《明文百家释》十种之多，除《四书义》收在《遍行堂集》外，其余九种皆不存。今存世者除《遍行堂集》外，还有《岭海焚余》三卷（收入《四库禁毁书丛刊补编》）、《丹霞日记》一册（藏澳门普济禅院）、《元功垂范》二卷（为平南王尚可喜年谱，经今释审订。广东省立中山图书馆有藏），但多已不存。

《遍行堂集》正集（前集）49 卷、续集 16 卷，按体裁分类，正集的文部包括说、序、序文、疏、记、墓表、传、赞、偈、铭、颂、杂著、题跋、书义、志论、尺牍，诗部包括五古、七古、五律、七律、五七言排律、五七言绝句、七绝，另外还有词部、语录、佛事、问答、颂古、菩萨戒疏随见录等；续集的分类大体相同。所收诗文，大约起于清顺治九年即南明永历六年（1652），迄于康熙十九年（1680），实为今释佛门生涯的记录。作者处于明清鼎革的动荡时代，其生平经历极为复杂特殊，与明朝遗民、高僧大德、学界名流、清朝官吏又多有交往，因此内容非常丰富，涉及面甚广，对南明史、思想史、禅宗发展史乃至文学史、民俗史研究，都有重要价值。

《遍行堂集》正、续集初刊于康熙二十年（1681），乾隆五年（1740）曾据康熙本重印。因今释为遗民僧，且集中的尺牍和记传部分记载了抗清赴死的瞿式耜、何腾蛟、张同敞、李元胤、李永茂等人的事迹，篇篇"叙述沉痛，凛凛有生气"，"故犯清廷之忌"，① 乾隆四十年（1775）被钦定为"语多悖谬，必应毁弃"② 的禁书，因此存世极罕。

点校本前集以影印于《四库禁毁书丛刊》的上海图书馆藏清乾隆五年本为底本，续集以香港佛教志莲图书馆 1989 年印本（据清宣统三年上海国学扶轮社排印本影印）为底本，参校广东省立中山图书馆藏黄荫普忆江南馆藏本，以及一个只包含了续集内容的清抄本。

3.《咸陟堂集》

清释成鹫撰。正集曹旅宁、杨权点校，二集蒋文仙、仇江点校。广州，广东旅游出版社 2008 年 8 月版，平装，三册。

成鹫（1637—1722），俗姓方，名颛恺，字麟趾，广东番禺人。天性聪慧，有"神童"之称，13 岁被南明永历朝录为博士弟子员。少年喜任侠，17 岁尽弃制科业，力究濂洛关闽之学。19 岁出为塾师，从教 20 余年。康熙十六年（1677），41 岁，自我削发为僧。康熙十八年（1679）拜临济宗离

---

① 冼玉清：《冼玉清文集》，中山大学出版社 1995 年版，第 623 页。
② 《清代文字狱档案》，上海书店出版社 2007 年版，第 143 页。

幻元觉为师，派名光鹫，字即山，后改名成鹫，字迹删，号东樵山人。康熙二十年（1681）在广州华林寺禀受十戒，随遵师命掩关于罗浮山石洞禅院。元觉圆寂后，被法众推主华林寺法席，但辞而未就。其后浮海琼州，返大陆后在佛山仁寿寺首僧立众，后又与清流结社于香山东林庵。曾客居丹霞山别传寺，与寺主曹洞宗僧泽萌今遇（函昰的第八法嗣）相处融洽。康熙四十年（1701）受请入主广州珠江南岸的大通烟雨宝光古寺。康熙四十七年（1708）入肇庆鼎湖山，任庆云寺第七代方丈，其间纂修了《鼎湖山志》。六年后因与寺僧有隙而退院。康熙六十一年（1722）圆寂于广州大通寺，世寿八十六，僧腊四十五。一生著述甚多，而影响最大者为《咸陟堂集》。关于"咸陟"之名，成鹫在《纪梦编年》中解释说："我无心而感物，物将从吾心以应之，咸陟之谓也。"① 该书正集诗 17 卷、文 25 卷，二集诗六卷、文八卷，收录了成鹫一生不同时期的诗文作品，包括序、跋、志、铭、记、传、启、疏、引、赋及祝寿、祭祀、题赠、书牍、问答、警语、题辞等共 600 多篇，诗歌 1500 余首。

《咸陟堂集》的最初版本为康熙年间的耕乐堂刊本，出版时成鹫尚在世，只有正集，无二集。乾隆时文网严密，《咸陟堂集》因抒发的是真情性而遭朝廷查禁，被列入《禁书总目》与《违碍书目》，但在社会上并未绝迹。道光二十五年（1845），华林寺僧按康熙原版重刊《咸陟堂集》，增补了六篇文字；又把成鹫在正集刊行后所作的诗文收集在一起，编为《咸陟堂二集》。

点校本正集以影印于《四库禁毁书丛刊》的首都师范大学藏图书馆康熙耕乐堂本为底本，参校道光重刊本。二集以中山大学图书馆藏道光二十五年刊本为底本。

4.《大汕和尚集》

清释大汕撰。万毅、杜霭华、仇江点校。广州，中山大学出版社 2007 年 3 月版，平装，一册。

大汕（1633—1704?）字石濂，亦作石湖、石莲，号厂翁，亦号石头陀。俗姓徐，江西九江（一说南昌）人，曾流寓江南，注籍浙江嘉兴，故亦被称为"吴人"。生于明崇祯六年（1633），幼居吴中，19 岁受剃为僧，依曹洞宗高僧觉浪道盛。后云游修学，广历诸方，南度岭表，入住广州平南王尚可喜的家庙大佛寺，得屈大均、梁佩兰、陈恭尹"三大家"护法。曾

---

① 释成鹫：《咸陟堂集》，广东旅游出版社 2008 年版，第二册，第 321 页。

住持广州长寿寺、清远飞来寺。康熙三十四年（1695）应越南国王顺化阮氏之礼聘，赴越南弘法，受到当地王公大臣和贵族民众的信重，促进了禅宗在东南亚一带的传播。回国后用在越南所得的巨额布施修葺广州长寿寺与澳门普济禅院。后遭牢狱之灾，于康熙四十三年（1704）被官府逐回注籍地，在押解回乡的途中客卒于常州。

大汕著述丰硕，《海外纪事》卷首《本师〈海外纪事〉序》载其"著书二十余种"。这些著作可分为"佛教"及"文史"两类。佛教类有《语录》10种以及《证伪录》《不敢不言》《源流就正》《问五家宗旨》《客问》《惜蛾草》等，均已不传；文史类有《离六堂集》《离六堂二集》《潮行近草》《海外纪事》《离六堂近稿》《厂翁诗集》《燕游集》《绘空词》《叶声集》等，流传至今者为前五种，后四种已失传。

《大汕和尚集》为大汕现存著作的合集，包括：《离六堂集》12卷，收录作者的平生之作，但非成书于一时，而是经过了多次增删；《离六堂二集》三卷，收录作者住广州住持长寿寺后的酬唱之作；《潮行近草》三卷，收录作者康熙二十二年（1683）潮州之行的诗作；《离六堂近稿》一卷，收录作者自越南返中国后在粤期间的作品。四集共收大汕诗词歌赋1350余首，其中《离六堂集》近900首，《离六堂二集》120余首，《潮行近草》近90首，《离六堂近稿》240余首。《海外纪事》六卷，详尽记述了作者赴越弘法的因缘、经过，所见的各类人物，各处的风土人情、制度习俗，旅越华侨的生活，还记录了与越南政要往来的书札、议论、禅论，以及当时所写的律、绝诗100多首，为中越关系史、越南史研究提供了宝贵的材料。这些文字，均是研究清初岭南社会历史文化的珍贵资料，从中可窥见大汕的禅学思想与文学旨趣。

点校整理本《离六堂集》以国家图书馆所藏广州怀古楼刻本为底本，参校广东省立中山图书馆藏康熙四十一年（1702）后的版本，并据后者增加了《离六堂近稿》。《离六堂二集》《潮行近草》亦以国家图书馆所藏广州怀古楼刻本为底本，删去已收入《离六堂集》中的作品。《海外纪事》可知者有三个版本：一为上海图书馆藏本，估计刊于康熙三十五年（1696）；二为日本东洋文库藏本，刊于康熙三十八年至四十二年间（1699—1703）；三为台湾"中央"图书馆藏本。点校整理本以最善的日本东洋文库藏本为底本，参校上海图书馆藏本。

《清初岭南佛门史料丛刊》第二辑也已于2017年先后由广东旅游出版社出版。此辑共收入如下著作：释函可的《函可和尚集》，释今无的《今无和尚集》，释弘赞的《弘赞和尚选集》，徐作霖等的《海云禅藻集》（附周瓛《法性禅院倡和诗》），释道忞的《道忞和尚选集》，释道独等的《岭外洞宗高僧三种》。暂不叙录。

蔡鸿生对岭南佛教文献的出版有如下评论："这项岭南佛、学两界共建的文化工程，堪称盛世胜缘。它的问世，必将促进佛门的人间化和学术的高雅化。"① 笔者想补充的是，它还必将给学术界提供丰富的资料，促进清初岭南禅史研究的扩大与深入。

[原载《深圳大学学报（人文社会科学版）》2014 年第 1 期，中国人民大学复印报刊资料《宗教》2014 年第 3 期全文转载，有增删]

---

① 蔡鸿生：《清初岭南佛门史料丛刊总序》，见释今释《徧行堂集》，广东旅游出版社 2008 年版，第一册。

岭南因缘：虞山本《憨山大师梦游全集》的编纂

《憨山大师梦游全集》也称《憨山老人梦游全集》《憨山老人梦游集》，简称《梦游集》，是晚明名僧憨山德清的诗文集。集为何称"梦游"？德清解释："为随顺颠倒梦想众生，故与众生同游梦中而作佛事。所谓度脱梦里众生，成就梦里佛果，'梦游集'之义乃如是也。"① 又说："三界梦宅，浮生如梦，逆顺苦乐，荣枯得失，乃梦中事。时其言也，乃纪梦中游历之境，而诗又境之亲切者，总之皆梦语也。"②

德清（1546—1623）字澄印，号憨山，俗姓蔡，安徽全椒人，是"明季四大师"（云栖袾宏、紫柏真可、憨山德清、蜀益智旭）之一。他12岁投金陵报恩寺西林永宁出家，19岁谒栖霞云谷禅师披剃，次年从无极明信受具足戒。明万历十一年（1583）由山西五台山赴东海牢山（今山东崂山），在海印寺禅修。后卷入朝廷矛盾，坐私创寺院、侵吞库银，被遣戍岭南，寓居雷州古刹天宁寺，在此手注《楞伽经》，并穿囚衣说法。二十四年（1596）到韶州曹溪礼祖。二十六年（1598）应广州光孝寺僧之请讲经。二十八年（1600）入住曹溪，大刀阔斧整肃纲纪，收复寺产，修缮殿堂，又整理《六祖坛经》、撰刻《曹溪通志》，荒废日久的禅宗祖庭得以重光，因此被认为是曹溪的中兴祖师。三十一年（1603）遭僧达观妖书案连累，再次被流放到雷州。三十四年（1606）得还僧服，居曹溪又9年。旋在湖南、江浙云游近十载。四十二年（1614）获赦。明天启二年（1622）受请再返曹溪说戒讲经。次年十月十一日在宝林寺（即南华寺）圆寂，僧腊五十九，谥号弘觉禅师。塔全身于天子冈。明崇祯十三年（1640）弟子将其遗骸漆布升座，安放于曹溪塔院，即今南华寺内的肉身像。精通释、道、儒学，主张三家融合，解行并重，禅净双修，其学说在晚明影响很大。

---

① 转引自《憨山老人梦游集·序言》，北京图书馆出版社2004年版。
② 释德清：《梦游诗集自序》，《憨山老人梦游集卷》卷三五，清顺治十七年毛褒等刻本。

一、钱谦益《梦游全集》重编计划的提出

德清圆寂后,在明崇祯初年就已有一个五卷本的《憨山老人梦游全集》流行,该书由五乳峰法云寺侍者广益编对,海阳郑一相书,九江府佛弟子左春魁一家助刻。这个本子被收入《嘉兴藏》,但并非理想本子,因为它只收法语,不收其他,内容简约,徒有"全集"之名,未能反映德清在教界的地位与在佛学上的理论高度,与明季诸大师已出版的文集(如《云栖法汇》《紫柏尊者全集》等)分量也不相称。当时的文坛祭酒与政界要员钱谦益对其尤不满意。钱谦益(1582—1664),字受之,号牧斋,晚号蒙叟、东涧老人,江苏苏州府常熟人,学者称虞山先生。他是明万历三十八年(1610)探花,后成为东林党领袖之一,在明弘光朝官至礼部尚书,清兵南下后投降,被任为礼部侍郎。钱谦益是德清的白衣弟子,他万历四十五年(1617)在杭州与德清曾有一面之缘。当时德清在泾山说戒,结束后到云栖山吊唁袾宏,许多名士闻讯,纷纷汇集西湖上问法,各申诘难,钱谦益亦在其中。钱谦益记其事云:

> 大师东游,莅三峰,然灯说戒。汉月师请坐堂上勘辨学人。余与汉师左右侍立,诸禅人鱼贯而前,抠衣胡跪,各各呈解。大师软语开示,应病与药,皆俯首点胸,礼拜而退。①

问法结束后,钱谦益与德清更有进一步接触。德清在其《自序年谱实录》记道:"将行,弟子洞闻汉月久候,钱太史受之亲迎至常熟,遂至虞山信宿,太史送至曲河。"② 他们这次相处感觉很投契,于是便有了后来的进一步交流。在钱谦益后来编成的虞山本《梦游全集》卷九《书问》中,有《答钱受之太史》七封。钱谦益曾有些得意地说:"师之东游也,得余而喜曰:'法门刹竿,不忧倒却矣。'"③ 在德清给钱谦益的信中,也有"昨幸见居士,大慰凤心,现宰官身,竖正法幢,斯时大有望焉"④ 这样的表述。可

---

① 钱谦益:《钱牧斋全集》,上海古籍出版社2003年版,第1253页。
② 释德清:《憨山老人梦游集》卷四〇,清顺治十七年毛褒等刻本。
③ 钱谦益:《列朝诗集小传》,上海古籍出版社2008年版,第700页。
④ 释德清:《答钱受之太史》之二,《憨山老人梦游集卷》卷九,清顺治十七年毛褒等刻本。

见德清对钱谦益确很赏识。钱谦益对明万历朝的佛门大师均很景仰,但只对德清一人执弟子礼。他在为《八十八祖道影传赞》所作的序文中说自己"海印亲承记别",晚年所作佛教文字则皆署"海印弟子"。在钱谦益眼中,憨山德清是可与紫柏真可比肩的人物,"大师与紫柏尊者,皆以英雄不世出之资,当狮弦绝响之候,舍身为法,一车两轮。紫柏之文雄健而斩截,大师之文纡徐而悲惋,其为昏途之炬火则一也"①。当时佛门纲纪废弛,思想混乱,产生了许多问题,"法幢倾倒,末劫凌夷,狮子逝而野干鸣,龙象寂而妖狐炽。家家临济,个个德山,宗师如茨,付拂如苇。而又构造妄语,侮嫚圣僧。谤紫柏则曰本无师承,毁大师则曰但称义学。聚聋造瞽,惑世诬民"②,局面极为混乱。作为德清的及门弟子,钱谦益认为自己有义务、有责任匡扶正法,让大师的法乳普泽当时、嘉惠后世,于是发愿重编一部内容齐备、编排完善的新版《梦游全集》。

钱谦益是在清顺治十三年(1656)启动这项编纂计划的。在经历了甲申鼎革前后的许多政治风雨后,他逐渐产生了全心向佛的想法。他曾向人表示:"益年七十有五,誓以西垂之岁,归命佛门。会台贤之异同,破性相之歧轨,阐扬遗教,弘护真乘。庶几黾勉余生,不负大师摩顶付嘱至意。"③因此,他是抱着虔诚的心态来从事此项工作的,编纂《梦游全集》成了他晚年的重要生活寄托。

二、龚鼎孳在曹溪的努力

江南向称人文渊薮,图书资料丰富。但钱谦益发现,仅靠自己一个人在吴门努力,是编不出一部合格的《梦游全集》的,因为德清晚年的大部分时间是在韶州曹溪度过的,其文稿有相当部分亦留在了岭南。钱谦益通过调查发现:"憨山大师《梦游集》,吴中未有全本。"④ 这就意味着,如果不能

---

① 钱谦益:《憨山大师梦游全集序》,《牧斋有学集》卷二一,上海古籍出版社1996年版,第870页。
② 钱谦益:《致憨大师曹溪塔院住持诸上座书》,《牧斋有学集》卷四〇,上海古籍出版社1996年版,第1382页。
③ 钱谦益:《致憨大师曹溪塔院住持诸上座书》,《牧斋有学集》卷四〇,上海古籍出版社1996年版,第1384页。
④ 钱谦益:《岭南刻憨山大师梦游全集序》,《牧斋有学集》卷二一,上海古籍出版社1996年版,第871页。

获得岭南僧俗的支持，他的编纂目标就无法实现。因此很自然地，钱谦益把对德清遗稿寻访搜集的主要注意力放到了岭南。

最初钱谦益委托了其在岭南的弟子曹溶帮助寻访德清的遗稿。曹溶（1613—1685），字秋岳，一字洁躬，号倦圃、锄菜翁，浙江秀水（今嘉兴）人。他是明崇祯十年（1637）进士，官御史，清兵入关后仕清，时任广东布政使。虽有官府背景，但是曹溶并非佛门中人，故他对德清遗稿的搜寻效果并不明显，倒是后来在组织士人誊抄资料方面良有贡献。

钱谦益在江南听说德清的遗稿藏在南禅的祖庭曹溪，且卷帙宏富，因此把曹溪作为其搜寻德清遗稿的首要地点。而恰在此时，与钱谦益有交情的户部左侍郎、都察院左都御史龚鼎孳因颁诏而入粤，这就给钱谦益联络岭南提供了机会与条件。龚鼎孳（1615—1673），字孝升，号芝麓，安徽合肥人。明崇祯七年（1634年）进士，官兵科给事中。清军入京后迎降，累官礼部尚书。龚鼎孳是著名诗人，与钱谦益、吴伟业同列"江左三大家"，又与曹溶并称"龚曹"，彼此关系密切。龚鼎孳离开吴门南下时，钱谦益给他和曹溶写了四首诗，题为《长至前三日吴门送龚孝升大宪颁诏岭南兼简曹秋岳左辖》，中有"分明一滴曹溪水，莫向恒河算错沙""从此真依结香火，心香传记到南华"之句①，表达了对德清曾驻锡的曹溪南华寺的向往。他还写了一封亲笔信让龚鼎孳带给岭南佛门，题为《致憨大师曹溪塔院住持诸上座书》，收入《牧斋有学集》；此信亦见于清顺治十七年毛褒等刊《憨山老人梦游集》卷四〇的附录，不过题为《寄憨大师曹溪法眷书》，文字亦略有不同。在此信中，钱谦益表达了他拟重编《憨山老人梦游全集》的想法：

> 今所欲亟请于座右者，近代紫柏、云栖，皆有全集行世。大师《梦游集》，嘉兴藏函，但是法语一种。其他书记序传之文，发明大法者，有其目而无其书。闻大师遗稿，藏贮曹溪，卷帙甚富。今特为启请，倒囊相付。当订其讹舛，削其繁芜，使斯世得窥全璧，不恨半珠。人天眼目，尘刹瞻仰，断断不可辽缓后时，或贻湮沉之悔也。又大师著《春秋左氏心法》，乃发明因果之书，尝自言曹溪削稿时，灯前烛下，征求断案。魂魄可追，毛发皆竖。以今世时节因缘，正当开显此书，用以革顽止杀，捞拢劫浊。追思大师往昔付托，良非聊尔。流通之责，胡可诿也。伏祈诸上座合力搜罗，悉心采集，片纸只字，罔有缺遗。犍椎

---

① 钱谦益：《牧斋有学集》卷七，上海古籍出版社1996年版，第358、359页。

集众,昭告大师真身之前。举授轺车诏使,郑重邮致,俾益得藉手按集,以告成事。此则法乘教诲,千秋之耿光,非及门一人之私幸也。①

信写得很诚恳,情真而意切,目标想法也说得很明白。信于清顺治十三年(1656)年底被龚鼎孳带到了曹溪。曹溪是德清被遣戍岭南期间的主要活动地点,按理说应当会有不少他的文字存留在这里。可是事实是,时过境迁,经过时间的洗礼,在这里能寻到的德清的资料并不多,远未符合钱谦益"合力搜罗,悉心采集,片纸只字,罔有缺遗"的展望,而"订其讹舛,削其繁芜,使斯世得窥全璧,不恨半珠"更无从谈起。当然,在这里的寻访也并非一无收获。在后来钱谦益鸣谢的人物中,有一位"曹溪法融",这说明在这里多少还是有一些成果。

三、海幢寺华首道独等对钱谦益的响应

次年初,来到广州的龚鼎孳又在河南(指珠江南)的海幢寺向华首和尚道独出示了钱谦益的信。钱谦益在其后来所作的《华首空隐和尚塔铭》中曾谈到过此事,有"往余访憨山大师遗集,致书海幢"② 之语。澹归今释《录梦游全集小纪》则记载:"丁酉人日,中丞龚公孝升过海幢,出宗伯钱公牧斋书,其于大师遗稿,流通之心真切无比。华首和尚观之亦赞叹。"③ 道独(1600—1661),字宗宝,号空隐,南海陆氏子。他是岭南的高僧,博山无异元来的法嗣,曹洞宗第33世。明崇祯三年(1630)离博山往匡庐,掩关于金轮峰,复徙黄岩。受请住广东博罗罗浮山华首台寺,开曹洞宗华首派。后主福州怡山西禅长庆寺法席。杖锡还粤后,投闲于东莞芥庵。以广州王臣景慕,常往返于海幢。其法嗣天然函昰、剩人函可均是在清初影响很大的故国派僧人。根据函昰所撰《长庆老和尚行状》④ 及钱谦益所撰《华首空隐和尚塔铭》,作为无异元来的门人,道独并无参学憨山德清的经历,那钱谦益为什么"致书海幢"呢?原来岭南有僧"通炯,号寄庵,为大师首座。

---

① 钱谦益:《牧斋有学集》卷四〇,上海古籍出版社1996年版,第1383页。
② 钱谦益:《牧斋有学集》卷三六,上海古籍出版社1996年版,第1274页。
③ 释今释:《录梦游全集小纪》,见《憨山老人梦游全集》卷首,清顺治十七年毛褒等刻本。
④ 徐自强:《中国佛学文献丛刊·中国历代禅师传记资料汇编》,全国图书馆文献缩微复刊中心,1994年,中册,第475页。原附《长庆宗宝独禅师语录》,见《新纂续藏经》第72册,No.1443。

今海幢诸僧皆其诸孙也"①。通炯（1578—1639？），字若惺（一说普光），号寄庵，南海人，俗姓陆。戴肇辰修、史澄纂《（光绪）广州府志》卷一四一载："憨山初至粤，人无识者，惟六逸法师知之。法师姓何氏，三水人，竟传憨山学。同学通诇（炯），本西樵陆氏子，甚为憨山所器重，能继憨山，世所谓寄庵大师是也。"②云庵古云《月鹭集》卷一《寄庵大师遗稿序》说"寄庵大师为憨山真子，相从二十余稔，推为首座"，"憨山大扬如来之教，阐义海之微言，续众生之慧命，网罗法器，纲纪丛林，而师以上根培植，成法栋梁，两肩担荷，辅弼昌隆，化彼诸方，后先辉映矣"。③ 冼玉清《广东释道著述考》"寄庵遗集"条记云：

  万历二十四年，憨山法师以弘法罹难南迁，居会城清门，冠巾说法。通炯随诸法侣往参，憨山一见器之，命首座音公留之听讲。听憨山讲《楞伽》，默有契悟。日侍丈室，受沙弥戒，迨讲期毕，遂迎憨山住诃林之椒园。相依一室，炉鞴启沃，豁然大彻。既而从憨山赴曹溪，复奉命往云栖，受其戒。宗教相修，精持梵行。万历四十六年，赴匡庐憨老人所，领职首众，整饬修理，规范肃然。憨山示寂，乃归诃林，意以振兴为己任。……（天启六年）冬入曹溪，念笃法乳，往返数四，建憨山塔于象岭之左。④

  鉴于通炯与德清的密切关系，龚鼎孳寻到海幢寺来，是很自然的。李福标先生在其《广州海幢寺与憨山大师的渊源》一文（未刊稿）中考证，龚鼎孳在粤曾三入海幢，龚氏《定山堂集》卷二五《同张登子、邓孝威游海幢访澹归上人》《别澹归》《三游海幢》等诗可证。⑤

  钱谦益"往余访憨山大师遗集，致书海幢"之语，很容易让人误以为钱谦益托龚鼎孳带给海幢寺道独的是另一封信，但今释写于《寄憨大师曹溪法眷书》之后的跋文有"右钱牧斋宗伯访求憨山大师遗稿书，以托龚孝升中丞者。顷携至海幛（幢），华首和尚观之，弹指赞礼，盖叹钱公能不负师，龚公能不负友，而两公皆能不负佛所付嘱也"⑥ 等语，可知龚鼎孳在曹

---

① 释今释：《录梦游全集小纪》，见《憨山老人梦游集》卷首，清顺治十七年毛褒等刻本。
② 戴肇辰、史澄：《（光绪）广州府志》，清光绪五年刊本。
③ 释古云：《月鹭集》，清康熙刊本。
④ 冼玉清：《冼玉清文集》，中山大学出版社1995年版，第496-498页。
⑤ 龚鼎孳：《定山堂集》，清光绪九年至十年刊本。
⑥ 释德清：《憨山老人梦游集》卷四〇附钱谦益《寄憨大师曹溪法眷书》，清顺治十七年毛褒等刊本。

溪与海幢出示的是同一封信。

既有资源又有人脉的海幢果然不负重托。道独对钱谦益重编《梦游全集》的想法赞叹不已，因而响应踊跃。他马上命门人将钱谦益之信付梓，并让法孙今释在信后加了一段跋文，以推动寻访事宜。今释（1614—1680）字澹归，号借山野衲、舵石翁。俗名金堡，字道隐，号卫公。浙江仁和（今属杭州）人。明崇祯十三年（1640）进士。他原是明朝的官员，因在南明永历朝的政争中受迫害，遂于清顺治七年（1650）在广西桂林茅坪庵落发为僧，法名性因。两年后到广东番禺雷峰海云寺参礼天然函昰，受具足戒。后来在韶州丹霞山，经过艰苦经营，开辟了粤北名刹别传寺，并成为天然的第四法嗣，为曹洞宗第35世。今释出家前便与钱谦益有交往，这时他正在海幢寺。他遵师翁道独之命而作的跋文，收在清顺治十七年毛褒等刊《憨山老人梦游集》卷四〇附钱谦益《寄憨大师曹溪法眷书》后，其文如下：

> 右钱牧斋宗伯访求憨山大师遗稿书，以托龚孝升中丞者。顷携至海幢（幢），华首和尚观之，弹指赞礼，盖叹钱公能不负师，龚公能不负友，而两公皆能不负佛所付嘱也。使授诸梓，命今释跋其后。呜呼！斯道凌夷，于今已极，良由信根轻鲜，忘法本而背佛恩，其视慧命断续之间若越肥秦瘠，笑啼皆伪，起倒随人，请以此书正告天下万世之为法门后昆者，知钱公所以尽心于大师之心，与龚公所共弘护之心，与和尚所共流通之心，皆共出于三世诸佛大悲大愿之心。皮下有血，人触着便痛，不隔一丝，危涕既零，忘身非险，即生佛慧命，实嘉赖之，岂止为大师竖立光明法幢而已。时丁酉春正月谷日华首门下弟子比丘今释跋。

今释还曾在《徧行堂集》卷一七《书费隐禅师遗嘱后》记及钱谦益与道独的这段缘分："犹忆牧斋宗伯为憨山大师求遗稿，致书曹溪诸法属，情词恳恻，能堕信者之泪。先华首为爇香作礼，亦以末法众生信根鲜薄，若宗伯师资之谊，真堪标榜。"①

由于道独等的积极努力，海幢方面对德清遗稿的搜集寻访很快取得了成果。具体而言，是访得了珍贵的德清《自序年谱实录》稿本和其他一些诗文稿钞本。钱谦益记云：

---

① 释今释：《徧行堂集》，广东旅游出版社2008年版，第一册，第458页。

大师《年谱自序实录》，向有手笔草稿，为大师首座寄庵通炯所藏。炯师殁后，法孙今照、今光住海幢寺，华首和尚从二僧取得此稿，缮写封寄。今遵依元稿付梓。天启三年癸亥实录，乃大师入灭后上首弟子福善等续记，附刻于后，以大师为中兴龙象，一言一行，关系人天眼目。文取足征，事贵传信，不敢扳缘葛藤，添附蛇足，以滋法门增益之谤。后有正眼，幸鉴别焉！戊戌孟夏佛成道日海印弟子钱谦益槃谈谨书。①

钱谦益交代得很清楚，《自序年谱实录》，是道独从海幢寺的两位僧人今照、今光手中获得的。今照本名光半，今光本名池月，俱为通炯法孙，今照、今光是他们礼拜于函昰座下后所取的派法名。他们献出的这篇《自序年谱实录》，后来被钱谦益收入虞山本《憨山老人梦游全集》卷四〇。钱谦益还说到，其资料寻访工作在岭南获得了道独等的大力支持，"其欤助华首网罗散失者，曹溪法融、海幢池目（月池）②及华首侍者今种、今照、今光也"。帮助钱谦益访求德清遗稿的，除了岭南佛门的力量外，还有一些在粤的俗家人士。其中之一是前孝廉万泰。万泰（1598—1657），字履安，号悔庵，宁波鄞县人。是清代浙东学派甬上支派的创始人，万斯同等"万氏八龙"的父亲，其时正游幕在穗。另外一位是钱谦益的族孙钱朝鼎（生卒年不详），字禹九，号黍谷，其时任正督学粤东。万泰在给钱谦益的信提到：

台谕憨大师全集，泰处署中，搜罗咨访非力所及。适金道隐在此，知中丞传台札于海幢法侣，其堂头宗宝老人欢喜赞叹，焚香设拜，属道隐题跋付梓，布告诸方，俾凡有收藏大师法语者，单辞片纸，皆来聚集。现在数种附中丞行笥，此外更有所得，泰当为续上也。门人万泰顿首。③

此信反映出万泰在德清遗稿的寻访方面曾做过努力。信中提到的"金道隐"，是今释出家前的表字。

---

① 释德清：《憨山老人梦游集》卷四〇《憨山老人自序年谱实录下》附，清顺治十七年毛褒等刻本。

② 池月与今光实为同一人。

③ 《憨山老人梦游集》卷四〇附录《寄憨大师曹溪法眷书》后，清顺治十七年毛褒等刻本。

四、鼎湖栖壑道丘《梦游集》藏本的获得

道独等帮助钱谦益搜集访求德清遗稿，最大的成果是鼎湖栖壑禅师《梦游全集》藏本的获得。钱谦益《岭南刻憨山大师梦游全集序》记述："憨山大师《梦游集》，吴中未有全本。丙申冬，龚孝升入粤，余托其访求海幢华首和尚，得鼎湖栖壑禅师藏本。"① 这个藏本是"大师原稿，弟子福善、通炯及五羊刘司理起相所结集"②，十分珍贵。对这个藏本获得的过程，今释在其《录梦游全集小纪》③ 有详细记载：

> （华首和尚）既以海幢所藏者简附龚公矣，复刊布诸刹，为博访全收之计，又以八行致端州栖壑禅师，索其全集。禅师虑失原稿，未发也。二月之望，前孝廉万公履安来，以钱公曾有专嘱，为谋之。方伯曹公秋岳作书重请，于是再奉华首书，遣喻如筏，知客往，稿乃发。④

道独为索全集而致栖壑的"八行"指的是请托信，除信之外，道独还给他写了一首诗《答栖壑大师》："金轮相别后，屈指廿余年。世事如无有，真机只目前。我犹鸿雁影，君享水云缘。异日重期处，天湖最上颠。"⑤ 栖壑（1586—1658），名道丘，字离际，号栖壑，别号云顶和尚。他也是博山的嗣法弟子，与道独为法兄弟。明崇祯九年（1636），他应弘赞在犙之请到鼎湖开山主法，将庆云庵扩建成了大刹庆云寺。前后主鼎湖法席23载，为岭南佛教尤其是西江流域佛教的发展做出了贡献。清顺治十五年（1658）圆寂，世寿七十三，僧腊五十六。道丘初出家时曾在曹溪当德清的侍者，有过亲近大师的经历。成鹫《鼎湖山志》卷二《开山主法第六·初代开山主法云顶和尚年谱》载，道丘"事憨山大师于宝林"⑥；道丘也曾在《初代开山

---

① 钱谦益：《岭南刻憨山大师梦游全集序》，《牧斋有学集》卷二一，上海古籍出版社1996年版，第871－872页。
② 钱谦益：《岭南刻憨山大师梦游全集序》，《牧斋有学集》卷二一，上海古籍出版社1996年版，第872页。
③ 此文未收入今释的《徧行堂集》。
④ 释今释：《录梦游全集小纪》，见《憨山老人梦游集》卷首，清顺治十七年毛褒等刻本。
⑤ 释道独：《长庆宗宝独禅师语录》卷四，《卍新纂续藏经》，No. 1443。
⑥ 释成鹫：《鼎湖山志》，广东教育出版社2015年版，第33页。

和尚请庆云禅院碑文由状》(《鼎湖山志》卷一《创建缘起第四》)说自己"闻大知识憨山和尚谪戍岭南,演扬正法,道丘景慕日深,踊跃欢喜,愤愤然有参方请益之志。竟辞师亲,往游南都,遍参讲肆,深慕教乘"①。李觉斯撰《栖老和尚塔铭》(《鼎湖山志》卷二《开山主法第六》)则说道丘"年十七始从碧崖师薙发,侍憨山大师于宝林,博习内外典,悉领义趣,山深器之"②。圆捷一机撰《开山主法栖老和尚行状》(《鼎湖山志》卷二《开山主法第六》)载:"(栖壑)继侍憨山大师于宝林,内外典籍,深达枢要,憨甚器之。既而叹曰:'出家务明心地,文字相中岂究竟法耶?'于是辞憨度岭,时年二十有一。憨嘉其行,送以偈曰:'汝持一钵曹溪水,去洒诸方五味禅。莫道老憨能说法,如今不值半文钱。'"③ 这些记载都说明道丘曾侍德清于宝林,并深受德清器重,所以《梦游全集》稿本藏在他处并不奇怪。对分别了二十年的法兄弟道独索要这部珍贵的遗稿,他有所顾虑,这是合乎逻辑的反应。而经过后来广东布政使曹溶出面疏通,加上道独重申前请,道丘最终还是改变了态度,献出了稿本。

虽然一波三折,但是事情总算有了一个圆满结果,这让曹溶大喜过望,他马上组织力量,对鼎湖栖壑藏本进行誊抄。"曹公与学宪钱公黍谷,各捐资为缮写费。适会城方有试事,诸士子之归依华首者,闻之皆至。舐笔落墨,数日而毕。"④ 今释特别提到,"其司较对,则一灵种侍者也"⑤。一灵今种,即岭南的大诗人屈大均。他入清后逃禅,成为函昰门人,当时正被派为道独的侍者。钱谦益记道:"曹秋岳诸君集众缮写,载以归吴。余校雠刊定,勒成四十卷。"⑥ 这部由钱谦益"校雠刊定"的40卷《梦游全集》,便是虞山本,因为钱谦益是常熟人。它由当时的名刻工——虞山汲古阁毛子晋(后易名毛晋)及其三个儿子接力镂版,约于顺治十七年(1660)印成,刻印者记为毛褒等。

钱谦益重编《梦游全集》能成其事,显然与道独的鼎力支持是分不开的。钱谦益对此一直感激不已,以至于若干年后,在一些与岭南有关的文字

---

① 释成鹫:《鼎湖山志》,广东教育出版社2015年版,第28页。
② 释成鹫:《鼎湖山志》,广东教育出版社2015年版,第39页。
③ 释成鹫:《鼎湖山志》,广东教育出版社2015年版,第34-35页。
④ 释今释:《录梦游全集小纪》,《憨山老人梦游集》卷首,清顺治十七年毛褒等刻本。
⑤ 释今释:《录梦游全集小纪》,《憨山老人梦游集》卷首,清顺治十七年毛褒等刻本。
⑥ 钱谦益:《岭南刻憨山大师梦游全集序》,《牧斋有学集》卷二一,上海古籍出版社1996年版,第871-872页。

中，他还一再提及此事。在复今释为道独作铭之请的信中，他说："华首和上仗昔犍椎告众因缘，今复承天然和尚偕老兄郑重托付，铭何敢辞。"① 在《华首空隐和尚塔铭》中，他说："往余访憨山大师遗集，致书海幢，师欢喜赞叹，披衣焚香，犍椎而告众。"② 在为华首派比丘今种所作的《罗浮种上人集序》中，他又说："日者余征憨山大师遗文于曹溪，华首和尚犍椎集众，以余书普告。"③

道独的法孙、钱谦益的友人今释，对钱谦益重编《梦游全集》也发挥了重要作用。在顺治十六年（1659）写给今释的一封信中，钱谦益告诉今释："《憨山老人集》刻成，首以大序冠之。明年并《金刚会钞》陆续邮寄。"④ 钱谦益所说的这篇"大序"，即今释所作《录梦游全集小纪》，见载于《憨山老人梦游全集》卷首，其文主要记述道独从道丘手里获得《梦游全集》稿本以及曹溶等组织力量抄缮原稿的过程，已见上述。除此之外，还提及一件"奇事"：

> 时一儒生陈方侯于作字项有所感触，便求出家，即日剃度，法名古值，字曰瞿滴。余为书助缘，偈曰：憨山一部遗稿，能使陈郎出家。时节因缘相值，将针引线无差。现前同学大众，帮他搭起袈裟。且看曹溪一滴水，研池里面涌莲华。此不独见大师心光，摄受无量；亦见诸护法一片心光与无情笔墨，同向花首堂前推出者僧，作大佛事。而此僧承是心光，为一切人作发起导师，又未可量。则是书流通功德岂可量耶？因记之，以博数千里外一声弹指。⑤

这件岭南的抄手因誊写《梦游全集》有感而落发出家的"奇事"，在钱谦益的《憨山大师梦游全集·序》中亦被津津乐道：

> 日者广南缮写书生陈方侯触语悲悟，放笔薙发。大师博取深心，光芒昱曜，凌纸怪发，善根众生，应机吸受，如方侯者，历河沙劫，犹未

---

① 钱谦益：《复澹归释公》，《牧斋有学集》卷四〇，上海古籍出版社1996年版，第1393页。
② 钱谦益：《牧斋有学集》卷三六，上海古籍出版社1996年版，第1274页。
③ 钱谦益：《牧斋有学集》卷二一，上海古籍出版社1996年版，第886页。
④ 钱谦益：《复澹归释公（即金道隐）》，《牧斋有学集》卷四〇，上海古籍出版社1996年版，第1393页。
⑤ 释今释：《录梦游全集小纪》，见《憨山老人梦游集》卷首，清顺治十七年毛褒等刻本。

艾也。呜呼,伟矣哉!①

今释在《录梦游全集小纪》中还具体介绍了对记录、编辑与校对《梦游全集》曾做出了贡献的各位岭南人士:

《梦游全集》,日录、编辑、重较诸名,幸各存之。通炯号寄庵,为大师首座。今海幢诸僧,皆其诸孙也。刘起相,号中当,起家乙榜,任抚州司理。大师灵龛还曹溪,及收藏遗稿,皆与有力耳。今释再白。②

五、虞山本与鼎湖本《梦游全集》的两行

被钱谦益用为底本的鼎湖栖壑藏《梦游全集》稿本在道丘化去之后,被一位名叫"潭柯上人"的游僧济航购得,并于顺治十七年(1660)得耿继茂捐赀,将其付梓。而在这个时候,由钱谦益编纂的虞山本《梦游全集》已经刊成。这样,在世上就有了鼎湖本、虞山本两个内容相近而版本不同的《梦游全集》。应济航之请,钱谦益这个德清的"白衣老弟子"在作了《憨山大师梦游全集·序》之后,又于顺治十七年(1660)作了一篇《岭南刻憨山大师梦游全集·序》。在这篇序中,钱谦益介绍了鼎湖本与虞山本《梦游全集》的异同:

鼎湖则大师原稿,弟子福善、通炯及五羊刘司理起相所结集也。虞山则经余勘校,间以管窥之见,撮略字句,移置段落者也。二本盖少异矣,而未尝不同。以佛身像譬之,鼎湖本则十身相海,相好庄严之身也。虞山本则优阒香像,毗首羯摩摹刻之身也。是二身者,现相利生,有何差别?

鼎湖本是虞山本的底本,二者虽然编成的卷数不同,但是内容正如钱谦益所说,只是"少异"。具体而言,差别主要体现在虞山本对德清遗稿的增

---

① 钱谦益:《牧斋有学集》卷二一,上海古籍出版社1996年版,第870页。
② 释今释:《录梦游全集小纪》,见《憨山老人梦游集》卷首,清顺治十七年毛褒等刻本。

益以及钱谦益按其"管窥之见"对原稿字句段落的改动上。钱谦益的看法是:"故知二本不妨两行,并舟而观月,分河而饮海,其闻法得益,则一而已矣。"①那么,后世二本是否"两行"呢?雒少峰先生认为"从以后《大藏经》所收入的版本看,只收了钱谦益本,未见鼎湖本。可能鼎湖本后来并未刊刻流通,或者只是在坊间少量流通"②,这一结论与实际不符。根据李福标研究,今传《梦游集》的主要版本为明崇祯二年庐山法云寺刻《嘉兴藏》五卷本、清顺治十七年毛氏汲古阁刻钱谦益虞山本40卷、清顺治十七年耿继茂捐刻的20卷本。耿继茂本就是鼎湖本,它一直流传至今,《四库未收书辑刊》第3辑第25册影印的就是这个版本。而《续修四库全书》(1377—1378册)所收的,则是为江苏常熟图书馆所藏的虞山本。这反映了鼎湖本与虞山本"两行"的事实。当然,在上述版本中,以钱谦益整理编纂的虞山本流传最广,影响也最大,李福标指出:"《乾隆大藏经》本、《中华大藏经》本、《卍新续藏》本、金陵刻经处本、《憨山大师法汇》本、北京图书馆出版社2004年孔宏点校本、河北柏林禅院本、《全椒古代典籍丛书·憨山大师集》本等,虽卷数多寡不同,而皆属钱本系统"③。事实上,《乾隆大藏经》《卍续藏》《中华大藏经》等所收的55卷本《憨山老人梦游集》,实际上是以虞山本为基础拆分而成的,对此雒少峰先生曾进行过比对。④

在鼎湖本基础上增广了若干新材料,并经钱谦益校雠刊定的虞山本《梦游全集》,包含了法语、书问、序、记、塔铭、传、题跋等体裁的文章,还包括了诗歌作品,它虽然没有把德清的那些规模较大、并已单行的注疏著作如《楞严经通议》《观楞伽经记》《法华经通义》《华严经纲要》《大乘起信论疏略》等收罗进去,但是其内容比明崇祯年间刊行的只收法语的五卷本《憨山老人梦游全集》丰富得多了。它的刊行,在当时产生了很大的影响。"《梦游集》初传武林,天界觉浪和尚见之而叹曰:'人天眼目,幸不坠

---

① 钱谦益:《牧斋有学集》卷二一,上海古籍出版社1996年版,第872页。
② 雒少峰:《四十卷〈憨山老人梦游全集〉编纂叙说》,"简帛研究",https://max.book118.com/html/2016/0721/48824743.shtm。
③ 李福标:《广州海幢寺与憨山大师的渊源》(未刊稿)。
④ 雒少峰:《四十卷〈憨山老人梦游全集〉编纂叙说》,"简帛研究",https://max.book118.com/html/2016/0721/48824743.shtm。

矣!'亟草一疏,唱导流通。"① 觉浪（1592—1659），名道盛，号浪杖人，俗姓张，福建柘浦人，时驻锡南京天界寺，是明末清初极有影响的高僧。他作有《憨山大师全集旧序》，作为附录收入在虞山本《梦游全集》卷四〇。

无论如何，如果不是钱谦益发心重编《憨山老人梦游全集》，德清作品在世间的流传很可能会留下遗憾，而其某些重要思想也可能湮没无闻。因此我们对钱谦益的编纂是书的贡献应予以充分肯定。正如陈洪、王红所言："可以说，钱谦益是憨山德清后期结识的士人中，对其佛学思想最为理解，对其人格最为崇敬，同时对整理憨山德清著作出力最多的一位。"② 我们还应该注意到，钱谦益对德清著述整理的完成，是以岭南的大力支持为前提的，而这个过程也扩大了岭南在江南乃至全国的文化学术影响。

（原载《广东佛教》2024 年第 4、5 期）

---

① 钱谦益：《憨山大师梦游全集序》，《牧斋有学集》卷二一，上海古籍出版社 1996 年版，第 871 页。

② 陈洪、王红：《钱谦益与憨山德清的一段思想因缘》，《郑州大学学报（哲学社会科学版）》2007 年第 6 期。

《广东释道著述考》与海云派佛教文献研究

中山大学的冼玉清教授（1894—1965）是一位杰出的广东地方文献研究专家，她晚年曾费十年之功，撰成《广东释道著述考》①。这部被认为是《冼玉清文集》的"压轴之作"②的长达45万言的著作，系统著录与考释了广东历代的释道文献，为研究广东佛教、道教史的学者所必备。对这部凝结了冼玉清晚年诸多心血的著作，已有学者给予高度评价。其中曾昭璇先生曾撰《我国当代女学者——冼玉清教授的贡献》一文，从述释家著作之丰富、考证版本之精详等12个方面，论证了《广东释道著述考》的价值，认为这是一部具有"国际先进水平"的著作。在此文中，曾先生提到：

> 本书述释家之作，……显明集中于清代及民国。此亦正本书的特色，亦为真实价值所在，即岭南释家文献之丰富远比其他地区为特出，亦为最难收集的著作。明末、清初，志士逃禅，多为饱学之士，加以义愤填膺，多寄望于宣传事业，以导时人及后人。为本书精华所在，故多为外地学者所难见和少见之作。故此书之成，直足以补我国佛家著作空白，为今后国人及外国汉学家必备之参考书。③

虽然曾先生并没有具体举例说明他的上述见解，但他的说法是十分精到的。兹以冼玉清对清初广东佛教曹洞宗海云派文献的著录与考释情况，来说明《广东释道著述考》一书的学术贡献。

---

① 冼玉清于1961年完成此书。1965年，冼玉清把书稿给汪宗衍先生审订，不久即因病逝世。书稿于1979年交回广东省文史馆。1995年，广东省文史馆与佛山大学文史研究室联合对其进行了整理，并把它编入《冼玉清文集》，由中山大学出版社出版。冼玉清撰著此书，受到了史学大师陈垣先生的治学倾向的影响，且获得过陈垣先生的直接指点与帮助。见黄健敏《冼玉清与陈垣》，载《岭南文史》2003年第3期。

② 姜伯勤先生在广东省纪念冼玉清教授诞辰110年纪念会上的口头发言。

③ 曾昭璇：《我国当代女学者：冼玉清教授的贡献》，《岭南文史》2002年第2期。

一

　　海云派是清初曹洞宗在岭南的一个分支，这个禅派其实应称作华首台派，因为它是由宗宝道独和尚在罗浮山华首台寺开派的，但是后来其嗣法弟子、番禺雷峰海云寺的开辟者天然函昰把本门事业发扬光大，影响力远远超过了本师，因此学术界多把此派称为"海云派"①。海云派的核心人物函昰（1608—1685），字丽中，号天然，俗姓曾，名起莘，字宅师，番禺人。出身望族，少负才名，在明季默察世情，豁然有省，遂以孝廉弃家，于崇祯十三年（1640）到江西庐山归宗寺参礼曹洞宗 33 代世道独（字宗宝，号空隐），剃发为僧。清顺治五年（1648），他被门徒旋庵今湛迎至番禺雷峰，后来在此地创建了曹洞宗在岭南的名刹——海云寺②；在清初岭南的历史舞台上影响深远的海云派，亦因此而得名。

　　就佛教本身而言，以函昰为核心的海云派僧众，在清初的特殊社会背景下，实现了曹洞宗的中兴。这一点，可从三个方面获得印证：第一，以函昰为首领，以"海云十今"③为骨干，曹洞宗开花散叶，形成了众多法裔。对函昰"执弟子礼问道（者），不下数千人，得度弟子多不可胜纪"④；而其法嗣又广收弟子，例如上首徒弟今无（字阿字），就有门徒一千余人。第二，出自海云派的广州海幢寺、无着庵，博罗罗浮山华首台寺，仁化丹霞山别传寺，东莞芥庵，江西庐山归宗寺、栖贤寺等，均成了清代名刹。第三，海云派僧人撰著了不少具有本宗理论特征的禅学著述。例如函昰之师道独老人撰有《长庆宗宝独禅师语录》《华严宝镜》《长庆语录》，函昰本人撰有《楞伽心印》《首楞严直指》《金刚正法眼》《般若心经论》《天然函昰禅师语录》等，函昰的法弟函可（字祖心，号千山剩人，亦为清初著名遗民僧）撰有《千山剩人禅师语录》，函昰的第一法嗣今无撰有《四分律藏大全》

---

　　① 笔者认为应称为"华首台—海云派"。
　　② 据檀萃《楚庭稗珠录》卷四《粤琲上》载，南汉时番禺雷峰山已有贾胡马罗连所建寺庙。函昰主席前该寺称为隆兴寺，又称雷峰寺、金瓯寺，函昰主席后扩建该寺，改名海云寺。参见仇江《韬光佛地记海云》，载《岭南文史》2002 年第 4 期。
　　③ "海云十今"是天然座下的 10 位嗣法弟子的统称，因天然以雷峰海云寺为主要弘法基地而得名。10 位嗣法弟子分别是：第一法嗣阿字今无，第二法嗣石鉴今覞，第三法嗣诃衍今摩，第四法嗣澹归今释，第五法嗣仞千今壁，第六法嗣乐说今辩，第七法嗣角子今䡄，第八法嗣泽萌今遇，第九法嗣尘异今但，第十法嗣广慈今摄。
　　④ 今辩：《天然和尚行状》，见函昰《瞎堂诗集》，中山大学出版社 2006 年版。

《海幢阿字无禅师语录》《光宣台集》，第四法嗣今释撰有《徧行堂集》《丹霞澹归释禅师语录》，第六法嗣今辩撰有《四会语录》《菩萨戒经注疏》等等。总之，海云派僧众在明清时代的特殊背景下造就了本宗的繁荣，而海云寺则成为"曹洞宗中兴的祖庭"①。

就政治角度而言，以函昰为核心的海云派僧人和居士，实为清初聚集于岭南的一股重要的反清政治力量。甲申鼎革后，尤其是南明弘光、鲁监国、隆武政权相继垮台后，明遗民纷纷越岭南来。他们或以军事手段，开展抗清斗争；或隐迹山林，躲避当道；或以"逃禅"的方式遁入佛门，以表达对异族统治的不满与抗拒。于是明清易代，使"17 世纪 40 年代岭南的僧舍和尼庵，也成为抗节自全者的政治避难所"②。而德高望重的函昰，便成了众多充满孤怀遗恨的遗民争相参礼的对象。在清初这个风云激荡的时代，海云寺实际上是志节之士的安身立命之地和抗清力量的潜通声气之所，而函昰则成为聚集在岭南的明朝遗民所宗奉的精神领袖。汪永觉论曰："吾粤士夫夙尚气节，明社既屋，义师飙起，喋血断脰而弗顾者，踵相接。而天老人识烛机先，盛年披缁，开法于番禺雷峰之麓海云寺。沧桑后，文人才士以及仳离故宦多皈依受具，其迹与起义诸人殊，而矢节靡它，其心则一也。"③ 这是在政治上对海云派的一个恰当评价。

诚所谓"国家不幸诗家幸"，举人出身的函昰在诗歌创作方面具有高度的修养，他和其法弟函可并称清初岭南两大诗僧，函昰有《瞎堂诗集》20 卷，函可有《千山剩人诗集》20 卷，皆传世。清初的海云寺，成为当时墨客骚人的荟萃之所。在"今"字辈和"古"字辈僧人中，有不少是著名诗人。例如曾拜函昰为师、后来还俗的今种（字一灵），就是在诗歌创作成就上位居"岭南三大家"之首的屈大均；而"三大家"的另外两家陈恭尹和梁佩兰，都曾礼拜过函昰。今无、今释的诗作，亦有很高境界。海云派的俗家居士，还有陈子壮、黎遂球、梁朝钟、薛始亨、何巩道、程可则等人，都是当时诗坛的重要人物，均有诗集传世。"函""今""古"三代僧人与居士的诗作，后来被函昰的俗家弟子徐作霖、黄蠡选编为《海云禅藻集》。此书收入诗人 128 位，作品 1010 首，蔚为大观。可见海云派实为清代岭南诗

---

① 仇江：《海云寺及其开山祖师天然和尚》，未刊稿。
② 蔡鸿生：《清初岭南佛门事略》，广东高等教育出版社 1997 年版，第 17 - 18 页。
③ 汪永觉：《重刻海云禅藻序》，见徐作霖、黄蠡辑《海云禅藻集》，广东旅游出版社 2017 年版，凡例第 2 页。

歌文学的一个重要流派。陈永正先生在其《岭南诗歌志》（未刊稿）中，就把以函昰为首的海云派诗人命名为"海云诗派"。海云派僧人还有不少人是书法家，他们被汪宗衍先生称为"海云书派"①。

据上简述可悉，无论是从政治角度、宗教角度还是文学艺术角度来看，海云派都是十分值得关注的。在明清之交天崩地解的时代背景下，以函昰为核心的海云派人士心系故国，发胸中块垒而为诗文，产生了许多重要著述。这些作品，实为岭南文化的宝贵财富，具有很高的文化价值。然而由于清初文网苛严，更由于乾隆纂修《四库全书》时把函昰及其门人的著述都列入了禁毁书范围，海云派文献大量散失，少数侥幸逃过清廷查禁的著述，亦深藏密扃于公私馆阁中，渐至湮没不闻。虽然海云派禅史理当是清代岭南历史与文化研究的一个重要课题，但是实际上学术界对它的研究一向很冷清。在整个民国时期，只有陈伯陶的《胜朝粤东遗民录》（1916年），孙冀民的《重修丹霞山志》（民初），王在民的《天然和尚年谱》，陈垣的《释氏疑年录》（1938年）、《明季滇黔佛教考》（1940年）和《清初僧诤记》（1941年），汪宗衍的《天然和尚年谱》（1942年），王汉章的《澹归禅师年谱》（1946年），以及一些学者（例如容肇祖、朱希祖等）的零星著述，直接或间接讨论过海云派禅史。究其原因，最重要的一点是文献匮缺。这样，系统著录并考释海云派文献，以为学术界的研究打下基础，意义就十分重要。而这项工作，是由冼玉清来完成的。其研究成果，集中反映在《广东释道著述考》一书中。

二

在论述《广东释道著述考》对海云派文献的著录前，有必要先介绍一下它的体例。与别的目录书相比较，《广东释道著述考》的著录形式与内容都有其特色。其体例，先书名、篇卷，后注"未见"或"见"（指冼玉清得亲见该书）。未见者交代据何处著录，见者则叙录其版本。次著者、校刻者，次著者小传、前后序跋、各家的批评考订、原书的体例、自己（冼玉清）所下的按语。按照古典文献学的通例，目录书解题（或称提要）大致有两种类型：一种是镕铸材料、独立成文的综述之体，一种是编次材料、述而不作的辑录之体。《广东释道著述考》二者兼而有之，它既客观采辑了许

---

① 汪宗衍：《明清之际广东书画家》，见《广东书画征献录》，广东省立中山图书馆藏影印本。

多相关材料,又综述了作者在分析材料之上的某些研究见解。有些著述,甚至详列了该书的子目,目的是便于学者了解原书的概貌和价值。

作为一部文献工具书,《广东释道著述考》共著录了明末清初的释氏60家(自通炯至传多),著述178种;而海云派作者为38家,著述96种,无论是人数还是作品数均过半。在《广东释道著述考》出版之前,尚未有人系统地做过这样的工作。唯其如此,冼玉清的著录考释工作意义就显得格外重大。《广东释道著述考》所著录的这些海云派佛教文献,有相当部分是冼玉清从各种历史资料中发掘出来的。由于清朝文网苛严,海云派文献绝大部分已难觅于世,有的甚至连书名都湮没在历史长河中了。为了尽可能多地发掘这些文献,冼玉清探幽索隐,详细稽考各种省、府、县志和总、别集,发现了多种本已被遗忘的著述。如汪宗衍先生《天然和尚年谱》所附《天然和尚著述考》,考出函昰有《天然昰禅师语录》《瞎堂诗集》等13种著作,已可称齐全。但冼玉清又以今无《光宣台集》卷六为据,增补了《丹霞诗》一种。再如,函罡的《燕游稿》《楚游稿》,是冼玉清从陈伯陶的《胜朝粤东遗民录》中考得的;今竟的《威风堂集》,是冼玉清根据全祖望《鲒埼亭集》卷二六所载今竟《事略》考得的;今龙、今音、今严三人的著述,府、县志《艺文略》无载,冼玉清先生根据《海云禅藻集》小传考得。冼玉清还对古记、古邈、古电、古义、古桧、古昱、古奘、古翼、古如、古梵、古云等几位"古"字辈僧人的著述情况进行了考证,共考出著述13种。这些文献虽已不大可能存世,但稽考出其曾经存在的事实与基本内容,对于了解当时的历史状况与艺文盛衰,无疑是有价值的。

当然,说《广东释道著述考》对海云派文献著录得比较齐全,只是相对而言。因资料所限,冼玉清的著录工作难免有遗漏。例如,今释是函昰的最重要弟子之一,一生著述甚多,这些著作,因"语多触忌",在清乾隆时代均被列入禁毁书目,连阮元修《广东通志》都未予著录。《广东释道著述考》共著录了今释的《丹霞澹归释禅师语录》《徧行堂集》等18种著作,不可谓不全;尽管如此,《广东释道著述考》还是漏了《丹霞日记》一种未著录。于今先生曾于1973年在香港《艺林丛录》第九编发表《澹归著作补谈》一文,予以增补。

除了力求齐全地著录海云派著述之外,《广东释道著述考》还注意收录后代以海云派禅史为研究对象的著述。例如汪宗衍先生所撰《天然和尚年谱》《天然和尚著述考》《天然和尚弟子考》,均是这方面的重要著作,冼玉清把它们都收进了"释家言"中。惟王海章先生曾于1946年撰成《澹归大师年谱》，此是后人为今释撰述的第一部年谱①。因是手稿，藏在天津图书馆，冼玉清不知其存在，故《广东释道著述考》未予收录。

著录齐全固然重要，但如果《广东释道著述考》对海云派佛教文献所做的工作只限于简单著录，那么其价值与意义便多少要打些折扣。实际上，《广东释道著述考》是一部研究性的目录书，它不仅著录了今日所可知的差不多全部的海云派著述，而且还在广为收集相关文献资料的基础上，从多个方面对这些著述进行了考释。据笔者粗略统计，在对海云派著述的著录及考释中，冼玉清引用了大约 50 种文献（不包括海云派诸人自身的著述）。这些文献有省通志、府志、县志的艺文略、总集、别集、目录书、题跋、专著、相关史料等。

作为目录工具书，对书名、版本的著录是其基本要求，这个工作看起来简单，做起来却不是那么容易。同名异书或同书异名在古代是常见的现象，后代著录者若不细加辨析，便有可能析一书为二书或数书，造成笑话。冼玉清在著录海云派文献时，对一些著述做了精心厘订，纠正了前人的谬误。例如函昰之师道独撰有《长庆宗宝独禅师语录》，而据记载，他还撰有《华首语录》。冼玉清考辨云："此书即《华首语录》，虽为今释重编，而著书仍为道独也。"书名有误记者，不知者有可能误为另一书，例如函昰的《瞎堂诗集》，《广州府志》（戴志）、《番禺县志》（李志）皆著录为"《瞎然堂集》"，冼玉清订正云："海云寺有函昰自书'瞎堂'匾，可证戴《志》、李《志》皆作'瞎然集'，误也。"考证版本，对了解一部书的流传情况是很重要的。例如对函昰《楞伽心印》的版本情况，前人并不很了解。冼玉清考释云："此书之成，在康熙二年癸卯（1663），刻在康熙三年甲辰（1664）。板初藏芥庵，后藏海幢。至康熙三十年辛未（1691），乐说辩和尚与《楞严直指》版同请入《嘉兴藏》。至雍正元年癸卯（1723）华首常住捐资请川心印合《直指》就海幢重刻。"学者读此，对该书的版本情况一目了然，若有需要，自可按图索骥。对前人所撰目录类书记载的错误，冼玉清在著录的同时也进行了纠正。例如函昰有《天然昰禅师语录》一书，孙殿起《清代禁书知见录》记其版本为"康熙庚戌嘉兴楞严寺般若堂刊本"，冼玉清考辨云："唯庚戌为康熙九年（1670），时函昰尚在人世，且语录收有康熙十八、十九年（1679、1680）所作《许九环诗序》及《译骚序》两篇，岂康熙为雍正之误，抑'庚戌'二字有误？二者必居一于是也。"

---

① 后来吴天任亦撰《澹归禅师年谱》，于1988 年在香港出版。

著录书名、版本、著者之后，《广东释道著述考》即列出著者小传，冼玉清为海云派僧众撰写的小传特别详实。这些著者小传，并不是简单地从旧传迻录的，而是她自己在对比综合各家旧传资料的基础之上撰写出来的。在考查传主事迹的过程中，冼玉清做了不少去伪存真的工作。例如张二果是函昰的少年密友，二人交往颇为密切。冼玉清在其所撰张二果传中记云："（二果）号菊公，又号弘晤。"此小传，冼玉清注明据阮元修《广东通志·列传十六》，然而《广东通志》并未载张二果号弘晤，相关府、县志亦无此记载。那么冼玉清这么写的理由何在呢？读到下文的冼玉清撰的张二果《楞严正脉》提要，读者方恍然大悟。提要收录了一篇张二果的跋文，末尾云："弟子弘晤张二果顶礼谨跋。"冼玉清点出："弘晤为二果法名，世罕知之。"这样详实有据的小传，对研究者征史、辨误、补传，是很有裨益的。

对海云派文献的序跋及后人的评论，《广东释道著述考》亦尽量收齐。这项工作，颇能体现冼玉清读书治学的功力与匠心。例如，澹归今释和尚是海云派的一位极重要的僧人，他在明崇祯朝灭亡后起兵抗清，在南明弘光、隆武、永历朝均任职，以正言敢谏、不避权贵而闻名。在永历朝时身陷牢狱，发配贵州戍途中遇清兵南下，押解走窜，流落桂林，在茅坪草庵落发为僧。顺治九年（1652）入广州礼天然函昰，成为海云派的重要成员之一，后来开创了丹霞山别传寺。他有《徧行堂集》等多种著作传世。冼玉清在叙录《徧行堂集》时，除了收录了《前集》《续集》《后集》的序文外，还收录了宣统时国学扶轮社排印本卷尾所附的王文濡跋，并收录有今人朱希祖撰《康熙本徧行堂集跋》、汪宗衍撰《徧行堂集跋》。后二跋对今释事迹有重要考证。如朱希祖《跋》证明了叶廷馆《鸥波渔话》所言"今世所传《徧行堂集》四十六卷，乃性因（即今释）晚年刻于嘉兴，皆出家以后无违碍诗文卷"之误。若依叶氏之言，则《徧行堂集》不过为一老僧参禅之余墨而已，而今释作为一代遗民的血泪孤心将隐而不现。故冼玉清在按语中又感慨道："今释行在纳忠，身遭杖戍，而国亡遁迹，仍复寄其薇蕨之思，岂惟佛门龙象，亦凛于民族大义，其遗作固足传矣。"又如《澹归日记》一书为稿本，藏于澳门普济禅院，世人难得一见，1938年正月冼玉清访汪宗衍先生，与汪先生同至普济禅院观看此册。后汪宗衍先生题《跋》于日记之后，对日记之内容、价值有恰当评论，冼玉清将它全文收录，使世人得以窥此书之面貌，亦弥足珍贵。

《广东释道著述考》对所著录的海云派文献，亦有不少按语，这些按语涉及考事、辨伪、补史、评书等诸多方面，或长或短，大多精审得当。例如

《元功垂范》一书，是平南王尚可喜的年谱，孙殿起《清代禁书知见录外编》题为今释澹归撰。作为遗民，今释为曾率清兵在广州屠城的尚可喜歌功颂德，不免遭到非议，全祖望就曾作诗对其讥讽。冼玉清考辨云："予读《徧行堂续集》，有《上平南王书》，言：'《元功垂范》，遵奉记室稿本，请改正称谓，勿以明为伪，兵为贼。'则其书稿本曾经今释笔削，而托为尹源进编次，故外传为释手笔。"也就是说，冼玉清认为此书并非今释所作，他只是笔削了尚氏的家乘稿本而已。这一考证结果虽尚不能视为定论，但可供后来研究者参考。在叙录《徧行堂集》时，冼玉清按云："今释虽遁迹空门而怀反清复明之志，与钱谦益为文字交。谦益有《怀岭外四君》诗，其一为《怀金道隐使君》，云……"由此可知今释与钱氏有交游，循此线索，亦可进一步研究今释的生平。冼玉清的按语看似简单，然而不遍阅群籍是很难写得出来的。冼玉清在凡例中云："编者非佛徒，对佛学亦无深入研究，故对于每书之佛学理论，不加评骘。"她在著录海云派文献时大致遵循了这个原则，不过也偶有例外。如对函昰的《天然和尚同住训略》一书，冼玉清下按语云："此书申明教诫，多屡常规，首创不念阿弥陀佛，而念释迦如来，与净土特异。《禅门念佛说》真得未曾有。"

冼玉清不但是一位杰出的文献学家，而且是一位出色的诗人，她的古典诗词作品，曾获黄节和陈散原、陈寅恪父子的称赏。因此《广东释道著述考》对海云派文献，评论得最多的是诗文。例如在叙录今释的《徧行堂集》时，冼玉清按云："今核集中诗文，多禅门往来文字，惟《祭明人故死节督师瞿公文》《祭持平刘大中丞文》《敦烈郑公传》《嵩道人传》《汪孺人传》《米忠烈公传》《杨总督传》等，叙述沉痛，凛凛有生气，故犯清廷之忌。其上定南王书请领瞿式耜、张同敞尸藁葬，上平南王谓'《元功垂范》，遵奉记室稿本，请改正称谓，勿以明为伪，兵为贼'，皆一本忠义。诗多禅悟，亦明畅，但不如其文之挥洒自如。"这与其说是评论《徧行堂集》本身，不如说是评论今释的人品、诗品了。

前曾论及，海云派是清初岭南佛教最重要的派别，然而后人对它的研究却比较冷清，文献的匮缺与缺乏整理是一个重要原因。《广东释道著述考》一书，是第一本全面著录考释海云派文献的著作，在此之前未有人如此系统地做过这样的工作，冼玉清的著录考释工作的意义是十分重大的。可以说，《广东释道著述考》为研究海云派的历史与文化价值打下了牢固的文献基础。

（原载《图书馆论坛》2006年第3期，与韦盛年合作）

精神领袖，遗民所崇

——天然函昰评传一

出家人常被称为"方外之人"，他们一般不予闻世事，然而在特定的背景下，也有涉世很深的出家人。全祖望《鲒埼亭集》卷一四《南岳和尚退翁第二碑》载：

> 易姓之交，诸遗民多隐于浮屠，其人不肯以浮屠自待，宜也。退翁本国难以前之浮屠，而耿耿于至性，遂为浮屠中之遗民，以收拾残山剩水之局，不变奇乎！①

全祖望所记的这位"退翁"，是临济宗的第 32 代传人、明末清初苏州灵岩山的弘储和尚。无独有偶，当时岭南也有一位像弘储这样的"国难以前之浮屠"，他就是曹洞宗高僧函昰。函昰，字丽中，号天然，明万历三十六年（1608）出生于番禺慕德里吉迳村（今属花都），俗名曾起莘，26 岁那年在庐山归宗寺参礼道独（字空隐）和尚，祝发受具。作为曹洞宗第 34 代传人，他曾在广东番禺雷峰山创建海云寺，又遣其第一法嗣今无在广州河南创建海幢寺，遣其第四法嗣今释在仁化丹霞山创建别传寺，并一度驻锡广州光孝寺、庐山栖贤寺，道声远播海内。

函昰生活的时代，是中国社会风云激荡、天解地坼的时代。明朝在统治中国 260 年后，到崇祯帝朱由检在位时已是危机四伏、乱象丛生。朝廷政治混乱，国家军事频仍，内有"流寇"造反，外有"建虏"觊觎，且天灾人祸连年不断。崇祯帝宵衣旰食，朝乾夕惕，使出了浑身解数，希冀挽救风雨飘摇的社稷，但依旧无力回天——明朝毕竟已病入膏肓。到崇祯十七年（1644）三月，"闯王"李自成率领的农民军忽然攻陷了北京，崇祯帝自缢身亡，明皇朝于是砰然倒塌。两个月后清朝入关，把李自成逐出了北京，从此取得了在中国的统治地位。

就"改朝换代"的意义而言，崇祯十七年的"甲申鼎革"显然是明朝

---

① 全祖望著，朱铸禹校：《全祖望集汇校集注》，上海古籍出版社 2000 年版，第 277 页。

与清朝的分界线。但是,历史是复杂的,正如清朝在明崇祯九年(1636)就已存在于关外一样,在清朝取得对中国的统治权力之后,明朝的余绪——被史家称为"南明"的弘光、隆武、绍武与永历四个小朝廷,以及被视为"准朝廷"的鲁监国,在南方仍然坚持了差不多18年之久。其线索大致如下:崇祯帝驾崩后,江南地区仍为明朝所控制,福王朱由崧被在南京的群臣拥立为帝,年号弘光。但第二年清军就攻陷了南京,弘光帝被执,死于北京。接着,唐王朱聿键于同年的闰六月在郑鸿逵、郑芝龙、黄道周等人的拥立下称帝于福州,改年号为隆武。到八月兵败,隆武帝在汀州被执,绝食死。与隆武称帝同时,鲁王朱以海在浙江义士民军及官吏缙绅的扶持下,监国于绍兴。次年六月,面临清军的进攻,为争皇统而与隆武帝势同水火的鲁监国不战而溃,逃到了舟山群岛。隆武帝死后,顺治三年(1646)十一月,隆武朝大学士苏观生及广东布政使顾元镜等在广州拥立隆武帝之弟唐王朱聿锷为帝,年号绍武;而与此同时,桂王朱由榔也在两广总督丁魁楚与广西巡抚瞿式耜等人的拥立下称帝于肇庆,与绍武帝相抗。但一个多月后,清军突袭广州,绍武帝自缢死。聚集了明朝的最后残余力量的永历帝,倚仗郑成功在福建沿海地区对清军的坚决抵抗,以及张献忠农民军余部李定国、孙可望等在西南地区的军事支持,维持了较长时间,中间一度收复湖南等地,但后来势力越来越衰弱。顺治十八年(1661),永历帝在其流亡地缅甸被缅王出卖,为平西王吴三桂所执,次年一月在昆明被绞死。南明至此结束。

一、国变之痛,死士之哀

甲申鼎革这场大事变,无疑给当时每一位百姓的心灵造成了巨大冲击,哪怕是函昰这样的方外之人亦概莫能外。国变后,函昰本想远遁山野,但是考虑到父母尚在,无可代养,他只好在广州城东建了一所静室,俾便供养双亲。函昰把静室命名为"小持船"。在国变后的最初三四年,函昰就住在这里,静观时局的变化。函昰并没有直接参加抗清武装斗争或复明地下运动,但是他对那些英勇抵抗清军的志节之士,始终抱着同情与欣赏的态度。在思想感情上,他很期盼抵抗力量能力挽狂澜,使大明江山得以恢复。因此他总是为抵抗力量所取得的每一次胜利而欢欣鼓舞,也总是为抗清斗争遭受的每一次挫折而失望悲愤。他的友人黄端伯、金声分别参加了弘光朝与隆武朝的抗清武装斗争,并为此献出了生命。函昰对他们都给予了高度的赞扬。

黄端伯,字符公,号迎祥,江西新城人,崇祯元年(1628)进士。喜禅好佛，自称"海岸道人"，与函昰结交于庐山，在弘光朝任礼部仪制司主事。南京城破之后，礼部尚书钱谦益率百官投降，唯黄端伯傍门不降，为清将多铎所执。他在狱中作《明夷录》，表示"丹心倾汉室，碧血吐秦廷"，坚决不肯剃发，最后引颈受刃。多铎叹称"南来硬汉仅见此人"。黄端伯死后，隆武帝把他追封为礼部尚书，谥忠毅。函昰曾作诗《黄司李元公殉义》（《瞎堂诗集》卷一七）悼之，诗中有句："品行文章第一人，曾随匡岳忆前身。分明学到无生处，博得浮名答旧因。"①

金声，字正希，又字子骏，原籍安徽休宁，幼籍湖北嘉鱼。崇祯元年进士，隆武朝出为兵部右侍郎兼都察院右都御史，以"杀虏者昌，降虏者亡"为口号总督诸道军，威震江南。顺治二年（1645）八月在徽州保卫战中被俘，后被押往南京。清招抚江南各省总督军务大学士洪承畴以"同年"（洪承畴亦为崇祯元年进士）劝降，遭其痛斥。最后在南京雨花台慷慨饮刃。函昰早年在庐山归宗寺即与金声有交往，获悉故友的噩耗，乃作诗《金太史正希殉义》（《瞎堂诗集》卷一七），寄托自己的悼念之情：

　　头目髓脑君甘舍，山河日月泪难干。可怜石上三生话，回首归宗梦里看。②

当年函昰在江西，还与一位后来在隆武朝任内阁首辅的文士熊开元以禅悦相契。熊开元，字鱼山，湖北嘉鱼人。天启五年（1625）进士，先后在明天启、崇祯、弘光、隆武四朝任官。在江南形势吃紧之时，他曾有书偈向函昰问讯，函昰答以《复熊鱼山内阁呈偈》。汀州城破后，隆武帝被杀，熊开元弃家为僧，住安徽休宁齐云山。函昰曾作诗《寄熊内阁齐云山中》（《瞎堂诗集》卷一七）相问："富贵功名梦里人，谁知苦乐正相邻。回头大有甘心处，须信身贫道不贫。"③ 后来函昰还曾入齐云山看望老友，《瞎堂诗集》卷一七有诗《入齐云》："深山高卧白云屯，闲听林莺尽日喧。不为痴呆宁有此，肝肠空向石头论。"④ 熊开元后隐于苏州灵岩以终。

顺治三年（1646）清抚军佟养甲、督师李成栋潜师攻入广州，出其不

---

① 释函昰：《瞎堂诗集》，中山大学出版社2006年版，第194页。
② 释函昰：《瞎堂诗集》，中山大学出版社2006年版，第193页。
③ 释函昰：《瞎堂诗集》，中山大学出版社2006年版，第193页。
④ 释函昰：《瞎堂诗集》，中山大学出版社2006年版，第193页。

意地摧毁了绍武朝，绍武帝及拥其即位的大学士苏观生自缢死。在清军到达广州前，函昰已离开小持船，挈家人避乱于西樵山中。① 后来又于顺治四年（1647）秋被弟子梁殿华居士及庞嘉鳌（字若云）迎到南海的弼唐结期。获悉广州城破，函昰在西樵山写下了《樵山闻乱》诗（《瞎堂诗集》卷一七），中有"谁家年少觅封侯，待得功成万骨丘"② 之句。广州城破之后，其同门、法名函机（字妙明）的居士梁朝钟不愿投降，决心殉国。他先整冠带，北面而拜，后带领家人赴水，被邻居救起。清兵到来后，他大骂清兵，坚决不降，最后被杀。永历帝追赠其为礼部尚书，谥"文贞"。函昰对这位老友的牺牲，既痛惜又自豪，曾作《梁未央死难》二首（《瞎堂诗集》卷七）悼念之，中有"声名世共仰，生死君须知。白刃春风冷，悬崖撒手时"与"嗟予肠欲断，念子且何之。遂志应无憾，修名亦是痴"之句。③ 与梁朝钟同时赴死的，还有霍子衡父子，函昰亦赋《霍觉商父子四人死难二首》（《瞎堂诗集》卷七），寄托自己心中的追悼之情：

> 生平多慷慨，死国在儒林。父子情偏重，君臣义独深。碧潭今日事，明月古人心。俯仰堪谁语，一堂玄对深。
> 共明千古节，就义且从容。生死去来际，衣冠谈笑终。草堂云漠漠，寒夜雨溶溶。一片情孤绝，相期入碧峰。④

清兵入粤时，明朝王孙多因见疑被戮，尸横于野。函昰对他们的不幸遭遇甚感哀怜，他怀着出家人的慈悲心，请人把他们的骸骨一一检拾，建冢埋葬。瘗时既不积土为坟，也不标墓以木——"不封不树"，为的是避免官家疑忌。后来广州重新成为永历政权的势力范围，有人想把此事奏闻行在，以请表彰。函昰制止说："吾尽吾心耳，复何图哉！"⑤

清军提督李成栋率部占领广州、摧毁绍武政权之后，马上溯江西上，向据守在肇庆一带的南明永历朝军队发动进攻。永历君臣乱了方寸，慌不择路

---

① 汪宗衍《天然和尚年谱》把函昰避乱西樵的时间定为顺治四年，但《瞎堂诗集》卷一七有《樵山闻乱》诗，可知他在顺治三年广州城破前已离开小持船。
② 释函昰：《瞎堂诗集》，中山大学出版社 2006 年版，第 193 页。
③ 释函昰：《瞎堂诗集》，中山大学出版社 2006 年版，第 57 页。
④ 释函昰：《瞎堂诗集》，中山大学出版社 2006 年版，第 57 页。
⑤ 释今辩：《本师天然昰和尚行状》，见释函昰《天然昰禅师语录》，（香港）梦梅馆 2007 年版，第 209 页。

地从肇庆退往广西，朝廷岌岌可危。在此危急之际，岭南的三位义士陈子壮、陈邦彦、张家玉率民军联合行动，在广州周边发动了起义。三支部队原拟联合进攻广州，但由于多种原因而未能实施原定计划，导致军事失利，最后义军被清军血腥镇压，三位义士均壮烈殉国，史称"岭南三忠"。虽然"三忠"的起义失败了，但是其军事行动拖住了清军西进的步伐，为永历朝的喘息与稳定赢得了时间。"三忠"中的陈子壮，字集生，号秋涛，南海（今广州）人，万历四十七年（1619）探花，本在京师任礼部右侍郎，因得罪权奸而去职在籍。广州城陷，他毁家纾难，捐资募兵，在九江举旗誓师。永历帝任为东阁大学士，授以兵、礼二部尚书之职，并领上方剑，总督广东、福建、江西、湖广军务。义军失败后，他在高明受伤被俘。清朝的封疆大吏佟养甲逼其变节，他宁死不屈，最后被残酷地处以"锯刑"，悲壮而死。永历帝赠太师、上柱国中极殿大学士、吏兵二部尚书、番禺侯，谥"文忠"。陈邦彦，字令斌，号岩野，顺德龙山人，南明举人。为救永历朝，他联合顺德的绿林豪强一同举事，收复了县城，后转战广东各地，在清远兵败被俘，誓死不肯屈服，被佟养甲"寸磔于市"。永历帝追赠其为兵部尚书，谥"忠愍"。张家玉，字玄子，号芷园，东莞万江租人。崇祯十六年（1643）进士，翰林院庶吉士。李自成农民军陷北京时被执，后乘隙逃脱回乡。在弘光、隆武两朝的抗清战事中都曾立下功劳。广州城破后，他被民军尊为主帅，率骁勇誓师抗清，曾攻克莞城、新安、博罗、连平、长宁、归善、增城等地。后来在与李成栋作战中身中九箭，为了不作俘虏，投水殉国。永历帝追赠他为太子少保、东阁大学士、吏部尚书。不久，又加赠太保兼太子太保、武英殿大学士、增城侯，谥"文烈"。

对"三忠"力挽狂澜的壮举，函昰极为叹赏。《瞎堂诗集》卷一一有《广州三首》，即是为歌颂他们举兵起义、为国捐躯而作，诗中有"秩宗首义车先裂，文苑连营阵亦亡。万古江山皆易主，一朝簪绂自从王"①等句，对烈士的敬慕之情，溢于言表。

顺治五年（1648），清将李成栋出人意料地胁迫两广总督佟养甲反正，归俯明永历，两广同时宣布反清，南方的政治、军事形势一时变得有利于南明。此后不久，清朝封尚可喜为平南王、耿继茂为靖南王，派他们同定广东。二人率师南下，在江西打败了李成栋的部队，旋经粤北南下，进逼广州。经过八个月的围困之后，顺治七年（1650）十一月初二日广州破城。

---

① 释函昰：《瞎堂诗集》，中山大学出版社2006年版，第118页。

疯狂的清军屠城七日，肆无忌惮地捕杀城内军民，"男子之在城者，靡有孑遗。妇稚悉为俘虏，监管取赎"（成鹫《纪梦编年》）①，死者近70万。当时番禺的儒生王鸣雷，曾在一篇文字极为凄婉的祭文中记其事：

> 甲申更姓，七年讨殛。何辜生民，再遭六极。血溅天街，蝼蚁聚食。饥鸟啄肠，飞上城北。北风牛溲，堆积骷髅。或如宝塔，或发山丘。便门已朽，项门未枯。欲夺其妻，先杀其夫。男多于女，野火模糊。赢老就戮，少者发奴。老多于少，野火辘轳。五行共尽，无智无愚。无贵无贱，同为一区。岂无同姓，鬼食嫌疑。生妻在旁，冥汉无知。儿尚襁褓，母已生离。骨无人收，而在背饥。亦有弱妇，仓卒入房。暮昏晨别，未拜姑嫜。断饥委尘，粉骨埋香。生不相见，良友巾帼。如何墓门，不远咫尺。嗟呼悲哉！浩浩黄云，潇潇暮雨。谁敛魂魄，而聚比户。野狐邻穴，野葵塞路。峥嵘荒馗，白杨哀草。大小号呼，同归乡土。回首西天，勿生劫道。②

而荷兰使臣约翰·纽霍夫（John Nieuhoff）则在其《从联合省的东印度公司出使中国鞑靼大汗皇帝朝廷》一书中记道：

> 鞑靼全军入城之后，全城顿时是一片凄惨景象，每个士兵开始破坏，抢走一切可以到手的东西，妇女、儿童和老人哭声震天。从十一月二十六日到十二月十五日，各处街道所听到的，全是拷打、杀戮反叛蛮子的声音，全城到处是哀号、屠杀、劫掠。凡有足够财力者，都不惜代价以赎命，然后逃脱这些惨无人道的屠夫之手。③

顺治七年是庚寅年，故这场事件史称"庚寅之劫"。寅属虎，而广州别名羊城，因此浩劫也被称为"虎食羊"。清军屠城之后，广州城内尸体遍于街衢，有一位名叫真修的和尚不忍心死者暴尸街头，募人聚骸于东门外焚化，然后挖了一个大坎瘞埋之。这个万人坑，被称为"共冢"。

对清军的血腥暴行，函昰无比愤慨；而对民众遭受的苦难，他又深为同

---

① 释成鹫：《咸陟堂集》，广东旅游出版社2008年版，第二册，第303页。
② 九龙真逸（陈伯陶）：《胜朝粤东遗民录》卷一，（台北）明文书局1985年版。
③ 转引自司徒琳《南明史（1644—1662）》，上海古籍出版社1992年版，第131页。

情。他在"庚寅之劫"之后一两年所写的诗作,有不少都与这场劫难有关,作品充满了悲愤之情。例如《瞎堂诗集》卷一〇的《次韵答侯若孩太傅二首》之一:

野寺孤村泣断磷,半生魂梦若为真。可怜按剑看投夜,始信寒岩独有春。沐雨栉风多载恨,锄云耕月一身贫。劳生扰扰同今昔,更莫长歌恸鬼神。①

同卷的《秋日怀出山诸衲》:

疏林斜日照纷纷,断岸长亭入暮云。野寺无人扫败叶,寒江有客阻妖氛。月明桥北等闲过,雁叫霜天何处闻。离乱不堪期别后,青山谁与问孤坟。②

同卷的《遣怀》:

身前身后路漫漫,满目云山梦里看。零露不凋枫叶尽,哀鸿到处菊花残。田横壮士何年泪,炀帝歌姬旧日欢。惟有老僧与孤客,夜深常觉月明寒。③

同卷的《庚寅除夕》:

一帘灯火坐残更,百岁曾无此夕情。忍见新磷流大漠,不闻归客向孤城。痴心且逐今宵尽,活计从他后日生。收拾瓮头黄叶乱,悔教身世赚浮名。④

卷一五的《秋兴八首》之一:

---

① 释函昰:《瞎堂诗集》,中山大学出版社2006年版,第105页。
② 释函昰:《瞎堂诗集》,中山大学出版社2006年版,第106页。
③ 释函昰:《瞎堂诗集》,中山大学出版社2006年版,第107页。
④ 释函昰:《瞎堂诗集》,中山大学出版社2006年版,第107页。

谁向峰头数劫灰,河清海晏两徘徊。新亭泪尽江山在,故国歌残禾黍哀。落落燕泥秋社没,亭亭雁字朔风催。渊明不解长休意,烂醉东篱任菊开。①

卷一二的《子规》:

已知宫阙生芳草,犹抱愁心泣夕阳。无奈东风增惆怅,有时寒雨助凄凉。声随流水涓涓远,自染残红黯黯伤。莫向山斋悲旧苑,晓钟微月梦初长。②

这些伤时悯世之作,反映了作者心中对山河沦丧的深沉之痛。

清顺治十八年(1661),南明永历帝在缅甸被擒,在昆明被杀。函昰闻讯,作《辛丑闻雁》(《瞎堂诗集》卷八),借雁抒怀,表达了内心的失望与痛苦:

塞雁何时至,今秋不欲闻。天高江水渺,地阔岭云分。澹影寒塘静,疏林落叶纷。一声随泪下,缭乱不成云。③

汪宗衍说:"今读《瞎堂集》,于殉难诸臣,多有诗哀挽,其故可深思已。至其心怀故国,遗臣志士咸集其门,独能超然无所连染者,是其法力伟大,感人甚深,异于出世者流,徒耽寂灭也。"④

二、遗民心态,故国情怀

取代明朝而成为中土新主的清朝统治者凭借金戈铁马很快平定了北方,但是其军事经略在南方却遇到了奉明朝的正朔、不甘屈服于异族统治的民众的顽强抵抗。为了征服天下,清廷推行了"留发不留头"的野蛮政策,用极其残酷的手段来对付抵抗者,屠城事件接踵发生。但尽管如此,南方的抵

---

① 释函昰:《瞎堂诗集》,中山大学出版社2006年版,第171页。
② 释函昰:《瞎堂诗集》,中山大学出版社2006年版,第133页。
③ 释函昰:《瞎堂诗集》,中山大学出版社2006年版,第77页。
④ 汪宗衍:《天然和尚年谱·序》,(香港)梦梅馆2007年版,第1页。

抗斗争长期没有平息。南明弘光、鲁监国、隆武政权相继败亡后，遗民们纷纷越岭南来，或在绍武政权、永历政权的旗号下武装抵抗清兵，或隐迹山林皈依佛门，消极躲避新朝。谢正光《明遗民传记索引》所录逃禅遗民有160余人，被陈垣《明季滇黔佛教考》当作个案研究的明遗民有26人。广东地域为岭海所隔，人未为中原、江南习气熏染，故逃禅之风更盛，李舜臣先生的博士论文《清代岭南诗僧群研究》曾搜罗了160名广东的逃禅诗僧，而他们只是见诸部分文献者，远不是全部。

明清之交士民逃禅风行，是有某种思想基础的。初明中叶以来，以佛解儒、以儒会佛的阳明心学的兴起，使儒、释二教出现了相互影响、相互渗透的趋势。释氏之说被引入儒家，这在改造了儒学的同时，反过来也刺激、影响了佛学自身。一些文人既是心学学者，又是佛教居士；而一些僧人身虽离俗，却雅好文人风致。陆世楷（即今亘）在《天然昰禅师语录序》中写道：

> 昔者宣圣振铎于东方，释尊授衣于西土，一则意尽象中，一则心传教外，其皇皇焉牖世觉民之心，固异致而同归也。①

这种议论，反映了当时儒、释由对垒到融合的事实。清人钟伯敬《善权和尚诗序》载：

> 金陵吴越间，衲子多称诗者，今遂以为风。大要谓僧不诗，则其为僧不清。士大夫不与诗僧游，则其为士大夫不雅。士大夫利与僧游，以成其为雅，而僧之为诗者，得操其权，以要取士大夫。才一操觚，但时时有"诗僧"二字在其鼻端眉宇间拂拂撩人，而僧之鼻端眉宇，反索然无一有矣。②

近人陈垣在搜考明季滇黔地区的佛教事迹后认为："万历而后，禅风寖盛，士夫无不谈禅，僧亦无不与士夫结纳。"③ 这种儒家接纳佛子、僧侣交结书生的风气，在明清易代之际更盛。一些平素以孔说为立身之本、视儒佛为水火的人，随着社会政治形势的变化，也改变了过去一贯的人生态度，开始接

---

① 释函昰：《天然昰禅师语录》，（香港）梦梅馆2007年版，第8页。
② 钟惺：《钟惺集》，海南国际新闻出版中心1996年版，第50页。
③ 陈垣：《明季滇黔佛教考》，中华书局1989年版，第129页。

受佛学。于是儒、佛遂由"水火不容"一变而为"水乳交融"。这种文化风尚，对当时士人的思想行为不免会产生影响。

对士民遁入空门，清朝竟然采取了容忍乃至鼓励的政策，即使是曾经的反清人士，进入了佛门，亦既往不咎。清廷之所以这样做，有多方面原因：首先是朝廷的最高统治者——顺治帝崇信佛教。这位皈依了佛门的皇帝，在其赐号"大觉禅师"的玉林通琇和赐号"弘觉禅师"的木陈道忞等人的影响下，甚至想弃位"出家"。皇帝崇信佛教，对士民皈依禅门自然会产生某种鼓励作用。其次是大局未稳，准允士人出家，有利于化解明遗民们的政治对立情绪，削弱反清复明势力——毕竟禅门是主张"放下屠刀，立地成佛"的。最后是统治者与被统治者对逃禅意义，有着完全相反的理解。廖肇亨先生指出，在掌握着统治权力的清朝看来，逃禅意味着"臣服"——因为逃禅者毕竟剃了头发；而在不甘于屈服清朝统治的士人看来，"沙门不礼王者"，逃禅意味着与统治者的不合作。① 这种认识差异，就使双方在此问题上达成了奇怪的"默契"。

函昰是"国难以前之浮屠"，他在江山易手前就已出家，并不是因失路而遁入佛门的"逃禅"者，但是人们却普遍把他目为"遗民"，原因就在他的政治态度、思想倾向与文化使命感。对清朝统治者的军事征服，函昰是持极为反感与排斥的态度的，因为在他眼里，这种征服是"蛮夷"对"诸夏"的征服，是落后对先进的征服，是野蛮对文明的征服。在当时的社会背景下，函昰并没有"跳出三界外，不在五行中"，置身于现实政治之外，躲在荒山古刹修"枯木禅"，而是以自觉的文化使命感去对民族、国家的前途投以深切的关怀，希冀从"文化保存"的角度，来收拾"残山剩水之局"。他身穿袈裟，却心在尘世；人在新朝，却情系故明，其思想感情与行为，具有明显的"释道互补""亦僧亦儒"的遗民僧特征。因此，清人张维屏《天然和尚像赞》说他"是明遗老，是名孝廉。是二是一，亦儒亦禅"②。函昰的遗民政治态度和思想倾向，与他的出身、经历有密切关系。函昰是明朝举人，曾于崇祯七年（1634）和十二年（1639）两次赴京参加会试。长期的儒生生活，使他深受儒家文化的浸染，古代的正统观、气节观、忠义观、爱国观等，在他心中留下了深刻的烙印。他的师父道独，亦是深具忠君爱国思

---

① 廖肇亨：《明末清初遗民逃禅之风研究》，台湾大学中国文学研究所硕士论文，1994年，第74–75页。
② 张维屏：《天然和尚像赞》，见释函昰《瞎堂诗集》，中山大学出版社2006年版。

想的人，尝说："我虽方外，忠君爱国之心与忠义士大夫等。"① 道独的思想深刻地影响了函昰。

顾炎武《日知录》卷一三"正始"条言："有亡国，有亡天下。亡国与亡天下奚辨？曰：易姓改号，谓之亡国；仁义充塞，而至于率兽食人，人将相食，谓之亡天下。"两者的区别在哪里？黄宗羲《留书》说，"明亡于闯贼，乃亡国也；亡于满清，则亡天下"，"亡天下者，衣冠易改，披发左衽矣"。② 这里的"亡国"，是指国家内部一家一姓的王朝消亡，相当于现代意义上的内部政权更替；而"亡天下"，则是亡民生、亡文化，在时人眼里，相当于现代意义上的外来民族入侵。"天下兴亡，匹夫有责"，一个士人，如果对"亡国"都不能无动于衷，对"亡天下"又怎能置身事外？何冠彪先生说：

> 明遗民除了面对个人"出处"的问题，还要解决一个较高层次的问题——怎样在文化低落的异族统治下保存汉文化和拯救黎民百姓。对明遗民来说，满清入主中国，象征着华夏文化灭亡的危机，……因此，在明亡（即"亡国"）以后，遗民的责任就在保存"天下"，即是使汉族文化不因"亡国"而沦亡（即"亡天下"）。③

对拯救文化灭亡的危局负有自觉的使命感，这一点也是函昰被目为遗民的核心所在。函昰的遗民情结，在《瞎堂诗集》卷一三所收《忆与陈全人下第南归舟次金陵宿报恩塔院》一诗有明显表现：

> 六朝王气盛当时，水满秦淮绕帝畿。帆落旧都江色暮，月摇金塔梵钟微。壮心淡泊听莲漏，客路萧条恋禁园。回首山阳成往事，不禁禾黍叹依依。④

因为上述，道行高深、门风清峻的袈裟遗民函昰便成为许多孤怀遗恨之士所争相参礼的对象，而当时的番禺雷峰山海云寺及其他华首台—海云派寺

---

① 梁鼎芬修、丁仁长等纂：《（宣统）番禺县续志》卷二七《人物志十》，民国二十年重印本。
② 黄宗羲：《黄宗羲全集》，浙江古籍出版社1993年版，第11册，第12页。
③ 何冠彪：《论明遗民之出处》，《明末清初学术思想研究》，（台北）学生书局1991年版，第67页。
④ 释函昰：《瞎堂诗集》，中山大学出版社2006年版，第140—141页。

院也成了志节之士的安身立命之地和潜通声气之所。汪永觉先生论曰：

  吾粤士夫夙尚气节，明社既屋，义师飚起，喋血断胆而弗顾者，踵相接。而天然老人炽烛几先，盛年披缁，开法于番禺雷峰之麓海云寺。沧桑后，文人才士以及忇离故宦多皈依受具，其迹与起义诸人殊，而矢节靡它，其心则一也。①

汪宗衍则指出：

  稍长，读天然诸弟子诗文，知多有托而逃，欲有所为者，其皈心空王非所志也。故金陵、福州、肇庆之拥立，广州之归附，屡仆屡起，凡十余年，天然以世外之身，未能参预其间，而平昔所投分者，大都节义之士，声气隐隐相通。②

汪宗衍又说：

  和尚以文人慧业，深入真际，有叩则鸣，道声由是远播。顾和尚虽处方外，仍以忠孝廉节垂示及门。故未几国变，文人学士，缙绅遗老多皈依受具，每于生死去就，多受其法益，甚深缔信。③

  饶宗颐指出："明季遗民遁入空门，一时才俊胜流，翕然趋向。其活动自江南迤及岭南，徒众之盛，实以金陵天界寺觉浪上人一系，与番禺海云天然和尚一系最为重镇。"④ 清初对函昰"执弟子礼问道不下数千人，得度弟子多不胜记"⑤。投到他座下的人，有的是明朝的臣子，如陈伯陶《胜朝粤东遗民录》所载的尚书刘远生、高丘伯、侯柱，都宪袁彭年、宪副何运亮，

---

  ① 汪永觉：《重刻海云禅藻序》，见徐作霖、黄蠡等辑《海云禅藻集》，广东旅游出版社2017年，凡例第2页。
  ② 汪宗衍：《天然和尚年谱·引言》，（澳门）于今书屋，出版时间不详，第1页。
  ③ 汪宗衍：《天然和尚年谱》，（澳门）于今书屋，第22—23页。
  ④ 饶宗颐：《序》，见姜伯勤《石濂大汕与澳门禅史——清初岭南禅学史研究初编》，学林出版社1999年版。
  ⑤ 释今辩：《本师天然昰和尚行状》，见释函昰《天然昰禅师语录》，（香港）梦梅馆2007年版，第210页。

给谏金堡,中丞刘湘客等;有的是民间的志节之士,如屈大均、王邦畿、潘楳元等。

聚集在函昰身边的遗民对社会的政治局面往往深切关注,他们出家后行藏并不尽相同,恪守规矩、潜心奉佛者有之,不求闻达、终老丘壑者有之,明着袈裟、暗执干戈者有之,但是基本政治态度是一致的,那就是决不与清朝合作。在与函昰关系密切的袈裟遗民中,最值得一提的是其法弟函可(字祖心)及第四法嗣今释(字澹归),三人并称清初岭南三大遗民僧。

博罗人函可,俗名韩宗騋,是明朝礼部尚书韩日缵的大公子。他是因悟到人生之"无常"而于明末离俗的。崇祯十一年(1638),他与长自己一岁的曾起莘同参道独于东莞双柏林,次年随道独入江西匡庐,再从匡庐还岭南,至粤北曹溪落发为僧。他学养深厚,才气纵横,与函昰一起被当时的文坛祭酒钱谦益(号牧斋)比作道独座下的"两驹"①。"甲申之变"后,函可以"请经"为名,从岭南来到南明弘光朝的首都南京,企图在这个抗清的政治中心发挥作用,不料弘光朝建立未到一年便倾覆了。他在南京写下了记载此朝的整个覆灭过程的《再变记》,此书因其强烈的反清立场而被人拿来与宋遗民郑思肖(字所南)的痛诋元朝统治者的《心史》相提并论②。弘光朝灭亡后,函可参加了复明地下运动,秘密联络反清力量。顺治四年(1647),他在启程回岭南时因"私携逆书"而被南京的满洲守将巴山逮捕。案件惊动了清廷,但函可终因清招抚江南大学士洪承畴的庇护而没有丢脑袋(洪承畴是韩日缵的门生),只是被流放到辽阳。后来函可在东北"大阐法教,凡六坐大刹,会下各五七百众,乃至开法元旦,喇嘛率诸辽海王臣道俗,称'佛出世'"③,被"大关以东奉为鼻祖,且其声名洋溢于朝鲜、日本中"④。函昰与函可这对同门,政治态度完全一致,道德修养同样高深,学问才情亦难分伯仲。他们虽分处南北,但彼此之间感情相当深厚。函昰《瞎堂诗集》卷一〇有《怀祖心弟》诗有"常对夕阳愁去雁,每因风雨梦连枝"⑤句;同卷《怀剩人弟沈阳》谓:"天涯别绪古今同,又见归鸿人远

---

① 钱谦益:《华首空隐和尚塔铭》,《牧斋有学集》,上海古籍出版社 1996 年版,第 1274 页。
② 邢昉:《读祖心禅师〈再变记〉漫述五十韵》,见徐世昌编选《晚晴簃诗汇》,中华书局 1990 年版。
③ 梁鼎芬修,丁仁长纂:《(宣统)番禺县续志》卷二七《人物志十》,民国二十年重印本。
④ 汪宗衍:《千山剩人函可和尚传》,见《千山剩人和尚年谱》,(台北)商务印书馆 1986 年版。
⑤ 释函昰:《瞎堂诗集》,中山大学出版社 2006 年版,第 101 页。

空。七载滴残寒夜雨，九旬欲冷杜鹃风。沙场牧散钟声外，领海人疑夕照中。南北更怜杨柳处，黄云青霭一无穷。"① 而函可《千山诗集》卷一〇亦有《忆丽中法兄》诗："阔别何年思杳茫，一声孤雁泪淋浪。想当乱极悲亲在，共爱恩深见国亡。书信竟无通远塞，烽烟曾否到禅房。旧时相识多新鬼，只恐身存已断肠。"② 由于思念法弟的深切，顺治十三年（1656），函昰遣其第一法嗣今无（字阿字）专程出关看望函可。函可见法侄至，喜不自胜，其诗《阿字行后作七首》（《千山诗集》卷四）说："见书兼见汝，见汝如见师。我来八九年，是日一展眉。"③ 今无遵师命出关看望"罪僧"法叔，跋涉七千里，往返为时三年，事迹殊为感人。

今释俗名今堡，字道隐，浙江仁和人，明万历四十二年（1614）生。本为崇祯进士，甲申鼎革后先后入仕南明隆武朝，奔走于浙、闽，联络义军，经略三吴。隆武帝败后，辗转至岭南，被永历帝任为兵科给事中。顺治七年（1650）他因上疏议论朝政而遭奸臣陷害，被逮捕下狱，经施酷刑后流放贵州。在赴戍所的途中遇清兵南下，因押卒逃跑而得脱。他先是流寓桂林，在茅坪草庵落发为僧。清顺治九年（1652）来到广东，拜长其六岁的函昰为师。今释与故明因缘甚深，人称其"国亡遁迹，仍复寄其蕨薇之思，岂惟佛门龙象，亦凛于民族大义"④。他在《徧行堂续集》卷九《题所上平南王启后》中说："若以明室遗民置隆、永于若存若亡，而不知吴三桂身为统领，灭云南、弑永历父子之为不义，乌乎可？乌乎可！"⑤ 这分明是站在明朝的立场说话的。其著作《徧行堂集》中的《祭明故死节督师瞿公》《米忠烈公传》等文，都透露着明显的故国之思。钱谦益《牧斋有学集》卷四中的唱和诗《寄怀岭外四君诗·金道隐使君》有句："法筵腊食仍周粟，坏色条衣亦汉官。"⑥ 冼玉清解释说，观"周粟""汉官"一联，可知"今释虽遁迹空门而怀反清复明之志"⑦。今释以病卒，临终前曾遗下偈语，偈云："入俗入僧，几番下火，如今两脚捎空，依旧一场懵愣。莫把是非来辨我，

---

① 释函昰：《瞎堂诗集》，中山大学出版社2006年版，第109页。
② 释函可：《函可和尚集》，广东旅游出版社2015年版，第238页。
③ 释函可：《函可和尚集》，广东旅游出版社2015年版，第171页。
④ 冼玉清：《广东释道著述考》，《冼玉清文集》，中山大学出版社1995年版，第623页。
⑤ 释今释：《徧行堂集》，广东旅游出版社2008年版，第四册，第203页。
⑥ 钱谦益：《牧斋有学集》，上海古籍出版社1996年版，165页。
⑦ 冼玉清《广东释道著述考》，《冼玉清文集》，中山大学出版社1995年版，第624页。

刀刀只砍无花果。"(《咸陟堂文集》卷六《舵石翁传》)① 今释是函昰除今无之外最为看重的法徒,对他先己而卒,函昰极为难过,曾作《哭澹归》《哭澹归释子二首》《澹归灵骨入塔》等诗悼之。在载于《瞎堂诗集》卷四的《哭澹归》诗中,函昰写下了"掩户坐晨夕,泪血沾巾裳"② 之句,可见其心中悲痛之深。今释死后仍未被清廷放过。乾隆四十年(1775),今释的《徧行堂集》以"语多悖谬"而被皇帝下旨禁毁,埋葬其骨殖的石塔亦遭刨挖锥碎。

除了上述两位僧人之外,函昰座下最值得一提的遗民便是岭南著名的反清人士屈大均。屈大均曾于顺治六年(1649)春赴肇庆行在谒见永历帝,并呈上《中兴六大典书》。翌年,清兵第二次攻陷广州,大规模屠杀抗清人士。为逃避迫害,他落发为僧,担任函昰的侍者,法名今种(字一灵)。屈大均出家后将自己的居所起名为"死庵",并作《死庵铭》以寄其志,表示至死不臣服清廷。后来他脱离了海云派,到南京天界寺礼道盛禅师(字觉浪)。屈氏前后出家12年,与那些看破红尘、想在青灯古佛中寻求精神解脱的文人不同,他穿上袈裟后,依旧是一位不屈不挠的斗士。出家期间,他从未真的独守空门,而是以僧人身份为掩护,到处联络仁人志士反清复明。屈大均曾逾岭北游,至南京谒明孝陵,入京师哭吊崇祯缢死处,出辽东吊袁崇焕故垒,途中凡见遗墟废垒,无不涕泣悲歌而化为诗赋。顺治十七年(1660),他在会稽与浙江抗清义士魏耕等人共商匡复大计,冒险致信在厦门的郑成功,邀他引兵北上,郑成功果然大举北伐,克复数十州县,且一度包围南京。事后,清廷侦知魏耕、屈大均曾参与其事,于是追捕他们,魏耕被杀,屈大均则逃脱。两年后,永历帝被杀于云南昆明城内,永历王朝覆灭。屈大均回到广东番禺,还俗归儒。康熙十二年(1673),平西王吴三桂在昆明起事反清,率师抵湖南,屈大均以为报国机会来了,遂往湖南从军,被任为监军。观屈大均一生,可谓无一事一处不与清朝为敌的。乾隆四十年(1775)其文字案发,两江总督高晋在奏折中这样描写屈大均:"屈大均乃罪大恶极之人,其生前忽而为儒,忽而为僧,忽而为道,忽而还俗,形踪诡秘,居心叵测。"③ 对屈大均在明清之际的独特行为方式,蔡鸿生先生则有此评论:"这位在17世纪南天巨变中涌现出来的一代名士,由儒逃禅,由

---

① 释成鹫:《咸陟堂集》,广东旅游出版社2008年版,第二册,第79页。
② 释函昰:《瞎堂诗集》,中山大学出版社2006年版,第101页。
③ 《清文字狱档》,上海书店出版社1986年版,第210页。

禅归儒，崇儒辟佛，给自己的遗民生涯刻下了一道惊世骇俗的曲线，既光彩夺目，又令人困惑。"①

值得一提的是，清初海云派的一些寺庙，是抗清的秘密据点。岑定宇先生《记民族主义的容奇雨花寺及聚义抗清的北田五子》一文②提到，清朝顺治年间颁布"界海令"后，广东近海五十里的地方均成了无人区，许多民户因此家破人亡。清朝的暴政激发了复明志士的斗志。当时位于榜界的顺德容奇雨花寺，曾有"古止和尚"与当时的名士"北田五子"③一起，在"复明"的旗帜下秘密从事反清活动。冼玉清曾于民国三十七年（1948）两次到容奇考察雨花寺僧人活动，她考出所谓"古止和尚"，其实是海云派僧人古正和止言的合称。古正（字轮洁），俗姓茅，浙江湖州人。于顺治中南下，在海云寺归于函昰门下，秘密参加反清复明运动。后因形势险恶，根据函昰的授意，迁瓶钵于顺德容奇，在雨花寺担任住持，最后坐化于广州海幢寺。止言即今堕，俗名启明（字始生），番禺人。重国事，尚志节。清兵入关后尽散家财结纳天下志士，资助复明运动。后在海云寺出家，以僧人身份为掩护，继续进行反清斗争。

（原以《作为明遗民精神领袖的函昰禅师》为题，载于钟东主编的《悲智传响——海云寺与别传寺历史文化研讨会论文集》，中国海关出版社2007年4月版。有增删）

---

① 蔡鸿生：《清初佛门事略》，广东高等教育出版社1997年版，第73页。
② 文见广东省佛山市顺德区容桂文化站的"容桂文化网"，http://rglib.oxg.cn/72/2005-07/20050707164018.html。
③ 清初陈恭尹与何衡、何绛、陶窳、梁无技相砥砺，世称"北田五子"，见《清史稿》卷二七一《文苑一》。

法门砥柱,壁立千仞
——天然函昰评传二

作为曹洞宗第 34 代传人、华首台—海云派的核心人物,天然函昰门风高俊、道声远播。他抓住易代之际的社会局面给佛教带来的特殊发展机遇,在广东、江西及福建等地大力弘法,努力壮大本宗本派的势力,不断建设道场、整饬丛林、培养俊彦、研讨佛理、传播教种,在清初的特殊社会背景下,使洞上正宗开枝散叶,出现了中兴之局。他圆寂后,其门人乐说今辩曾撰《本师天然昰和尚行状》,对其师高蹈不凡的一生做了系统回顾,文中有言:

> 师平生古道自持,壁立千仞,提倡纲宗,眼空今古,婆心为物,至老不衰。于门庭设施悉任外缘,意合则住,不合则行,未尝一字一语仰干豪贵。吾粤向来罕信宗乘,自师提持向上,缙绅缝掖执弟子礼问道不下数千人,得度弟子多不胜纪。尤喜与诸英迈畅谈,穷其隐曲,以发其正智。于生死去就,多有受其法施之益。即一阐提与自负奇才而不可一世者,见之无不心折。……师暮年为法求人心焉益切,每谈及先宗,泪即沾襟。期诸后起如地藏之遇清凉,圆悟之得妙喜,庶几无憾。故法道隆替,虽系乎时,逆撑洞流,志无少屈。足见护念佛祖慧命,亘万古而不磨也。①

函昰的朋友汤来贺的《天然昰和尚塔志铭》,则这样评价函昰的弘法特点与社会影响:

> 师以文人慧业深入真际,直见本源,断诸委曲,全提正令,大阐纲

---

① 释今辩:《本师天然昰和尚行状》,见释函昰《天然昰禅师语录》,(香港)梦梅馆 2007 年版,第 210 页。

宗，行无等慈，目空千古，缁素礼足凡数千人，率皆有叩则鸣，无扣不注。"①

并有铭文赞颂之：

三教同源等无异，惟兹杓人乃二视。儒门澹泊世交丧，誓向空王竖赤帜。诸见既灭觉照空，得无所得住圆位。一毛头上现全身，大千抛掷同游戏。从上窠窟尽掀翻，瓦砾生光无剩义。目空今古道风孤，世出世间扶正气。八坐道场四十秋，龙象蹴踏谁能企？南天佛国赖重兴，洞上纲宗终不坠。我无生灭随因缘，道树忽枯涅槃至。恒沙劫坏塔巍峨，如是如是亦如是。②

二人所论至当。综而论之，函昰在弘法方面的贡献，主要体现在以下方面：

一、开山海云，影响广远

早在顺治初年，函昰就曾利用其住持诃林的机会，向各方信士募捐重修光孝寺。由于他在广府德望崇高，故一呼百应，慷慨解囊者甚众。由他发起的这项光孝寺重修工程前后进行了六年，费金逾万，最终寺内的受损建筑如风幡堂、睡佛阁、方丈室与笔授轩等等，或原样修复，或易址重建，寺院的面貌焕然一新。对这次寺院的重修情况，现存的乾隆抄本《光孝寺志》有具体记载。

较诸重修光孝寺，函昰在道场建设方面更重要贡献，是创立了岭外曹洞宗的第一名刹——番禺雷峰山海云寺。

顺治五年（1648）春，函昰受番禺雷峰山隆兴寺主旋庵之请，来寺为其登具，其后掩关于该寺中。隆兴寺是一个小寺庙，位于今广州市番禺区南村镇员岗村与陈边村之间的一座名叫"雷峰"的小山岭上，为南汉时从海

---

① 汤来贺：《天然昰和尚塔志铭》，见释函昰《天然昰禅师语录》，（香港）梦梅馆2007年版，第211-212页。

② 汤来贺：《天然昰和尚塔志铭》，见释函昰《天然昰禅师语录》，（香港）梦梅馆2007年版，第212页。

路来华经商的"贾胡"马罗连所开辟。据今释《雷峰山海云寺碑》载,当时"有海舶抵其下,涉夜,风浪大作,舟欲覆,舶主搏颡呼观世音菩萨名号,俄见神光起于山顶,祝曰:'若幸而获济,愿建祠以答神贶。'未几风定,乃捐资筑院,置香火田,以规久大"①。宋代苏轼流徙岭南时曾到此游览,这位大文豪把通寺之路命名为"金瓯古道",因此隆兴寺又有"金瓯寺"之称。雷峰林木蓊郁,地方僻静清幽,很宜禅修;另一方面,此地离省城也不远,颇便于联络四方人等。因此函昰一到此地,便对它发生了浓厚兴趣。而已成为函昰法徒的旋庵(法名今湛)亦有意于将这块地方交给师父经营。于是,函昰便在自己的法子法孙们的襄助下,对它进行了大规模的改建。经过艰巨努力,终于"辟小院而成名刹"②,实现了对此寺庙脱胎换骨的改造。乾隆时人檀萃的《楚庭稗珠录》卷四《粤琲上》有如下记载:

> 雷峰山在番禺之东南茭塘,近虎门。昔本海中,今则桑田四绕。上有隆兴寺,贾胡马罗连所创,天然主席于此。③

在隆兴寺原址兴建的新刹被定名为"海云寺"。《瞎堂诗集》卷一七有诗《中秋无月二首》,中有"去年此夕海云开"之句,而诗题注"甲午",故可知海云寺正式开辟是在顺治十年(1653)的中秋节。海云寺虽然是在隆兴寺的基础上营建的,但是其建筑式样与隆兴寺已完全不同,而建筑规模亦远非隆兴寺所可比拟,在性质上已是一座新寺院。海云寺的营造,是一项旷日持久的工程。据今释《徧行堂集》卷一一《雷峰山海云寺碑》记载,此寺从顺治六年(1649)开始动工,到康熙十三年(1674)才大致竣工,花费时间在25年以上。工程规模之大,营造工作之难,耗费资金之巨,不难想见。由于史料不足,今天我们对海云寺兴建过程中的许多细节已不很清楚,不过依靠今释《雷峰山海云寺碑》的记载,仍可了解它的一些建设进程:

> ……壬辰(1652),铸造鎏金释迦如来一躯,玮丽殊绝。戊戌

---

① 释今释:《徧行堂集》,广东旅游出版社2008年版,第一册,第283页。
② 释今辩:《本师天然昰和尚行状》,见释函昰《天然昰禅师语录》,(香港)梦梅馆2007年版,第209页。
③ 檀萃:《楚庭稗珠录》,广东人民出版社1982年版,第129页。

（1658），大雄宝殿落成，复铸慈氏如来。甲辰（1664），前殿成。鼓钟考于己亥（1659），藏经归自辛丑（1661），伽蓝重阁建在己酉（1669）。其锻炼衲子，发明大事者，今海幢阿字无、栖贤石鉴觊，其尤表表者也。①

在大雄宝殿建成前后，许多相关建筑，如方丈室、左右廊庑及若干偏殿、寮舍等等，亦先后落成。函昰曾为它们一一题写匾额，如"拂月堂""按月堂""如护堂""智食堂"等等。我们要特别注意的是，他把自己所居的丈室命名为"瞎堂"，他的个人诗集就是以此来命名的，他最后圆寂也在这个地方。海云寺地近海，僧众食水苦咸，为了解决这个问题，函昰率众在寺旁凿石得泉，泉水味甘而多。函昰把这口泉命名为"冬泉"，并有诗志此事。

作为海云寺的住持，函昰在资金筹措、寺院设计与工程督建方面，是花费了许多精力的。广东省博物馆现藏有一个他亲笔书写的行书手卷，是关于海云寺建造的珍贵原始资料，全文如下：

见禅到山云，雷峰大殿阶道太短，山僧以为不作仪门，总在湖外一大山门亦罢。今想放生湖目前未暇及成，而大殿各堂寮虽渐次见功，毕竟殿前近路，不可无关闭；因想旧刹竿两墩尚有丈余，盍移仪门至此。使阶道自殿台起，至仪门后檐止，有四丈余或五丈，亦自不促。即不济，必须得三丈五六。若只三丈，便觉促矣。大殿六丈余阔，则殿台离地须三尺高，至少亦须二尺五，方见尊重。今除去月台，使殿台至仪门后檐止，阶道一平，不可层级。两廊地与仪门后二滴地，高低一样，亦须离阶道地二尺，至少亦一尺五，不可浅。阶道砌石，只须正间阔，留两傍种松柏。殿两傍及殿后地，高低亦当如殿前阶道地相准，亦种松柏，取幽深不觉浅露也。钟鼓楼，沿两廊出，至仪门东北角为钟楼，东南角为鼓楼，俱高过仪门，大约矮大殿二三尺。钟鼓楼距仪门，尚有一间地，可作旦过寮或门头寮，稍矮仪门一二尺方好看。又仪门不可过浅，后二滴深准两廊，前二滴亦如之。前后小舍相距至少亦要二丈，共五间。中三间空净，不安像，只在后小金柱间作闪身，如正间阔，随时开闭，使大殿可一望见湖。弥勒尊像留供湖外山门也。左右二间造四天

---

① 释今释：《徧行堂集》，广东旅游出版社 2008 年版，第一册，第 283 页。

王像，若韦驮尊像及伽蓝尊像，偕大殿两廊相对，此大殿与仪门式大概如此。总因放生湖未能即凑手，故复出此。若目前大势可得连上，则不必立仪门，仍照春时谕帖。或谓风水宜立仪门富气，亦随大众酌量耳。天然亲笔，七月十八日。①

这份文件，是函昰就海云寺的布局问题写给门人的一封信，从内容上来分析，应写于顺治十四年（1657），当时他正驻锡于庐山栖贤寺。这是函昰传世字数最多的墨迹，不仅是一件书法精品，也是一篇珍贵的海云寺营建史料。从信中可以看到，函昰对海云寺的营建，考虑十分细致。可以这么说，寺院的营建工作能顺利展开并最终完成，与函昰发的愿力是分不开的。其法嗣今释曾在《徧行堂集》卷一一一《雷峰山海云寺碑》中评论道：

粤自双林示灭，像教东流，担荷之责，主法是寄。天下佛土，不乏庄严，有其人则开正眼，无其人则陷魔军。雷峰僻在一隅，历二十五年营建未讫，但孳孳于炉鞴，不汲汲于因缘，而为博山一枝深密覆荫，此所谓显晦因人者也。②

作为极富人格魅力的得道高僧，函昰营造海云寺获得了许多檀越的人力物力支持。这些助建海云寺的护法，有富户、财主、缙绅、士子、军人、官吏，其中有一位身份非常特殊，他就是势倾南天的乱世枭雄——平南王尚可喜。樊封记道："（海云）寺在雷峰，林峦秀美。明末僧今湛主持期间。鼎革后，天然和尚主讲焉。平南镇粤，仰其高风，为之广置寺田，更虔铸佛像，金光丈六，以志香火因缘。土木之盛，近时罕有，遂为海邦上刹。"③陈伯陶亦记道："平南王尚可喜慕其高风，以函昰开法雷峰之海云寺，因捐金铸铜佛，高丈余，置寺中。复广置寺产，俾成海邦上刹。"④尚可喜在"庚寅之劫"中杀人如麻，可谓双手沾满抗清士民的鲜血，而其本人长相亦

---

① 朱万章编：《天然禅墨》，华宝斋古籍书社2004年版，第4—15页。
② 释今释：《徧行堂集》，广东旅游出版社2008年版，第一册，第283页。
③ 樊封：《南海百咏续编》卷二《佛寺》，文物出版社2022年版。
④ 九龙真逸（陈伯陶）：《粤东胜朝遗民录》卷四，（台北）明文书局1985年版。

狰狞可怕，活脱脱一个刽子手的模样。① 可是他入粤后却大肆佞佛，常常以"大檀越"的面目出现，捐资修寺。他这么做，说白了不过是想借助佛力"消除"自己滥杀之罪，以求得来生的"安乐"罢了。函昰作为当时的名僧，很自然地成为尚可喜所欲交结的对象，然而函昰对尚可喜却没有什么好感。为了营建寺院，他虽然乐意接受尚可喜的捐助，却不想与他亲近。尚可喜对函昰毕恭毕敬，函昰对尚可喜则不亢不卑。乐说今辩记道："平南尚王折柬招，屡以病辞，不允，勉出，以宾主见，礼意殷隆，次日不辞而返。师之倨僵大率如此。"② 哪怕尚可喜出巨资为海云寺铸造了一尊大铜佛，函昰也没有让他大出风头，看款识便知："博山下二世雷峰隆兴寺本师天然昰和尚率大檀越喜铸。"③ 一个"率"字，即点出了主次尊卑。可见对借达官贵人之力弘法函昰并不反对，但他认为这样做需有一个前提，那就是不能有损自己的气节与尊严。函昰所以刻意与尚可喜拉开距离，是因为他早就看出此人品性不佳，他曾说："平王具佛性而无定力，萧墙之祸近在目前，遑计其他耶？"④ 后来的事实证明其料事如神。

经过长达二三十年的努力，海云寺的建筑终于全部落成，其时函昰已70岁左右。当一座宏大瑰丽、金碧辉煌的新寺院出现在雷峰的时候，人们的眼睛无不为之一亮。时人潘楳元（山名今竖）有诗《海云大殿新成，与彭端玉、麦惊百过宿》（载《海云禅藻集》卷四）称寺院雄伟：

巍然壮丽远临江，夕照天花满口幢。岭外洞宗推第一，区中佛法此无双。山回云寺三峰列，水到雷门万派降。才过溪桥心便息，不消高枕月横窗。⑤

函昰一生，曾活动过的寺院很多，举其要者，有江西九江庐山黄岩寺、归宗寺、栖贤寺，广东博罗罗浮山华首台寺，东莞芥庵、戢庵，广州光孝

---

① 《粤小记》载："番禺郭某，家有平南王像，面貌狰狞，两颧高耸，环目短髯，黄带蓝袍，纬帽不戴顶（时尚未设顶），鹰嘴靴，叉手而坐，犹觉其杀气勃勃也。"（黄佛颐：《广州城坊志》，广东人民出版社2012年版，第572页。）
② 释今辩：《本师天然昰和尚行状》，见释函昰《天然昰禅师语录》，（香港）梦梅馆2007年版。
③ 梁鼎芬修、丁仁长纂：《（宣统）番禺县续志》卷三六《金石志四》，民国二十年重印本。
④ 九龙真逸（陈伯陶）：《粤东胜朝遗民录》卷四《函昰》，（台北）明文书局1985年版。
⑤ 徐作霖、黄蠹等辑：《海云禅藻集》，广东旅游出版社2017年版，第204页。

寺、海幢寺，韶州丹霞山别传寺等等。但是这些寺院，有一些是历史上本有的，有一些则是其门人创建的，唯有海云寺是函昰自己一手营造的。为了兴建这所寺院，他倾注了半生的心血，因此他对这所寺院怀有特殊的感情。虽然出于弘法的需要，他不得不经常走动于粤赣闽各地，甚至长时期驻锡他山，但是他居住时间最长、活动最多的地方还是海云寺。可以这么说，海云寺既是函昰在岭南弘法的最主要道场，也是清初曹洞宗在岭外活动的最重要基地。利用这所寺院，函昰在岭南弘扬佛法，广纳门徒，在很大程度上扩大了宗门的影响，因此这所寺院在清代岭南佛教史与文化史上具有不同寻常的地位。后来的学者把以函昰为核心的法众群体称为"海云禅派"，道理就在此。经过函昰长期、不懈的经营，番禺雷峰山海云寺成为清代岭南曹洞宗的第一名刹，位入"粤中四大丛林"之列。①

二、飞锡丹霞，开法别传

别传寺是广东北部地区的名刹，位于仁化县丹霞山中，为函昰的第四法嗣澹归今释所创建。作为清初岭南的曹洞名刹，该寺与海云寺的关系极为密切，清初就有临济宗僧成鹫作《云霞唱和诗小序》（《咸陟堂文集》卷一），以"手足兄弟"来指称它们：

> 拳也，指也，掌也，均手也。握之有同体焉，竖之有同用焉，鸣之有同声焉。间有不同焉者，两其手则然耳。手既两矣，适于右者，尝窒于左，虽有方便权巧，不能强之使同。君之以心官，斯同矣。海云、丹霞，兄弟也，出处语默，各行一路，两其手也。逢人即出，出不为人，拳也。逢人不出，出即为人，指之竖也。其啄啐同时，宫商妙叶，则掌之鸣也。先是云霞异地，相去千里，孤掌不能独鸣。至是伯埙、仲篪，唱和于一堂之上，合两掌而鸣之，皆有天君存焉。欲不拍拍同声，何可得耶！②

这所寺院的开山者是函昰的第四法嗣澹归今释，开法者则是天然函昰本人。

---

① 海云寺的主体建筑于1940年被附近陈边村的一个恶霸拆毁，残余建筑则毁于1958年"大跃进"期间。
② 释成鹫：《咸陟堂集》，广东旅游出版社2008年版，第二册，第7页。

今释是一位极富传奇色彩的人物，他俗名金堡，字道隐，号卫公，又号蔗余，浙江仁和（今杭州）人，生于明万历四十二年（1614）。他本是明崇祯十三年（1640）的进士，曾任明朝山东临清直隶州知州，颇有政声；但因得罪上司，不得不引疾去职，返居邑中。甲申鼎革后，他在杭州举兵抗清，兵败后逃脱，往福建入仕南明隆武朝，以兵科给事中的身份奔走于浙、闽一带，联络义军，经略三吴。隆武帝败后，他又辗转到岭南，于清顺治五年（1648）到肇庆行在谒见明永历帝，因其老师广西巡抚瞿式耜的推荐，再任兵科给事中。初司谏职，即上条疏抨击时政。顺治七年（1650），他因上《时政八失疏》议论朝政而被人陷害，以"误国"罪被捕下狱，受尽酷刑，之后被流放至贵州清浪卫（今岑巩县境内）。在赴戍所途中，适遇清兵南下，押卒逃跑，乃得脱。他流寓桂林，在强烈的人生挫折感的支配下，在茅坪庵落发为僧，法名性因。两年后他从广西来到广东，礼函昰于番禺雷峰，受具足戒，改法名为今释，字澹归，后自号舵石翁。

丹霞山位于湘、赣、粤三省交界处，此山原是明朝遗臣李永茂（字孝源）、李充茂（字鉴湖）兄弟的私产。李永茂是进士，曾任明朝的南赣巡抚；李充茂则为礼部主事。明朝倾覆后，他们于顺治三年（1646）来到地方偏僻的仁化县，用一百两银子买下了这大片的群山，打算作为自己的避世隐居之地。他们看到这里的山峰"色如渥丹，灿若明霞"，与家乡河南南召（时属邓州）的丹霞山十分相似，便以"丹霞"来命名此山。① 李永茂在买下丹霞山两年后即病卒，李充茂则一直在丹霞居住。

今释投到函昰座下后，有一段时间是广州海幢寺的常住。顺治十八年（1661）的一天，他在寺中偶尔遇到在丹霞山长老寨海螺岩隐居多年的亦若居士。这位居士是与丹霞山主李充茂一同在山中隐居的遗民，名为姚继舜，他在与今释闲谈中提到了丹霞山形胜之美。今释听后脱口说："居士须将此山供养老和尚。"今释所说的"老和尚"，是指其师祖道独。居士表示此事可予考虑。临别之际，他对今释说："有甚偈颂，写纸与我珍藏。"今释说："我便有乞山之偈。"亦若应道："我就有酬偈之山。"② 姚继舜还山后，向李充茂"备言禅师丛林逼近城市，甚非栖静之所"，动员李充茂把丹霞山捐

---

① 《明嘉靖南阳府志校注》："广东韶州亦有丹霞山寺。南明隆武时，邓州李文定公永茂，丁父忧，自南赣巡抚避居此，以长老诸峰色如渥丹，灿若明霞，与南召丹霞类，因名丹霞。"有趣的是，河南丹霞的开山祖师是唐朝的天然禅师，与在广东丹霞开法的函昰的法号也完全相同！南北丹霞，前后天然，世事奇妙，不可思议。

② 释今释：《乞山偈》，见陈世英纂修《丹霞山志》，中华书局2003年版，卷首。

给佛门，以供今释建寺。李充茂听从了姚继舜的建议，写下《舍山牒》，并敦请今释尽快来山经营。①

第二年即康熙元年（1662）的三月二十四日，今释飞锡丹霞，开始谋划建寺事宜。他在曾其所作《丹霞营建图略记》中，详细记述了他对寺院布局的设计，以及寺院如何与山峰形势达到妙合的设想。他从一开始，就决心高起点营造这所寺院，把它建成可与南华寺、云门寺相比肩的粤北名刹。他在《丹霞营建图略记》中写道：

> 此山三重，重重陟入，一径独上，旁无歧路，卑者更显，高者更隐，奇而不危，旷而不露，若道场遂立，敢谓与曹溪、云门鼎三分足，为岭表梵刹冠冕。②

经过五年的艰巨努力，到康熙五年（1666），一座依山就岩而建的奇特寺院——别传寺，便屹立在了丹霞山主峰中。

在别传寺粗具规模之后，今释即作《请雷峰天然老人住丹霞启》，请函昰入山开法。其时函昰正在海云，但为了弘扬佛教事业，他还是决定接受徒弟的邀请，于是年腊月离开雷峰，北上丹霞。函昰因此成了别传寺的开法祖师。他在别传寺首次登堂说法，是在康熙五年（1666）腊月初四日。其俗家弟子、南雄知府陆世楷（法名今亘）有文记其事：

> 乃者山灵初启，丛席旋兴，西堂澹公，因南阳之旧基，开东林之新刹。祇园辇建，缁侣云臻，爰从丙午冬仲奉本师以居焉。师则性乐岩阿，心悲尘刹，既得栖真之境，益弘育乐之怀。或策杖而陵峰，或披襟而笑月。苍松白雪，岁见新篇；紫玉青螺，时闻佳什。盖已目击道存，无行不兴矣。③

一如当年在诃林，函昰给僧众们开示总是出口成章，话语里充满着禅机。有一天，他在禅堂对众寺僧说：

---

① 详见《清初丹霞遗民舍山缘起》。
② 释今释：《徧行堂集》，广东旅游出版社 2008 年版，第一册，第 294 页。
③ 陆世楷：《天然昰禅师语录序》，释函昰《天然昰禅师语录》，（香港）梦梅馆 2007 年版，第 8 页。

天然自是住丹霞，今古殊同验作家。远岫千层朝座直，平江百里绕门斜。大众，还鉴赏么？若乃鉴赏，不妨入得丹霞门，升得丹霞堂，大众即是山僧，山僧却不是大众。其或未然，日日丹霞同门出入，同堂上下，山僧即是大众，大众且不是山僧。与么举扬，犹是门庭施设。山僧三十年前笑具且从今日止，须知深山里更有好商量么？带雾锄云去，穿箩担月回。①

某浴佛日②，函昰又对寺僧们说："一切法不生，一切法不灭。随缘现世间，如镜花水月。当生实不生，当灭何曾灭。灵山尚俨然，丹霞如是说。"说到这里，他蓦地卓了一下锡杖说："大众，还见么？如来世尊在汝诸人面门出入，为什么如聋似盲？今日复在丹霞柱杖头与汝诸人相见，未证据者请看！"说到这里，他再卓了一下锡杖："大众，还闻么？既闻矣，更不闻。既见矣，更不见。见闻如空华，万法了一电。突出大好山，满目难分辨。更拟问如何，恶水当头溅。"说到这里，他又对听众大喝一声。

从康熙五年（1666）腊月到康熙十年（1671）冬退院，函昰总共在别传寺主法五年，在此期间，除了开堂说法之外，他还经常以随缘方便的方式接引参修者，禅讲于随处随时。康熙九年（1670），别传寺给他刊印了《丹霞语录》，后来其门人又汇合他在诸山的讲说，编成《天然昰禅师语录》12 卷。

康熙六年（1667），今释在韶州仁化丹霞山上得了一场大病，病魔来势汹汹。在他病得很重的时候，函昰来到其榻前，握着他的手说："汝从前所得，到此用不着。只这么去，许尔再来。"③今释闻语，"于病中返照，大生惭愤，起坐正观，万念俱息，忽然冷汗交流，碍膺之物与病俱失。从此入室，师资契合，顿忘前所得者，老人乃印可"。（《咸陟堂文集》卷六《舵石翁传》）④康熙七年戊申（1668）元旦，今释在山上受函昰大法，为第四法嗣，成为后来的"海云十今"之一。

康熙六年七月，函昰的弟子今觌（字石鉴）把庐山栖贤寺所出的一批珍贵舍利子带回岭南，并把其中的 30 颗献给本师。函昰决定在丹霞山海螺

---

① 释函昰：《天然昰禅师语录》，（香港）梦梅馆 2007 年版，第 12 页。
② 浴佛日即农历四月八日，这一天是释迦牟尼生日，僧众要用香料水洗佛像。
③ 释成鹫：《咸陟堂集》，广东旅游出版社 2008 年版，第二册，第 79 页。
④ 释成鹫：《咸陟堂集》，广东旅游出版社 2008 年版，第二册，第 79 页。

岩建舍利塔瘗藏这些舍利子,并亲撰《丹霞舍利塔铭》。这个舍利塔由古冈(新会)的善男子方云停兄弟捐资兴建,历时八年方竣工。今释撰有《丹霞舍利塔碑记》《舍利藏石中记》记此事。

康熙七年(1668)八月,南雄知府陆世楷捐俸重修的南雄龙护园落成,此园位于南雄州城内的居仁街朝阳坊,地方极偏僻幽静。陆世楷率阖郡宰官士绅,请求函昰准允将此园纳为别传寺的下院。南雄地处大庾岭南麓,毗邻江西、湖南,是南北交通的咽喉,在此为别传寺设一个下院,有利于僧人南来北往,因此函昰接受了众人的请求,并派其弟子今端出任"龙护园主"。别传寺办在南雄的这个下院,具有"邮居"(即客舍)的功能。此年年底,函昰曾到龙护园住了40余日,其《岁暮诗》(《瞎堂诗集》卷一三)有"就隐丹峰几腊残,昨随人去四旬还"① 之句,说的就是这件事。

函昰在别传寺主法期间,曾撰著了阐释《大佛顶如来密因修证了义诸菩萨万行首楞严经》要旨的《首楞严直指》10卷,并出版了他研究中期大乘经典《楞伽经》的心得——《楞伽心印》四卷(详下文)。另外,他还写作了不少与丹霞山相关的诗作,例如《丹霞诗十二律》《元日与诸衲泛舟江上》《中秋前五日与诸衲宿片鳞岩》《丹霞山居十二首》《初春与诸衲游黄沙坑》等等。康熙七年八月,函昰应众弟子之请,将自己禅讲之暇所作的古诗付梓,并请今无作《丹霞天老和尚古诗序》。是年十月十四日为函昰六十一寿辰,他自作《六十一诗》14首以述其志;其上首徒弟今无专从广州海幢寺来丹霞奉诗祝寿,今释则有《解连环》词一首致贺。

亦是在康熙七年,函昰受其俗家弟子王邦畿(今吼)之请,刊刻了一部个人诗集——《似诗》。为何诗称"似诗"?函昰在《瞎堂诗集》的自序中解释说:

> 夫道人无诗,偈即是诗,故亦曰诗。然偈不是偈,诗又不是诗,故但曰"似"。吼子请焉,更为语曰:子以予偈不可读,姑取诗以示人,为其近人也。何近乎?情近也,境近也。悲欢合离与人同情,草木鸟兽与人同境。同人者善入,入则亲,亲则信,信则渐易而不觉矣。噫!此吼子之说也。然予以为吼子之知予诗者惟近,而不知予之不是诗者亦惟近。近者,天下之所同也,而有异焉。②

---

① 释函昰:《瞎堂诗集》,中山大学出版社2006年版,第139页。
② 释函昰:《瞎堂诗集·自序》,中山大学出版社2006年版,第11页。

函昰的意思是，向佛之人不该有诗，偈也就算作是僧人之诗了，但偈与诗并不相同。诗近人，因为它阐发的是丰富的思想感情；偈远人，因为它传达的是艰深的佛教道理。而他自己的诗，既要阐发个人的情怀，又要传达禅教的哲理，似诗非诗，是偈非偈，实际上是"诗偈合一"。所谓"不是诗者亦惟近"，就是这种境界。《似诗》刻本已不传，函昰示寂后，其门人今毵把此书中的作品与函昰的其他未刻诗稿合在一起，编成了《瞎堂诗集》20卷，今存世。

同一年，福州士绅来函，请函昰到福建福州，主长庆寺法席；函昰谢却了这一邀请，派门人今觊自代。

康熙八年（1669），函昰举今释为别传寺西堂。

康熙九年（1670），别传寺法众为函昰刊印《丹霞语录》，函昰的同门函修、俗家徒弟陆世楷（今亘）分别作序。

康熙十年（1671）冬，庐山归宗寺来函，邀请函昰到该寺主法。函昰决定接受邀请，离开丹霞前往江西。今释与其他门徒极力挽留，恳请函昰同毕丹霞创造之局，几至绝裾；但是函昰去意已定。农历十一月十一日，函昰宣布退院，结束了在别传寺的五年住持生活。

函昰离开丹霞山后，别传寺由其创始人今释继主法席。继今释之后，别传寺又前后由今辩、今遇、今甀、古梵、古奘、今但、古如、传庐、心包、法基等担任住持。今释曾于康熙十二年（1673）至十三年到江西庐山探访过师父，而函昰则曾为这位徒弟的别集《徧行堂集》的丹霞刊本作序。

广州的海幢寺在清初也是曹洞宗华首台—海云派的重要道场。顺治十二年（1655），函昰之师道独曾驻锡于该寺。顺治十八年（1661）道独圆寂后，函昰于次年继主法席，而嘱首座今无主理寺事。今无自康熙五年（1666）开始在寺旁购地，至康熙十八年（1679）在平南王尚可喜等的支持下，增建了殿、堂、院、阁、舍、圃23处，使寺刹的规模大为扩大。今无是函昰第一法嗣，在岭南佛教界声望极高，门徒不下千人，人称海幢法席之盛，可媲美晦堂大慧（明末倡扬唯识之学的名僧）。

清初曹洞宗华首台—海云派的弘法基地，有一处颇为特殊，那就是来机今再创建的比丘尼道场——无着庵。今再是函昰的胞妹，因受函昰的影响而出家为尼，得法后禅律兼修、行解相应。无着庵地在今广州市小南门附近的丽水坊，今德政中路50号，始建于康熙六年（1667），落成于康熙十七年（1678）。王令《鼎建无着庵碑记》载："无着地尼师坛为比丘尼来机大师所建，以奉梵修之所。地无着有二义：一清静无贪着故，一能为天亲法侣故","择地羊城小南门外沿濠旧业,明代某尚书家园塘以为庵所"。① 庵占地约八亩,除佛殿、祖堂、观音阁、斋堂、客堂外,有住室30余间。函昰的母亲函福、俗妻函脱均曾在此修持。清初战乱后,妇孺无家可归者甚多,今再在庵中曾前后收留安置过数百人。

三、传衣法侣,培养俊彦

许多学者都注意到,以函昰为核心的法众群体在清初影响很大。其实与函昰同时,曹洞宗寿昌系博山支高僧在犙弘赞②在岭南亦有相当影响,他曾在肇庆鼎湖山广纳贤士,使庆云寺也成了岭南名刹,故人有"粤人之成僧者,非鼎湖即海云焉"之说。不过比较而言,有著作20余种行世的弘赞似更关注律法阐扬,而函昰的主要精力则放在佛教人才的培养上。函昰学养深厚,道德高尚,处世坚定,门风峻拔,因此个人的感召力很强,道声远播,追随者众。在他所住的诸山,一时俊彦云集,形成了一个以海云寺为核心的庞大的曹洞宗法众群体。汤来贺记道:

> 师以文人慧业,深入真际,直见本源,断诸委曲,全提正令,大阐纲宗,行无等慈,目空千古,缙素礼足凡数千人,率皆有叩则鸣,无抱不注。"③

今辩则记道:

> 吾粤向来罕信宗乘,自师提持向上,缙绅缝掖执弟子礼问道不下数千人,得度弟子多不胜纪。尤喜与诸英迈畅谈,穷其隐曲,以发其正智。于生死去就,多有受其法施之益。即一阐提与自负奇才而不可一世者,见之无不心折。……师暮年为法求人心焉益切,每谈及先宗,泪即沾襟。期诸后起如地藏之遇清凉,圆悟之得妙喜,庶几无憾。故法道隆替,虽系乎时,逆撑洞流,志无少屈。足见护念佛祖慧命,亘万古而不

---

① 梁鼎芬修,丁仁长纂:《(宣统)番禺县续志》卷三六《金石志四》,民国二十年重印本。
② 弘赞嗣杭州妙行寺雪关道誾法,而道誾与道独同出博山门下。
③ 汤来贺:《天然昰和尚塔志铭》,见释函昰《天然昰禅师语录》,(香港)梦梅馆2007年版,第211-212页。

磨也。①

麋集在函昰周围的人士，有不少人是当时的社会精英，他们皈依佛教，为禅门注入了新鲜血液，使岭南禅林出现了崭新气象。函昰的俗家弟子南雄知府陆世楷有文记本门之盛：

> 一瞻猊座，见其登堂之彦，济济趋跄，入室之英，雍雍问辨。虽杏坛讲习，逊此咸严；沂水咏歌，同斯怡悦矣。②

在函昰的门徒中，最为著名的是他的十位嗣法弟子——史称"海云十今"。本来，曹洞宗博山支是按"元道弘传一，忞光普照通。祖师隆法印，永传寿昌宗"的诗偈演派的，但是空隐道独弃而不用，另作新偈："道函今古传心法，默契相应达本宗。森罗敷演谈妙谛，祖印亲承永绍隆。"③ 按此法偈，函昰是华首台第二代，其徒弟为第三代。"海云十今"是：

第一法嗣：今无，字阿字，人称海幢禅师。番禺人，俗姓万。生于明崇祯六年（1633）二月十六日，聪敏绝伦，面如满月。髫龀披缁，年十六礼函昰于雷峰，次年受具。受《坛经》，明上座因缘。曾与函昰在庐山，监栖贤寺院务。年二十四，奉师命徒步出塞，至辽东访师叔函可，闯关而出，凌海而归，前后费时三载。南归后，又渡海入琼州。顺治十八年（1661）归雷峰，函昰付以大法，付法偈云："唤作竹篦则触，不唤作竹篦则背。雷峰今日重拈，惟有阿儿不会。且教舒卷随时，三十年瞎却天下人在。"（《海云禅藻集》卷一）④ 今无于康熙元年（1662）在广州海幢寺开法，为首座，次年升座，为住持。海幢寺后来成了"局式宏廓甲于岭南"的大丛林。康熙二十年（1681）年九月二十二日圆寂，年四十九。有《光宣台集》传世。

第二法嗣：今覞，字石鉴。俗姓杨，名大进，字无见。广东新会人。年十五补郡诸生，才华挺出，有用世志。甲申闻京师陷，即访函昰，请讲儒佛异同。往复数四，遂笃信空宗，参究益力。以居士悟入，年四十二落发受

---

① 释今辩：《本师天然昰和尚行状》，见释函昰《天然昰禅师语录》，（香港）梦梅馆2007年版，第210页。

② 陆世楷：《天然昰禅师语录序》，见释函昰《天然昰禅师语录》，（香港）梦梅馆2007年版，第8页。

③ 据清道光六年（1826）潮州开元寺住持绍法和尚编《开元寺传灯录》。

④ 徐作霖、黄蠡等辑：《海云禅藻集》，广东旅游出版社2017年版，第1页。

具。清顺治十七年（1660）入侍寮，心障涣然冰释。康熙元年（1662）函昰付以大法，并示偈云："体露金风莫可追，相随来也又奚为。暗明鉴尽无遮护，独荷全机赖石儿。"（《海云禅藻集》卷一）① 康熙三年（1664），领海云西堂，复继栖贤法席。康熙七年（1668），移住福州长庆寺，未几再返庐山栖贤。与众衲子栽田博饭，有古德风。曾作《栖贤三十咏》以见其志。对洞上缜密家风，允推克肖，学士大夫多倾心请益。后在栖贤寺示寂。著有《直林堂全集》行世。

第三法嗣：今摩，字诃衍。函昰俗子，俗名曾琮。生于明崇祯元年（1628）。少为邑诸生，颖悟拔俗，颇好黄老之学，其父不能禁。清顺治七年（1650）冬，一夕窥内典，遂尽蠲夙习，受具于雷峰。当时函昰立按云堂策励后学，朝夕下堂勘验。读《宝峰照自赞》有省，一日因病举真点胸机缘，呈偈云："做贼心虚真点胸，翻疑鼻孔向人中。一回开眼犹如梦，处处云山带碧峰。"（《海云禅藻集》卷一）② 函昰颔首，康熙三年（1664）四月八日，付以大法。爱匡庐山水幽邃，有终焉之志。鹤鸣峰旧有僧室，老竹万竿，下瞰彭蠡之胜，购而居之，影不出山三十余年。故人称鹤鸣峰禅师。康熙三十七年（1698）秋示寂。世寿七十，僧腊四十有六。阇维时，白烟如鬘，异香随结，灵骨还瘗庐山。

第四法嗣：今释，字澹归。事迹见上文。

第五法嗣：今壁，字仞千，东莞温氏子。出身官宦人家，幼通坟典，弱冠出世，习毗尼于鼎湖。闻函昰倡道雷峰，遂徒步归之。禅师见而知为法器，许以入室，为雷峰西堂。屡呈所见不契，寻于丹霞侍寮，一言之下，知解尽脱，执侍弥勤。清康熙七年（1668）元旦，与今释同时受嘱。康熙三十四年（1695）冬分座海云，未几示寂。

第六法嗣：今辩，字乐说。俗姓麦，名贞父，番禺人。生于明崇祯十一年（1638）。幼聪敏，读书十行并下，少有文名，家贫而事母至孝。年十九赴雷峰海云寺参拜函昰，求为剃染，清顺治十七年（1660）受具。曾在栖贤、丹霞充直岁十余年。康熙七年（1668）解夏，在丹霞山受大法。康熙十六年，继今释主别传寺法席。函昰与今无示寂后，继主海云、海幢两山。曾为函昰撰写《行状》，并将其师在各刹的开示汇刻为《天然昰禅师语录》传世。康熙三十年（1691），奉华首三世高僧之经解语录到嘉兴楞严寺入

---

① 徐作霖、黄蠡等辑：《海云禅藻集》，广东旅游出版社2017年版，第8页。
② 徐作霖、黄蠡等辑：《海云禅藻集》，广东旅游出版社2017年版，第13－14页。

藏。晚年应福建士绅之请，主法福州长庆寺。康熙三十六年（1697）元月初八日示寂于长庆寺。著有《四会语录》《菩萨戒经注疏》。

第七法嗣：今𪓟，字角子，广东新会人，俗姓黄。九岁随其父（今如）出家。年十三礼函昰，不数年而悟大乘。清康熙十年（1671）僧自恣日受函昰付大法，为第七法嗣。康熙十七年（1678）继今𪓹主庐山栖贤寺法席。康熙三十七年（1698）自庐山栖贤移锡丹霞山别传寺，在主法别传期间，曾助修《丹霞山志》。康熙四十年（1701）圆寂。著有语录。

第八法嗣：今遇，字泽萌。松江华亭县人。俗姓孙，生于明崇祯元年（1628）。清顺治三年（1646）出家。初礼洞下三宜和尚，受具足戒。又发足参方，往来于天童之门，以洞切玄要。康熙十一年（1672）入匡庐谒函昰，一见契合，遂结庐于寺边之岩壑深邃处，旦夕入室，针芥相投。数年后，往雷峰海云寺，受函昰所付大法，为第八法嗣。旋往罗浮山，主法华首台寺。康熙二十五年（1686）与三十五年（1696），先后主法丹霞山别传寺与庐山栖贤寺。曾参加修撰《丹霞山志》。康熙四十年（1701）腊月三十日在海云寺圆寂，年七十四。

第九法嗣：今但，字尘异。新安（今宝安县）人。少年出家，礼函昰为师。性至孝，尝于篁村海口建孝顺庵，迎养其母，母因而皈依三宝。早年曾掩关于罗浮山，后为华首台寺住持，住山五十余年，学通内外，声播南粤。康熙五十三年（1714），曾将函昰的全身塔从丹霞山迁往罗浮山的梅花庄。雍正四年（1726）继退院和尚古奘主丹霞山别传寺法席。雍正十年（1732）十一月初一圆寂，年逾八十。有《罗浮名峰图说》。一说为第十法嗣。

第十法嗣：今摄，字广慈，人称巢云禅师。番禺崔氏子，出生于明万历四十六年（1618）。世席丰腴，未脱俗。初参函昰，便开始留心宗乘。出家后，即严办披缁，依本师三十年如一日，居侍寮最久。充雷峰海云寺监院，丛林营建，多所经画。后出岭，入栖贤寺，居巢云庵，朝夕随侍函昰。康熙十九年（1680），函昰付法偈曰："已住庐山十二年，水云深处落机前。于今解进竿头步，隐坐千峰跨五天。"（《海云禅藻集》卷一）[①] 当时今摄已六十二岁。六年后示寂，辞世前谈笑自如。有《巢云遗稿》。一说为第九法嗣。

除"海云十今"外，函昰的门徒还有不少人有名于时。见于文献记载

---

① 徐作霖、黄蠡等辑：《海云禅藻集》，广东旅游出版社2017年版，第29页。

者有今离（字即觉）、今堕（字止言）、今应（字无方）、今崙（字山品）、今严（字足两）、今如（字真佛）、今㲿（字姜山）、今白（字大牛）、今茎（字具五）、今佛（字千一）、今端（字毫砚）、今竹（字俱非）、今龙（字枯吟）、今锡（字解虎）、今儆（字敬人）、今蓟（字妙峰）、今印（字海发）、今帻（字记汝）、今四（字人依）、今鹜（字慧则）、今普（字愿海）、今渐（字顿修）、今心（字顿彻）、今足（字一麟）、今身（字非身）、今球（字雪木）、今如（字真佛）、今盌（雪盛，一说为俗家弟子）、今湛（字旋庵）、今离（字即觉）、今镜（台设）、今严（字足两）、今㲿（字姜山）、今白（字大牛）、今全（字目无）、今茎（字具五）、今稺（字闻者）、今从（字净起）、今回（字更涉）、今溃（字离言）、今端（字毫砚）、今龙（字苦吟）、今鹜（字慧则）、今普（字愿海）、今毯（字雪木）、今株（字作荫）、今从（字净起）、今种（字一灵）、今程（字超弼）、今□（字接指）、今义（字三决）、今密（字说非）、今印（字海发）、今竞（字与安）、今二（字一友）、今傅、今□（字开云）、今□（字见一）、今□（字大严）、今声（字作金）、今载等，俗家弟子则有今吼（字说作，即王邦畿）、今亘（即陆世楷）等。他们多是岭南人，但也有江南人、湖广人。顺便一提，不仅函昰本人广纳门徒，他的法嗣们也收纳有众多"古"字辈的徒弟，而这些法嗣的法嗣又一再下传衣钵，因此曹洞法脉在岭南影响广远，一直绵延至今。

经函昰劝导而进入佛门者，甚至包括他的家人。史载：

> 且师阖家出世在盛平时，生我、同生、所生，以至妻媳，舍世缘如弃敝屣，不让古庞公。故父子兄弟相率剃染，粤中为多云。①

函昰的父亲本净公是在函昰的劝导下，于顺治七年（1650）年在雷峰剃发受具的，函昰《瞎堂诗集》卷七曾有诗《喜老父薙发》记其事："七十方离俗，幡然成老僧。人间犹父子，世外得亲朋。底事商尘动，清宵共佛灯。隐峰曾有妹，先比乐仍仍。"② 与本净公相先后落发的，还有函昰的母亲林氏、俗妻某、俗子曾琮。函昰之母出家后法名函福（字智目），俗妻法名函脱

---

① 释今辩：《本师天然昰和尚行状》，见释函昰《天然昰禅师语录》，（香港）梦梅馆2007年版，第210页。
② 释函昰：《瞎堂诗集》，中山大学出版社2006年版，第63页。

（字善解）。函昰的次妹、季妹也皈依了佛门，次妹法名今心（字顿彻），季妹法名今再（字来机）。后者后来成为岭南的名尼，曾于康熙六年（1667）在广州创建无着庵。在函昰的劝导下出家的，还有他的从弟（法名今音，字梵音）、族侄（法名今沼，字铁机）。

四、研探经典，阐释佛理

作为"名孝廉"，函昰在儒家文化方面有着良好的功底，加上在出家前后大量研读佛教经典，因此对宗乘教义有深刻精到的理解。在建设道场、招纳门徒、教化信众的同时，他还撰著了多部法疏著作，对佛教的学术建设做出了贡献，体现了"学问僧"的本色。

康熙七年（1668）函昰在丹霞山撰成《首楞严直指》，这是函昰对《大佛顶如来密因修证了义诸菩萨万行首楞严经》所作的阐释。《首楞严经》由龙树菩萨从龙藏中默记后诵出，据说为天竺所秘重，向来禁传外国。唐朝时有梵僧般剌密谛，依于愿力，欲利益中土，用极细的白绢将经抄下，然后剖开肩膊，把其缝在肌肉之中，待创口平复后航海东来，于唐中宗神龙元年（705）到达广州。其时同中书门下平章事房融正被贬在穗，便请般剌密谛剖膊出经，在广州的制旨道场（即诃林）译出，由乌苌国沙门弥迦释迦评语，罗浮山南楼寺沙门怀迪证译，房融笔受。中土众生因此而有缘沾此法施之益。作为大乘佛教的重要经典之一，此经在历代极受关注。有人不相信其真实性，指为"假经"；有人却评价很高，甚至说"自从一读《楞严》后，不看人间糟粕书"。明代云栖大师袾宏说此经是应当"死心信受"的"至精至微至玄至美之典"。无论如何，此经义理深玄，文字简古，颇不易理解，故历代注本有六七十种之多。疏家不仅禅、教、净、律诸宗皆有，而且覆盖儒、释、道三教。① 历代疏家虽各有所长，却也不免以词害意、执药成病。函昰的《首楞严经直指》不用浮语，直达本源，言简意赅，疏经方式与前贤明显不同，对经文内容的理解亦有差别，反映了他对《首楞严经》意旨的独特认识。全书10卷，有诸经通例、本经缘起、直示圆悟、依悟圆修、广垂修范、细别业界精剔魔外、本经流通、诸经流通等内容。今释《首楞严直指叙》说：

---

① 比如明代的禅门大师德清憨山和钱谦益就曾对这部经进行过研究探讨。

吾师天然昰和上，宴坐丹霞，以三月成《直指》。……今释受而伏读，青莲发笔端之瑞，赤珠映意地之光。微眹不留，是迹皆划；言言本色，不借华词。其不可思议之妙，实有与诸家迥绝者。①

在《首楞严直指》中，函昰对《首楞严经》之意蕴做了如下直示："非别有一真在缘虑之先、影像之外也"，即在思想与印象之外无真实在；"但据其所谓全性者，舍分别而更有；不知其所谓分别者，舍全性而必无也"，即部分依赖整体而存在；"觉明不碍性觉之常然，性觉岂伤觉明之自异"，即不同意性觉生取心和觉明生舍心的观点，认为觉明与性觉互不相碍；"舍乱想必无乾慧，亦犹舍乾慧必无极果"，即谬见是智慧的前提，智慧是觉悟的前提；等等。② 函昰的《首楞严直指》是在明代心性之学流行的背景下撰写的，在解经方式上明显受到其时学风的影响。此书于康熙十七年（1678）在广西巡抚傅宏烈（字竹君）的捐助下刊行于世。康熙三十年（1691）此书被函昰的第六法嗣今辩请入《嘉兴藏》，其后被影印到《大藏新纂卍续藏经》等汉文大藏经中。雍正二年（1724）曾在海幢寺与《楞伽经心印》一起重刊。

《楞伽经心印》为函昰的法疏著作，全名《楞伽阿跋多罗宝经心印》，是研究中期大乘经典《楞伽经》的心得。楞伽是佛教所说的南海宝山，为罗婆那夜叉王所居，因夜叉王曾请佛说法于山上，故经以山名。此经曾经四次汉译，有北凉（已佚）、刘宋、元魏、武周四个译本，在众多的佛教经典中，《楞伽经》以哲学色彩浓厚而著名，它以如来藏为万法的依体，援入唯识想，说明众生流转与还灭的过程，开出了如来藏缘起法门，故被如来藏缘起系奉为宗经，亦被唯识家尊为根本经典。又因经中所述理论恰似为"教外别传"之旨张目，故该经也特受禅宗推崇。在历史上，曾有法藏、善月、德清、通润、正受、宗泐、如玘等大德对其进行过疏解阐释。函昰顺治十年（1653）在庐山时，就已读过《楞伽经》。他认为"此经为根熟菩萨顿说种子业识为如来藏，异于二乘灭识趣寂，亦异般若修空菩萨乐空增胜，直明识体，本性全真便成智用……但能了真，即识成智"③。他以弟子请益、禅教

---

① 释今释：《首楞严直指叙》，见释函昰《首楞严直指》，西泠印社出版社2011年版，叙第1页。

② 释今释：《首楞严直指叙》，见释函昰《首楞严直指》，西泠印社出版社2011年版，叙第1—2页。

③ 释函昰：《楞伽阿跋多罗宝经心印》卷一，《嘉兴藏》B404-38。

并重、禅病泛滥、旧疏未达,而于康熙九年(1670)作《楞伽经心印》,是书以刘宋求那跋陀罗的译本为依,共四卷(每卷又分上、下)。其第一法嗣今无说:"雷峰老人之疏是经也,以宗门爪牙入性相窟宅,慨义学之荒芜,悲禅门之伧侗。盖自癸巳退隐匡埠,睹世寒心,感时励志所由来矣。故其挂瓢金井,倚仗玉渊,问契证则心湛海澄,仰嘉遁则身高岳峙。地藏琛之,耕田博饭;栖贤湜之,立诵行披。寒炉冷灶,惟大法之全提;丛棘乱丝,仗智峰而独断。其于古人,实兼之矣。"①

此书的版本有两个系统:一为康熙三年(1664)刊本,版原藏东莞芥庵,后藏广州海幢寺,至康熙三十年(1691)被今辩连同《首楞严直指》一起请入了《嘉兴藏》。后来的《大日本续藏经》《大藏新纂卍续藏经》本,都是该本的影印本。一为雍正二年(1724)海幢寺的新刻本。

除了上述两部法疏著作之外,函昰还撰有《金刚正法眼》《般若心经论》,不过前者已不存,后者则与《首楞严直指》《楞伽心印》与各刹《语录》一起被收入《嘉兴藏》中,影响广远。陆世楷曾这么评价函昰的佛学造诣:

> 本师天然和尚凤领儒宗,久膺祖席,身乘五衍,心入三摩,譬如洪钟万石,有叩则鸣,遥源千顷,无挹不注。向在雷峰、栖贤、华首、诃林诸山,皆有《语录》行世,学人奉为津筏,宝若琬琰矣。②

从函昰的著述来看,其义学趋向延续了博山以来的曹洞宗趣,不过在阐扬本宗旨趣的同时,他也接受了晚明以来禅教结合、诸宗调和的主流主张。在义学上,函昰说不上是有重大突破的宗师,但这并不是由于他佛教造诣不深,而是由于他生活的时代已不是创宗立说的时代了。在明末清初的社会环境下,标榜门派已不那么重要,弘法扬教才是现实的要求。在道独赠给他的付法偈——《丽中昰首座住持诃林遣可都寺持送拂子一枝偈以表信》(《长庆宗宝独禅师语录》卷四)中,即有"祖祖相传只一心,青原南岳不须分。三玄照用非他立,五位君臣为此陈。棒下无生凡圣绝,临机不见有师僧"③

---

① 释今无:《楞伽心印缘起》,见释函昰《楞伽阿跋多罗宝经心印》,《嘉兴藏》,B404-38。
② 陆世楷:《天然昰禅师语录序》,见释函昰《天然昰禅师语录》,(香港)梦梅馆2007年版,第8-9页。
③ 释道独:《长庆宗宝独禅师语录》,见《卍新纂续藏经》,No.1443。

之语。道独并不主张有太多的门户之见，在对佛理的阐释上，他所强调的是禅宗"直指人心，见性成佛"的原始旨趣。他曾对佛教界某些门派的做法提出批评："至于垂手接人，或入门便喝便棒，或拦胸挡住，或言辞善巧、痛处着锥，甚至云麻三斤干矢橛，直指之道，于斯尽矣。"① 而认为"初祖西来，密传心印，心心印可，以心传心，不开门户，不许解会，惟贵直下醒得"②。此虽为老生常谈，但在经历了诸宗纷争之后，面对公案、看话、默照等体悟方式而强调"直指"，这不能不说是一种进步。函昰亦有这种矫枉的自觉，他探求佛理遵循的是其师的路线。

五、订立规约，整饬丛林

周齐女士曾注意到这样一个事实："佛教几大派系既有相应性的戒律，更有大多共同的普遍意义的戒律。这也是佛教无论派系有多少，仍归属同一佛教之根本共性的一个重要的根源性。""不过，在佛教基本戒律之外，在不同的时代，有些寺院或者宗派，还额外制定了某些特别名目的寺制僧规。"③ 订立"特别名目的寺制僧规"，是为了适应寺院在特定时期与特定地方的管理需要。明末清初，有很多人以"逃禅"的方式来应对世变，寺院因此成了各色人等避乱的去处。而出家人遽增，不免鱼龙混杂。在那些新寄身佛门的人当中，有下定了决心离俗的真皈依者，也有只是穿上了袈裟的假出家人。真出家人虽然诚心诚意，但是并不是一下子就能适应禅门生活；假出家人"僧其貌"而不"僧其心"，"身在曹营心在汉"，并不会按佛门的要求认真修行。而就算是那些出家有年的僧人，也有放纵身心、不守戒律者。因此如何维护丛林秩序，保持佛门纯洁，协调僧众关系，维护道场庄严，就成了摆在寺院管理者们面前的一个重要问题。在这个方面，函昰堪称表率。

函昰在出家次年曾离赣还粤，在以道独为住持的罗浮山华首台寺当首座。首座是寺院的"四大班首"之一，为西序首领，地位仅次于方丈，其职掌是"表牵丛林，辅翊住持，分座说法，开示后昆"④。而"坐禅领众"，

---

① 释道独：《长庆宗宝道独禅师语录·自序》，《卍新纂续藏经》，No. 1443。
② 释道独：《宗宝道独禅师语录·自序》，《卍新纂续藏经》，No. 1443。
③ 周齐：《戒律外寺制僧规的产生及其特点和意义》，见"佛教在线"[2011-9-2]，http://www.fjnet.com/fjlw/201109/t20110902_184117_3.htm。
④ 释怀海：《百丈丛林清规证义记》卷六，见《卍新纂续藏经》，No. 1244。

首要的是需"谨守条章""勉谕执事",若寺院有"僧行失仪"的情形,就要依规示罚。函昰在华首台"首众立僧"①,全身投入。他曾大力整肃寺院的秩序,一方面按住持的托付管理各种事务,另一方面以自己的言行给僧众做出表率,结果华首台寺僧风丕变,面貌一新。道独见状甚是快慰,曾赞扬函昰:"山僧初到此时,闻丽首座云'如今只是揉烂其心始得',山僧铭入心髓。得首座怎么不惜勤苦,山僧也合拼一副心力,大家鼓舞。"② 其时函昰出家还不是很久,但其行为已约略显示出后来的高僧气象。

函昰对丛林秩序的整肃,以在雷峰海云寺与丹霞山别传寺的举措最具代表性。这两所寺院有一个共同特点,即都是清初新建的丛林。寺院的有效运作,以严格而完善的寺制僧规为保障,而新丛林唯其"新",在管理方面就无旧章可循。海云寺、别传寺吸纳了众多鼎革后遁入佛门的新人,鱼龙混杂,管理问题更显突出。函昰曾指出:"末法以来,即学道之士,亦有真伪。"在函昰看来,那些混入佛门的假出家人"生平做处,在人耳目,不得不托迹丛林,文其鄙陋,打头入门,已非同类"。(《丹霞山志》卷四)③ 而且这些人各具个性,要对他们有效管束,并不是容易的事。为使十方僧众都能和谐共住,函昰在海云寺开山之初就为该寺制定了一个内容很详尽的规约,该规约于顺治九年(1652)经其门人、雷峰监寺今应编定,正式付梓,名为《天然和尚同住训略》④。《训略》内容包括两部分:一部分阐述寺中执事的职责,另一部分对僧众的行为提出警策。下面列出题目,以见其详:

  1."责摈"五款;2."不同住"四十一款;3."钟板堂"三十条;4."首座"四条;5."侍者书记"十四条;6."两序各堂寮"三十四条;7."老病堂"十二条;8."常住存发定式"九条;9."圣节朔望日用参见礼仪";10."挂搭"各三条;11."补堂寮";12."补侍寮";13."退侍寮";14."退堂寮";15."退随众寮";16.补职日限;17.息缘虑;18."告假"各一条;19."抽罚"二条;20."设思过从新两寮";21.责诫童行;22."拣俗称";23.知事须知;24."戒立徒";25."行门轻重相准";26."是非功勋";27."平气";28."止劳夸";29."毋急说";

---

① 释今辩:《本师天然昰和尚行状》,见释函昰《天然昰禅师语录》,(香港)梦梅馆2007年版,第209页。
② 释道独:《长庆宗宝道独禅师语录》,见《卍新纂续藏经》,No.1443。
③ 陈世英纂修:《丹霞山志》,中华书局2003年版,第24页。
④ 广东省立中山图书馆有藏本。

30."慎憎爱";31."恤老病";32."谨言损傲";33."禁奢";34."伐同异";35."忘非省过之难";36."举过不易";37."功行不可以语道";38."任情非随缘";39."巡照警夜歌"三首;40."中夜回向文"一首;41."禅门念佛说"一首。

函昰为海云寺订立的这个规约可谓整肃森严。应当注意的是,海云寺顺治六年(1649)才开始营建,建造时间花费了近三十年,而函昰早在顺治九年前就制定了这部《训略》,可见他对寺院管理问题高度重视。这所寺院后来能名震岭表,成为"四大丛林"之一,与此是有密切关系的。

康熙五年(1666)冬,函昰应今释之请主法丹霞山别传寺后,对该寺的管理同样提出了严格要求。因为寺院的管理有很多共性,所以他把海云寺版《同住训略》直接移植到了别传寺。别传寺版《同住训略》与海云寺版《同住训略》有极大的相似性,其部分内容被记录在康熙三十八年(1699)版的《丹霞山志》卷四中,它在开篇就交代了订立规约的理由:

> 古设丛林,专为养道向上之士,不宜限之准绳。但晚近以来,人多中下,故重以庄严,过望贤俊,不妨损之又损,以至于无。要使入而就理,不作事障;出而就事,不坠理诠。然后以超越之心,同于凡小,上可践吾门尊贵之路,下可免流俗豁达之讥。同住之始,是用申明,幸各洗心,毋坠先绪。①

《训略》有"责摈"五款,分别是"犯四重""犯国法""不孝""谤大乘""谤善知识、背师长"。其中"四重",是为戒律所严禁的四种根本重罪,也称四重罪、四波罗夷罪,指杀生、偷盗、邪淫、妄语。对"不孝"者列入责摈的范围,反映了清初儒、佛两家思想观点的交融。"责摈"五款之外,又有"不同住"41款。"不同住"覆盖的范围很广,有针对违反寺规的,如"学外道法术""亢尊""好诤""动手相殴""亏损长住""以常住物私与亲友""招揽亲故,冗员虚縻""败群乱众""自立徒众""衣服绮靡不中僧色""借宿尼寺""借宿无男子人家""广交非类""傲物""挑拨是非""拜盟树党""不白师友恣意妄为""以常住产业与人,及侵占人产业""结拜白衣人作父母姊妹,及拜尼僧作干娘"等等;有针对境界不高

---

① 陈世英纂修:《丹霞山志》,中华书局2003年版,第21页。

的，如"因果不明""受戒经年不知戒相""不发愿""不恤初心""好自了"等等。值得注意的是，《训略》规定即使只是犯有"好戏笑""好游""懈怠""无事不随众""受俗人家寄托财宝衣物""往俗家三宿""许借闲房与居士习读""私作饮食""拾遗物不送库房登册"一类的小过失，也要受处罚；甚至"非其职分拣举他过"，纵使"极当"，也在"不同住"之列。可见规矩之密、约束之严。

受本师影响，今释亦曾勒石明示别传寺的《山门三禁》与《客堂三禁》。《山门三禁》为："酒肉不得入山，妇女不得入山，留须长发之僧不得入山。"《客堂三禁》为："不得收畜年幼沙弥，不得寄顿俗家衣物，不得借僧寮作书室。"（《丹霞山志》卷四）①

除上述规约外，《丹霞山志》卷四还记录有函昰的格言，包括《知事须知》《行门轻重相准》《平气》《止劳夸》《毋急说》《慎憎爱》《恤老病》《谨言》《损傲》《禁奢》《伐同异》《忘非省过之难》《举过不易》《功行不可以语道》《任情非随缘》数则，还有以附录形式出现的《警夜语》。这些文字，实际上是对上述惩罚性规约的补充，目的是正面教育、训导僧徒，使他们减少犯规的概率。

上述诸端，即为函昰在弘法方面的主要贡献，足见其在岭南的法门砥柱地位。由于以他为代表的许多僧人的不懈努力，清初佛教曹洞宗在岭南开枝散叶、蓬勃发展，出现了前所未有的中兴之局。而函昰本人，也因为在弘法方面的杰出贡献而成为中国禅宗史与岭南文化史上的标杆人物。

（原以《天然函昰：明末清初的"法门砥柱"》为题，载于释印觉主编的《天然禅师与岭南文化——广州华严寺首届"华严论坛"论文集》，巴蜀书社2014年7月版。有增删）

---

① 陈世英纂修：《丹霞山志》，中华书局2003年版，第23页。

风雅大家，缁素共尊

——天然函昰评传三

在明末清初世变的特殊社会背景下，岭南佛门风雅特盛，出现了不少诗僧，这是当时的一个引人瞩目的文学现象，而天然函昰就是其中的佼佼者。从《瞎堂诗集》可以看出，函昰诗歌创作诸体兼擅，可称大家，影响很大。其古体诗较多地继承了汉乐府抒情言志的传统，常常直接袭用汉乐府的原题来立意，有一部分作品则模拟陶潜，充满了田园诗的遗韵；其近体则较多地取法中晚唐诗人，尤其是杜甫，作品抑扬顿挫，沉郁苍凉中蕴含着一股雄直之气。在他的引导与提倡之下，以他为核心，形成了清代岭南文学史上的一个重要法门诗人群体——"海云诗派"，该诗派囊括了"岭南三大家"在内的众多僧俗诗人，人才极一时之盛，作品蔚为大观。在艺术方面，函昰则又是岭南书坛的巨擘，其书法修养在方外书家中首屈一指。著名书法家麦华三先生曾这么评价："吾粤高僧之能书者，以函昰为最有名。"[1] 函昰"以书悟禅""以禅入书"，故其书法超凡脱俗，格调高妙，遒劲作品遒劲雄健、豪宕纵逸，晚年作品萧散自然、淳厚古朴，在禅门产生了很大影响，其徒弟多受其熏染。在他的引领之下，清初岭南形成了一个以他为核心、以诸今为骨干的独树一帜的禅门书法家群体——"海云书派"。他们对书法艺术的探索，给当时的岭南书坛注入了一股清新的气息。

一、岭表诗僧，卓荦大家

曾为天然函昰门徒的屈大均（今种）在讨论其法叔函可的诗时有言："圣人不作，大道失而求诸禅；忠臣孝子无多，而求诸僧；《春秋》已亡，褒贬失而求诸《诗》。"（《广东新语》卷一二《诗语》）[2] 而光绪间的岭南文士何桂林则说："吾粤方外士以诗鸣者，具本正声，所以古今传颂不绝。大率明季甲申、丙戌之遗老而逃于禅者多，如憨山之有《梦游集》，空隐之有

---

[1] 麦华三：《岭南书法丛谭》，见《广东文物》，上海书店1990年影印本。
[2] 欧初、王贵忱主编：《屈大均全集》，人民文学出版社1996年版，第四册，第318页。

《芥庵集》，正甫之有《零丁山人集》，天然之有《瞎堂集》，祖心之有《千山集》，阿字之有《光宣台集》，石鉴之有《直林堂集》，词衍之有《雀鸣集》，真源之有《湛堂集》，劲千之有《西台集》，乐说之有《长庆集》，澹归之有《徧行堂集》。自天然开法岭南，所采阿字辈一百二十余人之集编为《海云禅藻》，大启宗风，其诗类多感时述事，所以历久弥彰。百余年来，尘异、石洞、迹删诸宿著作如林，为《咸陟堂集》。又数十年，则有静公《香海集》，隐公之有《竺堂集》，澄公之有《玄庵集》，涉公之有《片云集》，悉以海云为宗，海幢为派，由源溯流焉。"①

根据汪宗衍先生的《天然和尚著述考》及冼玉清的《广东释道著述考》，函昰在不同时期曾出版过多种诗集，书名为《天然和尚梅花诗》《丹霞天老人雪诗》《丹霞天老和尚古诗》《丹霞诗》《禅醉焚草》等。现在存世的是其诗作合集——《瞎堂诗集》20 卷，共收入函昰各个时期的诗作 1719 首。通过研究这些作品，我们可以看出其创作具有以下特点：

（一）袭汉拟古，却能出新

函昰在诗歌创作方面各体兼擅，可称多面手。这一点，仅从《瞎堂诗集》的分卷就可以看得很清楚。此书的卷一为"古歌谣""风雅体""骚体"，卷二为"乐府"，卷三至卷六的前半部分为"五言古"，卷六的后半部分为"七言古"，卷七至卷九"五言律"，卷一〇至卷一六为"七言律"，卷一七至卷一八为"五言绝"及"七言绝"，卷一九为"梅花诗"，卷二〇为"雪诗"。《瞎堂诗集》最后两卷分别以梅、雪为题，以上下平声 30 韵为序，各作五、七言律、绝 30 首，共 240 首。咏雪咏梅代不乏人、人不乏篇，但像函昰这般按韵部大规模创作实属罕见。须知相同的题材，按韵部创作，每首都要写出彩，那是非常不容易的，而函昰成功地做到了这一点，这两组咏物诗，总体水平都很高，就像两串精美绝伦的玛瑙，每一颗都很晶莹剔透。这也从另外一个侧面说明了函昰诸体兼擅，能自由娴熟地驾驭各种诗体，具有诗坛大作手的基本特征。

函昰的乐府诗，较多地继承了汉乐府抒情言志的传统，常常直接袭用汉乐府的原题来立意，并在思想上加以发挥，例如《瞎堂诗集》卷二的《蒿里》《薤露》《蜨蝶行》等诗，就十分典型。《蒿里》《薤露》，都是汉乐府中的葬歌，原意都是感慨人生之短暂。《薤露》的原文是："薤上露，何易

---

① 何桂林：《莲西诗存序》，见释宝筏《莲西诗存》，清光绪十九年刻本。

晞。露晞明朝更复落，人死一去何时归。"感慨人生不如朝露，朝露干后还会再凝成，而人的生命却不可重复。函昰的《薤露》则这么写道：

> 薤叶难停露，露停干复干。人一去不来，何不早盘桓。富贵期延龄，贫贱忧饥寒。饥寒未即死，延龄先摧残。金石常误人，神物不可攒。形容终逮化，有无吾自观。纷寂竟何待，愚智空目前。勿以春花落，哀哀盈陌阡。①

诗的前三句，基本重复了汉乐府《薤露》的内容。从第四句起，作者开始发挥自己的见解，认为既然人生苦短，就应置身物外，看破死生，舍弃愚智，避免陷于贫贱者忧虑饥寒、富贵者期待长生等种种尘网。

汉乐府《蜨蝶行》是一首寓言诗，载于北宋郭茂倩编《乐府诗集》卷六一《杂曲歌辞》，原诗是这样的：

> 蜨蝶之遨游东园，奈何卒逢三月养子燕，接我苜蓿间。持之我入紫深宫中，行缠之傅榱栌间。雀来燕，燕子见衔哺来，摇头鼓翼，何轩奴轩。

诗以一只蝴蝶的遭遇，暗寓了百姓为豪强所鱼肉的悲惨遭遇。再看《瞎堂诗集》卷二的《蜨蝶行》：

> 蜨蝶畏乳燕，乳燕良可畏。不知天壤间，所遭皆燕类。人亦尽蜨蝶，东西竟何拟。明月照江山，幽谷终弗弃。万物知所从，莫以形骸累。劲翮随翱翔，高低各有位。延促安天年，与夺岂人事。委运吾自适，卒尔勿惊异。持此为遨游，平生鲜违意。②

函昰此诗袭用了汉乐府中蜨蝶、乳燕这两个喻体，并进一步设喻：乳燕并非有意掠食蜨蝶，而是由于要活在世上，才不得不以蜨蝶为食。人以及天地万物，都与蜨蝶、乳燕相类。接下来，作者阐述了自己的人生观，认为人生活在世间，就应天顺命，不要为形骸所累。

---

① 释函昰：《瞎堂诗集》，中山大学出版社2006年版，第4页。
② 释函昰：《瞎堂诗集》，中山大学出版社2006年版，第6页。

函昰有的乐府作品袭用了汉乐府的题目，却改变了原题的立意。例如，汉乐府中的《相逢行》，描写的是长安贵胄少年狭路相逢、各夸其门的场景，而函昰《相逢行》所写的，却是一位游侠少年。

函昰有一部分五古作品，是对汉魏间一些重要作家作品的模拟。例如卷三的《翠鸟》模拟自蔡邕，卷二的《野田黄雀行》《远游二首》、卷四的《杂诗七首》模拟自曹植，卷三的《百一诗》模拟自应璩，卷四的《咏史十二首》模拟自左思。不过虽是拟古，却多能出新。这一点，可以收入在《瞎堂诗集》卷三的《古诗十九首》为例。《古诗十九首》是古代的五言组诗，大约创作于东汉末年，为乐府古诗文人化的显著标志。函昰的《古诗十九首》是拟古之作，这一点作者已在诗序点明：

古人寄咏，不越君臣朋友，或悲迟暮，或伤捐弃，多托闺人，絜作诗之体也。予所拟亦因是，以反情合道，聊效芣苢，至永怀斯人，各有所致，未敢漠然，当不作解嘲语邪。①

他的拟作是这样的：

高阁敞云衢，斥鷃飞不到。奋翅及檐楹，徘徊忽长啸。空梁亦有巢，飓风终夜号。岂不恋主人，中怀限堂奥。翱翔返蓬蒿，大鹏安足告。扶摇九万程，望绝空长悼。鹪鹩惭一枝，饮啄从吾好。御风与乘云，引领非所造。飞飞时复鸣，优游卒此道。②

《古诗十九首》中的《西北有高楼》一首，原来主旨是伤知音寥落，函昰的拟作，同样以云中高阁为背景，但内容已变为写大鹏展翅雄猛，立意另辟蹊径。函昰拟《青青河畔草》之作，亦别出心裁：

西燧卷黄云，白昼扬氛埃。天地一为变，登高望边陲。羌独无良人，胡为久徘徊。念彼邻家妇，掩涕向予哀。红粉怜青春，征衣手自裁。裁就寄沙场，常忧游冶猜。猜则从他猜，中情谁与回。不学白头

---

① 释函昰：《瞎堂诗集》，中山大学出版社2006年版，第9页。
② 释函昰：《瞎堂诗集》，中山大学出版社2006年版，第10页。

煴，年年守空帏。①

东汉的《青青河畔草》原作，是说一位娼门少妇在阳春三月为独守空床而感伤。函昰的拟作，题材依旧是妇思，但对原作的立意作了很大的改动。原作春日迟迟、杨柳依依的景色，被黄云密布、狂飙突进的气氛置换；原来恨"荡子"不归的少妇，也被改造成为思念征人的女子。而且在函昰的拟作中，还出现了一位女子哀怨的受众——"我"。函昰就是这样，对原作的立意进行大胆改造，既得原作的神髓，又不落古人的窠臼。再如其拟《驱车上东门》之作：

极寿鲜至百，城隍故复新。知见留世间，国土迁人民。浩浩阴风吹，凛凛松柏身。已死勿复道，未死谁与陈。未死笑已死，今人犹昔人。智者向我言，人生如浮云。豪杰与圣贤，终焉成灰尘。丹液多所误，浮丘空有名。有酒但须乐，安问毁且成。此语不知道，大道忘身形。彭殇岂足计，玄妙匪其珍。荣枯迁大化，所赖吾有心。泛泛难为谋，抚弦鸣素琴。②

原作说作者出东门，看到城郭之北坟冢累累，心中顿时被人生如寄的悲情充斥，于是得出应当及时享乐的结论；函昰的拟作一扫原作的颓废之气，指出有酒行乐是"不知道"的表现，他认为人生应当得大道而忘身形，荣枯死生，听诸自然。作品的思想更为旷达，格调有了提升。

（二）拟陶之作，自然清幽

在汉晋诗人中，陶潜对函昰显然有极大的影响。读《瞎堂诗集》，可以明显看出函昰有强烈的崇陶之心。究其原因，是陶潜的思想儒释道兼而有之，且诗风质朴淡远，而"名孝廉"出身的函昰与其非常接近。沈德潜曾说晋人多放达，独渊明有忧勤语，有自托语，有知足语，有悲愤语，有乐天安命语，有物我同得语。这话拿来评价陶潜的隔代知音函昰，也是大体合适的，要说有什么不同，不过是"忧勤语"少一些。

函昰的拟陶诗很多，诗风走的亦是自然清幽一路。《瞎堂诗集》中的不

---

① 释函昰：《瞎堂诗集》，中山大学出版社2006年版，第9页。
② 释函昰：《瞎堂诗集》，中山大学出版社2006年版，第11页。

少作品是对陶诗的学习与化用。例如卷三的《形影神诗三首》直接袭用了陶潜的原题，卷六的《读大唐西域记十三首》明显是拟陶潜《读山海经十三首》之作；陶潜有《归园田居五首》，《瞎堂诗集》卷八亦有《栖贤山居十首》。他的五言作品，像《形影神诗三首》《耕田二首》《春佃六首》，从诗题到内容，都像极了陶潜。试以《瞎堂诗集》卷四《春佃六首》之二与之四为例：

久雨不敢厌，有事在西畴。戴笠随人行，望望荒山丘。春风吹我衣，飘然忘去留。爱彼绿遍野，远近驰双眸。试问往来者，知我心中否。与尔情均同，所异能不忧。饱暖百念灰，饥寒岂无求。

新晴喜见日，微风荡青林。弱柳未成条，雏莺试好音。和气彻上下，奇怀发良晨。挈象观初苗，终岁赖不贫。所欲亦易足，俯仰无余心。倦归茅檐下，读书思古人。黄虞讵关世，安知不如今。出户望空远，高山临星辰。①

这么浑朴高远的诗，置于陶渊明集中，恐怕读者亦难辨真伪，可见尽得陶诗神韵。

不过函昰拟陶，常常反其意用之，似是与陶潜"斗趣"。比如，陶渊明有《止酒》，函昰便有《不厌酒》（《瞎堂诗集》卷四）；陶潜有《咏贫士七首》，函昰便有《莫厌贫十二首》（《瞎堂诗集》卷五）；陶潜有《饮酒二十首》，函昰便有《不饮酒二十首》（《瞎堂诗集》卷四）。在《不饮酒二十首》的诗序中，函昰曾这样表达自己的写作缘由：

读陶元亮饮酒诗，顾侍僧曰："世之高士，酒以陶情。吾教所禁，当何易此？"侍僧曰："世人以饮酒为乐，又安知不饮酒之为乐更夥？即以不饮酒为乐，可勿易也。"予领之，作《不饮酒》诗如数。②

其实所谓"侍僧"之言，实际上是函昰自己之言。以主宾辩驳的方式来表达作者的真意，是宋代以来文士所习用的技法，因为这样做可使作品摇曳多姿、曲折回环。函昰强调"不饮酒"，固然与自己身为释子、必须持戒有

---

① 释函昰：《瞎堂诗集》，中山大学出版社2006年版，第31页。
② 释函昰：《瞎堂诗集》，中山大学出版社2006年版，第27页。

关，但更主要的是他认为饮酒会误大事——"康狄肇作醪，大禹戒亡国。牛饮竟丧期，虎酣乃败德"。醉虽可暂时销忧，但醒后忧愁难免复生——"一醉忘百忧，醒后岂不忆"；因此以醉销忧，有如"避影而处阴"，根本无济于事。① 他在第五首中，更是直接表明了自己对醉与醒的认识：

> 世人笑我拙，有酒不肯斟，我笑世人狂，醒醉各失真。醉时醒时言，醒时醉时心。醒言不可道，醉心安足任。兀兀徒自为，言行互商参。往昔多醒者，被酒同醉人。醉心尚可易，醒亦非其伦。因醉乃有醒，尝为醉人瞋。瞋中多杂乱，益伤人醉深。②

在他的眼中，世人无论是醉是醒，都难免"失真"，因此没有必要从杯中物去求刺激。他指出，阮籍、王绩等人的胸中块垒无法以酒浇灭，古代的这些名士沉湎于醉乡，实际上并未能达至自然放达的境界。他们纵酒的结果，不过是束缚了自身天性、使自己变成了"醉宾"而已。在此组诗中，函昰甚至把矛头指向历史上最著名的酒徒刘伶，认为他有沽名钓誉的嫌疑。刘伶是能体现"魏晋风度"的代表人物之一，史载他"乘鹿车，携一壶酒，使人荷锸相随，说：'死便埋我！'"，真称得上"放达"。但函昰却指他"鹿车乘伯伦，荷锸随一壶。未死而计埋，设心何能无。当时以为贤，逐名多近愚"③。在他眼中，带随从、寻墓穴，还称不上真正的放达。真正的放达者，不在乎饮死山林之后与草木同化。

虽然是反陶潜之意而用之，而且在第14首中直接批评了陶潜，但是函昰《不饮酒二十首》的思想旨趣在本质上与陶潜是一致的，所追求的亦是至真至淳的自然之性。陶潜的《饮酒二十首》，并不是每一首都描写饮酒的经历或趣味，有不少离开了酒直接抒发田园生活的怡然自得；同样，函昰的《不饮酒二十首》也不是每一首都谈论不饮酒的道理，有不少地方述说的也是山居生活的恬静清贫。像第16首就很得陶诗的神韵，放入陶集亦可乱真：

> 人生皆劳劳，尔独放山泽。瓮头无春醪，何以百骸释。我亦不自知，少小耽泉石。地远世情疏，心闲形不役。山深闻午鸡，清谈少游

---

① 释函昰：《瞎堂诗集》，中山大学出版社2006年版，第27页。
② 释函昰：《瞎堂诗集》，中山大学出版社2006年版，第27–28页。
③ 释函昰：《瞎堂诗集》，中山大学出版社2006年版，第28页。

客。不欠酒家钱，安眠竟至夕。开户常阒然，空对石岩白。将以乐余年，谍辨阡与陌。修短总由天，九十或一百。①

值得注意的是，"不饮酒"并非函昰真正想强调的主题，他只是借此话题来阐述自己的人生哲学。因此在《不饮酒二十首》之后，紧接着又有《不厌酒》一首，诗序说：

渊明作饮酒诗以止酒，终焉谓饮酒之不可终也。予作不饮酒诗，知酒中之趣，非饮者所得，故以不厌终，犹远公之招渊明。丹霞亦以是诗揖诸高士，或当展眉以就，不信玉泉仙人竟逊青州从事也。②

（三）近体宗杜，功力深厚

函昰各体兼擅，但其诗作以近体居多（占五分之四强），其中又以七律数量最多，亦最见功力。函昰的近体诗较多取法中晚唐诗人，尤其是杜甫，因此作品抑扬顿挫，沉郁苍凉中蕴含着一股雄直之气，例如《瞎堂诗集》卷一一的《送渐侍者归省》：

怅望湖州未敢归，故园杨柳欲依依。忍看国破先离俗，但道亲存便返扉。万里飘蓬双布屐，十年回首一僧衣。悲欢话尽寒山在，残雪孤峰望晚晖。③

这是函昰为其门人今渐返浙江湖州省亲而写的送别诗，堪称力作。"怅望""未敢"两语，反映了战乱后故园的寥落。第三句写今渐及当时的缙绅文士遁入空门的原因，第四句照应诗题。第五、第六两句极为警练深沉，"万里飘蓬""十年回首"，包含了无限的感慨。末二句以"寒山""残雪""孤峰""晚晖"来造境作结，把作者心中的怅惘之情表达得淋漓尽致。又如《瞎堂诗集》卷一〇的《庚寅二月雷峰即事》：

---

① 释函昰：《瞎堂诗集》，中山大学出版社2006年版，第29页。
② 释函昰：《瞎堂诗集》，中山大学出版社2006年版，第30页。
③ 释函昰：《瞎堂诗集》，中山大学出版社2006年版，第115页。

野寺疏钟接晚笳，蓟门残雪岭南花。十年征战江云断，二月风烟山日斜。古洞暮猿凄绝岸，荒原明月照谁家。越王台上西风急，夜夜哀魂到海涯。①

"庚寅"即顺治七年（1650），这一年清军第二次围困广州，城内外风声鹤唳，故诗中有"越王台上西风急，夜夜哀魂到海涯"之句。其他七言律诗，如卷一〇的《怀剩人弟沈阳诗》、卷一一的《广州三首》、卷一三的《诏复滨海迁民故业三首》，及收入在卷一四、卷一五的两组晚年之作《秋兴八首》等，都显示了很高的文学水准。如《广州三首》：

陆贾清谈收百粤，衣冠旷代见忠良。秩宗首义车先裂，文苑连营阵亦亡。万古江山皆易主，一朝簪绂自从王。何人构斗纡传檄，阃国身殪筑怨长。

粤秀山前鼓角哀，越王台畔草堆堆。飞龙白日旌旗闪，独骥黄尘斥堠来。王谢入为麾下客，贾商推出济川才。十年巨室诛求尽，闾巷萧条乔木灾。

万里悲笳朔气深，故园摇落倍沾襟。登楼漫拟刘琨啸，出郭谁为梁甫吟。普天丘墓无新旧，近海云山有古今。去国岂须怜郑谷，徘徊鸥鸟是知音。②

这些诗作，俱感慨深沉，充满着眷恋故国、伤悲世乱的情怀。不过，这类作品在《瞎堂诗集》只占较少的一部分；一般而言，函昰总能克制感情，不让它随意泛滥。他更多的是用深沉、内敛的方式来表达心怀。他出家前深受儒家文化的浸染，儒家讲中庸之道，论诗主张"温柔敦厚""乐而不淫，哀而不伤"；而另一方面，他已托身佛门多年，长期的出家生活，使他对佛教的禅理有了深入透彻的认识。众所周知，佛教认为"五蕴皆空"，希望"六根清静"，这类思想必然会影响到他的文学创作。事实上在《瞎堂诗集》中，颂佛参禅一类的作品也占了相当比例。这类作品，诗风清虚玄远，与其法弟函可的那些血泪满纸的作品，有极大不同。

在函昰影响下，其门人有不少亦沉醉于诗歌创作，而且也颇有建树，从

---

① 释函昰：《瞎堂诗集》，中山大学出版社2006年版，第104—105页。
② 释函昰：《瞎堂诗集》，中山大学出版社2006年版，第118—119页。

而形成了一个在清初诗坛影响很大的禅门诗人群体——"海云诗派"。海云诗派以函昰为核心,诗人及作品可观。例如今无有《光宣台集》,今觑有《直林堂集》,今释有《粤中诗草》《丹霞初集》《梧州诗》《梦蝶庵诗》《徧行堂集》《徧行堂续集》,今龙有《枯吟诗稿》,今帾有《借峰诗稿》,今沼有《铁机集》,今毯有《怀净土诗》,古邈有《闽中吟草》,古电有《石窗草》,古桧有《梦余草》,古昱有《融虚遗诗》,古奘有《虚堂诗集》《蠹馀集》等等;另外,今辩、今摩、今壁亦能诗。海云诗派的成员并不都是海云寺的常住(僧人流动性很大),有的甚至不是出家人,之所以以"海云"来命名该诗派,是因为清徐作霖、黄蠹等人把函昰门人的诗作辑为了《海云禅藻集》。《海云禅藻集》共四卷,共收诗家128名,诗作1010首(其中诗僧60名,诗作732首)。其《凡例》解释"禅藻"云:

> 是集颜曰"禅藻",《雷峰志》之一尔。禅者,既已声尘俱断,宁用文藻标其唾弃!癸甲之秋,天然和尚开法岭表,四方章缝之士,望光皈命。于是不二法门开,才俊名流翕然趋向。斯集也,志一时之盛,见当日工文翰者,皆弃词藻而归枯寂,非入枯寂而又以"禅藻"名也。观者毋因其名而反议其实焉。①

这批诗人主要是由儒入佛的读书人,或祝发,或居家,皆皈依佛门。近人陈融《读岭南人诗绝句》卷一六有《函昰》一首,诗中论到海云诗家之盛:"师弟山门韵各拈,不关词藻饰庄严。回头悟得甘心处,才是雷峰诗教渐。"②

二、以书悟禅,书坛巨擘

禅宗自初祖达摩印心而至六祖慧能开宗,再至云门、临济、曹洞、沩仰、法眼五家传灯,历代祖师,无不主张"明心见性"。禅宗思想实质上是中国化了的佛教思想,禅宗南派更是将佛性从西方极乐世界移植到了人们的内心,实现了佛性的"人性化"。慧能以"无念为宗""无相为体""无住为本"为核心的"心性说",给中国的文学艺术以极大的影响,中国于是产

---

① 徐作霖、黄蠹等辑:《海云禅藻集》,广东旅游出版社2017年,凡例第1页。
② 陈融:《读岭南人诗绝句》,(香港)1965年誊印本,第768页。

生了空灵圆融、富有"禅趣"的诗词，也产生了取法自然、追求"化境"的绘画。作为中国艺术组成部分的书法，也同样受到禅宗思想的影响，古代的"翰墨真如"说，便是佛教禅修之义在书法创作领域的延伸，它反映的是禅宗的美学精神。

（一）书有韵致，格调高雅

自古以来僧人很少以书名，但在现实当中他们却有不少人善书，有的甚至具有很高的造诣。禅门书家的书法水准，往往与其学问境界存在密切的关系。在秉持禅宗观念的书家看来，"书法"与"禅法"本是一回事。——"法即是心"，能"以心传心"便能"以书悟禅""以禅入书"。唐朝的辩光禅师就认为："书法犹释氏心印，发于心源，成于了悟，非口手能传。"[1]

身为禅门高僧，函昰对"禅墨"三昧有深刻的体悟。他出家前深受儒家思想浸染，在传统学问上已有良好、扎实的基础，出家后又不断研探佛理、参悟禅机，追求心性的空灵与精神的自在，加上艺术天分很高，故书法成就很大。今释《徧行堂集》卷一六《题天然老人墨迹》论道：

> 右天然老人诗稿十二纸，乐说辩公所藏，以贻解虎锡公者。颜尚书《座位贴》为书中第一，盖其人又第一。人不足贵，则字为之贱矣。世间法贵立品，僧法亦然。今所称坐曲盝床，点胸点肋，多贱丈夫。老人每训人立品，读其诗，铁骨稜稜，足以砥柱末流，观者慎勿蹉过。若仅云墨宝，则吾岂敢！[2]

追本溯源，函昰的书法本自李邕、米芾。李邕是唐代著名书法家，玄宗时曾被封为北海太守，故人称"李北海"。他擅长真、行、草、隶、篆各体，而以行草造诣最深。他学书从"二王"入手，入其内而出其外。《宣和书谱》说他精于翰墨，行草之名由著。初学右将军行法，既得其妙，乃复摆脱旧习，笔力一新。他的字对后世有很大影响。米芾与黄庭坚、苏轼、蔡襄并称"宋四家"，徽宗崇宁年间做过礼部员外郎，故有"南宫"之称（唐宋时把在礼部掌文翰之官称作"南宫舍人"）。他的书法吸取了李邕书法的某些特点，潇洒脱尘，有如天马行空、云鹤游天。函昰的书法，便是在消

---

[1] 《佩文斋书画谱》引魏了翁《鹤山集》。
[2] 释今释：《徧行堂集》，广东旅游出版社2008年版，第一册，第429页。

化、吸收上述两位古代书法名家的基础上出新而成的。从总体上来说，函昰的字骨气洞达，结体稳重，笔力遒劲，奕奕有神。不过若把他不同时期的作品拿来对照，不难看出，他早期的书法较为遒劲雄健，豪宕纵逸；晚年的书法则萧散自然，淳厚古朴。而无论是早期还是晚年的书法，都超凡脱俗，极富韵致。康熙十年（1671），今无《光宣台集》卷一〇《丹霞老和尚楷书后跋》，论其师书法之妙：

> 丹霞老人禅悦暇闲作字。今年六十有四，而喜书此小幅，精到健媚，殆烟云泉石之致，为慧光浑融所用，道韵深稳，非小技雕虫可能仿佛者。宜其月满千峰，钟鸣独院，法云深处一座岿然，而能使霜颅螺顶之侣胸中如洒，计此丰神，当与赵州、南阳问法腊而指庭树也。①

由于清朝后来的查禁，函昰流传于世的书法作品并不很多。2004 年 10 月由杭州华宝斋书社出版的朱万章先生编《天然禅墨》，共收入函昰的书法作品 16 幅，均为行书或草书，是目前所收函昰书法作品较多者，下文讨论的作品除一种外，均见于此书。

1. 行书栖贤山居诗

两幅，均为纸本。一幅纵 229.5 厘米，横 53.6 厘米，香港何氏至乐楼藏；一幅纵 170 厘米，横 78 厘米，香港中文大学文物馆藏。其文为：

> 客到无留处，情乖懒见人。床前多病衲，殿角一闲身。夜色秋旻净，泉声晓梦真。昨闻江上信，又阻白门津。

两幅落款均为"栖贤山居诗，天然"，但至乐楼藏本比中文大学本多"为子修居士"五字。这首诗是作者的《栖贤山居十首》之一，入《瞎堂诗集》卷八。据《天然和尚年谱》，《栖贤山居十首》作于顺治十一年（1654），其时函昰 47 岁。这两个条幅，应都书写于此时或稍后，它们的字迹、书风十分接近，明显带有函昰盛年书法雄健跌宕、富有笔力的特点。马国权先生在《广东明清书势》一文中评论说："《栖贤山居》五律行书诗轴，其中'秋'、'真'、'昨'等字，结体用笔甚近南宫，但萧散自然，淳厚古茂，绝无鼓弩惊奔之笔，此中高致，当非仅从临池中来，这是跟他在学问、

---

① 释今无：《今无和尚集》，广东旅游出版社 2017 年版，第 250–251 页。

禅理等多方面的修养分不开的。"①

2. 行书栖贤山居诗法帖

载于清人潘正炜《听飒楼集帖》。其文为：

> 病骨怜秋夜，夜长不可眠。久疏芦菔味，惭愧白云禅。开户望霜月，随身过墅田。清空山势耸，一雁入寒烟。
>
> 栖贤山居似梦回大士，海云天然。

这也是函昰的诗作《栖贤山居十首》中的一首，入《瞎堂诗集》卷八。上文已说到，《栖贤山居十首》作于顺治十一年（1654），但此幅作品落款"海云天然"，书写当在顺治十五年（1658）之后，因为此年雷峰隆庆寺才易名为海云寺。也就是说，这是函昰51岁后的作品。与上面提到的两幅行书栖贤山居诗比较，这件法帖在保持了其盛年书法雄健豪迈的风貌的同时，又多了几分浑厚圆融的味道，给人以一种旷达出世之感。

3. 行书四言偈法帖

载于清人潘正炜《听飒楼集帖》。其文为：

> 至道无难，为娴拣择。但莫憎爱，洞然明白。毫厘有差，天地悬隔。欲得现前，莫存顺逆。
>
> 天然。

这是一首法偈。书风比上面的栖贤山居诗法帖较硬朗，可能是50岁以前的作品。

4. 行书诗句

纸本，纵250厘米，横68厘米。香港何氏至乐楼藏。其文为：

> 惜暗夜笼月，停光昼薄云。
>
> 丹霞老人。

函昰康熙六年（1667，61岁）到丹霞山别传寺开法，至康熙十年（1671，

---

① 马国权：《广东明清书势》，《明清广东法书》，广州·香港：广东省博物馆、广州市美术馆、香港中文大学文物馆，1981年。

65 岁）受归宗寺之请赴庐山，前后共在丹霞主法五年。这幅行书署名"丹霞老人"，必是这个时期的作品无疑。书法中的文字，是函昰分韵创作的《雪诗·五言律三十首》《十二文》中的两句，原诗收入在《瞎堂诗集》卷二〇。马国权先生认为这幅行书"跌宕多姿，似得北海，尤有韵趣"①。而何耀光先生则认为，此书"精到健遒，意态洒然，具回翔动静，厥趣相随，则又非小技雕虫可能仿佛者，真慧笔也"②。

5. 行楷书五律竹简拓本

纵 101 厘米，横 15 厘米。广州艺术博物院藏。其文为：

> 背触非遮护，巍巍古道存。十年行有地，一日契无言。影草手中眼，吹毛身里门。规模镕尽易，须念尔儿孙。
>
> 甲辰浴佛日铭付摩子。天然。

这首诗《瞎堂诗集》未收。落款明示书于康熙三年（1664）四月初八日，其时函昰 57 岁。根据拓印者的题款介绍，竹简原藏番禺海云寺，是函昰给其第三法嗣今摩（即其俗子曾琮）的传法信物。书法介于行书与楷书之间，字体端秀而严整，用笔富于节奏，与其他作品风格稍异。

6. 行草书七律扇面

金笺纸本，纵 16.5 厘米，横 52 厘米。广州艺术博物院藏。其文为：

> 时节因缘且莫嗟，长流小水自成河。丈夫毕竟无虚欲，菩萨元来先利他。法器已从千佛铸，疑情犹待一声囮。须知此病非今古，病久成医奈尔何。
>
> 若云公以病未与禅约，偈以慰之。天然。

诗《瞎堂诗集》未收。这是天然传世的唯一扇面，作于何时不详。作品结体平稳疏阔，用笔圆转流畅、厚重含蓄，显示出书写者平和淡泊、清静无欲的心态。

7. 行草书七律

绢本，纵 147 厘米，横 47 厘米。广州艺术博物院藏。其文为：

---

① 马国权：《广东明清书势》，《明清广东法书》，广州·香港：广东省博物馆、广州市美术馆、香港中文大学文物馆，1981 年。

② 劳天庇：《明遗民书画录》，转引自朱万章编《天然禅墨》，华宝斋书社 2004 年版。

近郭名蓝半壑开，华簪方服对高台。云生几席僧携至，香满山厨官带来。万里风烟霜竹断，三生魂梦午钟催。相看未易论畴昔，且共遐心倒茗杯。

华林陪诸宰官斋书似以璜大士正。丹霞天然老僧呈。

诗入《瞎堂诗集》卷十三，题为《初入华林》（个别字有出入），汪宗衍《天然和尚年谱》系于康熙八年（1669），是函昰62岁时的作品。这幅书法，是函昰的中晚年之作，用笔相当老练成熟，水平足可比肩同时期的一流书家。杜霭华女士评曰："此作品粗犷奔放，意态生动，格调高旷。极富于抒情和表现，其特征集中表现在行笔的节奏和笔画的律上，总体上以收为主，以放为辅，整体上时起时伏，形成了明显的节奏，笔墨粗犷中又有细腻精巧，落笔重而厚，但行笔不急，笔到墨到，韵律显得稳健、凝重、苍拙、虚灵，意态特别生动。"① 评说到位。

8. 行书五绝梅花诗

纸本，纵250厘米，横68厘米。广东省博物馆藏。其文为：

香暗随风度，飔飔不欲存。闻香意何限，花自到黄昏。

雷峰老人。

这是函昰分韵创作的《梅花诗·五言绝句三十首》中的一首，题为《十三元》。李福标先生认为，《梅花诗》作于清顺治十年（1653）至十四年（1657）函昰住庐山归宗、栖贤期间，其时函昰46至50岁。李先生说："《梅花诗》第15首云'不堪横却月，以此到庐山'、第45首云'匡庐顶上湖千顷，惭杀当年汉苑还'，可证。胡方《梅花四体诗》序指言'得归宗天然老人《梅花诗》一帙'，而不冠以'雷峰'、'丹霞'等，似可旁证。"② 其说可信。不过这幅行书并不是书写于这个时候，理由之一，落款称"雷峰老人"，已明示作品书写于作者晚年归住雷峰海云寺期间；理由之二，作品书风汪洋恣肆，笔法苍老，自由随意，一挥而就，与作者盛年时代着意模

---

① 杜霭华：《天然禅师墨迹遗珍》，见杨权主编《天然之光——纪念函昰禅师诞辰四百周年学术研讨会论文集》，中山大学出版社2010年版，第204页。

② 李福标：《论胡方〈梅花四体诗〉与天然和尚〈梅花诗〉》，见杨权主编《天然之光——纪念函昰禅师诞辰四百周年学术研讨会论文集》，中山大学出版社2010年版，第164页。

仿李邕、米芾，已不相同。

9. 行书五绝梅花诗

纸本，纵 170 厘米，横 42 厘米。广州谢氏节香楼藏。其文为：

寒色拥千树，寻香只一枝。何因重攀折，欲识树上时。

丹霞老僧。

这是函昰分韵创作的《梅花诗·五言绝句三十首》的一首，题为《四支》，入《瞎堂诗集》卷十九。书法落款为"丹霞老僧"，说明书写于作者住丹霞山时期，即康熙六年（1667，61 岁）至康熙十年（1671，65 岁）之间。陈永正先生认为："在天然墨迹中，当以署名'丹霞老僧'的行草五绝诗轴为最佳，此为作者晚年所书，笔力甚老，既凝重，复流动，已到从心所欲之境。"①

10. 行书议建海云寺殿宇卷

纸本，纵 17 厘米，横 223 厘米。广东省博物馆藏。录文见本书下编《法门砥柱，壁立千仞》一文。

这是函昰就雷峰海云寺建造问题而致门人的信，也是函昰传世字数最多的墨迹。据今释《雷峰海云寺碑记》，海云寺大殿落成于顺治十五年（1658），此信具体讨论了大殿的建造问题，因此可以推定写于此年之前，其时函昰住庐山栖贤寺。也就是说，这是函昰 50 岁以前的作品。作为函昰盛年时代的书法代表作，这个手卷字体稳重紧凑而又不失从容洒脱，笔势刚健有力，明显是从李邕、米芾的书法化出。又因为是信札，所以书写似经意又似不经意，一气呵成，极为自然。

11. 行书和今无法偈卷

尺寸不详。黄氏小画舫斋藏。其文为：

喜阿侍者呈偈用韵示此：忘丑怜儿老更痴，归来还汝旧须眉。雷峰佛法无多子，踏倒方知觉悟迟。

己亥五月十一日，天然书。

这是函昰书法中另一幅有确切年月日的作品，书于顺治十六年（1659），其

---

① 陈永正：《岭南书法史》，广东人民出版社 1994 年版，第 67 页。

时函昰 52 岁。朱万章先生《天然禅墨》谓此卷是"函昰为释弟子今无墨迹所作的题跋"①，非也，作品是对今无所呈诗偈的唱和。书风坚劲硬朗，极得李北海笔意。

12. 行书浴日亭诗轴

纸本，纵 197 厘米，横 78 厘米。广东省博物馆藏。其文为：

> 薄汉祥云开紫气，一轮寒日涌沧溟。阴霾洗祓孤阳起，乾德清明万汇醒。曙色已澄新宇宙，夕晖犹映旧辰星。海天上下观垂象，百代兴怀在勒铭。
>
> 浴日亭似又文大士。天然。

诗收入《瞎堂诗集》卷一一。作于何时不详，可能写的是古羊城八景之——"波罗浴日"（在南海神庙）的景观。从"曙色已澄新宇宙，夕晖犹映旧辰星"一句，可知诗作于鼎革后不久的顺治之世。诗轴书风与和今无法偈卷很接近，可能是同时期的作品。书法格调高迈，刚劲灵动。

13. 行书七言联

原载《广东文物》，收藏情况与尺寸不详。其文为：

> 浅深绿树藏茆屋，开落红花荫草篱。
>
> 天然。

书法以对联形式出现，实为函昰《春日寄雷峰社中》诗中的一句。诗见于《瞎堂诗集》卷一三（"草"字作"竹"字），首句为"庾关残腊惜归时"。《天然和尚年谱》载，顺治十五年（1658）春，函昰自江西栖贤还雷峰，故可推知诗作于此年，其时函昰 51 岁。此幅作品亦当书于此时或稍后，书风比较刚劲硬朗。麦华三先生称此联"笔势夭矫，笔力苍劲，字径或大或小，历落有致"②。

14. 行书梅花诗

原载《广东名家书画选集》，尺寸不详。东莞梁氏藏。其文为：

---

① 朱万章：《天然禅墨》，华宝斋书社 2004 年版，第 29 页。
② 麦华三：《岭南书法丛谭》，见《广东文物》，上海书店 1990 年影印本。

腊穷人不到柴门，花开花落总莫论。雪色自严香自远，更无形影待王孙。

梅花诗，归宗老僧。

这是函昰分韵创作的《梅花诗·七言绝句三十首》中的一首，题为《十三元》，收入《瞎堂诗集》卷一九。根据《天然和尚年谱》，函昰曾两住庐山归宗寺，一次在顺治十年（1653）至顺治十一年（1654），即46至47岁时；另一次在康熙十一年（1672）至康熙十三年（1674），即65岁至67岁时。此幅书法落款"归宗老僧"，显然系写于第二次住归宗寺期间。作品书法苍老，饶有风骨。

15. 行草书七律和梅影诗

纸本。纵163厘米，横37厘米。台湾何创时书法艺术基金会藏。其文为：

月下开门送一枝，满床珠玉不胜思。休伤岁暮难为折，恼乱春愁是此时。只有孤踪投客意，何曾香气惹人知。疏斜自向山溪早，银烛朱帘影每迟。

酬谢邺门见和梅影诗为亦闻大士。庐山紫霄天然老僧。

诗收入《瞎堂诗集》卷一五，题为《谢邺门贻梅影诗用韵和答以酬其意》，未署写于何时。查《天然和尚年谱》，函昰康熙十七年（1678）始筑山楼于庐山紫霄峰下之净成精舍，是年七十一，可知这是其晚年的作品。论者认为这幅书法"全用中锋，圆转流荡，筋骨内含，绝去觚稜"，是函昰书法的精品。① 笔者倒是认为它笔法苍老，率性随意，给人一种"从心所欲不逾矩"的感觉；若与其盛年时代的作品相比，似乎少了些磅礴豪迈、刚毅劲健之气。

16. 行书七绝悼今无诗

见于今无《阿字无禅师光宣台集》卷首，《天然禅墨》未收。其文为：

四十九年一字无，分明此日绝名模。现前面目非今古，莫向春深闻鹧鸪。

栖贤老僧题。

---

① 台北何创时基金会编：《明末清初书法展——忠烈·名臣、遗民·高僧》，1996年。

此诗《瞎堂诗集》未收，显系函昰因上首爱徒今无逝世而作的悼亡诗。今无圆寂于康熙二十年（1681），世寿四十九，故诗中有"四十九年一字无，分明此日绝明模"之句。函昰写此行书作品时年已74岁，当时住在栖贤寺的净成精舍。字迹比较硬朗，显示出晚年的书风。

函昰的书法作品，除了上述外，笔者还在丹霞山别传寺的丈室还见过一行书横幅，住持顿林法师告诉笔者，为高仿真复制品，原件藏在某收藏家处。内容为《初住栖贤口占》与《中秋无月有怀出山诸衲》。第一题为一首五律，收入《瞎堂诗集》卷七，但略有出入，书法作品文字如下：

> 为爱匡庐僻，寻幽过峡桥。山寒松树怯，泉落夜钟销。午供归烦晚，朝锄乞种遥。茅居犹未结，辛苦木铃摇。

因为《瞎堂诗集》有题注"甲午"，故可知诗作于顺治十一年（1654）。第二题包括两首七内容如下：

> 去年此夕海云开，此夕今年山雾来。若使月明照潭水，恐惊飞雁一徘徊。
>
> 清光不欲动人怀，点澹秋山只自谐。却忆榕桥寒月后，几人形影在天涯。
>
> 天然

两诗均收入《瞎堂诗集》卷一七，题作《中秋无月二首》，文字完全相同。《瞎堂诗集》题后亦注"甲午"，说明此诗也是作于顺治十一年（1654）。函昰时年四十有七，故书法显示了其盛年时代作品的特征，遒劲雄健，豪宕纵逸。

（二）海云书派，独树一帜

函昰融佛理于书法艺术之中，临池作书，挥洒自如，在"心体亦空，万缘俱寂"的自在之境中，实现了对无我、无智、无染、无执的生命本真的复归。他那天然裁成、高雅超凡的书法，在禅门中产生了很大影响，其徒弟多受熏染。在他的引领之下，清初在岭南地区，形成了一个以他为核心、以诸今为骨干的独树一帜的禅门书家群体。他们临池作书各有个性却不失自家风貌，因为他们都与番禺雷峰海云寺有关联，所以被汪宗衍命名为"海云书派"①。麦华三先生指出，函昰书法乃"海云诸今书法所从出也"②。总的来说，他们的作品有"一种山林隽秀之气，阅之令人气爽，挹如清风自外来也"③。海云书派有墨迹传世者，除了函昰本人之外，还有今无、今覞、今释、今壁、今辩、今但、今印、今幛、今载等人。1941 年于香港举办的广东文物展览会展出的《海云六释诗合卷》，为李蟠所藏，可视为海云书派的总汇。

今无是函昰的第一法嗣，髫龀披缁，受师傅熏陶最深。其书法远绍唐人、近宗函昰，笔力遒劲，姿态倾侧。麦华三先生认为其"书宗北海，得其瘦硬，尝见其书诗扇一持，精品也。擅用逆入平出之法，极有姿态。轩昂磊落，如古大夫。大有李思训碑笔意，观之令人气舒焉"④。他的字又参有欧阳询、褚遂良的笔意，笔法峻利，体势修长，富于变化。今无的传世作品有数件，较著名的有以下几种：藏于山东省博物馆的行书《墨妙歌》，已被选入《中国美术全集》书法篆刻篇（见《清代书法卷》图版51），论者认为它行笔遒劲，结体变通；藏于广东省博物馆的行书《望五老残雪》（见《明清广东法书》图版41），作品用笔多斩截，时露锋芒，字形大小相间，笔画粗细变通，能在不协调中求得和谐；《广东文物》卷二图版 124 所刊的行草七律扇面，笔走龙蛇，飞扬洒脱，堪称佳制；香港何耀光先生所藏《浴日亭》五律行书诗轴（见《广东历代名家书法》图版 33），此件率性随意，古雅稚拙，别开生面。另外，广州市美术馆藏《高俨等送胡大定诗画册》，亦有他题写的行书，为"非云非鹤"四字，甚有骨力，后面的序文则飞舞跌宕，姿态一新。

今覞是函昰的第二法嗣，工行草。其《袈裟岭》五绝行书诗轴（见《广东文物》图版 112）为其晚年之作，笔力老健，略采苏东坡、黄庭坚意态。《中国书法大辞典》谓其有"松雪之遗"，似未得要领。今覞的传世墨迹，还有藏于北京故宫博物院的行书《寄赠列渔之诗》，藏于广州美术馆的《高俨等送胡大定诗画册》中的题诗，与藏于广东省博物馆的行书《张说品文》立轴，书法均严整工致。今释《徧行堂续集》卷九《题石鉴和尚遗墨后》谓"石鉴覞和尚字出于苏"⑤，道出了今覞书法的渊源。朱万章先生认

---

① 汪宗衍：《明清之际广东书画家》，《艺文丛谈》，（香港）中华书局 1978 年版。
② 麦华三：《岭南书法丛谭》，《广东文物》，上海书店 1990 年影印本，第 70 页。
③ 简经纶：《琴斋论书》，《广东文物》，上海书店 1990 年影印本。
④ 麦华三：《岭南书法丛谭》，《广东文物》，上海书店 1990 年影印本，第 70—71 页。
⑤ 释今释：《徧行堂集》，广东旅游出版社 2008 年版，第四册，第 202 页。

为今覲的书法是"在天然和尚基础上，从苏东坡字中吸取营养，形成自己的风格。其字瘦硬秀劲，用笔粗犷，但缺乏天然和尚的豪逸"①。

函昰的第四法嗣今释虽然是浙江人，但是由于长期活动在广东，因此也被学界视作"粤人"。这位创建了韶关丹霞山别传寺的名僧，不仅长于诗文、著作雄富，而且书法亦颇为精湛，在函昰门人中，数其传世墨迹最多。他曾在《徧行堂集》卷七《种玉堂三体诗序》说："笔有中锋，诗有正音，予尝爱之而未能学，故诗与字皆从偏入。"②从传世墨迹来看，今释写字确喜用偏锋，其字结体上松下紧、上宽下窄、上疏下密，仄中求平，斜中求正，奇崛险劲，极具个性。田光烈先生评价说："（今释）用笔之正偏锋兼施，转折提顿之巧为变化，得法于南宫，而欹侧取势，则可上溯北海，尤善草书。"③朱万章先生对今释书法评价甚高，曾以"出蓝"誉之。④不过依笔者看来，其书法水平还是逊色于函昰。今释不仅能书，而且在书学理论方面亦有见解。其《徧行堂集》中的《书法汇编序》《题米元章帖》《题王刘帖》《题黄石斋墨迹》《题董其昌卷后》《题天然老人墨迹》《书三尊宿手书后》《题素道人临帖》《题圣教序后》等文，均是有关书法的文字。

出身官宦人家的今壁是函昰的第五法嗣，他幼通坟典，在书法方面亦有良好的修养，尤工于楷书。其字上法三国钟繇、唐代褚遂良，颇得古人神韵。不过传世作品只有行书《七言诗》。

长庆禅师今辩是函昰的第六法嗣，有《四会语录》传世。他少有文名，尝学帖于梁之佩（即今印）。其书法略近于今无，然用笔变化较少，温雅流丽。传世作品有广州艺术博物院藏行书《题廿二韵赠王道诗》，书于康熙三十年（1691），字亦不失为佳作。

函昰的第九法嗣今但曾住山50余年，学通内外。在书法方面，传世作品有广东省博物馆藏行书《怀两同门有序》（为今释《仞千禅师塔铭》卷的题跋），书风"灵秀端庄，豪迈超逸，字体偏长，略带隶意"⑤。

今印字海发，俗姓梁，名琼，字之佩，顺德人。顺治十四年（1657）在江西庐山礼函昰为僧。出家前为邑诸生，曾授今辩以帖括之学。有行书七

---

① 朱万章：《天然禅墨》，华宝斋书社2004年版，第38页。
② 释今释：《徧行堂集》，广东旅游出版社2008年版，第一册，第182页。
③ 田光烈：《佛法与书法》，河北人民出版社1991年版，第226页。
④ 朱万章：《澹归今释传世书迹考释》，见林亚杰、朱万章主编《岭南书学研究论文集》，广东人民出版社2004年版。
⑤ 朱万章：《天然禅墨》，华宝斋书社2004年版，第39页。

言诗卷传世。其字结体细长,笔势洒脱灵动。

今嵇字记汝,俗姓潘,名楫清,字水因,新会人。顺治三年(1646)清兵入粤后弃诸生,遁入空门,从函昰受戒。顺治十八年(1661)为雷峰海云寺典客,后随函昰住丹霞山别传寺与庐山归宗寺。性耽山水,曾孤居十余年。著有《借峰诗稿》。擅长行书,其字清雅秀劲,挥洒自如,气韵盎然,颇有士气。广东省博物馆藏有其行书长卷,为七言律十二首(见《明清广东法书》图版35),一气呵成,有东坡面目,又融入了钟繇及汉隶的笔意,饶有古韵,堪称佳制。

今载也是函昰的门人,生平不详。广东省博物馆藏有其行草诗页(见《明清广东法书》图版11),所书内容为李白《铜官山》诗句,草法纯熟,喜用侧锋,笔力坚劲犀利。

海云书派的成员并不止上述诸人,在函昰的门人中还有不少人有书名,如今白、今沼、今锡、今普、今冉、今镜、今儆等,惜未见有遗墨传世。

以函昰为核心的海云书派虽然不是职业书法家,而且在全国书坛影响也不大,但是这并不意味着他们的作品艺术水准不足。恰恰相反,从他们为数有限的传世作品来看,这些僧门书法家的水平是很高的。他们多为文士出身,自幼即受到传统文化的熏陶,出家后又接受佛学,研究禅宗,胸中儒、释交结不解,既不能忘情于世间,又欲参悟色空之理,这种矛盾的思想,反映到书法艺术中,便形成了饶有趣味的风格,有时剑拔弩张,有时则菩萨低眉。他们的作品,在广东省博物馆与广州海幢寺合编的《禅风雅意:岭南寺僧书画暨海幢寺文化艺术展》(文物出版社2021年版)一书中有丰富的呈现。

[据笔者《广东历代书家研究丛书·天然函昰》(岭南美术出版社2012年版)一书改写]

遗民僧函可"私携逆书"案述析

发生于清顺治四年（1647）的岭南遗民僧函可"私携逆书"案，向为治明清史（尤其南明史）者关注，论者多把它说成为清代"第一宗文字狱"。真实情况是否如此，值得研究。

函可，字祖心，号千山剩人；俗名韩宗騋，字犹龙，广东博罗人。他是明礼部尚书韩日缵（字绪仲，卒谥文恪）的长子，生于万历三十九年辛亥（1611）。其堂兄韩如璜是复社成员，为南粤士子的首领。受如璜影响，韩宗騋少年即"有康济天下之志"（《广东新语》卷一二《诗语·僧祖心诗》）①，为诸生时即名声倾动一时，海内名士以能与交为荣。但面对明末乱象丛生、内外交困的局面，这位官宦公子既不能挽狂澜于既倒，又不屑与宵小同流合污，遂绝意仕进，以犬马自娱。崇祯九年丙子（1636）韩日缵卒后，韩宗騋对人生的"无常"有了更深一层的感悟，遂萌生了出世之念。崇祯十一年戊寅（1638），他与曾起莘——即后来的著名遗民僧函昰（字天然）——同参道独（字空隐）禅师于东莞双柏林，次年六月又随道独入江西庐山，再至曹溪礼六祖后落发，成为道独的法子，法名函可。钱谦益说道独"随身两膝无剩余，龙象踏蹴看二驹"②，"二驹"，指的就是函昰和函可。崇祯十四年辛巳（1641），函可还罗浮山华首台充都寺；崇祯十七年甲申（1644），在广州城小北门外黄华塘创不是庵静修。

函可是一位亦僧亦儒的义士，他虽已身入佛门，但对世俗社会依然保持着深切的关注。崇祯十七年甲申三月十九日，李自成农民军攻陷北京，崇祯皇帝自经于煤山；函可闻变，悲恸形于辞色。不久吴三桂引清兵入关，逐走李自成，北京遂成为清朝的新都。面对着这场天析地解的变局，函可深感失落。而正在此时，南京方面传来了明朝的旧臣拥立福王朱由崧为新主、建立弘光政权的消息，故国复兴似乎有了一线希望，于是清顺治元年甲申（1644）十二月，函可离开岭南，北上南京。

关于函可北上之动机，顾梦游（字与治）《千山诗集序》记为"以请藏

---

① 欧初、王贵忱主编：《屈大均全集》，人民出版社1996年版，第四册，第318页。
② 钱谦益：《华首空隐和尚塔铭》，《牧斋有学集》，上海古籍出版社1996年版，第1272页。

来江宁",《千山剩人和尚语录》附函昰《千山剩人可和尚塔铭》则记为"以请藏,附官人舟入金陵"①,两人的说法相同。顾梦游是函可的莫逆之交,函昰是函可的法兄,他们对函可到南京的动机不会不清楚。那么是否就可据此而得出函可为"请藏"而到南京的结论呢?不是。道理很简单:函可如果真是"请藏",完全没有必要在这个兵荒马乱的时候出发。因此可以断定顾梦游之序和函昰之铭所用的都是曲笔。"以请藏"的"以"字,实际上应该理解为"借"字。也就是说,函昰是以"请藏"为名进入南京的。他从岭南北上的真正动机,其实是想在弘光朝的政治中心为复兴故国效力。王在民先生曾在《南明诗僧可事考》一文分析说,函可虽是方外之人,但"到了甲申之变,因目击异族侵略,不甘忍受,所以又由出世而入世,为汉族争取民族的光"②。看来情况确是这样。

  函可到达南京时已是顺治二年乙酉(1645)初。在南京,他寄居于顾梦游的寓楼。顺治二年正是中国政治军事形势波澜起伏的一年。对当时的现实政治投注着无比关注的出家人函可,痛心疾首地目睹了清军渡江南犯、不争气的弘光朝廷不到一年便倾覆的过程,他把自己的所见所闻撰成了一部实录。因为相对于崇祯朝的"甲申之变"而言,弘光朝的倾覆是明朝的第二次重大事变,所以他把这部实录定名为《再变记》。《再变记》已不传,但读过它的明诸生江苏高淳人邢昉(字孟贞)留下了一首《读祖心禅师〈再变记〉漫述五十韵》,诗载于徐世昌的《晚晴簃诗汇》,诗中说到"此纪乙至丙,大书得梗概",可悉它大略记载了顺治二年乙酉至顺治三年丙戌江南地区的事变。邢氏之诗还说到:

维岁昨在申,九州始破碎。旧京虽一隅,形势东南会。我皇秉主鬯,雨泣面如赪。臣民尽惊呼,少康实可配。史公践台斗,心赤当时最。云台占紫气,恍惚嘉祥届。亡何变氛祲,太白垂天戒。宵光尽炯炯,白日犹未退。咄哉夜郎人,小器自矜大。入手事排挤,持议夸拥戴。朝廷一李纲,不容密勿内。狼貐本在野,抵死呼朋类。赫赫先帝书,翻案神灵慨。谊士惜繁缨,凶党蒙冠带。从此问王纲,解带随尘壒。貂蝉并铁斧,颠倒弄机械。人心二竖灰,世事长江败。洎乎皇舆播,临轩曾召对。出奔忽异域,此事令人怪。得非靴中刀,凛凛恶奸

---

① 释函可:《函可和尚集》,广东旅游出版社2015年版,第126页。
② 释函可:《剩人和尚语录》,番禺韩卓父不胶斋1970年庚戌二月印本,附录第14页。

桧。所恨丧乱朝，不少共欢辈。城头竖降旗，城下迎王旆。白头宗伯老，作事弥狡狯。捧献出英王，笺记称再拜。皇天生此物，其肉安足噬。养士三百年，岂料成狼狈。幸有两尚书，臣节堂堂在。又有杨中丞，甘死如饮瀣。呜乎黄祠部，刀锯何耿介。郎吏及韦布，一二更奇怪。吁嗟郡国英，螳臂堪一喟。宣歙始发难，战血涂草莱。麻生怒冲发，气作长虹挂。松林战尤苦，婺女兵终溃。吴子要离烈，张朱俱慷慨。我悲黄相国，绝食经颠沛。海上王将军，就死迹愈迈。①

把诗的内容拿来与《四朝成仁录》《明季南略》《小腆纪年》等南明史料相参证，可悉"我皇秉圭瓒，雨泣面如霰"系指弘光帝践祚；"史公践台斗，心赤当时最"系指受命于危难之际的史可法以"阁部"督师淮扬，壮烈殉国；"二竖"系指马士英、阮大铖，"咄哉夜郎人，小器自矜大。入手事排挤，持议夸拥戴"则指他们以"拥福"而居功弄权；"赫赫先帝书，翻案神灵慨。谊士惜繁缨，凶党蒙冠带"系指马士英勾结阮大铖，为权阉魏忠贤逆案翻案，打击排挤东林、复社清流；"出奔忽异域，此事令人怪"系指弘光朝迅速溃败，而马士英等作鸟兽散；"城头竖降旗，城下迎王旆。白头宗伯老，作事弥狡狯。捧献出英王，笺记称再拜"系指钱谦益率众开南京城门迎降清帅多铎；"两尚书"系指张捷、高倬；"黄祠部"及"郎吏"系指黄端伯和刘万顺；"吴子"系指吴应箕；"黄相国"系指黄道周；等等。说明《再变记》对弘光朝的颠覆前后的情况，有翔实的记载。如果此书尚存，一定是一部信而有征的南明野史。从诗的口气也可以看出，《再变记》是站在明朝的立场纪事的，褒贬色彩很强。邢氏评论说，"伊昔郑忆翁，著书至元代，出土十载前，金石何曾坏！"把《再变记》与宋末元初遗民郑思肖（所南）所写的痛诋蒙古统治者的《心史》②相提并论，反映出此书具有明显的反清色彩。

顺治四年丁亥（1647）十月，函可获得清朝的允准离宁还穗。谁也想不到，此行会牵发一宗上干天听的大案。对案件发生的前后情形，函昰《千山剩人可和尚塔铭》记道：

---

① 转引自汪宗衍：《清代第一宗文字狱——函可和尚'再变记'案》，见释函可《剩人和尚语录》，番禺韩卓父不胶斋1970年庚戌二月印本，附录第41页。

② 郑思肖于宋亡后四年把其所写痛诋异族统治的《心史》手稿装入密封的锡匣铁函，然后扔入苏州承天寺的一口古井。360多年后的明崇祯末年，书被人发现，居然完好无损。

辛以归日,行李过城阖,为守者擒送军门。当事者疑有徒党,拷掠至数百,但曰:"某一人自为。"夹木再折无二语。乃发营候鞫,项铁至三绕,两足重伤……后械送京邸,途次几欲脱去,感大士甘露灌口,乃安忍如常。逮至下刑狱,越月释,发沈阳。①

对这段文字,不明就里的读者会感到疑惑不解:是什么原因,使函可这位出家人"忤守者意"呢?为什么他会遭"大刑伺候"?他犯了什么大罪,以至于要"械送京师"鞫问?既然是朝廷"钦犯",他为何又未被判重刑?……的确,这其中有很多奥妙。原来,函可的这个案件与反清复明运动相关,且直接牵连当任清朝招抚南方总督军务大学士的明降臣洪承畴。

洪承畴,字亨九,本是明朝的重臣,曾任延绥巡抚、陕西三边总督、兵部尚书兼督河南山西陕西四川湖广军务,在镇压明末农民军的战争立过不少"功勋";后总督蓟辽军事,防御清兵。松山之役兵败被执,在清廷的百般威胁劝诱下投降。洪氏归顺清朝后,以其在剿抚方略的老谋深算而获得摄政王多尔衮的赏识,被任为兵部尚书兼右副都御史,为清朝平定江南立下了汗马功劳。洪氏是万历四十四年丙辰(1616)的进士,与马士英、阮大铖同榜,而当年会试,恰好是函可的父亲韩日缵任同考官。按照旧日科场的惯例,选拔了洪承畴的韩日缵便成了洪承畴的"座主",而洪承畴则是韩日缵的"门生"。正因为有这层"世谊",尽管当时清朝对江南警戒很严,洪承畴还是给函可这位"师兄"及其同行的僧人金腊等人颁发了回岭南的通行印牌。

按照清廷授权,洪承畴作为江宁地方的最高军政长官,可以"便宜行事",因此他给函可等发通行印牌并不奇怪;而握有他所发通行印牌的函可等人,按理行动应当相当顺畅,但是实际情况并非如此。当时驻防江宁的昂邦章京巴山(满洲镶黄旗人)及其手下的八旗城门当值官并不怎么买汉官"洪大人"的账,在函可等人出城门时,他们对函可等人进行了严密的盘问搜查。结果,清兵在函可携带的经筒中搜出了《再变记》以及弘光帝答阮大铖书的稿本。这下可闯了大祸!因为按照清朝的政策,这些都是在查禁范围的违碍文字。函可私携"逆书",不仅殃及了同行的僧人,也给洪承畴惹来了不小的麻烦。洪承畴作为汉官,与满洲大将巴山本来就有矛盾,这回他给函可等发通行印牌,无异于给巴山提供了把柄。巴山抓到函可,喜不自

---

① 释函可:《函可和尚集》,广东旅游出版社2015年版,第126页。

胜,他不与洪承畴磋商,便对函可严刑逼供,拷掠至数百,绝而复苏者屡;并派人急速进京,向清廷呈报案情。巴山本冀望能从函可的嘴中逼问出些什么来,最好把洪承畴牵连进去,想不到函可骨头很硬,誓死不招,"但曰某一人自为,夹木再折,血淋没趾无二语"①。眼见屡审不果,巴山只好牒洪承畴鞫讯。巴山的用意很清楚——这群"犯僧"的通行印牌是你姓洪的颁发的,现在出了事,交由你处置吧,看你如何办!对处理函可这个案件,洪承畴自然感到很棘手:出于避嫌,也是职责所在,他不可能放过函可;但出于"世谊",也是为了保护自己,他又不愿重究函可。这是一件大案件,若处理不好,就会得罪朝廷,危及自己的仕途。对案情的严重性洪承畴是心知肚明的,他毕竟是官场老手,当他获悉巴山告御状后,审时度势,立刻决定把巴山踢给自己的球再踢给朝廷。他在奏章中说:

> 犯僧函可,系臣会试房师故明礼部尚书韩日缵之子,出家多年。于顺治二年正月内,自广东来江宁刷印藏经,值大兵平定江南,粤东路阻未回,久住省城。臣在江南,从不一见。今以广东路通回里,向臣请牌;臣给印牌,约束甚严。因出城门盘验,笥中有福王答阮大铖书稿,字失避忌。又有《变记》一书,干预时事。函可不行焚毁,自取愆尤。臣与函可有世谊,理宜避嫌;情罪轻重,不敢拟议。其僧徒金腊等四名,原系随从,历审无涉。臣谨将原给牌文及函可书帖封送内院,乞敕部察议。②

清廷接到洪承畴的报告后,下旨:

> 洪承畴以师弟情面,辄与函可印牌,大不合理,着议处具奏。函可等着巴山、张大猷差的当员役拿解来京。③

朝廷同意直接审理函可案,既是由于洪承畴请求,也是由于案情重大——《清史列传》卷七八《贰臣传·洪承畴》载道:"十月,巴山等以察获游僧

---

① 九龙真逸(陈伯陶):《胜朝粤东遗民录》卷四,(台北)明文书局1985年版。
② 王先谦:《东华录选辑》,《台湾文献史料丛刊》第四辑,(台北)大通书局1977年版,第48页。
③ 王先谦:《东华录选辑》,《台湾文献史料丛刊》第四辑,(台北)大通书局1977年版,第48页。《清史列传》卷七八《贰臣·洪承畴传》记载接近。

函可、金腊等五人，携有谋叛踪迹……"，"谋叛"自是滔天大罪。

巴山的嗅觉很灵敏，他说函可等人"有谋叛踪迹"并非空穴来风。函可这次南归，的确有其深意。早在顺治四年丁亥（1647）春，函可便在盘算这次行动了。沈归愚《国朝诗别裁》卷三二载函可《丁亥春将归罗浮酬别黄仙裳次原韵》诗云：

春尽雨声里，扬帆趁晓晴。路经三笑寺，归向五羊城。末世石交重，余生瓦钵轻。悲凉无限意，江月为谁明。

几载秦淮侧，雁归人未归。世情休厌薄，吾道自知非。拙计还山水，顽心付蕨薇。重来安敢说，多病力衰微。

顺治三年丙戌（1646），明桂王朱由榔被丁楚魁、瞿式耜等拥为"监国"，旋即即位于广东肇庆，建立永历政权。而与此差不多同时，隆武帝朱聿键之弟、唐王朱聿镄亦被苏观生、何吾驺等拥为皇帝，在广州建立了绍武政权。当时有许多热血志士从外地聚集两广，参与岭南的抗清斗争。函可在这个时候"拙计还山水"，"归向五羊城"，用意正是如此。这在上述诗篇中其实已有隐晦暗示："吾道自知非"的"道"，是指反清之志向；"顽心付蕨薇"，是说绝不屈服于清朝统治，誓与征服者斗争到底；"余生瓦钵轻"，则是说把个人生死置之度外。

巴山说函可等"有谋叛踪迹"还有另一层意思，那就是怀疑函可曾对洪承畴进行过策反。陈寅恪先生在《柳如是别传》中说："巴山等拷问函可，即欲得知洪氏是否与此运动有关。"① 一语点破玄机。事实上作为掌握清朝江南地方军政大权的重臣，洪承畴早就成了反清复明势力争取的对象。在函可案发之前，就曾有人代表在浙江绍兴"监国"的鲁王朱以海秘密劝洪承畴"反正"，此事为巴山所察觉。《清史列传》卷七八《贰臣·洪承畴传》载：

（顺治）四年四月，驻防江宁总管巴山、张大猷奏：柘林游击陈际可擒贼谢尧文，获明鲁王封承畴国公及其总兵王（黄）斌卿致承畴与巡抚王国宝书，有"伏为内应，杀巴、张二将，则江南不足定!"语。上奖巴山等严察乱萌，而谕慰承畴、国宝曰："朕益知贼计，真同儿

---

① 陈寅恪：《柳如是别传》，生活·读书·新知三联书店2001年版，第960页。

戏。因卿等皆我朝得力大臣，故反间以图阴陷，朕岂堕此小人之计耶！"

因"严察乱萌"而获清廷夸奖的巴山，在防止汉人策反明降臣方面自然总是保持着高度的警惕，函可与洪承畴的关系非同一般，这不由得他不对函可存有怀疑。函可寓居南京几年，与当时困居此地的明遗民如张遗、顾炎武、归庄、陈丹衷、王潢、张风、龚贤、邹典、邢昉、余怀、顾与治等过从甚密，函可交援于这些人物，有很大可能已加入反清复明地下阵营。以他与洪承畴的特殊关系，直接出面劝说洪氏"反正"，是很有可能的。有一件甚至连给函可撰辑年谱的王在民和汪宗衍都未曾发现的秘密事件，可成为这个推断的注脚。《千山剩人和尚语录》附郝浴《奉天辽阳千山剩人可禅师塔》记述，函可就化前说："丙戌岁（1646）本以友故出岭，将挂锡灵谷，不自意方外臣少识忌讳，遂坐文字，有沈阳之役。"① 此语与洪承畴说函可"于顺治二年（1645）正月内，自广东来江宁刷印藏经，值大兵平定江南，粤东路阻未回"，在时间上显然存在冲突，与其他史料所记函可返岭南的时间——顺治四年丁亥（1647）十月也不相符。这是否郝浴误记？函可《千山诗集》补遗有本存于黄华寺主的七律31首，其中多为函可顺治三年丙戌的作品（亦有少数是顺治四年丁亥的作品），其中有不少留别诗，如《次韵答邢孟贞并以道别》有"高楼春尽恨难删"之语，《留别顾与治》有"一春花落鸟空愁"之语，《留别白门诸公》有"三山花落催行棹""莺啼无限夕阳多"之语，《次郑元白韵》有"春残惟听白门筇"之语，《留别余澹心二首次韵》之一有"春风犹滞秣陵间"之语，写的都是暮春景色，而《留别余澹心二首次韵》之一又有"三年不见云中信"之语（所谓"三年"，指甲申、乙酉、丙戌）。陈寅恪先生独具慧眼，在《柳如是别传》第五章《复明运动》中以这些材料为据，精辟地证明了函可在顺治三年丙戌的暮春时节曾秘密返回过岭南一次，于同年又偷偷重来南京的事实。《千山诗集》卷九就载有函可在南京所作的《丙戌岁除》！这就意味着，郝浴的记载是正确无误的！事实上，《千山诗集》补遗还保存有函可写于此次南归途中的诗作，例如《路中》云：

石头曾共典寒衣，五月光分几雁飞。前路烽烟愁正剧，一春花鸟愿

---

① 释函可：《函可和尚集》，广东旅游出版社2015年版，第129页。

多违。还家莫话沧桑事，迟我常开夜月扉。江水茫茫悲倦翮，何时同采故山薇。①

《广中》云：

出门又过半年期，独夜心情黯自悲。乡梦似随风雨入，归程仍为甲兵迟。一生未了嵩间泪，万里长萦涧畔思。想得生还重见面，几人欢动莲花池。②

诗中明确透露了他这次南归的时间。既然他离开石头城时把"寒衣"拿去典了，说明天气已将回暖；而至大雁北迁的五月，他仍行进在归乡的途中。由于"前路烽烟""正剧"，所以虽然他的"乡梦似随风雨入"，但"归程仍为甲兵迟"，回到南粤，半年之期已过。"想得生还重见面"，说明函可返岭南将成为现实。《千山诗集》补遗还有《博中》《寿界系师兼约同游罗浮》等写于岭南的作品，而且这些补遗作品存于黄华寺主之手，也说明函可回过岭南。

函可为什么会在顺治三年返回广东，而又于同年再到南京呢？为什么他后来对这次行动闭口不谈呢？这说明他这次南归，不是一般意义的探亲，而是一次带有任务的秘密行动！如是回乡，没有必要这么神秘，更没有必要去而复返。陈寅恪先生猜测："岂函可于丙戌一年之中，去而复返，实暗中为当时粤桂反清运动奔走游说耶？"③

洪承畴对函可的行止想来是清楚底细的，仔细玩味他就函可案写给朝廷的奏折，会很有意思。他声称自己与"久住省城"（潜台词是函可没有离开过南京）的函可以前"从无一见"，又申明自己在给函可等颁发印牌时"约束甚严"，这就在基本面上与函可"划清了界限"。对函可的罪状，他用的是轻描淡写的笔法——福王（即弘光帝）给阮大铖的书信稿，只是"字失避忌"；"干预时事"的《再变记》不明确说是函可的手笔，而只是说是他"违章私携"的；金腊等随从，则"历审（与函可）无涉"（潜台词是此案并非"集团犯罪"）。更可注意者，他对函可在上一年秘密返回岭南一事讳

---

① 释函可：《函可和尚集》，广东旅游出版社 2015 年版，第 384 页。
② 释函可：《函可和尚集》，广东旅游出版社 2015 年版，第 385 页。
③ 陈寅恪：《柳如是别传》，生活·读书·新知三联书店 2001 年版，第 960 页。

莫如深，而那次函可所用的通行印牌必定也是他颁发的！陈寅恪先生说"亨九奏折讳言剩人回粤后，又重来金陵之事，必有隐衷"①，可谓一针见血。试想，如果让清廷知道函可在上一年曾秘密回过岭南，后又复来江宁，那麻烦不更大了么？洪氏的奏折，显然每个字都经过了他的深思细斟，出发点不外是想使案件化大为小，化重为轻，既使函可得免重罪，又为自己开脱干系。对洪承畴与函可的微妙关系，清廷自然心知肚明。不过当时北方军事未靖、南方抵抗力量亦一波未平一波又起，在此形势下，清廷正需倚重洪承畴这位在政治、军事上俱有韬略的能人，因此并不打算动真格追究此事。所以当案件处理尘埃落定的时候，巴山并没有看到他所希望看的"好戏"，"犯僧"函可只是被发配沈阳而没有被处死，而"部议革职"的洪承畴未受任何处分。

陈寅恪先生说，函昰《塔铭》所记函可系狱及械送北京途中得蒙"神力"护佑一事，"所言殊诡异"，实际上这是"暗示亨九辈阴为保全，故赖以脱死"②。这一分析十分正确。试想，函可被械送北京，途中性命几乎不保，此时竟有"大士"给他"甘露灌口"，这位"大士"不是洪承畴所派，会是谁所派？函昰《千山剩人可和尚塔铭》说，"师自起祸难至发沈阳，两年于此，与系维同参法纬讫诸徒共五人外，无一近傍，然内外安置极细，如狱中一饮啗、一衣履，随意而至，如天中人"③，若非洪承畴安排，谁有这等本事？函可犯罪，传律殊死，而经京师刑部审讯后未被杀头，甚至未被投到监狱，而只是被流放关外，如果不是洪承畴左右，又怎么可能？

虽然函可被轻判是由于洪承畴的缘故，但是此事也折射出，与文纲严密的康雍乾三代相比，清初的政治文化环境相对来说还是比较宽松的。设想此案若发生在雍正或乾隆时代，不仅函可将难逃身首分离的命运，其他人也不免要受株连；而函可只是被流放关外，且尚能继续寄身佛门，这种处分，在封建专制时代，应该说轻得不能再轻了。函可其实也明白自己犯了重罪，所以他到关外后自称"罪秃"④。这位和尚后来在沈阳开法于南塔（广慈寺），

---

① 陈寅恪：《柳如是别传》，生活·读书·新知三联书店2001年版，第960页。
② 陈寅恪：《柳如是别传》，生活·读书·新知三联书店2001年版，第961页。
③ 释函可：《函可和尚集》，广东旅游出版社2015年版，第126页。
④ 如在今日尚存世的一通手札中，函可对友人说："……即有存者，宁复知雪窖中尚余一罪秃耶！"（陈此生：《政治和尚函可》，见《千山剩人和尚语录》附，番禺韩卓父不胶斋1970年庚戌二月印本，附录第29页。）在《答李居士书》中，他又说："……然而罪秃终不能已于言者一二混淆处，诚恐学者不究立言之旨，循文摘句……"（《千山剩人和尚语录》卷六）

又陆续主持普济、广慈、大宁、永安、慈航、接引、向阳等七大名刹的说法,最后移锡辽阳千山之龙泉寺,"喇嘛率诸辽海王臣道俗称佛出世"①,被大关以东奉为鼻祖,且其声名洋溢于朝鲜、日本中。清顺治十六年己亥(1659)西逝,报龄四十九,僧腊二十。他在岭南的亲人,则合族牺牲于抗清斗争。

函可案的情形,大致如此。函可说自己因"坐文字"而有"沈阳之役",此话让一些学者信以为真,不加深究,便把函可说成是"清朝第一个首罹文字狱之人"②、"以文罹难的第一人"③,而把函可私携"逆书"案定性为"清代第一宗文字狱"④。函可案究竟是不是"文字狱",其实是不难辨析的。何为"文字狱"?文字狱就是以文字罪人,其基本特征是不以作者的行为作为治罪依据,而以掌权者自身对作品思想倾向的理解或臆测去罗织罪名。换言之,文字狱是被治罪者因文字而获罪,而他本身并没有相应的犯罪行为,甚至没有相应的犯罪动机。文字狱发生,不是由于作者以文托讽、意在言外,便是由于好事者蓄意推求,无中生有。文字狱虽然是封建专制时代所习见的现象,但在历史上以清朝康雍乾三代最著最烈。究其原因,一方面,一些具有强烈正统感和民族感的汉族知识分子对清朝统治者入主中原十分反感,在他们眼里,"建虏"入侵有如乾坤颠倒,武装抗争失败了,他们还要借助诗文抒发内心对新朝的仇恨和对胜朝的追念之情;另一方面,清朝统治者以"异族"入主中原,多少有些"中气不足",因此军事镇压结束之后,他们便要在思想文化上打击对立的士人,强迫他们接受其"正朔"。清朝文网之密,治狱之苛,影响之大,株连之广,都是空前的,以至于到了嘉庆时龚自珍还心有余悸地说:"避席畏闻文字狱,著书都为稻粱谋。"不过,清初的文字狱并非一向都是那么苛严的,清初国基未稳,在政治军事的敌人尚未最后肃清的背景下,统治者尚未顾得及在思想文化上压制士人;而且,从化解敌对势力的策略考虑,统治者对那些不满其入主中原但并未直接抵抗其军事进攻的士人,政策似乎也比较宽松。这一点可从明清易代之际遗民逃

---

① 九龙真逸(陈伯陶):《胜朝粤东遗民录》卷四,(台北)明文书局1985年版。
② 王在民:《函可和尚余考》,见释函可《剩人和尚语录》,番禺不胶斋1970年庚戌二月印本,附录第38页。
③ 杨凤城等:《千古文字狱》,南海出版公司1992年版,第6页。
④ 汪宗衍:《清代第一宗文字狱——函可和尚"再变记"案》,见释函可《剩人和尚语录》,番禺不胶斋1970年庚戌二月印本,附录第41页。

禅成风①而清廷却不予干涉看出端倪②。事实上在整个顺治时期，见诸记载的文字狱案只有毛重倬等坊刻制艺序案、冯舒以《怀旧集》案、黄毓祺复明诗词案、张缙彦诗序案等几件，它们影响都不大，受株连者也很少。后两案明显与反清复明有关，究竟算不算"文字狱"还是个问题。在函可案发生以前，清朝并未有过"文字狱"，函可案也不是"文字狱"。因为从案情看，"政治和尚"③ 函可携带了南明弘光帝致阮大铖书之稿，撰写了《再变记》这部有反清倾向的实录，而且参加了南方士人的反清复明地下活动，这说明他并非"以文字获罪"。他反清有思想，有动机，也有行动，不仅是"思想犯"，而且是"现行犯"。他所犯的不是"舆论罪"，而是"颠覆罪"。新入主中原的清朝统治者从维护自身的统治利益出发对他施以制裁，那是合乎政治逻辑的。

（原载《学术研究》2006 年第 2 期）

---

① 根据陈伯陶《胜朝粤东遗民录》，当时仅函昰座下的遗民就逾千人。关于此问题，可参蔡鸿生《清初岭南佛门事略》第一章第五节《明清之际岭南佛门的遗民潮》，广东高等教育出版社 1997 年版。

② 在清初，士人逃禅似乎非但不被制止，反而是被鼓励的，这可能与顺治帝的崇佛有关系。兹举一例：永历朝的文渊阁大学士兼兵部尚书瞿式耜被执后，定南王孔有德说以百端，想劝瞿剃发降，瞿不肯；孔有德复使人说曰："国家兴亡，何代无之。生若朝露，何自苦如此？公可薙发为僧，定南王孔有德劝自当了悟。"瞿式耜连这样的"让步"也不接受，遂被杀。事见《南明野史》卷下《永历皇帝纪》。

③ 陈此生：《政治和尚函可》，见释函可《剩人和尚语录》，番禺韩卓父不胶斋 1970 年庚戌二月印本，附录第 36 - 40 页。

"僧其貌"而不"僧其心"

——论屈大均的失路逃禅与归儒辟佛

清初岭南著名诗人屈大均曾于清顺治七年（1650）落发为僧，12年之后又脱离佛门，还俗归儒，后来则崇儒辟佛。其生活经历反映了社会现实的复杂性、人生经历的曲折性与思想活动的多面性，因此很值得关注。兹围绕其出家与还俗的几个问题展开讨论。

一、人生失路，无奈出家

屈大均出家，与明清鼎革之后复杂的政治军事形势直接相关。屈氏曾在其《先考澹足公处士四松阡表》提到，顺治三年（1646）清军首陷广州，他遵从其先府君"仕则无义。洁其身，所以存大伦也，小子勉之"（《翁山文外》卷七《先考澹足公处士四松阡表》）①的训导，坚决不向清朝表示臣服。次年，其师陈邦彦与陈子壮、张家玉——史称"岭南三忠"——在广州周边发动了大规模的抗清起义，他也亲身参加了这场声势浩大的武装斗争。不久起义失败，其师杀身成仁，他则逃隐在家。不久，清将李成栋戏剧性地反正归明，迎永历帝到肇庆，抗清形势一时好转。他遂于顺治六年（1649）春赴行在谒见永历帝，并呈《中兴六大典书》，为大明江山的恢复出谋献策。当时永历帝授以中秘书之职，他以父病辞归。翌年〔顺治七年庚寅（1650）〕，清将尚可喜打败李成栋，清兵再陷广州，屠城七日，肆无忌惮捕杀城内军民。在血雨腥风的气氛下，为躲避迫害，屈大均于此年在距家乡严坑（今番禺新造镇思贤村）咫尺之遥的员岗村雷峰海云寺为僧，其师为天然函昰。屈大均出家后法名叫今种，字一灵。

在屈大均所处的时代，落发为僧是许多不肯辱节降志的明遗民对清朝的一种消极抵制方式，这种方式被称为"逃禅"。清人邵廷采《思复堂文集》卷三《明遗民所知录》自序谓："明之季年，故臣庄士往往避于浮屠，以贞

---

① 欧初、王贵忱主编：《屈大均全集》，人民文学出版社1996年版，第三册，第138页。

厥志。……僧之中多遗民，自明季始。"① 饶宗颐在为《石濂大汕与澳门禅史——清初岭南禅学史研究初编》而作的序中则指出："明季遗民遁入空门，一时才俊胜流，翕然趋向。"② 广东地处岭海，尚未为中原江左习气熏染，故逃禅之风更盛。屈大均正是在这样的社会政治背景下出家的。

然而对于明遗民而言，国变之后，除隐迹寺庙之外，还有另外一条路可走，那就是杀身成仁。南明烈士瞿式耜就宁死而不肯为僧。顺治七年（1650），清将孔有德率师入桂林，俘虏了永历朝的留守瞿式耜与总督张同敞。孔有德劝降，瞿、张二位誓死不从。孔有德敬重瞿式耜，不忍加害，派人传话："公可薙发为僧，自当了悟。"可是瞿式耜对放自己生路的孔有德并不领情，他凛然回答："僧者，降臣之别名也。佛即圣人，圣人，人伦之至也，未识人伦，何为了悟？"③ 这件事说明，在当时第一等的忠义之士看来，逃禅含有"忍辱偷生"的意味。对自己苟存性命于乱世，屈大均其实也是有些惭愧的，他曾说自己"求仁不得，斯为罪戾"（《翁山文外》卷七《先考澹足公处士四松阡表》）④。而朝廷方面也瞧不起他这种不能死节的行为，清高宗在乾隆四十一年（1776）十一月十六日所下谕旨便指屈大均与其同门澹归今释"遁迹缁流，均以不能死节，腼颜苟活，妄誓狂言，其人实不足道"⑤。屈大均并非"腼颜苟活"之辈，否则他就不会参加其师陈邦彦等领导的反清武装起义了，可既然如此，他为什么又不以身殉国呢？对这个问题，他是这样回应的："人尽臣也，然已仕未仕则有分，已仕则急其死君，未仕则急其生父，于道乃得其宜。"（《翁山文外》卷二《周秋驾六十寿序》）⑥ 这段话，是就别人而言的，实际上也是说自己。他曾在其《翁山文钞》卷二《御琴记》中说自己对着"威宗烈皇帝"（明毅宗崇祯帝）之灵自称"草泽臣"⑦，意思是自己并没有仕明的经历，但心系明朝。对自己国难不死，屈大均还有一个解释，这就是负有"传道"的责任。他在《翁山文外》卷一《七人之堂记》中说："士君子不幸生当乱世，重其身所以重

---

① 劭廷采：《思复堂文集》，浙江古籍出版社1987年版，第212页。
② 姜伯勤：《石濂大汕与澳门禅史——清初岭南禅学史研究初编》，学林出版社1999年版，序第1页。
③ 瞿共美：《东明闻见录》庚寅永历四年，（台北）大通书局1984年版。
④ 欧初、王贵忱主编：《屈大均全集》，人民文学出版社1996年版，第三册，第138页。
⑤ 《钦定四库全书总目》，中华书局1965年版，卷首圣谕第3页。
⑥ 欧初、王贵忱主编：《屈大均全集》，人民文学出版社1996年版，第三册，第92页。
⑦ 欧初、王贵忱主编：《屈大均全集》，人民文学出版社1996年版，第三册，第300－301页。

道。天下无道，栖栖然思有以易之，惟圣人则可。"① 在他看来，在乱世末造，要使道相传不坠，士君子必须先全其身。身之不存，道将焉附？因此他在《翁山文钞》卷八《书逸民传后》说：

> 南昌王猷定有言，古帝王相传之天下至宋而亡。存宋者，逸民也。大均曰，嗟夫，逸民者，一布衣之人，曷能存宋？盖以其所持者道，道存则天下与存……今之天下，视有宋有以异乎？一二士大夫其不与之俱亡者，舍逸民不为，其亦何所可为乎？世之蛩蛩者，方以一二逸民伏处草茅，无关于天下之重轻，徒知其身之贫且贱，而不知其道之博厚高明，与天地同其体用，与日月同其周流，自存其道，乃所以存古帝王相传之天下无穷也哉。嗟夫，今之世，吾不患夫天下之亡，而患夫逸民之道不存。②

屈大均认为，世变之后，为图虚名而死，不见得就是负责任，不值得这么做。在"传道"论的背后，屈大均其实还有一句话没有说出来，这就是：志士只有保存生命，才能继续进行反清复明斗争。清人全祖望在《鲒埼亭集》卷四二《移明史馆帖子五》中说："士之报国，原自各有分限，未尝盖以一死期之。"因此对死与不死，屈大均是有其独立见解的。一位论者分析道："屈大均的'生'已不是目的，而是手段。是成就自己人生信仰的方式，就生死本身来讲，此时已无重大意义。不负责任只图虚名的'死'还不如有所待的'生'。"③

二、袈裟遗民，剃后心态

清初的袈裟遗民，从整体来看都是"政治和尚"，不过各自由于出家的原因与背景不尽相同，思想行为也大有差别。

有一类袈裟遗民，特别是那些在甲申国变前就已出家的和尚，往往具有"亦僧亦儒"的特征，他们多半是在确立了对佛教的信仰后才落发的。虽然出家后对现实社会还会有所关注，但是他们在本质上已是道地的出家人。屈

---

① 欧初、王贵忱主编：《屈大均全集》，人民文学出版社1996年版，第三册，第32页。
② 欧初、王贵忱主编：《屈大均全集》，人民文学出版社1996年版，第三册，第394页。
③ 卜庆安：《论屈大均"逃禅"》，《海南师范学院学报》（人文社会科学版）2002年第2期。

大均的师父天然函昰就属于这类人。函昰，字丽中，号天然，明崇祯举人。崇祯十二年（1639）皈依佛门，在江西庐山归宗寺礼宗宝道独和尚，祝发受具。后住广州诃林（即光孝寺），应机施教，宗风丕振，道声远播。明清鼎革后避地番禺海云寺，历住罗浮山华首台寺、广州海幢寺、韶州丹霞山别传寺、江西庐山归宗寺与栖贤寺诸刹，是曹洞宗第34代传人。这位高僧以儒入佛，以禅为纲，融通各宗，在钻研佛教的义理的基础上，曾写作《首楞严直指》《金刚正法眼》《楞严心印》《般若心经论》等一系列理论专著，成为清初岭南佛门的一代宗师。

另一类袈裟遗民，是明清鼎革后才出家的，他们的故国情怀虽然在内心深处并未完全消退，但是由于其所扮演的社会角色已发生重大变化，加上政治形势已今非昔比，因此遁入佛门后往往就不再与闻世事了，对社会的政治现实抱冷眼旁观的态度。看破了"红尘"的他们，隐迹于丛林寺刹之中，希冀通过宗教获得精神上的解脱。与屈大均有过交往的临济宗高僧成鹫①便是这类典型。成鹫，字迹删，少年时曾被南明永历朝录为博士弟子员。作为一名汉族知识分子，他在内心深处对清朝是排斥的，对明朝复兴则心有期待。但是打着"兴明讨虏"旗号造反的吴三桂的失败，令其心灰意冷，面对"滇黔之炎炎者，将见扑灭；闽广之滔滔者，渐睹安澜；冠冕之峨峨者，又不免于裂冠毁冕，退修初服矣"（《纪梦编年》）②的局面，他选择了自我断发，离俗出家，从此屏迹城市，不再与闻世事。

还有一类遗民僧，初出家时与现实纠葛很深，但后来在佛门的熏陶下思想逐渐发生了转变，最终实现了从"外僧内儒"到"亦僧亦儒"的转型，成为真正意义上的佛教徒。屈大均的同门澹归今释便是这种典型。这位与其师父函昰、法叔函可并称"岭南三大遗民僧"的和尚，俗名金堡，原是明朝的进士，曾入仕南明隆武朝与永历朝，与现实政治纠葛很深。后来在朝廷政争中受到迫害，心灰意冷，遂落发为僧。顺治九年（1652），他在广州礼函昰，受具足戒。最初，他尘心不泯，与反清复明势力有着千丝万缕的关系，出家之后长期无法从过去的痛苦与仇恨中解脱，用他自己的话说，"身托缁流，心乖白月。宰官之障未除，文士之气未尽。万行未习，六度未修"

---

① 释成鹫《咸陟堂诗集》卷二有诗《屈翁山归自金陵予将入泷水赋赠》，据此可知他与屈大均有交往。

② 释成鹫：《咸陟堂集》，广东旅游出版社2008年版，第二册，第309页。

(《徧行堂集》卷八《参方发愿文》)① 不过后来终于因某种机缘而顿悟,康熙六年(1667),他在丹霞山"于病中返照,大生惭愤,起坐正观,万念俱息,忽然冷汗交流,碍膺之物与病俱失。从此入室,师资契合,顿忘前所得者,老人乃印可"(成鹫《咸陟堂文集》卷六《舵石翁传》)②,成了表里一致的合格出家人。

与上述三类僧人不同,有这样一类遗民,他们并不是因为对佛教有信仰,而是由于人生"失路"才不得不遁身佛门的。清初学者归庄在《送筇在禅师之余姚序》一文中说:"二十余年来,天下奇伟磊落之才、节义感慨之士往往托于空门,亦有居家而髡缁者,岂真乐从异教哉? 不得已也!"③他们虽已遁身佛门,却不以浮屠自待,心中所秉持的依旧是儒家的价值观。这类遗民僧,实际上并不是真正的僧人,而是穿上了袈裟的儒生,即所谓"僧服儒心"者。屈大均就属于这类遗民僧。对于屈大均而言,出家其实并不是他的人生追求,而是他的无奈选择。他曾在《翁山文外》卷五《归儒说》一文中坦承:"予昔之于二氏也,盖有故而逃焉,予之不得已也。"④ 作为"不得已"的出家人,屈大均是这样认识逃禅的:

> 嗟夫,圣人不作,大道失而求诸禅。忠臣孝子无多,大义失而求诸僧。春秋已亡,褒贬失而求诸诗。以禅为道,道之不幸也。以僧为忠臣孝子,士大夫之不幸也。以诗为春秋,史之不幸也。(《广东新语》卷一二《僧祖心诗》)⑤

既然逃禅是不得已的,他在穿上袈裟之后没有"离俗"之念,与世俗社会依然保持着密切的联系,就是顺理成章的事了。他叫"今种",取的就是"忠君忧国,一点热血,使百千万劫忠臣义士种性不断"(钱谦益《罗浮种上人诗集序》)⑥ 之义。他把自己出家后的所居之地命名为"死庵",并在《翁山文外》卷一一中作《死庵铭》申述其意:

---

① 释今释:《徧行堂集》,广东旅游出版社2008年版,第一册,第205页。
② 释成鹫:《咸陟堂集》,广东旅游出版社2008年版,第二册,第79页。
③ 归庄:《归庄集》,上海古籍出版社1984年版,第240页。
④ 欧初、王贵忱主编:《屈大均全集》,人民文学出版社1996年版,第三册,第123页。
⑤ 欧初、王贵忱主编:《屈大均全集》,人民文学出版社1996年版,第四册,第318页。
⑥ 钱谦益:《牧斋有学集》,上海古籍出版社1996年版,第886页。

> 日死于夜，月死于昼，吾如日月，以死为寿。昼夜之死，非日月之否。欲昼夜之生，须昼夜之死。故曰：天死我身，吾将生之。天生我心，吾将死之。欲生其身，须死其心。心生于死，身死于生。夫能如是，是之谓能生能死之至人。①

他还取永历铜钱一枚，用黄丝系佩在身上，以示不改操守。有的遗民僧出于"权变"之需，会和清朝的官员保持某种关系。例如今释就曾笔削《元功垂范》，为平南王尚可喜歌功颂德；在他的《徧行堂集》中，有不少与清朝的"将军""太守""总戎""中丞""抚军""方伯"的酬答文字。就连据说"未尝一言一语仰干豪贵"的函昰，与尚可喜其实也有交往，他尝与尚可喜共铸一铜佛，置于广州大佛寺。但是屈大均对清朝的达官贵人避之唯恐不及，从来不和他们发生联系。他的一位遗民朋友杜濬曾把他比作"义不帝秦"的"鲁仲连"，另一位遗民朋友黄生则把他称为有"击剑心"的"冲冠客"。

屈大均在为期 12 年的出家生涯中，从未真正用心参究过佛理。他只是在 27 岁那年遵师祖华首老人宗宝道独之命，写过一篇不到百字的《华严宝镜跋》，无心为僧，可见一斑。他曾在其《翁山佚文》卷二《髻人说》中自明衷曲：

> 庚寅年二十一，又复髡，则予遂圆顶为僧，然犹不肯僧其帽，终岁间戴一青纱幅巾。壬辰年二十三，为飘然远游之举。以城市中不可以幅巾出入，于是自首至足，遂无一而不僧。②

试想，一个连僧装都不愿意穿搭的人，哪里可能有什么为僧的自觉意识？他曾在《翁山文外》卷九《书嘉兴三进士传后》中坦言："士君子不幸而当君父之大变，僧其貌可也，而必不可僧其心。"③ 因为无"僧心"，所以他出家后常常东颠西跑，从事种种与佛事完全无关的政治活动。他曾两次逾岭北游，到南京谒明孝陵，入京师登煤山哭崇祯，出辽东吊袁崇焕故垒，途中凡见明遗墟废垒，必涕泣悲歌。不曾在明朝一日为官的他，却登上煤山哭

---

① 欧初、王贵忱主编：《屈大均全集》，人民文学出版社 1996 年版，第三册，第 191 页。
② 欧初、王贵忱主编：《屈大均全集》，人民文学出版社 1996 年版，第三册，第 471 页。
③ 欧初、王贵忱主编：《屈大均全集》，人民文学出版社 1996 年版，第三册，第 165 页。

"威宗烈皇帝"。顺治十五年（1658），他在济南李氏家见到了崇祯帝御用的"翔凤御琴"，"捧之流涕"，随后声泪俱下，写下了《烈皇帝御琴歌》。四年之后，在广州西郊草堂的一次遗民雅集上，他对这把御琴的见闻，仍深深打动在座的陈恭尹等人。他出家期间的诗文，总是充满了亡国之患和报国之志。在故都燕京，他"风雨迷神驭，山河尽国殇。御袍留血诏，哀痛几时忘"（《翁山诗外》卷五《燕京述哀》）①。他虽是和尚，却无时无刻不为明室复兴操心，竟至"泪洒兰仓水，心悬缅甸城"（《翁山诗外》卷五《哭从弟孚士》）②。在塞北，他同顾炎武等志士一起高吟"飘零且觅藏书洞，慷慨休听出塞歌。我欲金箱图五岳，相从先向曲阳过"（《翁山诗外》卷一〇《送顾宁人》）③的诗句。字里行间，流露出拳拳报国之心。有学者注意到，在屈大均远游所交的旧雨新朋中，并"没有什么高僧大德，基本上是朔北和江南的故臣庄士"④。偶尔他也会至寺刹居上坐为徒众说法，但这与其说是高僧的开示，不如说是"名士的表演"⑤。因此沈德潜《清诗别裁集》并不把屈大均列为"诗僧"，而是把他归入"儒者"。顺治十七年（1660），屈大均还在会稽与浙江抗清义士魏耕等人共商匡复大计，他们冒险致信远在福建厦门的郑成功，请他引兵北上。郑成功得信，果然大举北伐，循海道入长江，接连收复30余州、府、县，并包围了南京；但后来骄兵轻敌，功败垂成。事后，清廷侦知魏耕、屈大均参与其事，遂下令追捕他们。结果魏耕被杀，他却侥幸逃脱。这些事实说明，屈大均出家后，其思想心态与在俗时并无二致。他依旧坚持原有的政治立场，不屈不挠地与清朝作斗争。他还俗后坦白说："昔者，吾之逃也，行儒之行而言二氏之言"（《翁山文外》卷五《归儒说》）⑥。故蔡鸿生评论说："'死庵'里的屈大均，根本就没有脱胎换骨，他依然是'人'——一个僧貌儒心的人！"⑦

正由于"僧其貌"而不"僧其心"，因此身为出家人的屈大均在姓氏问题上的见解也与其他出家人迥异。本来，出家人离俗之后，通常都要放弃俗姓而改姓"释"。但他出家后始终不愿"舍其姓而姓释"，由于这个缘故，

---

① 欧初、王贵忱主编：《屈大均全集》，人民文学出版社1996年版，第一册，第229页。
② 欧初、王贵忱主编：《屈大均全集》，人民文学出版社1996年版，第一册，第282页。
③ 欧初、王贵忱主编：《屈大均全集》，人民文学出版社1996年版，第二册，第811页。
④ 蔡鸿生：《清初岭南佛门事略》，广东高等教育出版社1997年版，第85页。
⑤ 赵园：《明清之际士大夫研究》，北京大学出版社1999年版，第12页。
⑥ 欧初、王贵忱主编：《屈大均全集》，人民岭南出版社1996年版，第三册，第124页。
⑦ 蔡鸿生：《清初岭南佛门事略》，广东高等教育出版社1997年版，第79页。

他的友人在他出家期间也常以俗姓"屈"称呼他，比如，顺治八年（1651）番禺诸生、函昰的俗家弟子林梦锡（法名今舒）曾作五律《曾诃衍、屈一灵再访》（徐作霖等《海云禅藻集》卷四）。顺治十七年（1660）浙中名士朱彝尊曾作五律两首，一首题为《同杜濬、俞汝言、屈大均三处士放鹤洲探梅分韵》，另一首题为《同王二猷定登种山怀古招屈五大均》（《曝书亭集》卷四）；朱彝尊还作有七古一首，题为《寒夜集灯公房听韩七山人弹琴兼送屈五还罗浮》（《曝书亭集》卷五）。顺治十八年（1661）觉浪道盛的门人桐岑大灯有诗赠屈大均，诗题为《送祁奕喜还山阴兼柬屈翁山》（《过日集》卷一二）。受上述观念影响，屈大均也用俗姓指称别的和尚。比如，康熙十九年庚申（1680），屈氏曾作七律《送方即山之西宁》（《翁山诗外》卷九），"即山"是临济宗天童系僧人成鹫初出家时的法字，成鹫俗姓方。

三、与师生隙，分道扬镳

屈大均于顺治七年（1650）在番禺出家的雷峰海云寺，是清初曹洞宗在岭南的最重要道场，其方丈是屈大均之师函昰和尚。函昰在当时影响很大，被誉为岭南明遗民的精神领袖与法门砥柱。

屈大均在出家之前就与函昰有交往。函昰曾介绍他到粤秀山从陈邦彦学《周易》和《毛诗》，因这一机缘，屈大均与陈邦彦结下了师生深谊。也许是由于屈大均出家前在岭南已享大名，屈大均进入佛门之初颇受函昰器重。函昰曾安排他到海幢寺当道独的侍者，帮助老和尚网罗散轶，以助钱谦益编纂40卷本《憨山老人梦游全集》；道独似乎也很欣赏屈大均的才学，曾在完成其佛学著作《华严宝镜》后，请这位徒孙作跋。

但是，正如上文分析的，屈大均是在明清易代的特殊政治背景下不得已而逃禅的，他在本质上并不是真正的出家人，而只是穿上了袈裟的儒生。他"身在曹营心在汉"，隐身于浮屠，却又不以僧人自待，他在内心深处持奉的依旧是儒家的思想体系与价值观念。这一点与其师有很大差别。作为清初曹洞宗的一代宗师，函昰是对佛教具有高度信仰的自觉出家人，而不是逃禅者。他对抗清志士们固然持欣赏态度，甚至不惜暗中保护他们，但这只是基于民族大义而选取的立场，这与屈大均像在俗士人一般直接卷入反清复明斗争，并不相同。屈大均与函昰说到底只是政治上的"同路"，而不是"同志"；他们在保持民族气节这个问题上具有相同或相近的立场，但是在对佛教的信仰与对出家问题的态度上却存在着根本的分歧。因此，屈大均虽然拜了函昰为师，但是在思想上并未能够做得到与师父交流无碍，这一点决定了师徒俩不可能长久同路，终会分道扬镳。

当时的学人潘耒在《屈翁山复石濂书跋》中，便揭示了屈大均与其师函昰生隙的事实：

> （屈大均）既以天然为师，转而师觉浪，欲与天然为雁行。天然诸法嗣不与，乃推奖石濂，认为同门，以压阿字、澹归，皆出私意；甚至代石濂作书，以触犯本师，何倒行逆施至是！①

上面这段文字，透露了三点信息：

第一，原属华首台—海云派的屈大均，后来转礼觉浪道盛，成为金陵天界系的成员。

道盛，号觉浪，住金陵天界寺，是曹洞宗天界系的核心人物。像函昰一样，他也是曹洞宗的高僧和明遗民的精神领袖，他在江南佛教界的地位，与函昰在岭南佛教界的地位约略相当，当时被誉为"江南三宝"之一（另外两"宝"是藏经与长干塔）。佛教界向有转益多师的传统，在求法学道方面一般没有门户界域，因此屈大均脱离函昰转礼道盛并不是不可以的。不过，如果考虑到天界系与华首台—海云派的关系，问题就来了。天界系属曹洞宗寿昌法脉东苑支，华首台—海云派属曹洞宗寿昌法脉博山支，两个支派同出一源。道盛是晦台元镜的弟子，函昰之师道独是无异元来的弟子，而元来、元镜又都是寿昌慧经（字无明）的弟子。也就是说，道盛与函昰是法叔侄关系。因此屈大均脱离函昰转礼道盛，就造成了一个尴尬局面，这就是，函昰与他的关系由师徒变成了"法兄弟"！潘耒说他"欲与天然为雁行"，便是这个意思。明知转礼道盛会搅乱宗门辈分，屈大均为什么还要这么做呢？由于没有直接的材料可资说明，我们只能通过推理来进行分析。屈大均转礼道盛，可能的动机有三个：第一，打算寻求政治庇护；第二，希望进一步参究佛法；第三，脱离华首台—海云派。第一个动机是很容易排除的，因为函昰与道盛都是明遗民的精神领袖，二人不仅政治立场相同，而且社会影响也相当，函昰既然已充当屈大均的保护伞，屈大均哪里还需再寻一把？第二个动机也不成立，因为屈大均并不是一位真正意义上的出家人，他自为僧以来就没有过学佛的心思。在排除了前面两个动机之后，最后一个动机——脱离

---

① 潘耒：《救狂砭语》，《瓜蒂庵藏明清掌故丛刊》，上海古籍出版社1983年版，第204-205页。

华首台—海云派,便成为唯一的可能。

第二,屈大均因替大汕和尚(号石濂)捉刀为文而触犯了函昰。

屈大均"代石濂作书",确有其事。《救狂砭语》载《屈翁山复石濂书》就有"(仆)不过代兄作一《问五家宗旨》"①之语,这说明大汕的《问五家宗旨》是屈大均代笔的。根据汪宗衍《屈大均年谱》所做的考证,屈大均还曾替大汕撰过《离六堂集自序》。屈大均充当大汕的捉刀人的时间应在他还俗后,因为他是在康熙初年才与大汕订交的(详下文),此时他与函昰已解除了师徒关系。屈大均这样做为什么会触犯到函昰,不得而知。不过对我们来说,知道这个事实就够了,它透露了屈大均与函昰不和的消息。

第三,屈大均不但与其师关系紧张,与同门也有矛盾。

潘耒在《与梁药亭庶常书》中也提到:"翁山本从天然剃染,复为觉浪门人。后返初服,与天然诸法嗣不相得。"② 关于屈大均"与天然诸法嗣不相得"的问题,今天也已很难从屈大均本人或他人的著述中找到具体证据,但是以屈大均的心高气傲,加上他在骨子里对佛教的排斥,他与今无、今释等同门会产生矛盾,那是很有可能的。虽然今天我们在屈大均和其同门的诗文别集中看不到他们相互攻击的文字,但是我们同样找不出他们相互推奖的文字。事实是,在华首台—海云派僧人的著述中,根本就没有屈大均的影子!这一点,可以徐作霖、黄蠡所辑《海云禅藻集》为例说明问题。此书所收,全是函昰僧俗弟子的诗作,其中卷四收录了陈恭尹的诗两首,说明他也是函昰的门人。梁佩兰的诗作未出现在集中,但他作有《送乐说和上上奉华首、雷峰、千山、海幢、栖贤、丹霞三世语录往秀州楞严寺入藏,时取道乐西》一诗,看诗题便知他与华首台—海云派僧人关系密切,因此这首作品被黄国声先生收入了《海云文献辑略》。而本为函昰弟子的屈大均,其诗作在集中竟付诸阙如!考虑到他作为"岭南三大家"之首的重要地位,这一缺位是意味深长的。

令人奇怪的是,屈大均与其同门关系虽然紧张,但是他与自己从未谋面的法叔函可却关系良好。函可,字祖心,号千山剩人。他是明万历朝礼部尚书韩日缵的大公子,于崇祯年间与函昰先后落发,二人后来都成为道独的法嗣。顺治二年(1645),他以"请藏"为由入金陵,意欲在弘光朝的政治中心为故国复兴效力,不久清兵破城,他把自己在金陵的所见所闻记为私史,

---

① 潘耒:《救狂砭语》,《瓜蒂庵藏明清掌故丛刊》,上海古籍出版社1983年版,第195页。
② 潘耒:《救狂砭语》,《瓜蒂庵藏明清掌故丛刊》,上海古籍出版社1983年版,第56页。

名《再变纪》。在出城还粤的时候，这部书稿与其他违碍文件被清兵搜出，他因此被捕入狱。后来由于其父的门生降臣洪承畴暗中相救，清廷才没有将他处死，而只是把他发配东北了事。在岭南的遗民僧中，函可可能是入世最深、对清朝最为仇恨的一位。屈大均曾在《广东新语》卷一二《僧祖心诗》说他"盖其人虽居世外，而自丧乱以来，每以潆洄苟全，不得死于家国，以见诸公于地下为憾"①。大概是为函可在反清复明斗争中的无畏精神所感动的缘故，屈大均对这位法叔情有独钟，他曾评函可的《剩诗》，称"其痛伤人伦之变，感慨国家之亡，至性绝人，有士大夫之所不能及者。读其诗，而君父之爱，油然以生焉"（《广东新语》卷一二《僧祖心诗》）②。顺治十四年（1657），他到处放出空气，说要"出塞寻祖心禅师"，以身"代赎"③，其亲朋好友闻讯，纷纷赠诗以壮其行色。④ 先此一年，函昰的上首法徒阿字今无也出关探访函可，可是与屈大均并无丝毫的声气相通。今无在经历了千难万苦之后在当年的岁末到达辽阳，在千山见到了函可；而屈大均于顺治十五年（1658）东出榆关，在各地周游了一番，并未能见到函可，最后郁闷地作了一首《言从浮峤直抵榆将访剩大师不果赋怀》，便悻悻南返了。

屈大均与函可虽未能谋面，但二人还是有诗歌往还的。屈大均有《寄剩禅师》《寄沈阳剩人和尚》诗，函可有《寄介子》《同澹心咏介子庭中蜡梅》诗，均见于各自的诗集。

四、转投天界，褒贬大汕

饶宗颐先生曾指出："明季遗民遁入空门，一时才俊胜流，翕然趋向。其活动自江南迤及岭南，徒众之盛，实以金陵天界寺觉浪上人一系，与番禺海云天然和尚一系最为重镇。"⑤ 身为袈裟遗民的屈大均，与清初佛门这两

---

① 欧初、王贵忱主编：《屈大均全集》，人民文学出版社1996年版，第四册，第318页。
② 欧初、王贵忱主编：《屈大均全集》，人民文学出版社1996年版，第四册，第318页。
③ 顾梦游《送一灵师之辽阳兼柬剩和尚》诗注说他"欲北上具疏请自成，而放剩和尚入关"（顾梦游：《顾与治诗集》卷五，民国金陵丛书丙集刻本）。
④ 例如张穆作有《送翁山道人度岭北访沈阳剩和尚》诗一首，陈子升作有《送一灵上人出塞寻祖心禅师》诗一首，钱澄之作有《送一灵出关寻剩公》诗二首，顾梦游作有《送一灵师之辽阳兼柬剩和尚》诗二首，等等。
⑤ 饶宗颐：《序》，见姜伯勤《石濂大汕与澳门禅史——清初岭南禅学史研究初编》，学林出版社1999年版。

大重镇居然都发生了关系。

屈大均脱离函昰，"转而师觉浪"，除了潘耒的文字外，还有其他文献资料可资佐证。顺治十六年己亥（1659），钱谦益曾为屈氏作《罗浮种上人诗集序》，文中有"上人归侍杖人"① 之语。"杖人"是道盛的别号。又屈大均在《屈翁山复石濂书》中说自己"洞上正宗三十四代祖师亦羞恶而不肯作"②，意思是道盛有意嗣法于他，而他不屑于接受。道盛是曹洞宗第33代，函昰是曹洞宗第34代，如果屈大均不是以道盛门人自居而是以函昰门人自居，他就应该说自己"洞上正宗三十五代祖师亦羞恶而不肯作"！笔者《屈大均之名本为法名》③ 一文考证，事实上，由于改换门庭，屈氏才有了"大均"这个名字。

屈大均是哪一年投到道盛门下的？文献资料并无确切的记载。姜伯勤先生认为他顺治十三年（1656）"受菩萨戒于觉浪道盛"④，此说有误。此年屈大均尚在广州海幢寺以侍者的身份助道独老人著述，不可能到金陵去受戒。笔者判断，屈氏转礼道盛，是在他顺治十五年（1658）初抵达金陵、与道盛相见之后，因为次年他就以道盛门人的身份去找钱谦益为自己的诗集作序了。无论如何，屈大均转投道盛门下不会晚于顺治十六年（1659），因为这一年道盛已示寂。

屈大均以和尚身份在天界系活动没多久就返粤还俗了，加上羊城离金陵甚远，因此他与天界系法众的联系可能并不是特别多。不过从他与人的诗歌唱和中，还是可以看得出联系的存在的。例如，顺治十八年辛丑（1661），桐岑大灯有诗《送祁奕喜还山阴兼柬屈翁山》（《过日集》卷一二）赠屈氏，而屈大均的《翁山诗外》卷五、卷六、卷七则分别有《怀同岑》《寄桐岑子》《寄桐岑禅师》诸作。桐岑大灯是道盛的第17法嗣。朱彝尊有七古《寒夜集灯公房听韩七山人弹琴兼送屈五还罗浮》（《曝书亭集》卷五），题中的"灯公"，即是指桐岑大灯。同年，屈大均有诗《登秦山寄酬庐山无可大师》（《翁山诗外》卷四）、《越中寄庐山无可大师》（《翁山诗外》卷九）。无可，即明末的名士方以智，出家后礼觉浪道盛，名大智，字无可。

在天界系法众中，与屈大均关系最密切、纠葛也最多的，无疑是他后来

---

① 钱谦益：《牧斋有学集》，上海古籍出版社1996年版，第886页。
② 潘耒：《救狂砭语》，《瓜蒂庵藏明清掌故丛刊》，上海古籍出版社1983年版，第196页。
③ 载于《中山大学学报（社会科学版）》，2011年第5期。
④ 姜伯勤：《石濂大汕与澳门禅史——清初岭南禅学史研究初编》，学林出版社1999年版，第183页。

在广东认识的石濂大汕。

　　大汕，字厂翁，号石濂，自称是觉浪道盛的门人。道盛在江南各地弘传佛教40年，声名远播，得戒弟子不可胜数，大汕大概也是其中之一。这位和尚多巧思、工诗画，极有才情却放浪形骸，被学者认为是清初佛门"异端派"的代表人物。他曾应安南国王之请往该国开法，又曾在澳门普济禅院主法，后住广州长寿寺。根据姜伯勤先生的研究，他至迟在康熙二年（1663）从澳门移住广州，与屈大均结识则是在康熙八年（1669）之前。①潘耒《救狂砭语》录《梁药亭复书》提到，大汕初至狮子林时，梁佩兰与屈大均即为其护法。潘耒在《与梁药亭庶常书》中谓：

　　　　（石濂）初来广州，不过卖画观音，称讲师而已。忽为善知识，称觉浪法嗣，则翁山实证成之。翁山本从天然剃染，复为觉浪门人，后返初服，与天然诸法嗣不相得。见石濂，爱其聪慧，谓英年可造，就不惜口业，力为证明。翁山乃亲见觉浪者，翁山既以石濂为觉浪之嗣，其谁曰非觉浪之嗣。②

上信说明屈大均对证明大汕确是道盛门人、从而使他在广州站稳脚跟发挥了重要作用。事实上也正是倚赖屈大均引荐，大汕才有机会通过平南王的幕客金光交结尚可喜，最后成为其家庙——长寿寺的住持。潘耒上信记其事：

　　　　渠又谄事平南王之幕客金公绚，得见平南及俺答公。广州长寿、清远飞来二寺，皆实行和尚所住持，实行没，公绚言于俺达，以石濂住长寿。长寿无产业，飞来有租七千余石，乃于诸当事，请以飞来为下院，尽逐实行之徒，而并吞其租，翁山有力焉。③

屈大均与大汕在相交的前期关系相当密切。上文已提到，大汕出版其《离六堂诗集》，屈大均不仅以同门身份为他作序，而且还代他写了自序。《离六堂诗集》卷一有《秋水词寄怀屈翁山客楚》，卷二有五古《赠屈翁山》，

---

　　① 姜伯勤：《石濂大汕与澳门禅史——清初岭南禅学史研究初编》，学林出版社1999年版，第58页。
　　② 潘耒：《救狂砭语》，见《瓜蒂庵藏明清掌故丛刊》，上海古籍出版社1983年版，第56页。
　　③ 潘耒：《救狂砭语》，见《瓜蒂庵藏明清掌故丛刊》，上海古籍出版社1983年版，第56—57页。

卷六有《寄屈翁山》，都反映了二人原先惺惺相惜、相处投契的交往状态。但是，两位才俊后来却龃龉不休，矛盾愈演愈烈，最后竟成了水火不容的敌人。潘耒在《与梁药亭庶常书》中记道："石濂既得志，遂疏翁山。翁山甚不平，业已赞成之，不可复言其伪，唯于诸相知前时一吐露，弟预闻之，故知其详……"① 二人最初发生争执，焦点只集中在诗歌创作方面。邓之诚《清诗纪事初编》卷三《释大汕》载：

> （大汕）其诗清丽，大均以为剽窃。借诗乞句，自昔有之。眼前景物，遣辞命意，暗与古合者，亦常有之。大汕固亦列举大均诗之同于太白者矣，如以偷论，则自非阿罗汉，谁能免于偷乎！唯集中《河决行》《地震行》《剿贼行》诸篇，悲愤乃同于儒生何也。②

潘耒《救狂砭语》载《屈翁山与石濂书》有"今兄之《离六堂集》也……在翁山集中已窃至数十处"③诸语，指大汕剽窃。载于同书的《屈翁山复石濂书》，则曝光了大汕剽窃屈大均诗句的若干例子，并说这样做的目的是"使天下人皆知兄之书本之翁山"④。大汕不服气，也以牙还牙，在复信中指屈大均抄袭、点化李白的诗句。后来二人关系不断恶化，不但不再彼此称"兄"，而且相互进行人身攻击。邓之诚《清诗纪事初编》卷三载：（大汕）"与屈大均龃龉，大均作《花怪》说诋之。事在康熙三十年（1691）辛未"⑤。邓氏提到的这篇《花怪》，收入潘耒的《救狂砭语》。在这篇奇文中，作者借花讽人，说"长寿寺有一禅者，性嗜种花"，其中有佛桑一树，开花色皆黄，但有一花"乃不安于黄，忽变为绛，以与同木诸花相异，其无乃好怪以媚人耶"。不点名地把大汕比为佛门异端。接着便下结论："花无象，以人为象；花无心，以人为心。心之邪正，花不能隐，故观其花而其人之贤否可识焉。"在大汕的脸上贴上了"邪"的标签。为了证明自己的结论，作者列举了大汕"为当路大夫作春图"，"好奢丽，尚粉饰""红襦彩履，芗泽竟体"的种种秽行，把大汕描绘成了一个不守戒律、淫邪不堪的花花公子。最后宣言："绛叛黄，吾将欲剪而去之，无使世人谓其所

---

① 潘耒：《救狂砭语》，见《瓜蒂庵藏明清掌故丛刊》，上海古籍出版社1983年版，第56页。
② 邓之诚：《清诗纪事初编》，上海古籍出版社1984年版，第342-343页。
③ 潘耒：《救狂砭语》，见《瓜蒂庵藏明清掌故丛刊》，上海古籍出版社1983年版，第182页。
④ 潘耒：《救狂砭语》，见《瓜蒂庵藏明清掌故丛刊》，上海古籍出版社1983年版，第196页。
⑤ 邓之诚：《清诗纪事初编》，上海古籍出版社1984年版，第342页。

蛊，其亦所以扶持名教也耶！"① 《花怪》并不仅仅是对大汕个人的人身攻击，实际上也包含了批判佛门的意义，因为大汕是一个名僧，屈大均把他说得这么放荡，难免会引起人们对佛门的怀疑，其影响是很恶劣的。蔡鸿生指出："屈大均的辟佛，不及禅理奥义，显然与宋儒有别。同时，又与昌黎不同，并没有宣泄对游行浮食、惑众聚敛的义愤。"② 在他那里，有的只是被他目为佛门异端的阴私揭露与道德批判。屈大均丑化大汕，令大汕十分恼火，最后竟至于使出阴招。潘耒在《屈翁山复石濂书跋》中说，大汕"亦背翁山，至欲首其《军中草》，陷之死地"③。

姜伯勤认为，屈大均与大汕交恶的根本因由，在于双方政治态度的冲突。康熙十二年（1673）吴三桂反清，屈大均自粤北入湘从军，与吴三桂言兵事，监军于桂林。但与屈大均不同，大汕对吴三桂是持否定态度的。姜伯勤认为此事"种下他们日后交恶悲剧的因由"④。可是我们注意到，康熙十三年（1674）屈大均离粤到湖广从军时，大汕曾有《秋水词寄怀屈翁山客楚》相送，诗收在《离六堂集》卷一，情深意切。这说明屈大均加入吴三桂的队伍，并未影响到他与大汕的关系。根据汪宗衍《屈大均年谱》考证，屈大均是迟至康熙三十一年（1692）至三十三年（1694）之间才与大汕交恶的。如果屈大均加入吴三桂的部队是他们二人交恶的"因由"，他们的矛盾不可能"冷藏"20年后才爆发，双方论争的焦点也不会由诗歌蔓延到佛教。笔者认为，他们二人交恶的真正因由，是对佛教的看法与态度存在冲突。屈大均在写给大汕的信——《屈翁山复石濂书》中提到：

> 仆平生绝无他长，惟有为僧不终、毅然反俗为光明正大之举。且弃拂子、舍传衣，推到宝华王座，即善知识亦不屑为，洞上正宗三十四代祖师亦羞恶而不肯作。知者以为仆智量过人，不知者以为背畔佛祖。⑤

从屈大均的文字中，我们可以推测出大汕对他这位同门还俗归儒是不以

---

① 潘耒：《救狂砭语》，《瓜蒂庵藏明清掌故丛刊》，上海古籍出版社1983年版，第111页。
② 蔡鸿生：《清初岭南佛门事略》，广东高等教育出版社1997年版，第92－93页。
③ 潘耒：《救狂砭语》，《瓜蒂庵藏明清掌故丛刊》，上海古籍出版社1983年版，第204－205页。
④ 姜伯勤：《石濂大汕与澳门禅史——清初岭南禅学史研究初编》，学林出版社1999年版，第90页。
⑤ 潘耒：《救狂砭语》，《瓜蒂庵藏明清掌故丛刊》，上海古籍出版社1983年版，第196页。

为然的，而我行我素的屈大均对自己的人生选择却理直气壮。他们在这个问题上既然存在这么大的分歧，在对佛教的认识问题上矛盾不可调和就可想而知了。

五、还俗归儒，公然辟佛

由于俗姓屈的缘故，屈大均有很深的"屈原情结"，这种情结在其出家后从不曾衰减分毫。他出家后取字"一灵"，后来叫"大均"，取字"骚余"，都明显地传达了要追法先祖屈原的意思，故其好友陈恭尹在《屈道人歌》中说他"僧伽未必非灵均"（屈大均《广东新语》卷一二）①。屈大均自己则在《翁山文外》卷二《闉史自序》中说：

> 大夫之姓为屈，自有大夫，而天下之姓遂以屈之姓为天下人之姓之至高至美者，盖大夫之姓，以大夫而重，大夫之忠，又以《离骚》而益重。为大夫之同姓者，不能学大夫之文，宁不能学大夫之忠？②

在对其乡所建的"三闾大夫祠"的介绍中，他又说："吾宗自丧乱以来，二三士大夫，亦颇能蝉蜕垢氛，含忠履正，三闾之遗风，其犹未泯也。"（《广东新语》卷一七《三闾大夫祠》）③ 可见，他始终是以屈原的忠心节气作为自己的行为指南的。这种文化理念一方面使他保持了绝意仕进的坚定，另一方面又使他动摇了为僧终生的决心。他在第二次北游时，曾到京城凭吊崇祯帝死社稷之地煤山，又到山东访大成至圣先师孔子的故里曲阜，蔡鸿生认为这两件事颇具象征性意义：前者强化了"复明"之志，后者激发了"归儒"之心，"有了这段经历，他向空门告别，就只是个时间问题了"。④

康熙元年（1662），社会政治局面发生了重大变化：先是作为明朝存在象征的永历帝被吴三桂从缅甸俘获，不久被加害于昆明，南明最后一个朝廷于是宣告覆灭，反清复明运动也因此失去了号召士民的旗帜。接着，在南方

---

① 欧初、王贵忱主编：《屈大均全集》，人民文学出版社1996年版，第四册，第321页。
② 欧初、王贵忱主编：《屈大均全集》，人民文学出版社1996年版，第三册，第47页。
③ 欧初、王贵忱主编：《屈大均全集》，人民文学出版社1996年版，第四册，第419页。
④ 蔡鸿生：《清初岭南佛门事略》，广东高等教育出版社1997年版，第83页。

与清朝抗衡了多年的郑成功以兵败不得不从福建沿海撤往台湾，不久郑成功本人染疫病故于台南，自此郑氏政权日渐衰微。在清朝的统治日趋稳固、复明运动眼见再难有作为的背景下，屈大均做出了人生的又一惊人抉择——还俗归儒。这件事情发生在他身上是合乎逻辑的，前文已分析到，屈大均是在甲申鼎革之后因"失路"而遁入佛门的，他在出家之后，思想并没有发生实质性变化，因此还俗是迟早的事。用他自己在《翁山文外》卷五《归儒说》的说法，"不得已而逃"，则"志必将不终于二氏者"。①

在屈大均从出家到还俗的过程中，曾有过一个过渡阶段——为道。康熙元年（1662）他北游南归后即开始蓄发。其《翁山佚文·髻人说》有对此事的自述："既已来归子舍，又不可以僧而事亲，于是得留发一握为小髻子，戴一偃月玉冠，人辄以'罗浮道人'称之。"② 在《广东新语》卷一二《屈道人歌》中，他又提到："是时虽弃沙门服，犹称'屈道人'。不欲以高僧终，而以高士始。"③ "不欲以高僧终，而以高士始"是他还俗的序曲，"为道"没几天，他就穿起了俗装。

对自己为何还俗，屈大均曾提出了两条理由。一条是需要"事亲"，其《翁山佚文》中的《髻人说》说自己"家贫母老，菽水无资，不可以久处山谷之中与鹿麋为伍"④。这条理由，其实是很勉强的，除孤儿外，哪位出家人不有"亲"要"事"？而"母老"的现实，他在出家前就应当想见了的。另一条是希望"复姓"，《翁山文外》卷一〇《姓解》云：

> 吾屈为岭南望族。予弱冠以国变托迹为僧，历数年，乃弃缁服而归。或问其故，予曰：吾为僧，则舍其姓而姓释。吾以释之姓不如吾屈之姓之美也。吾为帝高阳之苗裔，虽至不才，亦犹贤于为伽文氏之徒也。且吾爱吾之姓，所以爱吾之祖与父。天使吾祖与父姓屈，复使我为屈氏之不才子孙。天之爱我亦甚矣。吾岂可以负之而姓释乎？⑤

以"释之姓不如吾屈之姓之美也"作为还俗的理由，就更滑稽了。其实屈大均还俗的真正动机，不是别的，而是想归儒。他在《翁山文外》卷五

---

① 欧初、王贵忱主编：《屈大均全集》，人民文学出版社1996年版，第三册，第123页。
② 欧初、王贵忱主编：《屈大均全集》，人民文学出版社1996年版，第三册，第471页。
③ 欧初、王贵忱主编：《屈大均全集》，人民文学出版社1996年版，第四册，第321页。
④ 欧初、王贵忱主编：《屈大均全集》，人民文学出版社1996年版，第三册，第471页。
⑤ 欧初、王贵忱主编：《屈大均全集》，人民文学出版社1996年版，第三册，第174页。

《归儒说》中谈到：

> 予二十有二而学禅，既又学玄。年三十而始知其非，乃尽弃之，复从事于吾儒。①

这段话讲得不无委曲。他从一开始就是不相信佛教的，根本没有过"学禅"的经历，也不存在"年三十而始知其非"的问题。他本来就是一位披着袈裟外衣的儒生，"复从事于吾儒"，说到底只是一种形式回归。这种形式回归对他来说还是必要的："昔者，吾之逃也，行儒之行，而言二氏之言；今之归也，行儒之行，而言儒者之言。"（《翁山文外》卷五《归儒说》）② 只有通过这种回归，他才能解决多年来积压在其身上的"僧服儒心"的矛盾，实现形貌与内心的一致。

屈大均的回归虽然只是形式上的，但他要实现这一点，还是面临不少困难。首先一点是舆论的压力，他在当时的社会是知名度极高的人物，一时僧装，一时道装，一时俗装，前后做法大相径庭，难免惹人诟病。其朋友朱彝尊就曾在《九歌草堂诗集序》中提到，屈大均"烦冤沉菀，至逃于佛老之门，复自悔而归于儒，……走马射生，纵博饮酒"，"傥荡不羁，往往为世俗所嘲笑"。③ 比舆论压力更为严重的是心理挑战——还俗后必须剃发留辫！这一点，对于民族自尊心很强的他来说，是很难接受的。但在当时的社会背景下，不这样做头便保不住。因此其诗文对剃发留辫之辱有很强烈的反映。因为被迫这么做，他从心底深处发出了"肤发今如此，那能不辱亲？梦中长痛哭，惭愧曰华身"（《翁山诗外》卷一四《频梦先严有作》）④、"毁伤之罪，我今复罹。剥肤之痛，人皆患之"（《翁山文外》卷一二《秃颂》）⑤ 的哀鸣。为此他很羡慕秃发之人，曾作《秃颂》赞美之："羡子之秃，不见刀锥。无烦髻结，不用辫垂。不毛之首，有如鼓槌。……受之父母，未损毫厘。"为避免留辫之辱，他头发一长便立即剪掉，始终光着脑袋冒充"秃者"。后人见他以秃为荣，便给他留了一幅"不毛之首，有如鼓槌"的写照，勒刻在今思贤乡八泉亭的像碑上。其《翁山文外》卷一二《长发乞人

---

① 欧初、王贵忱主编：《屈大均全集》，人民文学出版社1996年版，第三册，第123页。
② 欧初、王贵忱主编：《屈大均全集》，人民文学出版社1996年版，第三册，第124页。
③ 朱彝尊：《曝书亭集》卷三六，《四部丛刊》集部，上海涵芬楼影印原刊本。
④ 欧初、王贵忱主编：《屈大均全集》，人民文学出版社1996年版，第二册，第1116页。
⑤ 欧初、王贵忱主编：《屈大均全集》，人民文学出版社1996年版，第三册，第213页。

赞》说:"哀今之人,谁非刑余?为城旦舂,髡也不如。"①"刑余""髡""城旦",说的都是剃发之耻。他盛赞一位装疯卖傻、"五年发长委地"的乞丐,说他"全而归之,非孝子舆?……委伤之罪,庶几免诸","一丝华夏,在尔皮肤,不使毫末,辱于泥涂","发之离我,不可须臾。无发则死,七尺何需"。他还以头发拟人,写下了《藏发赋》:"发兮发兮,吾为子悲。子何不幸,以至于斯?朝为骨肉,暮作尘泥。不如牛马,尚有发鬐。"(《翁山文外》卷一六)②

屈大均是在康熙元年(1662)还俗归儒的。他不愿再寄身佛门而决定还俗,这件事本身并不是很让人感到惊奇——他本来就是一个着僧服而无"僧心"的人。让人惊奇的是,这位曾有过12年空门经历的"前和尚",还俗后居然大张旗鼓地鞭挞佛教!

屈大均辟佛,以思想根源来说,主要是受到了其根深蒂固的儒家本位主义立场的影响。在儒、释、道三家的关系问题上,他向来以儒家为"正道"。在他的心目中,孔子远精于释氏,儒学可以覆盖禅理。他曾在《翁山文外》卷五《归儒说》中就人们参禅发过如下议论:

> 世之哓哓者,以为似禅,岂惟不知儒,抑且不知禅之为禅矣。嗟夫!今天下不惟无儒也,亦且无禅。禅至今日,亦且如吾儒之不能纯一矣。故夫以儒为禅,禅者学之,失其所以为禅;以禅为儒,儒者学之,失其所以为儒,皆不可也。③

在《归儒说》中,他提出了一套自己的"儒释道优劣论",认为儒家比释、道二家要博大精深得多:"盖以吾儒能兼二氏,而二氏不能兼吾儒,有二氏不可以无吾儒,而有吾儒则可以无二氏云尔";"禅之精,尽在于儒。欲知禅之精,求之于儒而可得矣"。④反复强调儒精于禅,儒可囊括禅。可是在现实世界中,博大精深的儒家学说,却没有起到"化禅为儒"的作用,反而在当时强势的禅学面前处于守势,为此他在《翁山文外》卷二中的《过易庵赠庞祖如序》感叹道:

---

① 欧初、王贵忱主编:《屈大均全集》,人民文学出版社1996年版,第三册,第208页。
② 欧初、王贵忱主编:《屈大均全集》,人民文学出版社1996年版,第三册,第253页。
③ 欧初、王贵忱主编:《屈大均全集》,人民文学出版社1996年版,第三册,第124页。
④ 欧初、王贵忱主编:《屈大均全集》,人民文学出版社1996年版,第三册,第123、124页。

> 嗟夫，今天下之禅者，皆思以其禅而易吾儒矣。顾吾儒独无一人，思以儒而易其禅，岂诚谓禅者之怪妄其辞，而辟之莫详于先代诸儒，吾兹不必谆谆其说耶？……今使有一醇儒于此，能以斯道讲明庵中，使儒者不至流而为禅，而禅者亦将渐化而为儒，于以维持世道，救正人心、昌明先圣之绝学，其功将为不小。①

本来，自明中叶以来，由于阳明心学的影响，士子多注意发掘儒释两教思想上的相合，并试图融会贯通之，但还俗后的屈大均却不断强调二教的相异性，扬儒而排佛。他在《翁山文外》卷二《陈文恭集序》中说：

> 朱子不言静而言敬，盖患人流入于禅，然惟敬而后能静。敬也者，主静之要也。盖吾儒言静，与禅学辞同而意异；吾儒以无欲而静，故为诚为敬；禅以无事而静，故沦于寂灭而弃伦常，不可以不察也。②

他编《广东文选》，在选择标准上亦极力排斥佛老家言，指它们是"异端"。此书的自序中的《凡例》称：

> 是选以崇正学、辟异端为要。凡佛老家言，于吾儒似是而非者，在所必黜。……其假借禅言，若悟证顿渐之类，有伤典雅，亦皆删削勿存。务使百家辞旨，皆祖述一圣之言，纯粹中正，以为斯文之菽粟、绝学之梯航。③

《翁山诗外》卷七中有《赠某上人》五律四首，第三首明显表露了对佛图澄式法术的不满：

> 且复怜神骏，何须戏季龙？图澄非正法，支氏亦真宗。麈尾悬河汉，狮声应鼓钟。风流余逸少，相赏更云松。④

---

① 欧初、王贵忱主编：《屈大均全集》，人民文学出版社 1996 年版，第三册，第 87 页。
② 欧初、王贵忱主编：《屈大均全集》，人民文学出版社 1996 年版，第三册，第 48 页。
③ 欧初、王贵忱主编：《屈大均全集》，人民文学出版社 1996 年版，第三册，第 43 页。
④ 欧初、王贵忱主编：《屈大均全集》，人民文学出版社 1996 年版，第一册，第 450 页。

虽然还俗后的屈大均以儒家为正道，但是由于清朝统治者的提倡，清初佛教相当兴盛，而儒学门庭却相对冷落。对此他感到很难过，曾在《翁山文外》卷二《过易庵赠庞祖如序》中感叹："慨自庚寅变乱以来，吾广州所有书院皆毁于兵，独释氏之宫日新月盛，使吾儒有异教充塞之悲、斯道寂寥之叹。"① 也许是由于认为佛教的一家独大挤压了儒家的发展空间，因此他以很愤然的态度攻击佛教，说了许多很偏激的话，让人觉得匪夷所思。例如，他不仅自己背叛佛门，而且号召所有信佛的人都背叛佛门。他在《翁山文外》卷五《归儒说》中旗帜鲜明地宣称："今使二氏以吾为叛，群而攻之，吾之幸也；使吾儒以吾为叛，群而招之，斯吾之不幸也。""又使天下二氏之人皆如吾之叛之，而二氏之门无人焉，吾之幸也；使天下儒者之人皆如吾之始逃之而终归之，而吾儒之门有人焉，则又吾之幸也。"② 一个曾经为僧的人，对释、道二教会愤恨到如此地步，竟至于说巴不得让人家绝了门户，这不能不令人感到十分惊讶。因此乾嘉学者屠绍理就曾作了一首七律《题广东新语》讥讽他：

  才堪用世遇多艰，感愤都将述在编。遁迹缁流仍辟佛，追踪学术未成贤。不醇好说齐谐怪，难信狂谈邹衍天。识小只宜资考证，惜君风气囿于偏。③

流寓岭南的山西进士檀萃也因屈大均"为书往往诋佛"而在《楚庭稗珠录》卷四《粤珥上》对他加以抨击：

  初，翁山入道，称今种，与今释等俱衍华首之派，未几厌之，求纵横长短之学，且饰宋儒之说，以自托于道学之徒，故其为书往往诋佛。夫始欲借人藩篱以高自标许，旋复弃去，即反唇稽之，已为违心；况躬缁服以惊动当时，而其为言则云辟佛，如石门之所为，其违心更甚，皆得祸于身后，非不幸也。④

（原载《广州大典研究》2019年第1辑，社会科学文献出版社2020年12月版）

---

① 欧初、王贵忱主编：《屈大均全集》，人民文学出版社1996年版，第三册，第86页。
② 欧初、王贵忱主编：《屈大均全集》，人民文学出版社1996年版，第三册，第124页。
③ 屠绍理：《有泉堂诗集》，修龄堂嘉庆十五年版。
④ 檀萃：《楚庭稗珠录》，广东人民出版社1982年版，第128页。

屈大均之名本为法名

屈大均于顺治七年庚寅（1650）弃诸生出家，后又还俗归儒。他出家前不叫大均，这是诸多文献资料所可证明的。例如梁鼎芬修、丁仁长等纂《（宣统）番禺县续志》卷一八《人物志一》载：

> 屈大均，字翁山，又字介子。……父宜遇，字澹足，幼遭家多难，寄食于南海邵氏，家精医理。大均生于邵氏，姿性异人，……年十六以邵龙姓名补南海生员，号曰非池。宜遇于是携归沙亭谒庙，复姓屈氏。……己丑父殁，大均削发为僧，事函昰于雷峰，名今种，字一灵，又字骚余……

吴道镕《广东文征作者考》卷六载：

> 屈大均，字翁山，又子介子，番禺人。隆武时补诸生，从陈邦彦游。邦彦殉节，大均弃诸生，从函昰于雷峰为僧，名今种，字一灵。①

汪兆镛《岭南画征略》卷二载：

> 屈大均，字介子，又字翁山，番禺人。父宜遇幼岁遭家难，寄食于南海邵氏家。大均生于邵氏，姿禀颖异。……隆武元年，年十六，以邵龙姓名补南海学生员，号曰非池。……父殁，大均削发为僧，时曾起薪开法雷峰，释名函昰，大均师事之，名今种，字一灵，又字骚余。②

余祖明《广东历代诗钞》卷一〇载：

---

① 吴道镕：《广东文征作者考》，太岁重光大荒落陬月（1941年正月）揭阳孙家哲等校印本，第153页。
② 汪兆镛：《岭南画征略》，广东人民出版社2011年版，第41页。

屈大均，字翁山。初名邵龙，号非池。又曰绍隆，字骚余，又字介子。其曰泠君、华夫、三外野人、八泉翁、髻人、九卦先生、五岳外史，皆其号也。为僧时法名今种，字一灵。①

赵尔巽《清史稿》卷四八四载：

大均，字介子，番禺人。初名绍隆，遇变为僧，中年返初服。②

陈伯陶《胜朝粤东遗民录》卷一载：

屈大均，原名绍隆，字翁山，又字介子，番禺人。……父宜遇，幼寄养于南海邵氏家，精医理。广州破，乃返沙亭。……己丑，父殁。大均削发为僧，事函昰于雷峰，名今种，字一灵，又字骚余。③

李景新《屈大均传》载：

屈大均，原名绍隆，或称邵龙，字翁山，一字泠君，又字介子，番禺人。……父宜遇，幼寄养于南海邵氏家，精医理。广州破，乃返沙亭。大均亦生于邵氏，四年庚寅，桂王西幸，清兵围广州，大均乃削发为僧，事函昰于雷峰。……大均法号今种，字一灵，又字骚余。④

朱希祖《屈大均传》载：

屈大均，字翁山（《翁山文外》五《为翁生更名说》）一字泠君，（《文外》五《自字泠君说》），又字介子（徐鼒《小腆纪传·屈大均传》；道光中，番禺沈世良撰有《屈介子年谱》，未刊已佚），番禺人。屈氏自宋绍兴世居沙亭乡，父宜遇，则自幼寄养南海邵氏（《文外》七《先考澹足公处士四松阡表》），故大均生于西场（《广东新语》二"西

---

① 余祖明：《广东历代诗钞》，（香港）能仁书院丛书第一种，1980 年版，第 1007 页。
② 赵尔巽：《清史稿》，中华书局 1977 年版，第 3414 页。
③ 九龙真逸（陈伯陶）：《胜朝粤东遗民录》，（台北）明文书局 1985 年版。
④ 欧初、王贵忱主编：《屈大均全集》，人民文学出版社 1996 年版，第八册，第 2108 页。

场"条),初名邵龙(《屈氏族谱》),或曰绍隆(见《岭南诗存》小传)。……(永历四年)二月,清兵围广州(《南疆逸史·永历帝纪略》),大均乃削发为僧,事函昰于雷峰,名今种,字一灵(吴映奎《顾亭林先生年谱》,《胜朝粤东遗民录》一)。①

综合以上传记,可知屈大均之父澹足公(宜遇)幼时曾被寄养于南海邵氏,以此之故,屈大均最初从姓邵,名龙;年十六始复屈姓,名邵龙(或作绍隆)。在番禺雷峰落发为僧后,法名今种,字一灵。至于他何时得名大均,虽然上述诸资料都未予说明,但在其他文献资料中留有记录。钱林《文献征存录·屈大均》载:

> 屈大均,初名绍隆,字翁山,又字介子,番禺人。少为诸生,遭乱弃去为浮屠,为今种,字一灵,一字骚余。中年返初服,更今名。②

陈颙庵(融)《读岭南人诗绝句》卷四载:

> 屈大均,本名绍隆,番禺。隆武时补诸生,从陈邦彦游。邦彦殉节,弃诸生,礼函昰为僧,名今种,字一灵。后返儒服,更名,字翁山。(介子、华夫,皆其别号。)③

邹崖遁者(何藻翔)《岭南诗存》卷一载:

> 屈大均,翁山,初名邵隆,番禺人。明末诸生,遭乱为僧,名今种,字一灵。中年返初服,更今名。④

《清史列传》卷七〇载:

> 屈绍隆,字翁山,广东番禺人。明诸生。遭乱弃去,为浮屠,名今

---

① 欧初、王贵忱主编:《屈大均全集》,人民文学出版社1996年版,第八册,第2103页。
② 欧初、王贵忱主编:《屈大均全集》,人民文学出版社1996年版,第八册,第2098页。
③ 陈颙庵(融):《读岭南人诗绝句》,(香港)1965年誊印本,第166页。
④ 邹崖遁者(何藻翔):《岭南诗存》,(香港)至乐楼艺术发扬有限公司1997年版,第3页。

释（种），后返初服，更名大均。①

叶衍兰《清代学者像传》载：

> 屈大均，初名绍隆，广东番禺人。少为诸生，有声。遭明季之乱，弃去为僧，名今种，字一灵，又字骚余。后返儒服，更今名，字翁山。②

上述文献资料的记载比较一致，都说屈氏是还俗后始更名大均的。对此，学术界向来未见有异议，似已成定谳，但实际并非如此，且看下文述析。

要弄清楚这个问题，首先需确定屈氏还俗的时间。对屈大均是何时释除僧装的，学者曾有不同说法。徐嘉炎《翁山诗集序》与朱希祖《屈大均传》均说康熙五年丙午（1666）屈氏在代州娶继室王华姜，是他返儒服之始，但汪宗衍《屈大均年谱》已辨其非。陈伯陶《胜朝粤东遗民录》则载屈氏弃僧服时在康熙五年丙午前，然未能考出确切年份。汪宗衍《屈大均年谱》把屈大均还俗系于他二次北游南返之当年，即康熙元年壬寅（1662），结论甚为精当。按此年屈氏自岭外南返番禺，回乡省亲，曾作《北游初归奉母还居沙亭》记此事，见《翁山诗外》卷五。而在《翁山佚文》卷二《髻人说》中，作者明确写到自己从北方回来之后就告别了僧门：

> 家贫母老，菽水无资，不可以久处山谷之中，既已归来子舍，不可以僧事亲，于是留发一握，为小髻，戴偃月冠，人辄以"罗浮道士"称之。③

在《广东新语》卷一七《屈道人歌》中，屈大均还提到自己"是时虽弃沙门服，犹称'屈道人'，不欲以高僧终，而以高士始"④。屈氏"为道"的时间非常短暂，才当"高士"没几天就还俗了。屈大均曾在其《翁山佚文》

---

① 《清史列传》，中华书局1987年版，第5699页。
② 叶衍兰：《清代学者像传》，（台北）文海出版社1969年版，第一集，第36页。
③ 欧初、王贵忱主编：《屈大均全集》，人民文学出版社1996年版，第三册，第471页。
④ 欧初、王贵忱主编：《屈大均全集》，人民文学出版社1996年版，第四册，第320页。

卷二《髻人说》中解释说，自己还俗是为了"事亲"："家贫母老，菽水无资，不可以久处山谷之中……与鹿麋为伍。"①

屈氏还俗，是其人生的一个重要节点，确定这个节点，对下面的讨论甚为关键，因为我们只有弄清了他还俗的确切时间，才有可能判定他的哪些活动是以出家人的身份进行的，哪些活动是以在俗者的身份进行的。

笔者之所以断言屈氏还俗而更名大均说与事实不符，是因为屈氏在康熙元年壬寅（1662）之前已自称大均。查屈氏的著述，大均之自称最早出现在他顺治十五年戊戌（1658）撰写的《御琴记》。顺治十四年丁酉（1657），屈氏以"出塞寻祖心禅师"的名义第二次北上。（祖心禅师即其法叔剩人和尚函可，顺治初年因在金陵"私携逆书"而被清廷逮捕，后被流放到辽阳千山。）次年，屈氏至京师，旋走济南，求李氏家藏的翔凤御琴观之，《翁山文钞》卷二中的《御琴记》即为此事而作。文中记道：

> 戊戌之春，草泽臣大均，北走京师，求威宗烈皇帝死社稷所在，故中官吴，指万岁山寿皇亭之铁梗海棠树下。臣大均伏拜而哭失声。吴感动，留信宿其家。臣大均辄从吴询问宫中遗事，及内府所藏御器存亡。……臣大均闻言，相与唏嘘泣下。久之，臣大均以事往济南，遂过李氏，求所谓翔凤御琴者而观之。……臣大均捧之流涕，仿佛天威咫尺，伏拜不能兴。而杨太常（正经）者，岁逢先皇帝忌日，必从淮泗来拂拭御琴，设玉座祭奠如礼。臣大均于是留济南逾月，会正经至，握手若平生好。……正经时为僧，与大均遁荒之迹略同。②

陈伯陶撰《胜朝粤东遗民录》附录，则收有屈大均所作《张文烈行状》（原题很长，此处用简称），文末署"永历十三年岁次己亥仲秋番禺后学屈大均顿首拜撰"③。"永历十三年"，即清顺治十六年（1659）。

又，其《翁山文外》卷八《自作衣冠冢志铭》载：

> 予于南京城南雨花台之北、木末亭之南，作一冢，以藏衣冠，自书

---

① 欧初、王贵忱主编：《屈大均全集》，人民文学出版社1996年版，第三册，第471页。
② 欧初、王贵忱主编：《屈大均全集》，人民文学出版社1996年版，第三册，第300－301页。
③ 九龙真逸（陈伯陶）：《胜朝粤东遗民录》，（台北）明文书局1985年版。

曰："南海屈大均衣冠之冢。"①

屈氏顺治十五年戊戌（1658）、顺治十六年己亥（1659）与顺治十七年庚子（1660）均曾在南京活动，故这篇文字，作于康熙元年壬寅之前无疑。

屈氏还俗前的交游，亦可证明他在还俗前已叫大均。顺治十七年庚子（1660），屈氏客浙江秀水，其友人朱彝尊曾作五律两首，一首题为《同杜濬、俞汝言、屈大均三处士放鹤洲探梅分韵》，另一首题为《同王二猷定登种山怀古招屈五大均》（《曝书亭集》卷四），两诗题均称屈氏为"大均"。而与此同时，其他友人题赠屈氏的诗词，却按佛门规矩，以他在天然函昰门下所用的法字"一灵"敬称之。如黄生有五律《赠一灵上人》《雪夜怀一公》（《一本堂诗稿》），王士禛有七绝《寄一灵道人》（《带经堂集》卷八《庚子稿》），李绳远有五律《怀一公客山阴》《寄朱锡鬯与一公、雪窦》（《寻壑外言》卷一）；顺治十八年辛丑（1661），祁班孙有五古《十四夜，喜一公渡江，同客湖楼》（《祁彪佳集》附录《紫芝轩逸稿》），徐士俊有五律《赠粤东一灵上人》（《雁楼集》卷二五），毛奇龄有词《法驾导引·送一灵和尚还罗浮》（《毛西河合集·词》卷三），曹溶有七律《送一公还罗浮》（《静惕堂诗集》卷三三）。题中的"上人""师""道人"等，均是对佛门法师的尊称。这说明其时他被朱彝尊称为"屈大均"，却没有还俗。

得出屈氏还俗前已叫大均的结论，并不意味着我们对问题的讨论就结束了；因为既然屈氏在出家期间已得名大均，我们就有必要进一步深究："大均"之称，是僧名还是俗名？

佛门规定，僧尼出家之后，必须斩断俗缘；出家人摒弃俗名，正是基于这样的要求。从事理上分析，屈氏得名大均既然是在出家期间，这个名字便只可能是僧名，而不可能是俗名；因为出家人取俗名既无必要，也不为戒律所允许。问题是，前引文献资料记载，屈大均礼天然函昰于雷峰、落发为僧之时，所取法名为今种，而非大均。由天然函昰之师宗宝道独开创的曹洞宗华首台—海云派，是按"道函今古传心法，默契相应达本宗。森罗敷演谈妙谛，祖印亲承永绍隆"②的法偈来演派的，作为函昰的门徒，屈氏只能以"今"字来排辈，而不可能有别的法名。怎么解释这个问题呢？

其实，屈氏一生的履历事迹十分复杂。他不仅先为僧后为道，既出家又

---

① 欧初、王贵忱主编：《屈大均全集》，人民文学出版社1996年版，第三册，第146页。
② 据清道光六年（1826）潮州开元寺住持绍法和尚编《开元寺传灯录》。

还俗；而且在当和尚期间，除了曾在华首台系活动外，还加入过其他门派。且看潘耒《屈翁山复石濂书跋》的记载：

> （屈氏）既以天然为师，转而师觉浪，欲与天然为雁行。天然诸法嗣不与，乃推奖石濂，认为同门，以压阿字、澹归，皆出私意；甚至代石濂作书，以触犯本师，何倒行逆施至是！①

潘耒《与梁药亭庶常书》还提到：

> 翁山本从天然剃染，复为觉浪门人，后返初服，与天然诸法嗣不相得。②

上引两则文字，披露了屈大均与其师父天然函昰及诸同门存在矛盾的事实。研究这些矛盾及其产生原因并非本文的任务，对于我们来说，知道这样一个事实便够了，那就是屈大均在"返初服"前已脱离天然函昰，转投到了觉浪道盛门下。觉浪，名道盛，时住南京天界寺，是曹洞宗天界系的核心人物，也是当时江南地区的遗民的精神领袖。作为清初的名僧，他在江南佛教界的地位，与天然函昰在岭南佛教界的地位约略相似。以天然函昰为核心的华首台系在曹洞宗中属寿昌系博山支，以觉浪道盛为核心的天界系在曹洞宗中属寿昌系东苑支，两系同出一源。觉浪道盛是晦台元镜的弟子，天然函昰是无异元来的再传弟子，而晦台元镜与无异元来又都是寿昌祖师无明慧经的弟子。也就是说，觉浪道盛与天然函昰在辈分上是法叔侄。屈大均脱离天然函昰而转礼觉浪道盛，造成了一个尴尬后果，这便是使天然函昰与他的关系由师徒变成了"法兄弟"！潘耒抨击他"欲与天然为雁行"，便是这个意思。

其他文献资料也可以证明屈氏在还俗归儒前已改换门庭、由华首台系的成员变身为天界系的成员，并非空穴来风。例如，顺治十六年己亥（1659），钱谦益曾为屈氏作《罗浮种上人诗集序》，载于《牧斋有学集》

---

① 潘耒：《救狂砭语》，《瓜蒂庵藏明清掌故丛刊》，上海古籍出版社1983年版，第204—205页。
② 潘耒：《救狂砭语》，《瓜蒂庵藏明清掌故丛刊》，上海古籍出版社1983年版，第56页。

卷二一，文中有"上人归侍杖人"①之语。"杖人"是觉浪道盛的别号②。又屈大均还俗后，曾以"同门"的身份向广州的缙绅力证石濂大汕是觉浪道盛的嗣法弟子。后来他与石濂大汕生隙，双方互相攻击，他在给大汕的信——《屈翁山复石濂书》中，曾振振有词地说自己"洞上正宗三十四代祖师亦羞恶而不肯作"③。这句话，意思是说觉浪道盛有意嗣法于他，而他不屑于接受。觉浪道盛为曹洞宗第33代，天然函昰为曹洞宗第34代，如果屈大均不自以为是觉浪道盛的门人而自以为是天然函昰的门人，他就应该说"洞上正宗三十五代祖师亦羞恶而不肯作"。另外，屈大均在还俗之前，与天界系的成员曾密切交往。例如，顺治十八年辛丑（1661），桐岑大灯有诗《送祁奕喜还山阴兼柬屈翁山》（《过日集》卷一二）赠屈氏，而屈大均的《翁山诗外》卷五、卷六、卷七则分别有《怀同岑》《寄桐岑子》《寄桐岑禅师》诸作。桐岑大灯是觉浪道盛的第17法嗣。朱彝尊有七古《寒夜集灯公房听韩七山人弹琴兼送屈五还罗浮》（《曝书亭集》卷五），题中的"灯公"，即是指桐岑大灯；而屈五，则是指屈大均。同年，屈大均有诗《登秦山寄酬庐山无可大师》（《翁山诗外》卷四）、《越中寄庐山无可大师》（《翁山诗外》卷九）。无可，即明末的名士方以智，出家后礼觉浪道盛，名大智，字无可。这些事实，或可成为屈大均曾列觉浪道盛门墙的侧证。

屈大均是哪一年转投觉浪道盛门下的？文献资料并无确切记载。姜伯勤先生认为他顺治十三年"受菩萨戒于觉浪道盛"④，此说有误。此年屈大均尚在广州海幢寺当宗宝道独的侍者，助老人著述，不可能在金陵受戒。笔者判断，屈氏转礼觉浪道盛，是在他顺治十五年戊戌（1658）初抵达金陵、与觉浪道盛相见之后，因为次年他就已经以觉浪道盛门人的身份，拿着觉浪道盛的介绍信，去找钱谦益为自己的诗集作序了。无论如何，屈大均转投觉浪道盛门下，不会晚于顺治十六年己亥（1659），因为这一年觉浪道盛已示寂。

在屈大均离天然函昰而转投觉浪道盛的真实性获得证明之后，一个问题很自然地就派生出来了，这就是——屈氏在天界系的法名叫什么？僧人出家

---

① 钱谦益：《牧斋有学集》，上海古籍出版社1996年版，第886页。
② 《传洞上正宗三十三世摄山栖贤觉浪大禅师塔铭》："师讳道盛，号觉浪，别号杖人。"（潘耒：《救狂砭语》，《瓜蒂庵藏明清掌故丛刊》，上海古籍出版社1983年版，第105页）
③ 潘耒：《救狂砭语》，《瓜蒂庵藏明清掌故丛刊》，上海古籍出版社1983年版，第196页。
④ 姜伯勤：《石濂大汕与澳门禅史——清初岭南禅学史研究初编》，学林出版社1999年版，第183页。

之后，根据修行需要与个人因缘，可能会在不同的阶段，拜认不同的师父，这就好像今日的学生在不同的学习阶段会有不同的老师一样。按佛门规例，一名僧人，如果其剃染师、受戒师、嗣法师、依止师是同一人，他就只有一个法名——除非曾经易名；否则他就有必要根据各位师父的宗派，以及本人在该宗派中的辈分，使用不同的法名。出家人有两个以上的法名，多是由于这个缘故。屈氏甫出家时所用的法名为今种，这是他在华首台系使用的名字；而当他礼觉浪道盛受具、成为天界系的成员之后，这个法名显然就不适用了。他必须按新门派的规矩，另起一个法名。笔者断定，这个法名不是别的——正是大均！为什么？因为根据清代守一《宗教律诸宗演派》所载《洞山源流诀》，曹洞宗寿昌支是按无明慧经创制的 28 字法偈演派的："慧圆道大兴慈济，悟本传灯续祖先。性海洞明彰法界，广宏行愿证真常。"天界系遵循未变，因此觉浪道盛的所有徒弟都是以"大"字来排辈的，如无可大智、竺庵大成、石濂大汕、叶妙大权、其天大浩、笑峰大然、桐岑大灯、范成大韶等等。《传洞上正宗三十三世摄山栖贤觉浪大禅师塔铭》文末列有觉浪道盛的 27 位嗣法门人，法名均为"大×"。就连记荔居士龚贤、刘馀谟，法名亦分别为大启、大印。与石涛、朱耷、弘仁并称"清初四大画僧"的髡残和尚，于顺治十五年戊戌（1658）从其他佛教门派投到觉浪道盛门下，所取新法名为大呆。髡残成为觉浪道盛门人的时间与屈氏相前后，髡残需要取一个新法名，屈氏显然也不可能例外。而在天界系中，他取的新法名只能是"大×"。鉴于在屈氏见于史传的众多名字中只有"大均"符合此要求，而且这个名字得自于他还俗前，笔者有理由大胆作出上述判断。笔者的这个推论，其实是可以找到佐证的。清人魏宪编《诗持二集》收录了屈氏之诗，便把作者题为"释大均"。魏宪是顺治年间的福建诸生，后徙居于姑苏、金陵之间，以诗遍交海内名士，他对屈大均应当是很了解的。魏宪在屈氏诗的作者小传的末尾，还特意注明："见《诗遇》选本。"这说明在他提到的这部书叫《诗遇》的诗选中，也同样把屈氏署为"释大均"。笔者猜测，屈氏的另外一个字"骚余"，很有可能是与大均之名相配的法字。——众所周知，屈原字灵均，代表作为《离骚》。

读者或问：既然大均本是法名，那为何屈氏在为僧期间自称"屈大均"呢？为何其友人朱彝尊把他称为"屈大均"而不称为"释大均"呢？对此问题，笔者是这样认为的：首先，以俗姓加法名的方式称呼出家人，在禅教史上并不稀奇，六祖弟子南岳怀让的门人、唐代"洪州禅"的代表人物道一和尚，俗姓马，古今一直被称作"马祖道一"；近世的"情僧"曼殊博经，也因俗姓苏而被人称为"苏曼殊"。其次，以俗姓加法名的方式称呼出家人，在清初也是一种很常见的情形。顺治八年辛卯（1651），番禺诸生、天然函昰的俗家弟子林梦锡（法名今舒）作了一首五律，诗题为《曾诃衍、屈一灵再访》（《海云禅藻集》卷四），题中的"诃衍"，是天然函昰的第三法嗣今摩的法字，"曾"则是他的俗姓（今摩为天然函昰俗子，原名曾琮）。"一灵"是屈氏在天然函昰门下使用的法字，"屈"是其俗姓，已用不着解释。康熙十九年庚申（1680），屈氏曾作七律《送方即山之西宁》（《翁山诗外》卷九），"即山"是临济宗天童系高僧迹删成鹫初出家时使用的法字。迹删成鹫俗姓方，出家后初名光鹫，字即山。清初之所以有此种风习，与"有君有父"的儒教和"无君无父"的释教在当时社会背景下的融合有关。笔者曾就此问题请教过方外友人、韶关丹霞山别传寺主持释顿林大和尚，方丈说，以俗姓加法名的方式称呼出家人，从前很普遍，清末民国虚云老和尚出来整肃佛门之后，这种情形才慢慢消失了。最后，屈氏本人喜欢屈姓而不喜欢释姓，也是原因之一。这一点，与屈氏出家后的心态有关。屈氏虽曾为僧 12 年，但是在内心深处，自始至终都没有真正进入过佛门。他是因政治上失路而不得不逃禅的，当和尚只是一个不得已的选择。"外僧内儒"是他出家后的基本特征。他在《翁山佚文》卷二的《髻人说》里供认，自己出家很久，仍不肯着僧装，后来虽然迫于形势而不得不做僧人打扮，但心中始终没有为僧的自觉意识。他在《翁山文外》卷九《书嘉兴三进士传后》一文中说："士君子不幸而当君父之大变，僧其貌可也，而必不可僧其心。"[①]这种想法，到他出家后期尤其浓重，并最终导致了他还俗。因为只是"僧其貌"而没有"僧其心"，所以他对姓氏问题的认识与其他出家人也是迥异的。他在《翁山文外》卷一〇《姓解》中说：

  吾屈为岭南望族。予弱冠以国变托迹为僧，历数年，乃弃缁服而归。或问其故，予曰：吾为僧，则舍其姓而姓释。吾以释之姓不如吾屈之姓之美也。吾为帝高阳之苗裔，虽至不才，亦犹贤于为伽文氏之徒也。且吾爱吾之姓，所以爱吾之祖与父。天使吾祖与父姓屈，复使我为屈氏之不才子孙。天之爱我亦甚矣。吾岂可以负之而姓释乎？[②]

[①] 欧初、王贵忱主编：《屈大均全集》，人民文学出版社 1996 年版，第三册，第 165 页。
[②] 欧初、王贵忱主编：《屈大均全集》，人民文学出版社 1996 年版，第三册，第 174 页。

这虽然是他还俗后的自白，但是无疑也代表了他出家时的思想。他自己不喜欢释姓，别人当然也就不便以此姓来称呼他了。

综上所述，笔者的结论是，屈氏在为僧期间已有大均之名。他还俗后叫屈大均，是以僧名为俗名的结果。

论文至此，本来就该结束了，但笔者注意到，《翁山文外》卷七有一篇《先考澹足公处士四松阡表》，在表文中屈氏亦自称"大均"，而且提到他的两位胞弟，分别叫大城与大城。而《翁山文钞》卷二《先夫人祔葬记》，亦有"大均与弟大城、大城及孙明洪等十人实土"[①] 等语。这两则材料，似乎对笔者的上述结论构成了否定。

汪宗衍《屈大均年谱》把《先考澹足公处士四松阡表》的写作时间系于顺治六年己丑（1649）；果真如此，那笔者的上述讨论就纯属多余了，因为这等于说屈氏出家前已叫大均。但笔者认为，这篇文字，绝无可能是屈氏顺治六年的作品！理由有六：其一，目前所可见的一切有关屈氏的传记，无一说屈氏出家之前就已叫大均，若把《先考澹足公处士四松阡表》的写作时间定在顺治六年，与文献记载存在冲突。其二，澹足公逝世，正值南明与清朝在岭南激烈角逐，当此乱世，屈氏最有可能是将父亲草草掩埋了事，而不会有在墓前立表的闲情逸致，也没这样的有经济能力。其三，阡表提到："墓之下有鹅鸭地村，两弟大城、大城以时巡行其际，毋使樵苏踯躅，牛羊牧之。"[②] 屈氏为家中长子，澹足公逝世时，他才二十虚岁，其两弟两妹，大者不外十来岁，小者则可能只有几岁，不大可能"以时巡行其际"。其四，阡表提到隆武二年丙戌十二月广州第一次失陷于清军后，"先考"要他"洁其身，所以存大伦也"，祭辞赞扬父亲"教儿不仕，大义所系"，而说自己"求仁不得，斯为罪戾"。这分明是多年后追怀往事的口气。其六，清顺治六年正当南明永历三年，其时岭南在南明的掌控中，臣民提及永历帝，应称"今上"，但阡表却把他称"永明王"，这分明说明它写于清朝治下。其六，阡表围绕澹足公窀穸周边的四松而作文章，文中写到："敝庐在墓之南咫尺，相望依稀四松之声色在窗户间，每风雨大作，未尝不以四松摧折为忧，而以祷之于中灵也。"这也反映出表文是在澹足公下葬多年之后才撰写的。显然，汪宗衍《屈大均年谱》是把澹足公逝世的时间与屈大均为父亲立阡表的时间相混！《翁山文钞》卷二有一篇《先夫人祔葬记》，作于康熙

---

① 欧初、王贵忱主编：《屈大均全集》，人民文学出版社1996年版，第三册，第317页。
② 欧初、王贵忱主编：《屈大均全集》，人民文学出版社1996年版，第三册，第138页。

三十二年癸酉（1693），其时屈大均年已六十四，文中亦提到屈氏父母合葬墓圹前之四松，笔者猜测，《先考澹足公处士四松阡表》，应作于这篇文字之前不久。

至于屈氏的两位胞弟分别叫大城与大堿，的确是一个问题。但笔者猜测，它们可能都是屈氏更名"大均"之后才取的新名。理由何在？兄弟三人，名字均为"大×"，而且后一个字都为"土"旁，这说明它们是按照某种思维拟定的。番禺《屈氏族谱》卷一一《屈大均传》载，屈氏"年三十岁，始悟其非，乃从事吾儒，更名大均"，这个更名时间，出自其族人之手，应是可靠的。大哥之名为更改所得，两位弟弟应当也不例外，此其一。而且屈氏的所有从兄弟，都不是以"大"字来排辈，而是以"士"字来排辈的。例如，屈大均的同堂伯兄叫士燿，仲兄叫屈士煌，另外几位从兄弟分别叫士煜、士灼、士熺（见《翁山文外》卷七《伯兄白园先生墓表》与《仲兄铁井先生墓表》）。邬庆时撰《屈大均年谱》时，曾就屈大均叫"屈五"一事向屈族后人屈沛霖（邬先生之表弟）咨询，屈沛霖的答复是："十七世兆麟，长子士经，有胆力，娴武艺。隆武丙戌土寇围乡，挺身御战，屡获贼首，保守有功，乡人赖之。次子士望，一名士弦，任广西苍梧守备。兆麟胞弟襄，则士燿、士煌、士煜、士灼、士熺之父也。一家皆有志之士，先生与之意气相投，故与从兄行乎？"① 此其二。事情的真相，本可求证于番禺《屈氏族谱》，但很可惜，这部几十年前还存世的珍贵资料，如今已下落不明②。

［原载《中山大学学报》（社会科学版）2011 年第 5 期，中国人民大学《复印报刊资料·中国古代、近代文学研究》2012 年第 1 期全文转载］

---

① 邬庆时：《屈大均年谱》，广东人民出版社 2006 年版，第 5 页。
② 笔者曾向《屈大均全集》的主编之一王贵忱询问过《屈氏族谱》的下落，王先生说他早年曾看过这本族谱，并从卷一一录下了《屈大均传》，后来不知道为什么族谱就丢失了。广州市番禺区化龙镇莘汀村的党支部书记屈锦辉亦在 2009 年 11 月 1 日说道："当地的屈氏族谱已经遗失，难以考究当地屈氏源流。"见谭家斌《广州"屈原后裔"有大家》，http://www.zigui.gov.cn/2009-11/12/cms250330article.shtml。

清初丹霞遗民舍山缘起

本文所讨论的课题，涉及清初名僧澹归今释与明遗民在岭南的互动问题。今释是一位在俗僧两界都享有大名的传奇人物。他出家前是南明永历朝的臣子，出家后则成为曹洞宗的名僧，是天然函昰的第四法嗣、华首台——海云派的骨干人物。他出家后的最重要贡献，是作为开山祖，于康熙初年在韶州丹霞山开辟了粤北名刹——别传寺。这个道场的开辟，一方面壮大了以函昰为核心的华首台——海云派的势力，推动了曹洞宗的中兴，同时也改变了粤北的佛门格局，使韶州形成了曲江南华寺、乳源云门寺与仁化别传寺三刹鼎立的局面；另一方面也塑造了今释本身，使他的后半辈子有了人生寄托，并在经营此弘法修行基地的过程中实现了从"外僧内儒"到"亦僧亦儒"的转变。而丹霞山道场的开辟，与当时生活于山中的明朝遗民们的活动息息相关，是遗民舍山为寺的结果。本文即聚焦于这一历史事件，希冀通过翔实的材料与细密的考证，揭示事情的缘起。

一、遗民李氏兄弟对丹霞山的经营

丹霞山位于粤、湘、赣三省交界，明清时由广东省韶州府仁化县（今属韶关）管辖，原是一座人迹罕见的荒山。山初无名，"一直以来，丹霞群峰都是各自为名。譬如双阙石、白寨、金龟岩、五马寨、人面石、巴寨、平头寨、燕岩、扁寨"①。因有韶石峰位于古代南北交通的水道——浈江之滨，因此常被人总称为"韶石"。如北魏郦道元《水经注》卷三八《溱水》载："东江又西与利水合，水出县之韶石北山，南流径韶石下，其高百仞，广圆五里，两石对峙，相去一里，小大略均似双阙，名曰韶石。"唐李吉甫《元和郡县图志》卷三五《岭南道》载："隋开皇九年平陈，改东衡州为韶州，取州北韶石为名。"宋李昉等《太平御览》卷一七二《岭南道》引唐《十道志》："隋平陈，为韶州，以韶石为名。"宋乐史《太平寰宇记》卷一五九《岭南道三》载："隋开皇九年平陈，改东衡州为韶州，以州北八十里韶石

---

① 侯荣丰：《丹霞山》，广东人民出版社2013年版，第10页。

为名。"至于山之主峰,则有"锦岩""锦石岩""长老寨"等称。丹霞山原本无名的事实,在清人的议论中也可获得印证。例如康熙时臧兴祖在《丹霞山志序》中谓:"考其初,此岩名者仅曰'锦石',而关名者仅曰'梦觉',未尝有'丹霞'之称也。"① 广东布政使鲁超在《丹霞山志序》中谓:"丹霞者,韶阳仁化县之山也,初未尝名。"② 清初吴江名士潘耒在《丹霞山志序》中谓:"丹霞山在韶州仁化县境,……自明以前,山初无名,人迹罕到。"③《丹霞山志》卷一《山水总序》云:"自有山川以来,而兹山具在,乃其毓于浈阳者,历汉唐以迄于元明,皆未尝以丹霞显。"④ 在明嘉靖诗人伦以谅的《锦石岩》诗里曾出现"丹霞"一词——"水尽岩崖见,丹霞碧汉间"⑤,但那只是形容岩崖奇丽。

对连山名都付诸阙如的丹霞山的人文历史,人们的了解更是相当有限,学者只是从《丹霞山志》中得知,这座山在清初是明遗民李永茂、李充茂兄弟的私产。

对李永茂的生平,王夫之《永历实录》卷五《李文方列传》有如下记载:

> 李永茂,字孝源,河南南阳人。中天启乙丑(1625)进士,历官中外,有能名。崇祯末擢佥都御史。丁艰家居。李自成陷南阳,永茂与前布政使贺自镜携家避寇,南奔襄阳。……弘光立,永茂服阕诣阙见,仍以佥都御史巡抚南赣汀州⑥。贼阎王猪婆营据帘子洞寇掠汀赣,永茂会福建巡抚张肯堂讨平之。隆武中,万元吉受命督师江楚,守赣,永茂以母丧解官,侨寓岭南。及丁魁楚、瞿式耜定策戴上于肇庆,迎永茂协策。永茂至,拜文渊阁大学士、吏部尚书,永茂以终丧固请,式耜奏:"永茂即欲终制、不予阁务者,皇上以冲龄嗣服,非耆旧之臣,孰与劝学,臣等捐躯,只办阃政,请命永茂专侍经筵,不及庶务,亦可令忠孝

---

① 陈世英纂修:《丹霞山志》,中华书局2003年版,序第3页。
② 陈世英纂修:《丹霞山志》,中华书局2003年版,序第1页。
③ 陈世英纂修:《丹霞山志》,中华书局2003年版,序第4页。
④ 陈世英纂修:《丹霞山志》,中华书局2003年版,第4页。
⑤ 胡居安纂修:《(嘉靖)仁化县志》卷五《文艺》,明蓝丝阑钞本。
⑥ 南赣巡抚全称"巡抚赣汀韶等处地方提督军务",驻跸之地在赣州(今江西省赣州市),因古称虔州,故也称"虔抚"。明弘治十年(1497)始置,驻辖境屡有增减。明嘉靖四十五年(1566年)定制,辖江西的南安、赣州,广东的韶州、南雄,湖广的郴州,福建的汀州。清康熙三年(1664,一作四年)废。

两存也。"永茂犹固辞，不得，乃受命。永茂因进讲，请召用人才，退而疏荐十五人，直省各举一人，御史刘湘客与焉。湘客忤内监王坤，坤方秉笔以朱斥之。永茂抚赣时，湘客客于赣，悉其才品，与相厚善。至是，怒曰："斥湘客者，斥茂也！国势如此，而犹唯内竖意掣辱大臣，吾宁死草间，不能为此辈分任亡国之罪。"拜表乞返苫次，即日解舟溯浈江，入仁化山中，郁郁以疾卒。①

不过王夫之所载李永茂事迹，与《丹霞山志》卷六《嵩道人传》所记有若干出入：

> 嵩道人者，故相李文定公别号也。公讳永茂，字孝源，籍河南邓州。登崇祯丁丑（1637）榜进士，知黎阳，有"神君"之颂。壬午（1642），擢给事中，号能直言极谏。奉使留都，闻燕京之变，一恸呕血斗余，誓以身殉匡复。乙酉（1645）迁虔抚。金陵再陷，章贡以下，在在失守，公控制上游，隐若敌国，湖东之师席卷抚、建，湖西之师电扫吉、临，盖有击楫鄱阳之望。旋值外艰，遂以全疆委杨公廷麟，而身治丧岭表。未几，天兴复陷，公决策拥桂王监国，宣麻入辅，屡奉墨衰之制，公执义固辞。戊子（1648），服阕趋朝。七月病于苍梧，属纩之际，犹谆谆作"驻跸虔州"之语。……公在谏垣，一击周延儒，论求熊开元、姜采等；再忤马士英，皆批龙鳞、履虎尾，气不少慑。当国变家忧，两难自致之势，裁度忠孝，进退所宜，无尺寸自诡于矩矱；哀愤忧劳，殁而犹视，岂可不谓行归于周，万民之望哉！②

同书卷六《外护传》并说永茂"历官至虔州开府，丁外艰，守制岭南。时值鼎沸，买山于仁化之丹霞，扶柩奉母避乱于此。后奉诏出山，拜大学士，卒于苍梧，谥'文定'"③。同书卷八所载李充茂《丹霞山记》又有"伯子讳永茂，字孝源，丁丑进士。仕明，官大学士，谥文定"与"伯子抚军虔州"④等记载。比较《永历实录》与《丹霞山志》两书对李永茂生平事迹

---

① 王夫之：《永历实录》，湘乡曾氏同治四年金陵刊本。
② 陈世英纂修：《丹霞山志》，中华书局2003年版，第61–62页。
③ 陈世英纂修：《丹霞山志》，中华书局2003年版，第61页。
④ 陈世英纂修：《丹霞山志》，中华书局2003年版，第116页。

的介绍,在科举时间(一为天启乙丑进士,一为崇祯丁丑进士)、所任官职(一为佥都御史,一为给事中)与辞世地点(一为仁化,一为苍梧)上有出入;而对传主曾在弘光朝为南赣(古称虔州)巡抚一事,记述则基本一致。无论如何,关于李永茂,有两点是确定无疑的:第一,他是明朝的臣子,崇祯社稷倾覆后,他曾为胜朝的匡复而奔走;第二,为避乱,他在清初曾托迹于粤北仁化县的山野中。

又,今释《徧行堂续集》卷八《一超道人墓志铭》记曰:"丙戌(1646)秋,八闽陷,永历以桂藩正位号端州,文定用推戴功大拜,辞不人直,读《礼》于容。是冬趋北流,转徙于鬱林、博白,穷山深谷间,道人竭手足之力,全肤发,分荼苦。戊子(1648)夏,仅得麻鞋赴行在所。未至,文定卒于苍梧,力疾营丧,归葬仁化。"① 此可为李永茂事迹的补充。

李永茂弟李充茂,字泛生,号鉴湖,生于明万历四十年(1612)(据《徧行堂集》卷五《李鉴湖祠部六十寿序》),性情倜傥,好读书而不务章句,十八补弟子员。曾结客讲武,御寇于中原。弘光改元,预选贡,授推官,未赴调。从兄大学士李永茂抚虔,侍亲就医于广东南雄。清顺治元年(1644)冬,与李永茂在韶州府仁化县以百缗金买山栖隐。顺治六年(1649)在明永历朝中"以堵督师胤锡荐,授祠曹"。乱定后于顺治十八年(1661)扶父、母、兄、嫂四丧北归,临行前曾撰《丹霞山记》,述经营丹霞始末,文载陈世英修《丹霞山志》卷八。因对丹霞感情极深,他在记中发誓:"倘得修途无阻,就窆先陇,两侄子获有宁宇,岁时伏腊,余不肖,期以一瓢一衲,重赋《归来》,与丹霞相始终。"② 而今释在《一超道人墓志铭》之序中提及,李充茂与他有"把臂入林,不越三年"之约,文载《徧行堂续集》卷八。后来李充茂果如诺入岭,只是"壬子(1672)始至",在时间上晚了八年。再入岭后李充茂仍居于丹霞山的竹坡旧隐。后礼天然和尚剃染,法名今地(一作今池),字一超。复诣庐山栖贤受菩萨戒。最后示寂于丹霞山箓竹岩。陈世英纂修《丹霞山志》卷六《高僧传》有传。

关于李永茂买山仁化的缘起与经过,李充茂《丹霞山记》有如下记述:

物之遇合有时,是不能不重忆我先文定伯子矣。伯子抚军虔州,时于乙酉(1645)仲冬,闻先大夫讣,奔号逾岭,扶榇南徙,抵仁化界

---

① 释今释:《徧行堂集》,广东旅游出版社2008年版,第四册,第175页。
② 陈世英纂修:《丹霞山志》,中华书局2003年版,第116页。

上,怆然曰:"兵燹载道,时变靡穷,当早厝吾父于万全。吾自庾岭至此,蜿蜒不绝,其有可以深藏者乎?余一家其奉先灵而止于是焉。"①

也就是说,在天下兵燹、归乡路断的情况下,李永茂不得不在岭南寻一地来暂时安放亡父的灵柩。清顺治三年丙戌(1646)兄弟二人来到仁化,他们从当地文士的口中获悉县东二十里有山峻拔奇丽无比,遂乘舴艋前往,攀藤木以登。经实地考察,李永茂对这座荒山大为赞赏,认为"是山也,有险足固,有岩足屋,有樵可采,有泉可汲,其亦避世之奥区乎!倘得牛眠之处,先人安厝,吾烟霞之癖,快足于是矣"②!于是以一百二十缗金(一说用一百两银子)买下了这座无名的荒山。

李永茂的家乡是河南邓州,古称"穰",地属南阳府,其地有山名丹霞,是唐代禅门的传奇人物、曾在洛阳慧林寺烧木佛御寒的天然和尚的驻锡之地。满怀家国之思的李氏兄弟买下这座山后,见山岩色如渥丹、灿若明霞,与家乡的丹霞山十分相似,故也把山名定为"丹霞"。鲁超《丹霞山志序》记其事:"公,南阳人也。南阳古有丹霞,为烧木佛胜地,公以此名山,其不忘故之心为可知矣。"③ 在康熙年间曾捐资修建丹霞山御风亭的权使蔡琦在《募修丹霞山别传寺磴道疏》中谓:"仁化之有丹霞,自李文定始也。"④ 而《丹霞山志》卷一《山水总序》亦载:"盖李公南阳邓州人也,古丹霞即其故居,公避乱于此,而又以忧去,取丹霞示不忍忘本也。"⑤ 上述记录都把丹霞山的定名者归为清初的山主、南明遗臣李永茂。侯荣丰先生认为"丹霞山得名之谜已经难以考证"⑥,这一说法与事实不合。

因北归无望,李永茂兄弟二人在买下丹霞山后,把它看成"避世之奥区",为此不惜血本、投入了许多人力物力财力来经营之。他们披荆斩棘,辟山开道,"从入之路,石可凿者凿而梯之,不可凿者梯之以木,盖升天之无阶而有阶矣"(李充茂《丹霞山记》)⑦;又在山上的宜居之地筑墙修屋、引泉挖井。经过一番努力,原本荒芜不堪的丹霞面貌一新,声名鹊起,引来

---

① 陈世英纂修:《丹霞山志》,中华书局2003年版,第114页。
② 陈世英纂修:《丹霞山志》,中华书局2003年版,第115页。
③ 陈世英纂修:《丹霞山志》,中华书局2003年版,序第1-2页。
④ 陈世英纂修:《丹霞山志》,中华书局2003年版,第110页。
⑤ 陈世英纂修:《丹霞山志》,中华书局2003年版,第15页。
⑥ 侯荣丰:《丹霞山》,广东人民出版社2013年版,第13页。
⑦ 陈世英纂修:《丹霞山志》,中华书局2003年版,第115页。

了四方的许多志同道合者,其风头在当时甚至盖过了不少名山。李充茂后来曾感慨:"平日所称名胜,于中原、吴会之区者,正恐名公卿大夫冠盖渐稀,才子骚客吟咏亦歇,而幽人贞士高蹈远引者,亦不敢过而问焉。则终南、崆峒、姑射、匡庐、天门、姑苏,今日以与丹霞较,其不逮抑又远矣!""嗟乎,丹霞之山不自今日而始也,乃阒乎无人,寂寞者数千百岁矣。自伯子之山,而人人知有丹霞焉,且人人丹霞是依赖焉,是岂不有天者存乎其间哉!"(李充茂《丹霞山记》)① 其言论反映了丹霞山名气的飙升。

二、《舍山牒》与《乞山偈》的冲突

从清顺治三年(1646)买山仁化,到顺治五年(1648)服阙趋朝觐见永历帝后病逝,李永茂在丹霞山实际上只住了两年,此后经营管理丹霞的责任便全部落到了李充茂身上。而李充茂作为继任山主在桃花源般的丹霞山上生活了十五年,直至顺治末年把山捐献给今释。

李充茂舍山为寺的信息,见于陈世英修《丹霞山志》卷首所载李充茂《舍山牒》,其文如下:

> 匡岳名蓝,右军舍宅攸建;舒灊山麓,志公飞锡而栖。古今胜事同条,人境奇缘罕觏。恭惟澹归大禅师,道高德厚,性湛心虚,激浊扬清,有功名教,遗荣入道,直印心宗,为一代之全人,存两间之正气。充茂宿仰高踪,素承雅度,睽违多载,寤寐靡忘。比来重晤珠江,不啻亲游竺土。闻汉翀、亦若两公备言禅师丛林逼近城市,甚非栖静之所。充茂昔年同先兄永茂挂冠神武,买山而隐,用价百二十金,置仁化丹霞山一座。雄峰峭壁,势自凌霄,怪石奇岩,局堪建刹。群峦环峙,清江抱流,松韵吟风,竹阴弄月。不减桃源幽胜,犹倍罗浮高深。新置草堂,既足上佛;旧存茅舍,尚可栖真。悉举奉施,庄严最胜道场;向后圆成,遍注无边法雨。庶不负愚兄弟买山一片苦衷。祈择吉早临,俯慰宿愿,不胜瞻依引领之至!
>
> 顺治十八年(1661)小阳月,古穰法弟子李充茂稽首具。②

---

① 陈世英纂修:《丹霞山志》,中华书局2003年版,第116、115页。
② 陈世英纂修:《丹霞山志》,中华书局2003年版,第2页。

《丹霞山志》卷八有一封今释撰写的《答李鉴湖居士启》，显然是对李充茂舍山一事的回应：

> 恭惟鉴湖山主才钟闲气，道出凡情。人伦作楷，名流之砥柱千寻；梵辅乘时，法苑之长城万里。今释曩厕同朝，幸邂未契；十年遥想，一旦重逢。念其迂拙，不宜久在廊中；有此高深，方便送还物外。未蒙紫玉之记莂，先获丹霞之净檀。金昆玉友，缔构千秋；跛象疲龙，逍遥半世。盖空老人望而未见，亦憨大师取之不能。敢意虚赢，遽兹悉窃。维持周匝，曾看勒石之文；启请殷勤，便捧到山之券。猗与解脱，藉甚庄严。从前愿力，结成宝树金沙；此后心光，散作香云花雨。实古今之盛事，真宾主之荣观。川岩迥绝，即携清众以同归；钟鼓交参，总为高门而回响。感不能尽，词非所宣。①

以上述两文为主要依据，现今许多关于丹霞山的文字资料与讨论别传寺创建过程的文章，都注意到了李充茂舍山为寺的史实。

但是《丹霞山志》在李充茂的《舍山牒》前面，还有一篇出自今释之手的《乞山偈》（有引），其文如下：

> 亦若居士所居长老寨、海螺岩山水佳绝，空隐老汉闻之四十余年矣。一日走海幢，无端谈及，忽遇莘澹归，冲口便道："居士须将此山供养老和尚。"亦若唯唯，临别谓澹归道："有甚偈颂，写纸与我珍藏。"澹归道："我便有乞山之偈。"亦若道："我即有酬偈之山。"今日漫书此，了昨日公案。成不成，倾一瓶，青原白家酒三盏，难道未沾唇。南山可移，此判不改。
>
> 是大长老，吹大法螺。有名无实，浩劫蹉跎。空隐老汉，亦若居士，一个下来，一个上去。全宾是主，全主是宾。澹归于中，充个牙人。这场买卖，如意自在。地涌金莲，天垂宝盖。乞山有偈，酬偈有山。更有相酬，兜率陀天。此日做中，他年作保。但得钟敲，莫将铜讨。谁其见闻，文武两行。葵轩总戎，园长侍郎。（亦若时客张镇台幕中，园长适在空老人坐次。）②

---

① 陈世英纂修：《丹霞山志》，中华书局2003年版，第113页。
② 陈世英纂修：《丹霞山志》，中华书局2003年版，第1-2页。

两篇文字所说，都是丹霞舍山之事，且受施者均为今释。这样就产生了一个问题：丹霞山的捐献者到底是谁？为什么会有《舍山牒》与《乞山偈》两篇不同的文字？出现在《乞山偈》中的"亦若居士"是谁？他与丹霞山主李充茂是什么关系？

今释《答李鉴湖居士启》提到的"空老人"与《乞山偈》之引所说的"老和尚""空隐老汉"是同一个人，他就是今释的师祖——岭南洞宗高僧宗宝道独。释道独，字宗宝，号空隐，广东南海（今广州）陆氏子。幼显善慧，情钟三宝，闻梵呗音往往过耳成诵。自从老僧处知"见性成佛"之说，益向慕佛门。因读《六祖坛经》而初悟禅旨。16岁结茅于归龙山，一住十载。29岁往博山谒无忌元来，获印可，遂接法，为曹洞宗第33世、博山二世。明崇祯三年（1630）离博山往匡庐。其后曾住博罗罗浮山华首台寺、福州长庆寺、广州海幢寺、东莞芥庵。清顺治十八年（1661）示寂，世寿六十二，法腊三十三。门徒以嗣法弟子函昰及函可最为著名，前者是今释之师天然和尚，后者是因在金陵"私携逆书"而被清廷流放到辽阳的千山剩人和尚。道独的传世之作有被收入《卍新纂续藏经》第72册（No.1443）的《长庆宗宝道独禅师语录》六卷，书后所附函昰《长庆老和尚行状》与钱谦益《长庆空隐独和尚塔铭》对其生平事迹有介绍。

从《乞山偈》及引可悉，今释是以"供养老和尚"为由向亦若居士乞山的。二人的谈话地点在位于广州河南的海幢寺；谈话时间引中未明载，但根据相关资料可推定事情发生在顺治十八年（1661）四月前——很可能是年初，因为附在道独《宗宝道独禅师语录》书后的钱谦益《长庆空隐独和尚塔铭》载，道独于此年四月"由海幢返芥庵，自克去期，七月二十二日，端坐而逝"。今释既然与亦若讨论供养道独的问题，说明其时道独还在世。而偈注有"园长适在空老人坐次"之语，今释后来在《徧行堂集》卷三一《喜得丹霞山赋赠李鉴湖山主》一诗中也有"空隐老人坐海幢""乞山酬偈一错愕"①之句，更证明道独其时正驻锡海幢寺。

要弄清《舍山牒》与《乞山偈》的关系，须先辨明以"酬偈"方式对今释许诺献山的亦若居士的身份。从事理分析，一个人敢承诺将某物产施予他人，必须具有相应的权力。亦若既敢对今释说自己有"酬偈之山"，那么他若不是该山的主人，便一定是获得了山主授权的代理人。基于这样的分析，笔者曾推测他可能是李充茂派来的朋友，而别传寺现任住持顿林大和尚

---

① 释今释：《徧行堂集》，广东旅游出版社2008年版，第二册，第363页。

则怀疑他就是李充茂本人①。顿林法师的推断显然不正确,因为在李充茂的《舍山牒》中有"闻汉翀、亦若两公备言禅师丛林逼近城市,甚非栖静之所"之语。下面的讨论将证明,笔者的推测也不对。那么亦若到底是谁呢?查《丹霞山志》卷八,有一篇《晚秀岩记》,作者署"姚继舜亦若",据此可知亦若姓姚,名继舜。在文中,作者说自己"于丙戌(1646)官江右湖西藩参,因与虔抚李君道同志合,谋一丘以自老",遂至仁阳凿丹霞而居。②而《丹霞山志》卷六《外护》介绍:"姚继舜,字亦若,海阳人。官至太仆寺正卿。携家避乱晚秀岩。"③根据《丹霞山志》的这些材料,可悉亦若是当时与李氏兄弟一同卜隐于丹霞山的遗民,他是山东海阳人,曾在南明任官职。因与李氏兄弟志同道合,故一同来山隐迹。

顿林法师与笔者之所以会出现上述认识偏差,是因为以为丹霞山只居住着山主李氏兄弟及家人——这也是很多人的理解。事实是,山中除李氏兄弟之外,在当时还隐居着一大批不愿与清朝合作的明朝遗民!《丹霞山志》卷六《外护》所列,有流寓14人,《丹霞山志》说他们"皆与李文定公兄弟同辟此山以避乱者"④。而李充茂《丹霞山记》记述,李永茂在买下丹霞后,曾邀约大批志同道合的庄臣节士及梓里乡亲来山寄住。《丹霞山记》写道:"凡我故旧,风雨飘摇,伯子胥与居处于山中焉","自伯子至山,而人人知有丹霞焉,且人人丹霞是依赖焉","韶郡丹霞山在仁化治中,绵亘逶迤,高数千百仞,即余与梓里诸君子今所托迹处也"⑤。这些话,都是丹霞山上隐居着大量遗民的实录!《丹霞山记》还提到,当年追随李永茂"先后同志来处此者,如两岐贺君、亦若姚君、丹鸣朱君、羽明王君、若耶李君、美生韩君、樵谷张君、厚吾宁君、二酉陈君、文梦许君、经宇李君,暨余小子充茂,两侄灏、鸿,甥唐运泰,皆有室家仆婢,无虑千百辈,咸邀灵此山,以胎然于劫灰煨烬之外"⑥。"无虑千百辈"一语,反映了当时山上人口的众多。这些隐迹于山的政治立场相同或相近的"同志",就包括了"亦若姚

---

① 释顿林《丹霞纵横》:"……如此这般,亦若居士(俗名疑是李充茂)即将丹霞山作了奉献。"(钟东主编:《悲智传响——海云寺与别传寺历史文化研讨会论文集》,中国海关出版社2007年版,序第1页)。
② 陈世英纂修:《丹霞山志》,中华书局2003年版,第119页。
③ 陈世英纂修:《丹霞山志》,中华书局2003年版,第70页。
④ 陈世英纂修:《丹霞山志》,中华书局2003年版,第70页。
⑤ 陈世英纂修:《丹霞山志》,中华书局2003年版,第114—115页。
⑥ 陈世英纂修:《丹霞山志》,中华书局2003年版,第115—116页。

君"——姚继舜。住山者除遗民外,还包括他们的家眷。《丹霞山志》卷八贺康平《水帘岩记》载,被贺康平带上山的家人共有 32 人;《晚秀岩记》载,姚继舜的儿子姚弘曾在山中参加土木营造;而《丹霞山记》也说,山中诸君,"暨余小子充茂,两侄灏、鸿,甥唐运泰,皆有室家仆婢"。《丹霞山记》还记述:"买山修筑,既竭余家之力,而同志诸君居此者,皆费结构焉。"这条材料说明,买山虽是李氏独家的行为,营造却有众人参与。李充茂曾在《丹霞山记》中还列出了一份买山与营造房子的钱财消耗清单,计共费银二千零一十两二钱三分。其中特别提到"晚秀岩,姚亦若住,创修共费银二百五十三两四钱"①。而姚继舜则在《晚秀岩记》中谓:

> 戊子秋,余始从孝源复安堵此山。李居中山,余蹑迹而上。随余上者,则有侍御贺两岐,卜居水帘岩;分守苍梧道朱君丹鸣,卜居草悬岩;太行张君起一暨贡士韩美生,共居海螺岩。迤西过云度山下,则有处士孙、侯、李诸人,各为筑室。至于面南为雪岩,李经宇、周锡甫开基,而处有乳泉,经宇建阁于其上,奉龙王神而祀之。余乃卜晚秀岩而居焉。②

这段文字细化了遗民们在山上开基筑室的事迹。亦若在《晚秀岩记》中还说到,他在经营晚秀岩的过程中,曾与后来故去的侍御黄基固、职方周瑚四"分辇金近百两买此山砦"③。上面文字都证明了这样一个事实,那就是,在顺治时期的丹霞山上,隐居着一个颇具规模的遗民群体!正如李充茂《丹霞山记》附文、《芳泉记》,姚继舜《晚秀岩记》,贺康平《水帘岩记》,及胡学盘《大明岩龙王阁记》所记,这些遗民们对经营丹霞各有程度不同的贡献,因此对丹霞山也拥有分量不等的物权。亦若居士姚继舜作为他们中的一人所要捐给佛门的,实际上是丹霞山中由他经营的那部分区域,即海螺岩、晚秀岩、长老寨周边地方。

从《乞山偈》还可了解到,在姚继舜表示以山酬偈时,有一文一武两位见证者④:武官"张总戎"是北直隶宣武人张国勋,号葵轩,曾在广东为

---

① 陈世英纂修:《丹霞山志》,中华书局 2003 年版,第 116 页。
② 陈世英纂修:《丹霞山志》,中华书局 2003 年版,第 119 页。
③ 陈世英纂修:《丹霞山志》,中华书局 2003 年版,第 119 页。
④ 前引今释《喜得丹霞山赋赠李鉴湖山主》诗说"乞山酬偈一错愕,左右文武皆荒唐","左右文武"指的也是他们。

左路总兵，戴肇辰修、史澄纂《（光绪）广州府志》卷一一〇，舒懋官修、王崇熙纂《（嘉庆）新安县志》卷一四下有传。文官"园长侍郎"则是东莞人王应华。王应华，字崇闇，号园长，明崇祯元年戊辰（1628）进士，历官嘉庆府教授、工部主事、礼部员外郎、浙江督学、右参政、光禄寺正卿、兵部右侍郎、礼部左侍郎。曾与苏观生拥立绍武帝于广州，兵败后降清，后又出辅永历帝，拜东阁大学士。晚礼道独，法名函诸。清阮元修《广东通志》卷三二六、民国《东莞县志》卷六四有传。

姚继舜以海螺岩、晚秀岩及长老寨周边区域来酬今释的乞山之偈，是丹霞山与佛门结缘之始，同时也是后来李充茂等遗民舍山的前奏，这件事对丹霞山的发展走向与粤北的宗门格局都发生了重要影响，因此今释曾在其《乞山偈》中对姚继舜高度评价："丹霞道场缘起出于亦若，即以此偈请生位入檀越堂中，故可百世不祧也。"①

姚继舜的捐献在丹霞山导致了连锁反应，其他遗民纷纷步其后尘。在姚继舜与今释谋定"以山酬偈"后不久，深思熟虑而后定的丹霞山主李永茂也于同年十月到穗城与今释进行了接触。二人商谈的结果，是李充茂决定把整座丹霞山都施予佛门，供今释开辟道场！此事见载于今释《丹霞山志》卷二《丹霞营建图略》："故虔抚孝源李公辟地于此。辛丑十月，令弟鉴湖君来穗城以施余，严事三宝。"② 在其他文献中也被提及，例如《徧行堂集》卷九《募造锦石岩疏》载："古穰鉴湖李子方以属余创别传寺，为静修之所。"③ 当然，李充茂把丹霞山施予今释更直接的证据，是上文所引述的《舍山牒》与《答李鉴湖居士启》。

在这里顺便厘清一个问题，这就是人们往往把丹霞的舍山者李充茂混为李永茂。例如鲁超《丹霞山志序》说："而（李文定）适与澹公遇，相与有禾黍之悲。久之，遂舍宅为寺，而丹霞归之澹公，始为刹灵之图矣。"④《丹霞山志》卷一《山水总序》说："夫文定公以乱去官，澹公以乱出世，文公贻之，澹公受之，遂若渊源接而衣钵传也，……是丹霞之待二公以传也，夫岂偶然耶。"⑤ 清人吴寿潜《游丹霞纪事》诗注说："丹霞旧为李文定公孝源避世之所，后舍为丛林，因同朝而复同志，延澹师主之。"（《丹霞山志》

---

① 陈世英纂修：《丹霞山志》，中华书局2003年版，第1页。
② 陈世英纂修：《丹霞山志》，中华书局2003年版，第16页。
③ 释今释：《徧行堂集》，广东旅游出版社2008年版，第一册，第241页。
④ 陈世英纂修：《丹霞山志》，中华书局2003年版，第1页。
⑤ 陈世英纂修：《丹霞山志》，中华书局2003年版，第5页。

卷九)① 当代学者姜伯勤说："先是顺治十八年（1661）李孝源（永茂）、鉴湖（充茂）兄弟，以仁化丹霞舍与禅师辟建别传寺。"② 这些说法都不正确。须知顺治十八年今释受施丹霞时，李永茂谢世已超过13年！

三、李充茂等为何施山今释

李充茂在其《舍山牒》中曾提到："闻汉翀、亦若两公备言禅师丛林逼近城市，甚非栖静之所。"③ 此语透露了一个信息：李充茂在舍山前，亦若、汉翀曾就献山问题做过他的工作。汉翀名汪起蛟，清阮元修《广东通志》卷四五《职官表三十六》与《（同治）番禺县志》卷九均载他为河南南阳人，贡生，清顺治三年（1646）任永历朝的番禺令。《丹霞山志》卷六《外护·法社姓氏》载："水部汪讳起蛟，字汉翀，号罅石（与鉴湖同来同官，开丹霞因之）。"④ 今释《澹归日记》曾多次提到他；《徧行堂集》卷八有文《汪罅石隐君七十初度序》，《续集》卷五有《祭汪汉翀水部文》、卷七有偈《寄汪汉翀》。根据上述材料，可知汪起蛟像亦若居士姚继舜一样，也是托迹于丹霞山的胜朝遗民。事实上正是汪起蛟与姚继舜的鼓动游说，才使李充茂形成并逐渐强化了舍山的念头。对汪起蛟与姚继舜二人在劝导李充茂舍山一事上所发挥的建设性作用，今释曾给予高度肯定。他在其七古诗《喜得丹霞山赠李鉴湖山主》（《徧行堂集》卷三一）开头曾提及他与姚继舜之间"乞山酬偈一错愕"之事，而在此诗的结尾则说"论功若叙魏无知，大书莫漏汪罅石（自注：汉翀别号。吾由汉翀始知此山本末）"。⑤ 魏无知是秦汉时人，在楚汉战争中追随刘邦，陈平背楚，就是通过他与刘邦建立联系的，事载《史记》卷五六《陈丞相世家》。今释把汪起蛟比作魏无知，是强调他作为中介的重要性。因此研究李充茂舍山，汪、姚二人的鼓动游说作用是不能不注意到的。

李充茂献山佛门，内在原因则与他越来越坚定的佛教信仰有关。从今释

---

① 陈世英纂修：《丹霞山志》，中华书局2003年版，第145页。
② 姜伯勤：《澳门普济禅院藏澹归金堡日记研究》，载（澳门）《文化杂志》（中文版）第38期，1999年，第14页。
③ 陈世英纂修：《丹霞山志》，中华书局2003年版，第2页。
④ 陈世英纂修：《丹霞山志》，中华书局2003年版，第68页。又陈子升《中州草堂遗集》卷一三《酒酣赠汪汉翀工部》自注："曾为番禺令。"见香港何氏至乐楼丛书第15种。
⑤ 释今释：《徧行堂集》，广东旅游出版社2008年版，第二册，第364页。

《丹霞营建图略》可以判断，李充茂在来广州与今释会商之初尚非三宝弟子，因为今释对他的称呼是"鉴湖君"而不是居士，不过李充茂当时已表示将"严事三宝"。而在李充茂一个月后所作的《舍山牒》中，我们已见他自称"法弟子"，且牒文有"新置草堂，既足上佛；旧存茅舍，尚可栖真。悉举奉施，庄严最胜道场；向后圆成，遍注无边法雨"①等语，说明他已皈依佛教。是以在《丹霞山志》卷八，今释在回应李充茂的入山之请时，称他为"鉴湖居士"。别传寺现藏有清雕木质楹联一匾，只剩下联"云生锦水更藏山"，书写者是今释，落款写"鉴湖道兄题"。把李充茂称为"道兄"，说明二人信仰是相同的。事实上李充茂不只是居士，通过《丹霞山志》卷六《高僧传》中，我们还进一步了解到他在"归穰州安厝丘陇"时就已"慨然有出家之志"，后来果然于康熙十一年（1672）重入丹霞，礼天然和尚剃染，成了今释的同门法弟，法名今地（一作"今池"），字一超。后来他还曾"诣栖贤受菩萨戒"，最后示寂于丹霞山篱竹岩。作为一名信仰愈来愈坚定的佛教徒，他自然要考虑如何"种福田"的问题，而舍山为寺在佛教徒看来无疑是最上乘的功德。

虽然《舍山牒》是李充茂所作，但是我们必须认识到，丹霞捐山并不是李充茂的个人行为，也是当时托迹于山的胜朝遗民们的一致心愿。上文已指出，清初在丹霞山隐居的人，除李氏兄弟外，还有一大批明朝的庄臣节士与李氏的梓里乡亲，因此李充茂不仅是丹霞山的山主，而且也是这些卜隐于山的遗民们的代言人。他在到广州与今释洽谈舍山的事宜之前，想必是与这些他们协调好了立场的。因为如果居住在丹霞的遗民们无意或不愿献山，李充茂就不可能成其事——哪怕他是山主；反过来，事情既已顺利推进，便说明山中遗民们对舍山一事并无异议。问题是，这些遗民们为何愿意舍山？山献给佛门之后他们将如何安身立命？要解答这两个问题，我们首先要注意舍山的时间——清顺治十八年（1661）。这一年是清世祖在位的最后一年，也是全国的政治军事形势彻底逆转的一年。此时反清复明运动虽还没有完全平息，但社会局面已发生了根本变化。顺治十六年（1659），走投无路的永历帝从云南遁入缅甸，南明在与清朝的抗争中愈来愈弱，已处于风雨飘摇之中。顺治十八年，缅人发动政变，尽杀永历帝身边的大臣；年底又把永历帝及太后、王后、太子、公主等率数交给了吴三桂。到这个时候，永历朝行将谢幕，反清复明运动所用以号召士民的旗帜眼见不再存在。入清之后，岭南

---

① 陈世英纂修：《丹霞山志》，中华书局2003年版，第2页。

所以麇集着众多像李永茂的追随者这样的胜朝遗民,一方面是因为天下战乱,北归路断,另一方面则是因为这些遗民们一直想在一个"山高皇帝远"的地方等待"光复"。而一旦大势已定、复明无望,他们便会放弃幻想,把离岭回乡提到议事日程上。笔者注意到,正是在这个时候,岭南出现了一个颇具规模的遗民北归潮!这个事实可在《丹霞山志》中获得印证。在顺治十七年至十八年间,因世乱已止,李充茂遂决定扶榇北归。《丹霞山志》卷六《高僧传》也有他"乱后归里"的记录。因为不知自己此去之后是否还会有机会南归,为了让后人了解丹霞山的开发史,所以他在临行前写下了著名的《丹霞山记》。在这篇文章中,他详细记述了山中的形胜及李永茂买山卜隐的始末。由于对自己曾经营了多年的丹霞山怀有很深的情感,李充茂返乡数年后又重返岭南。虽然许多遗民也像李充茂一样对丹霞山抱有情感,但正所谓"落叶归根",当返回家乡成为他们的不二选择之后,大多数人就一去不返了。顺治十八年,姚继舜曾写下《晚秀岩记》,自述其卜居丹霞的经过,在文中他伤感地说:"他乡之客,谁无故土之思?余将归里,安得再有此山可买而为隐潜之计,如凤鹄之高蹈而远举乎?"① 正因为已确定回乡安度余生,他才把晚秀岩、海螺岩及长老寨一带地方赠给"莽澹归"。而李充茂的同乡、曾把一家三十二口人带到山上来的贺康平则记道:"忽辛卯(丑)(1661)春三,仆自河南来迎,屈指衡阳雁断已十年矣!主仆相顾骇讶,虽乡音未改,而鬓发殊斑斑白也。遂束装归里,曩之偕行者,今仅存九人。"(《丹霞山志》卷八《水簾岩记》)② 这些文字都如实反映了当时山中遗民们的心情与动态。遗民们北归之后,丹霞山作为"避世之奥区"的功能也就丧失了。在这样的背景下,如何处理这座将被废弃的大山,便成为摆在遗民面前的现实问题。而在当时的情况下,把它施予佛门,显然是不错的安排。潘耒《丹霞山志序》"乱定(遗民)还故里,而故给谏金道隐弃官为僧号'澹归'者居之"③ 之记,所述说的便是这种情况。

至于遗民们的施山对象是今释而不是其他和尚,则与今释的道德质量、文化修养、政治态度与社会角色等有关。首先,今释作为一代名僧,具有比一般的出家人高得多的道德品质与文化修养。他出家前曾饱读诗书,深受儒家文化的熏陶,为人耿直敢言、富有正义感,且吃苦耐劳,做事具有献身精

---

① 陈世英纂修:《丹霞山志》卷八,中华书局2003年版,第120页。
② 陈世英纂修:《丹霞山志》,中华书局2003年版,第121页。
③ 陈世英纂修:《丹霞山志》,中华书局2003年版,序第4页。

神,因此在僧俗两界早享有大名。李充茂曾在《舍山牒》里说他"道高德厚,性湛心虚,激浊扬清,有功名教,遗荣入道,直印心宗,为一代之全人,存两间之正气",并坦言正是由于"宿仰高踪,素承雅度",才让他做出了把整个丹霞山都赠给今释的决定。① 其次,今释本为明朝的进士,出家前是永历的臣子,曾置个人生死于不顾,不遗余力地为反清复明事业奔走;出家后虽不再与闻现实政治,但在内心深处其实依旧是向着明朝的。这一点从他后来与李充茂共谋在丹霞山的篆竹岩建祀明朝殉难烈士的"正气阁"一事即可获得证明②,他在当时与身后都被人视为"遗民僧",道理亦在此。正所谓"同声相应,同气相求",相同的政治立场使他天然地具有与隐迹于丹霞的遗民对话的基础,而思想情感的投契也使双方很容易沟通。因此,在丹霞遗民们的心目中,他是受施的不二人选。最后,在今释与李充茂之间,还存在着一层非常特殊的关系。据今释《徧行堂续集》卷八《一超道人墓志铭》记载,清顺治六年己丑(1649),李充茂"以堵督师胤锡荐,授祠曹"③,曾在永历朝任官,与今释为同僚。故在《丹霞山志》卷八今释《答李鉴湖居士启》中,有"今释曩厕同朝,幸邀未契;十年遥想,一旦重逢"④ 之语;在《丹霞山志》卷九今释《喜得丹霞山赋赠李鉴湖山主》一诗中,又有"十三年前与君别,多少披离得相见"⑤ 之句;《丹霞山志》卷六《高僧传》载,今地(即李充茂)曾"与澹归和尚同事,称声气之雅"⑥;而李充茂在《舍山牒》中也说到他与今释"暌违多载,寤寐靡忘"⑦。这层特殊的关系,是我们在研究李充茂舍山与今释受献的原因时所不能不注意的。

李充茂等的慷慨施山,使今释在出家多年后终于行将结束行脚僧生活,有了一个远离尘嚣的弘法修行基地,因此他异常兴奋,曾作长篇七古《喜得丹霞山赠李鉴湖山主》(《丹霞山志》卷九)咏其事。诗中有"今朝真见吾山主,未曾下口心先与。果然一诺重千金,回首红尘在何许"等句,对

---

① 陈世英纂修:《丹霞山志》,中华书局2003年版,第2页。
② 《徧行堂续集》卷五《募建正气阁疏》说建阁"盖取文文山作歌之指奉诸死忠于明者",而清陈玉猷《蓬亭偶存诗草》卷二《晚登正气阁》诗有注:"闻澹大师建阁时,欲以祀明殉难诸人。传以人言中止,改祀关侯。"
③ 释今释:《徧行堂集》,广东旅游出版社2008年版,第四册,第175页。
④ 陈世英纂修:《丹霞山志》,中华书局2003年版,第113页。
⑤ 陈世英纂修:《丹霞山志》,中华书局2003年版,第126页。
⑥ 陈世英纂修:《丹霞山志》,中华书局2003年版,第60页。
⑦ 陈世英纂修:《丹霞山志》,中华书局2003年版,第2页。

李充茂赞扬备至；并谈到了自己从出家到受山的种种经历与感受：

  清浪军汉时出家，芒鞋踏破天之涯。金轮峰上才然头，扬子江心罢试茶。贯清堂捧栖贤令，脚挂风筝难自定。万年持钵了残经，梅岭扶筇发归兴。粥饭参苓且信缘，山林城市长奔命。雷峰无客助新工，宝水有人修旧恨。旃檀荆棘各丛林，珠玉泥沙同破甑。世上薪抽世外炉，霜朝面改花朝镜。自惭薄德暗低头，毕竟由人不自由。何时一曲理孤影，双眼看云万事休。不谓此山落吾手，恰好全身藏北斗。四岭天王俱现形，一林师子皆开口。蒲团坐地百花新，琉璃照夜孤峰走。独磬萧然散白云，五刑狂煞悲黄狗。狂歌为拜主人翁，片片烟霞手自封。敢信入廓犹有事，从来挂角更无踪。他年欢喜思今日，峰顶月华连海碧。同侪笑指翠苔文，一寸孤心千里结。①

在正式收下李充茂代表丹霞山遗民写下的《舍山牒》之后，今释于康熙元年壬寅（1662）三月二十四日从广州飞锡韶州，从此躬披蒙茸，剪荆棘，筑殿宇，建寮舍，募常住，开始了在丹霞山长达18年的艰苦经营。

（原载《学术研究》2023年第2期）

---

① 陈世英纂修：《丹霞山志》，中华书局2003年版，第126—127页。

澹归今释传略

今释生活于明末清初,是一位在俗僧两界都享有大名的人物。他的事迹因王夫之的《永历实录》、释成鹫的《咸陟堂集》、温睿临的《南疆绎史》、邵廷采的《西南纪事》等多种著作的记载而广为人知,在清修《浙江通志》《江西通志》《韶州府志》《南康府志》《星子县志》《番禺县志》与《丹霞山志》等地方志中均有他的传记。他出道以后甚富传奇色彩的人生明显分为两段:前是南明诤臣,后为清初名僧。

一、南明诤臣

今释俗姓金,名堡,字道隐,复字卫公;初名垵,字子固、唐捐。浙江仁和(属杭州)人,生于明朝万历四十二年甲寅(1614)。生而早慧,聪明绝伦,过目成诵,人目为神童。为诸生时,即"才思浩瀚,于古今书无所不读,卓然自命,不肯一为苟且之行,思欲以所学者大其用于天下也。浙之士咸称之"(《丹霞山志》卷六《澹归禅师传》)①。崇祯九年丙子(1636)举于乡。崇祯十三年庚辰(1640)中进士,出知山东临清直隶州,后以久旱不按上司要求催科挂冠去。

甲申鼎革后清军大举南下,于清顺治二年乙酉(1645)攻陷了杭州。当时鲁王监国于浙东,金堡弃家依之。然而鲁藩胸无远志,金堡甚为失望,遂由浙入闽,见隆武帝于福州,上恢复之策。隆武帝授以礼科给事中之职,以服阙不拜。由于他在奏议中抨击执掌朝廷权柄的郑芝龙,因而被人诬为"奸细"。为避祸,只好西走楚之辰、沅,又匿于黔阳山中。

隆武帝败后,他辗转入岭南,因其师广西巡抚瞿式耜举荐,于顺治五年戊子(1648)在端州(肇庆)行在见永历帝,被授以兵科给事中之职,摄理科事。当时永历朝臣分为以"扈驾元勋"朱天麟、吴贞毓为首的"吴党",和以"反正功臣"李成栋为首的"楚党"两大集团,金堡被目为"楚党"。他性好诤,在朝中有"虎牙"之号,与"虎头"都御史袁彭年、

---

① 陈世英纂修:《丹霞山志》,中华书局2003年版,第56-57页。

"虎尾"给事中丁时魁、"虎皮"少詹事刘湘客、"虎脚"给事中蒙正发并称"五虎"。顺治七年庚寅（1650）永历帝驾移粤西梧州，金堡上《时政八失疏》陈说时弊，纠劾权佞，义正词严，不避斧钺，因而遭到政敌陷害，在锦衣卫狱受尽酷刑，几被杖毙。幸有大臣为他鸣冤，始得减死，判戍贵州清浪卫（在今岑巩县境）。在被押赴戍地的途中，遇到清兵南下，解卒弃押，他因而得脱，留客桂林。面对人生的困境，在强烈的挫折感的支配下，他在位于桂林北廓的茅坪庵落发为僧，取法名性因，号茅坪衲。自此，这位晚明政坛的明星便变身成了佛门的名僧。

二、佛门名僧

金堡是由于政治上"失路"而不得不"逃禅"的。正所谓"忍看国破先离俗"（《瞎堂诗集》卷一一《送渐侍者归省》）①，在明清易代之际，由于清朝统治者在汉族聚居区推行"留发不留头"的政策，用残酷手段对付不肯屈服的民众，许多士人纷纷出家为僧，以避免遭受"薙发留辫"之辱。而有意于化解士民的对立情绪、削弱反清复明势力的清朝统治者也对士人出家持默许的态度，因此士人逃禅在当时非常习见，以至于出现了"十年王谢半为僧"（何巩道《越巢诗选·元夕坐西山草堂感旧》）②的局面。金堡就是其中的一位遗民。

金堡出家，虽是当时政治因素作用的结果，但并非全无思想基础。明中叶以来，以佛解儒、以儒会佛的阳明心学兴起，使儒、释二教出现了相互影响、相互渗透的局面，释氏之说在被引入儒家、改造儒学的同时，也受到了儒家学说的刺激、影响。一些平素以孔说为立身之本，视儒、释为水火的人，随着形势的变化，也改变了过去的态度，开始接受佛学。于是儒、佛便由"水火不容"一变而为"水乳交融"。金堡在少年时代曾接触过《维摩诘经》，虽未卒读，但"自是心目常有所忆不能忘"（《咸陟堂文集》卷六《舵石翁传》）③。剩人和尚函可为居士时看到他的制义，曾击节惊叹："此宗门种草也！"顺治四年丁亥（1647）金堡僦居于楚之辰州，为消永日，曾

---

① 释函昰：《瞎堂诗集》，中山大学出版社2006年版，第115页。
② 陈永正主编：《全粤诗》，岭南美术出版社2017年版，第22册，第201页。诗亦见于史澄撰《（光绪）广州府志》卷一六二《杂录三》。
③ 释成鹫：《咸陟堂集》，广东旅游出版社2008年版，第二册，第78页。

索书僧舍，研读了《楞严经》《圆觉经》《净名经》等梵典，"乃发深信，恨知佛法晚"（《咸陟堂文集》卷六《舵石翁传》）①。他后来坦承："予少不信有佛法，岁丁亥在辰阳读《楞伽》《圆觉》诸大乘经，始知惭愧，遂发出世之念，而狂心未歇，复走两粤，庚寅得金吾一顿痛棒，乃歇下耳！"（《徧行堂集》卷四《梧州诗序》）②因此，金堡出家既有不得已的一面，也有自觉自愿的一面。

清军统帅、定南王孔有德率师攻下桂林后，杀害了坚决拒降的永历朝留守、大学士瞿式耜及两广总督张同敞，并把他们暴尸街市。刚刚出家的金堡见状毅然上书孔有德，自叙履历，以"哀国之忠臣与开国之功臣同受命于天，天下无功臣则世道不平，天下无忠臣则人心不正"（《丹霞山志》卷六《澹归禅师传》）③为由，请为两公具衣冠以殓。孔有德感而允之。

出家两年后，也就是顺治九年壬辰（1652），金堡来到广州，参礼曹洞宗博山系华首台——海云派高僧天然函昰于番禺雷峰海云寺，并受具足戒。因为华首台——海云派是按"道函今古传心法，默契相应达本宗。森罗敷演谈妙谛，祖印亲承永绍隆"④的法偈演派的，所以他易法名为今释，字澹归，后号蔗余道者、甘蔗生、冰还道人、借山野衲、舵石翁、徧行老僧。今释的师父函昰是一位具有极高社会声望与极强人格魅力的高僧。他字丽中，号天然；俗姓曾，名起莘，字宅师。番禺人，举人出身。明崇祯十三年庚辰（1640）在江西庐山归宗寺祝发受具，是空隐道独和尚的法嗣，为曹洞宗第34世、博山三世。函昰在江山易姓前就已出家，并不属于"逃禅"者，但其思想行为却有明显的"遗民僧"印记。在政治上，他是清初"故国派"僧的代表人物之一，被众多明遗民奉为"精神领袖"。在宗教上，他以禅为纲、援儒入佛，以洞为本、融通各宗，是南方佛教的一代宗师，被誉为"法门砥柱"。在艺文方面，他也是岭南禅门的诗人群体——"海云诗派"的领袖人物，被视为"风雅巨擘"。

清初逃禅的主体是前明的士人。这些人是带着孤怀遗恨出家的，因此多具有"外僧内儒"的特征。他们身在禅门，心在世俗，以忠孝做佛事，用僧衣全名节。今释也是如此，落发为僧对他来说并不意味着已了断尘缘，实

---

① 释成鹫：《咸陟堂集》，广东旅游出版社2008年版，第二册，第78页。
② 释今释：《徧行堂集》，广东旅游出版社2008年版，第一册，第109页。
③ 陈世英纂修：《丹霞山志》，中华书局2003年版，第57页。
④ 清道光六年（1826）潮州开元寺住持绍法和尚编《开元寺传灯录》。

现了六根清净。作为一位性格耿直、褊急好诤的明朝遗臣，想要完全舍弃世俗情怀，实现与现实政治的切割，那是不容易的。今释在出家后两年写的一篇文章——《徧行堂集》卷八中的《参方发愿文》）曾说自己"身托缁流，心乖白月。宰官之障未除，文士之气未尽。万行未习，六度未修。下足三餐，开单一梦。年复终年，日皆去日。无常并至，浪死虚生。言之伤心，思之汗背"①。对总在尘网与法缘间纠缠的今释所存在的问题，函昰看得很清楚，因此他在收其为徒之初便故意让他"执事饭头"——在海云寺的香积厨充当伙头军，以销蚀其火气。今释虽然心高气傲，但还是乖乖听从了师父的安排。据成鹫《咸陟堂文集》卷六《舵石翁传》载，他受命后"悉屏笔研"，"即入厨下，亲涤碗器，隆冬龟手，不废服勤"②。经过一番磨炼之后，他奉函昰之命度岭，托钵江南。已而至庐山栖贤寺，再返雷峰海云寺，皆充书记。又居东莞毂庵阅五夏腊，之后在广州海幢寺充知客。在此期间，函昰有机会便对他施以"本份钳锤"，今释渐有所悟，不过到底未入洒然之境，故一直未获函昰印可——直至出家了18年之后。康熙六年丁未（1667），今释在韶州仁化丹霞山上得了一场大病，病魔来势汹汹。在他病得很重的时候，函昰来到其榻前，握着他的手说："汝从前所得，到此用不着。只这么去，许尔再来。"今释闻语，"于病中返照，大生惭愤，起坐正观，万念俱息，忽然冷汗交流，碍膺之物与病俱失。从此入室，师资契合，顿忘前所得者，老人乃印可"（《舵石翁传》）③。康熙七年戊申（1668）元旦，今释在山上受函昰大法，为第四法嗣，成为"海云十今"之一。当时其师示偈："自到雷峰十六年，掣风掣颠。今日丹霞捉败，推向人天，不教总靠着那边。咦，直举无遮，回护途绝，正偏休言。只这是，难赚豆皮禅。要天下古今，尽溟涬乎豆皮长处，而不知所以然。"（《海云禅藻集》卷一）④ 至此，与世俗政治纠葛很深的今释，在佛教思想的影响、禅门气氛的熏陶及本家师父的引导下，思想终于发生了根本性转变，实现了从"外僧内儒"到"亦僧亦儒"的转型。

今释出家后的最主要活动与最重要事功，是经过呕心沥血的经营，于康熙初在丹霞山开辟了粤北名刹——别传寺。

---

① 释今释：《徧行堂集》，广东旅游出版社2008年版，第一册，第205页。
② 释成鹫：《咸陟堂集》，广东旅游出版社2008年版，第二册，第79页。
③ 释成鹫：《咸陟堂集》，广东旅游出版社2008年版，第二册，第79页。
④ 徐作霖、黄蠡等辑：《海云禅藻集》，广东旅游出版社2017年版，第15页。

丹霞山位于粤、湘、赣三省交界，它以赤壁丹崖为特色，由六百余座红色砂砾巨岩组成，山崖形状陡峭，有如斧劈，颜色斑斓，恍若霞染。山间幽谷深邃，古木葱郁，淡雅清静，不染风尘。山下锦江纵贯南北，清流蜿蜒，碧波荡漾。山光水色，奇丽无比。清初，它是河南南阳人、南明弘光朝的南赣巡抚李永茂（字孝源）及其从弟——曾与今释同在永历朝任官的李充茂（字泛生，号鉴湖）用 120 缗金（一说百两银子）买下的私产。除山主外，山上还隐居着一大批因归乡路阻而无法北归的胜朝遗民，他们都是与李氏兄弟志同道合的官场友朋或梓里乡亲，因不肯与清朝合作而避地丹霞，在山上经营了多年，希冀"光复"局面的到来。但是政治、军事形势的发展却让他们大失所望：顺治十六年己亥（1659），走投无路的永历帝从云南遁入缅甸，南明于是处于风雨飘摇中。两年后缅人发动政变，尽杀永历帝身边的大臣，年底又将永历帝交给了吴三桂。永历朝于是谢幕，反清复明运动所用以号召士民的旗帜已不复存在。丹霞山遗民见大势已去、复明无望，加上归路已通，便把北返提到了议事日程。离开岭南前，山主李充茂与山中遗民集体商议，决定把失去了"避世奥区"功能的丹霞山全部施予佛门，而被遗民们认为"道高德厚，性湛心虚，激浊扬清，有功名教，遗荣入道，直印心宗，为一代之全人，存两间之正气"（李充茂《舍山牒》）[1]的今释，成了受施对象。[2]在李充茂立下《舍山牒》之后，今释离开了海幢寺，于康熙元年壬寅（1662）三月二十四日从广州飞锡韶州，从此披蒙茸，剪荆棘，谋规划，筑殿宇，建寮舍，募同修，收法徒，开始了他在丹霞山长达 18 年的经营。

在今释到来前，丹霞山纯然是避世之地，山上的所有屋宇均是为满足遗民们的避难生活而建造的，基本上没有宗教建筑，因此丹霞道场的营建可以说是从零开始的。出家前曾在政坛叱咤风云的今释是一个眼光雄阔、心志高远的人，他既有胆气接下整个丹霞山，就不可能只在山上建间小庙自处，这样做不仅辜负了遗民们的期望，也辜负了丹霞山的奇山妙水。他要开辟的寺院是岭南第一流的名刹。这一点，他在开山之初所作的《丹霞营建图略记》（《徧行堂集》卷一一）中就表达得很清楚："若道场遂立，敢谓与曹溪、云门鼎三分足，为岭表梵刹冠冕。"[3] 在为募集善款而作的《募建丹霞山别传

---

[1] 参见陈世英纂修：《丹霞山志》，中华书局 2003 年版。
[2] 详见拙文：《清初丹霞遗民舍山缘起》，《学术研究》2023 年第 2 期。
[3] 释今释：《徧行堂集》，广东旅游出版社 2008 年版，第一册，第 294 页。

寺疏》(《徧行堂集》卷九)中，他也有"今释近住丹霞，见其山川奇秀，与天台、雁荡争衡，便拟梵刹崇修，与云门、曹溪鼎峙"①的表述。

今释把在建中的丹霞道场命名为"别传寺"，它来源于一个禅宗公案。据宋代智昭《人天眼目》第五《宗门杂录》记述，不入佛藏的《大梵天王问佛决疑经》记载，有一天大梵天王在灵鹫山请世尊说法，大家把一朵金婆罗花献给世尊之后便都退坐一边，听候世尊讲话。可是世尊只是拈着金婆罗花，意态安详地看着大家，什么话也没有说。大众都不明其意，唯有摩诃迦叶破颜微笑。世尊见状，当即表示："我有正法眼藏，涅盘妙心，实相无相，微妙法门，不立文字，教外别传，嘱咐摩诃迦叶。"世尊所传给摩诃迦叶的，实际上是一种祥和、宁静、安闲、美妙的圆融境界，它纯净无染，淡然豁达，坦然自得，超脱一切，只能以心传心，不能用言语来表达。今释以"别传"名寺，取的就是"不立文字，教外别传"之意。为高起点、高水平地建造这所寺院，他一开始就用心规划，绘制了一幅《丹霞营建图略》，并写下《丹霞营建图略记》，以让同修与檀越直观地了解他的建造规划。又作《丹霞建置说》，进一步阐述其营建理念，目的是使寺院做到既"以时合地"——妙合山峰形势，又"以地合法"——符合传统制度。

丹霞山势峻险，八方无路，一门深入，望者得奇，陟者得危，以当时的手工搬运条件，要在山上开辟一个大规模的道场，难度是极大的，不仅需要数不清的材料，而且需要花费巨大的人力。因此在别传寺的设计规划完成后，今释紧接着要做的事便是募集善款。收入《徧行堂集》卷九的《募建丹霞山别传寺疏》留下了这方面的信息。疏文说到，"自释迦弥陀天王诸殿、禅法诸堂、厨库诸寮、大士藏经诸阁，凡丛林所宜建置，具体而微，费亦弘巨"，非"毕此生之心，集诸外护之力"不能完成，因此他希望"诸宰官长者与今释同发一心，同开一眼，同出一手，与庄严华藏世界海无二无别"。②在其《徧行堂集》中，像这样的募造文字比比皆是。

今释不仅把营建别传寺看作一项土木工程，更把此事当作其学佛修炼的快捷方式。作为开山祖师，他全无个人名利心。在寺院初辟的若干年中，他虚方丈之席以待硕德，一直自充事无巨细都要过问的监院，胼手胝足，运砖搬瓦，担水伐木，投入到兴建寺院的劳作中。他曾对人说，做和尚"第一要戒行清白，第二要香灯严净，第三要接待殷勤，第四要大众和合。……如

---

① 释今释：《徧行堂集》，广东旅游出版社2008年版，第一册，第228页。
② 释今释：《徧行堂集》，广东旅游出版社2008年版，第一册，第228页。

今出家人，最要把自私自利之念一刀两断，全副身心向十方三宝上做去，更不寻是非、逞人我，则根基便坚固，识见便解脱，度量便广大，现现成成一个菩萨。"(《徧行堂集》卷二三《与光孝诸职事》)①

除了别传寺需要充足的资金之外，如何保障山中数以百计寺僧的生活需要，也是今释不得不直面的问题。刊载在《徧行堂集》卷一五的《募五百僧锅偈》的引言便从一个侧面反映了此："丹霞一饭近三百人，两釜同炊，犹不能给众，议募铸千僧锅。予见古丛林千僧锅往往具而不用，今欲铸五百僧锅二口，使可常用，纵至千僧，亦有同炊之例可举也。敢请檀越，乐成此供养功德。"② 寺中僧人的吃穿住用，使他疲于应付，为此他只好放下身段，充当"化主"，利用自己在社会上的声望，穿州撞府，四出托钵，游走于官衙与江湖之间，不遗余力地劝导施主为寺院献物捐资。《徧行堂集》中，有许多乞物的文字，如《行乞偈》《饭僧田疏》《乞月供疏》《募谷疏》《乞衣疏》《施衣疏》《乞衣单偈》《乞米疏》《乞米偈》《乞油疏》《饭僧疏》等等，都是他行化四方的反映。他曾在《徧行堂集》卷九《乞衣疏》中自嘲，说丹霞山僧人一个个都成了"苦行头陀"，"夏苎冬绵，都无给处，苦硬清约之风，盖不愧孤峰独立矣"。又叹气说："予忝为监院，六年奔走一钵中，除经营土木外，欲使大众足食，犹岌岌见难，岂能令之足衣耶?"③ 在荒无人烟的丹霞山上，甚至连如何解决僧人的吃盐需求也是一个问题，《徧行堂集》卷九《乞盐疏》提到："人一日约食盐五钱，每岁食盐约十二斤。丹霞三百众，几食盐三千六百斤矣。空山寥落，无钱可买，往往食淡，此供养主所深自刻责者也。"④ 为了解决这个问题，今释不得不刻意讨好地方的食盐专卖官吏，其日记便透露了这方面的信息。七月十五日载："盐埠孙□送盐二包。"八月十三日载："遣送盐埠节礼，受三。"九月十二日载："早下山，至夏富，答拜盐埠主不值。"⑤

为了解决山上寺院营建与僧人生活出现的种种问题，今释许多事都必须亲力亲为，"只为一座丹霞山牵着鼻头，东来西去，无一日闲"(《徧行堂集》卷二七《与姚六康明府》)⑥，即使老病侵寻亦无从歇手，常常抱病操

---

① 释今释:《徧行堂集》，广东旅游出版社2008年版，第二册，第156页。
② 释今释:《徧行堂集》，广东旅游出版社2008年版，第一册，第381页。
③ 释今释:《徧行堂集》，广东旅游出版社2008年版，第一册，第237页。
④ 释今释:《徧行堂集》，广东旅游出版社2008年版，第一册，第238页。
⑤ 《澹归日记》手稿，存澳门普济禅院。
⑥ 释今释:《徧行堂集》，广东旅游出版社2008年版，第二册，第260页。

劳。他在写给其好友、南雄知府陆世楷的信中说:"此月初一日,忽吐血十余口,体中至今不佳,然不敢言病,盖修造钱粮甚急,无歇手处,今已往仙城矣。老景日催,愿力未了,每一念及,为之忾然。"(《徧行堂集》卷二六《与南雄陆太守孝山》)① 在写给韶州通判池凤翼(字仪伯)的信中提到自己"病魔日深,羸乏少气,筋骨俱软,不能强步,但坐卧一室中,为无关之闭矣","弟以病魔相爱,遣之不肯去,已成废人,然常住大众事事累心,恰似一个极忙境界"。(《徧行堂集》卷二七《与池仪伯别驾》)② 可见,为了经营丹霞,他付出了莫大的心血,以至于连健康也丧失了。后来他67岁就辞世,与操劳过度显然有极大的关系。

为拉住那些"有力"的檀越,今释不惜屈尊媚俗,给他们写字题辞,为文捉刀,甚至写一些奉承文字,而不理会这样做有可能玷污个人清誉。平南王尚可喜曾在岭南骄横跋扈二十余年,为获得他的支持,今释于康熙十一年壬子(1672)应邀到羊城为其"编次"③ 以歌功颂德为目的年谱《元功垂范》,此事后来使他在士林招谤无数。在《丹霞山志》卷六《外护》所列的二百多名檀越中,有大半是清朝官宦(也有少数是明朝的遗臣),其中就包括施银五百两的"大司马"——两广总督周璜(字有德),与建毗庐阁、盖廊路、造普同塔的"大中丞"——广东巡抚刘秉权(字持平)。《徧行堂集》中的许多说、序、疏、记、传、赞、偈、铭、颂、题、跋、尺牍都是为此而作,在其日记中,对这类笔墨应酬也有不少真实的记录。对他来说,悠悠万事,惟此为大。

今释这样做引起了当时的非议,也受到了后世的抨击。一些民族观念浓厚的人士认为,他作为一名逃禅的明朝旧臣而广泛结交新朝权贵,这是气节有亏。例如,黄宗羲《阅澹归语录》诗:"感慨流连怀故国,趋炎附势媚时人。诗文撮合烂朝报,凡例差排新缙绅。"自注曰:"祝发为僧,竟忘所自,但成一众募缘之俗汉而已。阅其《徧行堂集》,尤为滥恶不堪。……前此之苦节云飞烟烬,不足观也已。"④ 为王夫之《永历实录》作跋的刘毓崧说:

---

① 释今释:《徧行堂集》,广东旅游出版社2008年版,第二册,第226页。
② 释今释:《徧行堂集》,广东旅游出版社2008年版,第二册,第238-239页。
③ "编次",可能是指修改润饰,因为现在所能看到的《元功垂范》一书,署"赐进士吏部考功司郎中东官尹源进撰次"。但也有学者(如吴天任)以《元功垂范》所附《尹源进传》有"平南王尚可喜,深加礼重,尝汇其生平战绩,请为编述;源进谦逊,以付僧今释。书成,名曰《元功垂范》"等语,从而断定所谓编次,实为代笔。
④ 全祖望辑选:《续甬上耆旧诗》卷三九,杭州出版社2003年版。

"堡为僧后,品行益卑,故黄晦木斥其堕落于沿门托钵之堂头,檀默庵目为势力和尚,而先生当日因道途隔绝,未知之也。否则唾弃之不暇,尚肯和其诗哉!"①邵廷采《西南纪事》卷七《金堡》说:"堡为僧后,尝作《圣政诗》及《平南王年谱》,以山人称颂功德,士林訾之。余初未信,及问之长老,皆云。"②全祖望《鲒埼亭诗集》卷一〇《肇庆访故宫》诗,有"辛苦何来笑澹翁,徧行堂集玷宗风"之句,原注云:"予尝谓澹归在'五虎'中,本非端士,不特为平南王作年谱而一败涂地也。"③

对这种指谪今释并不以为然,他曾意味深长地说:"人每以道隐求澹归,而不知澹归非道隐也。"(今无《光宣台集》卷七《徧行堂文集序》)④意思是说,出家后的和尚澹归与在俗时的遗民金道隐在本质上是"两个人",用对金道隐的要求去要求澹归是没有道理的。从世俗的视角看问题是"世间法",从佛门的视角看问题是"出世间法",二者属于不同的认识体系。他在给批评他的人的答书中说:"然世间法不可以律出世间法,出世间法亦不可以律世间法。兄以世间法见责,弟仅为世间受过;兄亦存此世间大议论,为世间作则。弟自任出世间者,固无疚于心,无负于理也。"(《徧行堂续集》卷一二《答巢端明孝廉》)⑤对人们指他"变节",他在《徧行堂续集》卷一三《朱山立有诗见赠,喜其不落世谛,走笔奉酬》中坦然响应:"老僧不敢居名节,世出世间因自别。……诸人议我我不知,我见诸人人不识。两般毁誉一徒然,旁观笑倒朱山立。说我且非忠节人,麻衣揣得骨头亲。"⑥确实,按照大乘菩萨道的理念,世间一切众生,无论善恶好坏,都是要以慈悲心救度的对象。地藏王菩萨发誓"地狱不空,誓不成佛",道理就在此。因此出家人看人处事要有平等心,今释把其诗文集定名为《徧行堂集》,便反映了这种平等心。"徧行"本义是说足迹及于各地,引申义是说履历丰富,不过它也是佛典的用语,另有其义。《思益梵天所问经》卷一说:"何谓名为菩萨徧行?佛言……憎爱心无异,是菩萨徧行。于过去、未来及与现在世,一切无分别,是菩萨徧行。"⑦《胜思惟梵天所问经》卷一则

---

① 刘毓崧:《永历实录跋》,见王夫之《船山全书》,岳麓书社1996年版,第11册,第561页。
② 邵廷采:《西南纪事》,(台北)大通书局1987年版,第73页。
③ 全祖望:《全祖望集汇校集注》,上海古籍出版社2000年版,第2296页。
④ 释今无:《今无和尚集》,广东旅游出版社2017年版,第187页。
⑤ 释今释:《徧行堂集》,广东旅游出版社2008年版,第四册,第281页。
⑥ 释今释:《徧行堂集》,广东旅游出版社2008年版,第四册,第330页。
⑦ 《思益梵天所问经》,(台北)财团法人佛陀教育基金会2007年版,第50-52页。

说："如来光名曰'徧行',佛以此光能令等分众生断除等分。"① 可见在佛教中,"徧行"包含着"一切无分别""憎爱心无异"与"断除众生等分"等意。别集取此名,分明是表示作者将秉持佛教的"徧行"理念,心无分别、憎爱无异地对待一切众生,不管他是达官贵人还是平民百姓。②

继丹霞山别传寺之后,今释又创建了曲江会龙庵、仁化准提阁、始兴新庵、南雄龙护园,并称丹霞四下院。丹霞道场的建立,改变了粤北的禅门格局,使韶州形成了曲江南华寺、乳源云门寺与仁化别传寺三足鼎立的局面,壮大了以函昰为领袖的华首台—海云派的势力,对清初曹洞宗在岭南的中兴起到了重要的推动作用。

在寺院的建设初具规模后,他于康熙五年丙午(1666)写了《请雷峰和尚住丹霞启》(收入《徧行堂集》卷二一),礼请本师函昰入山开法。其时函昰正住番禺雷峰海云寺,为了弘法,函昰决定接受这位徒弟的邀请,于此年腊月离开雷峰,北上丹霞,从而成为别传寺的开法祖师,他总共在别传寺驻锡五年。而身为开山者的今释则以监院身份为师父在山上弘法提供各方面的保障。康熙十年辛亥(1671)冬,庐山归宗寺函请函昰到该寺主法,函昰决定应请前往江西。今释等极力挽留,几至绝裾,但函昰去意已定,遂于农历十一月十一日退院。具有崇高威望的函昰在别传寺是一种超然的存在,对寺院的稳定起着"压舱石"的作用。他的离去,无疑给别传寺带来了某种消极影响。此后丹霞的未毕之局,便完全落到了以西堂领众的今释的身上。康熙十二年癸丑(1673)冬,函昰一度染恙,今释曾与主理广州海幢寺事的法兄阿字今无到庐山探视。次年春从庐山返回后,始遵师命继主别传寺法席,他在山上据室匡徒,故人称"丹霞禅师"。当时四方闻风云集,堂室几不能容,至盛时有僧数百。

康熙十七年戊午(1678),今释为请藏出岭,将院事付予同门乐说今辩③。次年事毕后本拟归隐庐山,不虞旧病遽作,只好留在浙江平湖,在其至交、广东南雄原知府陆世楷(字孝山)的别业养疴。最后一病不起,于

---

① 《胜思惟梵天所问经》,(台北)财团法人佛陀教育基金会2007年版,第11页。

② 其实清初佛门交结官家的现象很普遍。连"未尝一言一语仰干豪贵"的岭南遗民精神领袖的函昰与平南王也有合作,铸在铜佛上的文字"博山下二世雷峰隆兴寺本师天然昰和尚率大檀越喜铸"便是明证。在今释的法兄今无的《光宣台集》,也可以看到他与清朝权贵的交往密切。今无主持扩建海幢寺,也获得了平南王府的布施,天王殿就是尚可喜捐建的,各殿用瓦也是平南王府所制。

③ 其后继席者为今遇、今董、古梵、古奘、今但、古如、传庐、心包、法基等。

康熙十九年庚申（1680）八月九日示寂，世寿六十七，法腊二十九。临终前左右求其留偈，今释举笔写道："入俗入僧，几番下火，如今两脚捎空，依旧一场懡㦬。莫把是非来辨我，刀刀只砍无花果。"（《咸陟堂文集》卷六《舵石翁传》）①

三、身后纠葛

今释圆寂后，函昰对这位法子先己辞世大为震惊，曾作《哭澹归释子》二首（《瞎堂诗集》卷一五）悼念之，诗中有"每念孤怀真类我，尝于歧路愧求人"② 之语，道出了今释与己同为遗民僧的秘密。后来又作《澹归灵骨入塔》（《瞎堂诗集》卷一五）诗，中有"掩户坐晨夕，泪血沾巾裳"③ 之句，可见其内心之悲伤。

今释临终前本留有遗嘱："吾去世后，……汝等不得留吾臭皮囊，作扶龛回山、择地建塔之局，累诸护法。随处死，随处烧，随处散骨水中。吾出岭时便有此语，非今日始作此语也。若违此语，恶同凶逆。"（《徧行堂续集》卷九《遗命》）④ 又吩咐侍者："荼毗后亟投骨灰于江流，毋贻累诸方半点土地。"（《丹霞山志》卷六《澹归禅师传》）⑤ 他警告门人："汝辈若持骨石塔丹霞，必得凶报。"（《瞎堂诗集》卷一五《澹归灵骨入塔》）⑥ 侍僧如教荼毗，但不忍遗弃其骨灰，九年后将其带回岭南，塔于丹霞山海螺岩下。顾炎武的外甥、清内阁学士徐乾学曾应今辩乐说之请，撰写了《丹霞澹归今释禅师塔铭》⑦，对其一生作了很正面的评价。

作为一代高僧，今释逝世后曾有许多人悼念他。《丹霞山志》的参修者之一陶煊在《澹归禅师传》（《丹霞山志》卷六）后评论道：

> 甚矣哉，澹公出处之正也！夫人抱经济之才，负磊砢之节，不幸而逢乱世，弃妻子以补置新君，流离播迁之余，尚不忍以苟且塞责，直言

---

① 释成鹫：《咸陟堂集》，广东旅游出版社2008年版，第二册，第79页。
② 释函昰：《瞎堂诗集》，中山大学出版社2006年版，第172页。
③ 释函昰：《瞎堂诗集》，中山大学出版社2006年版，第173页。
④ 释今释：《徧行堂集》，广东旅游出版社2008年版，第四册，第225页。
⑤ 陈世英纂修：《丹霞山志》，中华书局2003年版，第58页。
⑥ 释函昰：《瞎堂诗集》，中山大学出版社2006年版，第173页。
⑦ 文入徐乾学《憺园文集》卷三二，但在《续修四库全书》本中被删去。

敢谏，濒于死而不变，可谓有大臣风矣！乃国破家亡，祸不接踵，入于空门以见节，君子益悯其志之穷，而谓其无乖于仁义之正者也。①

而今释的法弟今辩则在《徧行堂续集叙》中说：

吾先法兄澹归和尚，乘悲愿以救时弊，不出法界一真三昧。处世间则重彝伦分谊，每多忠君忧国之行，出世间则重佛祖慧命，而一意孝顺三宝师僧，殊途同归，非一非二，不即不离。②

今释离世将近百年后，乾隆时期，清朝纂修《四库全书》，将大量不合统治者口味和价值标准的著作摒弃于外，或仅存其目，或列为禁毁书。尽管今释为避文网，在刊印《徧行堂集》时已煞费苦心地将一些"不和平"的话语与文章删掉了，但其著作依旧逃脱不了被销毁的命运，因为话语文章能删除，隐藏于其中的故国情怀删除不了。冼玉清曾在其《广东释道著述考》中指出，《徧行堂集》中的作品多为禅门往来诗文，但也有一部分属于犯忌文字，例如《祭明故死节督师瞿公文》《敦烈郑公传》《嵩道人传》《汪孺人传》《米忠烈公传》《杨总督传》等皆"叙述沉痛，凛凛有生气，故犯清廷之忌"。"其上定南王书请领瞿式耜、张同敞尸榇葬，上平南王书谓'《元功垂范》遵奉记室稿本，请改正称谓，勿以明为伪、兵为贼'，皆一本忠义。"③正因为有这类"国亡遁迹，仍复寄其蕨薇之思"④的文字存在，这部别集在作者身死将近百年之后引起了清廷的注意，高宗皇帝在检阅各省呈缴的应毁书籍时认为该书存在严重问题，遂于乾隆四十年（1775）闰十月十八日下旨：

朕昨检阅各省呈缴应毁书籍，内有僧澹归所著《徧行堂集》，系韶州府知府高纲为之制序，兼为募赀刊行。因查澹归名金堡，明末进士，曾任知县，复为桂王朱由榔给事中，当时称"五虎"之一。后乃托迹

---

① 陈世英纂修：《丹霞山志》，中华书局2003年版，第59页。
② 见释今释《徧行堂集》，广东旅游出版社2008年版，第四册，叙第2页。
③ 冼玉清：《冼玉清文集》，中山大学出版社1995年版，第623页。
④ 冼玉清：《冼玉清文集》，中山大学出版社1995年版，第623页。

缁流，藉以苟活，其人本不足齿，而所著诗文中多悖谬字句，自应销毁……①

次日又谕：

僧澹归《徧行堂集》语多悖谬，必应毁弃，其余墨迹、墨刻亦不应存。着李侍尧等逐一查明缴进，并将所有澹归碑石，亦即派诚妥大员前往椎碎推仆，不使复留于世间。②

据《高宗实录》卷九九五，高宗还下旨：

又闻丹霞山寺系澹归始辟，而无识僧徒竟目为开山之祖，谬种流传，实为未便。但寺宇造成多年，毋庸拆毁。着李侍尧即速详悉查明，将其寺作为十方常住，削去澹归开山名目，官为选择僧人住寺经理，不许澹归支派之人复为接续。③

据《东华续录》乾隆朝卷八四，高宗皇帝还在圣谕中说：

而金堡、屈大均则又遁迹缁流，均以不能死节，腼颜苟活，乃托名胜国，妄肆狂狺，其人实不足齿，其书岂宜复存？自应逐细查明，概行毁弃，以厉臣节而正人心。④

各地于是闻风而动，大肆查抄今释的文字遗物。⑤ 今释的骨殖亦被官府从塔中挖出碾碎，别传寺的僧人则全部被驱赶下山，曹洞宗华首台—海云派在丹霞山逾百载的活动遂告辍止。

---

① 《澹归和尚徧行堂集案》，北平故宫博物院文献馆《清代文字狱档》（第三辑），上海书店出版社1986年版，第213页。
② 上海书店出版社编：《清代文字狱档》，上海书店出版社2007年版，第143页。
③ 《清实录》，中华书局2008年版，第290－293页。
④ 王先谦：《东华续录》，清光绪十年长沙王氏刻本。
⑤ 比如在天津，大学士于敏中便从高纲之子家中抄出《徧行堂集》44本及今释的草书三轴，呈缴销毁。

四、著述成就

今释一生勤奋，笔耕不辍，著作雄富。据吴天任《澹归禅师遗著考略》一文考证，其遗著至少有17种，分别是《徧行堂集》《徧行堂续集》《菩萨戒疏随见录》《丹霞初集》《丹霞二集》《临清来去集》《行部奏议》《粤中疏草》《梧州诗》《梦蝶庵诗》《徧行堂杂剧》《今释四书义》《金堡时文》《明文百家释》《岭海焚余》《丹霞日记》《元功垂范》。① 另外，他流传于世的墨迹也有不少。但是上述文字狱案导致了他的许多作品被毁，加上今释出家后刻意抹除旧时痕迹，因此时至今日，今释存世的作品，只有他自己生前编定的诗文别集《徧行堂集》49 卷、《续集》16 卷（均为出家后所作），以及由慕其高义者搜辑成书的《岭海焚余》三卷49 篇（均为出家前所作）。其他值得一提的作品，便是一部以残本形式存在的《日记》。

作为进士出身的一代名僧，今释在幼年就受到过严格的教育训练，有着扎实的传统学问功底与良好的文学艺术素养。出家前数十年的儒家文化的熏陶，在他身上留下了不可磨灭的印记。出家后他又不断研探佛理，参悟禅机，追求心性的空灵与精神的自在，以虚无为特征的佛教的世界观、人生观为他看待事物提供了出世的视角，佛门典籍则给他的写作提供了丰富的文字养料。因此他的文学创作融汇儒、释二家，形成了鲜明的风格特色。徐乾学《丹霞澹归禅师塔铭》（《丹霞山志》卷七）称："师文字大抵自《庄子》来，自言小时每作文不为题所缚，故能发昔人未发之理，道昔人未道之言。其犀利处，于禅家机锋将近，宜诸方谓洪觉范文字禅、憨山清《梦游集》皆弗及也。诗篇……好用古事，声采绚伟。"② 今释的法兄今无对今释的文学成就给予了很高的评价："予道弟澹归和尚为文阵雄帅，四十年前鹊起甲科，健笔劲气，破明二百余年委靡之习，浩浩然，落落然，使人如攀琼枝、坐瑶圃，离奇光怪，楷模宇内。"（《光宣台集》卷七《徧行堂文集序》）③ 今释的法弟今辩在《徧行堂续集叙》中则说今释的文章"旨趣笔锋，纵横变幻，而法度紧峭，理致严正，于世出世法贯彻圆融，悉归于大公

---

① 吴天任：《澹归禅师年谱》，（香港）佛教志莲图书馆，1991 年，附录二。
② 陈世英纂修：《丹霞山志》，中华书局 2003 年版，第 99 页。
③ 释今无：《今无和尚集》，广东旅游出版社 2017 年版，第 187–188 页。

无我之域"①。

　　今释文章、诗词、书法俱佳。他的存世作品不仅数量众多,而且题材广泛、内容包罗万象。他为文匠心独运,不轨步前人。他曾在《徧行堂集缘起》中提出这样一个问题:"读古人书,见古人如此作,如彼作,便须自寻出路。若才拈笔,便思古人某作如此,当如此作,某作如彼,当如彼作,作作皆效古人,将自置何地?"②因为在文学上有自成一家的自觉,他的文章呈现出与人不同的样貌,极具个性。成鹫《舵石翁传》(《咸陟堂文集》卷六)认为今释"生平大要,多以文字而作佛事,著述数十万言,皆从般若光中流出"③。王夫之则认为今释的诗文"文笔宕远深诣,诗铦刻高举,独立古今间,成一家言"(《永历实录》卷二一《金堡列传》)④。今释在俗时的文章以奏议疏策为主,言语激切峻烈,论锋尖锐犀利,说理透彻周密,欲挽狂澜于既倒。出家后秉持佛教"四大皆空"之义,以一种超然通脱的眼光看待事物,历史的成王败寇、现实的光怪陆离,在他的笔下都如幻似梦,成了缥缈虚无的存在。他将禅宗的理趣化入自己的文字中,写作"有雅说,有俚说,有自说,有他说,正说忽反,反说忽正,完说忽碎,碎说忽完,断说忽连,连说忽断,生说忽死,死说忽生,于绝不相蒙处活脱浑沦"(《颂古自题》)⑤,语言玄妙隽永,余韵悠长,既带烟霞之气,又具豪迈之情。由于受到"口语化石"禅宗语录的影响,今释很喜用白话写作。他在《徧行堂续集》卷一一《与陆筼修方伯》中说:"今释每谓作文,只说得自家意思,明白痛快便休……文之妙者,只似说话,此笔端有舌之脚注也。"⑥其文字往往奇思异想随心而出,雅俗结合,自然灵动,诙谐幽默,妙趣横生,这一点成为其《徧行堂集》的一个显著特色,在雅文学占绝对主导地位的古代并不多见。姜伯勤先生曾提请人们注意今释在白话文发展史上的地位,说他是"报春的燕子,深得时代的先声"⑦,认为他是中国近代新的文学样式的先驱。当然,作为传统文人,今释在《徧行堂集》中也留下了许多用

---

①　释今释:《徧行堂集》,广东旅游出版社2008年版,第四册,叙第2页。
②　释今释:《徧行堂集》,广东旅游出版社2008年版,第一册,序第9页。
③　释成鹫:《咸陟堂集》,广东旅游出版社2008年版,第二册,第80页。
④　王夫之:《永历实录》,湘乡曾氏同治四年金陵刊本。
⑤　释今释:《徧行堂集》,广东旅游出版社2008年,第一册,序第8页。
⑥　释今释:《徧行堂集》,广东旅游出版社2008年版,第四册,第253页。
⑦　姜伯勤:《石濂大汕与澳门禅史——清初岭南禅学史研究初编》,学林出版社1999年版,第586页。

文言写成的雅文。今释对自己的创作有足够的自信,他曾在《徧行堂集缘起》说:"登歌清庙,与街头市尾唱莲华落并行千古,若一派化主桪铃声喧天聒地,则昔贤集中未有者,不妨澹归独擅也。"①

在诗歌创作方面,今释亦享有很高的声望,与其师父函昰、法叔函可并称清初岭南"三大诗僧",更是"中国有史以来最大的诗僧集团"——"海云诗派"的主将。他在《徧行堂集》与《续集》中留下的诗作有2300余首,它们均为作者出家后之作,是名副其实的"僧诗"。虽为方外之人,但其创作观念始终未出儒家"诗教"的范畴,即以"言志"为写作目的——当然其所言之"志"内涵与儒家有所不同。对如何看待自己的诗,他曾有此夫子自道:"余亦时为诗,性既粗直,诗亦愤悱抗激。"(《徧行堂集》卷七《王说作诗集序》)②"粗直""愤悱""抗激"并非方外高僧应有的人格与诗格,不过具体到今释这样一位时有忧思感慨的失路逃禅者,也不奇怪。今释的诗作,唱和酬答之作占了大半,但其中也不乏佳构——尤其是当酬答对象是志同道合者的时候。不过相比而言,他的那些"遣兴""偶题""偶感"之作,因面对的是诗人自己,故尤见诗心。从诗体形式来看,今释最擅律体,风格沉郁顿挫。他有些诗恍惚其辞,以隐晦的方式表达了对清朝的排斥抗拒。可能是由于"诗庄词媚"的缘故,僧人极少填词,然而今释却在其《徧行堂集》与《续集》中留下了词作485阕,在数量上可称"清词冠冕",作品形式亦诸体皆备。南雄知府陆世楷曾说他"笔致颇与填词相宜"(《徧行堂集》卷二六《与史庸庵太守》)③,指的是他口语化的创作风格与"诗余"的通俗化写作要求很合拍。虽然对小令、中调、长调、慢词写作俱得心应手,但他最擅长调迭章,作品痛快淋漓又恢奇幻化,既显示了他的过人才情,也反映出他内心有很多幽情别恨需倾泻。今释的诗词作品自民国以来即受到了学者的关注,许多重要诗词总集、选集都收录了他的作品。严迪昌认为:"澹归之词除去少量酬应之作外,无不苍劲悲凉,极痛切凄厉。他好次稼轩、竹山韵,而比辛弃疾多苦涩味,较蒋捷为辛辣,这是遭际身世大悲苦心境的表现,所以,即使他常有勘破尘世的禅门话头,骨子里绝不是四大空。"④

---

① 释今释:《徧行堂集》,广东旅游出版社2008年版,第一册,序第8页。
② 释今释:《徧行堂集》,广东旅游出版社2008年版,第一册,第174页。
③ 释今释:《徧行堂集》,广东旅游出版社2008年版,第二册,第229页。
④ 严迪昌:《清词史》,江苏古籍出版社1990年版,第91页。

今释在书法上也有很高的修养，是清初以函昰为首的禅门书家群体——"海云书派"的核心成员。该书派受古代"翰墨真如"说的影响，把禅修延伸到书法中，"以书悟禅""以禅入书"，其成员的书作大多道韵深隐，弥漫着一股泉石烟霞气，给清初的岭南书坛注入了一股清新空气。相对于本派的其他书家，今释最善写草书，他的字正偏兼施，奇崛险劲，上疏下密，斜里求正，极具个性。他曾在《徧行堂集》卷七《种玉堂三体诗序》中自我评论："笔有中锋，诗有正音，予尝爱之而未能学，故诗与字皆从偏入。"① 事实的确如此，这一点只要看看其日记墨迹，便可获得印证。高妙的书法水平加上名僧的超然身份，使得他在世时向他求"墨宝"的人甚多；而为了给别传寺化缘，他对书写也乐此不疲。时至今日，他成了"海云书派"中传世遗墨最多的书家。

（未刊稿）

---

① 释今释：《徧行堂集》，广东旅游出版社2008年版，第一册，第182页。

《澹归日记》的文本问题

《澹归日记》是清初活跃于岭南地区的著名遗民僧——澹归今释的遗墨,现藏澳门普济禅院。学术前辈饶宗颐有《澳门普济禅院》诗:"舵石遗书不计年,丹霞溟涬极人天。归宗道学无偏正,修竹当门夜草玄。"① 诗中的"舵石遗书"指的便是这本《日记》(澹归晚号舵石翁)。它载录了作者在清初某一时期的活动与心迹,是研究作者以及曹洞宗寿昌系博山支华首台——海云派僧活动的翔实材料。通过《日记》,可以确定作者《徧行堂集》中的一部分作品的写作时间与背景,从而加深对某些人物与事件的认识,为编撰一部更完善的澹归年谱提供素材。《日记》还透露了当时岭南社会尤其是佛门的许多信息,对研究清初岭南的政治史、文化史与禅教史具有独特价值。《日记》既是一件珍贵的历史文物,也是一份罕见的档案文献。

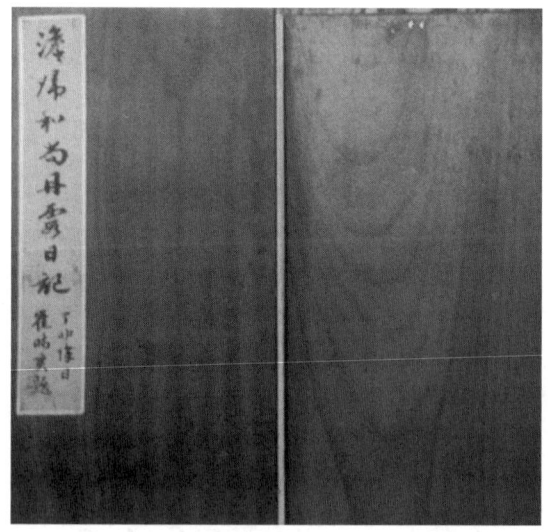

图一　澳门普济禅院藏《澹归日记》的封面与封底

---

① 方宽烈编:《澳门当代诗词纪事》,(澳门)澳门基金会,1996 年,上册,第 213 页。诗碑立在澳门普济禅院后山。

澹归的传世著述有其生前就已编定的《徧行堂集》49 卷、《续集》16 卷（均为出家后之作），以及由后世之慕其高义者搜辑成书的《岭海焚余》三卷（均为出家前之作）；除此之外便只剩下这本《日记》了。与前两种著作备受瞩目不同，《日记》鲜有人注意。究其原因，主要有三：一、《日记》为珍贵文物，藏家向来不轻以视人，一般读者难有机会接触；二、《日记》用奇崛险劲的草体书写，加上存世日久，字迹颇难辨别；三、《日记》是澹归的私人生活记录，如果对相关的记事背景不了解，要了解其内容会比较困难。最近三年，笔者利用澳门普济禅院已故方丈机修上人生前提供的《日记》复印件，从基础工作入手，克服了重重困难，对《日记》进行了深度研究，在文字辨识、文本整理、内容注笺、诗文还原等方面都做了若干工作，对《日记》的文献价值与历史价值也进行了初步的思考。作为《日记》研究的系列作品之一，本文集中探讨文本方面的问题。

一、《日记》的外部形态与正确定名

机修老和尚提供的复印件保持了《日记》真迹的原始样貌，但它是黑白的，而且不是原大，因此有些细节不易看清楚，页面尺寸也无从知晓。为了加深对《日记》文本的了解，笔者曾于 2019 年 3 月与韶关丹霞山别传寺首座、广州华严寺住持印觉大和尚同访澳门，希望能一睹《日记》真迹。普济禅院的住持戒晟法师及干事长郑宝琴居士热情地接待了我们，不过我们拜观《日记》真迹的愿望未能实现，它已被禅院的前任住持良悟法师转移到香港，据说存放在某保险柜里。笔者曾屡次提出阅读请求，均不果。

虽然未能一睹《日记》原件，但是通过某种间接方式，笔者还是掌握了它的一些关键信息。因为澳门文化司署 1999 年春季出版的《文化杂志》中文版第 38 期曾发表中山大学历史学系姜伯勤教授的论文《澳门普济禅院藏〈澹归金堡日记〉研究》，当时作为配图，该杂志刊发了署名柳连拍摄的《日记》照片九幅。其中一幅是黑白的，尺寸标明"原大"；其余八幅都是彩色的，有两幅与黑白的等大。利用这些照片，可以清楚地看到《日记》系以竖行方式书写在一种印有黑色边框及行线的信笺上，每张信笺八行。边框之外的空白在信笺被装裱成册页时已裁去。裁边后的信笺宽 14 厘米，高 23 厘米。每两张信笺经过托底装裱后成为一个双面的折页（每面一张信笺）。因为托底纸留有左右双边和天头地脚，所以册页的尺寸比裁边后的信笺要大。《日记》共 28 页 55 面（最后一面为空白），约 1.2 万字，内文书

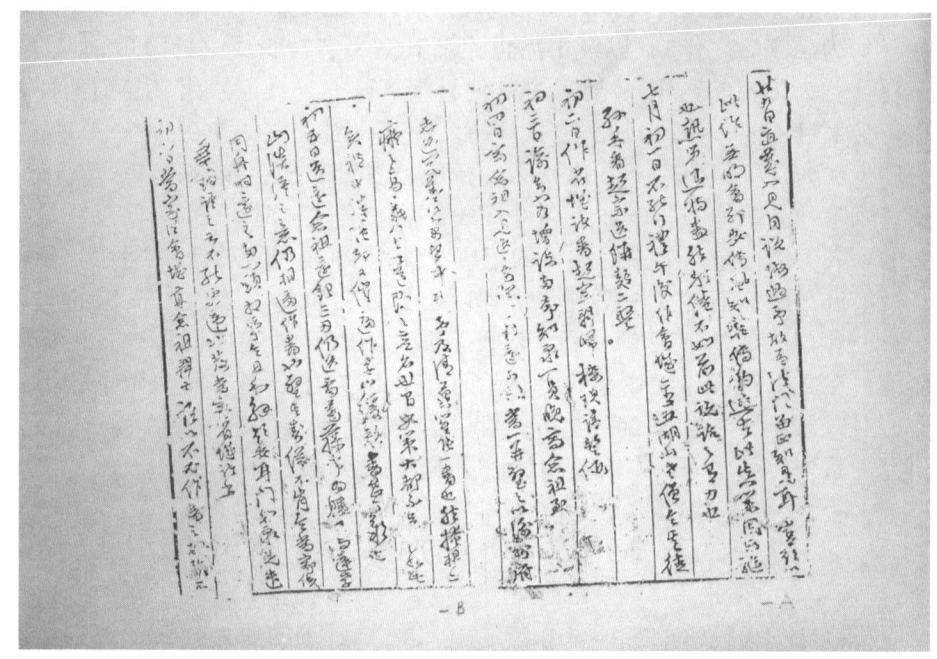

图二　机修上人提供的《澹归日记》复印件第一页的 A 面与 B 面

法风格统一，几乎没有涂抹，可能经过了作者本人的誊抄。文后用朱砂印泥盖有"今释"（阳文）、"澹归"（阴文）两印。

正文之后，有印鉴与题跋若干，它们是一些曾"拜观"过《日记》原件的人士留下的印记。他们分别是：清乾隆的黎简、黄丹书，嘉庆的张璐，道光的叶梦龙，清末民初的崔师贯、汪兆镛、李仙根、商衍鎏，民国的邓又同、余祖明、汪宗衍。

《日记》真迹被收藏者加配了木质的封面与封底，封面贴有崔师贯于"丁卯除日"的题签："澹归和尚丹霞日记"。

以上便是《日记》原件的外在形态。

下面谈谈《日记》的定名。

澹归本人并没有对《日记》命名，因此人们对它有多种异称。

第一种，是崔师贯所题的"澹归和尚丹霞日记"。汪宗衍在 1938 年 3 月 5 日给陈垣的信中说澳门普济禅院有大汕自画像及《澹归丹霞日记》[①]，

[①] 《陈智超陈垣来往书信集》，上海古籍出版社 1990 年版，第 475 页。

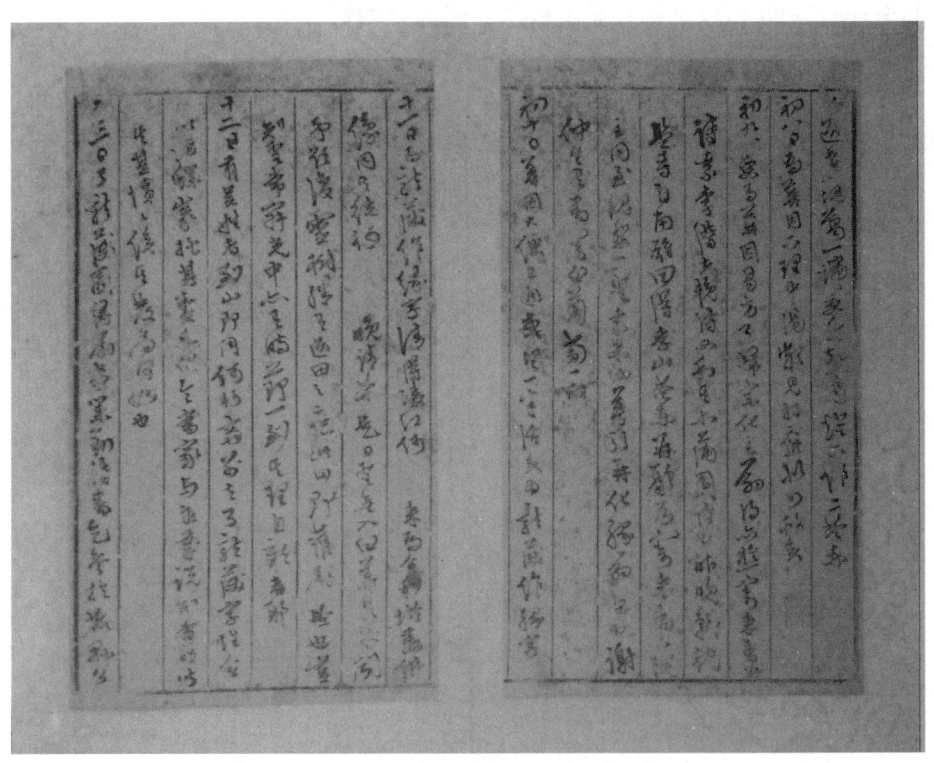

图三 《澹归日记》原件第二页的 A 面与 B 面

饶宗颐《澳门普济禅院》诗注①把《日记》称为"今释丹霞日记",说法都与崔氏接近。然而这种定名是不准确的,虽然对丹霞山的经营是《日记》的主要内容,但是《日记》所记之事并不都与丹霞山相关,而且写作地点也不全在丹霞山。②

第二种,有一位姓阳的人士,在民国十七年戊辰(1928)华朝节次日曾应普济禅院方丈济航之请为《日记》题签——"澹归和尚墨迹"。"墨迹"之说并无不当,但未能道明作品的日记性质,因此这个名称也不宜采用。

第三种,当代学者姜伯勤在其已发表的论文中,把《日记》称为《澹

---

① 方宽烈编:《澳门当代诗词纪事》,(澳门)澳门基金会,1996年,上册,第213页。
② 有一些日记写于韶州曲江县的会龙庵与总铺;南雄始兴县的鹅颈滩,保昌县的怀仁堡、龙护园与沙水村;江西的庐山归宗寺。

归金堡日记》①。这个称呼尤不恰当,因为"澹归"是禅师的法字,"金堡"是禅师的俗名。

除了上述称呼外,《日记》还有《今释日记》(饶宗颐诗碑)、《澹归和尚手写日记》(汪宗衍跋)、《澹归和尚日记》(冼玉清《广东释道著述考》)、《澹归日记遗墨》(姜伯勤《石濂大汕与澳门禅史——清初岭南禅学史研究初编》)等诸种异称。

给《日记》起一个科学准确、为僧俗两界都能接受的名称显然是必要的。结合作者的身份与日记的内容,笔者认为,作品宜定名为《澹归今释禅师日记》,简称《澹归日记》。

二、《澹归日记》的记事时间

《澹归日记》的写作时间,需从两个层面来考察。

首先是写作年代。

澹归记事未著年,因此对《日记》写于哪一年,一般人是不明确的。但是不弄清楚《日记》的写作年代,就无法对《日记》的记事进行时间定位,《日记》的价值就会打折扣。这是无论如何都必须解决的问题。

1950年汪宗衍在为《日记》所作的跋文中考证:"此记作于康熙十二年癸丑,澹归年已六十。"其证据是:"成鹫《咸陟堂文集·舵石翁传》言,癸丑省觐天然于匡庐,时天然主归宗法席,与《日记》合。天然有《新春携演长老游玉帘泉》诗,则明年甲寅病起后作也。"汪宗衍所说的成鹫之记"与《日记》合",是指《日记》八月②初六日载:"得归宗两札来催,曰老人病甚,与海幢速出料理。即作一字与海幢,一字与石吼。"澹归得讯,即与法兄海幢首座阿字今约从南雄出岭,于是年底先后到达位于江西南安府的庐山归宗寺。《日记》的最后一日就是在归宗寺写的。

饶宗颐在其《澳门普济禅院》诗注中也说:"(普济)院藏《今释丹霞日记》一册二十叶③,盖康熙癸丑返龙护园过岭后所记。"④

---

① 姜伯勤:《澳门普济禅院藏澹归金堡日记研究》,(澳门)《文化杂志》(中文版)第38期,1999年,第19页。

② 此为《日记》原件显示的时间,实为九月。因为《日记》文本存在严重的错漏页问题,所以原件显示的月份并不一定是正确的,详见下文。

③ 实为28页。

④ 方宽烈编:《澳门当代诗词纪事》,(澳门)澳门基金会,1996年,上册,第213页。

在这个问题上，笔者的看法与汪、饶两先生相同，即写于康熙十二年癸丑（1673），兹以事实证明之。

迹删《咸陟堂文集》卷六《舵石翁传》载，澹归"年二十三，举崇祯丙子（1636）科乡荐"①；而陈世英纂修的《丹霞山志》卷六《澹归禅师传》载澹归康熙十九年庚申（1680）八月九日逝，世寿六十七。据此可推算澹归生于明万历四十二年甲寅（1614），康熙十二年癸丑（1673）适逢其"花甲之寿"。以是之故，许多人给他送礼，《日记》对此有不少记述：

似石送香仪、[香仪、]石盘、椰壶，受其石盘。宜言三人送果仪一封。皆云祝寿，璧之。

四化主辞行，仍以寿仪为馈，不能再却也。

高念祖入见，送寿仪一封，还。

得自破信及法十书，送礼四色为寿。

卞克逊送面包。邓家尼僧送粉果食物四色、醋一坛。雪木送铜炉、莞香。胜超送端砚、莞香，皆为寿也。

海幢寄到寿分二十一两四钱。

汉翀寿仪一两。

开云送到寿分名单。

孝山……又送予礼四色、寿仪十二两。受布八端、参三两。其寿仪送回二次仍遣来，固请，不容更璧。

《日记》还有其法兄栖贤和尚石鉴今觊入岭的记载，姜伯勤猜测："石鉴和尚……自庐山栖贤来丹霞山别传寺，似与为澹归祝寿有关。澹归是年为六十大寿。"②

《日记》九月③初五日载："作孝山祝寿礼忏疏文。"④ 初六日载："常住为孝山太守礼千佛忏。起深殖差，往南雄送寿礼。"初十日载："礼忏已毕，夜为施食。作孝山书，差觉非送寿果于南雄也。"礼仪之所以特别隆重，是因为南雄知府陆孝山欣开六秩。据陆奎勋《陆堂文集》卷一九《先考中宪

---

① 释成鹫：《咸陟堂集》，广东旅游出版社2008年版，第二册，第78页。
② 姜伯勤：《澳门普济禅院藏澹归金堡日记研究》，载（澳门）《文化杂志》（中文版）第38期，1999年。
③ 此为《日记》原件显示的时间，正确的月份为七月。
④ 题为《陆孝山太守祝寿疏》，载今释《徧行堂集》卷九。

府君行略》①，陆孝山明天启四年（1624）生，清康熙十二年（1673）正是其五十寿辰。

《日记》七月②十九日所记有"书雷峰都寺寿文"事。所谓雷峰都寺是指番禺海云寺的西序头首旋庵今湛。这篇提前准备的祝寿文被收在澹归的《徧行堂集》卷五，题为《雷峰旋庵都寺六十寿序》，文中有"岁在癸丑秋七月十有四日，得天之纪，一周复始，公于雷峰为十方檀越，其于老人门下则耆年内护，若予于同学中又心所矜式，于法宜称寿"③等语，此为《日记》作于清康熙十二年（1673）的铁证。

据《日记》，澹归是在南雄的丹霞下院龙护园停留了一段时间之后才赴匡庐探视其师的，其行止与《徧行堂续集》卷三《坚素堂诗集序》所载"癸丑冬，余将之匡山，止龙护园"④相合。

其次是记事月日。

这个问题本不应成为问题，因为澹归在每月的首日都标示了月份（比如"七月初一日"），在每天都注明了日期（如"初二日"），事实上，迄今也没有人对《日记》的记事月日产生过怀疑。

曾多次目验《日记》真迹的汪宗衍在其跋文中是这样确定《日记》的记事月日的："澹归和尚手写日记一册，起自六月廿九日，迄于十一月三十日，凡二十八叶，末有'澹归''今释'二印，盖前半为住丹霞山别传寺时记，后半则移锡龙护园与出岭后记也。"⑤ 姜伯勤《澳门普济禅院藏澹归金堡日记研究》一文也把日记的记事月日确定为六月二十九日至十一月三十日，文章说"本年日记自六月二十九日始，时澹归在丹霞山别传寺"，"澳门普济禅院藏《澹归日记》之下半部，为康熙十二年（1673）九月二十日至龙护园之活动"，⑥ 结论与汪宗衍相同。

汪、姜两先生的认识都以一个判断为前提，那就是现存《日记》文本的页面次序是正确无误的。但是事实并非如此。下文将证明，《日记》原件其实存在着严重的错页、漏页问题。根据笔者的考证结果，《日记》的正确记事月日其实是康熙十二年（1673）的三月十二日至十七日、五月初七日

---

① 《四库全书存目丛书》，齐鲁书社，1997 年，集部第 270 册，第 721 – 723 页。
② 此为《日记》原件显示的时间，正确的月份为五月。
③ 释今释：《徧行堂集》，广东旅游出版社 2008 年版，第一册，第 136 页。
④ 释今释：《徧行堂集》，广东旅游出版社 2008 年版，第四册，第 48 页。
⑤ 跋文附在《日记》正文后。
⑥ 载（澳门）《文化杂志》（中文版）第 38 期，1999 年。

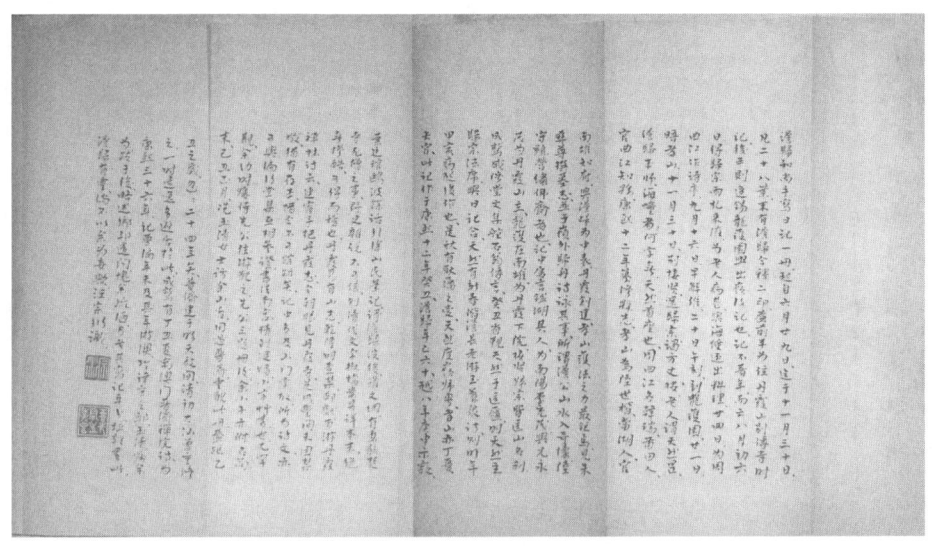

图四　汪宗衍题写的《日记》跋文

至五月廿九日、六月廿九日至十月十二日、十月十七日至十一月初七日、十二月廿九日至卅日。因为考证过程很复杂，兹先提出结论，理据见下。

三、《日记》原件记事的矛盾

像汪宗衍、姜伯勤先生一样，笔者最初也不怀疑《日记》记事时间的正确性。但是后来发现《日记》原件在记事上存在着许多矛盾，这些矛盾动摇了笔者原来的认识。

原件第一页①七月②初六日载："当家往会城。高念祖辞去，语以不必作书之故，殊不……"而转页后的文字是："……送香一块、葛一端，受香却葛。灯下作二答柬。"不仅文意不连贯，而且初六日与初八日之间少了初七日。

原件第十七页十月初一日载："遣业勤还山买石栗。"这意味着澹归不在丹霞山。事实上从此日起至初七日止出现在《日记》里头的人物，除了

---

① 这是指被装裱成册后的《日记》原件的页面次序，原件页面本身没有标序数。

② 本节所说的月份均为《日记》原件显示的时间，由于文本存在严重的错漏页问题，它们不一定是正确的。

"自省城至"的石吼和尚之外,其余均为南雄人,如张宝潭、(阮)弱生是南雄的居士,金璇海是南雄的司狱,袁四其、郑鲁城是南雄的府学教官,宋桃石是南雄府的守备,朱子蓉是时在南雄的秀水文士。这说明当时澹归在南雄。然而初七日在记"张宝潭请午斋。朱子蓉来,不值而去"一事后,转页即出现了"安耳门,知众无肯暂看渤山"之文,所记为丹霞山中事,地点切换唐突。而且原件第十七页与原件第十八页各有一篇初七的日记(均属十月),这显然有悖体例。

原件第四页七月廿四日有"等千辞行""左赤、耳门两副堂归""下院寄到林遂庵、总戎侯书"等文,所记均为丹霞山中事;可是转页后却出现了"……扇、莞香。夏尊五、丘函五来"这样一段不相关的文字。紧接其后的廿五日又有"送册书于孝山。朱子蓉来别,馈香金一两,送香柚于廉斋,即志谢。……孝山语我云册已付方蘧,其秋岳书当另写列。……午后,廉斋来。海幢已得舟,将为明辰度岭。入暮,萧国贤来,送斋仪一封"等记载,所记事均发生在南雄,地点切换同样唐突。

原件第五页七月廿八日先是记"走别孝山、融谷。李禹门从京师来会,下午答看不值",转页后的文字却是"……恐其太凉损气耳",意思完全不接。原件第六页八月初三日结尾记"黄端四辞藩幕,挈家还金陵,即当……",转页后为"……侍者",文意不接。

原件第十三页九月十四日载"当点尺牍毕。晚地擎辞职,为留之,即唤知众、知客商量安顿之法,俾出堂不出堂皆须熨贴也",文意已完整,然而转页后又有"不足复道也。首座并县纸书至,又作金携得胡虽藏答书来。雪木至,得尹恒进、洪药倩书,恒进寄莞香一封。晚为归宗僧使茶"等文,所记内容与前文全不相干。且原件第十一至第十三页(九月初一日至十四日的前半部分)的文字写于仁化县丹霞山,原件第十四页(十四日的后半部分及十五日)所记之事却发生在曲江县,所涉人物亦为曲江人(如雪木为会龙庵院主,周曲江是曲江县令周韩瑞),殊不可理喻。

原件第廿二页末尾十一月初七日载:"五更雨,天明止,即行。未至沙水,风雨颇寒。病余,殊不……"行文未迄,按理转页后至少还有一行文字,但原件第廿三页开头却是初八的日记。

十一月十二日的日记共有两段,分见于原件第廿三页与原件第廿四页,比其他各日所记多出了一段,与《日记》的记事通例不合,而且第二段开头有阙文。

…………

上述种种矛盾均指向一个令人惊讶的判断，这就是——《日记》原件存在严重的错页、漏页问题，因此其所反映的时空关系是错乱的！也就是说，现存《日记》文本显示的记事月日是信不过的！可叹的是，这个真相在过去的三百多年间竟然一直未被窥破！

澹归本人显然不会去制造错乱，那么错乱是谁造成的呢？是如何造成的呢？笔者注意到，在全部28页（55面）日记中，记事发生冲突或文字不相衔接的情形只发生在页与页之间，而不发生在同页的两面之间，更不发生在同一页面的各日之间，这说明问题出在册页装订上，而不出在文字书写上。虽然没有直接材料证明，但是通过文本分析，我们还是可以想象，问题可能是这样产生的：澹归圆寂后若干年，他遗留的《日记》因绳线腐朽而成了散页。一位文化不高且不负责任的人在受命重新装订这本《日记》时，由于看不懂——或无心看——《日记》的文字，为了交差了事，他便把一些日期看似"连贯"的散页拼在了一起；多出的散页，就被他作为"废材"处理了。这个事实三百多年来未被窥破，既有《日记》文字辨识困难的原因，也有研究者用心不够的原因，而《日记》原件看似"合乎次序"的装订对人们看清楚真相也起到了障眼作用。

四、《日记》各页的正确次序

既然《日记》原件存在严重的错页、缺页问题，那我们当然有必要还原其本来面目，否则我们对历史因果的认识就会因《日记》记事时空关系的错乱而发生偏差。而要还原其本来面目，就要先通过逻辑分析排定《日记》各页的先后次序，然后通过缜密考证确定每篇日记的记事月日。

原件第廿四页显示为十一月十二日至十七日所记，然而十七日有"先长庆生辰，领众行礼，午上供"等语，"先长庆"是指澹归的师翁、已故福州怡山西禅长庆寺住持空隐道独和尚。澹归《徧行堂集》卷一〇《空隐老和尚生辰法华道场疏》谓："时惟三月十七，为空隐独和尚降神出胎之期。"据此可知空隐的生辰实为三月十七日，而不是十一月十七日。这个日期被确定后，便可推断出本页A、B两面的日记均为三月之作。而日记中"借常住银为渠雇轿送之南雄""早不能起领众""三圆自扶溪归""三客僧入见""领众行礼，午上供""时出自南雄归""廉成寄到二金，即发库司抵债"等语，都说明日记写于丹霞山。在本《日记》中，此页记事最早，故正确的次序应为新定第一页，覆盖的记事月日为三月十二日至十七日。

原件第二、三、四页的文字显示为七月初六日至二十四日所记，但上文已指出，原件第二页的开头与原件第一页的结尾不相衔接，而且在原件第一页初六日与原件第二页初八日之间少了初七日，因此可以判定原件第一页与原件第二页不相连，不相连的原因是中间有缺页。但原件第二、三、四页是相接的，因为原件第二、三页连贯记录了比丘善因从病重到死亡的过程，原件第三、四页则连贯记录了澹归与辞行的归宗四化主的礼尚往来情况。内容跨页的十八日所记文字连贯，且原件第二、第四页都提到了恢复灵树寺的问题。所以原件第二、三、四页为新定第二、三、四页。

原件第廿七页的记事月日显示为十一月廿五日至廿九日，但实际上其文字与原件第四页（新定第四页）是衔接的，因为它们记录的事情存在因果关系。比如，十九日载："知乐弟尚未速还，当再作书促之耳。"廿三日载"遣等千迎乐说弟"，并对乐说寄语："吾病必不久，法门事重，望来一送，无别离也。"这是记作者因身体不好而希望法弟乐说今辩尽快回山接班。而廿八日载："首座乐说、雷峰当家各有书。乐说不忘相嘱之语，甚慰！"这显然是记乐说得讯后做出了澹归所期待的回应。此外，原件第四页结束于廿四日，原件第廿七页开始于廿五日，日期也吻合。因此原件第二、三、四页与原件第廿七页是一个相接续的整体，写作地点都是在丹霞山。这样，原件第廿七页的正确次序应该是新定第五页。至于这四页的记事时间，笔者定为五月，依据是：第一，记事月份无误的原件第十八页（详下）七月初十日记："乐说弟自会城来。"次日则记："请乐弟为第一座"，"但令丛林诸事，一从商榷裁处耳"。此两事可证前文提到的澹归有意请乐说回山接班之事发生在七月之前。第二，原件第十八页七月初十日载："王西宁又有书，云前绫为××送，欲更写六幅也。"而原件第廿七页廿八日载："王仲威有书，寄银八两，索书绫六幅。"这证明这个"廿八日"必然是七月以前的廿八日。第三，原件第四页十九日记："书雷峰都寺寿文。"澹归所写的这篇寿文题为《雷峰旋庵都寺六十寿序》，文载《徧行堂集》卷五。序中有语："岁在癸丑秋七月十有四日，得天之纪，一周复始。"可知旋庵的生日是癸丑七月十四日，而澹归撰写寿文的时间（十九日）必在七月之前。那为什么不把这四页日记定为六月之作呢？答曰：不可能，因为这部分日记结束于廿九日，而六月廿九日的日记已出现在原件第一页。那为什么不定在四月呢？因为原件第二页初九日有"谢仲生有书，寄白葡萄一封"之语。谢仲生为南雄人，按时令，粤北的葡萄最早要到农历五月（公历六月）才成熟。而且四月份澹归不在丹霞山。《徧行堂集》卷二二有尺牍《与栖贤石鉴觊和尚》，根据吴天任所撰《澹归禅师年谱》，第 15 则写于康熙十二年癸丑（1673）。在此则尺牍开头澹归提到："四月下山，图出岭，病于龙护。"

原件第一页为六月廿九日至七月初六日所记，这是没有问题的，因为澹归在初一日明确标注了"七月"的字样。七月初一日之前的"廿九日"不消说便是六月廿九日，之后的二日当然就是七月二日。这一页的正确次序为新定第六页，不过在它与原件第廿七页（新定第五页）之间，缺了若干页，缺页的记事时间差不多有一个月，为五月三十日至六月廿八日。

与原件第一页（新定第六页）相接的是原件第十八页。因为原件第一页的末篇为七月初六日，所记内容是"当家往会城。高念祖辞去，语以不必作书之故，殊不……"，而原件第十八页开头也是初六日，其文为"……清，亦听之耳"，文字衔接天衣无缝。原件第一页初五日记"欲安耳门"，而原件第十八页初六日则记"安耳门"，所载事情亦具顺承性。原件第一页廿九日有"邵安、传风、知众传钓逸去"之记，原件第十八页初八日则有"午后，忽闻传风破戒事，殊为伤心"之记，因果关系很明显。也就是说，原件第十八页应为新定第七页，覆盖的记事月日为七月初六日至七月十一日。

与原件第十八页（新定第七页）相连的原件第十九、廿两页，衔接没有问题。比如，十一日所记"谕客堂不得收留后生，其二十岁以上出家者，先授净戒，执事数年，徐观其调服，方与剃度也"一事跨原件第十八、十九两页，十九日所记"作刘与善书付化主，仍往乐昌。圣无来辞，令稍迟，使作书为灵树问信也"之事跨原件第十九、廿两页。可见它们是连在一起的，其正确次序为新定第八、九页，覆盖的记事月日为七月十一日至七月廿八日。

原件第廿一页与原件第廿页（新定第九页）明显不衔接，因为前者所记之事均发生在丹霞山，后者所记之事均发生在南雄府；而且原件第廿一页的开头所记与原件第廿页的结尾所记没有任何关系。真正与原件第廿页相接的是原件第六页，这一点从两页均有文字记述服用黄伯修所献药方与自制药方事可知。原件第廿页末尾载："倦甚，仍服伯修方。今晚仍用自制方，加人参、五味子。"为什么要加人参、五味子？原件第六页在开头给出了解释："……恐其太凉损气耳。"文意连贯。而七月廿九日、七月三十日所记"黄方""自方"，亦分明是指廿六日至廿八日所记的黄伯修方与澹归自制方。这是此两页相接的铁证。因此原件第六页的正确次序是新定第十页，覆盖的记事月日为七月廿八日至八月初三日。

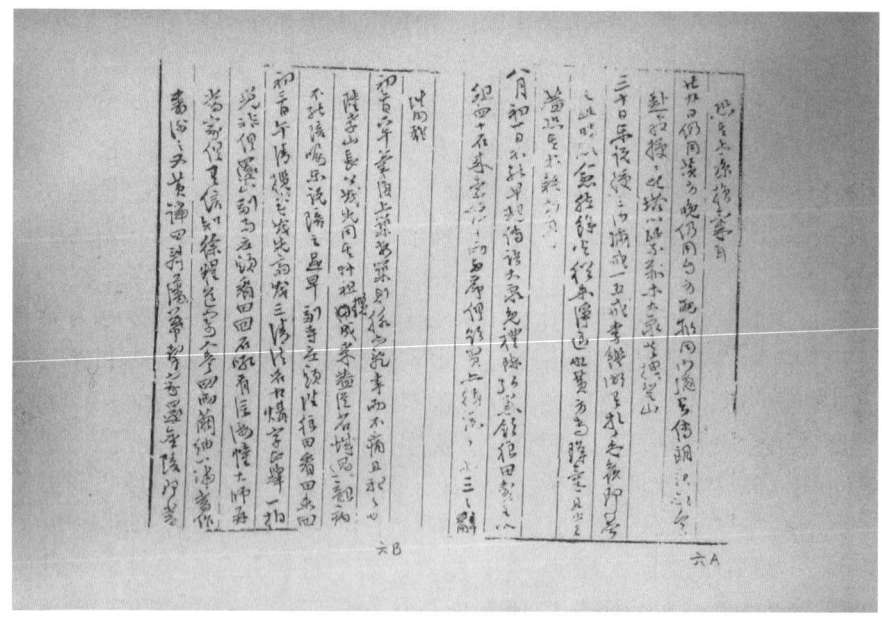

图五 《澹归日记》原件第廿页与原件第六页的衔接

与原件第六页（新定第十页）相接的是原件第十二、十三页，理由有三：一、原件第六页最末的记事月日为八月初三日，而原件第十二页最先的记事日期为初四日，时间衔接。二、原件第六页最后的文字为"又黄端四辞藩幕，挈家还金陵，即当……"，而原件第十二页开头的文字为"……遣人至韶州，候送也"，文意连贯。三、各日所记之事有顺承性。如原件第六页初三日记"午请揽成、茂先斋。茂三请法名：古燖，字正举"，原件第十二页初四日记"揽成、正举登海山门"、初五日记"揽成、正举别去"；原件第六页初三日记"黄端四辞藩幕，挈家还金陵"，原件第十二页初四日记"作黄端四书，并写一诗"、初六日记"得黄端四答书"。原件把第十三页放在第十二页之后，没有错误，这从跨页的初七日记事的连贯可以看得出来："下午摘三来云，檀林病剧禁口，极危。一拍愿往看之。予谓若犹可医，则稍愈便令之还；若已不及救，即焚取骨石归入普同也。"故原件第十二、十三页的正确次序为新定第十一、十二页，覆盖的记事月日为八月初三日至八月十四日。

与原件第十三页（新定第十二页）相接的，是原件第九、十、十一页。因为原件第十三页初八日载"青来送月饼"，十二、十三日又载给人送"节仪""节礼"事，所记事均与中秋节相关；而原件第九页十五日有"晚请茶，大众各自结伴，携茶散尝"之记，说的也是中秋节赏月之事。又，原件第十三页初九日有"李鉴湖还山"之记、初十日有"璧李鉴湖《遵生八笺》"之记，而原件第九页十五日有"午请黄伯修、李鉴湖斋"之记，都反映了事情的顺承性。原件第九、十、十一页，不仅日期相连，而且记事顺承。比如，原件第九页十七日记："摘三归，知檀林为其徒接回庵，当另日遣人往看耳。"原件第十页廿一日记："晚议遣人看檀林。"廿二日记："知客往乐昌看檀林。"廿三日记："知客还自乐昌，知檀林病尚未愈。"原件第十页廿七日记："午为伯修送行，并致赆仪。"原件第十一页廿八日记："黄伯修别去。"原件第十页廿七日记："三圆生毒从新地抬回，取药敷服。"原件第十一页廿八日记："戊麟往府请李觉岸令郎看三圆，以其颇知外科也。"初二日记："信得、等千看三圆病。"故原件第九、十、十一页的正确次序为新定第十三、十四、十五页，覆盖的记事月日为八月十五日至九月初三日。

与原件第十一页（新定第十五页）相接的是原件第七、八两页，因为：一、原件第十一页初三日结尾的"安慧请……"与原件第七页开头的"……侍者"正好可拼成一句话。二、原件第十一页初二日有"明当遣寻仁化王医生耳"之记，初三日有"左赤请王云从，不来，开方并末药少许，俟明日再往索药耳。为准提阁书缘引"之记，而原件第七页初四日有"左赤复往仁化取药，见传风至准提阁"之记，所记事连贯。同样，原件第七页初十日记觅船及"出条示大众，俾一切听乐说裁酌"事，都是澹归为出岭探视其师天然而做的安排，而原件第八页十一日亦提到雇船与"复谕两序，请乐说居特坐"，所记之事显然一脉相承。故原件第七、八页的正确次序为新定第十六、十七页，覆盖的记事月日为九月初三日至九月十四日。

与原件第八页（新定第十七页）相接的，是原件第十四、十五、十六、十七页。因为原件第八页与原件第十四页所记事为通过水路从夏富到南雄的过程。文字跨原件第八页与原件第十四页的十四日所记"金问自海幢至，得和尚并海发书来，请坐方丈。既欲出岭，且置之，不足复道也"，文意连贯。而原件第十四页至原件第十七页所记事均发生在南雄，无论是时间还是空间关系都没有问题，页与页之间内容也衔接紧密，它们无疑是连在一起的，正确次序为新定第十八、十九、廿、廿一页，覆盖的记事月日为九月十四日至十月初七日。

与原件第十七页（新定第廿一页）相接的是原件第廿三页，因为它们所记均为与宋桃石、朱廉斋、朱子蓉、陈星驭、丘萃五、陈培之、丁圣襄、姚绍嗣、陆孝山、金璇海、袁四其、宋桃石、郑鲁城、张宝潭、阮弱生、赵国子等地方名流在南雄府的应酬，而记事日期亦是接续的。该页的正确顺序为新定第廿二页，所覆盖的记事月日为十月初八日至十月十二日。

原件第廿三页（新定第廿二页）之后缺了一页，对应的时间是十月十三日至十月十七日前半部分。之后跟随的是内容从十月十七日后半部分开始的原件第廿五页与廿六页。为什么说原件第廿五页之后是原件第廿六页呢？因为：一、这两页文字所记，都是澹归在出岭探视其师天然前在南雄的活动，时间紧密接续。二、原件第廿五页十月廿二日记："遣问弱生借物，约明日取。"原件第廿六页十月廿四日记："遣石吼问弱生借物，仅得五两，不满三十金之数，为另易一票与之。"所记是同一件事。这两页的正确次序是新定第廿三、廿四页，覆盖的记事月日为十月十七日至十月廿四日。

紧随在原件第廿六页（新定第廿四页）之后的是原件第五页。证据有三：一、"遣送融谷石粟、香柚，方蘧诗扇、莞香"一句分跨两页而文意连贯。二、原件第廿六页廿四日记"迟学台事，欲以一书与孝山"，原件第五页则记"送册书于孝山"，两事有明显的顺承性。三、原件第廿六页包括的日期是廿三、廿四日，原件第五页包括的日期是廿五、廿六、廿七、廿八日，日期相接。这一页的正确次序是新定第廿五页，覆盖的记事月日为十月廿四日至十月廿八日。

与原件第五页（新定第廿五页）相接的，是原件第廿一、廿二页。因为原件第五页廿七日记"朱廉斋以二草束，订明日同栖贤斋"，而原件第廿一页廿八日开头的文字为"午刻赴廉斋午饭"，十一月初二日亦记"午请栖贤斋"。原件第廿一页与原件第廿二页的接续关系，从跨页的十一月初三日所记"韩仲常与韩两陟先到庵相候。仲常为天生令叔，两陟其子，来扶天生榇还淄川也"文字的连贯也可获证明。这两页的正确次序为新定第廿六、廿七页，覆盖的记事月日为十月廿八日至十一月初七日。

原件第廿八页也是新定的最后一页，它只有两段文字：

……赠雪公。
　　三十日　别栖贤，还归宗。遣至愚送诗于东鼓。谒方丈，饭讫同后堂观归宗地盘。此固大道场地，然非有十万金因缘，二十年工夫，五百众驱使，未易住此也。晚入方丈茶。

前一段内容不完整，但可推定系写于廿九日；后一段则为三十日所记。从所记内容来看，它们显然是澹归初抵庐山时写的。按原件的次序，它们都是十一月的文字。问题是，十一月份澹归是否已抵庐山？按清初的交通地理环境，从南雄至庐山至少有1800里之遥，若日行60里，需一个月才能抵达。迹删《咸陟堂文集》卷六《舵石翁传》载澹归"癸丑冬出匡庐省觐"，未言到达的时间。而《日记》明确记载从南雄出发的时间是十一月初七日。由于身体不好，其行程并不顺利，此日便有"五更雨，天明止，即行。未至沙水，风雨颇寒。病余，殊不……"之记。以这样的身体条件，他在月底很难到得了庐山。而天然《瞎堂诗集》卷一四有《新春偕

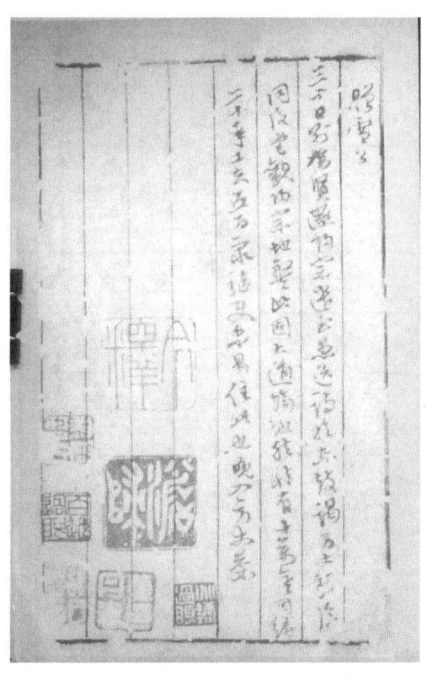

图六　《澹归日记》的最后页面

澹长老游玉帝泉诗》，澹归《徧行堂集》卷三八有《甲寅新正二日，侍天老人同诸及门游玉帝泉》诗、卷四四有《齐天乐·归宗侍天然老人游玉帝泉》词，这也从侧面证明了澹归是岁杪才到达庐山的（玉帝泉就在归宗寺，澹归不会在抵寺一个月后才去游览）。根据上述分析，笔者推断它们应是十二月的文字。上述两则日记写于岁末，还可从《日记》文本的外部形态获得证明。按照澹归的记事习惯，要是这两则日记属十一月，他会接着在下一行载录十二月初一日之事，但他不仅留空，而且还在空白处加盖了"今释""澹归"两印。这分明表示，这是此年记事的结束。

《日记》各页的新定次序、原件次序与记事月日的关系

新定次序	原件次序	记事月日
		（前缺）
第一页	第廿四页	三月十二日至三月十七日 （中缺三月十八日至五月初七日前半部分）
第二页	第二页	五月初七日后半部分至五月十三日前半部分
第三页	第三页	五月十三日后半部分至五月十八日前半部分
第四页	第四页	五月十八日后半部分至五月廿四日
第五页	第廿七页	五月廿五日至五月廿九日前半部分 （中缺五月廿九日后半部分至六月廿八日）
第六页	第一页	六月廿九日至七月初六日前半部分
第七页	第十八页	七月初六日后半部分至七月十一日前半部分
第八页	第十九页	七月十一日后半部分至七月十九日前半部分
第九页	第廿页	七月十九日后半部分至七月廿八日前半部分
第十页	第六页	七月廿八日后半部分至八月初三日前半部分
第十一页	第十二页	八月初三日后半部分至八月初七日前半部分
第十二页	第十三页	八月初七日后半部分至八月十四日

续上表

新定次序	原件次序	记事月日
第十三页	第九页	八月十五日至八月十九日
第十四页	第十页	八月二十日至八月廿七日
第十五页	第十一页	八月廿八日至九月初三日前半部分
第十六页	第七页	九月初三日后半部分至九月初十
第十七页	第八页	九月十一日至九月十四日前半部分
第十八页	第十四页	九月十四日后半部分至九月二十日前半部分
第十九页	第十五页	九月二十日后半部分至九月廿三日前半部分
第廿页	第十六页	九月廿三日后半部分至九月廿七日前半部分
第廿一页	第十七页	九月廿七日后半部分至十月初七
第廿二页	第廿三页	十月初八日至十月十二日（中缺十月十三日至十月十六日）
第廿三页	第廿五页	十月十七日至十月廿二日
第廿四页	第廿六页	十月廿三日至十月廿四日前半部分
第廿五页	第五页	十月廿四日后半部分至十月廿八日前半部分
第廿六页	第廿一页	十月廿八日后半部分至十一月初三日前半部分
第廿七页	第廿二页	十一月初三日后半部分至十一月初七日前半部分（中缺十一月初八日至十二月廿八日）
第廿八页	第廿八页	十二月廿九日后半部分至十二月三十日

五、《日记》从别传寺流到普济禅院的原因蠡测

《澹归日记》最初无疑是存放在澹归后半生的寄托地丹霞山别传寺的，它为什么会流到远在千里之外，而与别传寺素无瓜葛的澳门普济禅院呢？这的确是一个令人困惑的问题。

应该说，要解决这个问题很难，因为文献资料对此没有留下任何记载。邓又同曾于民国三十七年戊子（1948）在《日记》后留下题跋，称："澹老为南明忠荩，以民族事间关来澳，迄今已三百年矣，而此《日记》犹得保存，殆真灵之呵护欤？"猜测《日记》是作为遗民的澹归在从事反清复明活动时留在澳门的。

汪宗衍则在1950年为《日记》所作的跋文中提到："普济建于明天启间，清初大汕曾重修之，一时遗逸多避居于此。"姜伯勤先生也在其《澳门普济禅院藏〈澹归金堡日记〉研究》一文的开篇谓："澳门普济禅院是明清之际'遗民'、'流人'的聚会之地。"[①] 这些讨论都是在暗示澳门普济禅院在清初是袈裟遗民聚集的复明"基地"或"据点"，而《澹归日记》是这些遗民们在从事政治活动的过程中被带到普济禅院的。

但是上述猜测是经不起推敲的，因为无论是在澹归生前还是在其身后，都没有哪一种文献可以证明澹归到过澳门，也没有哪一种文献说他出家后仍从事反清复明活动。学者们倒是注意到，澹归出家后，其政治态度发生了明显的变化。在佛教"不染红尘"观念的影响下，他自觉割断了与世俗的政治联系，不再参与任何形式的反清活动。就算还继续与某些明朝的遗民往来，也是出于维持旧谊的目的而与政治无涉。不仅如此，为了使别传寺的建造与经营能获得源源不断的财物支持，他刻意与清朝各层级的官员保持着密切的关系（这一点在其《徧行堂集》与《日记》中有不少反映）。这方面的最典型的例子，莫过于他曾在康熙十一年壬子（1672）初秋"赴平南之招，吃官饭，做官书"（《徧行堂集》卷二二《与栖贤石鉴觊和尚》)[②]，编次尚可喜的年谱体传记《元功垂范》。他的这类表现在当时就已遭庄臣节士

---

① 载（澳门）《文化杂志》（中文版）第38期，1999年。
② 释今释：《徧行堂集》，广东旅游出版社2008年版，第二册，第118页。

讥讽非议。比如黄宗羲就在《南雷文约》卷四《天岳禅师诗集序》中说："余于近日释氏之诗极喜澹归，及《徧行堂集》出，粉墨点杂矣。"① 杨秉纮亦说："近闻澹归晚节稍透蛇，诸公可为我审之。如其果也，则其人可绝。"（全祖望《鲒倚亭集》卷一四《天多老人墓石志》）② 可见出家后的澹归并不受遗民们待见，因此其《日记》流到普济禅院与遗民活动不可能有关。

其实，把普济禅院指为反清复明"基地"或"据点"本身就是无稽之谈。邓又同、汪宗衍与姜伯勤诸先生都没有注意到一个事实，这就是反清复明运动主要集中在顺治朝。自顺治十八年辛丑（1661）吴三桂从缅人手中俘得永历帝后，全国的政治、军事形势就发生了根本的转折。永历朝的谢幕对反清势力的打击是致命的，因为它使复明运动丧失了号召士民的旗帜。在复明无望的背景下，遗民们只好纷纷放弃抗争。康熙帝执政后，遗民们的反清活动在事实上已趋平息。清廷在平定"三藩之乱"及招降台湾郑氏政权之后解除了海禁，反映政治局面已趋稳固。《澹归日记》从丹霞山流出必在康熙十九年庚申（1680）作者死了以后，其时已无反清复明运动。

姜伯勤曾指出，澳门佛教在渊源上与鼎湖山庆云寺一脉相承③，这个事实让笔者在思考是谁把《日记》带离丹霞山的问题时，想到了曾游走于华首台—海云系与鼎湖山庆云系之间的清初临济宗名僧迹删成鹫。成鹫，字迹删，俗名方颛恺，字麟趾，生于明于明崇祯十年丁丑（1637），番禺（今广州）人。他本以"晚世之真儒"自任，然而在41岁那年却自我落发，遁身佛门，并在两年后成为临济宗的石洞和尚离幻元觉的法徒。出家后曾在西宁（今郁南）翠林僧舍、罗浮山石洞禅院、广州华林寺、琼州（今海南）会同县灵泉寺、佛山仁寿寺、仁化丹霞山别传寺、香山（今中山）东林庵、肇庆鼎湖山庆云寺禅修。康熙四十年辛巳（1701）入主广州大通烟雨宝光古寺。康熙四十七年戊子（1708）年应合山大众之请入鼎湖主法，成为庆云寺第七代方丈。退席后还居大通。康熙六十一年壬寅（1722）圆寂，世寿

---

① 黄宗羲：《南雷文约》，《四库全书存目丛书》，齐鲁书社1997年版，集部第207册，第484-485页。
② 全祖望：《全祖望集汇校集注》，上海古籍出版社2000年版，第272页。
③ 见姜伯勤《石濂大汕与澳门禅史——清初岭南禅学史研究初编》第13章《澳门莲峰庙与清初鼎湖山禅宗史》。

八十六，僧腊四十五。迹删虽为临济宗僧人，却与曹洞宗华首台—海云派僧保持着十分密切的关系，与澹归的师父天然函昰、天然的第六法嗣乐说今辩、第七法嗣阿子今䇲乃至更小一辈的"古"字派僧人都有交往，与天然的第八法嗣泽萌今遇交谊尤为深厚①。康熙三十四年乙亥（1695）九月，时为别传寺四代方丈的泽萌因欣赏其才学，曾把他请到丹霞山上为别传寺修山志。由于这一缘故，迹删在丹霞山住了一年多，并写下了不少与别传寺与澹归有关的史志文字，如后来收入《咸陟堂集》中的《丹霞山记》（卷四）、《舵石翁传》（卷六）、《舍利塔记》（卷四）、《丹霞山代坡记》（卷五）等等，以及大批以丹霞山为题材的诗文。不过其修志任务并没有完成，因为他在上山后次年即因丁母忧而返乡，待完丧后返回，泽萌已从别传寺移锡江西庐山栖贤寺。迹删与继席者合不来，便离开了别传寺，修志之事于是不了了之。可以想见，为了修志，泽萌一定给迹删提供了许多与别传寺相关的原始素材，其中很有可能包括这本《日记》。修志既然中辍，那么迹删在离开别传寺时，会不会把这些素材也带走呢？后来由陈世英纂修的《丹霞山志》资料甚为匮缺，似可印证这一猜测。

迹删离开丹霞山后不久，又应鼎湖山庆云寺第四代方丈契如元渠之邀，到肇庆编纂《鼎湖山志》。这部志书写成后，他回到了香山铁城东林庵——这是他从前与岭南的一些清流仿晚明东林党结社的故事而创建的寺院。铁城离澳门很近，迹删曾于康熙三十一年壬申（1692）去过一次澳门，当时有《游墺门宿普济禅院赠云胜师》诗志其事（载《咸陟堂诗集》卷一三）。此次重返东林，又于康熙三十六年丁丑（1697）二赴澳门，并且客宿之地也是普济禅院（有载于《咸陟堂诗集》卷一四的《丁丑夏客澳门岛宿普济禅院赠剑平师》与《寓普济禅院寄东林诸子》两诗为证）。②五年之后，他成了鼎湖山庆云寺的住持。

---

① 迹删曾在其《纪梦编年》中说："晨谒主人，洞上宗师泽萌遇公也，一见欢然。……主宾之投契者，有生未曾有也。"（释成鹫：《咸陟堂集》，广东旅游出版社 2008 年版，第二册，第 317 页）
② 迹删只是客临澳门。姜伯勤《石濂大汕与澳门禅史——清初岭南禅学史研究初编》第 13 章《澳门莲峰庙与清初鼎湖山禅宗史》称迹删曾"住澳门普济禅院"，"把澳门作为遗民活动的一个据点、长期在香山澳门活动"，"而成鹫（鼎湖山第七代住持）在香山和澳门的活动，透露出逃禅遗民参与'复明运动'的消息"，这些说法与事实严重不符。详见拙文《成鹫"通海"辨》，载《学术研究》2009 年第 2 期。

在清初的历史人物中,迹删是唯一与丹霞山别传寺与澳门普济禅院都发生过关系的僧人。基于他的传奇经历,笔者曾猜测,《澹归日记》从韶州丹霞山别传寺流到澳门普济禅院或与他有关。

不过上述猜测却与下列事实发生冲突。

现存的《日记》文本,在正文后盖有"黎简鉴古"与"黄丹书印"两印。黎简,号二樵,广东顺德人,是乾嘉时期岭南的著名诗人与书画家,著有《五百四峰草堂诗文钞》《药烟阁词钞》。黄丹书,号虚舟,广东顺德人,清乾隆六十年乙卯(1795)举于乡,是与黎简差不多同时代的诗人与书画家,著有《鸿雪斋诗钞》。二人在《日记》文本后留印,说明他们都曾寓目真迹。然而没有什么文献资料证明他们到过澳门,就算他们到过澳门,也不会带着印鉴吧。因此通过这两方印,可反推出当时《日记》还留在广东。

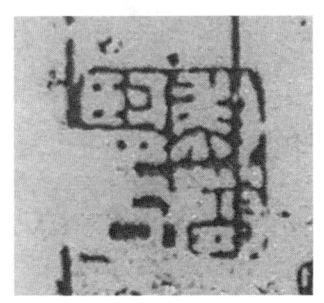

图七 "黎简鉴古"与"黄丹书印"

东莞书生张璐(后为岁贡)于嘉庆十三年戊辰(1808)在日记后面留有这样一段题跋:

> 予少闻舵石翁轶事,即深敬慕。厥后每阅其单词片纸,浏览回环,力搜其集,昨岁始得观,如胶入漆,手不能释。古今名僧众矣,天下妙文更多矣,独深契如是者,岂亦有因缘耶?兹从大佛上人睹其手书日记,纤悉碎屑,如亲如见,益不禁怀矣!

文中提到,他是从一位叫作"大佛上人"的和尚那里获睹《日记》真迹的,而这位和尚并没有在澳门禅史中出现过,《澳门莲峰庙西天东土历代祖师菩萨莲座》也没有留下他的名字,这也说明当时《日记》不在澳门。

还有一个更确切的事实。在现存《日记》的正文之后，盖有一方文字模糊的印章，经仔细辨认，印文为"南海叶氏云谷家藏"。这是清代广东的收藏大家叶梦龙的闲章。叶梦龙，子仲山，号云谷，广东南海（今广州）人，是富商叶廷勋之子。生于清乾隆四十年乙未（1775），官户部郎中，在京期间广交游。归里后筑倚山楼，藏法书、名画、古籍甚富。道光十二年壬辰（1832）卒。此印章说明，至少在叶梦龙生活的时代——乾隆至道光，《澹归日记》仍不属于普济禅院！看来历史真相如何，只能留待后来者解决了。

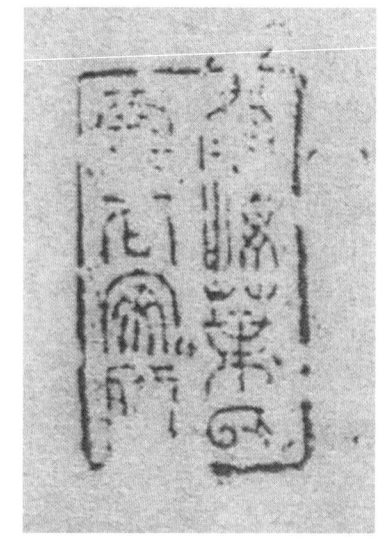

图八　"南海叶氏云谷家藏"印

（原载《学术研究》2020年第9期）

今无、今释交往事辑

明清易代之际，士人逃禅成风，明朝的故臣庄士在复国无望的情形下，往往遁入空门，以贞厥志。在岭南，遗民多投到其精神领袖曹洞宗三十四世高僧天然和尚函昰座下，博山系华首台—海云派遂成为清初在政治、宗教、艺文等方面影响广远的僧侣集团。而在函昰的一众弟子中，以第一法嗣今无与第四法嗣今释最为知名。

今无字虫木，号阿字，俗姓万。广东番禺人。生于明崇祯六年（1633）二月十六日。清顺治六年（1649）春礼函昰于番禺雷峰海云寺。次年受《坛经》，参明上座因缘，大彻宗旨。又学为文、为诗、为书，广阅内外典籍。顺治十年（1653）随函昰入匡庐，次年秋侍师移居栖贤，代监寺务。顺治十三年（1656）奉师命孤身出塞，一杖万里，北访被流放在辽阳的法叔千山剩人函可，至顺治十六年（1659）始返粤。南归后渡海入琼，弘法岛上。顺治十八年（1661）归番禺雷峰海云寺，受函昰大法，为第一法嗣，曹洞宗第三十五世。此后以首座理海幢寺事十二载，在此期间曾大规模扩院，使海幢成为"深固庄严妙天下"的大丛林，深为函昰器重，并与第四法弟今释交厚，彼此惺惺相惜。康熙十二年（1673）曾因请藏入北，过山东，闻变而驻锡萧成。康熙十四年（1675）经金陵返羊城。康熙二十年（1681）九月二十二日圆寂于海幢寺，世寿四十九，僧腊三十四。有《光宣台集》二十五卷传世。

今释俗名金堡，字道隐，号卫公。浙江仁和（属杭州）人。生于明万历四十二年（1614）。崇祯十三年（1640）进士，曾知山东临清直隶州。甲申鼎革后投身反清复明斗争，以斗士与诤臣面目活跃在永历朝的政治舞台，是朝中"五虎"之一，有"虎牙"之号。顺治七年（1650）因上《时政八失疏》遭政敌陷害，几被杖毙于锦衣卫狱，后因大臣鸣冤而得免死，被流放贵州。赴戍所时遇清兵南下，解卒弃押，因而得脱，在桂林茅坪庵落发为僧，法名性因。顺治九年（1652）东下羊城，参函昰于番禺雷峰海云寺，受具足戒，改法名为今释，字澹归。康熙元年（1662）入韶州仁化县丹霞山开辟粤北名刹——别传寺，后礼请其师入山开法。康熙七年（1668）元旦在别传寺受天然大法，为第四法嗣。康熙十年（1671）冬，天然移锡庐山归宗寺，今释以西堂领众，应付丹霞未毕之局。三年后遵师命继主法席，故人称"丹霞禅师"。康熙十七年（1678）以请藏出岭，事毕后发病于平湖。康熙十九年（1680）八月九日在吴门示寂，世寿六十七，僧腊二十九。其骨灰被门人带回岭南，塔于丹霞山的海螺岩，清内阁学士徐乾学为撰《丹霞澹归今释禅师塔铭》。乾隆四十年（1775）闰十月，清高宗以其《徧行堂集》"语多悖谬"，诏令军机大臣等在全国查禁，其墨迹因此大量被毁。

今无与今释均为清初岭南地区的著名僧人，又同依函昰座下，是博山系华首台—海云派的核心成员。二人虽年龄悬殊、经历迥异，但私交甚厚。自称性格"至躁至洁"的今释认为比自己小十九岁的今无是雷峰门下首屈一指的奇士，而今无亦知"澹归非道隐"之深意。鉴于目前尚未有研究今无、今释关系之专文，故笔者特意收集相关史料，梳理二人交往的事迹，以展示二人的关系。

明万历四十二年甲寅（1614） 今释生

今释生于浙江仁和。

> 师生于万历甲寅，世寿六十有七，僧腊二十有九。（徐乾学《丹霞澹归释禅师塔铭》，见《丹霞山志》卷八）

明崇祯六年癸酉（1633） 今释19岁；今无生

今无生于广东番禺。

清顺治六年己丑（1649） 今释36岁；今无17岁

春，今无投天然函昰座下。

> 余自己丑脱白，迄今日奔走四方，往来数万里，所经庵寺，有不胜握腕浩叹，悲百丈大雄之风日下而莫之或救也。（今无《琼州圆通院记》，见《光宣台集》卷七）

> 今无十七岁时，珠衣未系，佣倩为艰，老人方作菩提树举唱宗乘，因投座下，问法风幡，庆睹法会之盛。此己丑春事也。（今无《雷峰天老和尚七十示生颂》自注，见《光宣台集》卷一二）

> 兄幼而遭乱失学，自十七岁始侍老人。（今释《光宣台集序》，见《徧行堂续集》卷三）

【按】函昰，字丽中，号天然，斋名瞎堂。俗姓曾，名起莘，字宅师。广州府番禺慕德里司迳迳村（今属花都区北兴镇）人。明崇祯六年（1633）举人。崇祯十三年

(1640）在江西庐山归宗寺礼宗宝道独和尚，祝发受具。两年后嗣法，为曹洞宗第三十四世。是明末清初曹洞宗博山系华首台——海云派的领袖。有《楞伽心印》《首楞严直指》《金刚正法眼》《般若心经论》《同住训略》《天然函昰禅师语录》及《瞎堂诗集》行世。

【按】古云《海幢阿字无禅师行状》曰："年十六，抵雷峰，依天老人得度，知有向上事。"所叙今无出家年岁与函昰、今无、今释等所记有抵牾。

清顺治七年庚寅（1650）　　今释37岁；今无18岁

南雄陷，永历帝至梧州，吴贞毓等上疏交攻"五虎"。今释下北镇抚司狱，被拷讯至重伤，后坐戍清浪卫。会清兵至，道阻不得行，押解走窜，遂入桂林，与通政使印司奇同寓于茅坪庵。桂林陷，今释在庵中落发为僧，法名性因。

庚寅春，大兵进粤，驾移梧州，一时衔五人者，仓卒舟次合疏请诛，坐以赃罪，遂收公等下梧狱，欲致之死。拷讯无所得，乃予廷杖，意在独毙公也，故公伤尤重。卒不死，谴戍清浪卫，道阻不得赴，留寓桂林茅坪庵。桂林破，遂薙染为僧。（徐乾学《丹霞澹归释禅师塔铭》，见《丹霞山志》卷八）

谪戍清浪卫。堡赴戍，不得达，留客桂林，瞿式耜馆之。堡左足创挛，须杖而行，遂绝意世事。故喜读《庄子》，及是稍习浮屠书，衣衲衣。桂林陷，遂与通政使印司奇祝发为僧去，世所称澹归大师者是也。（王夫之《永历实录》卷二一）

【按】五虎，指南明永历朝与锦衣指挥使李元胤结党的五个官员，分别是左都御史袁彭年、礼部侍郎刘湘客、吏科给事中丁时魁、工科左给事中金堡（即今释）、户科右给事中蒙正发。《明史·严起桓传》云："时朝政决于成栋子元胤，都御史袁彭年，少詹事刘湘客，给事中丁时魁、金堡、蒙正发五人附之，揽权植党，人目为'五虎'。"

【按】印司奇，字易庵，号雪浪，湖广桃源人。明崇祯四年（1631）进士，由南兵部员外郎擢知镇江府。甲申鼎革后赴闽，擢金都御史，协理院事。闽陷，走归里。辰常破，弃家南走。永历四年（1650）秋至桂林，擢通政使，特敕召见。未赴，客寓草庵中，与今释同居。桂林陷，与今释落发为僧，后因不喜习佛法返归湖北。

清顺治九年壬辰（1652）　　今释39岁；今无20岁

今释东入粤，与袁彭年同入雷峰，函昰纳之，令涤碗厨下。腊八，礼函昰受菩萨戒。

越壬辰，从桂林东下至佛山，求挂搭地不可得，特丘闻之，自挐舟迎余至迷溪，欢若再生，因同入雷峰，数相过谈于碗架边。腊八日，余受菩萨戒，特丘招同人来观，有诗。（今释《刻袁特丘总宪轶诗序》，见《徧行堂集》卷六）

壬辰岁，行脚入广州，礼雷峰天和尚受具，即入厨下，亲涤碗器，隆寒龟手，不废服劳，器有衅缺，典衣偿之。（成鹫《舵石翁传》，见《咸陟堂集》卷六）

壬辰，下广州，参雷峰天然昰和尚受具戒，执役碗头者一年。（徐乾学《丹霞澹归释禅师塔铭》，见《丹霞山志》卷八）

壬辰，参雷峰，涤器厨下。（《海云禅藻集》卷一）

【按】袁彭年，字介眉，别号特邱。湖广公安人。袁中道子。明崇祯七年（1634）进士，历仕崇祯、弘光、隆武三朝。闽陷后降清，李成栋荐为清广东提学副使。后随李反正，迁左都御史，是朝中"五虎"之一，号为"虎头"。永历四年（1650），吴贞毓等交攻"五虎"，袁彭年以反正有功，未下狱论罪。上疏请自诣廷尉服罪，帝优诏答之。返肇庆。冬，广东再陷，藏匿民间。后归里，挟策游潜、沔间，以诗自鸣，未几死。

今释、今无相识。

忆岁辛卯，澹归行脚入雷峰，天然老人一见，令其涤碗厨下，衣百结衣，形仪戍削，静嘿堆堆，无所辨别，牧南泉之牛，养壮生之鸡，穆如也。予时髫龀，目未识丁，岂知其材烂江花，德温卫玉？（今无《徧行堂文集序》，见《光宣台集》卷七）

【按】今无《徧行堂文集序》以今释参函昰事在辛卯，考今释自述，当为壬辰事。兹录相关文献于下：

某以岁壬辰参雷峰得具足戒，时无方禅师以监寺为七证僧伽之一。（今释《无方应禅师五十初度序》，见《徧行堂集》卷五）

壬辰弃去，下东粤，参雷峰，入厨下充碗头，悉屏笔研。（今释《四书义自叙》，见《徧行堂集》卷七）

予以壬辰禀戒雷峰，预铸佛之役，越五年，乐观大殿之成。又五年，前殿始立，犹未断手。（今释《雷峰募建伽蓝殿疏》，见《徧行堂集》卷九）

时函昰欲隐居匡山，今释受戒三日即奉师命随止言今堕出岭乞缘于江左。

腊八日，余受菩萨戒，特丘招同人来观，有诗。甫三日，余出岭，为深隐匡山计。（今释《刻袁特丘总宪轶诗序》，见《徧行堂集》卷六）

【按】今堕，字止言。俗姓黎，名启明，字晦生。番禺人。黎遂球同族。于黎遂球遇难后无意当世，尽散家产。父老逼之婚，新妇入室，秉烛相对，危坐达旦而逃。清顺治六年（1649）于番禺雷峰海云寺参函昰为僧，法名今堕。顺治九年（1652）与今释出岭乞缘江左。早卒。《徧行堂集》卷一四有《止言堕闇黎真赞》，卷三四有《书怀呈止言堕闇黎》，卷三五有《止言阇黎四十初度》。

【按】今释随今堕出岭事，《舵石翁传》未载年月，徐氏《丹霞澹归释禅师塔铭》称今释受戒后执役碗头者一年，今释《书上元叹后》则云"犹忆癸巳度岭"。据《刻袁特丘总宪轶诗序》，知出岭日在壬辰腊月初十。徐氏盖以今释《四书义自叙》之"十二月甫进戒"为历经十二月甫进戒，实则壬辰岁十二月受菩萨戒。腊月初十出发，出岭时已是次年，故今释有"犹忆癸巳度岭"之句。又函昰《瞎堂诗集》卷七有《元旦怀止言、澹归诸衲》，系于《将出岭留别雷峰诸子》前，卷一〇有《送止言、澹归先入匡山》，均次于《壬辰除夕前》。故知今释启程确在壬辰岁末。

　　壬辰岁，行脚入广州，礼雷峰天和尚受具。……天老人知为法器，时欲归隐匡山，先命师度岭乞缘于江左。（成鹫《舵石翁传》，见《咸陟堂集》卷六）

　　壬辰，下广州参雷峰天然昰和尚受具戒，执役碗头者一年。天和尚欲隐匡山，师奉命乞食江南，回充栖贤记室。（徐乾学《丹霞澹归释禅师塔铭》，见《丹霞山志》卷八）

　　壬辰弃去，下东粤，参雷峰，入厨下充碗头，悉屏笔研。十二月甫进戒，从止言阿阇黎出岭，为匡山长住计。（今释《四书义自叙》，见《徧行堂集》卷七）

　　某所畜章侯书画四种：一文殊师利像，一山水，一上元叹，一觞笔。文殊师利以奉天然老人，此上元叹以奉止言阿阇黎。惟阿阇黎以道眼俯视一切，无足当情，然于世间异才钟情特甚。犹忆癸巳度岭，闻章侯之亡，惋叹累日，至今不衰。（今释《书上元叹后》，见《徧行堂集》卷一七）

　　今无与今释此年虽相识，却并未深交。今无少时因贫废学，侍函昰后始学文、学诗、学书，今释与今无既相差十九岁，经历、识见又迥然不同，故二人当时并未成为相知。今无后于《徧行堂文集序》云："予时髫龀，目未识丁，岂知其材烂江花，德温卫玉？"

　　余与顿修同游雷峰之门，学性命之学，乃庚寅岁又学为文、学诗、学书，书以天资胜，诗以清逸胜。（今无《送顿修监寺栖贤序》，见《光宣台集》卷六）

　　庚、辛、壬，广州烽火而云林无事，某于此岁月醉象术驯，取裁无所。（今无《雷峰天老和尚七十示生颂》原注，见《光宣台集》卷一二）

　　师初以贫废学，侍峰，得遍阅内外典。（古云《海幢阿字无禅师行状》）

今释入粤，只为寻一去处，雷峰本非其首选之地，且受戒三日便出岭，对师门并未甚有归属感。这种迟疑也体现在其稍后的作品中，其所作《路公别传》署名"庐山栖贤寺比邱清浪今释"，"清浪"是他在永历朝获罪的遣戍之地，这表明其角色转换尚未彻底完成，离融入师门还有一段距离。

岁次甲午，秋八月廿有六日，庐山栖贤寺比邱清浪今释稽首撰并书。（今释《路公别传》，见清叶廷琯《鸥陂渔话》卷二）

《路公别传》一卷。方外今释撰并书。亦吴姓所藏。今释号澹归，即明臣金堡。堡在永明王时官给事中，言事颇伉直，后廷杖编戍清浪乃为僧，故卷尾署名尚系清浪字。（清叶廷琯《鸥陂渔话》卷二）

清顺治十年癸巳（1653）　　今释40岁；今无21岁

秋，岭海流氛孔亟，函昰侍智母师太入匡，今无、今渐随行。

余与顿修同游雷峰之门，学性命之学，乃庚寅岁又学为文、学诗、学书，书以天资胜，诗以清逸胜。……阅四年，同侍老人入匡山。（今无《送顿修监寺栖贤序》，见《光宣台集》卷六）

癸巳岁余侍雷峰老人入匡阜。（今无《庐山栖贤寺诗文汇集跋》，见《光宣台集》卷一〇）

癸巳尝出匡庐，登金轮顶，然香绕塔。（今无《大日庵智母师太塔铭》，见《光宣台集》卷一〇）

癸巳秋，岭海流氛孔亟，老人拂衣故山，匡岳云霞嘉遁，尤快吟彻庚关、吉赣、豫章、蠡湖之月，然后掩室归宗。（今无《雷峰天老和尚七十示生颂》自注，见《光宣台集》卷一二）

【按】智母师太，即函福，俗姓林。广州番禺官塘村人。函昰母。明崇祯十五年（1642）礼道独为尼，法名函福。清顺治十年（1653）赴庐山，次年以苦寒返岭，创大日庵居其中。康熙元年（1662）示寂。

【按】今渐，字顿修，俗姓茅。浙江湖州人。明散文家、藏书家茅鹿门（茅坤）曾孙。生于明崇祯四年（1631），年二十入番禺海云寺求见函昰，旋出家。受具后结茅雷峰山麓，闭关逾二载。函昰以法器期之，畀掌记室，任上座。顷从天然入庐山栖贤，为监寺。以母老归养，后重游岭表，并随乐说今辩和尚住福州长庆西禅寺。

今无随函昰住匡山归宗寺，今释时滞于江南，函昰有诗怀之。

匡山计日至，京口望人来。几时同到岸，扶我一登台。群雁惊风起，孤舟乘月开。章江寒色动，无那暮砧哀。（函昰《道中忆止言、澹

归》,见《瞎堂诗集》卷七)

匡山不易到,之子滞江城。更忆临岐话,难为旷别情。衲衣千缕薄,柳栗万山轻。多是少年事,风尘愧老成。(函昰《到归宗,怅止言、澹归未至》,见《瞎堂诗集》卷七)

有约金秋返,相携五老前。知尔南中苦,怜予海外偏。溪声僧梦稳,江色客心悬。且归就禅寂,休计买山钱。(函昰《寄止言、澹归》,见《瞎堂诗集》卷七)

清顺治十一年甲午（1654）　　今释41岁；今无22岁

秋,函昰移居栖贤。今无执侍,荷锄披荆诛茅。受栖贤代监寺事,十日,厨爨告乏,行化九江。

至甲午秋始移居栖贤,今无执侍,窃谓于诸子独深。(今无《雷峰天老和尚七十示生颂》自注,见《光宣台集》卷一二)

阅四年,同侍老人入匡山。……明年夏……未两月移栖贤,披荆棘,诛茅草之为物也。(今无《送顿修监寺栖贤序》,见《光宣台集》卷六)

甲午受栖贤代监寺事,仅十日,厨爨告乏。余职当为众乞,遂走江州,日叩头于马足车轮之下。(今无《庐山栖贤寺诗文汇集跋》,见《光宣台集》卷一〇)

十日,一众皆病。无食,余行乞江舟,顿修乞瀶城,又别。(今无《送顿修监寺栖贤序》,见《光宣台集》卷六)

甲午余为栖贤行化九江,日则拜街,见一作副,乞米以充。同寓一小楼,夜为风雨击去,仅余四五椽。下则炊爨,风雨湿衣,火烟熏眼,至极不可忍。(今无《寿见一》自注,见《光宣台集》卷二一)

冬,无异元来八十寿,函昰奉空隐道独命入信州博山扫塔,今无、今渐随侍。

甲午冬,为博山老祖八十寿,博下儿孙会于祖山。长庆师翁自闽往,天界浪和尚自浙往,三宜盂和尚自吴往,吾老人自栖贤往。(今无《雷峰天老和尚七十示生颂》自注,见《光宣台集》卷一二)

别五月归,同侍杖履入信州。(今无《送顿修监寺栖贤序》,见《光宣台集》卷六)

【按】元来,号无异,俗姓沙。庐州(今安徽境内)舒城人。无明慧经禅师之法嗣,宗宝道独之师。

【按】道独,字宗宝,号空隐,俗姓陆。南海(今广州)人,明万历二十八年(1600)三月十七日生。幼闻《六祖坛经》而初悟禅旨。十六岁自我剃发,结茅于归龙山十余载。二十九岁往博山谒无异元来,受具足戒并嗣法,为曹洞宗第三十三世。崇祯三年(1630)离博山往匡庐,掩关于金轮峰下,复徙黄岩寺。其后受请住博罗罗浮山,开派华首台。后历主福州怡山西禅长庆寺、东莞芥庵、广州海幢寺诸刹。主张以"孤峰独宿"方式修行。清顺治十八年(1661)七月示寂于东莞芥庵,世寿六十二,法腊三十三。法嗣以丽中函昰、祖心函可最为著名。裔孙了观将其禅法传至越南。有《华严宝镜》及《长庆宗宝独禅师语录》行世。

今释至琴川贯清堂,冬还栖贤。

甲午至琴川,驻锡贯清堂,冬还栖贤。(今释《四书义自叙》,见《遍行堂集》卷七)

【按】今释《次韵思圆后公遗诗》有"乙未还栖贤"之语,故还栖贤当在甲午、乙未间,未及见函昰及今无。《舵石翁传》云"及返栖贤,老人已据丈室,师充书记",实则今释次年四月方谒函昰于万年,并充书记,详见"乙未"条。

乙未,还栖贤,得其遗墨于说非密公。(今释《次韵思圆后公遗诗》跋,见《遍行堂集》卷三二)

天老人知为法器,时欲归隐匡山,先命师度岭乞缘于江左。及返栖贤,老人已据丈室,师充书记。(成鹫《舵石翁传》,见《咸陟堂集》卷六)

清顺治十二年乙未(1655)　　今释42岁;今无23岁

函昰侍道独入高泉,今无、今渐偕行。四月之饶州,至万年山,今释自栖贤至,充书记。

入高会之堂奥,见高会之规矩。老人经理博山,让浪和尚主席。随长庆师翁退住高泉。诸方闻吾家逊让之风,称为有礼,两山耆宿亦云如再睹老祖之教绍云。(今无《雷峰天老和尚七十示生颂》自注,见《光宣台集》卷一二)

又明年入高泉,四月之饶州。(今无《送顿修监寺栖贤序》,见《光宣台集》卷六)

明年春,谒两老人于万年,充书记。(今释《四书义自叙》,见《遍行堂集》卷七)

今无与今释顺治九年(1652)相识,旋即分别,至次年方二次相见。八月,一行人还泊南康城,今渐归省湖州,函昰、今释有诗赠之,今释与今无、今渐当于是年逐渐熟悉。

怅望湖州未敢归，故园杨柳欲依依。忍看国破先离俗，但道亲存便返扉。万里飘蓬双布屦，十年回首一僧衣。悲欢话尽寒山在，残雪孤峰望晚晖。（函昰《送渐侍者归省》，见《瞎堂诗集》卷一一）

未说君当去，高堂信有恩。一回惊雪水，不是到羌村。穷子归亦暂，故山盟欲温。芒鞋那可怨，多劫水云痕。（今释《送顿修渐公省亲湖州》，见《徧行堂集》卷三二）

冬，今释归岭南。

【按】《徧行堂集》卷三二有《乙未岁暮还佛山》诗。

清顺治十三年丙申（1656）　　今释43岁；今无24岁

函昰欲遣今无出关赴辽阳探望其法弟剩人函可，时函可坐戍千山。

冰天绝域，丹梯莫上，哮吼狮子，道迈寰中。而以义烈之气蹈子卿之迹，即非友于，能不成系？今无一言许以驰驱，孤笠下栖贤，骞征而往者，此丙申夏仲老人见怀诗有云"望归空记出门时"，实一时可愕之事也。（今无《雷峰天老和尚七十示生颂》自注，见《光宣台集》卷一二）

【按】函可，字祖心，号千山剩人。俗姓韩，名宗騋，字犹经。博罗惠州人。明崇祯朝礼部尚书韩日缵子。少为诸生，弱冠即名闻海内。二十九岁在曹溪参礼六祖后弃家为僧，赴庐山依道独参究，为第二法嗣。随道独回岭南弘法，首驻罗浮山华首台，充都寺，与法兄首座函昰并称"华首二驹"。筑室于广州城东黄花塘，创不是庵（又称黄华寺）。清顺治二年（1645）以请藏经为由至金陵（今南京），适遇清兵渡江，遂纪所见所闻为私史，名《再变记》。出城南返时被执，械送京师，坐戍辽阳千山。在东北弘扬法教十二载，被奉为关外佛教洞宗开山鼻祖。又与遗老流民创冰天诗社，推动了文学活动在东北的展开。顺治十七年（1660）坐化于沈阳金塔寺，世寿四十九，僧腊二十九。有《千山诗集》行世，《剩人语录》入《嘉兴藏》。

今释闻今无欲出关访函可，有"行不得哥哥"书与之。

曾于天外寄空音，忽听连啼烟水深。碛雪果然行不得，瓶窑辜负十年心。（函可《阿字破袋中见澹归书有行不得哥哥语戏成》，见《千山诗集》卷一六）

秋，今无自江西庐山栖贤寺北行。

又明年丙申余出塞，一杖万里，忆与顿修有同学之欢，历艰难，共甘苦，恐行死沙漠，而卒不一面，过京口，枉道入毘陵，抵姑孰得之，十日不忍行。（今无《送顿修监寺栖贤序》，见《光宣台集》卷六）

某丙申、丁酉间寻剩和尚于塞外，一气所激，九死为轻，冰炉雪夜，共对寒庐，或长啸高歌，或流涕覆面，事多嚼毡，情将化石，每于此时言及，居士未尝不发之言咏，和尚言自白门难起，以竹杖一枝分送居士，以为永诀，欲赖居士以传平生，此许分投契之谊至深、至切也。（今无《与王子京》，见《光宣台集》卷九）

予丙申出关，奉世尊像及乌丝小字金书梵夹布囊，顶戴四威仪中，靡有或遗。（今无《题释迦白描轴》，见《光宣台集》卷一〇）

客行当绝域，楼望倍伤秋。地坼三吴势，江分九派流。故山浮自远，近泪落难收。惭愧兼葭色，闲闲映白鸥。（今无《登九江锁江楼》，见《光宣台集》卷一七）

世上中秋节，征人万里情。可怜一夜月，尽向客途明。樯入山东影，江流辽海声。蓬头深默坐，细碎问平生。（今无《中秋泊济宁》，见《光宣台集》卷一七）

今释此后作品，多次盛赞今无北访千山之举。

从其师居栖贤，策影孤征走关外，访千山和尚，一衲涉冰，冻且馁于三汊河，赖有救者，始得达。还南泛海，舟胶于冰，潮不至长年，与估客皆大恐，公持观世音名号。夜大水涌丈余，乘风行，暗中复为冰凌所夹，舟几碎，乃如穿梭，一跃而过，回视同行诸舶，已没矣。（今释《海幢阿字无和尚寿序（代）》，见《徧行堂集》卷四）

甫成童，给侍吾师天然老人，稍承指点，便契本心。孤身一钵走万里，访剩和尚于千山，复泛海，揽五指之胜，发为诗文，气格峻壮，波澜老成。（今释《募建海幢寺疏》，见《徧行堂集》卷九）

老人宝之即久，以授阿字无兄。无亦奇士，童年参侍，得慧解脱，其访千山剩人和尚于沈阳，闯关而出，凌海而归，险绝之中，圆明不失。（今释《题陈全人画佛》，见《徧行堂集》卷一六）

千山和尚以弘法婴难，阐化沈阳，阿字符座一緉芒鞋，衔栖贤老人命，孤探于雪窖冰天，皆法门豪侠，可喜可愕事也。（今释《书千山和尚诗后》，见《徧行堂集》卷一七）

北访千山是今无与今释关系的重要转折点。此前二人于顺治九年（1652）相识于雷峰，顺治十二年（1655）同侍道独、函昰自万年至南康还庐山，在旅途中逐渐熟悉起来。但直到今无不畏艰险孤身北访函可，今无在今释心中的形象才陡然高大起来。今释年长今无19岁，又曾为崇祯进士、永历重臣，在士林声望甚隆；相比之下，今无只是一个刚习诗书佛典的年轻人。但当今释得知今无要出关探访函可，对其豪侠之气大为感动，乃书"行不得也哥哥"寄之，俨然视其为义士。后来二人交情日厚，于此埋下伏笔。

今释代函昰奉道独入岭，寓锡东官。

东官之芥庵，创自比丘自逢我公、优婆塞张梦回醒公，以为雷峰和尚法筵也。事甫经始，雷峰去之栖贤，适长庆老人还自博山，栖贤命其弟子侍行曰："汝曹代吾奉老人入岭也。迩者世信轻鲜，法道泛滥，远城市而就山林，老人之志，吾之志也。雷峰也，芥庵也，老人之雷峰、芥庵也。"（今释《芥庵劝缘引》，见《徧行堂集》卷一〇）

予于顺治丙、丁间寓锡东官。（今释《查母陈太安人传》，见《徧行堂集》卷六）

清顺治十六年己亥（1659）　　今释46岁；今无27岁

夏四月，今释呕血。五月，复还戢庵。

己亥夏四月呕血，五月复还戢庵。（今释《四书义自叙》，见《徧行堂集》卷七）

今无返岭。

逮戊戌返岭，今无以明年自玉门趋归，壬、癸之岁，日与石鉴诸弟请益惟识，谓本《楞伽指冥》。（今无《楞伽心印跋》，见《光宣台集》卷一〇）

是年二人同处岭南而无缘相见。

清顺治十八年辛丑（1661）　　今释48岁；今无29岁

春，今无游琼州。

余辛丑三月二十六日航海入琼州，住长生庵，至七月六日移居白衣，诸善信于竹林空处为构茅一椽，盖住长生时即畏刀兵之苦，复为僧徒构难，几有负金之变，觉后始移茅下，漫赋，共成五章。（今无《白衣庵新居》自序，见《光宣台集》卷一八）

予顺治辛丑游琼南，览其胜概，愧不能为山川增重，得交伯子，伯子之足以增重山川。（今无《王伯子琼南山水图跋》，见《光宣台集》卷一〇）

十月，山主李充茂以仁化丹霞山献于今释。

故虔抚孝源李公辟地于此，辛丑十月，令弟鉴湖君来穗城以施余，严事三宝。（今释《丹霞营建图略记》，见《徧行堂集》卷一一）

别故乡二十五年，顷卜丹霞一坐具地，老作岭南人，久于戚里疏阔矣。敝山主李鉴湖书至，始知古穰福曜近出吾乡，又从孝山使君悉高怀雅尚，倾仰弥深，所恨无由缩地，一聆声咳耳。丹霞山水奇秀，得鉴老舍山、孝老护法，遂成绝构。（今释《与黄邓州暗如》，见《徧行堂集》卷二七）

十三年前与君别，多少披离得相见。白眼悠悠不索怜，青山黯黯徒生羡。空隐老人坐海幢，海螺岩畔思回翔。乞山酬偈一错愕，左文右武皆荒唐。今朝真见吾山主，未曾下口心先与。果然一诺重千金，回首红尘在何许。当年文定初寻山，一条柳楪穿秋烟。深林峭壁无不到，飞猿堕鸟同盘旋。蓦见丹霞双抚掌，虎潜豹伏龙归渊。君为贤昆勤卜筑，尺椽片石囊俱覆。依高俯下出岩峝，竹暗松明藏板屋。此山斗绝十里余，蟠江拔地方邻虚。一夫当险不可上，古今治乱无乘除。结构才终又归去，挈篆为勒摩崖字。分付天龙谨护持，木客山魈休窃据。清浪军汉时出家，芒鞋踏破天之涯。金轮峰上才然顶，杨子江心罢试茶。贯清堂捧栖贤令，脚挂风筝难自定。万年持钵了残经，梅岭扶筇发归兴。粥饭参苓且信缘，山林城市长奔命。雷峰无客助新工，宝水有人修旧恨。旃檀荆棘各丛林，珠玉泥沙同破甑。世上薪抽世外炉，霜朝面改花朝镜。自惭薄德暗低头，毕竟由人不自由。何时一曲埋孤影，双眼看云万事休。不谓此山落吾手，恰好全身藏北斗。四岭天王忽现形，一林师子俱开口。蒲团坐地百花新，琉璃照夜孤峰走。独磬萧然散白云，五刑枉煞悲黄狗。狂歌为拜主人翁，片片烟霞手自封。敢信入郦犹有事，从来挂角更无踪。他年欢喜思今日，峰顶月华连海碧。同侪笑指翠苔文，一寸孤心千里结。弟兄不负二难名，宾主须留三到迹。论功若叙魏无知，大书莫漏汪罇石。（今释《喜得丹霞山赋赠李鉴湖山主》，见《徧行堂集》卷三一）

舍山主与住山宾，来去曾无第二人。十载长怀愁又结，三年重到约须申。烟霞老带多生癖，霜雪深埋一点春。为拂从前高卧石，莫教瓢笠误风尘。（今释《送李鉴湖还邓州》，见《徧行堂集》卷三五）

【按】李永茂，字孝源。河南南阳邓州人。明天启五年（1625）（一说明崇祯十年（1637）进士。弘光立，以佥都御史巡抚南赣汀州。隆武中，以母丧解官，侨寓岭南。永历中，拜文渊阁大学士、吏部尚书。后拜表乞返苦次，入仁化山中，郁郁以疾卒（一说卒于苍梧）。

【按】李充茂，字鉴湖，号泛生。河南南阳邓州人。与兄永茂并为丹霞山山主。生于明万历四十年（1612）。生而倜傥，好读书而不务章句，年十八补弟子员。曾结客讲武,御寇于中原。弘光改元,预选贡,授推官,未赴调,从兄大学士李永茂抚虔,侍亲就医于广东南雄。清顺治元年(1644)冬,与兄在韶州仁化县以百缗金买山卜隐,并定山名为"丹霞"。顺治六年(1649)在南明永历朝中"以堵督师胤锡荐,授祠曹",与今释为同僚。乱定后与今释相约,舍山为寺,之后扶榇北归。后南归隐居丹霞,礼函昰剃染,法名今地(一作今池),字一超,复诣庐山栖贤受菩萨戒。示寂于丹霞山篆竹岩。

初冬,今无自琼州还穗。

辛丑初冬,予归自琼州,闻足两以九月请藏入嘉兴,复还栖贤,得留别诗札,喜恙新愈,赋答。(今无《寄答足两》自序,见《光宣台集》卷二〇)

清康熙元年壬寅(1662)　　今释49岁;今无30岁

今无分座,领众海幢。

壬寅予领众海幢,澹归方开山丹霞。(今无《徧行堂文集序》,见《光宣台集》卷七)

予以壬寅首众海幢,四事荒弛,岁增月补,阅四年而大雄殿成。(今无《筑堤诗》,见《光宣台集》卷一八)

丘象升过访海幢,与今无、今释等夜话赋诗。

嶢嶷岗埠精庐隐,百雉斜临高幡引。入树蝉声尽日长,流涎衲子香炉冷。憾盖华轩藻寺门,鸟寘倒履迎旗隼。白傅裴休俊玉容,烟霞洒落生心腔。青云自合腾圭璧,禅机旋转光玲珑。柱杖芭蕉非我与,金山玉带解诸公。琢成楮叶杂春芽,绝肖何必青莲花。老僧瞢瞪不得语,自然白石成丹砂。五马催呼归兴失,三门移睇浮云黑。零陵山石自纷飞,金波昨夜先离毕。咫尺烟涛上下翻,鼍鼉吐电蛟龙泣。憍尸迦主献瞿昙,阿修罗殿满剑戟。隐几更坐成欢笑,本来面目一时得。血红鲤眼寒光闪,海飙几阵连天卷。不劳石汁铸琉璃,平地贝阙生光辉。缩脚抠衣不及语,双门乍启真珠飞。秉烛高谈幽思动,含毫扫纸抒冰姿。冰姿自带潆洄色,万顷沧溟归一滴。芥子空穴驻须弥,笔端三昧通禅力。痴憨犹不许旁观,木枕才醒东既白。津吏频呼渡头船,芳尘杂沓凌朝烟。心赏窃蔼不可期,廊庙山林齐置之。分襟熊轼拥前驱,始知贵贱忘多时。(今无《丘太史曙戒过访海幢将归风雨大作留同王震生程周量梁兰友梁芝五澹归夜话分赋》,见《光宣台集》卷一五)

野人未得留宾住,云暗珠川天欲暮。鞭霆喝水起狞龙,一笑惊看不成去。分手依然坐寺门,山头海口疑相吞。白波上掠丹霞台,黑影下没花田村。不睹猛风吹一叶,独留聩耳埋诸根。暂得休心且如此,百草头低三尺水。呼僮举烛共栽诗,倏忽无言混沌死。世间事少常不闲,残更谨护三重关。别许才人解廓落,眉开秋月分春山。飞泉万斛竞涌出,倒插布水穿高天。白马翩翩捧药师,波涛滴尽瓶中间。便教陆地成瀚海,攒毫一吸悲焦原。曼殊鹙子佛所怜,世智大智非两边。诸公莫焚绮语砚,墨池滉漾浮青莲。我不成吟忽成睡,梦中却见天吴醉。电雨云雷各论功,笑煞金刚如土块。昆阳旗帜浊沟飘,武安屋瓦锋车碎。汗透毘岚鼓逆风,力为今宵成此会。此会今宵成亦难,君不见鸡鸣车马催前队。客不长来主不留,相思特地生惭愧。(今释《丘曙戒太史过访海幢,将归,风雨大作,同程周量中翰王震生梁芝五孝廉梁兰友文学阿首座夜话,各赋七言古诗》,见《徧行堂集》卷三一)

　　阿公昨日一苇至,语我山中近时事。池荷花满澹师来,好向山中采莲子。我别海幢四十日,澹师契阔情非一。见语能令逸兴飞,看山便刺渔舠出。渔舠过海海不热,入门便觉荷香发。澹师执手竟无言,但向青天指明月。(程可则《同丘曙戒王震生梁药亭过海幢寺,访阿字澹归二师》,见《海日堂诗集》卷二)

【按】邱象升,字曙戒,号南斋。江南山阳人。清顺治十二年(1655)进士。顺治十七年(1660)调琼府通判。官至大理寺左寺副,平反大狱颇多。

【按】今释之诗次于《喜得丹霞山赋赠李鉴湖山主》之后、《旋庵湛公生辰歌》之前。李氏舍山为顺治十八年(1661)十月事,又《旋庵湛公生辰歌》有"七月十七五十一"之句,当为康熙元年(1662)七月旋庵今湛五十一岁生日所作,且今释顺治十八年才与丘象升相识,故其《丘曙戒太史过访海幢将归风雨大作同程周量中翰王震生梁芝五孝廉梁兰友文学阿首座夜话各赋七言古诗》一诗当作于顺治十八年十月到次年七月间。此外,今释诗题称今无为"阿首座",今无顺治十八年初冬返穗,次年方领众海幢,故是诗当为康熙元年作。又因康熙元年正月今释已在端州,预入丹霞山营建别传寺,故排此事于康熙元年正月。

　　余以壬寅正月别公言于端州,即入丹霞,有诗寄别:"我已入山公请告,几回低首念劳人。"今公跋涉长途,余亦往来持钵,彼此触热,尚须劳人相念,那得更念劳人?(今释《遇侯公言总戎于梅关口占为别》跋,见《徧行堂集》卷四〇)

　　三月,今释入丹霞。

　　澹归释和尚:康熙甲寅年三月初一日主院,戊午年四月十二日退院。(陈世英《丹霞山志》卷三)

【按】香港何耀光至乐楼藏有今释书诗卷《壬寅春三月二十有四日入丹霞志喜》,

与《丹霞山志》所载主院时间有抵牾。

四月，今无为于荫相复举海幢寺放生社，作《复海幢放生社序》，今释为作《海幢寺放生碑记》。

江宁于子密转，名荫相，法名今轮，戊戌岁见吾先师翁空老和尚，皈依执弟子礼。嗣是忱信三宝，为善无虚日，奉不杀戒尤谨，其仁爱天性然也，师翁尝称善之。海幢自戊戌后云水辐辏，谈宗乘外，立放生社，于子实董其事。社集至三百有奇，藉是得月两日围绕椎拂下，无论知与不知，所谓一历耳根，便为道种，岂不盛哉！盖我如来大师之教，悲百姓日用，茫乎其所以生，茫乎其所以死。《楞严》云："识精元明，能生诸缘，缘所遗者，由诸众生，遗此本明，虽终日行，而不自觉，枉入诸趣。"古今善知识不能即使人不茫然于生死，而能就人好生恶死之心，以动其天地万物一体之故。因情达性，由悲起智，逆而用之，久而后憬然悟也。迨庚子冬（1660）冬，诸公以事散去，于子明年秋贾行西粤，师翁复以此时见背，社由是废。今年三月雷峰老人出主此，于子礼觐之余，请间为予言曰："荫相之行役西粤也，归舟至浔阳、贵县大吉水，滩石险恶，舟为石所破，幸得不死，至今犹怦怦然。"当是时，两厓陡绝，水汹石怒，急不得泊。板既破，水入如箭，篙师数辈庠不停手，不可敌，意即死。顷，水骤止，复得行里许，泊沙中，理而视之，一鱼当其缺。出之，水涌如故，岂非鱼大有造于荫相，荫相岂敢亡凤昔？请复社。予曰："《诗》云：'恺弟君子，求福不回。'又曰：'自求多福。'子以平昔之诚，获报施之速，即是可以劝天下后世。昔钱塘寿禅师本北郭税务专知官，遇禽鱼，辄赎放，以是破家，至支官钱为放生用。事发，做盗官物主死，将赴市。吴越钱王使人视之，若悲惧如常人，即杀之；否，则舍之。禅师无异色，遂舍之，得法服。夫人处生死际，非必有所蕴而后能不为之动。寿禅师当时尚俗人耳，好生一念，实出天性，以此获罪，即以此得免。人患无天耳，世出世间，何不可为？东坡居士尝赞其事曰：'出生死法，得向死地上走一遭，抵三十年修行。'今于子日闻予海幢两世之教，又得向死地走一遭，予当有厚望于于子。谢康乐云：'生天定在灵运前，成佛定在灵运后。'讥植人天福者之偏有所造也。"因并诵之，以告后之入社。壬寅四月二十四日。（今无《复海幢放生社序》，见《光宣台集》卷五）

海幢之有放生社，在先华首说法时，优婆塞于密转今轮，其上首也，华首示寂，社亦中止。密转于浔江，值恶风浪，舟坏水涌，庠之益甚，众惧，谓必死；未几，水不复涌，未几得减，未几得干，乃得及岸。理舟，见鱼长尺有咫，塞舟裂处，修短广狭皆恰相称。密转自念：吾昔以放生施，彼今以舍生报；彼今以舍生报，吾终以放生酬。岂非因果历然、相续不断者。既归，白于海幢阿字座元，复举放生社。座元道眼圆明，悲心普润，凡缁白之领其德味，如饮甘露，如值流水，众情奔洽。时则山阴徐公显吾、南海霍公殿斧及优婆塞程善利古得、霍恒远古，始以为举。放生，福德之尤大者，举而不可久与不举同。人以事不至，财以事不至。已发心不至，则未发心者无因；新发心不至，则久发心者无力。四方之士来则举，去则废，生则举，死则废，皆不可以久。今使人各出赀为放生母，而权其子以行之，则已发心、未发心、新发心、久发心者，去来生死，本无常住，而放生福德与此道场同一常住，永永无极也。众佥曰善。计得诸上善人若干，勒石以纪。呜呼！放生有功，杀生有罪，施财有功，盗财有罪。后之执事海幢者，误用此财，失举此社，败他放生之功，成己杀生之罪，一日不举为一日杀生，从此一日以尽未来，岁月无尽，杀业无尽，恶报无尽，可不惧哉！可不慎哉！
(今释《海幢寺放生碑记》，见《徧行堂集》卷一一)

【按】于荫相，字密转。江宁人。清顺治十五年（1658）见道独，皈依执弟子礼，法名今轮。

九月，今无病中作《复澹归大师》。今释前信谈及营建别传寺之艰难，今无得知，劝今释爱惜身体，并以函呈及海幢事告之。今无此时正为海幢寺操劳，又因今释所云开垦田地、修治屋舍事，忆及顺治十一年（1654）随函呈移居栖贤时荷锄披荆诛茅之辛苦，不觉有惺惺相惜之感。

人归，知支持不易，身先大众，不少爱惜。某已疲于趋事，闻之不觉热面汗背也。然窃以为年近半百，加以善病，且百事丛脞，不应区区以饮食动止为劳，未知以为然否？老人自佛母仙世，觅地造塔，至今尚在雷峰。见一代目无理院事已五十日矣，然穷不减往日。海幢穷殆不瘳，所幸者几个老兄弟朝夕相对，任其缘之所之而已，以此皆不敢过望。石鉴屡有信至，七月初四已抵阊门，钱牧老无恙，八月末可同藏经归，云姜山得入玉渊，渺然忘世。来书云：入门田地开垦，房舍修治，何处更觅桃源也？想栖贤光景，亦自依然耳。迩日病甚，力疾书此，容续报。九月廿八某复上。（今无《复澹归大师》，见《光宣台集》卷九）

康熙元年（1662）是今无与今释相交的重要节点。是年今无领众海幢，今释开山丹霞，此后法兄弟二人两地经营，深知彼此之艰难辛苦，相互扶助，交情愈笃。

壬寅予领众海幢，澹归方开山丹霞，自此已往，营道抗志，绸缪迹密，凉暖频移，靡或有间。（今无《徧行堂文集序》，见《光宣台集》卷七）

叹离情一往一重来，可以海门潮。已千秋期许，十年建立，两地忧劳。又道如形伴影，彼此不容招。底事扁舟上，回首迢迢。　待向梅关北去，倩宾鸿寄语，云阔天高。想闻声欲下，转眼失鹡鸰。更有时、连床续梦，怕冰霜折断岁寒梢。晨钟起、添些风雨，相助萧萧。（今释《八声甘州·留别阿字无兄》，见《徧行堂集》卷四三）

初粤僧惟空隐一派为盛，空隐传天然，天然传阿字、澹归。阿字开海幢，澹归开丹霞。[《（光绪）广州府志》卷一四一]

清康熙二年癸卯（1663）　　今释50岁；今无31岁

今释来海幢，观函可诗作，作《书千山和尚诗后》，盛称函可与今无。及冬方还丹霞。

千山和尚以弘法婴难，阐化沈阳，阿字座元一緉芒鞋，衔栖贤老人命，孤探于雪窖冰天，皆法门豪侠可喜可愕事也。其一时离合，情见于诗，犹有"生入玉关"之感，岂非师友弟兄道交天合，深留世外，不可说断灭相耶？诸大士内秘外现，出没生死海中，正是有情痴，特用处不同耳。癸卯夏至，观于海幢精舍。（今释《书千山和尚诗后》，见《徧行堂集》卷一七）

忆癸卯冬，余驻锡海幢，辱筠庵侯公过存，因论四果圣地差别，及"阿那含名为不来而实无不来"义。（今释《金刚大士说为侯筠庵文宗初度》，见《徧行堂集》卷一）

时康熙癸卯冬，曙戒将还朝，余将还丹霞，书此为别。（今释《大雅说为丘曙戒别驾赠别》，见《徧行堂集》卷二）

癸卯邂逅公谋于仙城，时阿字座元谓余曰："此居士能诗清绝，盖寓迹于计然范蠡之间者。"余心识之。（今释《轻云近集小叙》，见《徧行堂集》卷七）

癸卯十月十三日，玉牕居士过海幢为题。（今释《书鹅群帖后》，见《徧行堂集》卷一七）

癸卯腊八，予将还丹霞，若海大士扁舟破风浪来海幢，出净檀，嘱为造观世音菩萨像。（今释《书观世音韦驮二菩萨安座文后与江若海》，见《偏行堂集》卷一七）

清康熙四年乙巳（1665）　　今释 52 岁；今无 33 岁
是年朝廷有汰僧之议。

又忆乙巳时，方住海幢三载，百务未备，廷议汰僧，而解虎行乞归，吐数斗血，戍削颓落，无有生理。予又以创建疮起，胸当白刃，情怜永诀，转瞬之间，难保殒坠。（今无《监院解虎六十又一寿序》，见《光宣台集》卷五）

今无得寒热病。

乙巳后安居。前五日予得寒热病，肢体异楚，展转床褥数日，夕梦三水王明府送观音大士一轴，至捧视，五色绚丽。予曰："此顾绣也。"为之忻然，病亦差减。（今无《观音菩萨赞（应机禅人请）并序》，见《光宣台集》卷一一）

今释有《与黄端四内史》札，请其照拂海幢。

别谕时事纷更，中怀素定，谅不因此众例而遽弛初念。至哉斯言，深叶鄙意。前承季老传谕云：不管沙汰与不沙汰，我辈做事依旧到底。弟曾语季老：我辈此中，各有沙汰不到处，盖甚倾倒于至论也。比见有人云：和尚却要还俗，还说什么修造，还说什么接众！甚至假牌跳骗，逼勒僧尼，闻之气结。亦有因此愤愤，即思还俗者。皆当奉吾兄此语为座右之铭耳。姚广孝之姊云：曾见做和尚不了的，是甚好人！今朝廷驱人为不好人，亦安能禁人之自为好人？此中沙汰不到处，佛眼尚不能觑，而岂总督与礼部一疏一覆之所能驱除耶？此等说话，不堪与流俗人道，因大教之及，为我拨闷，不觉发泄数言也。弟行矣，山头荒僻，犹可护持几个修行人。此际留佛种子、行菩萨道，比之平常时，愿力福德尤倍。弟当为众到底，吾兄护法到底，使风雨晦冥中，吾两人光明遍照，此十方如来所共弹指加被者也。此间海幢首座尤在孤危之地，想密为照拂，不俟弟言。凭桡瞻望，惟有黯结。（今释《与黄端四内史》，见《偏行堂集》卷二五）

【按】黄蔚，字端四。江南金陵（南京）人。平南王府幕僚，任掌记，曾在平海变、迁海诸役中暗中救民。为丹霞檀越，曾募建别传寺禅堂。

九月十四日，今无送今释还丹霞，至三水而别。今释一路北行，得诗九首。今无还海幢，过两日，自海幢解众，上丹霞，途中亦得十章，相见时各出所作，彼此属和。

乙巳九月十四，予送澹归还丹霞，至三水而别。澹归一路北行，得诗九首。予还海幢，迟二日，随以近事牵连，复上丹霞，途中亦得十章，相见时各出所作，彼此属和，路分上下，事同怀抱，归涂次之，亦足以见埙篪之响也。

鸡鸣又逐下山风，星落云重路尚蒙。未出朝暾烟在水，即归华表鹤离空。人间寒热一身里，大地悲凉百岁中。世去时移看若此，力穷心拙道还穷。

即使重裘也觉寒，推蓬枕畔见层峦。去憎乱石堆高岸，归爱轻帆吼夜湍。无数云霞迁笑傲，几多鸥鸟自蹒跚。近怀不是重重恶，一月那伤行路难。

十载龙堆泣大霜，至今无计避行藏。鲸归碧海事还有，僧老青山信又荒。对我崎岖看怪石，愁人曲折是鸣螀。吟魂搅彻浑难寐，百梦无如此梦长。

一处心肝几处悬，常啼纵死却关天。欲明是玉难为脚，不去挑柴也负肩。火入巨溟终竭海，丝连危石莫沉渊。洪蒙万古无人判，骨似轻埃不用怜。

世机倾动似轻梭，何处堪容赞与诃。掘地若能寻上古，补天方信有神娲。猿啼暮岭魂难醒，浪打高岩石易磨。且系孤舟依峡宿，静看寒月照悬萝。

摩酰品字一齐开，失路原因得路埋。长见秋风吹鹢首，管收和泪泣驴胎。金轮负铁终成塔，玉露侵人不上台。君已白头吾渐老，三夫市虎谤还来。

乞食难逢宇宙清，菊花无计觅残英。正当好境有猿啸，未必愁人尽水声。雨暗忆过三老圳，夜深还下五婆城。独持此意知多少，千尺云峰插石屏。

长吟曲岸送归舟，片叶投江影自浮。水落新痕依独鹤，日斜枯木过鸣鸠。心田有路寻难见，鬓雪无声独暗流。纵使云擎石狮子，错令人笑强抬头。

远沙常白树常蓝，细碎平生有独惭。且尽悲欢成钝鸟，先欣师友得名岩。海螺岩群峰高处，俯视海天，予见而乐之，与澹归谋先构静宇奉雷峰老人。木蛇宛转无长短，宝镜明蒙隔圣凡。食蔗流年宜渐好，肯呵冻手擘霜柑。(今无《和澹归韵九首》，见《光宣台集》卷二一)

及此重相见，行藏岂自谋。到山疑去住，掷水怕沉浮。万壑存孤影，全潮失一沤。野人无所恋，长啸对虚舟。

曲折为谁吐，烦劳只一肩。更无浮海约，亦借泛湖船。穴黑狐狸外，枝寒鹊鹊边。城隅兼堑角，值甚饱乌鸢。

抛缆过高树，联舟宿浅沙。师来无几杖，我请乏香花。倾倒添残烛，肥甘足嫩茄。可怜脱略意，真个是山家。

不藉当涂爱，宁知择胜功。风轻五色雀，云暖万年松。山色遥相引，溪声静有容。吾师雄顾盼，直上最高峰。

袍袖俱沾草，颠毛总映霜。雪天消木佛，死垄薄生王。建国争蜗阈，编年过电长。吾侪有何恨，独立见兴亡。

千峰犹障眼，一曲敢谋身。苦节非孤傲，柔情是隐沦。渔翁虽在晋，溪水不逃秦。我亦湖山客，何尝别有邻。

白足凌危磴，天风吹海螺。燕居宜在此，登座定如何。花落枯岩润，云兴活水多。法王垂手罢，吾意在烟波。

伎俩凭山鬼，盲聋任老僧。哀怜缠弱草，惭愧立轻冰。此后惟孤掌，从今只服膺。下方如仰睇，依旧碧崚嶒。

更莫为云去，真难自卷舒。轻风初裂网，薄雨剩随车。竭力吾从众，长才老不如。岩中犹有主，深照一灯余。

水落石犹怒，云归风不知。扫除应待命，担荷莫成痴。栩栩庄生梦，班班猛虎词。两山轻重异，一样付悬丝。

不得无离恨，香林顾复深。几年同建立，何日更登临。老母城东指，常啼市上心。海幢波浪阔，回首一长吟。

各有牵愁地，波旬且桀骜。射工曾有弩，王库本无刀。竖扫穷三世，安危信二毛。眼前奚足问，秋露托蓬蒿。

六尺茶条硬，乾坤一手担。剑眉才剔竖，墨瀋便沉酣。到岸泥沾袜，归舟虱满衫。此行那得似，蓟北又琼南。

今夜韶州月，中宵不敢明。经过当仄径，关切尚悬旌。急难怀兄弟，如初念友生。茫茫烟雨内，不见古人情。(今释《乙巳九月十四日，阿首座与予别于胥口，时法门多故，予复抱病还山，诸护法深加悯念，属师躬致曲折，乃擎扁舟追予于英州，不及，遂入丹霞，成两日夕登临晤语之乐，失便宜得便宜，非出家人未易受用也，师垂示五言近体十

首，顷在韶阳归舟，重忆此境，追酬雅什，不限韵数，各纪一时》，见《徧行堂集》卷三三）

叹，何叹也？康熙四年秋有汰僧之议，予自海幢解众，后上丹霞，江中孤桨，望九成之高峻，想南华之祖席，感而成声。（今无《相江叹》，见《光宣台集》卷一八）

【按】此年今无曾作书上函昰，云若不得已，将退还雷锋，并遣大牛、海发二僧俱还雷峰。今无《相江叹》云"予自海幢解众"，颇疑其因沙汰事暂时遣散海幢诸僧至博山系华首台—海云派其他寺院。

时事如浮云苍狗，旦夕变更。悬仰慈座，不胜神驰。东官外县，可无喧扰。今无领众来，时以业重，为门墙忝，中夜誓志，事未从心。今又遇此境，谨株守不动，倘大决裂，始退还雷峰，乃作良图。和尚勿过虑，已后不必遣僧，途次大艰，非所慰也。大牛、海发俱还雷峰，诸事足可无虞。见一、记汝诸人尚未回，亦要自不远耳。（今无《上本师和尚》，见《光宣台集》卷九）

今无见海螺岩地势高峻，与今释开玩笑，谓函昰不能独自上下海螺岩，故当于此为函昰建精舍，则"此后和尚不得骂我们，骂了便不与和尚下来"，详见"康熙六年"条。

海螺岩群峰高处，俯视海天，予见而乐之，与澹归谋先构静宇奉雷峰老人。（今无《和澹归韵九首》自注，见《光宣台集》卷二一）

清康熙五年丙午（1666）　　今释53岁；今无34岁

九月七日，今无、今释与刘炳夜谈，今释将刘炳、今无与自己分别比作大帅、泗上亭长和世家公子。

丙午九月七日，焕之、阿字、澹归共谈，自巳刻至漏下二鼓。澹归云：吾三人各有一喻。焕之如坐大帅府中，夜间巡逻，早上回风，不放些子走漏，乃至城门，锁钥谨慎，直到城外，坚壁清野，与铃阁里一般严密。阿字如泗上亭长，豁达大度，是韩信便封齐王，是英布便封淮南王，便有许多人裂地千里，他总不管，只是有一句说话，你若反得，我就杀得。澹归如世家公子，尽有家赀，一味跌宕，门户也不关闭，有时被偷儿掏摸了些东西去，却也偷他不穷。为之抚掌，各系以偈。

令传程卫尉，竟夜击刁斗。不睹不闻中，伸出一只手。

四海为一家，杀活尽由我。无人惹得渠，就地一团火。

前门方宴客，后门还着贼。指头蓦竖起，你急我不急。（今释《记

广居夜语》，见《徧行堂集》卷一五)

【按】刘炳，字焕之，号元诚子。安徽颍州人。生于明万历四十六年（1618）。少壮为将，投平南王麾下，从征粤，有战功。官总兵，镇连州。事平，侨居于粤，折节读书。与今释及今无过从甚密，为海幢、丹霞两山檀越。曾施田丹霞，并捐资助刻《徧行堂集》。

今无、今释与彭襄等相聚海幢，有诗。

丙午曾有此花，时知交同集，因归之退庵铨部，予与阿兄各有诗。(今释《海幢并头兰同诸子赋》自注，见《徧行堂集》卷三七)

【按】彭襄，字退庵，四川中江人。清顺治十二年（1655）进士。约于康熙五年（1666）至十年（1671）任番禺县令。十一年（1672）典试粤东。十六年（1677）以吏部郎中迁汝南道副使。

今无、今释曾与彭襄等赴东莞篁村寻梅。

东郊寻得最高枝，车骑宾朋盛此时。雪岭烟深迷玉蝶，海门涛壮入金卮。寒香到地平川阔，霁色光回大壑移。赏洽袁公阑我入，十年心事对幽期（十年前曾游）。(今无《彭退庵明府，汪汉翀水部招同杨司李莲峰，黄都闻君甫，李副戎禹门，张茂才雏隐王孝廉震生及澹归探梅篁村》，见《光宣台集》卷二一)

扁舟一夕趁潮行，月漾龙溪梦亦清。冷露凝香分蕴藉，暖风浮玉动轻盈。使君有意先茶具，野老何知殿墨卿。遥语散花天莫散，乱抛晴雪下仙城。(今释《退庵，汉翀招同杨莲峰司李，黄君甫都闻，李禹门参戎，王震生孝廉，海幢阿字首座探梅龙溪》，见《徧行堂集》卷三七)

赏梅过后，今无与今释又夜泊龙溪月下，与乐说今辩等僧人分赋作诗，今无得"天"字，今释得"人"字。

尚有余香袭晚天，大江明月泊归船。望穷空际疑霜隐，坐起寒潮见鹤眠。星斗到襟浮不稳，云山老我未孤骞。陆沉无限情难遣，只在相看两鬓边。(今无《篁村探梅后月夜泊舟龙溪江口同澹归乐说觉熏乘消汝得纯铸分赋得天字》，见《光宣台集》卷二一)

犹见寒香罩眼新，更乘寒月卧江滨。胸中寥廓有如此，世上萧疏得几人。烟合远峰微似梦，潮分夜气迥无尘。何须添入横斜影，墨晕全开劫外春。(今释《探梅后，泊龙溪口，月下同阿字兄，乐说弟、乘消，觉熏、汝得、纯铸诸禅，分赋得人字》，见《徧行堂集》卷三七)

【按】今辩，字乐说。俗姓麦，名贞父。番禺人。幼有文名。十九岁赴雷峰参拜函昰，求为薙染。清顺治十七年（1660）受具。曾在庐山栖贤寺、丹霞山别传寺充直岁十余载。康熙七年（1668）在丹霞山受函昰大法，为第六法嗣、曹洞宗第三十五世。康熙十六年（1677）继今释主别传寺法席。函昰与今无示寂后，继主海云、海幢两山。曾为函昰撰《行状》，并将其在各刹的开示刻成《天然昰禅师语录》行世。康熙三十年（1691）奉华首台—海云一派三世高僧的经解语录至嘉兴楞严寺入藏。晚年应请主法福州长庆寺，康熙三十六年（1697）元月初八日在寺中示寂。著有《四会语录》《菩萨戒经注疏》。

  九月，海幢寺大雄宝殿上梁，今释为作上梁文。

  伏以仙城雄五岭，挟北极以南来；震旦耀千灯，屈西天而东注。爰自达磨布种，大鉴生花，莫不祖述祇林，宪章马迹。虽界道金绳，未牵八水；而夹行宝树，并接三根。雨彼福田，陟兹道岸。我此海幢法地，实惟宗席要津。脉连穗石，手垂阛阓之中，势隔珠江，身隐波涛之外。右云岫而左白鹅，前石门而后黄水。花田瘗粉，销沉钗钏三更；龙尾翻云，散落珠玑万斛。曩得僧缘，先驱精舍；未逢檀度，广辟琳宫。曹洞正宗，天然和尚。了博山之旧业，继华首之新条。吹毛利剑，梵魔未易当前；入海泥牛，龙天亦难推出。遂令阿字座元，现作人中师子。斫牌之势，共诩再来；啮镞之机，不消一句。三寸舌长，即穿唇而过鼻；双轮足驶，历塞北而琼南。偶然生铁心肝，簇起春风眉眼。弘开凤誓，妙阐徽猷。工倾忉利之天，座稳金刚之刹。藩府王公，亲在灵山受记；会城文武，遥从《梵网》传经。登高以呼，顺风而应。擐甲持筹，尽作四王斧钺；披图洒翰，皆成六欲珪璋。丙午九秋黑月二日，虹梁先举，宝柱徐升。润接金河，光标银汉。镜灯昭于日月，钟鼓震其雷霆。弄海珠于掌间，过风幡于睫上。务使瀛渤蛟龙，永尊窟宅；岂直檐楹燕雀，暂贺生成。为开从上门庭，莫惜将来堂构。美奂美轮，一齐着力；善颂善祷，更听扬言。

  儿郎伟，抛梁东，万顷晴霞放彩虹。报道金鳌初出海，三更白日上千峰。

  儿郎伟，抛梁西，月落珠江此岸迷。波浪揭天无片叶，就中一滴辨曹溪。

  儿郎伟，抛梁南，宝镜高悬万象含。寸缕篆烟销未尽，海天吹过百千帆。

  儿郎伟，抛梁北，长粳米白如珂雪。饱来无喜亦无嗔，有甚酥陀消不得。

  儿郎伟，抛梁上，香华十里千龙象。传声直透梵王天，石室盈筹休比量。

儿郎伟，抛梁下，放倒全身没缝罅。一时涌出罔明来，七佛祖师还害怕。

伏愿上梁之后，金莲出地，宝盖垂天。四事无亏，五乘有庆。荡开一路，透过三关。增崇福慧，由王府以及庶僚；除灭兵荒，自域内而兼方外。天无私覆，海不扬波。法轮转处，以奠金轮；帝道昌时，而圆佛道。凡助一木一石之欢喜，悉具无边无等之庄严。大众证明，万代瞻仰。（今释《海幢寺大雄宝殿上梁文》，见《徧行堂集》卷八）

今释还曾为海幢作《海幢寺募建大雄宝殿疏》。

南之有宗门，自华首老人续一线于久坠，再传为吾师天然和尚，三传为阿字大师，据座海幢，乘宿愿力，以妙严佛事，作将来眼，盖所谓法雷震地，慧日中天，独匠一心，齐致两足者也。比建大雄宝殿，壮丽广博，冠绝人间，自王公大人以逮清信士女，无不仰承付嘱，俯协经营至，于十方衲子，咸思竭股肱以佐心膂，持涓埃而益海岳，岂非"得道多助"自然之符验耶？夫众生福薄，难遇胜缘，天下不患无富贵之人，时有建立之地，而与道法常不相值，即其得失，邈若天渊。譬诸一种而有二田，置之石田则劣，置之良田则胜。今使塔庙遍寓内，而主之者非其类，能使栴檀化为荆棘，则外护于出手中，不容不出眼也。佛法之寄重在于僧，海幢之重以阿字大师，大师胜则田胜，而一切种子皆胜矣。食酥而得醍醐，啜茶而得蒙顶，品泉而得扬子江心水，弄石而得七十二峰积雪，炼金而得阎浮檀，索珠而得轮王髻中之宝，凡具眼者，惟恐攘臂之或迟，则诸檀越必有以慰吾化人。化人归而报大师，每一出手中无不出眼，眼各出一大师，大师与诸檀越同一眼，则予所相期于诸檀越，岂特不住相布施而已哉！（今释《海幢寺大雄宝殿上梁文》，见《徧行堂集》卷九）

今释还曾作《海幢寺乞米说》《海幢寺募建净业堂疏》《海幢寺下元解厄道场募疏》《募建海幢寺疏》等，见《徧行堂集》卷三、卷九。

清康熙六年丁未（1667）　　今释54岁；今无35岁

上年冬，函昰应今释之请，上丹霞山主别传寺法席。

是年春，今释侍函昰上海螺岩，谈及今无拟构精舍事。

阿字座元欲于此构精舍，以奉老人，予谓此散圣安禅之地，非法王所宜处。今当乞之为息肩计，不妨下个先手耳。（今释《和天然老人丹霞诗十首·登海螺岩》自注，见《徧行堂集》卷三五）

新正一过韶州，上元还山，节后稍一料理，便图顺流而下，与吾师相见不远矣。老人上海螺岩，肩舆直至御风亭而下，殊得意，以为首座笑我不能上，上了亦不能下，渠说"此后和尚不得骂我们，骂了便不与和尚下来"，如今老僧上得下得，却好尽着骂得也。呵呵！有丹霞十诗，令诸兄弟属和，至海幢，吾师亦免不得，并序数语付梓也。（今释《与海幢阿字无和尚》，见《徧行堂集》卷二一）

今释遣人送书信及财物与今无。今无于病中写信回复，告知今释近况，并劝其宽心自养，若丹霞营建事不顺利，可暂还海幢寺。此外，今无还打算遣人上丹霞山为今释送生日礼物。

某十六朝行矣。常住如洗，百事如猬。自盂兰后，此病又发。始则肚痛靡下，继而成痢，两月来尽变为血矣。服数剂或好，或不好，总之不关药事，但讲话过多，拈笔构思，则如一小刀置肠中。然今日之堕在此境界，过于堕在魔宫，求此病之好，只好入娘胎闭十个月关，乃得消除耳。丹霞既有此意外之遇，只须耐烦弟千万宽心自养，若缘事就手，莫径从三水归山，可暂还海幢。某想十一月半决可归，尚有种种欲言也，正要着人来。智筌到，慰极。又破费二金相送，何必？惠州盘费经营共得六十两，然尚不足，可笑之极，岂有如此怀金做贼者耶？老人书来，亦说苦于料理大众，日日带病，又心中一件事也。明日即着似石还上山，兼带生日礼。彭退庵昨日已长行，已一如来谕矣。阳江孙明府号道宣归端，欲索晤渠于丹霞布金，已有肯意，另一札作介，乃道老之意，先送之矣。韩天生施米三十石，嘱十月着人去取。某意不止索三十石，俟人去时乃露本意，渠于丹霞亦已面许，不知弟作何说以问之？谁庵、存西两公俱得晤。焕之切望之极，时时嘱讯。渠今年五十岁，彼时可致意。病不多及，俟到惠后，又作续报。（今无《复澹归大师》，见《光宣台集》卷九）

今释来广州，十二月方归丹霞。

丁未冬十二月，予归自仙城。（今释《丹霞施田碑记之二》，见《徧行堂集》卷一一）

今释因丹霞山钱粮匮乏而苦恼，今无为赋"在原"，刘炳得知此事，为丹霞布施田租。

昨岁丙午，天然老人入丹霞，公为请主助道粮。今年念衲僧麇集，复捐金，置常住田租五百六十四石八斗五升于扶溪，此其舍帖也。……予方旁皇于处陆，首座为之赋"在原"，公闻而悯之，遂行此施。（今释

《书元诚道人施田帖后》,见《徧行堂集》卷一七)

冬,今无凿渠作堤,作《筑堤诗》。今释作《筑堤诗和阿字兄韵(七首)》,今释曾于丹霞筑三堤,此诗即谈及其所筑护生堤。

予以壬寅首众海幢,四事荒弛,岁增月补,阅四年而大雄殿成。时提督将军常公、参府吴公为觅寺后田三十七亩,又明年冬,凿渠作堤,蜒蜿周遭几及二百丈,欲堤上栽竹,渠下插柳,池沼波澜,亭台蔽辉,徐而治之,城市山林,无难无妨,不独使王舍城边,蔚有青葱祇树也,因赋筑堤诗。

赁地开精舍,穿渠待竹林。了无香火念,只有水云心。锄起惊秋草,虫分隔路吟。莫言吾自限,用意此中深。

略似苏公意,无湖只有堤。水来拖素练,日落卧长霓。辨土寻龙脉,扶筇听鸟啼。对人挥汗罢,潇洒在鸡栖。

大块真劳我,高天亦限人。溪山千片石,城郭一朝春。锄过圯痕滑,堆平月色匀。古人还负担,吾敢厌嚣尘。

冬至移花候,春当插柳时。斫柴徐计颗,得米已堪炊。海色归新圃,风声聚乱枝。少年贫贱早,生计苦相思。

耕凿真无力,逢迎已入心。眼徒空处白,地是几时阴。梅即能飘雪,霞先漫落金。殷勤多自爱,肯受二毛侵。

锹子乾坤阔,阿师气宇低。无田开大义,有路作卑蹊。白拂穿林易,黄花照眼迷。旧时飞动意,寂寞向畬坭。

已分僧俗路,难爱浅深田。石破通山气,风吹入海烟。乞人移树色,借贷散工钱。抱膝吾还乐,艰难过六年。

蛟龙潜地骨,钟磬任天心。粥饭有缘聚,云山随处深。海波吹自昔,人迹在如今。亦是难由我,余生听陆沉。

平生期浪迹,岂意作开山。百短同衰鬓,千般只笑颜。棘林藏月碎,弓地聚云闲。抖擞辽东衲,何时着过关。

海幢基阯即予少年卖饼地也

饼卖当年地,禅栖此日心。长林飞翡翠,短褐接华簪。螮蝀惊弦落,龙蛇喷雾深。不须神拔树,吾种亦成阴。(今无《筑堤诗》,见《光宣台集》卷一八)

轮水通沟洫,编篱养树林。不追来者计,空抱古人心。力作分幽课,移时有独吟。他年苍翠外,只见殿云深。

白石如成饭,黄金便筑堤。衲僧无此事,侧耳听云霓。乞块从人破,寻花赚鸟啼。莫穿蓬藋过,怪我复栖栖。

负瓢初避客,植杖更逢人。此月幸无雨,鸠工莫到春。疾徐谋自审,苦乐梦谁匀。斟酌珠川水,难消万斛尘。

却笑三霜后,都无一寸田。竹抽深夜雨,柳散半村烟。槐芙行疏翠,荷筒迭小钱。沧桑元不定,且遣日为年。

独坐非无事,徐行不问时。见谁同夜话,何物免晨炊。白眼空三际,清风寄一枝。护生堤下水,摇曳动人思。予于丹霞筑三堤,其临江者为护生。

到水才通寺,成林又隔山。苦心开笑脸,白发上童颜。万象来如幻,孤云出未闲。不知谁好梦,镇日闭松关。

今日旃檀树,须教荆棘围。软轮终不到,深草即知归。未碍朝看槿,聊当夕掩扉。老饕将得火,乞汝笋初肥。(今释《筑堤诗和阿字兄韵(七首)》,见《偏行堂集》卷三三)

清康熙七年戊申(1668)　　今释55岁;今无36岁

元旦,今释在丹霞山受函昰大法,为第四法嗣。

予以戊申元日仰承本师昰老人大法。(今释《海云西堂仞千壁禅师塔铭有序》,见《偏行堂集》卷八)

十月十四日,函昰61岁生日,今无自广州至丹霞祝寿。

今岁十月吾师天老和尚六十又一览揆之辰,今无与诸山衲子忻舞雀跃,将趋座右,致人天祝。诸山衲子诚恳骨庆,舆情蹰蹰,且属今无为词以达。今无复之曰:"汝曹念圣世之遐躅,欣人天之标,致绿发,籍双足之垠,金躯濯九龙之水,辉古照今,顺性起用,固当尔尔。然老人湛圆深密,吹南溟之法雨,砻北山之霜镩,援溺砥柱,救偏补弊,运三身之明幢,敛四相之空寂,殆天之所以不赍洞上一线之传,北方童寿,西竺戒贤,岂计度思虑所能及耶?又动静之境不相到,譬之飡蜜挫糟,鼓颊而甜,中边运斤,而劳肘腕。识海智海,两皆无涯。而用是相测,讵理所有?且山龙黼黻,群象昭著,碧桃逗春,紫芝蚀月,一真靡存,十虚廓落。若微动圣智,则独露先乖;便尔沉潦,又那边未到。直使执天竺之金函,发先王之玉笈,雌黄迥远,颖理犹迷。才呈性境,则神龙缩项;更欲踏翻,而灵龟曳尾。此则今无二十年执侍巾杖,而终无以窥老人,汝曹又曷得而祝耶?老人日坐万峰,机停岁远,主持斯道,以寿天下,正且未艾,汝曹但志诚作礼,勤幡花伎乐之献,毋以祝嘏之词乱

空中五色。"诸衲子欢喜作礼,今无亦欢喜作礼。(今无《丹霞本师天然老和尚六十又一寿序》,见《光宣台集》卷六)

枯吟、慈修从丹霞奉函昰命至海幢,力促今无开法,今无不从。

丹霞禅客即双星,微雨春帆岸草青。推毂可知恩似海,扪心无那冷成冰。晴鸠唤树云犹墨,寒月惊弦魄未盈。向说此宗无语句,不教钟鼓动长汀。(今无《枯吟慈修两公从丹霞奉老人命至海幢强予开法却赠》,见《光宣台集》卷二〇)

黄昏清昼愿空违,此事那堪再辱之。忍住法中当法坏,久知人患是人师。狮王舌上狐涎溅,虎步蹄惊鸷足移。这座不容轻觊觎,执鞭惟有效驱驰。

南溟雷雨动蛟龙,时节天心有至公。只见出头凌佛祖,更无退席让英雄。微生究过毛难攫,宝镜羞人态未工。此意廿年消不尽,依依双眼白云中。

金鎞触处眼光差,若个人堪赖克家。遍地已无椎拂久,匝天空有水云赊。轻烟漾柳丝难驻,滑雨封坭路觉遐。珍重黄鹂深树里,逼人心事乱如麻。

当头正位绝跻攀,奴隶那能入此间。却似过鸿难寄树,恰如啸虎已忘山。多时拚定无容说,彻底承当只等闲。般若有锋司杀活,寒光先已夺痴顽。(今无《答丹霞诸兄四章时天老人以海幢主者之席见命遣侍僧走辞作此却寄》,见《光宣台集》卷二〇)

跋涉春山不易行,慈严咫尺碧云声。韵投百字天孙锦,气落千峰雁翅城。通札未曾三易席,无禅真愧此时名。肝肠君亦焚如火,话彻寒更见此情。(今无《枯吟以百韵见投答此短章》,见《光宣台集》卷二〇)

【按】枯吟,别传寺僧人,后赴福州长庆寺佐理院事。今释有《与枯吟》札,疑即为此时所作。

手札至,知吾兄已还山,极为喜慰。海幢风波稍定,然首座心血俱枯矣。承示若不出外历试艰难,则后生辈不能振作,此说甚善。然才到艰难,便成退息,反能误事,此非于菩萨道中真正发九远广大之心者,未易与言。(今释《与枯吟》,见《徧行堂集》卷二三)

春水且未动,送君当雨时。蛟龙应得此,舟楫欲无辞。万里流堪濯,千华润不知。相期三载外,灌顶肯嫌迟。

短袂能无念,长途春正寒。离人轻折柳,法将重登坛。烟雨浮青嶂,天风落紫澜。谁持消息返,为我问盐官。(今释《送枯吟往佐长

庆》，见《徧行堂集》卷三三）
【按】慈修，别传寺僧人。事迹不详。

今无开法海幢，今释有诗相贺，今无次韵酬答。

三春花雨动珠江，山上传钟集下方。此座久分多子塔，七年独竖妙音幢。紫云更覆香台外，白拂初交宝几旁。灌顶位中谁第一，喜逢作述赋重光。（今释《阿字座元开法海幢》，见《徧行堂集》卷三七）

穷愁无计对春江，肘后谁传不死方。欲尽半腔牛马血，未成千尺水云幢。但存佳句吟清夜，依旧孤行向路旁。若把瓣香烧出去，门庭从此恐无光。

元朝佳耗到相江，又喜杨岐有大方。澹归以元旦受法。八面俱来支铁管，十虚全落拥云幢。鹁鸪久共春原里，鸿雁空留大海旁。谁识此情如帝网，宝珠尤解摄寒光。（今无《天老人以予开法海幢见命澹归随投贺章次韵答之》，见《光宣台集》卷二〇）

【按】今释云"七年独竖妙音幢"，今无言"澹归以元旦受法"，今释康熙七年（1668）受大法，今无元年（1662）领众海幢，至此恰好七年，故系此事于康熙七年（1668）。

清康熙八年己酉（1669）　　今释56岁；今无37岁

上元日，今释作《题陈全人画佛》，赞今无为奇士。

陈解元全人作一佛二尊者，靖深肃穆，妙指发光，梵音震地，而摩竭正令无丝毫变易。全人岭海奇士，与吾师天然老人为生死交。老人宝之即久，以授阿字无兄。无亦奇士，童年参侍，得慧解脱，其访千山剩人和尚于沈阳，闯关而出，凌海而归，险绝之中，圆明不失。迨还雷峰，以授石鉴觋兄，又一奇士，日月荡胸，风霆落手，潜行密用，深得洞上不传之旨。其于无与老人，亦如饮光庆喜，今古同条。此图作者、藏者、与者、受者，各具因缘而不存宾主，岂非全人正信所生，不一不异，无杂无坏，同在如来大光明藏，自有步步不离之妙耶？谨识其奇如此。时己酉上元。（今释《题陈全人画佛》，见《徧行堂集》卷一六）

夏，函昰作诗送今释之海幢并示今无，今无、今释和之。

熏风又送下江船，共许青山各一天。柳色渐深人去后，莺声偏逐马行前。半旬云寺倾长日，几夕灯花话来年。若问老僧春梦足，多时曾绕木兰边。

不信遥山更有愁，苍茫烟树越王州。见携孤策辞林鸟，知共何人上海楼。潮带残阳归客艇,月随零露下苹洲。萧萧朝暮孤峰外,极目长天空白头。(函昰《送澹西堂之海幢兼寄阿首座二首》,见《瞎堂诗集》卷一三)

石尤风只逆归船,日日残春送晓天。近角自吹寒月外,闲心空照夜灯前。且欣好友同三夏,不觉离师又八年。老去踉跄无善计,当时错许杖头边。

楚璞无因惹刖愁,眼穿层縠笑神州。能言此道霜消鬓,不见闲时月满楼。泥絮岂堪支古调,云林何用梦沧洲。三岩松柏年年绿,一任流渐滑石头。(今无《己酉夏五月本师天老人二诗送澹西堂下海幢兼寄示无次韵恭和》,见《光宣台集》卷二一)

辛苦频烦锦水船,离情如月未离天。思归肯落秋鸿后,话别曾经春燕前。正月与石鉴兄始别。盛事难追怜隔岁,老人庆生,诸子咸集于丹霞。壮心易息爱余年。白云到处堪回望,一片亭亭紫玉边。

暂得开眉是说愁,无衣不避恋南州。山云未起先呵砚,海月方生更倚楼。种粟莫邻松柏叶,骑牛偏踏凤麟洲。却怜满面灰尘际,笑指幽兰恰并头。(今释《己酉奉和天老人送别兼寄首座元韵》,见《徧行堂集》卷三七)

渡头长系过江船,树里寻源六月天。海燕渐辞山槿后,塞鸿应见露槐前。道情断续同流水,世事飘摇似去年。自是吾门生计在,可堪惆怅白云边。

抱璞生愁刖亦愁,脚跟无线系皇州。若教此意如秋叶,不惹闲心上庾楼。临水已沉潭底影,看云犹忆雁回洲。苦吟岂为夸同调,一曲清歌笑白头。(函昰《酬阿首座并寄澹西堂二首》,见《瞎堂诗集》卷一三)

五月,海幢抽并头兰两枝,适今释至,有诗赋之,今无亦作《己酉夏五月海幢抽并头兰两枝,适澹归西堂至自丹霞有诗,亦引其意,作二律,即以志喜》。

国香重见发幽居,华萼相辉意更殊。共命即知无二我,同心那得不如渠。熏风一笑眉俱亚,凉月双浮影亦虚。不是埙篪怜合拍,灵苗谁为作先驱。

昨年迢递隔珠江,云影虽孤月影双。持赠却应思往事,联吟曾不换虚窗。丙午曾有此花,时知交同集,因归之退庵铨部,予与阿兄各有诗。离魂合体留重襥,共座殊尊覆一幢。暗揣两岐垂字谱,花间鸟迹映银缸。[今释《海幢并头兰同诸子赋(二首)》,见《徧行堂集》卷三七]

君子宜花引类清,始知吾道未孤行。双轮独现高空影,一蒂先传妙叶情。已爱紫荆敦往事,休将白水插闲瓶。寻常亦有伤怀意,无着虚传弟与兄。

金针双锁意尤高,风叶潇疏引兴豪。古佛不藏尊贵顶,贫儿齐着到家袍。分香远蝶惭孤至,带露新葳结两遭。利断倘能支晚暮,微蝇终托马蹄毛。(今无《己酉夏五月海幢抽并头兰两枝,适澹归西堂至自丹霞有诗,亦引其意,作二律,即以志喜》,见《光宣台集》卷二一)

清康熙九年庚戌（1670）　　今释 57 岁；今无 38 岁

春,今释下广州,函昰有诗赠之并示今无,今无、今释和之。

剩水残山又到春,龙钟双袖不知贫。久膺道法惭无状,岂外形骸欲认真。杨柳含烟初送暖,山花照日见行尘。相逢但道予犹健,潦倒林泉信此身。(函昰《送澹西堂下广州并示阿首座》,见《瞎堂诗集》卷一三)

锦水桃花二月春,双收人境未全贫。问年行道师黄檗,入谷耕云让子真。黑月急猿啼峡雨,逐人破衲洗江尘。明霞十亩归前浦,独笑支离老此身。(今无《和丹霞天老人送澹西堂韵》,见《光宣台集》卷二一)

留冬无计便逢春,石冷风高依旧贫。来去只消游子梦,行藏莫辨此翁真。轻舟下峡频添雨,密坐围炉一破尘。回首晨昏多阙地,团圞空负自由身。(今释《奉和天老人送行兼示首座韵》,见《徧行堂集》卷三八)

今释为今无作《募建海幢寺疏》。

道场之兴一因人,二因时,三因地。海幢之地,带珠江一水,近城郭而不嚣,入山林而不僻。潮汐吞吐,峰峦照映,烟云浮没,势高显而形平正。曩仅一小院,自予同门阿字无兄居之,次第扩充,将及百亩。宝树琳宫,对五丈旌旗而竞爽；石门香浦,拱七重栏楯以称雄,此地称灵也。无兄利根上智,具宗门爪牙,电转飙驰,不留朕迹。甫成童,给侍吾师天然老人,稍承指点,便契本心。孤身一钵走万里访剩和尚于千山,复泛海揽五指之胜,发为诗文,气格峻壮,波澜老成,廿八而得法,三旬而首众,劳形厉志,行菩萨道,亦人之杰也。然而建立已及九载,大殿犹未毕工,山门犹未起手,后之重阁、旁之僧堂,一切圆满规模犹未擘画,岂时始时终,尚迟回而有待乎？宪长佟公凤植善根,洊登膴仕,明刑弼教,懋着勋庸,念三宝之当崇,悯独力之难措,命疏短引,特借大声,以告诸同受灵山之嘱者。于是某避座合掌而扬言曰：狞休哉！夫道场即有三因,然而时一地一,人处其二,一者内护吾侪比丘，一者外护国王大臣、宰官长者。内护乘地，外护乘时。譬之高原平陆，物产攸宜，然无日月风云雨露雷霆之力，不可行四令而生万类。是故地主静，时主动，内护之德柔顺，外护之德刚大。得刚大以乘时，乃能济柔顺以乘地，始足以见高明博厚，作悠久之观。今日之事，佟公倡而诸君子和，非海幢人全时至之大机会哉！夫起教于微，与人为善，以阴翊王度，古贤士大夫之所尽心。若夫点缀江山，藉登临胜概以抒写风雅，则名士襟期与高僧标致，要自相发。斯举也，不必侈谈福报，滓我太清，祇桓七日，忉利六天，予且拭目以乐观其盛矣。（今释《募建海幢寺疏》，见《徧行堂集》卷九）

清康熙十一年壬子（1672） 今释59岁；今无40岁

是年，今释作《海幢阿字无和尚寿序（代）》，赞今无为"殊绝之才"。

朝廷开功名之门以奔走天下，岁集万人，授官以千百计，其有大建竖者，若披麸金于沙砾也。古帝王知生才之难，假以羽翼，自一命之吏，皆得操威福，令齐民；齐民之蚩蚩者，甘心俯首，自处于不才，听其生杀予夺而不敢较。故文具羁縻，亦可久而无事；一旦有豪杰起草间，料天下之无才，因其敝而乘之，尝至于不可御。甚矣，才之为世利害也。顾尝疑逃虚之士，蔬食布衣，屏绝妻子，即无生杀予夺之柄以驾驭人，醇用空言相化诱，虽桀黠险诈，皆摄心听教恐后。或一座万指庄严梵刹，所费尝巨亿，无丝毫退怯，则又疑其有殊绝之才。使之奔走功名，遇帝王假以羽翼，其所建竖，将必惊世骇俗，而彼又未尝屑屑于此，则甚矣，世之利害又不足以尽才之变也。予顷承乏守广州，闻有阿字大师居海幢，一时王公大人悉倾盖相欢，下至士民，稽颡乞一言为道种，几遍南海。及见其人，朗如秋月，温如春风，高溯如华岳削成云表，而四应旁达如决万斛之泉，随地赋形，无不毕宣。予始心折，以为此故殊绝之才，不假羽翼而抟扶摇直上者。即又疑之，以为以彼其才，何以至于逃虚而不返？间尝得其行由。公家本儒族，尊人端悫谨厚，为诸生，尝不能自活，公十余龄，每出奇谲，以养其父母兄姊。值兵荒，避地无恒所，饿几死者数矣。一日，尊人以株连在缧绁，公提饭糗，扣圄门，为禁卒捶楚不顾，因其索赂，出百金券予之，约以期日，卒喜，为听出入。公得喂尊人，一再饱，解锻炼之苦。乃怀牒匦堂皇侧，俟令尹升舆，突出，握其袖，大哭且诉。令愕眙，见其稚小，徐问状判牒，命吏取释，公哭不止，袖牢不可解。曰："吾已释尔父，复何求？"公曰："吏取释必迟，吾父死矣！必立取，乃可生。"令立遣役同公往，立出之。狱卒抚膺曰："吾遂为孺子所卖！"当是时，公欲经纪家业，计久远无策，俄而有僧，导以出家之利，公与父诀曰："请以出家而计吾家。"即出家，从其僧抵雷峰，即与其僧诀，事天然昰和尚。稍益亲知有向上事，便颖脱当机不让。公初以贫废学，日夜侍奉之余，篝灯自力，作诗辄有秀句，通古文词。其于上乘经义，大法明后，直一映了之。从其师居栖贤，策影孤征走关外，访千山和尚，一衲涉冰，冻且馁于三汊河，赖有救者，始得达。还南泛海，舟胶于冰，潮不至，长年与估客皆大恐，公持观世音名号。夜大水涌丈余，乘风行，暗中复为冰凌所夹，舟几碎，乃如穿梭，一跃而过，回视同行诸舶，已没矣。即归岭表，复杖策游奇甸，遘兵变，有欲乘此杀公者，其党一夕就擒，乃免还。首众雷峰，出住海幢，其所设施建立，巨丽深固，不取办一时，以为自我为之者，其久大当如是，诸方衲子争服膺之。公三十得法，今年甫四十，及门诸弟子谋为公寿，乞言于余。余固疑生才之难，观于公则疑用才之易。且如世之才者，帝王假以羽翼，仅能有所建竖。公以澹荡无津涯之词，劳苦清净之法，无生杀予夺，驱率其徒，而一念甫形，争为效力。其游于王公大人，抗言高论，声出属垣之外，各慊其意，酬其机。而侵侮所加，宜忍即忍，宜断即断，中其肯綮，不失分寸。譬之于战也，张空拳入丛稍之林，夺稍而用之，出其阵后而反。比于结行列，建鼓旗，被犀兕之甲，操利兵而决胜者，其奇正之势故已远矣。予闻宗门之流英伟卓绝，不同于逃虚而自了者，往往负才，不用之以乱世，亦不用之以治世，独奋其飞扬跋扈之姿，向寂寥无事中发为光怪。如市南宜僚，五丸常在空中，二丸亦不住掌上。其以世为游戏耶？抑聊示其才为无足轻重，而置之利害之外耶？傥谓道足以驭其才，故不必借径于生杀予夺之势耶？公之道，余无由窥其藩，顾所见于外之有为，已殊绝如此，藉令如赵州谂、南阳忠、老安国师之年，其建竖宜不数天台永明。要以公之才自童子时已具已现，干霄百尺之豫章，早芽蘖于七日，则诸子以四十为公贺，惜未有人当公十余龄出其奇谲之际，而先为之贺也。予故以是为天下之生才贺。天下之才生而能为世利害，公生而用其才于不为利、不为害之间，驱天下之才一还于道，不独以世为游戏，亦以才为游戏，则公又有不自见其道者，予益以是为道贺也。〔今释《海幢阿字无和尚寿序（代）》，见《徧行堂集》卷四〕

秋，今释来广州。
壬子秋予客于仙城。（今释《杭之人说赠赵叔文宪副》，见《徧行堂集》卷二）

清康熙十二年癸丑（1673）　今释60岁；今无41岁
三月十七日，今释在丹霞山作书寄今无等。
（三月）十七日　作海幢及乐弟、石吼、智罗信。（今释《澹归日记》）

五月十九日，今释得今无回信，病中作书再催今辩还丹霞帮忙料理院务。
（五月）十九日　得首座寄来书，知乐弟尚未速还，当再作书促之耳。（今释《澹归日记》）
（五月）廿七日　作惠州及海幢、雷峰札。（今释《澹归日记》）
顷来贱体益觉不支，然日日勉起。与诸职事共话，见者以为无恙，不知其精气之销亡也。司马温公病中于军国诸务，谆谆如梦中语，实有此境。若秋间再添一症候，便不可起矣。望乐说速归，为弟稍分劳瘁，幸致此意，勿令我眼穿也。（今释《与海幢阿字无和尚》，见《徧行堂集》卷二一）
夏，今释俗婿朱孔晖自杭州来访，今无作《朱孔晖澹归俗壻也，来自武林，时澹归与予度夏海幢，孔晖因从予品戒，于其归送诗三章》，今释有《青玉案·朱孔晖自武林来访》。
廿年怀骨肉，万里向江湖。空有金人梦，全成铁佛图。家园沈定水，眷属隐衣珠。但立门人后，西风绕碧梧。
俗缘忽已断，亲入丈人峰。话堕疏林月，情消午夜钟。秋波归路阔，别思客心重。谁识团圞意，庞家尚觉浓。
爱我求摩顶，忻君亦似僧。流云方有岫，出世岂无能。散鬓随愁转，秋虫入夜增。莫将乡井思，数对客船灯。（今无《朱孔晖澹归俗壻也来自武林时澹归与予度夏海幢孔晖因从予品戒于其归送诗三章》，见《光宣台集》卷一九）
【按】今无此诗次于癸丑三月《十一游罗浮诗》后，《从韶州取道平圃时同宋艾石方伯、佟奎庵臬宪行》前，姑系于此。但据《徧行堂集》卷三八《自韶阳以上不得荔支壬子休夏龙护承孝山分惠呈此》及卷八《梵网菩萨戒经略疏序》云"予以癸丑休夏丹霞",今释康熙十二年（1673）、十三年（1674）均未在海幢度夏。

【按】朱孔晖，今释俗女金莲之婿。与金莲生三女，卖与八家，因而构讼，朱孔晖逃逋。康熙十八年（1679），今释寓平湖，闻之，与金莲决裂，金莲掠其寓中行李而去。

长女适朱氏者，至无行。生三女，卖诸八姓。以是构讼，予恶之，不许见。遂极口大骂，掠寓次菩萨像、书籍而去。（今释《金节母张孺人传》，见《徧行堂续集》卷六）

老兄以一念之误，投入金家，生下子女。朱孔晖夫妻只将三个女儿卖了八家，结下讼事，雄者逃走，雌者乃至劫掠寓中行李而去。（今释《与丹霞乐说辩和尚》，见《徧行堂续集》卷一〇）

且莲逆于亲生之女，展转骗卖，至于一女三家，第二女又三家，失身受辱，陷于禽兽。则莲逆不但自绝于金氏，亦与其夫同绝于朱氏矣。（今释《留示孔仪》，见《徧行堂续集》卷一二）

五月至八月，今无陆续有书信及葛布、金扇、药材等寄与今释，今释有复信。

（五月）廿八日　首座、乐说、雷峰当家各有书。乐说不忘相嘱之语，甚慰！……首座有葛布、金扇之答，不受斋仪。（今释《澹归日记》）

（七月）初十日　下午乐说弟自会城来，喜甚。……得首座书并药。（今释《澹归日记》）

（八月）初三日　海幢大师并当家俱有信。（今释《澹归日记》）

（八月）十七日　了诸纸，并大林贺词，及寄首座。（今释《澹归日记》）

九月初六，今释得归宗信，云函昰病重，请今无、今释速往。今释遂作书寄今无、古震。

（九月）初六日　得归宗两札来催，曰老人病甚，与海幢速出料理。即作一字与海幢，一字与石吼。（今释《澹归日记》）

（九月）十四日　金问自海幢至，得和尚并海发书来，请坐方丈。既欲出岭，且置之，不足复道也。首座并县纸书至。（今释《澹归日记》）

【按】古震，字石吼，别传寺职事僧。俗名刘帝佐，字资深。原为别传寺直岁，后继六如古泒任监寺。

古震自省城还丹霞，今释因得今无信，复之。

（十月）初二日　归来，石吼自省城至，得首座信并都寺及刘焕之书。（今释《澹归日记》）

两得手教，具感吾兄惓惓关切。各职离心，已非一日，然欲掀翻窠白，岂免淆讹？但放下面皮与之厮挨，就中亦有识道理肯转变者，固不碍其玉成；若怙终不悛，听其去留，于教人之心亦无负也。宽严二用，未可偏枯，威令稍行，局面稍定，自当济之以宽，不敢违明教耳。海幢营建方在半途，吾兄精神要大于身，亦值得种种劳顿，若弟薄福德人，折倒久矣。石吼还，得些刻书之资，尚自分派不下，常住有无，弟近掩耳不闻。六十年来所作所为，何但十年一变，忽变得好，忽变得丑，皆足供抚掌之资也。风便幸示近耗，以开怀抱。（今释《与海幢阿字无和尚》，见《徧行堂续集》卷一〇）

冬，出岭赴匡，止龙护园。

癸丑冬，余将之匡山，止龙护园。（今释《坚素堂诗集序》，见《徧行堂续集》卷三）

癸未冬，出匡庐省觐。（成鹫《舵石翁传》，见《咸陟堂集》卷六）

【按】癸未当为癸丑之误。

今无亦往匡山，从韶州取道平圃，因与宋可发、佟养巨同行故，十月二十三日方至，与今释相谈至夜分。

九月三十晚，师因度岭入匡山省候老和尚，晚参示众。师云："未有常行而不住，未有常住而不行。古人说道：'诸佛行处我不行，诸佛住处我不住。'既是衲僧家，为甚么不向诸佛行处行，不向诸佛住处住？即不向诸佛行处行，不向诸佛住处住，又向甚么处行住？大众，还知么？万里江山围不密，一条柳栗跨荆蛮。（今无《光宣台集》卷四）

趋陆持孤锡，依山逐二官。杉云寒影密，冬岭烧痕宽。石阁屼巀起，心情委曲难。几多行役意，都作住山看。（今无《从韶州取道平圃时同宋艾石方伯佟奎庵杲宪行》，见《光宣台集》卷一九）

（十月）廿一日 慧均、自显来，知首座同藩臬两公行尚迟数日。（今释《澹归日记》）

（十月）廿二日 记汝并海幢诸僧俱至。……海幢寄到寿分二十一两四钱。（今释《澹归日记》）

（十月）廿三日 早往候融谷。午请海幢诸僧斋毕，首座即至，得抚军、提督、陈长卿、汪汉翀、黎方回、顿修、开云书。……与首座谈到夜分乃寝。（今释《澹归日记》）

阿字兄到岭头，穿白羊皮短袄子，青布大裆棉裤，飞扬跋扈之气要大于身，差强人意，盖非天然老汉所能捉搦矣。弟明春还山，想北迁之局亦未定，则抵掌快谈犹有期也。得前来答柬，竟不复辨，吾兄岂是甘

竖降旗者？（今释《与刘焕之副戎》，见《徧行堂集》卷二五）

【按】宋可发，字艾石。山东胶州人。宋可久弟。少孤，事母至孝，以学问自励。清顺治六年（1649）进士。授福建将乐知县。顺治九年（1652）以奏最入京师，户部尚书戴明说荐之，擢河南彰德府知府。康熙三年（1664）迁山西按察使，改补四川按察使。康熙十二年（1673）迁广东布政使，以其冬陞见，引疾归里。

【按】佟养巨，号奎庵，或作魁庵。奉天人。贡生。康熙六年（1667）至康熙十三年（1674）任广东按察使。

十月二十四日，今无过岭，因宋可发力请入都，遂北上请藏。

（十月）廿四日　早，首座同藩臬过岭。（今释《澹归日记》）

（十月）廿五日　海幢已得舟，将为明辰度岭。（今释《澹归日记》）

癸丑岁杪，予从岭南万里入京师，将以举扬无义味语，弄蹄于陆，以莫睹乎蜿蜒盘旋，而莫知其至者。"（今无《王淑莘〈五百罗汉记〉跋》，见《光宣台集》卷一〇）

今无亦以癸丑冬趋省鸾溪，乃为宋方伯拉入都门，中途阻乱，遂上泰岱，因恨不久住鸾溪，为此虚役也。（今无《雷峰天老和尚七十示生颂》原注，见《光宣台集》卷一二）

康熙十四年三月十五日，师自金陵请藏经归寺，蒙平南王阖省文武宰官绅衿延禅僧四十众奉诵全藏长期，祝国庇民，上堂法语，师升座，众礼毕。卓拄杖一下云："……阿上座最初发脚时只谓上庐山省觐天然老和尚，及抵中途，遂为宋艾石方伯力请入都，便挈十八众，犯齐鲁之风霜，瞻幽燕之日月，饥飡小米，渴嚼冻梨。"（今无《光宣台集》卷四）

癸丑，请藏入北，过山东，闻变，驻锡萧府。（古云《海幢阿字无禅师行状》）

清康熙十三年甲寅（1674）　　今释 61 岁；今无 42 岁

二月，今释得今无信，寄自山东。

顷得阿字兄信，在德州甚安隐，恐亦非久便归，此二月初十书也。（今释《与汪汉翀水部》，见《徧行堂集》卷二五）

康熙六年（1667）夏四月，今䚟辟地扩拓庐山栖贤寺，在附近的三峡桥（也称观音桥）以西意外掘得舍利子一瓦函。今无闻之，谓岭南"佛事最少，舍利宜多"，故遣人北上迎请舍利。康熙十一年（1672），舍利入塔。

康熙十三年（1674）冬，丹霞舍利塔建成。初，今无首倡迎请舍利至岭南，故今释称丹霞此塔"劝发之初惟海幢阿字无长老"。

康熙六年丁未夏六月，在家门人古薪唐郁文从燕邸南还，遇匡山栖贤，持西堂石鉴觐子书，报本夏四月初旬于石桥之西麓下得舍利无数，极大如豆，极小如菽，皆五色莹彻。玻璃瓶载以瓦函，函上小石刻'皇宋咸平庚子岁建此舍利塔'十二字。因无佛世尊字，疑为诸祖、善知识阇维所获。向传佛舍利有五色光灿，铁椎，上下俱陷，余即不及。乃大慧禅师亲见真净文公与佛无异，此为不可辨识。余谓辨在石刻单写舍利塔字，若诸祖及善知识，则应写某禅师舍利。此为佛无疑也。盖耶舍尊者自西晋负铁金轮至，明天启间归宗半偈因修塔误出舍利，此在宋咸平之后。然耶舍来匡山，曾驻锡数载，安知无随身供养，别请作塔者。又铁轮阿育王，建八万四千塔，役使鬼神，一日一夜，分置国土。按神州所造，入八万四千数，惟十九处。而道俗与福分建，亦何能测量。且佛法东流，神僧携来，其不及书载，殆无纪极。神异出兴，应有时节。残碑断碣，经兵火荒芜，终难埋没。今栖贤适当其运，宜尽诚庄严新塔，仍奉藏其中。函昰谨稽首载缘起，并作诗以颂。（函昰《栖贤舍利塔》序，见《瞎堂诗集》卷三）

佛在众生中，如日处霾翳。霾翳非可入，日光彻空际。佛身如虚空，佛心如光霁。光极与空入，空光交相蔽。结成幻摩尼，五色非坚脆。我识如来心，随顺示真谛。假名为舍利，金石不能甄。现在与当来，百福之所逮。群动匪无心，遇境生幽滞。寂感总随缘，形神不相俪。佛以主摄宾，金刚见精慧。我汝但回光，弹指消阴曀。如日之在天，百物无疵疠。此以论性功，岂为形骸励。我昔在金轮，蒙光涤凤瞖。栖贤发神异，今复流法系。慧日照岭南，丹霞若先契。次第及海幢，贻尔大厥裔。隆隆薄青霄，百道金光丽。万世福人天，皇风永勿替。（函昰《海幢舍利塔》，见《瞎堂诗集》卷三）

心光彻内外，如珠入五色。珠与色无性，非离亦非即。非即超形骸，非离浃营卫。月在千波中，波波摇青霁。凡圣唯一心，湛昏成二谛。示生死涅盘，而实无坚脆。脆以别生死，坚光表性义。本从心生色，迷色乃有二。蚌含明月珠，体合百骸粹。领纳镜中像，想即妙观智。流注皆真常，分别非明记。如是五蕴身，与法身何异。只因一念迷，情生分秽净。净秽悟由心，当念绝邪正。佛以此智证，法化无同别。示现别中同，同中别自晰。光耀百千年，福被我遗教。神光触金轮，仰瞻如梦觉。栖贤发瑰异，感激当其运。移光照岭南，慈曜无远近。佛子学聚沙,燔土紫金斓。崔巍海螺巅,晶晶逼霄汉。举目道与会,布发形俱泮。见闻起遐情,究此未来际。念念尽圆明,身与心毋戾。(函昰《丹霞舍利塔》,见《瞎堂诗集》卷三)

　　云中归,悉近况。朴非归,知舍利出现,喜跃无已。即以明日遣维那、知客拜具香花,前来迎请。无于海幢六年经营,夜以继日,始得大殿甫成,正在塑十三面观音,又欲建鎏金丈六塔,虽费盈万,然愿之所在,自忘其少,此其所以为痴人而见哂于高风绝俗者也。岭南佛事最少,舍利宜多,当鉴其诚。至幸至幸。强老夫人自佑人死后门户消乏,且长年多病,昨已极谕,如弟数矣。二公来忙,不能带。解夏后云中来,乃付之。不须挂念,供舍利斋仪贰拾两,付库司收入。诃弟不另作字,无忙无暇晷,总以明秋得见于丹霞。人参少许供上,乞鉴千里之心也。(今无《与石鉴西堂大师》,见《光宣台集》卷九)

　　玉毫旋青螺,本耀黄金界。觉海亦浑噩,渊澄绝澎湃。洪飚忽凭陵,怒鬣奔万派。束鲸作纤鳞,局根结椎髻。朦胧失琼瑶,卤莽胃萧艾。得失既涸殽,矜厌亦琐碎。灵爽无停抽,悁恢滋劣陿。紫磨标至论,烦襟谣天籁。厥角堕见闻,了义超宿债。妙会室天倪,滑识失常态。持壤归崇丘,仰屋惜疲惫。他增俟他除,自缚还自解。双树寂无言,舍利呈光怪。理异则我殊,境变道乃大。赤脚走日光,不作日光会。举身腾青冥,亦不事兼带。划电吼江鼍,靡或滞行迈。本际绝换移,如披绿沉铠。缅维金轮峰,七瓶挂云外。三峡横石梁,万粒如泉沛。闻入窣堵波,双光破幽昧。初如衔山月,霜晕罗松桧。渐如玉燕归,一殿流沆瀣。半顷软琉璃,鳞鳞震华岱。水碧决浓芬,金膏润凡内。觊公实精敏,被襟无宿痗。致身事三宝,懿德自霭霭。如来岂私我,海滨绝光采。起立捧双眸,或通或仍碍。(今无《壬子浴佛日栖贤舍利入塔大小二颗同放宝光石鉴觊公寄书索颂比丘今无见闻随喜敬载笔扬言颂曰》,见《光宣台集》卷一二)

　　惟一坚密身,一切尘中,现地水火风、生老病死、九不净观,皆舍利种也。自如来以八斛四斗见异,而塔庙几遍寓内,盖以众生狭劣,非有神变不信不尊,故大法东被,用是伏外道、动世主、雪往业、发宿慧,则如来以金刚不坏之同智,示此金刚不坏之殊形,即以此金刚不坏之殊形,开众生金刚不坏之同智,予未觉像正之有差别也。阿育王八万四千塔,震旦得十三,隋文帝八十一州塔,粤东得二,以粤东视震旦,以震旦视南阎浮提,皆存乎见少,况以韶阳之仁化视粤东乎?予开丹霞五年，岁在丙午冬，奉天然昰和尚住院。丁未夏，舍利出于庐山之栖贤，时长老石鉴覰公以千粒献，古冈善男子方停云请为建塔，遂卜吉于海螺岩上，江山环拥，秀绝一区。制仿育王，编以赤石。下辟为基者，纵广五丈，高一尺；次上为台，纵广三丈五尺，高一尺五寸；复次为台，石阑周之，纵广二丈四尺，高三尺。乃置塔座，纵广一丈三尺，高四尺；塔四面，面各一丈，高一丈三尺；面正镌释迦牟尼如来，左文殊师利，右普贤，后为观世音三大士像。其上铁露盘七重，高一丈三尺，冠以鎏金宝珠，高三尺七寸，铁绳缅之。叶谋于丁未之秋，葬舍利于壬子之春，塔成于甲寅之冬，阅时则八年，计费八百有奇，亦韶阳创获之观也。予闻之，舍利所在，不徒启信生悟，将以福国佑民。岭表道场，曹溪、云门领袖天下，其余梵刹实繁，岂无建立？自明以来，佛法不竞，丛席多废，群一阐提不知舍利为何物，往往置窣堵波培护，地势亦用形家言耳。凌江北境，或耕田而得古瓶，中有如麻如菽，五色璀璨，野人啮之不入，弃去。是夜大雷电，以风厥明，并土而失，如有物掬之者。岂非古塔夷为平田？人即贸贸，遂使天龙鬼神因之独擅，此三年以近事也。予故详其始末，勒之贞珉，俾有目之流知所恭敬围绕，以诸华香而散其处，则丹霞奉如来金刚不坏之殊形，开众生金刚不坏之同智，尘尘坚密，一从此入，福国佑民，始为最胜。即停云财法二施，与本有三身等，于如来金刚不坏，其敢矜有为功德以夸来者？是塔也，劝发之初，惟海幢阿字无长老；通导于内外护之间者，为海幢解虎锡都寺；经始于乐说辩首座；讫工则勤修引直岁；转输督铸则石吼震监院；诸效奔走于是役者，不概及。（今释《丹霞山舍利塔碑记》，见《徧行堂集》卷一二）

是年，今无请藏未归，今释病卧丹霞，极盼望与今无、刘炳一聚。

然阿兄北去，未晓归期，弟至章门，一病几不起，今仗庇还山，亦只活得半截，拄条杖子都不能行十数步，恐快谈之乐未易续也。（今释《与刘焕之副戎》，见《徧行堂集》卷二五）

吾三人此番间别，可谓久矣，欢聚之怀，彼此菀结。阿兄请藏未归，弟既归山，尽可一问珠江之棹，而病魔所持，竟不能动。（今释《与刘焕之副戎》，见《徧行堂集》卷二五）

彭湖颇梗，阿兄犹未见归。丹霞丈室总为病汉养脚，向来作诗词好用鹧鸪，顷常自笑，却被"行不得也哥哥"六字管定也。侍僧来海幢，暂附此札，寒风正切，惟顺时保练自爱。（今释《与刘焕之副戎》，见

《徧行堂集》卷二五)

清康熙十四年乙卯（1675）　　今释62岁；今无43岁
三月，今无还海幢。
康熙十四年三月十五日，师自金陵请藏经归寺，蒙平南王阖省文武宰官绅衿延禅僧四十众奉诵全藏长期，祝国庇民，上堂法语，师升座，众礼毕。(今无《光宣台集》卷四)

清康熙十五年丙辰（1676）　　今释63岁；今无44岁
吴三桂兵侵广东。二月，尚之信发兵围困平南王尚可喜府邸，响应吴氏。未几悔罪自归，袭封平南亲王，镇守广东。二月二十一日，海幢被劫，杜门半载。今无有诗寄今释，今释作《次韵海幢被劫》《丙辰二月之事海幢有诗寄怀题此奉答》。
二月遭乱，杜门半载。(古云《海幢阿字无禅师行状》)
丙辰仲春乱后，予困于贼，伏草莽，日夕怦怦未数时，铁桥道兄从宝水来，心气闲适，已有羡焉。(今无《铁桥诗序》，见《光宣台集》卷七)
今岁丙辰岭南潮与高凉兵连祸结，战苦云深，羽檄纷驰，殆无停晷，视转输有烧头之急。(今无《鄎息影诗序》，见《光宣台集》卷七)
烽火消乡落，僧粮断月中。有魂依草绿，无泪溅花红。大难身经惯，浮生意久空。坐深霖雨夜，潇洒入洪蒙。
白刃惊禅窟，清风扫晚烟。长贫原至计，不死荷皇天。冢响鸺鹠夜，魂消海蜑船。从今更无物，即是未生前。
钟鼓分明歇，香烟亦断烧。南塘忽有兴，萧寺遂无聊。竹径因时塞，腰支减食消。安禅难制毒，豺虎下青霄。(今无《遇盗丙辰二月二十一日也》，见《光宣台集》卷一九)
独立危峰上，相呼落月中。墟烟移树白，营火出江红。泪向闻獶续，心随逐鹿空。有人悲踯躅，无语问鸿蒙。
滑滑鸣春雨，荒荒失暮烟。险崖寻是路，绝壁倚非天。匣涩摧锋剑，樯倾漏网船。不知山鬼面，认取髑髅前。
虎狼如恐饿，臂指亦堪烧。白贼走饕餮，青山未寂寥。此门行似幻，使尔意俱消。如听风铃语，玄音下赤霄。(今释《次韵海幢被劫》，见《徧行堂续集》卷一四)

五羊仲春廿有一,韶阳又隔十四日。安危山上知若何,悲凉此处苦已极。平生几度逢剧乱,烽火每每烧颜色。传闻六县亦多盗,钩连蛮峝如豺虎。宛同水寇恣劫杀,不抢仁化抢下富。梦觉关前虽未来,海螺岩上当先怖。雷峰殿外筑层城,吹竹鸣金昼夜惊。高挂蒲团无祖意,空令胸次有刀兵。四郊城内人民失,月中盘米收不得。半生精血已消磨,一掌祇园难建立。我欲还披百结衣,近来公瘦或稍肥。人行须便寄一纸,不久应同话翠微。(今无《寄澹和尚》,见《光宣台集》卷一六)

　　九只金乌不当一,弯弓拟落天边日。海立山崩势自骄,鱼惊鹿骇欲何逃。大众方穷我方病,同死同生岂无命。将军纵掠韶阳城,传呼日月今重明。廉石山中枪已朽,师子岩前失却口。称戈荷校网谁投,刮皮啮骨何时休。雷峰击柝夜未歇,忽闻海幢清昼劫。丹霞重门虽洞开,便有白鼠无银台。业海风涛八面作,百苦安能思独乐。汝曹莫寻沙打油,佛灯灭后闻鸲鹆。老来甘食还甘寝,茫茫大地谁安枕。一星火燓须弥卢,集菀不如仍集枯。六十余年一长叹,玄黄血溅龙酣战。山空夜寒啼杜鹃,今年可是周三年。(今释《丙辰二月之事海幢有诗寄怀题此奉答》,见《徧行堂续集》卷一三)

　　【按】吴三桂,字长伯,一字月所。辽东人。祖籍江南高邮。明锦州总兵吴襄之子,祖大寿外甥。崇祯年间为辽东总兵,封平西伯,镇守山海关。崇祯十七年(1644)降清,在山海关大战中大败李自成,封平西王。顺治十六年(1659年)引兵入缅甸,迫使缅甸王交出南明永历帝。康熙元年(1662年)杀南明永历帝于昆明,同年晋封为平西亲王,与福建靖南王耿精忠、广东平南王尚可喜并称"三藩"。康熙十二年(1673年),清廷下令撤藩。十一月,吴三桂诛杀云南巡抚朱国治,自称天下都招讨兵马大元帅,提出"兴明讨虏",起兵造反。

　　【按】尚之信,字德符。尚可喜长子。少时入侍,康熙十年(1671)赴广东随父佐理军事,赐公爵,后加封镇南王。康熙十五年(1676)发兵围困其父府邸,投降吴三桂叛军。不久,悔罪自归,袭封平南亲王,镇守广东。

　　今释刻《徧行堂集》,向今无索序。

　　久不得信,甚以为念。记汝住山已有成行,忽然知非,立地放下,仍归老人忏悔,亦自可取。头巾跳不出道理,道理亦跳不出头巾,却有不戴头巾,依旧跳不出者。道理之利害如此,岂可独属之头巾耶?然在记汝此举,不得不把头巾捉正矣。山中无事,日为人理是非,并自己俱落在是非里里,幸是光头,不则劝闹底挦了鬓毛也。笔墨之兴,日来已尽,仁俟大序,开我怀抱,余不多及。(今释《与海幢阿字无和尚》,见《徧行堂续集》卷一〇)

顾家船子来，知吾兄正在忙中，不暇作柬。忙乃丛林好消息，弟虽极闲，却不甘心诸公厮煎厮炒，亦在忙中，又是极穷极苦之候，惟有睡中销缴耳。《徧行堂集》刻成，前许大叙尚未掷下，幸于去僧归时赐槁，弁首为光壮也。丹霞近无监寺，亦复不设，两序有缺，但补一知客，余俱不补，到得难解交时，自充监寺走一两回耳。紧闭山门睡觉，职事僧寻是非，但向道：老病且死，没气力奉承，诸公有心机即耐烦等候，若不耐烦，一任去来。所以胸中翛然无事耳。（今释《与海幢阿字无和尚》，见《徧行堂续集》卷一〇）

秋，今无作《徧行堂文集序》，并为助印集资。

夫能以无言为功，使义天朗耀，则莫若诸古德踏翻向上，停竭识浪，凭凌夐绝，正智宏然，一咳一唾，珠玑盈把，声音所接，如初日俗海，秋月行空，地变黄金，河成酥酪，真廓如也。然使其握毛锥子以临赫号，中峰、大慧抗精极思，虽声光振起，而扬攉微细，繁章累句，未可独擅文坛。盖斯道之深玄，天材之挺拔，如鲁麟颖凤，而能兼之者，亦自中峰、大慧而后，祥鳞瑞跱不多觏遇也。予道弟澹归和尚为文阵雄帅，四十年前鹊起甲科，健笔劲气，破明二百余年委靡之习，浩浩然，落落然，使人如攀琼枝、坐瑶圃，离奇光怪，楷模宇内。忆岁辛卯，澹归行脚雷峰，天然老人一见，令其涤碗厨下。衣百结衣，形仪戍削，静嘿堆堆，无所辨别，牧南寂之牛，养庄生之鸡，穆如也。予时髫龄，目未识丁，岂知其材烂江花，德温卫玉？当国家阳九之运，翠华无所驱驰，忠个艰难立节，及赵氏之肉既入崖山，与人争空枰、守残局而鹜世患；一入空门，遂能转刚为柔，可以为疾风劲草，可以作断臂齐腰，其易地固已雄矣。陆宣公扈从德宗，有险阻腹心之助，二京光复，裴延龄蜚语中伤，几蹈不测，杜门却埽，至不敢著书。大抵劳臣志士勤于王家，宣力匪躬，道或难行，则消热而濯，心安而气和，此其载道之资合符同辙，然未有能顿忘时命，实证空花，游祖师室，据最上乘，此固天有以开之而天有以成之也。壬寅，予领众海幢，澹归方开丹霞，自此已往，营道抗志，绸缪迹密，凉燠频移，靡或有间。一真之境备于日用，冲融妙敏从胸襟中流出，拈掇无遗，遂能大破町畦，忘乾坤之新故，铲文义之萌芽，理事无轧，巨细必陈。间有疑其平昔道岸高峻，忽而入廛垂手，似过和光。呜呼！道虽自我，弘之在人。一摄其柄，云蒸龙变，鼓法海之波澜，入如幻之三昧。此其天材卓荦，郁为正智大用，殆非区区卑论所识。澹归亦云：人每以道隐求澹归，而不知澹归非道隐也。三十年内，澹归之为澹归，日进而月化，同床知被莫逾于予，既幸其不止于文章节义，又幸其不为独善祖师。是集也，乃其施张丛席，接引话言，起中峰、大慧尔雅之盛，而能以无言为功，别有密移为所矜惜。夫岂非吾宗之伟人欤！因其寓书索要序，为序之如此。丙辰秋仲，海幢同学今无序于光宣台上。(今无《徧行堂文集序》，见《徧行堂集》)

张说凭谁铸四炉，左思错欲赋三都。尽教磅礴辜山水，剩得盘山辱道涂。

虚更有，实还无，鸰原急处便相呼。一时舞欲低鹡鸰，此后歌休怨鹧鸪。(今释《思佳客·阿字兄为助印集之资》，见《徧行堂续集》卷一六)

【按】《光宣台集》所载序与《徧行堂集》卷首稍有不同。

予道弟澹归和尚为文阵雄帅，四十年前鹊起甲科，健笔劲气，破明二百余年萎靡之习，浩浩然，落落然，使人如攀琼枝、坐瑶圃，离奇光怪，楷模宇内。忆岁辛卯，澹归行脚入雷峰，天然老人一见，令其涤碗厨下，衣百结衣，形仪戍削，静嘿堆堆，无所辨别，牧南泉之牛，养壮生之鸡，穆如也。予时髫龀，目未识丁，岂知其材烂江花，德温卫玉？当国家阳九之运，翠华无所驱驰，忠悃艰难立节，及赵氏之肉既入厓山，与人争世枰、守残局而惊世患；一入空门，遂能转刚为柔，可以为疾风劲草，亦可以作断臂齐腰，其易地固已雄矣。陆宣公扈从德宗，有险阻腹心之助，二京光复，裴延龄蜚语中伤，几蹈不测，杜门却扫，至不敢著书。大抵劳臣志士勤于王家，宣力匪躬，道或难行，则消热而擢，心安而气和，此其载道之资合符同辙，然未有能顿忘时命，实证空花，游祖师室，踞最上乘，此固天有以开之而天有以成之也。壬寅，余领众海幢，澹归方开山丹霞，自此以往，营道抗志，绸缪迹密，凉燠频移，靡或有间，一真之境备于日用，冲融妙敏从胸襟中流出，拈撮无遗，遂能大破町畦，忘乾坤之新故，铲文义之萌芽，理事无轧，巨细必陈。间有疑其平昔道岸高峻，忽而入廛垂手，似过和光。呜呼！道虽自我，弘之在人。一摄其柄，云蒸龙变，鼓法海之波澜，入如幻之三昧。此其天材卓荦，郁为正智大用，殆非区区卑论所识。澹归亦云：人每以道隐求澹归，而不知澹归非道隐也。三十年内，澹归之为澹归，日进而月化，同床知被莫逾于予，既幸其不止于文章节义，又幸其不为独善祖师。是集也，乃其施张丛席，接引话言，起中峰、大慧尔雅之盛，而能以无言为功，别有密移为所矜惜。夫岂非吾宗之伟人欤！因其寓书索

序,为序之如此。(今无《偏行堂文集序》,见《光宣台集》卷七)

今无此序略述今释由明入清的经历,回忆了二人交往的始末,称赞今释"为文阵雄帅""材烂江花,德温卫玉"。今释于崇祯年间进士及第,任临清知州。清兵入关后又历仕隆武、永历朝,辗转浙江、福建、广东、广西,官居言路,不畏强御,机锋尖锐,策划周详,终至廷杖远戍,于士林中颇有声名。但因出家后往来者不乏达官贵人,又为平南王编撰《元功垂范》,故为士人所訾。面对这类责备,今释的态度很明确,即金道隐是金道隐,澹归是澹归,不能以从前的金堡来苛责今日的今释,但道隐与澹归又实在是一人,所以便不理会那些訾骂,任其评论。

世复有憎澹归者,乃以道隐之浮名横作陷阱,然道隐、澹归是一是二,本等分疏不下,便须涂抹由他,忽然杀割不成,也教惭愧有分。老僧于此只作家常茶饭,幸兄以如幻之观照破身世,大丈夫各有随身宫殿,宁复芥蒂其间?(今释《与方大林广文》,见《偏行堂续集》卷一二)

今无深知今释"人每以道隐求澹归,而不知澹归非道隐也"之深意,在序中为其辩解,非但不以此为今释之失,更认为今释由道隐而为澹归,为常人之所不能为,是其"天材卓荦"的体现。面对士林的不解与非议,今释对旁人一笑置之,唯独对今无说出了"澹归非道隐"的心里话;而今无也明白十数年来今释早已于丹霞求得入处,昔为疾风劲草,今作断臂齐腰,非是区区卑论所能识得者。

后今无刻《光宣台集》,今释亦为作序,称赞今无是函昰门下首屈一指的奇士。

卜梁倚有圣人之才,而无圣人之道;女偊有圣人之道,而无圣人之才。夫有道无才,则法海之波澜不大;有才无道,则意地之根本不清。波澜不大,犹未碍源流,根本不清,即速趋涂炭。此潜修之士所为轻视才而重视道也。虽然,道外非才,才非道外。菩萨之行愿不极深纯,即般若之光明不极圆现,天下安有无才之道哉?我法兄阿字无和尚,得道于天然老人,间以其才溢为笔墨,几于排山倒海,浴日吞天。予尝私语,以为雷峰门下,故称才薮,即其所至,皆已卓然有成;若夫气格雄杰,思理深长,入境都尽,出路愈多,山颠已涉,海涛忽作,势欲断而仍连,义将显而更隐,予以推兄,不为他人轻出一指也。学士大夫埋头故纸数十年,所造有至有不至。兄幼而遭乱失学,自十七岁始侍老人。执役之余,篝灯自力,大法既明,世出世典,一目洞然。探幽接爽,争奇竞秀,专车之骨节节明珰,烧尾之雷声声天鼓,皆不从伊吾讲贯而得之。岂非多生所蕴之才发于一旦,自闻之道之验耶?才有二,或偏于立功,或偏于立言。则杜甫卓午之笠,让绩郑公;韩琦无口之瓠,归文永叔矣。兄经营土木,量度米盐,酬酢公卿,调摄僧行,昼夜不遑,尺寸不失,而寻丈以计,毫素日长,此一异也。言有二,或以手为口,或以口为手。乐令之清谈,潘生之文笔,用不能兼,势须相借。兄说法则草靡众喙,论事则风生四座,奋舌而出,灿然成篇,援毫而书,快如面语,又一异也。然则具万夫之禀,为古今之通人,以道发才,以才发道,行锋车于八达之涂,直趋宝所,予昔为兄屈一指,今既信矣。二祖少通坟典,兼擅老庄;清凉才供二笔;灌顶日诵万言;法眼于讲席推为游夏:皆以鼓吹宗教而用文集传者。镡津、石门,或鲜内篇。要以法无内外,因时立度,则《光宣》一集,置之一大藏中,华严十地而上,真俗已圆,事理咸化,读者当自得之言中言外。予所论不出于文,亦不取其出于文,德成而上,艺成而下,皆二见也。释迦四十九年惟鼓舌端,称为文佛,天上无不识字之仙,宁有不能文之佛?兄之著述无尽,予之赞叹亦无尽,故为波澜不大者加菩萨行愿之鞭,不为根本不清者助世智辩聪之难也。虽然,世智辩聪与大般若光明,果有二乎?倘能亲到一回,更不稍生顾盼,则街谈俚唱,鸟啼花开,皆四无碍辩之所纵横悬示。圣人之道,圣人之才,或有或无,一轻一重,总为二二见,堪与此集俱入不可思议法门耳。(今释《光宣台集序》,见《徧行堂续集》卷三)

今释病中与今无信,并寄《徧行堂词集》三卷。

阅方书,食松叶粥,能健腰脚,却病。山中饶有此,更不费钱,欣然服之,虽极蜇口,亦自甘心。然其性涩,大便不通,痔疮举发,四十日未愈,急甚,依旧脚瘫手软。每念及,辄复大笑,欲益反损,日暮途穷人,故当如是。寄语吾兄,为抚掌之资也。(今释《与海幢阿字无和尚》,见《徧行堂续集》卷一〇)

平南致祭,非贫人所及,今遣监寺行礼,既已后时,又不亲往,幸吾兄善为吾解也。衰年病懒,欲作故人书疏,才一两纸,便眼昏手倦,辄复自厌。摘三化去,或怜其不寿,弟谓人生世间,决有当有寿,若色力颓塌,四支百骸不奉天君之令,便是业报,亦何足贵?弟今年六十四岁,唤作下寿,且不耐烦,岂可更多于此外耶?岭头大将,外惧强敌,内忧溃兵,纵令金印如斗大,求解去而不可得,亦若是耳。解虎欲得《水真诗册叙》,力疾成之,俾设供宣读。然唤水真作乞儿老子,恐水真不乐受,或解虎亦乐闻,但言吾所欲言而已。《徧行堂词集》三卷,先

奉一笑，诸不多及。（今释《与海幢阿字无和尚》，见《徧行堂续集》卷一〇）

清康熙十七年戊午（1678）　　今释65岁；今无46岁

今释决意出岭，欲付丹霞诸事于今辩。以路费八十金并今无四十金作买纸之用。二人本欲二月相见，不果，留俟七月。

洞开来韶，得手教，殊快倾渴。弟承谦庵诸公相留度岁，今且领人检白骨，俟老人至，相从出岭也。一向建立，决不愿主法无人，流入同锅吃饭、分房屙屎恶道。今幸大众发愤，力请乐弟，已于元旦上堂拈香矣。弟于丹霞夙愿千足万足，但请得藏经，勾此一念，老病余生，听其死符早晚，更无他想也。承示二月初即来韶阳，可以欢聚数日，岂能恝然？谨当奉候于相江之浒，不尽。（今释《与海幢阿字无和尚》，见《徧行堂续集》卷一〇）

都寺回，得手书，领悉八家之成画饼，此殆钝秀才所带累耳。五十金留俟七月，岂以为迟？弟所携路费八十金，并吾兄四十金，已尽作买纸之用，则留此项抵路费，正自得宜耳。顷在南雄大病，若成疟，便不死，然老年气血衰惫，抵不得凝冰焦火日夜簸弄也。南雄自孝山去后，转见不堪。前云送藩司至此再相会。极好，未知七月间能来否？弟若病不好，便决意出岭。盖死于岭内，不如死于岭外之妙，死于床笫，不如死于道路之妙。随处一把火，抛骨江中，省却许多繁文，乃素志也。力疾作答，发回丹霞，随时奉寄。（今释《与海幢阿字无和尚》，见《徧行堂续集》卷一〇）

然二人终未及一见，今释寄自己珍爱的黄皮蚝及《宋诗钞》一部与今无，嘱咐今无料理病体、千万珍重。

所欲与吾兄痛谈者，岂有尽耶？今既不能重见，亦无力作字，且与一时隔下。黄皮蚝弟所宝爱，寄充遣供；《宋诗抄》一部并往，聊足供博览之乐。闻吾兄近亦脾气不佳，须及早料理，药是本等，然饮食之际，谷气七分，菜气三分，为第一义也。余惟珍重，为道为众生千万。（今释《与海幢阿字无和尚》，见《徧行堂续集》卷一〇）

今无知是长别，力劝今释留之，不可，为助印文集用于请藏。今释临行前与今无、刘炳许有后约。

急欲出岭，承海幢见留，助印拙集百余部，为请藏之用，坐此濡迟，然亦省岭外许多仰面之力，为爱不浅。（今释《答涂英伯郡丞》，见

《徧行堂续集》卷一一)

　　两年不闻问，适以请藏蹉跎，决计出岭，留数行于丹霞，嘱乐说弟遣僧专候，以此行非长别，故不言别也。贵标官来，伏读手示，知吾兄决不恝然于弟，阿字兄又力劝，大约谓是长别耳。弟不住丹霞，正为遨游之计，若无丹霞而遂不入岭，抑何视住处太重而自视太轻耶？弟于吾兄决不能不相思，决无不千里命驾之理，请藏还，决当痛快盘桓，已与阿兄有成言矣。此身虽多病，亦不便死，岭表旧游，决有吾辈聚谈之乐，请吾兄候我，不汲汲于此时也。倚舷草复，匆匆未尽。(今释《与刘焕之总戎》，见《徧行堂续集》卷一二)

清康熙十八年己未（1679）　　今释66岁；今无47岁
　　四月，今释遣僧大集将嘉兴请得藏经奉回丹霞。作《与张皡亭中翰》，为今无辩白顿觉谤其借金事。

　　侍僧还，得答教，以白衣庵藏经见托携归，不欲错因果，虚功德，具服护法至意。前所以不允顿觉之请，盖以其心行不实，即欠经坊债，又欠旋法师物未还，恐致贻累，若仗鼎谕与之结绝，则亦不敢不任劳也。丹霞藏经已得圆满，前贵乡题数尚有未收者，可移为白衣庵藏经之用，今释非借题捞摸之人，此在吾兄主持分孽耳。却有一案，决须辩明者。顿觉指称敝法兄阿字借渠藏资二百金，数千里外，无从质证，乃取其所寄白衣庵及海幢之书，拆而观之。其与白衣庵主书云："谢澄波所借，分毫不吐，张贤若不知去向，高州缘已成画饼。"海幢和尚在金陵，所目击者，并无阿字借银之说，其与海幢书，但称世态艰难，苦力数年，方得成就，绝无借银致累之意，并无此间尚欠经价之说。若海幢果欠渠银，正好借此间欠债，索之速偿，何乃一言不发耶？阿字兄与其师祖契厚，爱屋及乌，托重于令先公，本出一片热肠，今反得此无根之谤，且此藏本是令先公成就，书中竟不一及以慰阿兄之心，不知渠更欲将此项钱粮开销与谁氏之子耶？忆渠于壬子初冬至丹霞，口称张、谢二人，许为请藏领袖，不知其能践约与否。今释语之，但办志诚，自有缘法，特示以偈，有"莫看张，莫看谢，自向衲僧看活计"之语，且为渠撰募藏疏文。渠不出此册，到平湖沈融谷诸公处，妄称丹霞请藏，索其荐书，或见与丹霞无交者，便称海幢请藏。及闻今释欲来贵乡，始至郡城一见，即面诘其虚诞稽迟之过，渠便欲将藏经交付今释载还，而自在此化缘，清楚旋法师欠物。今所寄海幢书却云："即欲回来，因丹霞和尚留待明春。"又闻其语护法云："丹霞和尚留我做执事。"今释一行十余人，支持日用正为棘手，且未有一把茅作度夏计，有何职事须留渠做？渠指称今释云云，无足重轻，所可叹者，阿字兄以好心成就，而渠报之以诽谤，不忍不为雪屈耳。今将渠手书送览，幸与颙老、汉老共详之，则数千里外，无从质证者，渠自向业镜台前献出肺肝矣。顷发侍僧往吴门探船，归即料理行计，彼藏附去，惟速赐擘画，勿再蹉跎。法门中自有规矩，今释已与此人绝矣。两书阅过发回，当仍寄去，并录今释书，白之岭南大众耳。（今释《与张螭亭中翰》，见《徧行堂续集》卷一一）

【按】顿觉，僧人。身份不详。此前出岭乞藏，今释为作《示顿觉》，见《徧行堂集》卷一五。

【按】张皓，字小白，号螭亭。浙江海盐人。张惟赤仲子。清康熙十一年（1672）登京兆贤书。康熙三十三年（1694）就铨中翰，迁行人。康熙三十八年（1699）秋充顺天武闱同考官，四十二年（1703）赍诏赴粤东，是冬考选授刑部福建司主事，旋以老告归。

【按】《（光绪）海盐县志》卷一六云张皓"甲戌就铨中翰"，若康熙三十三年（1694）方为中翰，则今释此书不应以"中翰"称之，"甲戌"疑为"甲寅"之误。

清康熙十九年庚申（1680）　　今释67岁；今无48岁

八月九日，今释示寂。世寿六十七，僧腊二十九。

请藏缘毕，将入匡庐，因病作，养疴于前南雄太守陆公孝山之别业。示寂前一日，遍发岭南道俗书及诸遗念，属侍僧茶毗收遗骸，投于江流。僧求偈示别，举笔书曰："入俗入僧，几番下火，如今两脚捎空，依旧一场懡㦬。莫把是非来辨我，刀刀只砍无花果。"掷肇端坐而逝。侍僧如教茶毗，不忍投弃，奉骨归楼贤，后还丹霞，建塔于海螺岩。师世寿六十有七，僧腊二十有九。（成鹫《舵石翁传》，见《咸陟堂集》卷六）

请藏事毕，拟还栖贤而病遽作。平湖陆孝山使君留寓别业，遂不起。临终遍发岭内外书及诸遗念，嘱侍者茶毗投骨灰于江流。侍者求留偈，举笔书曰："入俗入僧，几番下火，如今两脚捎空，仍旧一场懡㦬。莫把是非来辨我，刀刀只砍无花果。"挥讫，投笔而逝。时庚申八月九日也。侍僧奉灵骨回匡山，丹霞道俗迎归建塔于海螺岩，距入灭已九载矣。师生于万历甲寅，世寿六十有七，僧腊二十有九。（徐乾学《丹霞澹归释禅师塔铭》，见《丹霞山志》卷八）

【按】陆世楷,字英一,号孝山,晚号锢翁,浙江嘉兴平湖人。明天启四年(1624)生。清顺治三年(1646)拔贡。顺治五年(1648)授山西平阳府通判。顺治十三年(1656)自登州府同知擢南雄知府,守雄州十九载。对别传寺的营建与维持贡献甚巨,可称丹霞第一檀越。礼天然和尚函昰于丹霞,受菩萨戒,法名今亘,字悟石。与今释为莫逆之交。康熙十三年(1674)以忧归乡。服阕,任贵州思州知府。以病归里,康熙三十年(1691)卒于当湖。

清康熙二十年辛酉(1681)　　今无49岁

九月二十二日,今无示寂。世寿四十九,僧腊三十。

辛酉元旦,示众有"收拾丝纶返十洲"句,并寄萧翰林介石、陈乡绅梅臣,隐隐作别语。七月,以省栖贤,附王观察舟到梅关,宿痾并作。九月还山,语侍者云:"丛林一切事照旧,无可再说。"至二十二日丑时曰:"我过三时去矣。"辰时即告寂。全身柔暖如生,顶相红润。典闱高公等,各致悼章,道俗哀恋,如失所恃。(古云《海幢阿字无禅师行状》)

(未刊稿,与张若琪合作)

成鹫及其《咸陟堂集》

姜伯勤先生曾指出："在岭南，突出反映禅寺名僧士人化趋向的有天然系禅僧与'莲社'系禅侣，以及鼎湖山系禅僧及'东林社'系禅侣。"① 而曾在香山建立东林庵并仿明东林党故事结社，又次曾担任肇庆庆云寺第七代方丈的迹删成鹫，既是鼎湖山系也是东林社系禅僧的代表人物。这位在清初岭南佛教史上具有重要地位的高僧，就是《咸陟堂集》的作者。

成鹫俗姓方，名颛恺，字麟趾，广州府番禺县韦涌乡人。其父方国骅（字楚卿，号骑田）是当时的名士，曾中过南明隆武朝的举人，清朝征服岭南后归隐林下，以砚耕糊口，学者称学守先生；其母苏氏是一位虔诚的佛教居士，曾受优婆夷五戒；其从兄方殿元（字蒙章，号九谷子）是清康熙朝的进士，工诗文，为"岭南七子"之一。

成鹫出生于明崇祯十年（1637）三月二十一日，九岁就外傅，受诗书之学。他天性聪慧，卓荦不凡，有"神童"之号。13岁时曾出应南明永历朝童子科试，被录为博士弟子员。若是在清平世界，成鹫也许就循着科举之途一路走下去了。然而他生不逢时，其少年时代恰是南明与清朝在南方激烈角力的时代，广州地区曾发生了一系列令人惊心动魄的事件。先是清顺治三年（1646）清抚军佟养甲、督师李成栋潜师攻入广州，南明绍武帝自经。接着"广东三忠"——顺德陈邦彦、南海陈子壮和东莞张家玉揭竿而起，这场最终被血腥镇压的起义拖住了清军西进的步伐。顺治五年（1648），李成栋出人意料地胁迫佟养甲反正，宣布两广反清复明，南方形势一时变得有利于永历。顺治七年（1650），清平南王尚可喜、靖南王耿继茂率师南下，在打败了李成栋之后，围城八个月，最终攻陷了广州。清军屠城七日，造成60余万人死亡，在城男子靡有孑遗，是为"庚寅之劫"。方家在这场惊天动地的大事变中也遭受了劫难，方国骅为营救陷于城中的眷属，不得不向清军输饷二千余金，这笔数额巨大的赎金使方家元气大伤，从此一蹶不振。面对生计萧然之局，成鹫只好辍学耕稼，"不复知有《诗》《书》"。那

---

① 姜伯勤：《石濂大汕与澳门禅史——清初岭南禅学史研究初编》，学林出版社1999年版，第576页。

时成鹫年少气盛，"见猎心动，日与乡里恶少交游，举重扛鼎，运槊试剑，横行市井，莫敢谁何。……出遇不平，奋臂而起，锄强扶弱，不避权贵，敬贤疾恶，不择亲疏，慨然以任侠自许"（《纪梦编年》）①。不过到17岁时，他又恢复了向学之心，取出家藏旧籍攻读，"尽弃制科业，力究濂、洛、关、闽之学"（胡方《迹删和尚传》）②，"攻苦逾年，经学淹贯"（《纪梦编年》）③。为了糊口，他19岁出为塾师，从此开始了中间断断续续长达20余年的教学生涯。在教书的同时，他继续刻苦自修，学问日渐博洽。这个时期的成鹫，以"晚世之真儒"自任，立言设教无不以儒行为务，"非圣人之言不言，非圣人之行不行"。但当时"大江以南，阻于声教，四方不轨之徒，相继蜂起。岭南山海，半为啸聚之场"，动乱的社会现实与成鹫美好的道德理想之间存在着巨大差距。（《纪梦编年》）④

如果说成鹫在其前半生中留给世间的是一位为淳民气、化风俗而孜孜以求的儒生形象的话；那么在后半生中，他所留给世间的，则是一位矢志皈依三宝而不脱士人习气的方外遗民的形象。因为他在初逾不惑的那年，也就是康熙十六年（1677），忽然自我断发，宣布离俗。

是什么原因导致成鹫出人意料地放弃多年所持奉的儒家价值观而遁身佛门呢？这是一个曾令学者困惑的问题。比如清人沈德潜便在《国朝诗别裁集》卷三二中说："（成鹫）中年消发，不解其故。"对此，成鹫并未正面回答过，他只是在其自传《纪梦编年》中说自己与佛门向有"夙缘"，因为其母在生他前夕曾梦"老僧入室"。另外，成鹫还提到自己的母亲一生崇信三宝，焚修不断，这种敬佛态度对他自然会有影响。但是，难道这点夙缘和影响，就足以使成鹫出家了么？事情不会这么简单。仔细析读《纪梦编年》，会获得某些有用信息：

> 是时，丁巳岁五月五日也，余年四十有一矣。闻变而起，仰天大笑曰："久矣，夫吾之见累于发肤也！"左手握发，右持并剪，大声疾呼曰："黄面老子，而今而后，还我本来面目，见先人于西方极乐之世矣！"⑤

---

① 释成鹫：《咸陟堂集》，广东旅游出版社2008年版，第二册，第304页。
② 释成鹫：《咸陟堂集》，广东旅游出版社2008年版，第一册，序第3页。
③ 释成鹫：《咸陟堂集》，广东旅游出版社2008年版，第二册，第304页。
④ 释成鹫：《咸陟堂集》，广东旅游出版社2008年版，第二册，第308、309页。
⑤ 释成鹫：《咸陟堂集》，广东旅游出版社2008年版，第二册，第309页。

"闻变而起"四字，透露了成鹫的出家与当时政局有密切的关系。成鹫所说的"变"，是指三藩之乱被平定，清朝重新克服南方。康熙十二年（1673）清廷宣布撤藩，握有重兵的平西王吴三桂与平南王尚可喜之子尚之信、靖南王耿继茂相继拒命，史称"三藩之乱"。这一事件在性质上本是地方割据势力与中央朝廷之间的利益争斗，但是由于领头的吴三桂是打着"兴明讨虏"的旗号与清廷对抗的①，因此，使当时的不少人产生了错觉，以为大明的江山恢复可期。成鹫虽未像大名鼎鼎的屈大均一般兴冲冲地离乡从军，但其内心对三藩的前途无疑是充满着期待的。然而经过四年的政治与军事较量，"滇黔之炎炎者，将见扑灭；闽广之滔滔者，渐睹安澜；冠冕之峨峨者，又不免于裂冠毁冕，退修初服矣"（《纪梦编年》）②，这个结果，无疑给成鹫泼了一头冷水，并最终促成了本有厌世之心的他离俗。所以与成鹫同时代的李来章在《咸陟堂诗集序》中这样分析："意其人固豪杰倜傥之流，殆有所托而逃焉者乎？"③从表象来看，成鹫出家似有心血来潮的意味，其实不然。胡方《迹删和尚传》谓成鹫"年十五遭时变，飘然有出世想，以亲在未获如愿"，可知他早有离俗之念，只是因为"亲在"而未能付诸行动。到康熙十年（1671）方国骅辞世，道路就差不多铺平了。其父故后，成鹫"出家之念更切"，其母"苏宜人正崇信三宝，一请得命，遂决志薙染"。④

自我落发后的成鹫最初在广州府南海弼唐的亦庵自修，由来又寄迹于其老友陶握山在小漫山的别业。他的奇特出家方式曾惹来人们的耻笑，尽管他在与时僧的辩论中曾理直气壮地以"师心"来回击对方对自己的攻击，但是作为一个出家人，"无师无名，且无戒体"（《纪梦编年》）⑤，总是说不过去的。好在不久这种令成鹫尴尬的局面便结束了。康熙十八年（1679），临济宗高僧离幻元觉入云门扫祖师塔，与成鹫邂逅于小漫山，二人一见相契，遂成师徒。离幻元觉是罗浮山石洞禅院的方丈，号石洞，是曾被清顺治帝赐号"弘觉禅师"的岭南明僧木陈道忞的法孙，因此，成鹫在法脉上属天童系⑥。元觉原本为他取的法名是光鹫，字即山；后因平阳开派⑦，易光为成，

---

① 吴三桂曾传檄远近，声称拥立"先皇三太子"，并规定士民皆要蓄发、易衣冠。
② 释成鹫：《咸陟堂集》，广东旅游出版社2008年版，第二册，第309页。
③ 释成鹫：《咸陟堂集》，广东旅游出版社2008年版，第一册，诗集序第3页。
④ 释成鹫：《咸陟堂集》，广东旅游出版社2008年版，第一册，序第3页。
⑤ 释成鹫：《咸陟堂集》，广东旅游出版社2008年版，第二册，第310页。
⑥ 木陈道忞是四明山天童寺密云圆悟的法嗣。
⑦ 道忞曾在浙江绍兴平阳寺主法。

光鹫遂改名成鹫，改字迹删，号东樵山人。

初受石洞法的成鹫最先在西宁（今郁南）主持翠林僧舍，当时西宁有"僧海"之称，高僧鼎峙角立，应求相望，其中以云窝山的中介禅师、龙华寺的无尽禅师和石门梅坪寺的传源禅师最为著名。成鹫在此盘桓数月，不时向这些高僧问学。特别值得一提的是他与湛兹传源的交往，这位后来成为肇庆鼎湖山庆云寺第三代住持的高僧号石门，是南京天界寺觉浪道盛的法嗣，在宗派上属曹洞宗天界系。传源早年曾参遍诸方，学问渊博，禅理精通，四方学者多从之游。成鹫相见恨晚，十分折服，乞为门人。但传源以成鹫乃非凡大器，坚辞不纳，三请三却。此为清初岭南佛教史上的一段佳话。成鹫在西宁盘桓数月之后，于康熙二十年（1681）回广州礼其师于华林寺（其时元觉正任华林寺第二代住持），禀受十戒，随即遵师命入罗浮山，掩关于石洞禅院，耕凿之暇，日夜参究，渐有所悟。不久元觉圆寂，合众共推成鹫继主华林寺法席。其时华林寺正"为魔外所侵，莫可摇拔"，成鹫毅然入院除莠安良，立规垂训，"微师，则堂堂宝刹化为狐兔之窟矣"。然而因为元觉生前曾有"子性禀孤高，不能容物，出则恐为众的，只可住山，不可为人"之嘱，所以成鹫坚辞不就方丈之职，而举法叔铁航元海自代，在整顿好寺院之后，就返回了罗浮山。（胡方《迹删和尚传》）①

偏僻的罗浮山虽宜于禅修，却不是世外桃源。尽管成鹫在入石洞时曾指江而盟："此去大事不明，生恩不报，誓不复过此河！"（《纪梦编年》）② 但是他在山上待未及一年便狼狈地逃下了山，因为盗贼之啸聚抢劫与官兵之狂捕滥杀使他无法在山上待下去。飞锡出山的成鹫希望寻一个"无贼无兵无名之地"托命安身，他听说海南气候温暖、民风淳朴，便翛然浮海，乘官船来到了当时大陆人罕至的海南岛，托迹于会同县多异山海潮岩的灵泉寺。在海南待了两年之后，他又于康熙二十三年（1684）返回内陆。久客初归的成鹫身如飘叶，心若悬旌，正当他感到世路茫茫、未知归定的时候，他在华林会上听说有一位闲云禅师得法于天目，便前往拜访，请受具足戒。为了进一步参通佛理，同时也是为了趋避风鉴家所言的"大难"，受具后的成鹫从51岁至54岁在故里闭关三年，通过这种强化式的修炼达到了大自在。出关后，成鹫结庵于南海的马山之阳，与一群贯通三教、博极群书的友朋组建了一个文化学术团体——莲社。过了一年余，他受闲云和尚之招到佛山仁寿

---

① 释成鹫：《咸陟堂集》，广东旅游出版社2008年版，第一册，序第4页。
② 释成鹫：《咸陟堂集》，广东旅游出版社2008年版，第二册，第311页。

寺，先当书记，后任首座。康熙二十九年（1690），成鹫辞去在仁寿寺担任的职务，到香山（今中山）铁城建立了东林庵，并仿晚明东林党故事结社，入社者共有僧俗30余人，俱为声应气求、志同道合的清流。成鹫在东林庵五阅寒暑，时与社员聚会酬唱，活得颇为自在。

康熙三十四年（1695），成鹫应泽萌今遇和尚之邀，北上仁化丹霞山，客居于别传寺。今遇是清初岭南遗民大众的精神领袖天然函昰禅师的第八法嗣，于康熙二十五年至三十五年（1686—1696）主别传寺法席，在法脉上属曹洞宗。二人虽宗派不同，但相处得十分融洽，"主宾之投契者，有生未曾有也"，成鹫满以为"幸丹霞之有人，可藉以休老矣"。（《纪梦编年》）①想不到，在他上山后的次年，其母便辞世了，他只好返回番禺尽孝。待他办完丧事返回丹霞，今遇已往匡庐主法栖贤寺。成鹫与继席者合不来，遂离开别传寺，先是寄迹于山麓的锦岩寒梅古寺，后应肇庆鼎湖山庆云寺第四代方丈契如元渠之邀到肇庆修纂《鼎湖山志》。修志工作告一段落后，他以旧社难忘辞返东林。在此期间，他曾到过澳门的普济禅院活动。在重返东林的两年中，成鹫前后大病了两场，几致丧命。待身体稍为恢复，他返回故里，先养疴于其早年的出家之地弼唐亦庵，后又借居于庞氏的梅园。

康熙四十年（1701），成鹫受请入主坐落在广州珠江南岸的大通烟雨宝光古寺。此寺规模宏大，但至明万历时已废毁。入清后曾有善士捐资兴复，惜乎事未竟而人先卒，寺庙复将废堕。成鹫入院后，日督徒众耕锄树艺，补葺破漏，终于使古刹基本恢复了旧时模样。成鹫总共在大通古刹生活了七年。康熙四十七年（1708），鼎湖山虚席，成鹫应合山大众之请入山主法，成为庆云寺第七代方丈，当时他已经72岁。其时庆云寺以开山日久而弊端丛生，成鹫主法后目击颓风，痛心疾首，遂立规矩，定祖训，大刀阔斧整顿寺务。成鹫经营庆云寺长达六年之久，对寺庙的建设做出了很大的贡献，但是其"不能容物"的性格也招致了寺僧的不满。康熙五十三年（1714），面对横议奇谈风起的局面，成鹫只好宣布退席，还居广州大通烟雨寺。

康熙六十一年（1722）十月初，成鹫患了痰气疾，不食十余日，而对客谈论如常。二十一日，呼众详嘱后事，又口授封龛偈及封条称呼，让门人逐一记下。待一切吩咐完毕后，他平静地说："我七日复来，有话与汝辈说。"（胡方《迹删和尚传》）② 言毕而逝。就这样，这位岭南佛门的旷世奇

---

① 释成鹫：《咸陟堂集》，广东旅游出版社2008年版，第二册，第317–318页。
② 释成鹫：《咸陟堂集》，广东旅游出版社2008年版，第一册，序第4页。

才走完了其人生的历程,世寿八十六,僧腊四十五。①

因为成鹫在其盛年时到过海南岛,后来又曾到澳门普济禅院,所以近代学者邓之诚在其《清诗纪事》初编卷二认为他有"通海"——即秘密联络海上反清势力——的嫌疑,此说影响甚大,几成定谳,但这只不过是捕风捉影的臆测而已。当然,从《咸陟堂集》所收的某些诗文及《纪梦编年》所载的某些事实来看,成鹫在内心深处对以异族入主中国的清朝统治者是持排斥态度的,对明朝是怀有留恋之情的。因此,有无现行反清活动,都改变不了他是袈裟遗民的事实。

成鹫学问博洽,才气纵横,一生著作颇丰,见诸著录或尚存世的作品有《楞严直说》十卷、《纪梦编年》一卷后附续编、《金刚经直说》一卷、《老子直说》(书名或作《道德经直说》)二卷、《注庄子内篇》一卷、《鹿湖草》四卷、《诗通》、《不了吟》、《自听编》、《鼎湖山志》八卷、《渔樵问答》一卷,以及我们现在所见到的这部《咸陟堂集》。

《咸陟堂集》是成鹫的诗文合集,分初集与二集两部分。初集包括文25卷、诗17卷;二集包括文八卷、诗六卷、赋一卷。对"咸陟"一名的来历,《纪梦编年》有如下解释:

《周礼》太卜氏占梦之法,其梦有三:国思虑而致者曰致梦,思虑所不及者曰觭梦,无思无虑感于物而通者谓之咸陟之梦。吾少也贱,多能鄙事,学为诗文,本乎家学,不由师说。著述经论,自成一家之言,不敢出以问世,恐见笑于大方。窃念万法惟心,我无心而感物,物将从吾心以应之,咸陟之谓也。遂自名其堂曰"咸陟",著述因而名焉。②

此书收录了成鹫在一生的不同时期所作的序、跋、志、铭、记、传、启、疏、引、赋及祝寿、祭祀、题赠、书牍、问答、警语、题辞等共数百篇,诗歌一千多首。这些形式不同而内容丰富的作品,从不同角度记录或反映了作者的政治立场、思想倾向、生活态度、艺术见解、审美意趣、宗教信仰、处世哲学以及社会交往情况,包含了其所处时代的政治、经济、军事、文化、宗教等诸多方面的信息,具有很高的文献价值和历史价值。例如,集中所载

---

① 胡方《迹删和尚传》谓成鹫卒于康熙六十一年壬寅(1722),并说成鹫"世寿九十有余,僧腊五十有奇",当误。

② 释成鹫:《咸陟堂集》,广东旅游出版社2008年版,第二册,第321页。

的僧人传记、寺塔碑铭、书信尺牍以及有关诸山形胜的文字，便是研究明末清初岭南佛教史的珍贵资料。像文一样，成鹫题材广泛的诗作亦是证史的重要素材。例如《仙城寒食歌》之四，描述了顺治七年（1650）清军攻陷广州后"海珠海水流腥血，十万生灵冤莫雪"的悲惨局面，揭露了清廷血腥屠杀人民的罪行。又例如在澳门的吟咏是研究澳门社会状况的第一手资料，像《三巴寺》这样的诗，活脱脱是当时澳门社会的掠影。其《观李雪樵明府新制龙尾车图式，述为长歌，寄邑明府姚齐州，冀广其传》有"曾闻西洋利玛窦，师心巧过公输般。制器尚象无不有，玉衡平衡浑等闲"句，反映了明末西方理论与技术在中华传播的情况。成鹫本人在书法、绘画艺术方面有很深造诣，是岭南的名家，因此收入集中的题画诗，是研究清初岭南书画史的有用材料。

　　《咸陟堂集》不仅对于研究明末清初岭南的历史具有重要价值，它本身也是文学雅苑的奇葩，在清初岭南文学史上具有重要地位。成鹫学问渊博，极富才情，其文学才华向来备受论者推崇。胡方在《迹删和尚传》中说："大抵其才，以敏捷雄浩推倒一世，艺苑之士无与抗衡者。"① 沈德潜则断言成鹫"所著述皆古歌诗杂文，无语录偈颂等项，本朝僧人鲜出其右者"②。从收入《咸陟堂集》的作品来看，这些评价并非过誉。成鹫为文笔力纵横，直抒胸臆，有一股浩荡之气，邓之诚认为"尽情发泄，不拘守八家准绳，颇有似庄子处"③。例如其《南华问答》以佛说道，极言"逍遥"之义，汪洋恣肆，极富辩才。《菊说》状写菊花名品"一捧雪"之玉质冰姿、冷魂皓魄，文采飞扬，落英缤纷。《会祭陈独漉文》把陈恭尹屠杀获存、南明任官、草泽苦学、渡岭北游、闭户著书等经历都说成是"造物主"的意志体现，立意十分奇特。在《咸陟堂集》中，还有一类幽默轻松的作品，给人留下深刻印象。例如《石癖记》记述名士邝露以美姬换奇石、作者自己把"似我"的顽石视作宝贝的趣闻，把癖石者对石之"痴"描写得活灵活现。《与友人》拿《宋史稗钞》所记的一只"屡游相须，曾经御览"的虱子来作游戏文章，令人忍俊不禁。甚至在囊中羞涩、生计无着之际，成鹫的文字也不失其风趣幽默，相信读过其《借笔》《借米》《借钱》一类文字的读者，都忍不住发出会心的一笑。

---

① 释成鹫：《咸陟堂集》，广东旅游出版社2008年版，第一册，序文第4页。
② 沈德潜：《清诗别裁集》，中华书局1975年版，第586页。
③ 邓之诚：《清诗纪事初编》，上海古籍出版社1984年版，第295页。

成鹫诗歌创作方面的成就也不在其文章之下。其古体豪迈奇崛，旷达浩荡，近体则凝练清切，颇饶高致，显示了超群拔俗的艺术功底。樊泽达《咸陟堂诗集序》曾把成鹫比作古代的文畅、高闲、惟俨、秘演一类的人物；邓之诚《清诗纪事初编》卷二则说成鹫之诗"快吐心臆，不作禅语，无雕琢摹仿之习，仍是经生面目"①。确实，成鹫的诗作或意度闲雅，或郁律有神，非一般作手所能望其项背。例如，"其写景则模山范水，往往如泉喷珠，着壁成绘，清奇而不失自然"②。像《飞水潭观瀑》以飞花飘雨与万壑奔雷极言"飞水"之动，又以石乳之新与莓苔之古极言澄潭之静，动静相映，绘形绘色，意趣盎然。

成鹫诗文出众，其诗文理论也自成一说。他曾在《咸陟堂文集》卷一《藏稿自序》中说："自为诗文，无所取法，第惟根于心，出诸口，发之而为声，歌之咏之，自适其情而已。"③ 有本于从心适情的宗旨，他对那些出自真情至性之作总是给予高度肯定。例如，《咸陟堂文集》卷三《九带堂诗跋》称赞天藏禅师"假声律以舒写其性情"④，卷一《缶鸣草序》褒扬庞子"常当患难，时舒其牢骚愤懑之气，出为不平之鸣"⑤，同卷《纪游诗序》自论作诗之旨是"足之所至，兴之所寄，即事遣情，往往有诗，不复计其工拙也"⑥。这种见解既系出自禅家"明心见性"的意旨，也与中国诗文理论传统保持了一致。重视真情直抒，必然强调写诗为文以自然为本。在成鹫看来，诗文创作是作家与自然浑合为一的过程，自然有待于作家的创作而熠然生辉，作家有待于自然的丰富而蔚然成文。其《鼎湖山志》卷七《艺文碑碣第十二》说：

苍松古柏，文之质也；黄花翠竹，文之华也；响泉幽磬，文之韵也；云蒸雾蔚，文之态也；渊停岳峙，文之正也；奔雷訇瀑，文之奇也。天地有自然之文章，目遇之而成色，耳遇之而成声，意遇之而成理，神遇之而成形。名山非作者无以写其真，作者非名山无以成其文。二者相得益彰，缺一不可。⑦

---

① 邓之诚：《清诗纪事初编》，上海古籍出版社1984年版，第295页。
② 覃召文：《岭南禅文化》，广东人民出版社1996年版，第135页。
③ 释成鹫：《咸陟堂集》，广东旅游出版社2008年版，第二册，第1页。
④ 释成鹫：《咸陟堂集》，广东旅游出版社2008年版，第二册，第43页。
⑤ 释成鹫：《咸陟堂集》，广东旅游出版社2008年版，第二册，第17页。
⑥ 释成鹫：《咸陟堂集》，广东旅游出版社2008年版，第13–14页。
⑦ 释成鹫：《鼎湖山志》，广东教育出版社2015年版，第126页。

成鹫还继承了肇自东晋、经唐宋而在宋末严羽《沧浪诗话》那里获得了丰富的以禅喻诗的理论，并在前人基础上进行了发挥。其《陈伯云诗草序》便是以禅史喻诗史，以禅品喻诗品，以禅宗五家的宗风比附诗家诸派的诗风。他在《咸陟堂文集》卷一《浪锡草序》中借用了中国画学的"真""妙""神"三品说，认为"真品为骨，妙品为髓，神品为神，出之以游戏三昧，虽日吟咏风雅烟霞之场，不自知其为诗与道也"①。

《咸陟堂集》最初由"耕乐堂"刊刻于清康熙年间。成鹫在《咸陟堂集》自序中提到："东樵老农日以梯稗为业，敛而藏之，几盈禀矣。不敢出以示人，虑献笑故。有布田先生者，解百金以出之，曰：'此奇货也可居，人弃我取，人取我与，宜若可为也。'老农有同好矣，遂发其藏，为梯稗之言，以报知己。"② 而书后确有"古冈布田吴琨仲山甫"所作的跋文，可知这位出资刊刻《咸陟堂集》的热心人士便是冈州（新会）吴琨仲，他是一位明经出身，通籍吏部的官员，与成鹫关系颇为密切。③ 考虑到字与号的联系，笔者估计"耕乐堂"很有可能是他的斋号。至于《咸陟堂集》最早刊行的具体时间，版刻未明示，但诗集前分别有李来章作于康熙四十六年（1707）的序和樊泽达作于康熙四十八年（1709）的序，故可断定成鹫在主法广州大通寺时已有把此集付诸剞劂的想法，而集子正式出版是在其任肇庆鼎湖山庆云寺住持之后。

由于成鹫作诗为文讲求抒发真思想真情性，其文章不免触及时忌，因此《咸陟堂集》在乾隆时曾遭朝廷查禁，被列入《禁书总目》与《违碍书目》。清《禁毁书目补遗》卷一载："《咸陟堂诗文集》一部十四本，书中多涉愤激，应请销毁。再此书文集内尚有缺卷，应行令该督抚再将全部查明销毁。"④ 朝廷的查禁，阻断了此书在社会上的流传，是以道光时香山人黄培芳已有"惜乎（《咸陟堂集》）版片久已无存，艺林未由遍览"（《重刻咸陟堂集叙》）⑤ 的感慨，而冼玉清在上世纪五六十年代撰写《广东释道著述考》时亦未能亲睹康熙本《咸陟堂集》。直至上世纪 90 年代北京出版社出

---

① 释成鹫：《咸陟堂集》，广东旅游出版社 2008 年版，第 17 页。此处参考覃召文《岭南禅文化》，广东人民出版社 1996 年版，第 137 – 139 页。
② 释成鹫：《咸陟堂集》，广东旅游出版社 2008 年版，第一册，序第 6 页。
③ 《咸陟堂文集》卷二一有《布田说》，卷九《送熊剑文归丰城因祝乔梓寿》称吴布田为"吾友"；《咸陟堂诗集》卷一有《慰吴布田并挽逝》。
④ 邓实：《清代禁毁书目补遗》，（上海）商务印书馆 1957 年版。
⑤ 释成鹫：《咸陟堂集》，广东旅游出版社 2008 年版，第一册，序第 1 页。

版《四库禁毁书丛刊》，收入首都师范大学图书馆所藏的康熙耕乐堂刊本《咸陟堂集》之后，一般读者才得以看到这个版本的面目。①

康熙本《咸陟堂集》虽然在乾隆时受到了朝廷的查禁，但在社会上并未完全绝迹。道光二十五年（1845），广州华林寺僧祇园明超通过某种渠道获得了此书，并在与张维屏、谭敬昭并称"粤东三子"的著名诗人、曾任内阁中书的香山人黄培芳等的资助下把它重新刊刻出版。这个道光重刻本与《四库禁毁书丛刊》所收的康熙本《咸陟堂集》的最大不同，是在初集基础上增加了二集②。至于初集，从行款、版式到字体都与康熙本差不多一致（个别字有出入），不过序跋略有不同（增加了道光乙巳黄培芳叙，胡方、郑际泰、乐沨《读咸陟堂集题辞》，胡方《迹删和尚传》，康熙壬寅孙绳祖跋），正文则增加了《南山研农传》《与华林方丈书》《复华林寺方丈书》《再复华林方丈书》《与法属》《南衡字说》等六篇文字。这个本子流传较多，中山大学图书馆与广东省立中山图书馆均有收藏。从新增的叙跋可悉，它是根据康熙旧本重刊的。既然是重刊，为什么又与旧本有这么大的出入呢？这可能与《咸陟堂集》的成书过程有关。《咸陟堂集》由耕乐堂初次刊刻的时间应是在康熙四十八年（1709）或稍后，其时距成鹫去世尚有十余年，其间作者还有不少作品面世。这些新作的文字，有可能在作者去世前后被陆续增入了集中。一个证据是道光本有康熙壬寅（1722）孙绳祖跋，跋文提到他曾于成鹫去世的当年初秋探访过成鹫并为此《咸陟堂集》写了跋，而康熙本并没有这篇跋文。当然，也存在另一种可能，这就是此书的旧刻不止一种。因为阮元修《广东通志》、戴肇辰等修《广州府志》著录《咸陟堂集》均作《初集》22卷、《二集》八卷，郑梦玉等修《南海县志》著录作前后集不详卷数，胡方撰《迹删和尚传》作《文集》17卷、《诗集》15卷、《诗文续集》三卷，成鹫自撰《纪梦编年》说"为文二十有七卷，为诗十有五卷，诗文续集三卷"③，而陈澧《香山县志》卷二〇《仙释》则说成鹫著有《咸陟堂集》50余卷，各处所记均有出入。

（原载《咸陟堂集》，广东旅游出版社2008年8月版）

---

① 据《中国善本古籍总目》著录，全国共有四家图书馆收藏有康熙耕乐堂刊《咸陟堂集》。
② 《通学斋广东书目》，载康熙耕乐堂刊本还包括《二集》三卷，其中诗一卷，文二卷，但首都师范大学图书馆藏本无此内容。
③ 释成鹫：《咸陟堂集》，广东旅游出版社2008年版，第二册，第321页。

成鹫"通海"辨

清初岭南的著名高僧成鹫（字迹删），俗名方颛恺（字麟趾），生于明崇祯十年（1637）三月二十一日，广州府番禺县韦涌乡人。天性聪慧，卓荦不凡，少年时即有"神童"之号。13岁时曾应南明永历朝童子科试，被录为博士弟子员。清征服岭南后尽弃制科业，以砚耕为生，在广州及周边地区设席课士。成鹫早年以"晚世之真儒"自任，曾为淳民气化风俗而孜孜以求。但41岁那年（康熙十六年，1677），却忽然放弃持奉多年的儒家价值观而遁身佛门。出家后曾先后在西宁（今郁南）翠林僧舍、罗浮山石洞禅院、琼州府（今海南）会同县灵泉寺、佛山仁寿寺、香山（今中山）东林庵、仁化丹霞山别传寺、肇庆鼎湖山庆云寺禅修。康熙四十年（1701），入主坐落在广州珠江南岸芳村的大通烟雨宝光古寺。康熙四十七年（1708）年后应合山大众之请入鼎湖主法，成为庆云寺第七代方丈。六年后退席，还居大通。康熙六十一年（1722）十月圆寂，世寿八十六，僧腊四十五。成鹫学问博洽，才气纵横，清胡方在《迹删和尚传》中断言："大抵其才以敏捷雄浩推倒一世，艺苑之士无与抗衡者。"[1]沈德潜则说成鹫"所著述皆古歌诗杂文，无语录偈颂等项，本朝僧人鲜出其右者"[2]。其一生著述颇丰，作品有《楞严直说》、《纪梦编年》、《金刚经直说》、《老子直说》（或作《道德经直说》）、《注庄子内篇》、《鹿湖草》、《诗通》、《不了吟》、《自听编》、《鼎湖山志》、《渔樵问答》及《咸陟堂集》等，在岭南佛教史和文学史上均占有重要地位。

基于对某些史实的误解，近代著名学者、北京大学教授邓之诚先生把成鹫视为反清复明的政治人物，认为他有"通海"嫌疑。邓氏在《清诗纪事初编》卷二中写道：

集中有《鬻剑诗》云："尝蓄古剑承景藏之十年，以待不平，今既

---

[1] 释成鹫：《咸陟堂集》，广东旅游出版社2008年版，第一册，序第4页。
[2] 沈德潜：《清诗别裁集》，中华书局1975年版，第586页。

平矣，无所用之。"不类出世人语。与陶环①、何绛结生死之交，环字握山，绛字不偕。致握山地下书屡言握山失却出家机会，盖以出家为隐语，即谋恢复再造。环、绛皆熟于海上，奉永历正朔者，故成鹫往澳门主普济禅院，又尝渡海至琼州，踪迹突兀，实有所图。北田五子陈恭尹为首，恭尹居西樵，成鹫自号东樵，若舆之抗。恭尹之没，成鹫为文祭之，称造物使之全节，以见先人于地下，若微示不满者。②

邓说影响颇大，屡为来学所承袭，已成定谳。例如覃召文先生判定："光鹫入清后坚守气节，曾参与南明抗清活动。"③ 蔡鸿生先生认为："联系到康熙二十一年（1682）成鹫的琼州之行，他作为身在佛门的遗民，确实踪迹突兀，情系海南，似乎参与过某种通海的密谋。"④ 姜伯勤先生分析："普济禅院与莲峰庙的两件《莲座》中俱不见成鹫的名字，这更增其'踪迹突兀'的秘密工作色彩。"⑤ 黄国声先生认为邓先生的推断"是颇可信的"，"因为当时抗清义士，每每利用寺院作掩护，以进行秘密活动"⑥。刊载于某网站的一篇介绍广东僧尼与居士的历史与现状的文章，也提到"成鹫曾往澳门普济禅院，秘密进行反清复明活动"⑦。笔者在点校《咸陟堂集》的过程中对此问题做了研究，结果发现所谓成鹫"通海"之说实为捕风捉影，不能成立。为显示真相，兹先对邓先生所提出的诸条"证据"进行一番辨析。

《鬻剑诗》载于《咸陟堂诗集》卷一一，是成鹫将自己所收藏的古剑与人易粟后之戏作。邓先生说"尝蓄古剑承景藏之十年，以待不平……"等语"不类出世人语"，是说成鹫藏剑本有所图，"图"些什么？当然是指成鹫想让此剑在反清复明运动中派上用场。这一分析应该说颇为勉强，因为就一般而言，作为骨董的古剑多半已失去实用功能，与其说是"武器"，不如说是艺术品；而且成鹫诗序中有"戏赠"二字，这说明他所说的这一番话

---

① 陶环应为陶璜，见陈恭尹《独漉堂集》卷一二《陶握山行状》。
② 邓之诚：《清诗纪事初编》，上海古籍出版社1984年版，第295页。
③ 覃召文：《岭南禅文化》，广东人民出版社1996年版，第133页。
④ 蔡鸿生：《清初岭南佛门事略》，广东高等教育出版社1997年版，第101页。
⑤ 姜伯勤：《石濂大汕与澳门禅史——清初岭南禅学研究初编》，学林出版社1999年版，第472页。
⑥ 陈永正：《岭南文学史》，广东高等教育出版社1993年版，第246页。
⑦ http://210.76.65.23:8080/was40/outline?page=22&c（广东省情信息库）.

带有游戏的意味。退一万步而言之，纵使成鹫收藏的这把古剑还具有实用功能，又纵使在成鹫的戏语中包含有认真的成分，我们顶多也只能推导出他藏剑是为了及乱防身，而不是为了在造反时充作利器。

邓先生所说的"致握山地下书"，即《咸陟堂文集》卷一四的《致亡友陶握山书》，是成鹫写给故友陶璜的信，该信通篇所表达的，都是对故友未能把当年同作方外游付诸行动的惋惜之情。信中说到：

> 古德有言，出家乃大丈夫事，非将相所能为。予谓不出家亦大丈夫事，非声闻缘觉之可比。黄面瞿昙不能挽维摩出毗耶，东林长老不能致渊明入莲社，江西马驹不强道玄弃妻子，出家与否，各从其是，不必牵之使同也。予薙染有年，未常一语要人使弃所学而从我，惟于老弟分中，则区区之心辄不能已。常以不近情、不入耳之言苦相劝勉。①

成鹫为何不厌其烦地劝说故友出家呢？这是由于在他看来，陶璜不仅有出家的迫切需要，而且有出家的合适条件："适来适去，不昧前因，面目本来，曾无损益，一也；二亲早背，一子殇殂，眷属无缘，恩爱易割，二也；名场永辞，嗜欲早澹，脱屣纷华，性成习近，三也。"② 可惜故友在此问题事上犹豫不决，屡失良机，最终以肺疾辞世。作者在信中逐一回忆了事情前后的经过。笔者对邓先生居然从此书中得出了成鹫"盖以出家为隐语，即谋恢复再造"的结论感到十分诧异，其实事情哪有这么复杂？成鹫所说的"出家"，就是通常所理解的落发为僧，而不可能是别的什么。相信任何一位读者在认真读完这篇文章之后大概都会同意这一点。陶璜与成鹫曾有住山之约，这是有许多材料所可证明的。例如，《咸陟堂诗集》卷一一有《与陶握山订住山之约》诗，诗中有"在世了无投足地，入林应是息肩时"③ 之句；同卷的《归隐罗浮留别陶握山、罗戒轩》诗则有"苦海看谁先到岸，长途怜我始分岐"④ 之句。《咸陟堂文集》卷三《石洞遗稿后跋》载："先师在日，予与陶子握山相约出家，为方外之游。予竟绝尘先奔，被先师一手按定，穿却鼻孔。握山逡巡畏缩，几番错过，竟以白衣老死牗下。"⑤ 而成

---

① 释成鹫：《咸陟堂集》，广东旅游出版社2008年版，第二册，第190页。
② 释成鹫：《咸陟堂集》，广东旅游出版社2008年版，第二册，第190页。
③ 释成鹫：《咸陟堂集》，广东旅游出版社2008年版，第一册，第177页。
④ 释成鹫：《咸陟堂集》，广东旅游出版社2008年版，第一册，第192页。
⑤ 释成鹫：《咸陟堂集》，广东旅游出版社2008年版，第二册，第40页。

鹫在自传《纪梦编年》中亦提到自己出家时，"相约披发入山者"有故人陶握山。因陶子最终没有剃染，作者感慨地说："握山前身为白云山濂泉行僧，乘愿再来，予与生同庚，居同城，长同学，同负不羁之志，思与造物者争复覆之权，争之竟不能胜，将还之造物，寻濂泉之旧隐矣。与予盟，卜日薙发。奈彼壮志未销，风力所转，寒盟而去，终其身为俗人，惜哉！"（《纪梦编年》）①

邓先生又以成鹫曾"往澳门主普济禅院，又尝渡海至琼州"作为其"踪迹突兀""有所图"的证据，这个结论也让笔者感到惊异。因为仅仅以所讨论的对象曾到过哪里就做出他参加了反清复明运动的推定，这在推导方法上是有很大问题的。成鹫到过海南和澳门是事实，但是我们要问他是什么时候到，为什么到。成鹫赴海南岛时在康熙二十一年（1682）九月，这在《纪梦编年》有明确记载。他为什么要到这个当时大陆人心目中的荒僻之壤去呢？看一看《纪梦编年》就明白了。原来，在赴岛之前，成鹫曾遵师命在罗浮山石洞禅院清修。他原本是打算长居罗浮的，故在上山时曾指江而誓："此去大事不明，生恩不报，誓不复过此河！"但在石洞待未及一年便狼狈逃下了山，因为盗贼的啸聚抢劫与官兵的狂捕滥杀让他无法安生。他"由是知人有名不可以住山，山有名不可以久住，思得无贼无兵无名之地而往焉"。此时"客有从海南来者，盛称琼崖乡国之胜，夏不绺纷，冬不裘袄，户不夜闭，路不拾遗，民不知有饥寒，俗不知有治乱，诚乐土也"，成鹫于是翛然有浮海之心。（《纪梦编年》）② 后来恰遇其友人吴谓远到琼州府任职，他便乘搭官船来到了海岛。成鹫登岛后一直寄身于会同县多异山海潮岩的灵泉寺，总共在海南住了两年，直至返内陆前夕才做了一次以观风俗为目的的全岛游。上述情况说明，成鹫到海南只是希望寻找一个可以替代罗浮山的禅修之地，也不怀有政治动机。

《咸陟堂诗集》卷一三有《寓普济禅院寄东林诸子》诗，卷一四又有《丁丑夏客澳门岛普济禅院赠剑平师》诗，据此可知，成鹫到澳门时为康熙三十六年（1697）③，即在鼎湖山庆云寺修纂《鼎湖山志》完成重返东林之后。诗题中的"客"字，说明他不是寺院的常住，因此，邓先生所谓"往

---

① 释成鹫：《咸陟堂集》，广东旅游出版社 2008 年版，第二册，第 309－310 页。
② 释成鹫：《咸陟堂集》，广东旅游出版社 2008 年版，第二册，第 313 页。
③ 姜伯勤先生《石濂大汕与澳门禅史——清初岭南禅学史研究初编》亦认为成鹫此年在澳门。但章文钦先生《澳门与中华传统文化中的航海保护神》一文说成鹫曾于 1692 年春与 1697 年夏两度到澳门。见澳门海事博物馆、澳门文化研究会合编《澳门妈祖论文集》，1998 年。

澳门主普济禅院"之说是不成立的。姜伯勤先生《石濂大汕与澳门禅史——清初岭南禅学史研究初编》提到普济禅院与莲峰庙的两件《莲座》俱无成鹫之名,这也是成鹫不曾在普济禅院主法的证明。如果仅以成鹫短暂地访问了一次普济禅院,便断言他到澳门是"有所图",这是不能令人信服的(即使是他真的主法普济,也不能轻率地得出这样的结论)。我们注意到,在到澳门前后的一两年时间里,成鹫身体极差,《纪梦编年》在回忆丙子——即到澳门的前一年——之事时,曾说到自己"不纳水谷,病将不起,予亦不愿有生也";在回忆从澳门回来以后的事时,则说自己一连大病了好几场,几至丧命。成鹫还提到自己有"宿命之通",自断必在康熙三十七年(1698)三月二十七日"无常至"。在这样的身体条件和心理状态下,要说成鹫在澳门会有什么"密谋",那是很难想象的。连《纪梦编年》都说作者自己这段时间里"鱼鱼鹿鹿,无可述者"。

如果说孤立地分析个人的行踪形迹还不足以证明成鹫是否"通海"的话,回顾一下当时社会的形势,事实真相也许会变得比较清楚。清朝统治者在入主中国之初,确曾遭到过各地士民的激烈抵抗,在顺治时期,南北的反清复明运动可谓此伏彼起。但是到康熙朝之后,国家的政治军事形势已发生了重大变化,其中有三个方面的情况应引起特别的注意:一是顺治十八年(1661)吴三桂逼缅王交出了永历帝,并在次年将其杀害于昆明,南明的最后一个王朝覆灭,反清复明运动因此失去了号召士民的旗帜。二是自从福建沿海退守台湾的郑成功于康熙元年(1662)在台南病故之后,郑氏政权偏安一隅,势力日衰,并最终于康熙二十一年(1682)被清朝消灭,清朝的海上威胁从此解除。三是康熙十二年(1673)发生的以吴三桂为首的"三藩之乱",经过四年的政治、军事较量之后,最终被朝廷平定。成鹫到海南岛时,永历朝已覆灭20年,"三藩"已被铲除六年,远在台湾的郑氏势力行将灭亡,试问成鹫若"通海",谁是其交结的对象?成鹫到澳门,在时间上更比到海南晚了15年,其时清朝已进入所谓"康熙盛世",政治已十分稳固,连"海禁"都废除了,试问在此背景下,明朝哪里还有"恢复再造"的可能?成鹫还"通"什么"海"?

至于说成鹫自号"东樵"若与居西樵之陈恭尹相"抗"之说,就更牵强了,真不知扯到哪里去了。《纪梦编年》载:"东樵者,罗浮之别名。最初出家,先住罗浮,不忘本也。"[①]

[①] 释成鹫:《咸陟堂集》,广东旅游出版社2008年版,第二册,第299页。

以上是对邓氏所之诚先生的各条证据的辨析。除此之外，笔者还可从出家原因和与宗派关系两方面来进一步否定成鹫"通海"说。

成鹫的出家经过比较奇特，他是在41岁那年（康熙十六年，1677）忽然自我断发、宣布离俗的。是什么原因导致了成鹫出家呢？对此问题成鹫自己并未正面回答，曾让学者感到疑惑。清沈德潜《清诗别裁集》有言："（成鹫）中年消发，不解其故。"①成鹫只是提到自己与佛门有"夙缘"（因为其母在生他前夕曾梦见"老僧入室"），又说其母一生崇信三宝、焚修不断的敬佛态度对自己有影响。但这些显然并不构成其离俗的决定因素，否则他早就出家了，而不至于拖到41岁。仔细析读《纪梦编年》，会获得某些信息：

> 是时，丁巳岁五月五日也，余年四十有一矣。闻变而起，仰天大笑曰："久矣夫，吾之见累于发肤也！"左手握发，右持并剪，大声疾呼曰："黄面老子，而今而后，还我本来面目，见先人于西方极乐之世矣！"②

"闻变而起"四字，透露了成鹫的出家与当时的政局有密切关系。成鹫所言之"变"，是指"三藩之乱"被清廷平定。"三藩之乱"在性质上本是地方割据势力与中央王朝势力之间的利益争斗，但是由于为首的吴三桂是打着"兴明讨虏"的旗号来与清廷相对抗的，因此当时有不少人产生了错觉，以为大明的天下恢复可期。当时大名鼎鼎的屈大均离乡背井、跑到吴三桂的队伍去任"监军"，便是受了这种错觉的支配。作为一名曾参加过南明科举的汉族知识分子，成鹫显然曾对"三藩"的前途抱有过期待。然而让他感到失望的是，经过四年的较量，获胜的一方却是清廷！"滇黔之炎炎者，将见扑灭；闽广之滔滔者，渐睹安澜；冠冕之峨峨者，又不免于裂冠毁冕，退修初服矣"（《纪梦编年》）③，这个结果给成鹫泼了一盆冷水，并最终促成了他的离俗。"闻变而起……"等语清楚地表明他是因对政治现实失望而出家的，故与他同时代的李来章曾在《咸陟堂诗集序》分析道："意其人固豪

---

① 沈德潜：《清诗别裁集》，中华书局1975年版，第586页。
② 释成鹫：《咸陟堂集》，广东旅游出版社2008年版，第二册，第309页。
③ 释成鹫：《咸陟堂集》，广东旅游出版社2008年版，第二册，第309页。

杰倜傥之流,殆有所托而逃焉者乎?"① 尽管内心有遗民情结,但甲申鼎革时才七岁的成鹫在俗时并未参加过反清活动,在宣布离俗之后更不可能参加,因为在主观上无动机,在客观上没条件。须知在康熙时代,连曾频频奔波于抗清斗争、且被永历帝封为锦衣卫指挥佥事的陈恭尹都已壮志消磨②,因厌世而宣布从此割断与世俗干系的方外之人成鹫,又怎可能"有所图"?

自我落发的成鹫本来"无师无名,且无戒体",宣布离俗后最初在广州府南海弼唐的亦庵自修,后又寄迹于陶握山在小漫山的别业中。康熙十八年(1679),与入云门扫祖师塔罗浮山石洞禅院方丈离幻元觉邂逅于小漫山,二人一见相契,遂成师徒。元觉是华林寺首任方丈宗符智华的法嗣,而宗符智华则是临济宗 31 世、清初名僧木陈道忞的法嗣,因此在宗派法系上成鹫属临济宗天童系。众所周知,就政治态度而言,清初岭南佛门以心向明朝的"故国派"与拥戴清朝的"新朝派"为左右两端,"故国派"的首领是曹洞宗海云派名僧天然函昰,而"新朝派"的首领则是临济宗天童系名僧木陈道忞。道忞最初并未曾忘情故明,但自顺治十六年(1659 年)三月被皇帝召往京城说法并受厚遇之后,其政治态度就发生了根本的变化。在他离京还宁波天童寺时,顺治帝曾留其衣、杖、笠、蒲团、念珠等九件物品存供于大内;而道忞则在回到南方后在宁波天童寺兴建"奎焕阁",供奉钦赐的"奎章""旷典",并作《奎焕说》以张扬之;又在会稽(今绍兴)平阳寺建御书楼。其所作所为,在当时就受到了世人的讥议。清王士禛《居易录》卷二四《康熙卅三年纪事》载:

> 金粟木陈忞公,顺治末应诏进京,赐号弘觉国师,南还至淮上,与诸当道酬酢,气焰烜赫,从者如云,为诸方口实。尝一至金陵,其弟子某供张辄数百金,至称贷以应。康熙乙巳,予谒华山见月律师,师戚额语予云:"渠胸中面上,只有'国师大和尚'五字。"③

作为天童系的宗师,道忞在顺治末年对朝廷的政治态度与立场无疑为本系僧人定下了基调。虽然天童系僧人的政治态度与立场不可能完全一致,但是很难想象,祖师爷道忞拥护新朝廷,作为其法曾孙的成鹫却在密谋反清。

---

① 释成鹫:《咸陟堂集》,广东旅游出版社 2008 年版,第一册,序第 2 页。
② 陈恭尹在"三藩之乱"中曾被牵连入狱,从此心怀畏惧,寄情诗酒,时与达官贵人往来。
③ 近代著名学人陈垣以古讽今,曾在抗战时作《清初僧诤记》,指斥木陈道忞拥清。

笔者花了如许多笔墨来讨论问题，无非是想证明一个事实，这就是成鹫根本没有参加过反清复明运动。出家后的成鹫是一个与世俗社会距离很远的人，平日屏迹城市，从不过问政治，这是有文字可稽的。与成鹫相知颇深的胡方曾在《迹删和尚传》中说成鹫"一意终隐，不肯出世"①；而李来章在为《咸陟堂诗集》所作序的中也说成鹫"晚年匿影大通，足迹不入城市。人或见之，道话之外，公私一无所及。遇家人辈有所谘，瞑目趺坐，寂然若无闻也"，又说在其诗集中，"怨尤之思，悲愤之气，斩然不见于笔端"。②同样认为成鹫有"通海"嫌疑的黄国声先生曾感到疑惑："奇怪的是成鹫平时不仅足迹不入城市，与人谈论亦不及世事，诗作更无遗民常作的激烈哀痛之语。"③ 其实只要明白成鹫未曾"通海"的事实，这就没有什么可怪的了。在《咸陟堂集》中，不仅没有遗民语，而且有若干与达官要人酬答的文字，为集作序写跋的人亦多是当时的政要。连山知县李来章在《咸陟堂诗集序》说"大通迹删上人以文字说法，著名海内，贤士大夫多与之游"④，道出了成鹫与清朝官员过从颇密的事实。

当然，成鹫虽然没有参加反清复明运动，但是作为一名汉族知识分子，他在内心对以异族入主中国的清朝统治者是持排斥态度的，对明朝的天下是怀有留恋之情的。他在《纪梦编年》中说自己"尝侍先君侧，闻与客谈论甲申之变曰：宰相误国，某相公奸，某相公贪婪，某相公庸鄙，秉钧失人，是致丧乱，不可救也。予闻而心愤之"。此事真切地反映了他当时的政治立场。又载："年十有五，岁在辛卯。岭南底定，文宗李名颎，驰檄远近，岁例校士，士子一名不到，以叛逆罪罪之，永谢场屋。先君既有命矣，至是公令严督。自凭血气之勇，文以忠孝之名，毅然不赴。"⑤ 这分明是欲以身家性命来与新朝对抗。如果不是当时未赴考的士子太多，诛不胜诛，成鹫很有可能要丢脑袋。在《咸陟堂集》的某些文字中，我们也可以看出他对奋起抗击清军征服的人士所怀有的同情和敬意，他的《仙城寒食歌四章》的第三首所抒发的便是对南明隆武帝的哀悼之情，《会祭陈独漉文》公开表彰陈

---

① 释成鹫：《咸陟堂集》，广东旅游出版社2008年版，第一册，序第4页。
② 释成鹫：《咸陟堂集》，广东旅游出版社2008年版，第一册，诗集序第2页。
③ 陈永正：《岭南文学史》，广东高等教育出版社1993年版，第246页。
④ 释成鹫：《咸陟堂集》，广东旅游出版社2008年版，第一册，诗集序第2页。
⑤ 释成鹫：《咸陟堂集》，广东旅游出版社2008年版，第二册，第302、304页。

邦彦一门英勇抗清、矢志尽节的精神①，《羽指挥死节诗序》高度评价了屈大均《成仁录》所载守卫广州城的抗清志士为国死节的义举。同样，他为今释作《舵石翁传》亦是基于同样的立场。如果细心寻绎，在其作品中还能寻到一些遗民志士（如"北田五子"、屈大均等）的行踪和心迹。因此我们不否认成鹫在本质上也是一位袈裟遗民。但是持什么政治立场是一回事，有没有实际的反清活动又是一回事。

（原载《学术研究》2009 年第 2 期）

---

① 邓之诚先生说"在恭尹之没，成鹫为文祭之，称造物使之全节，以见先人于地下，若微示不满者"，这一分析倒是很正确。

成鹫与海云派的关系

迹删成鹫是番禺人，俗名方颛恺，字麟趾，生于明崇祯十年（1637）三月。天性聪慧，卓荦不凡，少有"神童"之号。13岁时曾参加南明永历朝的童子科试，被录为博士弟子员。清兵占领岭南后，尽弃科业，以砚耕为生。他早年以"晚世真儒"自任，41岁那年（康熙十六年，1677）却弃儒归佛，断发出家。康熙十八年（1679）石洞和尚离幻元觉入云门扫祖师塔，与他在其友人陶璜的小漫山别业邂逅，二人一见投契，遂成师徒。元觉原名成安，字离患，是愚关和尚宗符智华的法嗣，而智华曾主乳源云门山大觉禅寺法席，"会下支派，皆从云门分芳"。云门派自智华开始，以"智""成""光"三字演派，因此方颛恺最初法名为光鹫，字即山。不过智华又是临济宗虎丘支天童系平阳派祖师木陈道忞①的弟子②，而平阳派是按诗偈"道本元成佛祖先，明如杲日丽中天。灵源广润慈风溥，照世真灯万古悬"（据湖北省随县程湾乡白竹园寺寺碑）来演派的，故光鹫后来改从平阳派，易名成鹫，字迹删，晚号东樵山人。其师承关系如下：幻有正传——密云圆悟——木陈道忞——宗符智华——离幻元觉——迹删成鹫。

成鹫后于康熙二十年（1681）六月再礼元觉于广州华林寺丈室，禀受十戒。他归派后曾在西宁（今郁南）翠林僧舍，博罗罗浮山石洞禅院，会同多异山灵泉寺、海潮岩，佛山仁寿寺，香山（今中山）东林庵，仁化丹霞山别传寺，肇庆鼎湖山庆云寺禅修。康熙四十年（1701），入主广州珠江南岸的大通烟雨宝光古寺（故址在芳村）。康熙四十七年（1708）应合山大众之请，入鼎湖山主法，为庆云寺第七代方丈。六年后退席，还居大通。康熙六十一年（1722）十月圆寂，世寿八十六，僧腊四十五。

---

① 道忞是浙江宁波四明山天童寺密云圆悟和尚的法嗣，为临济下31世。他本人晚年开山于绍兴平阳寺，康熙十三年（1674）示寂后亦塔于平阳黄龙峰下，因此被称为"平阳祖师"。

② 根据《鼎湖山志》卷五《愚关和尚传》，智华年二十五在肇庆鼎湖山谒栖壑和尚离际道丘（即云顶老人）圆具，后又"别众出方，遍参丛席，如朝宗（通）忍、罗峰（弘）丽、天界（道）盛、三宜（明）盂、费隐（通）容、玉林（通）琇，莫不升堂入室，一见刮目，针芥相投。最后谒弘觉国师（木陈道忞）于天童，机缘契合，棒喝之下，尽得其大机大用，遂受密印焉"（释成鹫：《鼎湖山志》，广东教育出版社2015年版，第85页）。

成鹫所属的临济宗平阳派祖师道忞,字木陈(又作木澄),号山翁,广东潮阳(今属大埔)人,是清初佛门"新朝派"的主要代表人物之一。他曾于顺治十六年(1659)应召供奉于朝廷,被清世祖敕号"弘觉禅师",地位显赫。由于道忞与皇帝的这层特殊关系,平阳派僧对清朝多持合作态度,很少有人站在遗民的立场上与清朝作对。这一点,与当时并峙于世的海云派①僧形成鲜明对照。海云派以当时佛门"故国派"的代表人物之一、岭南遗民的精神领袖天然函昰为核心。函昰疏离朝廷,对反清复明人士一向持同情态度,"虽处方外,仍以忠孝廉节垂示及门。故未几国变,文人学士、缙绅遗老多皈依受具,每于生死去就,多受其益,甚深缔信"②,"缙绅缝掖执弟子礼问道不下数千人,得度弟子多不胜纪"③。在清初风云激荡的背景下,海云派的寺院既是志节之士的安身立命之所,也是抗清力量的潜通声气之地。正所谓"道不同不相为谋",成鹫作为临济宗僧,与曹洞宗本来就分属不同的禅门派系,而其祖师道忞的政治立场又与函昰迥异,按理说他与海云派是比较疏远的。然而实际情况恰恰相反!成鹫不仅对函昰十分景仰,而且和该派"今""古"两辈的不少僧人有密切交往,与海云派第三代重要人物、函昰的第八法嗣今遇尤为友善。在清初的岭南佛门,这是一个奇特而引人注目的案例。今试以成鹫的诗文别集《咸陟堂集》及自传《纪梦编年》等为主要材料,勾勒成鹫与海云派僧交往的事实。

一、成鹫与海云派僧人的交往

　　成鹫与海云派的密切关系,可通过他与该派"函""今""古"三代僧人的交往反映出来。兹分述之。

---

①　海云派属曹洞宗寿昌支博山系,本应称华首台派,因为它是由函昰之师、罗浮山华首台寺住持空隐道独和尚开派的。根据清道光六年(1826)潮州开元寺住持绍法和尚编《开元寺传灯录》,该派按"道函今古传心法,默契相应达本宗。森罗敷演谈妙谛,祖印亲承永绍隆"的法偈演派,函昰是"函"字辈,为第二代。但是由于以番禺雷峰海云寺为主要弘法基地的函昰在当时社会上的影响要比其师大得多,故现代学者多把此派称为"海云派"。笔者认为可以折中二者,称为"华首台—海云派"。

②　汪宗衍:《天然和尚年谱》,(香港)梦梅馆2007年版,第4页。

③　释今辩:《本师天然昰和尚行状》,见释函昰《天然昰禅师语录》,(香港)梦梅馆2007年版,第210页。

（一）与函昰及海云寺僧的交往

函昰字丽中，号天然，番禺人。俗姓曾，名起莘，字宅师，生于明万历三十六年（1608）农历十月十四日，明崇祯六年（1633）举人。崇祯十三年（1640）在庐山归宗寺礼空隐道独和尚，祝发受具。两年后嗣法于道独，并在广州诃林（即光孝寺）开法，为曹洞宗第34代。他在政治上被岭南遗民奉为精神领袖，在宗教上则被誉为"法门砥柱"，广受推崇。他曾驻锡广州光孝寺，番禺雷峰海云寺，博罗罗浮山华首台寺，东莞芥庵、载庵，仁化丹霞山别传寺，江西庐山归宗寺、栖贤寺，以毕生心血建设道场，整饬丛林，传衣法侣，播撒教种，使曹洞宗在岭南开枝散叶，出现了中兴之局。他还着意于研探佛典、阐释教理，著有《楞伽心印》《首楞严直指》《金刚正法眼》《般若心经论》。在艺文方面函昰是"海云诗派"的核心人物，创作诸体兼擅，古风有陶潜遗韵，自然清新，近体似杜，沉郁苍凉，有《瞎堂诗集》20卷传世。他还"以书悟禅""以禅入书"，书法在岭南方外书家中首屈一指。其第六法嗣乐说今辩在《本师天然昰和尚行状》说他"古道自持，壁立千仞，提倡纲宗，眼空今古，婆心为物，至老不衰"①。康熙二十四年（1685）八月二十七日，函昰圆寂于番禺海云寺丈室瞎堂，世寿七十八，僧腊四十五。

成鹫与函昰都是番禺人，函昰出生于明万历三十六年（1608）十月，成鹫出生于明崇祯十年（1637）三月，二人年纪相差近30岁，因此就年龄而言成鹫是晚辈。但他和其师元觉都与函昰有直接交往。元觉曾在《华林寺开山碑记》回忆："掩关石洞时，曾晤天然和尚，云：'自少室潜踪，遗下一片闲田地，孕奇毓秀于千载之外，所额望师久矣。'"② 可见元觉与函昰虽一济一洞，却惺惺相惜。康熙十六年（1677）十月函昰七十大寿，刚出家五个月的成鹫曾撰七古《天然和尚七十颂》为贺，诗载《咸陟堂诗集》卷二。在这首祝寿诗中，成鹫称函昰为"天人师"，反映了作为海云派核心人物的函昰在当时丛林所享有的崇高威望，也说明了成鹫对函昰这位杰出高僧的景仰。

成鹫与函昰开辟的岭南曹洞宗中心弘法基地——番禺雷峰海云寺亦有不少交集，这从《咸陟堂诗集》卷一四的《海云分卫赋得"锡飞常近鹤，杯

---

① 释函昰：《天然昰禅师语录》，（香港）梦梅馆2007年版，第210页。
② 郑荣修、桂坫纂《（宣统）南海县志》卷一三《金石略二》，清宣统二年刊本。

渡不惊鸥"》等诗中可看出。《咸陟堂文集》卷一五有尺牍《与海云方丈》，是写给函昰的继席或再继席者的，信中说：

> 道德、名利、便安三者，自为胜劣，不妨法界之大。海云一期建立，当以最胜自处。……偶录《师子颂》于扇头，缀以奇香，致诸丈室，愿师子哮吼，阐扬宗风，流芳法社也。何如何如？遥致一问，请下转语。雪山今朝悟道，海云今朝出世，东樵今朝百衲蒙头，坚坐不起，且道三个圣凡各行一路，是同是别？①

行文率直，说明去信人与收信人关系亲密无间。②《咸陟堂文集》卷一五还收有成鹫的另一通尺牍《慰海云首座》，中有"所恨海云法幢随建随倒，遂致华亭船子适来适去"③等语，应是写给今遇的门人的（今遇是松江府华亭县人），尺牍透露出雷峰在函昰之后出现了某种乱局。《咸陟堂文集》卷一的《云霞唱和诗小序》，是一篇很值得重视的文字，它清晰阐明了雷峰海云寺与丹霞山别传寺之间的棣萼关系，全文如下：

> 拳也，指也，掌也，均手也。握之有同体焉，竖之有同用焉，鸣之有同声焉。间有不同焉者，两其手则然耳。手既两矣，适于右者，尝室于左，虽有方便权巧，不能强之使同。君之以心官，斯同矣。海云、丹霞，兄弟也，出处语默，各行一路，两其手也。逢人即出，出不为人，拳也。逢人不出，出即为人，指之竖也。其啄啐同时，宫商妙叶，则掌之鸣也。先是云霞异地，相去千里，孤掌不能独鸣。至是伯埙、仲篪，唱和于一堂之上，合两掌而鸣之，皆有天君存焉。欲不拍拍同声，何可得耶！东樵老矣，如无手人，求拳与指且不可得，又何掌之可鸣！忽闻邻人有鸣其掌者，则适然而喜。不托于音久矣，思起而和之，题其简端，公诸同好。④

---

① 释成鹫：《咸陟堂集》，广东旅游出版社 2008 年版，第二册，第 197 页。
② 此尺牍可能是写给函昰的第八法嗣泽萌今遇的。《咸陟堂文集》卷六《泽萌遇禅师传》载："辛巳夏，泽公退席栖贤，赴长庆请。是秋南还，扫塔于丹霞，道经广州。时雷峰虚席日久，大众恳留住持，冬月暂入雷峰。"（《咸陟堂集》，广东旅游出版社 2008 年版，第二册，第 81 页）可知今遇在康熙四十年（1701）曾短期主席海云。
③ 释成鹫：《咸陟堂集》，广东旅游出版社 2008 年版，第二册，第 198 页。
④ 释成鹫：《咸陟堂集》，广东旅游出版社 2008 年版，第二册，第 7 页。

此文还反映了诗僧成鹫对"云霞"僧人唱和之乐的羡慕。由成鹫作序的《云霞唱和诗》已不存,不知本来面目如何,或许其中的某些作品已成为后来清徐作霖、黄蠹所辑《海云禅藻集》的一部分。从这两篇文字,可以看出成鹫对海云派内部的情况十分了解。成鹫身为别派僧,为《云霞唱和诗》作小序,这件事也说明了他与海云派关系的非同一般。

(二) 与今遇的厚交以及在丹霞山的创作

泽萌今遇,字泽萌,俗姓孙,松江华亭县人,生于明崇祯元年(1628)。清顺治三年(1646)出家,初礼洞下三宜和尚受具,又发足参方,往来于天童之门。康熙十一年(1672)入匡庐谒函昰禅师,一见契合,遂结庐于岩壑,旦夕入室,针芥相投。后在番禺海云寺嗣函昰法,为第八法嗣。作为"海云十今"之一,今遇曾在本派的多家道场主法,对曹洞宗的中兴做出了重要贡献。不过他没有著作行世,只有《丹霞泽萌遇禅师语录》六篇载于《丹霞山志》卷五《宗旨》。

今遇自康熙二十五年(1686)起继其法兄乐说今辩主持丹霞山别传寺法席,前后十年。成鹫与今遇结缘于康熙三十四年(1695)九月,当时成鹫应今遇之邀来丹霞山为别传寺修志,二人因此相识并结下深谊。以与今遇的交往为契机,成鹫和海云派许多著名僧人产生了交集,并且在其诗文别集《咸陟堂集》中留下了为数众多的资料。这些资料包括两方面的内容:一是关于丹霞山的资料,二是关于海云派僧人的事迹或活动的资料。无论哪个方面的内容,对了解明末清初岭南禅门的情况都有重要的文献价值与历史价值。

在《咸陟堂文集》卷六《泽萌遇禅师传》中,成鹫对自己初识今遇的情景有传神的描写:

> 丙寅岁,主席丹霞。乙亥冬予始入山挂搭,相见握手如平生欢,中间投分,度越寻常,盖有旁观所不及者,略为志之。予散人也,初入丹霞,不载赘,不通刺,不具威仪,直趋丈室,见一老僧趺坐石上,破衲不补,寒涕不拭,望而知为道貌,讯之左右,居亭主人也。①

正所谓"同声相应,同气相求",成鹫与今遇认识很晚,却一见如故,

---

① 释成鹫:《咸陟堂集》,广东旅游出版社2008年版,第二册,第81页。

二人相处极为投契。成鹫以学问博洽、才情非凡著称，今遇显然是看中了他的才学才特意把他请上山来的。成鹫到来之后，今遇对他无比尊重，事事礼敬。成鹫在《纪梦编年》记道："主人破格，以客礼礼之，不强之以受职，……主宾之投契者，有生未曾有也。是腊八日，泽公登云授戒，禀受比丘菩萨者三十三人，九译暨容儿与焉。以予以羯磨阇黎客也，而师位加之，予滋愧矣。"① 这种主客相处的融洽，让成鹫十分欢畅。他曾说："予成鹫与公相见最晚，而相知最深。"② 今遇康熙四十年（1701）腊月三十日圆寂后，成鹫作了一篇《泽萌遇禅师传》。在成鹫撰写这篇传记作品前，今遇的嗣法门人古梵已为本师作了一篇"既详且悉"的《行状》，成鹫所以还要撰写这篇传，是想"少补《行状》之缺"，因为成鹫在自己与今遇的交往中对故友有独特的认识。时至今日，古梵所作《行状》已失传，成鹫所作之传成为人们了解今遇生平事迹的珍贵资料。在《泽萌遇禅师传》中，成鹫记录了今遇的禀赋、出家及求道经过、主席丹霞的情况、性格与为人等，文末对今遇的临终偈还做了一番析解。最可注意者，是该传以事实为据，用排比手法，层层深入地阐述了今遇之"真""廉""勤""断""辩""高"：

> 移时出定，乃整衣入见，主人遽下狮座，接待野于，绝无尊贵之气。视彼诸方，深居函丈，侍卫森严，出见衲子则巍巍堂堂，如侯如王，端坐受拜，略无款曲者，孰如公真。主法十余年，身无长物，云水入门，不费纸裹，出纳净财，悉归库司，其视诸方广积聚，盛苞苴，糜费常住、滥叨信施者，孰如公廉。身为法王，不奢不俭，二时粥饭、三事水田之外，别无所营，衣敝自补，不求新制，服垢自浣，不委侍随，稍有赢余，分给穷乏，其视诸方美食美衣，自受自用，文绣不离幻体，甘脆溢于庖厨者，孰如公约。昔在丹霞，二时行道，不间晨昏，闻众普请，负担先往。其视诸方镖然晏安，颐指气使，独袖手而旁观、视众劳于膜外者，孰如公勤。初游其藩，咸谓门庭高峻，渐入其室，方知堂奥光明，执法平等，不狗世见，接引善类，靡遗余力。其视诸方阿比私媪，溺爱市恩，举枉错直，党同伐异者，孰如公断。外示拙讷，内实通方，对客坐谈，询及世谛，俯而不答，若乃参扣机缘，则棒喝交驰，垂示不倦。其视诸方巧谈世法，拙于当机者，孰如公辩。三坐道场，皆以

---

① 释成鹫：《咸陟堂集》，广东旅游出版社2008年版，第二册，第317-318页。
② 释成鹫：《咸陟堂集》，广东旅游出版社2008年版，第二册，第81页。

祖席荒凉、同门挽留之故，谊弗容辞。究竟流水行云，进退绰绰，一旦永别雷峰，视昔日之去丹霞出栖贤也。此心此志，无二无别，放下便住，撩起便行，何容心焉。其视诸方好为人师，讳言退院者，孰如公高。①

成鹫的这番描写，使今遇作为一位得道的禅门高僧的形象跃然纸上。

《咸陟堂文集》卷四之首有一篇《舍利塔记》，是成鹫到丹霞山后应今遇之邀撰写的，约作于康熙三十四年（1695）或次年。康熙六年（1667）七月，函昰的第二法嗣今覙在庐山栖贤寺附近发现了一批珍贵的舍利，便把其中的一部分献给了时在丹霞山主法的师父，函昰决定在海螺岩顶建一个舍利塔来供奉这些舍利。函昰撰有《丹霞舍利塔铭》记此事，其第四法嗣今释亦作有《舍利藏中石记》与《丹霞山舍利塔碑记》。今遇在别传寺主法期间决定为这些舍利新铸一个铜塔，成鹫之文即专为此事而作。

在成鹫的《咸陟堂诗集》中，有一些作品是专赠今遇的，其中一首是收入卷一的五古《呈泽萌和尚》。因诗有"昨从南海来，入山呈伎俩"及"腊尽又新年，春光正骀宕"等句，故可推定作于作者上山后的次年春。诗对今遇治寺的严正有反映："巍巍大法王，所居得无上。云树隐楼台，祇园集龙象"；"扫荡野狐踪，打破狐疑网。孤峰啸一声，空谷传清响"。② 成鹫还作了一首五古《寄匡庐净成泽萌和尚》，载《咸陟堂诗集》卷一。根据诗中的"去冬觐法筵，名山度残岁。春风返旧林，百忧集如猬。暂别去还来，法堂已虚位"等句，可知作于成鹫二上丹霞期间，具体时间为康熙三十六年（1697）春，当时今遇已移锡庐山栖贤寺。成鹫这首诗透露出今遇之从别传寺退院是由于整肃纲纪遇阻："我公道眼高，俯仰无一切。十载主丹霞，心力穷微细。苦节挽颓纲，清操起流弊。古道不可今，浩然拂衣袂。大笑行出门，孤风振南裔。华亭归兴赊，江波共摇曳。取道入匡云，故山寻夙契。"③ 两诗所言，可与《纪梦编年》所记"先是泽公持身率众，执法不阿，众皆惮之"④ 相参证。另外，《寄匡庐净成泽萌和尚》诗中还说到"愿得半把茅，老来成活计。上与紫霄邻，近接栖贤寺。长从郢匠游，运斤时斲

---

① 释成鹫：《咸陟堂集》，广东旅游出版社 2008 年版，第二册，第 82 页。
② 释成鹫：《咸陟堂集》，广东旅游出版社 2008 年版，第一册，第 3 页。
③ 释成鹫：《咸陟堂集》，广东旅游出版社 2008 年版，第一册，第 6 页。
④ 释成鹫：《咸陟堂集》，广东旅游出版社 2008 年版，第二册，第 312 页。

鼻";又说"寄声高卧人,容我榻边睡。……明年买草鞋,春江鼓兰枻。寻师入宝山,化城非久憩",①表达了成鹫想到庐山与今遇为伴的心愿。《咸陟堂诗集》卷一三又有七律《呈泽萌和尚》四首,因排在《将入丹霞留别同学》《舟发汾水,时同舟汝得、豁大、无我、而卓诸师皆入丹霞,舟中分赋》《舟中雨况》《过浈阳峡》《晓过英州》《谒憨祖肉身》《曹溪谒祖》等诗之后,结合其内容,可推定为成鹫初入丹霞时之作。诗中表达了作者与今遇相会的兴奋,其中"长老峰头相见后,钵囊高挂不须携"与"从此丹霞无别客,不妨识得主人翁"②两句,表达了作者想在别传寺长住的意愿。而《纪梦编年》亦有"幸丹霞之有人,可藉以休老矣"③之记。今遇在逝世前不久曾短暂主持海云寺法席,《咸陟堂诗集》卷一七的《泽萌和尚归自栖贤主海云法席赠此》即为此而作,诗有"人天有意留师住,捩转匡云入海云""旧游人境两茫茫,临老重来礼法王"④等句。在今遇住海云后不久,成鹫又曾代寺中常住草拟《冬至日请海云泽萌和尚上堂启》(《咸陟堂文集》卷一七),称今遇为"禅河砥柱,法社干城",恳请他"应时及节,赴感随机;竖拂拈椎,逢场作戏",为"门外汉"说法。⑤载于《咸陟堂诗集》卷四的《挽泽萌和尚七哀歌》是悼亡诗。在这首诗中,成鹫以一"歌"申说一"哀",全诗共"七歌"。比如"一歌":"呜呼一歌兮歌一唱,满船明月兮空惆怅。我所思兮在丹霞,开炉烹佛称作家。"⑥表达了成鹫对亡友的深厚感情。

由于今遇中途退院,成鹫未能完成修志任务⑦,不过他来山后还是为修志做了一些具体工作的,成果之一便是撰写了后收入《咸陟堂文集》卷四的《丹霞山记》。成鹫的《丹霞山记》,就是一篇介绍丹霞山山水之奇与别传寺构造之美的力作。今传陈世英修纂的《丹霞山志》卷八《艺文》也收有一篇《丹霞山记》,但作者不是成鹫,而是山主李充茂。虽然成鹫版《丹霞山记》与李充茂版《丹霞山记》都用浓墨重彩描写了丹霞山的奇崛秀丽,但是两篇作品在内容上还是有很大分别:李充茂版《丹霞山记》成文较早,

---

① 释成鹫:《咸陟堂集》,广东旅游出版社2008年版,第一册,第6页。
② 释成鹫:《咸陟堂集》,广东旅游出版社2008年版,第一册,第233页。
③ 释成鹫:《咸陟堂集》,广东旅游出版社2008年版,第二册,第317页。
④ 释成鹫:《咸陟堂集》,广东旅游出版社2008年版,第一册,第326页。
⑤ 释成鹫:《咸陟堂集》,广东旅游出版社2008年版,第二册,第231页。
⑥ 释成鹫:《咸陟堂集》,广东旅游出版社2008年版,第一册,第70页。
⑦ 现存的《丹霞山志》是别传寺的第五代方丈今韰主院期间,由仁化知县陈世英等纂修的。

主要记述明亡后作者与其堂兄、明进士李永茂发现丹霞山以及与遗民们把其作为避世奥区来进行经营的经过,由于当时别传寺尚未开山,因此文中对该寺院的建造情况完全没有记录;而成文较晚的成鹫版《丹霞山记》不仅对李氏兄弟舍山让今释在山中创建佛教道场的经过有翔实记载,而且对别传寺的结构、丹霞山的景观等等都有具体描写,具有很高的文献价值。文中这样描写别传寺的格局:

> 山门石壁榜曰"丹霞",字广盈丈,向所见者仅方寸耳。门之上颜曰"别传寺"。门内老僧候客,举楗槌乃入。既入,复升阶丈余,过苇桥,至客堂,为三岩高处,开山故址也。信宿客寮,次第如家舍,纸窗竹榻,好友论心,蕉雨松风,故山入梦,倦枕初甜,晨钟送晓,披襟出门,俯观海日,俨如身入蓬瀛,脱屣尘界,飘然忘返矣。……建大雄殿于长老峰之麓,殿前为尊天堂,殿后为法堂,殿之左前为禅堂,中有库司,后为佛母楼,禅堂之左为香积厨,后为药师楼,楼左为毗卢阁,阁左为监斋堂、为客堂,堂前支天殿,左为檀越堂,上为紫玉台,下为苇桥,右达客堂,左抵山门,为出入之要津。殿之右前为地藏殿,后为方丈。丈室之右为大悲阁,为弥陀阁,为兜率阁。阁之右为松园,园右为正气阁。①

利用这段文字,几乎可把别传寺复原。但是不知何因,成鹫所做过的工作在今传陈世英纂修的《丹霞山志》中几乎没有反映——除了卷一〇《艺文》收入他的四首诗外(代笔作品另当别论)。这篇《丹霞山记》也未被收入志中。

《咸陟堂文集》卷五的《丹霞山代坡记》是成鹫的一篇代笔作品,此文记载,康熙三十年(1691)韶州地方官员曾向今遇作出承诺,将出资置代坡田以使别传寺有钱粮雇人挑柴以使寺僧免除荷薪之劳,文亦见于《丹霞山志》卷七《田赋》(易题为《新建代坡田碑文》)。根据《丹霞山志》的文本,可知请成鹫代笔者是时任韶州知府的陈廷策,文末所署时间为康熙三十一年(1692)九月望日。考虑到成鹫是康熙三十四年(1695)九月才上丹霞,这篇文章或为追补之作。然而无论如何,这篇《代坡记》让我们对当时别传寺的运作情况多少有了一点了解,譬如根据文章可以知道,当时的

---

① 释成鹫:《咸陟堂集》,广东旅游出版社2008年版,第二册,第52-53页。

丹霞山草木有限，别传寺柴火来源困难，为解决这个问题，别传寺规定"现前衲子，每单一月，荷薪六百斤乃得休息"①，无人可为例外。这个常例，至代坡田购置后才被废止。

除了记、铭一类文字之外，成鹫还创作有不少以丹霞为题材或者与丹霞相关的诗文，这些作品大大丰富了丹霞山的人文内涵。就诗而言，成鹫在丹霞山的创作，以《咸陟堂诗集》卷一三所载七律《丹霞十四咏》和卷一六所载七绝《丹霞十二绝》最为著名。十四咏分别是《紫台爽气》《锦水滩声》《螺顶浮图》《虹桥环翠》《竹坡烟雨》《松磵涛风》《镜沼荷花》《丹梯铁鑐》《乳泉春溜》《舵石朝暾》《杰阁晨钟》《片鳞秋月》《长者峰》《锦石岩》，十二绝分别是《半山亭》《紫玉台》《海山门》《大明岩》《片鳞岩》《舵盘岩》《御风亭》《雾隐岩》《梦觉关》《茅竹岩》《洪岩》《龙爪岩》。两组诗中所涉及的紫玉台、锦江、海螺峰、丹梯、乳泉井、舵石、片鳞岩、长老峰、锦石岩、半山亭、御风亭、梦觉关、舵石等，至今仍是丹霞山的重要景点。十四咏中的《锦水滩声》《竹坡烟雨》《松磵涛风》三首，与他的古风《登海螺岩谒澹归禅师塔》，后来一起被收入了《丹霞山志》卷一〇《艺文》。

成鹫的丹霞之作，还有《咸陟堂诗集》卷一二的《初春还马山，静语师归自丹霞，十影、化声二子各还故里，赋此》，卷一三的《将入丹霞留别同学》《舟发汾水，时同舟汝得、豁大、无我、而卓诸师皆入丹霞，舟中分赋》《送顿惺师分化龙护园②》《丹霞除夕与诸子守岁》《丹霞元旦》《送汝得师住静龙爪岩》《丹霞秋况》《九日与丹霞诸子等海螺峰绝顶，同赋用咸韵》《螺峰晚望》，卷一五的《送十影师还丹霞》，卷一六的《海螺岩》《韶石》等，这些诗作都应产生于成鹫客居丹霞期间。而《咸陟堂二集》卷一〇的《题丹霞三笑图寄沈融谷郡佐》，则有可能是成鹫离开丹霞后的作品。他的这些作品，成为了解海云派活动的珍贵资料。

在《咸陟堂集》中，还有一些有关丹霞的作品，但不是写于别传寺，而是写于邻近的锦石岩寒梅古寺。成鹫在《纪梦编年》记述：

先是泽公持身率众，执法不阿，众皆惮之。复握于权僧汝得辈，弗获大行其志，遂退席去。复还匡庐，主席栖贤。闻予再至，书入丹霞，

---

① 释成鹫：《咸陟堂集》，广东旅游出版社2008年版，第二册，第63页。
② 龙护园是别传寺四下院之一，地在南雄府城内的居仁街朝阳坊。

招予度岭，予以忧病不克往。权僧辈既去其所不快意之人，欲并去其所不快意者快意之人，予以病不能随众作务，群讥为顽牛，谓不耕耘虚消水草也。戏为顽牛之言以解嘲，大笑下山，寄居于山麓之锦岩寒梅古寺，岁云暮矣。

又述：

（锦石）岩僧香火向有"纳堂"之例，客僧到，欲休老者，捐其净财，悉归常住，可坐而辨道。予无所之矣，遂援例以请，主僧许之，授以石室，俾安处焉。①

据此可知，今遇从别传寺退院后，成鹫因权僧不容而不得不离开别传寺，以"纳堂"形式寄居于锦石岩寒梅寺。他在这所古寺中的创作的诗歌分别有《咸陟堂诗集》卷一三的《赠锦岩主人》《寓锦石岩寄丹霞诸子》《寓寒梅古寺，答凌稚圭明经见寄来韵》《锦石新晴望远有感》《寓锦石寒梅寺，有怀罗戒轩、胡大灵》，卷一六的《锦岩杂咏》（包括《看上门》《看下路》《出米石》《仙人床》《锦石》五首）。由于境遇不好，这些作品大多调子低沉，像《寓锦石岩寄丹霞诸子》中的"孤影自应怜夜月，余光不用借邻灯""却缘久住成欣厌，不敢重来问主宾""近来学得安身法，只对青山不见人""临老有缘依锦石，连宵无梦到丹霞""白发数茎非所惜，祇林秋晚独凄然"，《锦石新晴望远有感》中的"浓阴开处见微阳，病骨支离倚石床"，《寓锦石寒梅寺，有怀罗戒轩、胡大灵》中的"破衲拥床钟板后，残书堆阁药炉边"等句，可谓字字孤苦、句句清凄，反映了失去今遇保护的成鹫在丹霞处境的困厄。

（三）与其他"今"字辈僧人的交往

1. 今释

成鹫是否与今释见过面，这是一个问题。今释出生于万历四十二年（1614），比成鹫大23岁。成鹫是康熙十六年（1677）离俗的，次年今释就出岭了，而且一去不返。从事理上分析，成鹫出家后并无机会与今释相见，而在成鹫的《咸陟堂集》及今释的《徧行堂集》中，也没有二人相交的文

---

① 释成鹫：《咸陟堂集》，广东旅游出版社2008年版，第二册，第318–319页。

字。不过，我们也不排除成鹫在出家前与今释有过交往的可能。《咸陟堂文集》卷三有一篇《普同塔志铭》，它也被收入《丹霞山志》卷八《艺文》（文字略有出入），是成鹫替时任广东巡抚的刘秉权草拟的。铭中提到今释营建别传寺的种种举措，并记载了刘秉权在今释劝导下捐净檀建普同塔的事。普同塔于康熙十一年（1672）九月建成，入葬别传寺的30余名亡僧，今释曾有《丹霞普同塔碑记》记此事（载《丹霞山志》卷八《艺文》）。成鹫的这篇捉刀文字应当也作于此时。当时成鹫还没有出家，为写这篇文字，成鹫可能与今释有接触。

不管成鹫与今释是否有过直接交往，他终究还是为今释作了一篇传记——《舵石翁传》，文载《咸陟堂文集》卷六。对今人了解今释的生平而言，这是一篇相当重要的文献。在这篇传记中，人们可以了解到作者对今释幼年时代应童子科、中进士后出知临清、甲申鼎革后为官隆武与永历朝、以敢谏获罪、出家桂林茅坪庵、礼函昰和尚受具、开山丹霞并嗣法于函昰、请藏出岭及圆寂于吴门的种种经历。对今释营建别传寺一事，《舵石翁传》是这样记载的：

> 壬寅岁，开山于韶之丹霞，建别传寺，前后创造，胼手胝足，运水搬柴，露面抛头，躐州过郡，送往迎来，人事缪辕，五官并用，一如寂然。师尝语人曰："吾于丹霞得个入处。"阅五年，丛席粗成，迎天老人入山主法。……戊申元朔，举西堂，立僧秉拂，当机提唱，别出手眼，同学折服。辛亥冬，老人赴归宗请，师留丹霞毕创造之局。癸未冬，出匡庐省觐。甲寅春还山，俯顺众请，据室匡徒，四方闻风，瓶笠云集，堂室几不能容。师以本分事接人，一味真实，野狐禅辄斥去之，一时会下，多真参实究之士，至今耆硕白首丹霞，足不下山，犹有古德之遗风焉。①

文字简洁明了，虽着墨不多，却如实反映了今释创寺之艰苦与弘法之真诚。值得注意的是，《舵石翁传》记载了以下这件事情：

> 返栖贤，老人已据丈室，师充书记。适闻博山嗣法，啧有烦言，师以书记上书于天界阇公，陈说我华首心印，亲承面授，非皮履直裰之

---

① 释成鹫：《咸陟堂集》，广东旅游出版社2008年版，第二册，第79页。

比。阎公得书,颇不快意,咸咎师以越俎,师不为动。……至其上阎公一札,名正言顺,祖父无诤,三昧赖以发明,令博山一脉照耀古今,斯又出世法之不可无者。谁谓不立文字,遂足尽吾教西来之妙谛乎?舵石翁秉舵于法海狂澜之日,譬诸香象截流,不存朕迹,虽遇黑风白浪,了无过涉之虞,同舟之人方将倚以为重,乃有视为敌国者,诚可慨也。①

文中"天界"指南京天界寺,是曹洞宗博山系的名刹。"阎公"指该派系的核心人物、函昰的法叔"浪杖人"觉浪道盛。文内记述的显然是一桩宗门诤案,或可补陈垣《清初僧诤记》所未备。《舵石翁传》对今释示寂情形的记载,也给后人了解今释这位一生极为复杂的人物在去世前的心态提供了非常有价值的材料:

请藏缘毕,将入匡庐,因病作,养疴于前南雄太守陆公孝山之别业。示寂前一日,遍发岭南道俗书及诸遗念,嘱侍僧荼毗收遗骸,投于江流。僧求偈示别,举笔书曰:"入俗入僧,几番下火,如今两脚掆空,依旧一场懡㦬,莫把是非来辨我,刀刀只砍无花果。"掷笔端坐而逝。侍僧如教荼毗,不忍投弃,奉骨归栖贤,后还丹霞,建塔于海螺岩。师世寿六十有七,僧腊二十有九。②

成鹫的这篇《舵石翁传》,与《丹霞山志》卷六《人物》的《澹归禅师传》性质相近而内容有异,可互为补充。

除《舵石翁传》外,成鹫有关今释的文字,还有收入《咸陟堂诗集》卷三的《登海螺岩谒澹归禅师塔》。这首七古回顾了今释由南明诤臣而为佛门"寺家奴",其后追随函昰、经营丹霞的种种经历。

2. 今辩

成鹫与函昰的另一位嗣法弟子乐说今辩也有交往。今辩,字乐说,俗姓麦,名贞,番禺人。生于明崇祯十一年(1638),少有文名,读书十行并下,家贫而事母至孝。年十九赴雷峰参函昰,求为薙染。清顺治十七年(1660)受具。曾在栖贤、丹霞充直岁十余载。康熙七年(1668)解夏在丹霞山接法,成为函昰的第六法嗣。康熙十六年(1677)继今释主别传寺法

---

① 释成鹫:《咸陟堂集》,广东旅游出版社2008年版,第二册,第79页。
② 释成鹫:《咸陟堂集》,广东旅游出版社2008年版,第二册,第80页。

席。康熙二十五年（1686），离丹霞出住海云、海幢两刹。康熙三十年（1691），奉海云派三世高僧的经解语录到嘉兴楞严寺入藏。康熙三十一年（1692）应福建士绅之请赴福州，主长庆寺法席。康熙三十六年（1697）元月初八日示寂于长庆寺。

  成鹫与今辩的交往，主要见于《咸陟堂文集》卷一七的《请乐和尚还海幢启》，这是成鹫替海幢寺常住起草的一封信，内容是请今辩回广州再主海幢法席，约作于康熙三十三年（1694）。启中的"匡庐水，丹霞山，轻车熟道，几回北辙南辕；雷峰茶，海幢饭，阔肚宽肠，两下东撑西拄。匆匆度岭去，却缘家里葛藤；得得入闽来，更扫祖庭荆棘。鼓山悬望久矣，谦让弗遑；长庆珍重归来，盘桓正好"等语，说明当时今辩正在长庆寺维持局面；而"返五岭之牛车，整顿祖翁田地；回七闽之象驭，商量水陆程途。自抱没弦琴，千古唯师弹得妙；重拈无孔笛，一曲还乡调更高"① 等语，表达了海幢寺常住对今辩的崇拜与期待。

  3. 今䪥

  《咸陟堂文集》卷一七的《代丹霞合山请栖贤和尚启》，也是成鹫的一篇捉刀文字。因启中有"五老峰送出山门，长老峰迎归丈室，两地主宾凭互换"之语，故可知其内容是敦请庐山栖贤寺方丈到丹霞山别传寺来接替退院方丈今遇。启中"洪惟角公和尚，雷峰嫡乳，舵石连枝。生钟紫水之灵，夙受丹霞之记"等语②，可证这位"栖贤和尚"就是函昰的第七法嗣角子今䪥。今䪥，字角子，广东新会人，俗姓黄。九岁随父（法名今如，字真佛）出家，年十三礼函昰，清康熙十年（1671）自恣日接函昰大法，康熙十七年（1678）继法兄石鉴今䫵主庐山栖贤寺法席，康熙三十七年（1698）自庐山栖贤移锡丹霞山别传寺，康熙四十年（1701）圆寂。成鹫的这封代笔信有"秋色佳哉，满院清风松竹在；时节至矣，重阳九月菊花新"③ 等语，故可知系写于康熙三十六年（1697）九月。作品文辞工整，像"顾栖贤仅栖隐之地，未应久恋栖迟；念别传匪别出之宗，正待还开别业。山前一片闲田地，父肯播，子肯获，当当啐啄同时；郢中三唱古阳春，伯吹埙，仲吹篪，恰恰宫商妙叶。归去来也，何幸如之？"④ 等语，句子的结构别致，

---

① 释成鹫：《咸陟堂集》，广东旅游出版社2008年版，第二册，第228页。
② 释成鹫：《咸陟堂集》，广东旅游出版社2008年版，第二册，第229、228页。
③ 释成鹫：《咸陟堂集》，广东旅游出版社2008年版，第二册，第228页。
④ 释成鹫：《咸陟堂集》，广东旅游出版社2008年版，第二册，第229页。

给人的印象深刻。同卷尚有《拟孙邑侯请栖贤和尚启》《拟邑绅士请栖贤和尚启》，亦是成鹫的代笔文字，请成鹫代笔者分别是时任仁化县令的孙某及仁化县的士绅，内容也是敦促今𦦒速离庐山回丹霞山主法。前启有"高风共仰，廿年长在匡山；悲愿未酬，一旦迎归丹峤。际此丛席秋高之候，悯兹江河日下之时"①等语，可知写作时间与上面的《代丹霞合山请栖贤和尚启》相同，后面之启的写作时间应当也差不多。

同卷还有一篇《代复护法启》，是成鹫代到丹霞山主法后的今𦦒写给今遇的信，内容是就今遇同意接替今𦦒主持庐山栖贤寺法席一事而向今遇致谢。启中有"某兔守栖贤，恪禀先师嘱累；雁来丹峤，屡承外护招邀。自顾绵力赢躯，未敢一肩两荷；况复地遥势阻，何能东拄西撑？是致因循，罔决去就。今喜泽萌法弟许为代理荒山，从此祖父闲田任意躬耕旧业"②等语，反映了两位同门关系的友善，写作时间为康熙三十七年（1698）。

（四）与"古"字辈僧人的交往

1. 古梵

"古"字辈僧人是海云派的第四代。在与成鹫有交的"古"字辈僧人中，最可注意者是今遇的法嗣圆音古梵，他曾任丹霞山别传寺的第六代方丈，于康熙四十四年（1705）入院。他虽有《圆音语录》传世，但今天人们对他的事迹了解仍较有限，而成鹫提供了不少有关他的信息。《纪梦编年》载："（泽萌）其徒九译梵公，昔年吾友罗戒轩门下士，后得法于匡庐，继席海云，改号圆音，即其人也。"③可知古梵本字九译，后改字圆音。他是成鹫友人罗戒轩的门人，曾任海云寺方丈。成鹫《咸陟堂二集》卷一《丹霞语录序》对古梵的事迹有具体记载：

> 丹霞梵公，果位中人也。结发为诸生时，受业于予友罗戒轩之门。戒轩之学，私淑于王文成，首唱良知之旨，会中数十百人，丹霞先入其室，已而舍去，从洞下泽萌遇公弃发，圆具戒于丹霞，受记莂④于匡庐，为雷峰之长孙、泽公之嫡嗣。鼓山一见刮目，知为法器。不数年，

---

① 释成鹫：《咸陟堂集》，广东旅游出版社 2008 年版，第二册，第 228 页。
② 释成鹫：《咸陟堂集》，广东旅游出版社 2008 年版，第二册，第 230 页。
③ 释成鹫：《咸陟堂集》，广东旅游出版社 2008 年版，第二册，第 317 页。
④ 记莂，亦作"记别"，在佛门指为弟子预记死后生处及未来成佛因果、国名、佛名等事。

名播诸方,两坐大刹,作师子吼,牛鬼蛇神,胆破脑烈,莫之敢撄……①

这篇序为后人了解古梵的履历与禅风提供了翔实的资料。从成鹫的记述中可知古梵本为诸生,曾随罗戒轩习阳明之学,后弃儒归佛,从今遇受具足戒于丹霞山。在海云派,他是函昰的长孙。从序文中的"丹霞先入其室"之语,可知成鹫所序《丹霞语录》为古梵之作。

《咸陟堂诗集》卷三有七古《初入丹霞与九译禅友夜话》及《送九译禅友还里葬母,兼订重来之约》两首,均与古梵有关。前一首作于康熙三十四年(1695)九月,其时成鹫初抵丹霞,诗中向古梵述说了作者自己初入丹霞的兴奋。后一首应作于次年的春夏之交,因为诗中有"春寒过眼成炎热"之句。诗的首句为"年过三十不闻道,少壮蹉跎忽复老",据此可推知古梵出生于康熙十五年(1676)前。"生来十八解破家,自笑平生白鼻騧"一句,分明给出了古梵弃诸生出家时的年龄。"昨日潘生今九译"一句,则透露了古梵在俗为潘氏子。②《咸陟堂诗集》卷一七有七绝《送圆音禅友主席丹霞》12首,是康熙四十四年(1705)古梵入主丹霞时的送别之作。《咸陟堂二集》卷二有《候丹霞方丈》,是一封信札,在信中成鹫自称"大通",显然系写于他住广州大通烟雨寺期间。成鹫住持大通寺的时间是康熙四十年(1701)至四十七年(1708),而丹霞山别传寺在康熙四十年七月第五代方丈今镬圆寂后一直虚席,直至康熙四十四年八月才由古梵继位,从事理上推断,此信应是写给古梵的,写作时间在康熙四十四年至四十七年之间。信中有"闻二竖作祟,使丹霞数日不安,大通竟夕不寐达旦"③ 等语,表达了成鹫对内部产生问题的海云派的关切。《咸陟堂二集》卷一〇又有七绝《挽丹霞方丈》10首,诗中有"自从一见华亭后,伊洛门中少一人"④ 之句,比对上面提到的《丹霞语录序》,可知悼念对象为古梵。古梵是康熙四十九年(1710)二月在别传寺方丈的任上圆寂的,这组挽诗应作于此时。诗中对古梵的慧根、人格特别是主法别传寺的贡献,做了充分肯定。

2. 古云

《咸陟堂二集》卷二的《海幢语录后跋》,是成鹫为函昰的第一法嗣阿

---

① 释成鹫:《咸陟堂集》,广东旅游出版社 2008 年版,第三册,第 6 页。
② 释成鹫:《咸陟堂集》,广东旅游出版社 2008 年版,第一册,第 51 页。
③ 释成鹫:《咸陟堂集》,广东旅游出版社 2008 年版,第三册,第 48 页。
④ 释成鹫:《咸陟堂集》,广东旅游出版社 2008 年版,第三册,第 206 页。

字今无的语录而作的跋文。今无俗姓万,生于明崇祯六年(1633)二月十六日。鬓龀披缁,年十六礼函昰雷峰,次年受具。他早年曾在庐山监栖贤院务,曾奉师命徒步出塞,至辽东面访其法叔著名遗民僧函可,前后历时三载,殊为感人。康熙元年(1662)以首座身份在海幢开法,次年主持寺务,前后主法12年。在他的经营下,海幢寺成了"局式宏廓甲于岭南"的大丛林。康熙二十年(1681)年九月二十二日圆寂,年四十九,有《光宣台集》传世。成鹫《咸陟堂二集》卷二《海幢语录后跋》载:

> 岭南丛席建立曹洞门庭者,先推华首独,独传雷峰昰,昰传海幢无。无早顺世,几失其传,满载古董杂货,束之高阁久矣。上座云庵公亲入其室,窥见宝藏,频频拂拭,得夜明珠于尘埃中,知其为宝也,出以质诸华首尘公。公与印可,嘱令囊藏,宁轩其赝,密轾其真。①

根据上文得知,今无的语录是在他辞世多年后才由门人云庵刊布于世的。云庵是古云的字,他于康熙四十四年(1705)入主海幢,康熙五十年(1711)圆寂。成鹫这段文字,显然写于此段时间。文中提到的"华首尘公"是指函昰的第九法嗣尘异今但。今但是新安(今宝安)人,少年出家,早年曾掩关于罗浮山,后为华首台寺住持,住山长达五十余年。康熙五十三年(1714),他将函昰的全身塔从丹霞山迁往罗浮山梅花庄。雍正四年(1726)继古奘主别传寺法席。雍正十年(1732)十一月初一圆寂,年逾八十。

《咸陟堂二集》卷二又有《代海幢两序请云庵和尚启》与《代请海幢和尚启》两篇代笔,文辞骈骊,禅味很浓。第一篇所请者为古云。作为海幢寺的方丈,古云是康熙四十四年(1705)入院的,故此启当作于此年。第二篇所请对象可能也是他。同集卷一一有七古《挽海幢云庵和尚》一首,是悼亡诗。据《番禺河南小志》卷八载,古云于康熙五十年(1711)圆寂,故可推定诗作于此年。其时成鹫尚为鼎湖山庆云寺的住持,正被纷繁复杂的寺务问题搞得焦头烂额,②故诗中有"嗟哉吾道之穷也,鱼目混珠金博瓦""鼎湖自救且不暇,何暇为君劝回驾"等语。因为觉得自己管理无方,所以成鹫对古云管理海幢寺务之举重若轻赞赏不已:"何如海幢古佛云尊者,一

---

① 释成鹫:《咸陟堂集》,广东旅游出版社2008年版,第三册,第31页。
② 在《纪梦编年》末尾,作者对自己担任庆云寺方丈期间寺中产生的矛盾有不少记述。

切有为无取舍。心周沙界混朝野，身入红尘绝沾惹。"① 诗中对古云生前与自己的交往，以及古云的秉性为人，都有生动描写。

成鹫关于海幢寺的作品还有《咸陟堂文集》卷一五的《与海幢首座》，作于何时、写给何人待考。

3. 古奘

成鹫与今砽的法嗣愿来古奘亦有交往。古奘，字愿来，俗姓杨，古冈（新会）人。"三藩之乱"时全家被杀，当时古奘尚在襁褓中，被僧收养。长大后礼今砽为师，曾住海云寺、海幢寺，康熙四十九年（1710）八月继圆寂于任上的古梵主别传寺法席，至雍正四年（1726）年退院。古奘善诗能文，有《虚堂诗集》《蠹余集》传世。他在早年即与成鹫相交，二人时有诗文往还。古奘往高凉、海南游，成鹫曾作《送丹霞愿来首座南游诗序》壮行，文见《咸陟堂文集》卷二。文章开头说："前丹霞予知之最后，后丹霞予知之独先。"② "前丹霞"可能是指古奘之师今砽或古奘的前任古梵，"后丹霞"无疑是指古奘。《咸陟堂二集》卷一一有七绝《报丹霞愿来和尚》一首，中有"雪岩一榻松风满，容我旁人鼾睡否？"③ 之句，卷一三又有《寄丹霞主人二绝》，亦是写给古奘的，中也有"旧话分明须记取，顽牛临老欲藏身"④ 之句，都反映了晚年的成鹫有重返丹霞、客寄别传之念。

二、成鹫与海云派关系密切的原因

上述材料说明，在临济宗平阳派僧中，成鹫的表现与本派僧人明显不同，颇有"异端"的意味。那么，成鹫为什么如此亲近曹洞宗海云派僧呢？主要有以下三个方面的原因：

（一）成鹫的政治价值取向与海云派僧接近

成鹫虽是临济宗平阳派僧，但是他对清朝的政治态度与其祖师道忞是很不相同的。这一点用不着奇怪，社会上，一个人的政治态度是由多方面因素决定的，哪怕是出家人亦不例外。祖师的政治立场可能会影响甚至严重影响

---

① 释成鹫：《咸陟堂集》，广东旅游出版社2008年版，第三册，第229页。
② 释成鹫：《咸陟堂集》，广东旅游出版社2008年版，第二册，第31页。
③ 释成鹫：《咸陟堂集》，广东旅游出版社2008年版，第三册，第261页。
④ 释成鹫：《咸陟堂集》，广东旅游出版社2008年版，第三册，第323页。

其徒子徒孙，也可能没有影响或影响甚微。其实道忞对清朝的态度也不是一以贯之的，在甲申鼎革之初，他像很多汉族人士一样，遗民心态很重。陈垣《清初僧诤记》卷三《新旧势力之诤》指出，在应召之前，道忞曾"深于故国之思，与忠义士大夫等，《荐严》有疏，《春葵》有风，不胜原庙之悲，极写煤山之痛"①；只是后来获得了皇帝的恩宠，他的政治立场才改变了。而在他成为所谓的"国师"之后，其门下僧人对他也不见得都是亦步亦趋的，不以为然者大有人在。陈垣《清初僧诤记》卷三《新旧势力之诤》就指出了道忞的亲传弟子犀（一作西）照本彻与雪樵真朴不满本师亲近清廷的事实。成鹫比出生于明万历二十四年（1596）的道忞小41岁，在法脉上是道忞的曾孙，中隔两代，因此道忞对他影响不大。虽然道忞是佛门"新朝派"的代表人物，但是学术界从来没有人说成鹫是"新朝派"，相反倒是有很多人说他是"故国派"，更有学者断言他"通海"——联络海上力量进行反清复明斗争。成鹫"通海"说固然经不起推敲，不过他身上存有浓厚的遗民意识确是事实。他曾在《纪梦编年》中说：

> 又疾恶之严，自少成性。尝侍先君侧，闻与客谈论甲申之变曰：宰相误国，某相公奸，某相公贪婪，某相公庸鄙，秉钧失人，是致丧乱，不可救也。予闻而心愤之。是岁宾兴，先君举于乡。粤俗称谓，子以父贵，出入呼为相公。予怫然作色，谓其人曰："相公恶名耳。奸佞庸鄙，衰国之贼，予深恨之，毋予渎也。"②

明朝倾覆时成鹫虚岁才八岁，但在长辈影响下，他在少年时代已形成了某种气节观，这种观念成为他后来成为"故国派"僧的思想基础。与一般僧人相较，成鹫的出家经历颇为奇特，上文说到，他是在41岁那年突然自我断发、宣布离俗的。成鹫为什么突然出家？解析其《纪梦编年》，可以看出端倪：

> 是时，丁巳岁五月五日也，余年四十有一矣。闻变而起，仰天大笑曰："久矣夫，吾之见累于发肤也！"左手握发，右持并剪，大声疾呼

---

① 陈垣：《明季滇黔佛教考》，河北教育出版社2000年版，第542页。
② 释成鹫：《咸陟堂集》，广东旅游出版社2008年版，第二册，第302页。

曰："黄面老子，而今而后，还我本来面目，见先人于西方极乐之世矣！"①

"闻变而起"四字，透露了成鹫出家与时局的关系。成鹫所说之"变"，是指"三藩之乱"被平定。"三藩之乱"在性质上本是地方割据势力与朝廷间的利益之争，但是由于倡乱的吴三桂是打着"兴明讨虏"的旗号来与朝廷对抗的，因此当时有不少人产生了错觉，以为大明江山恢复可期，大名鼎鼎的岭南诗家屈大均便是受了这种错觉的支配而跑到吴三桂的队伍去当"监军"的。作为一名曾参加过南明科举的汉族知识分子，成鹫对"三藩"的前途显然是有期待的，否则就不会因"三藩"的失败而大为沮丧，感叹"滇黔之炎炎者，将见扑灭；闽广之滔滔者，渐睹安澜；冠冕之峨峨者，又不免于裂冠毁冕，退修初服矣"②！实际上是"退修初服"这个结果给他泼了一盆冷水，促成了他离俗的。对这一点，与他同时代的李来章就看得很清楚，他在《咸陟堂诗集序》中分析道："意其人固豪杰倜傥之流，殆有所托而逃焉者乎？"③ 当代学者蔡鸿生先生也认为："在清初岭南佛门中，成鹫的活动道路具有最典型的遗民僧的特征。"④ 成鹫出家后，心里其实并没有完全离俗，遗民心态依旧很重，这一点从他为今释所作的《舵石翁传》可以看得很清楚。这篇传记完全是站在明朝的立场上说话的，文中称朱由榔为"永历帝"而不称"桂王"或"永明王"，称满洲贵族政权为"清"而不称"国朝"，又把朱氏败退云南说成是"幸滇"，以瞿式耜、张同敞殉明为"死节"。既然在本质上是明朝遗民，那么成鹫在思想感情上与被认为是"故国派"的海云派僧接近，就很自然了。

（二）成鹫本人的禅门宗派观念一向淡薄

成鹫成为临济宗弟子本来就具有偶然性。根据《纪梦编年》记载，成鹫在自我落发之初并无师承，曾有一段时间在南海弼唐亦庵自修。因此常被人奚落："无师无名，且无戒体，奚以异于俗人？"⑤ 直至康熙十八年（1679）他与元觉邂逅后，"无师无名"的局面才算终结："先师石洞和尚因

---

① 释成鹫：《咸陟堂集》，广东旅游出版社2008年版，第二册，第309页。
② 释成鹫：《咸陟堂集》，广东旅游出版社2008年版，第二册，第309页。
③ 释成鹫：《咸陟堂集》，广东旅游出版社2008年版，第一册，序第2页。
④ 蔡鸿生：《清初岭南佛门事略》，广东高等教育出版社1997年版，第98页。
⑤ 释成鹫：《咸陟堂集》，广东旅游出版社2008年版，第二册，第310页。

入云门扫偃祖塔,道经小漫山过余。余述前愿,乞为弟子,乃受法名,名曰光鹫,字曰迹删。受持斋素,自此始也。"① 虽然成为元觉的弟子,但是成鹫并没有把自己定位为临济宗僧,这一点从下面的这件事情可获得印证:与刚被自己拜为师父的元觉分别不久,成鹫就在西宁(今郁南)石门梅坪寺认识了曹洞宗高僧湛兹传諹。这位后来成为鼎湖山庆云寺第三任住持的和尚,是觉浪道盛的法嗣,在法脉上曹洞宗天界系。传諹曾参遍诸方,学问渊博,精通禅理,成鹫对他折服不已,曾屡请依止,而传諹三请三却,坚持不纳。他回应成鹫说:"子见地高远,惟习气未净耳。水边林下,保养圣胎,不久当成大器,予不足师也。"② 因为不为传諹接纳,成鹫在西宁盘桓数月后,遂于康熙二十年(1681)礼元觉于广州华林寺(其时元觉为华林寺第二代方丈),禀受十戒。成鹫的这段投师经历,反映了他在禅门宗派问题上的开放态度。实际上,成鹫是这么认为的:济也好,洞也好,甚至禅也好,净也好,所有信教修行者都是佛弟子,各门派间不存在根本分歧。要说有什么分别,无非就是修炼方式方法的分别罢了。他在《咸陟堂诗集》卷一《寄匡庐净成泽萌和尚》一诗中曾这么说:"大道无异同,焉知洞与济?"③ 既然认为曹洞宗与临济宗在"大道"上无异同,那"枝末"上的分歧自不会也不应成为两宗交流的障碍。康熙三十九年(1700),他因本门的伦序问题而与法叔铁航和尚萨云元海展开过一场论争,为求一理,他在《再复华林方丈书》中竟然表示不惜脱离宗派改换门庭、与元海断绝法叔侄关系:"鄙人在先师门下,虽有发明,未付嘱也,可济可洞,别有转身之路;或出或处,直待时节因缘。眼中之人,止知有先师而已,岂肯居人篱下,自甘牛后哉!公若待以家人,尚不敢废犹子之礼;倘以局外处之,则宾主耳!嬉笑怒骂,为所欲为,佛祖当前,末如我何,况诸方之流亚乎?"④ 在这些意气用事的言论中,我们不难看出其宗派观念的淡薄。

(三) 成鹫的学问才情为海云派僧所欣赏

成鹫是岭南的一代名僧,学问博洽,才气纵横,无论是在佛教方面还是在艺文方面都有很高的修养。与他生活时代相近的岭南名士胡方在《迹删

---

① 释成鹫:《咸陟堂集》,广东旅游出版社2008年版,第二册,第310页。
② 释成鹫:《咸陟堂集》,广东旅游出版社2008年版,第二册,第311页。
③ 释成鹫:《咸陟堂集》,广东旅游出版社2008年版,第一册,第6页。
④ 释成鹫:《咸陟堂集》,广东旅游出版社2008年版,第二册,第196页。

和尚传》中论道:"大抵其才,以敏捷雄浩推倒一世,艺苑之士无与抗衡者。"① 而晚清的沈德潜则在《清诗别裁集》卷三二中这么评价他:"所著述皆古诗歌杂文,无语录、偈、颂等项,本朝僧人鲜出其右者。"② 实情确是如此。成鹫为文为诗,处处显示着横溢的才华。他写作往往直抒胸臆,笔端似有一股浩荡之气喷发而出,"其文尽情发泄,不拘守八家准绳,颇有似庄子处"③。他一生著作甚丰,见诸著录的著作有《楞严直说》《金刚经直说》《老子直说》《注庄子内篇》《鹿湖草》《诗通》《不了吟》《渔樵问答》《自听编》《咸陟堂集》《纪梦编年》等。正所谓"同声相应,同气相求",成鹫在为海云派精英人物吸引的同时,自己也因学问才情而受到海云派僧人的欣赏。这种欣赏,是他能为曹洞宗海云派接受并最终融入该派的前提。正因为欣赏他,今遇才会请他到丹霞山来为别传寺修志;正因为欣赏他,"海云诗派"的僧俗诗人才会请他为《云霞唱和诗》作序;正因为欣赏他,才会有众多海云派的启、尺牍出自他的手笔。顺便一提,成鹫还曾应肇庆鼎湖山庆云寺第四任方丈契如元渠之邀,到肇庆修纂《鼎湖山志》,并最终完成了此项任务,现今存世的《鼎湖山志》即出自成鹫之手。后来成鹫又于康熙四十六年(1707)任鼎湖山庆云寺的第七代方丈。而由无异元来的法嗣栖壑道丘开山的庆云寺,也是曹洞宗寿昌支博山系僧在岭南的重要弘法基地,成鹫作为临济宗僧而能为庆云寺所接受,这本身就是一个奇迹。如果不是对他欣赏,不可能出现这样的局面。④

(原载杨权主编《壁立千仞——"澹归与《遍行堂集》"学术研讨会论文集》,中山大学出版社 2019 年版。有增删)

---

① 释成鹫:《咸陟堂集》,广东旅游出版社 2008 年版,第一册,序第 4 页。
② 沈德潜:《清诗别裁集》,中华书局 1975 年版,第 586 页。
③ 邓之诚:《清诗纪事初编》,上海古籍出版社 1984 年版,第 295 页。
④ 庆云寺在成鹫之后成为子孙丛林,规定方丈必须由本系法嗣担任。

华林伦序之诤

华林伦序之诤,见于迹删成鹫和尚《咸陟堂集》(道光版)所载与华林寺方丈三书。① 成鹫俗姓方,名颛恺,字麟趾,番禺人,康熙十六年丁巳(1677)自我断发出世,十八年己未(1679)拜石洞和尚离幻元觉为师。二十年辛酉(1681)六月,礼元觉于华林丈室禀受十戒,然未受嘱。元觉为愚关和尚宗符智华的法子、弘觉禅师木陈道忞的法孙,故成鹫法系属临济宗扬岐派虎丘支,为义玄下第32世。成鹫原名光鹫,字即山,后因道忞在绍兴平阳寺重新开派,以"道本元成佛祖先,明如杲日丽中天。灵源广润慈风溥,照世真灯万古悬"28字偈演派(据湖北省随县程湾乡白竹园寺寺碑),故改名易字,又号东樵山人,有《咸陟堂初集》《二集》及《纪梦编年》行世。

华林寺地在广州西关,为达摩西来初地,原为西来庵,坍废已久,顺治十二年乙未(1655)智华募资重开,并自任一代方丈。康熙十年辛亥(1671)智华圆寂,元觉以长子继主法席。

华林寺方丈,成鹫书以"老叔台"称之,未述其名。《纪梦编年》载,康熙二十年辛酉(1681)十月元觉寂灭,"大众公推,承主法席,追忆前嘱,坚辞而退。众知不可强,敦请报资旷老人为处分。合山眷属公议,通省当路绅衿参稽典故,皆主兄终弟及之例,先师后,序及云门铁公。先是铁航法叔已受先祖翁分嘱住持云门,先师长子,承居旧席。……众议既定,遂请云门继席。三年退院,序及识此印公,次天藏曼公"。又载:"次年辛亥,师翁主席云门,老叔台方承法乳,后返华林,识翁、天翁相继受嘱。"据此可悉,成鹫所称之"老叔台",是时任华林寺三代方丈之愚关法嗣铁航元海。华林伦序之诤,即发生在元海、成鹫叔侄间。

成鹫第一书《与华林方丈书》云:"初夏时,抠谒丈室,蒙面谕谆谆,以先老和尚《法语全录》未刻为念,嘱鹫解夏还郡,共商剞劂之举。自恣

---

① 三书分别为《与华林方丈书》《复与华林方丈书》《再复华林方丈书》,入道光刊本《咸陟堂文集》卷一四(释成鹫:《咸陟堂集》,广东旅游出版社2008年版,第二册,第191-196页)。除特别标明外,本文引文均出此。

后，急欲趋命，奈为病缘所阻。今虽少差，而精神饮食大不如前。扶病远归，不辞劳瘁，实以祖庭重事，佛法攸关，虽至愚无识，不敢不洗心涤虑，思效一得于左右耳。"第二书《复华林方丈书》云："十月四日，得手教见示。"而《纪梦编年》载，元觉在日，曾诫成鹫："子性禀孤高，不能容物，出则恐为众的，只可住山，不可为人。"① 故成鹫辞华林方丈后即隐修在外，先后托迹于罗浮山石洞寺、琼州会同多异山海潮岩灵泉寺、南海莲社、香山东林庵、丹霞山别传寺及锦岩寒梅古寺、鼎湖山庆云寺等处；"（庚辰）二月既望，饭后经行，腰脊间恍如有物蠕蠕欲动，俄若戈矛刺入右肾，痛绝仆地，……自春迄夏，坚卧一百日，饮食便溺不能转侧。……至秋病起，支策能行，乃返故里，养病于弼唐之亦庵"（《纪梦编年》）②，所记之事与上书所云"扶病远归"正相吻合。据此可悉，华林伦序诤，发生于康熙三十九年（1700）解夏后、十月前。佛门制度，僧尼每岁四月十五日始静居寺院，谓之结夏，自恣日（七月十五日）解夏。华林寺今存汉白玉舍利塔一座，塔中铭文载塔系康熙四十年辛巳（1701）住持元海所建，亦可证元海时为华林寺方丈。

华林伦序诤之焦点为元觉、元海孰兄孰弟。事因华林寺编《石洞禅师法语全录》所附塔铭文字遭改窜而发。塔铭为元觉之师兄、惠州准提阁方丈雪槱真朴手笔（成鹫《再复华林方丈书》云："雪师翁，平阳大弟子也。"），文本以元觉为兄、元海为弟，但在收入《法语全录》时，文字被改舛，遂至伦序颠倒，弟先兄后。其事被成鹫发觉，他认为兹事体大，遂致书元海，为本师鸣不平。《与华林方丈书》云，铭遭改窜，"谓记录传写之讹可也，若出自老叔台意旨则必不然。何也？昔大鉴会下，青原、南岳，难弟难兄，当时绝无毫发之却。后世儿孙各立门户，宗临济者先南岳，宗曹洞者长青原，无风起浪，平地生堆，致使瓦釜雷鸣，狮犬尧吠，为莫解之怨，启得间之疑，殊可浩叹！今日之事得无似此？"又质曰："先师记莂在庚戌之夏，因往循州受请先老和尚的笔书偈，默授心印，至今手卷现存，老叔台其忘之乎？次年辛亥，师翁主席云门，老叔台方承法乳，后返华林，识翁、天翁相继受嘱。兄弟伦序，是愚关老人亲手交付，亲口叮咛，诸佛列祖，实同证明。"且云："先师塔铭出自雪槱和尚之笔，谓不足信乎？华林会下，如东湖契翁、仁寿纯翁现为法王，必不肯为期人便己之语，谓不足信乎？同门

---

① 释成鹫：《咸陟堂集》，广东旅游出版社 2008 年版，第二册，第 312 页。
② 释成鹫：《咸陟堂集》，广东旅游出版社 2008 年版，第二册，第 320 页。

受法，如识翁、天翁者，何难曲徇情面！"所举证人四，"东湖契翁"指先主广州东湖禅院法席、后任鼎湖山庆云寺四代方丈之契如元渠，"仁寿纯翁"指南海佛山仁寿寺之住持纯觉（法名待考），"识翁""天翁"分指元觉法弟识此元印与天藏元旻。成鹫又指窜改者置基本事实于不顾，"是非倒置，致有将先世已定之铁案卤莽更张，视古今不易之公论猖狂改变"，所作所为，旨在"肆一己之私"而已。

在此书中，成鹫对元海尚未失表面之恭敬，以"老叔台"称之，且赞其"道望颙印，门庭高峻，俯视流俗，力挽颓风"，然讲事论理并不留情面，文中甚且有"此举也，大似掩耳盗铃，不揣本而齐末，倘不自悔，不但启衅于门外之波旬，即济下儿孙不敢为老叔台讳过矣"之语。责备之深，已等于视元海为幕后。

成鹫发辞率直，问罪本门，令元海大为不快。不数日，复书寄抵，来势汹汹。元海之书今已不存，然从成鹫复书所引仍可知其梗概。元海以"师伯"身份，对法侄成鹫严辞切责，指其"为识见卑陋，发言狂悖，如好勇斗狠之俗汉"。成鹫不服，作《复华林寺方丈书》辩曰："（鹫）不避铁钺之诛，披肝沥胆，致一得之愚于左右，中间所指，皆为末法众生痴迷执著者发，非敢为堂堂法王、巍巍古佛，出此不逊之语也。"并申说自己较真之理由："出家有师，犹在家之有父母，假族人修其宗谱，将叔氏之名加于所生之上，兄弟之分乖矣。他日称谓，谓之叔乎？谓之伯乎？不得不亟起争之。虽出辞过激，君子观过知仁，亦谅其心之无他，怜其戆直则有之，未有罪以不孝者，盖父子之恩，亲于叔侄故也。"又谓元海指使他人倒置塔铭文字，乃畏生欺死，埋伏陷阱，"掩鹫以不知，赚之下笔，执作凭据"，若不为发觉，伪造已成铁案。元海又指责成鹫挑起纷争，有悖无净三昧、羼提妙谛。成鹫则反唇相讥："我辈学人未造斯境，不敢借以自解，恐犯妄语之戒。今之大人与真觉大师吻合者，有诤无诤，冷暖自知，非门外汉所得而思议也。"元海又因成鹫"无事生非"，而发"非父不生其子"之慨，矛头转而指向其师元觉；并翻出陈年老账，指元觉当年"不念手足之情""落井下石"，把元觉比为"滇黔之叛魁"。成鹫对元海"儿孙不肖，带累祖祢"之株连法大为不满，称"昔先师住持华林，老叔台继席云门，各建法幢，阐化一方，中间血脉贯通，埙篪唱和"，所谓"落井下石"云云实乃捕风捉影、子虚乌有，劝元海"慎勿出此言，令前人出丑，取笑诸方也"。元海指元觉当年对其"觌面相欺"，曾断言其"汝已死去大半"。成鹫则谓此乃"当机杀夺"，"骂不作骂"，元海不能会其妙用耳。且讥曰："假令当时

(老叔台)在先师言下得大解脱,全身死去,绝后再苏,安得有今日耶?"成鹫又谓元海对其恶口相骂,实大类市井小人,非"大人"所当为。成鹫并不认元海为"师伯",谓其所以入主华林,是因"兄终弟及"。书末劝"老叔台""推倒人我山,填塞是非穴,外息诸缘,内灭烦恼,清夜扪心,试思无诤三昧"。

平心而论之,华林伦序诤,成鹫确有理据。元海偷梁换柱,作伪塔铭,难免心虚。唯成鹫身为法侄,得理不让,对元海口诛笔伐,不免令元海难堪。故成鹫之复书非但未能令元海"思无净三昧",反使元海羞恼倍甚、净心愈炽。盛怒之下,其再复书"恶声盈纸",何尝是讲理,简直在骂街矣。事既至此,成鹫眼中也不复有"老叔台",其第三书《再复华林方丈书》"投桃报李",谏元海曰,"言之宜慎者十",对元海之指责一一还以颜色,语辞猛烈,不让檄文。如云:"'余孽'之指,初不解其所谓,来札发明,实为某甲而发。是则指良为盗,在国有反坐之刑;无根取片,于佛有僧残之律。欲杀人乎?抑自杀乎?凡诬人者必凭证据,或片纸只字,疑似之迹,与夫愚夫愚妇传述之言,皆可援以相质。若夫平空杜撰,取快一时,独不惧仰箭之反射乎?""台谕云云,必有告于左右者,请直指其人,确证其事,然后可以服被谤之心。倘或善类受诬,必求辨白,势不得不持此过状,控于士师。三尺之法,恐难为妄语者解也。纵其忍隐不言,甘受无根片谤,阖家老子能假情面于法王乎?""西堂乃法嗣之位,非衲子所得居。庚戌以前,先师已居此座久矣。后来居上,捏造愚关之语,文饰其过,诬师资以溺爱,自扬家丑,取笑诸方。""先师与公,既无冤对,所以致有今日者,不过干糇之愆,言辞之率,遂致开罪同气。以小疵而萌大怨,令彼初心善信,疑我法门如羊斗召衅、雀角穿屋之所为,污他信心,将有裹足不入、括囊不舍者矣。""下石反噬,谓无其事而有意,何异罗钳吉网,以腹诽杀人,证无辜以莫须有之罪。彼不知者,谓我佛门中亦有罗织之狱,开学者以妄语之端。"双方论争内容,已由伦序而扩及于其他。为争一理,成鹫甚至表示不惜脱离宗派改换门庭、与法叔断绝关系:"鄙人在先师门下,虽有发明,未付嘱也,可济可洞,别有转身之路,或出或处,直待时节因缘。眼中之人,止知有先师而已,岂肯居人篱下,自甘牛后哉!公若待以家人,尚不敢废犹子之礼;倘以局外处之,则宾主耳!嬉笑怒骂,为所欲为,佛祖当前,末如我何,况诸方之流亚乎?"论争之炽,可见一斑。

华林伦序诤之结果,僧史未载;然传世灯录仍以元觉为兄、元海为弟,因知元海未得售其私,以成鹫抗争故也。成鹫、元海当时论争固炽,然二人叔侄情分似并未因诤而断,观成鹫《纪梦编年》仍称元海为"法叔"可知。又成鹫与华林方丈三书只见于道光刊《咸陟堂集》,而不见于成鹫生前已付剞劂之康熙"耕乐堂"刊本,可知成鹫并无意让宗门矛盾外扬。

（原为《清初僧诤记补》的一部分,载张荣芳、戴治国主编《陈垣与岭南——纪念陈垣先生诞辰130周年学术研讨会论文集》,中国社会科学出版社2011年7月版）

广州华林寺塔瘗舍利来历考

广州华林寺藏有佛门圣物——舍利,此事在清初陈子升《中洲草堂遗集》卷一四《盂兰盆日西来庵舍利》诗有反映,其诗云:"金作浮图藏舍利,师僧请出众人观。生天直用时时切,消业回思世世难。惊眼威神灯外转,彻心悲涕水中寒。病身礼罢空行院,为指芭蕉在药栏。"① 诗题中的"西来庵"便是指华林寺。不过此诗一向未引起人们注意,华林寺藏有舍利,是在现代才偶然被发现的。

华林寺是清顺治年间愚关和尚宗符智华在萧梁的西来庵旧址开辟的,道场建立后名声日隆,最终发展成了广州的名刹,为"羊城五大丛林"(光孝寺、六榕寺、华林寺、海幢寺与大佛寺)之一。但是在民国十二年(1923)的时候,广州市长孙科为给大元帅府筹措军饷,宣布变卖全市的"公产",广州城内的寺院,除六榕寺因丈铁禅与孙科交情不错而获豁免外,其余均被没收,华林寺亦莫能逃过厄运。当时寺僧罄其所有,才以3000块大洋的代价赎回了寺内的"龙天常住"(用作僧舍与库房)与五百罗汉堂,寺院内的其他建筑——包括大雄宝殿、天王殿、祖师殿、大悲阁、钟鼓楼等——悉数被拆。经此毁寺事件后,原先立在华林寺中的一座六面七层白石塔便成了西来正街的街心建筑。② 由于它影响交通,1965年广州市政部门决定将其迁移到解放北路的兰圃。工作人员在拆卸石塔时意外发现塔中有一个长方形石函。根据当时的记载,石函内有一个为松香封裹的扁方木盒,盒盖上有"佛舍利"三个红字。木盒内藏着一个方铜盒,盒盖上面镌着以下文字:

  大清康熙辛巳孟秋华林寺主持沙门元海敬合锱素捐资建白石浮屠,奉安释迦如来真身舍利二十二颗。其中央莲花所藏一颗,即系金轮峰分出;余十莲花环贮,其来处栖贤居多,然莹洁相类,知俱如来舍利无疑。后世倘启函,当尊重,幸毋亵慢。慎之!

---

① 陈子升:《中洲草堂遗集》,见伍元薇辑《粤十三家集》,清道光二十年伍氏诗雪轩刻本。
② 葛定华:《西来初地华林寺考访记》,见广州华林寺《达摩禅学研究》,中国大百科全书出版社2003年版,上册,第2页。

盖的里面亦有刻铭:

> 释迦如来舍利赞:"法身常住,究竟坚固,莲花藏海,主中之主。"华林比丘元海熏沐稽首题。①

铜盒底部散置有 38 颗珍珠、三颗琥珀珠、一块沉香木。沉香木上压着一个全身刻满莲花和点纹的圆银盒,盒盖上刻有七个梵文,意思是"佛如来真身舍利"。银盒里盘绕着一枝银质复瓣莲花,共 11 朵,每朵中间都有一个加盖的莲房,里头共装着 22 颗细小如豆、颜色各异的舍利。这些物品最先由宗教管理部门保管,后被移交给园林局,其下落长期不为人所知。"文革"以后,经宗教界、文化界人士在省、市政协会议上反复呼吁,到 1994 年 12 月 10 日,白石塔被回迁华林寺。1996 年 11 月 20 日,珍珠、舍利等物亦被送归华林(不过珍珠、舍利各少了一颗)。现在白石塔筑立在华林寺西北端,与山门正对,玲珑典雅的塔身保存完好,舍利等物也瘗在其中。

根据铜盒的铭文,可知华林寺的白石塔是为奉安舍利而于康熙四十年(1701)建造的,主事者是华林寺的比丘元海。对元海的生平事迹,知者甚罕。笔者通过考索文献,发现成鹫所撰《鼎湖山志》卷五《耆硕人物第九·承嗣禅宗耆宿》有如下记载:"铁航和尚,讳元海;原名心如,字不似。云顶戒,宗符和尚法嗣。"② 同卷《诸方阐化耆宿》又有如下记载:"铁航和尚,阐化于广州。继席华林,第三代。有《语录》。"③ 同卷《列传》中的《愚关和尚传》说宗符智华有"嗣法弟子四人:元觉、元海、元印、元旻"④。卷六《登临题咏第十一》收有元海作《哭栖老和尚》等诗六首,注谓"华林元海,字萨云,嗣云门"⑤。成鹫《咸陟堂文集》卷一四《与华林方丈书》又谓:"次年辛亥,师翁主席云门,老叔台方承法乳,后返华林,识翁、天翁相继受嘱。"⑥ 综合这些资料,可知元海,字萨云,号

---

① 黄汉纲:《漫谈华林寺及其佛塔舍利》,《荔湾风采》(荔湾文史第四辑),广州,荔湾区政协学习文史委员会,1996 年。
② 释成鹫:《鼎湖山志》,广东教育出版社 2015 年版,第 76 页。
③ 释成鹫:《鼎湖山志》,广东教育出版社 2015 年版,第 80 页。
④ 释成鹫:《鼎湖山志》,广东教育出版社 2015 年版,第 85 页。
⑤ 释成鹫:《鼎湖山志》,广东教育出版社 2015 年版,第 114 页。
⑥ 释成鹫:《咸陟堂集》,广东旅游出版社 2008 年版,第二册,第 191 页。

铁航；原名心如，字不似。受具于肇庆鼎湖山庆云寺栖壑和尚离际道丘，与法兄离幻元觉，法弟识此元印、天藏元旻同为愚关和尚宗符智华的法嗣。在《鼎湖山志》卷五《耆硕人物第九·承嗣禅宗耆宿》，可查到元海有四位法嗣，分别是而卓一犖、绍昙光矍、远辉光达与□澜光柱。康熙二十年（1681）其法兄石洞和尚元觉圆寂，他以智华第二法嗣的身份继主华林法席，成为该寺的第三代方丈。对元海继主华林法席之事，成鹫在其自传《纪梦编年》有如下记载：康熙二十年（1681）十月元觉示寂，"大众公推，承主法席，追忆前嘱，坚辞而退。众知不可强，敦请报资旷老人为处分。合山眷属公议通省，当路绅衿参稽典故，皆主兄终弟及之例，先师后，序及云门铁公。先是，铁航法叔已受先祖翁分嘱住持云门，先师长子，承居旧席。……众议既定，遂请云门继席。三年退院，序及识此印公，次天藏旻公"①。据此可悉，元海在任华林寺三代方丈前，曾住乳源云门寺。佘锡纯《语山堂诗钞》②中有《闰三月同颜悔斋明府黄汉人李捷先过华林访铁航和尚适定澜大师还自香山得六鱼》一首，同氏《白侍亭诗钞》③又有《夏日同诸子过华林访铁和尚》《送铁和上归华林》《初冬同铁航和上梁巨川暨定崖大师鹤峤智峰上人集西山草堂》三首，这些诗都印证了元海曾任华林方丈的事实。何栻《南塘渔父诗草》卷上《华林大悲阁落成登眺呈铁航和尚》有"登临目远堪留客，结构心劳不碍禅"④之句，更证明华林寺大悲阁是在元海的主持下建造的。据成鹫所记，按当时公议，元海主持华林法席期满三年须退院，由法弟元印继席，又三年再由另一法弟元旻继席，但这个公议在实际中似未获贯彻，因为至少在华林寺建造舍利塔的康熙四十年（1701），元海仍主寺事。⑤

华林寺白石塔所藏舍利，铜盒铭文称"俱如来舍利无疑"，中国佛教协会已故会长赵朴初居士也鉴定为如来真身舍利，未见有人提出过异议，其实不然。对这些舍利的来历亦众说纷纭，但从无学术层面的证明。例如，《人民日报》2003年10月16日所刊署名文章《广州华林寺珍藏21粒罕见释迦

---

① 释成鹫：《咸陟堂集》，广东旅游出版社2008年版，第二册，第312-313页。
② 佘锡纯：《语山堂诗钞》，康熙、雍正间刊本。
③ 佘锡纯：《白侍亭诗钞》，康熙、雍正间刊本。
④ 何栻：《南塘渔父诗草》，清嘉庆二十四年刊本。
⑤ 华林寺现任方丈光明法师说："当时的住持离幻大和尚采用肇庆七星岩白石砌成舍利塔"（释光明：《广州市华林禅寺正史概况》，《华林禅源》2015年第1期），其说也与历史不符。华林寺佛舍利铜盒铭文证明，白石塔是在铁航元海的主持下建造的，其时离幻元觉示寂已20年。

牟尼舍利》称，"华林寺的舍利，有的资料便认为是达摩初到中国时携来的"，"……华林寺在历史上的地位极高，康熙曾专门拨款给华林寺，舍利子有可能是在那时一起送来的"。华林寺现任住持光明大和尚在《广州市华林禅寺正史概况》一文则说，"入清，由于顺治帝崇信佛教，十分敬仰达摩祖师来华驻锡的第一道场，……为了稳定南疆政局，祈祷大清国泰民安，再恩赐22颗舍利子于寺供奉；康熙帝亲政后，又下御旨给华林禅寺特建舍利殿供奉佛舍利"①。这些说法，空穴来风，均不足采信。达摩来华并未携有舍利，这是人所共知的事实；顺治"恩赐"华林寺院舍利、康熙"下御旨"在华林寺建舍利殿若真有其事，人们也不至于迟至1965年迁塔才发现这些舍利了！

另外一个方面，因为华林寺无山志传世，而历史文献也很难寻得到直接记载，所以历史学界与考古学界的学者们便认定要解决华林寺所瘗舍利的来源问题几无可能。比如2003年10月28日发表在新华网的一篇文章《21粒舍利重回广州华林寺丢失一粒成难解之谜》（文末标明来源于《南方都市报》），便把舍利是如何传到华林寺的、它们是否全是释迦牟尼的真身舍利、丢失的那颗舍利在哪里说成为"三大谜团"。②的确，这些舍利面世以来，对它们的来历，学术界一直无所作为。

要破解"谜团"，就必须依靠文献资料。这项工作的确具有相当的难度，但并不是没有可能。其实关于华林寺塔瘗舍利的来源问题是有线索可寻的。线索何在？就在安放舍利的铜盒中！铜盒铭文交代："其中央莲花所藏一颗，即系金轮峰分出；余十莲花环贮，其来处栖贤居多。"

舍利也称舍利子，是梵语 Sarire 的音译，它是僧人遗体在荼毗（火化）过程中形成的结晶物，如来真身舍利则是释迦牟尼涅槃后经荼毗形成的结晶物。根据原始佛教经典《长阿含经》记载，世尊在拘尸那迦城娑罗林双树间涅槃后荼毗，遗体产生了八斛四斗舍利，当时共被分成八份，由八王供养。而《阿育王传》记载，佛灭度百年后，阿育王曾将当时存世的佛舍利收集在一起，共建造了八万四千个宝塔供奉。《魏书》卷一一四《释老志》云："佛既谢世，香木焚尸。灵骨分碎，大小如粒，击之不坏，焚亦不燋，或有光明神验，胡言谓之'舍利'。弟子收奉，置之宝瓶，竭香花，致敬慕，建宫宇，谓为'塔'。塔亦胡言，犹宗庙也，故世称塔庙。于后百年，

---

① 释光明：《广州市华林禅寺正史概况》，《华林禅源》2015年第1期。
② http://news.sina.com.cn/c/2003-10-28/10101007543s.shtml。

有王阿育,以神力分佛舍利,役诸鬼神,役诸鬼神,造八万四千塔,布于世界,皆同日而就。……释迦虽般涅盘,而留影迹爪齿于天竺,于今犹在。中土来往,并称见之。"① 明高僧德清《憨山老人梦游集》卷二五《庐山金轮峰释迦文佛舍利塔记》云:"舍利乃戒定之余熏,凝四大所成者。以其血肉毛发齿骨之不一,故有五色之异。其体坚刚,能贯金石,光明夺目,超越世宝,有坚凝而不动者,有流动上下、其状变化不一者,盖各随感而然也。"② 由于如来真身舍利是世尊法身所化,因此,世界各地的佛教徒都把它们视为无上圣物,认为真身舍利所在即释迦牟尼法身所在,获得真身舍利即能结下值佛闻法的因缘而成就菩提。正如《金光明经》卷四《舍身品》所言:"此舍利者是戒定慧之所熏修,甚难可得,最上福田。"③ 又如《大智度论》卷五九所言:"供养佛舍利,乃至如芥子许,其福报无边。"④ 中国民间也有目睹舍利一眼安康三年、虔诚躬拜富甲三代之说。大概在东汉,佛舍利即由梵僧传入中国,中国最早的佛教编年史、南宋祖琇的《隆兴佛教编年通论》卷一载,永平七年(64),沙门迦叶摩滕曾对汉明帝说:"按天竺金藏诠所志,阿育王藏如来舍利于天下,凡八万四千所。今支那震旦境中,十有九处。"⑤ 后来又有华僧陆续远赴天竺请回佛舍利。如《大唐西域记》卷一二载玄奘和尚回国时曾请得佛肉舍利150颗,《宋高僧传》卷一载义净和尚归国时曾携回如来真身舍利300颗。这些佛舍利曾被分藏在全国各地的名寺大刹之中。岭南最早瘗藏如来真身舍利的寺院是广州宝庄严寺(即六榕寺),南朝梁武帝大同三年(537),为供奉昙裕和尚从扶南(今柬埔寨)请回的佛舍利,该寺曾建木质舍利塔一座,事见王勃撰《宝庄严寺舍利塔记》⑥。

铜盒铭文提到的金轮峰位于江西庐山南麓,在今江西省庐山市境内,峰下为江右名刹——归宗寺旧址。根据祖琇撰《隆兴佛教编年通论》卷三记载,前秦苻坚永兴元年(357),梵僧佛陀耶舍从天竺来到中国,在姑臧受到秦王的欢迎。耶舍尊者"后游匡山,为远公所重。躬自负铁于紫霄峰顶

---

① 魏收:《魏书》,中华书局1974年版,第3028页。
② 释德清:《憨山老人梦游集》,北京图书馆出版社2005年版,上册,第468—469页。
③ 刘鹿鸣译注:《金光明经》,中华书局2010年版,第163页。
④ 释弘学:《大智度论校勘》,社会科学文献出版社2014年版,第765页。
⑤ 释祖琇撰,杨权整理:《隆兴佛教编年通论》,广东人民出版社2020年版,第1页。
⑥ 《文苑英华》卷八五二,《古俪府》卷四、卷八,《王子安集》卷一六,《全唐文》卷一八四等均有载。

铸塔，以如来真身舍利藏其中，今存焉"①。所谓在"紫霄峰顶铸塔"，经笔者实地考察，实际上是在紫霄峰（海拔1192米）下半山腰如笋独立的金轮峰（海拔720米）顶铸塔。

明万历四十三年（1615），归宗寺僧修慈冶铁铸浮屠13级，欲重瘗这些如来真身舍利。憨山德清《庐山金轮峰释迦文佛舍利塔记》记其事：

> 乙卯春，慈秉师遗命，冶铁铸浮屠十三级，重开塔藏。见舍利数百粒，五色宝光，眩曜人目，瞻见者敬礼，无不感悦。是年秋九月安藏之期，山谷震吼如雷者七次，闻者皆知其为舍利瑞也。慈恐铁易薄蚀，外以磁灰米汁，捣而护之，取坚密可垂久也。②

人们所以"见舍利数百粒"，是因为修慈在重开塔藏时不慎弄破了其中一个安放舍利的瓶子（总共三个）。因舍利露出，才有了"五色宝光，眩曜人目"的景象。肇庆鼎湖山庆云寺第三代住持石门和尚湛慈传源《鼎湖山庆云寺铁浮图碑记》（《鼎湖山志》卷七《艺文碑碣第十二》）载：

> 本山铁浮图所藏四颗（舍利），由昔耶舍尊者入自西域，见神州瑞气贯天，知有胜地。寻迹江右匡庐，得金轮峰，遂还请三瓶至此，葬而塔之。后塔圮，重修，掘破一瓶，人因夺焉。以有展转而珍藏者不一，于是憨山大师得数颗焉，予先师栖和尚又得四颗于憨之门人。师欲功德公于群情也，顺治丁酉奉舍利而瘗鼎湖，捐衣钵资建之殿上，崇塔以铁，塔铸禅山。塔归之日，师早闻天乐鸣空，移时方歇，灵感又如此。③

根据上文所载可悉，瓶破之后，许多人都抢夺舍利，其中有数颗以某种因缘落到了德清手里。庆云寺后来藏有四颗出自庐山金轮峰的如来真身舍利，它们是该寺的开山主法栖壑和尚从德清的传戒弟子手中获得的。栖壑是庆云寺的开山祖，名道丘，字离际，号栖壑。他是于什么时候从德清的那位

---

① 释祖琇撰，杨权整理：《隆兴佛教编年通论》，广东人民出版社2020年版，第52页。
② 释德清：《憨山老人梦游集》，北京图书馆出版社2005年，上册，第469页。
③ 释成鹫：《鼎湖山志》，广东教育出版社2015年版，第136页。马呈图纂辑《（宣统）高要县志》卷二四"鼎湖山庆云寺铁塔浮图释迦如来舍利缘起"条略同。

弟子的手中获得这四颗舍利的,《鼎湖山庆云寺铁浮图碑记》没有具体记载,不过中共肇庆市委宣传部、肇庆市文化广电新闻出版局编《肇庆文化遗产》一书提供了答案:

  明代憨山大师得到几颗(舍利),广东肇庆鼎湖山庆云寺第一代住持栖壑和尚于崇祯四年(1631)从憨山的传戒弟子道独宗宝大师得到4颗。①

  陈泽泓著《广东塔话》第二部分《扑朔迷离的佛舍利塔》②、刘伟铿编著《岭南名刹庆云寺》中《文物与古树名木》一节③也有大致相同的记述。遗憾的是三本书都没有交代材料的原始出处,故不知其说所本。宗宝大师即下文将要提及的天然和尚函昰的师父,名道独,字空隐,他是曹洞宗博山系无异元来的法嗣,似无参学德清的经历。德清所得舍利为何会在他手中不得而知,不过他把这些舍利转交给道丘却是不让人感到奇怪的。据成鹫《鼎湖山志》卷二《开山主法第六·初代开山主法云顶和尚年谱》载,道丘曾"事憨山大师于宝林"④;道丘也曾在《初代开山和尚请庆云禅院碑文由状》(《鼎湖山志》卷一《创建缘起第四》)说自己"闻大知识憨山和尚谪戍岭南,演扬正法,道丘景慕日深,踊跃欢喜,愤愤然有参方请益之志。竟辞师亲,往游南都,遍参讲肆,深慕教乘"⑤。李觉斯撰《栖老和尚塔铭》(《鼎湖山志》卷二《开山主法第六》)则说道丘"年十七始从碧崖师薙发,侍憨山大师于宝林,博习内外典,悉领义趣,山深器之"⑥。圆捷一机撰《开山主法栖老和尚行状》(《鼎湖山志》卷二《开山主法第六》)更具体记载:"(栖壑)继侍憨山大师于宝林,内外典籍,深达枢要,憨甚器之。既而叹曰:'出家务明心地,文字相中岂究竟法耶?'于是辞憨度岭,时年二十有一。憨嘉其行,送以偈曰:'汝持一钵曹溪水,去洒诸方五味禅。莫道老憨

---

① 中共肇庆市委宣传部、肇庆市文化广电新闻出版局:《肇庆文化遗产》,南方日报出版社2009年版,第284页。
② 陈泽泓:《广东塔话》,广东人民出版社2004年版,第26-27页。
③ 刘伟铿:《岭南名刹庆云寺》,广东旅游出版社2002年版,第158页。
④ 释成鹫:《鼎湖山志》,广东教育出版社2015年版,第33页。
⑤ 释成鹫:《鼎湖山志》,广东教育出版社2015年版,第28页。
⑥ 释成鹫:《鼎湖山志》,广东教育出版社2015年版,第39页。

能说法，如今不值半文钱．'"① 这些材料都说明道丘曾有过在德清身边参学的长期经历，深受德清器重。成鹫《初代开山主法云顶和尚年谱》又载，道丘42岁那年"复出岭参博山，密受记莂"②。《开山主法栖老和尚行状》说，道丘于"丁卯春复往江右，执侍博山无异和尚"③。道丘则在《初代开山和尚请庆云禅院碑文由状》中说自己"后获亲博山和尚，耳提面命"④；在《栖老和尚自序》（《鼎湖山志》卷二《开山主法第六》）中说自己"深慕禅宗，复往博山，亲见无异和尚，再求证戒。执侍数年，蒙耳提面命"⑤。这些材料证明道丘也是博山的徒弟，与宗宝同出一门（所以一个叫道丘，一个叫道独）。把德清之所得传给德清之弟子，理所当然；同门之间授受圣物，亦合乎逻辑。在圆捷一机撰《开山主法栖老和尚行状》中，有"明年辛未（崇祯四年，1631）十月念一，襄葬（博山）事毕，乃出山，顺入匡庐，会同参宗宝禅师于金轮。冬杪归广州，闻者争谒"⑥的记载，庆云寺所藏如来真身舍利，想必就是在法弟兄的这次庐山金轮峰会面中被道丘请回来的。

道丘曾于顺治十四年（1657）把从金轮峰所得的如来真身舍利入瘗鼎湖。26年后，时在康熙二十二年（1683），庆云寺曾有过一个将这些舍利重瘗的过程。《鼎湖山志》卷七《艺文碑碣第十二》载传諝撰《鼎湖山庆云寺铁浮图碑记》记其事：

> 其至康熙癸亥，比丘觉兴、圆捷顾塔殿湫隘，且不甚庄严，白草堂和尚募重新之。高且深阔，前后布置，粗有可观。⑦

成鹫《鼎湖山志》卷五《耆硕人物第九·专修净业耆宿》载："觉兴长老，讳成隆，顺德人。"据此可知觉兴的法名为成隆。圆捷是庆云寺的第六代住持，名一机，字圆捷，别号逢场。成鹫《鼎湖山志》卷三《继席弘化第七》有其塔志铭。草堂和尚即弘赞在犙，是庆云寺的二代方丈，同书同卷亦载有

---

① 释成鹫：《鼎湖山志》，广东教育出版社2015年版，第34—35页。
② 释成鹫：《鼎湖山志》，广东教育出版社2015年版，第33页。
③ 释成鹫：《鼎湖山志》，广东教育出版社2015年版，第35页。
④ 释成鹫：《鼎湖山志》，广东教育出版社2015年版，第29页。
⑤ 释成鹫：《鼎湖山志》，广东教育出版社2015年版，第34页。
⑥ 释成鹫：《鼎湖山志》，广东教育出版社2015年版，第36页。
⑦ 释成鹫：《鼎湖山志》，广东教育出版社2015年版，第136—137页。

其传。重瘗舍利之事虽由成隆、一机两比丘具体操作,工程却是在他的支持下展开的。《鼎湖山志》卷三《继席弘化第七》载霍宗瑆撰《第二代在㥞和尚传》提到:

> 师自捐衣钵净资造七级浮图,以藏所得匡山金轮峰如来真身舍利。其石采自七星岩,方命匠经始,是夜石自崖陨下,传水月宫后墙。攻之,精洁如玉,适供一塔之用,无留余者。……及塔成,清晨有红莲花现于檐端,大七八尺,光焰烛天。舍利入塔之日,多现奇祥,因名曰"瑞塔禅寺"。①

成鹫《鼎湖山志》卷一《殿阁堂寮第三》记载,在这个新造的七层浮屠中奉安的如来真身舍利与道丘当年的所得相同:"(浮图殿)在毗卢阁后。中奉铁浮图一座,七层,内藏如来舍利四颗,从匡庐金轮峰分得。"②

若干年前,笔者曾在庆云寺大雄宝殿旁的一个偏殿亲瞻过该寺所藏舍利,总数为四颗,与文献所记相合。当时寺院的人员告诉笔者,四颗舍利都是佛舍利。原本还有一颗,"文革"中有省中大员来寺视察,把舍利拿在手上目验,不慎将其中一颗掉到了地上。在场人员当即寻找,居然不见了!当时笔者听说此事,并没有在意其说所存在的问题。现在想来,事故发生时寺院有不少人在场,其事当非杜撰;然而舍利落地不见果若属实,那庆云寺所藏如来真身舍利岂不是比文献所记多了一颗?

带着这个令人费解的问题,笔者对相关文献做了一番爬梳,结果有令人兴奋的发现!在《鼎湖山志》卷七《艺文碑碣第十二》载传源撰《鼎湖山庆云寺铁浮图碑记》的末尾,笔者看到了以下文字:

> 丁酉,塔下所瘗者,无乃四颗。起癸亥,则附禅朗比丘得于栖贤者数百颗同瘗,另贮玻璃瓶、小铜塔,镌石识之。③

文中的"无乃"二字引起了笔者的特别注意。在古汉语中,"无乃"表示委

---

① 释成鹫:《鼎湖山志》,广东教育出版社 2015 年版,第 48 页。在此志卷三所载《鼎湖山第二代住持在㥞禅师塔志铭》中,亦有差不多相同的记载。
② 释成鹫:《鼎湖山志》,广东教育出版社 2015 年版,第 18 页。
③ 释成鹫:《鼎湖山志》,广东教育出版社 2015 年版,第 137 页。

婉的测度，意为"恐怕是""应当为"。《论语·雍也第六》就有"居敬而行简，以临其民，不亦可乎？居简而行简，无乃大简乎？"① 之语。传源在"四颗"之前加上"无乃"二字，显然是想表达心中存有的某种疑惑。疑惑什么？莫非在道丘于顺治十四年（1657）将如来真身舍利初瘗于鼎湖时，数量是四颗；而到康熙二十二年（1683）比丘成隆、一机重瘗这些舍利时，已不足其数？

有趣的是，笔者的猜测居然为《肇庆市文物志》所载文物普查材料证实！请看文献——

  庆云寺舍利

  据传，东晋时从印度传入我国名山大寺的舍利，江西庐山请得三瓶，明代憨山大师从中得到几颗，庆云寺一代祖栖壑和尚又从憨山的弟子手上请得四颗。清顺治十四年（1657年），供奉在庆云寺内铁塔中。康熙二十二年（1683年），觉兴和圆捷两大师征得在犙同意，筹款建塔殿保护浮屠，从塔基下取出释迦舍利三颗，用小铜塔另贮。康熙年间，庆云寺三代祖石门和尚重修铁塔，并立碑记（现收藏在庆云寺）。后将三颗释迦舍利（一绿色二红色）加上石箭和尚②的两颗（白色）共五颗存于小铜塔内的水晶球内，作为镇山宝。1973年失了一颗（绿色的），现只留下四颗，存于庆云寺内。③

上述文物普查材料清楚记录了这样一个事实：康熙二十二年（1683）成隆与一机两比丘重瘗时，庆云寺院藏如来法身舍利只剩下三颗，后来补入的两颗其实是高僧舍利。寺院方面所以这么做，用意大概是想让小铜塔里的舍利数量与文献所记契合。事实上，今天庆云寺在对外宣传中，也一直宣称它们都是"佛舍利"。

现在让我们回到关键问题上：庆云寺在康熙二十二年（1683）将寺藏如来真身舍利重瘗时，为什么会少一颗？它去了哪里？

笔者断定，庆云寺藏的四颗如来法身舍利之所以少了一颗，是因为有人

---

① 阮元：《十三经注疏·论语注疏》，中华书局1980年版，第2477页。
② 石箭和尚名开诃，字慧弓，是鼎湖山庆云寺二代祖草堂和尚在犙弘赞的法嗣，《鼎湖山志》卷五《耆硕人物第九》有《石箭大师传》。
③ 肇庆文物志编纂委员会：《肇庆市文物志》，1987年版，第254页。

在重瘗它们时做了手脚。那颗舍利其实没有丢失，它就是华林寺白石塔里的方铜盒盖上所说"中央莲花所藏，即系金轮峰分出"的那一颗！

先请读者注意这样一个事实：如来真身舍利本来就珍贵至极，而出自庐山金轮峰者更是少之又少，一般寺院如无特别机缘与特殊渠道，绝无获得的可能！现在的"案情"是，肇庆鼎湖山庆云寺本有四颗来自庐山金轮峰的如来法身舍利，康熙二十二年（1683）重瘗时被发现不可思议地少了一颗；而广州西关华林寺却在康熙四十（1701）之前冒出了一颗，而且这颗舍利在塔藏时被明确说"系金轮峰分出"，可是主事者却没有（实际上是不敢）说明是如何"分出"的。事情不是很蹊跷么？

如果我们再进一步探究华林寺与庆云寺在当时的关系，便会相信舍利一失一得并非"巧合"。根据清《（宣统）南海县志》卷一三《金石略二》载离幻元觉撰《华林寺开山碑记》，华林寺是愚关和尚智华宗符于顺治十二年（1655）在达摩"西来初地"——广州西来庵故址开辟的，愚关从此年始到康熙十年（1671）止共在该寺主法17年。其法孙成鹫记述，愚关年"二十行脚入粤，二十五谒云顶老和尚圆具"①，这就是说他是庆云系的僧人。华林寺二代住持元觉于康熙十年（1671）以愚关和尚长子的身份继主华林法席，至康熙二十年（1681）共在华林主事10年。而据《鼎湖山志》卷五《耆硕人物第九》载陶璜《石洞幻和尚传》，及《罗浮山志会编》载宋广业《石洞禅师传》记载，元觉先在鼎湖山礼愚关老人宗符智华得度，后从栖壑道丘受具，最后成为智华的法嗣，也是庆云系僧。因为智华、元觉都是庆云系的重要角色，所以他们在《鼎湖山志》中均有传。华林寺僧元海在康熙二十年（1681）元觉圆寂后继主华林法席，成为第三代住持，他至少到康熙四十年（1701）华林寺奉安舍利时仍在任。他从云顶老人受具足戒，是智华的第二法嗣，同样也是庆云系僧。从华林寺前三代住持的出身背景可悉，华林寺与庆云寺在清初关系相当密切，可以这么说，它们地属两府，实为一家。正是这样一种特殊关系，使得如来真身舍利有了从庆云寺流向华林寺的条件与可能。须知其他系统的僧人是不可能对这些珍贵的如来真身舍利动手脚的。

那么在华林寺的前三代住持中，是谁把这颗珍贵的如来法身舍利从庆云寺秘密转移到华林寺的呢？笔者断定不是别人，正是元海！为何这样判断？因为道丘所得的四颗如来真身舍利在顺治十四年（1657）就已入瘗铁塔，

---

① 释成鹫：《鼎湖山志》，广东教育出版社2015年版，第85页。

在康熙二十二年（1683）成隆、一机"白草堂和尚募重新之"之前，它们是处在密封状态的，任何人都不可能接触得到。而华林寺的初代住持智华、二代住持元觉主持法席的时间分别是顺治十二年至康熙十年（1655—1671）与康熙十年至康熙二十年（1671—1681），在此期间他们显然不可能有接触舍利的机会。元海康熙二十年（1681）接主华林法席，至少康熙四十年（1701）还在任，庆云寺如来法身舍利的失踪与华林寺如来法身舍利的出现都在这20年中，对舍利做手脚的嫌疑人舍他其谁？行文及此，笔者不得不指出，较诸师父智华与法兄元觉，元海的品行其实是有欠高尚的。康熙三十九年（1700），他曾刻意改窜惠州准提阁住持雪樨真朴所撰石洞禅师塔铭，把元觉由自己的法兄说成是自己的"法弟"，此事曾引起元觉的门人成鹫的强烈不满，以致法叔侄展开了一场非常激烈的论争。在论争中成鹫曾指元海指使他人倒置塔铭文字，埋伏陷阱，"掩鹫以不知，赚之下笔，执作凭据"（《咸陟堂文集》卷一四《复与华林方丈书》）①。就个人操守而言，他有转移庆云寺藏如来真身舍利的行为并不让人感到奇怪。至于他转移如来真身舍利是个人独为还是与人勾结而为，则又需加分析。就事理而论，笔者更愿意相信，那颗真身舍利从庆云寺被转移到华林寺是元海与重瘗舍利的两位（或其中一位）主事者合谋的结果，因为庆云寺在康熙二十二年（1683）重瘗舍利时元海已出主华林寺，工程进行时其人未必在庆云寺，就算在也未必有做手脚的机会；如果没有重瘗工程的两位（或其中一位）主事者暗中配合，元海很难售其私。成隆似没有什么文字留下；一机是庆云寺的第六代住持，有《涂鸦集》传世。笔者注意到，在《涂鸦集》的《书问卷上》，有他写给"铁兄和尚"（即元海）的书信三封；在《涂鸦集》的《文部·启》，有《贺华林铁航兄八十开一荣远启》与《复铁航兄和尚贺住持鼎湖启》；在《涂鸦集》的《文部·杂著》，有两篇文章在末尾有"华林和尚评曰"。一部不是很厚的《涂鸦集》，便有这么多与元海相关的文字，可见二人关系之亲密，因此一机与元海交结作案的嫌疑最大。需说明的是，转移舍利一事无论是元海个人独为还是元海与人合为，都不是光明正大地进行的，否则传源就不会为舍利少了一颗而感到疑惑了，而《鼎湖山志》卷一《殿阁堂寮第三》也不至于糊涂地说铁浮图"内藏如来舍利四颗"了。

另外21颗（现存20颗）舍利其铜函铭文注明"其来处栖贤居多"，表明其出处亦与庐山相关。栖贤即栖贤寺，地在庐山汉阳峰和五老峰下，是庐

---

① 释成鹫：《咸陟堂集》，广东旅游出版社2008年版，第二册，第193页。

山山南的"五大丛林"（海会寺、栖贤寺、万杉寺、秀峰寺、归宗寺）之一，清初是曹洞宗华首台派的道场。该派的开派者是上文提到的宗宝道独，核心人物则是其法嗣天然函昰。栖贤寺的舍利，是天然的第二法嗣石鉴今䚊于康熙六年（1667）四月辟地扩寺时在寺院附近的三峡桥（也称观音桥）以西意外掘得的，其事在天然《瞎堂诗集》卷三《栖贤舍利塔》诗序中有载：

> 康熙六年丁未夏六月，在家门人古薪唐郁文从燕邸南还，过匡山栖贤，持西堂石鉴觊子书，报本夏四月初旬于石桥之西麓下得舍利无数，极大如豆，极小如菽，皆五色莹彻。玻璃瓶载以瓦函，函上小石刻"皇宋咸平庚子岁建此舍利塔"十二字。因无佛世尊字，疑为诸祖、善知识阇维所获。向传佛舍利有五色光烂，铁椎，上下俱陷，余即不及。乃大慧禅师亲见真净文公与佛无异，此为不可辨识。余谓辨在石刻单写舍利塔字，若诸祖及善知识，则应为某禅师舍利。此为佛无疑也。盖耶舍尊者自西晋①负铁金轮至，明天启间归宗半偈因修塔误出舍利，此在宋咸平之后。然耶舍来匡山，曾驻锡数载，安知无随身供养，别请坐塔者？又铁轮阿育王，建八万四千塔，役使鬼神，一日一夜，分置国土。按神州所造，入八万四千数，惟十九处。而道俗兴福分建，亦何能测量。且佛法东流，神僧携来，其不及书载，殆无纪极。神异出兴，应有时节。残碑断碣，经兵火荒芜，终难埋没。今栖贤适当其运，宜尽诚庄严新塔，仍奉藏其中。②

盛放舍利的瓦函瓶并没有说这批于北宋真宗咸平三年（1000）入土的舍利是如来法身舍利，但是天然以其文字没有说它们是哪位禅师的舍利便反推它们是"佛舍利"，这种说法显然很勉强。笔者本着实事求是的态度，更愿意相信它们是高僧舍利，因为它们的数量甚至比史籍所载由僧人从天竺带到中土的如来真身舍利还多，而且也没有文献证明它们是"佛舍利"。③今

---

① 应为东晋。
② 释函昰：《瞎堂诗集》，中山大学出版社2006年版，第16-17页。
③ 《肇庆文化遗产》一书的编者亦认为它们不是佛法身舍利，而是普通僧人的舍利。该书说："栖壑的传戒弟子，广州清泰庵住持禅朗大师从庐山栖贤寺所得一般和尚的舍利子数百颗葬于塔殿浮屠下。肇庆市鼎湖山庆云寺藏。"（中共肇庆市委宣传部、肇庆市文化广电新闻出版局：《肇庆文化遗产》，南方日报出版社2009年版，第284页）

覩在这批舍利出土的当年，便把其中的1000颗献给了时在丹霞山别传寺开法的师父天然函昰，函昰当时决定在海螺岩卜地造塔供奉之，事见清陈世英修纂的《丹霞山志》卷五《宗旨》。① 函昰的第四法嗣、别传寺的开山祖师澹归今释在《徧行堂文集》卷一一《舍利藏中石记》与卷一二《丹霞山舍利塔碑记》中曾记其事。《舍利藏中石记》云：

> 康熙丁未秋七月，舍利一千粒至自庐山栖贤，盖辟地得之，为宋咸平庚子塔中之藏。我天然昰和尚命下地于海螺峰顶，古冈善男子方云亭兄弟捐资建窣堵波，盛之玉合，载于玻璃盂，袭以赤石函。岁在壬子，日维壬申，月与时皆甲辰，天地协吉，缁白相庆，丹霞道场永明慧日，韶阳福地遍覆慈云，三灾绝沴，八法生光，先前内外护随喜见闻，皆与释迦如来同分多宝之座。②

《丹霞山舍利塔碑记》则说"丁未夏，舍利出于庐山之栖贤，时长老石鉴覩公以千粒献，古冈善男子方停云请为建塔，遂卜吉于海螺岩上，江山环拥，秀绝一区。仿制育王，编以赤石"③。因为栖贤寺出土的舍利数量很大，所以当时今覩除了把其中的1000颗献给师父天然之外，还分赠了其他寺院一些。在《丹霞山志》卷五《宗旨》所收法语《栖贤请舍利还山上堂》中，函昰曾提到："今夏栖贤古塔从地涌出（舍利），我老僧实念岭内，遥致瓣香，恭请三分之一，首镇丹霞，次及海幢，端为王臣、宰官、长者、居士大作福田。"④ 这说明栖贤寺所出舍利，除丹霞山别传寺，受赠寺院还包括广州海幢寺。事实上，海幢寺在康熙年间的确曾为瘗藏这批舍利而建了一个阿育王式白石塔，有清人汪后来《鹿冈诗集》卷二所载《海幢寺白石舍利塔歌》为证，塔在"文革"中被砸。而成鹫《咸陟堂文集》卷四《舍利塔记》则进一步记载：

> 先是，天翁开法丹霞之岁，匡庐栖贤三峡桥畔，舍利无数从地涌出，初不知其为瑞也。寻发土，得断碣一片，镌云"咸平庚子岁建此

---

① 别传寺现任住持东庐顿林大和尚相告，这些舍利今天仍瘗存在丹霞山海螺岩。
② 释今释：《徧行堂集》，广东旅游出版社2008年版，第一册，第293页。
③ 释今释：《徧行堂集》，广东旅游出版社2008年版，第一册，第325页。
④ 陈世英纂修：《丹霞山志》，广东教育出版社2015年版，第45页。

舍利塔"，众方信为希有，重修制底匣而藏之。后栖贤僧于其故处淘汰土石，得遗散舍利无数，分布诸刹。①

这段文字更进一步说明栖贤寺所出舍利，曾被分赠给不少寺院。栖贤寺舍利"分布诸刹"之事，在上文提引传源撰《鼎湖山庆云寺铁浮图碑记》亦能获得证实："先是，丁酉塔下所瘗者无乃四颗，迄癸亥（康熙二十二年，1683），则附禅朗比丘得于栖贤者数百颗同瘗。"②《碑记》明确说庆云寺也藏有数百颗栖贤寺出土的舍利，是禅朗和尚从栖贤寺请来的。庆云寺显然没有把它们看成"佛舍利"，否则就不会在入瘗时把它们与那四颗如来真身舍利分开安放了。考虑到华林寺作为"西来初地"与位列羊城"五大丛林"的重要地位，栖贤寺在把舍利分赠诸刹时把它列为受赠对象并不是不可能。不仅如此，笔者还进一步猜测有相当大的可能性是天然授意今䪻赠给华林寺的，因为函昰与元觉关系良好。元觉在《华林寺开山碑记》中提到，当年他"掩关石洞时，曾晤天然和尚，云：'自少室潜踪，遗下一片闲田地，孕奇毓秀于千载之外，所额望师久矣。'"③可见两人虽一洞一济，但惺惺相惜。

当然，华林寺的21颗"其来处栖贤居多"舍利的来源，还有另外一种可能就是，在元海打庆云寺所藏如来真身舍利的主意时一并从庆云寺转移的；换言之，它们是"禅朗比丘得于栖贤者数百颗"中的一部分。考虑到21颗这个奇怪的数量与"来处栖贤居多"这种含糊表述，这个可能性也很大。

（原载《文化遗产》2018年第5期）

---

① 释成鹫：《咸陟堂集》，广东旅游出版社2008年版，第二册，第51页。
② 释成鹫：《鼎湖山志》，广东教育出版社2015年版，第136页。
③ 郑荣修，桂坫纂：《（宣统）南海县志》卷一三《金石略二》，清宣统二年刊本。

从西来庵到华林寺

——《华林寺开山碑记》与"西来初地"历史的还原

萧梁时,梵僧菩提达摩(亦作"达磨")从海路来华,后来成为禅宗各派共认的"初祖",对中国佛教产生了巨大的影响。而达摩祖师是在今广州西关华林寺登陆的,故这个地方有"西来初地"之称。这个事实,证明华林寺在中国佛教史与中外交通史上具有重要地位。然而华林寺没有山志传世,这给后人了解它过去的历史造成了困难,也给僧俗两界的某些人士信口开河杜撰"寺史"提供了空间。在这样的背景下,依靠某些散见文献资料来还原历史真相就显得相当重要,本文希冀在这个方面有所贡献。

一、西来初地的史实与遗迹

虽然僧传灯录对达摩的个人身份[①]及抵华时间[②]记载有不少出入,但是对他在广州登陆这一点记载是一致的。南唐静、筠二禅师编撰的《祖堂集》卷二《菩提达摩和尚》载:"尔时,达摩和尚泛海东来,经于三载,梁普通八年丁未之岁九月二十一日至于广州上舶。刺史萧昂出迎,奏闻梁帝。"[③]唐道宣《续高僧传》卷一六《齐邺下南天竺僧菩提达磨传五》说达摩"初达宋境南越"[④],"南越"即指广州(古南越国都)。北宋道原《景德传灯录》卷三载,"师泛重溟,凡三周寒暑,达于南海,实梁普通八年丁未九月

[①] 元魏杨衒之《洛阳伽蓝记》卷一、唐智升《开元释教录》卷六《菩提留支传》说达摩是波斯国胡人,后唐道宣《续高僧传》卷一六《齐邺下南天竺僧菩提达磨传》说达摩是南天竺婆罗门种,北宋道原《景德传灯录》卷三与北宋契嵩《传法正宗记》卷五均说达摩是南天竺国香至王的第三子,福建泉州版《竺氏族谱》则把达摩记为南天竺国王子。

[②] 宋普济《五灯会元》卷一记为萧梁普通七年(526),清元觉《华林寺开山碑记》记为萧梁大通元年(527),北宋契嵩《传法正宗记》、南宋本觉《历代编年释氏通鉴》、清仇巨川《羊城古钞》卷三记为萧梁普通元年(520),福建泉州版《竺氏族谱》记为萧梁普通五年(524),《景德传灯录》录记为萧梁普通八年(527)。

[③] 南唐静、筠二禅师:《祖堂集》,中华书局2007年版,第95页。

[④] 道宣:《续高僧传》,中华书局2014年版,第565页。

二十一日也。广州刺史萧昂具主礼迎接"①,"南海"也是广州（秦南海郡治所在番禺）。北宋契嵩《传法正宗记》卷五载:"菩提达磨之东来也,凡三载,初至番禺,时当梁武帝普通元年庚子之九月二十一日也。"② 南宋祖琇《隆兴佛教编年通论》卷七载,达摩在泛溟东去之前,其师印度禅宗第27祖般若多罗曾示偈,中有"路行跨水复逢羊"③ 之句,"羊"暗指羊城。南宋本觉《历代编年释氏通鉴》卷五"梁普通元年"条载:"九月二十一日,天竺二十八祖菩提达摩大师至广州。"④ 这些资料并证达摩抵华后是在广州登陆的。⑤ 至于具体登陆地,则是今日的华林寺,古为"绣衣坊"⑥。黄佛颐《广州城坊志》卷五载:"华林寺,在西关绣衣坊。梁普通七年,达摩航海至粤,卓锡是间,为南宗初祖。广人目其寺为西来初地,实岭南最古之刹也。"⑦ 广东的已故学者易行广曾查得记述常州萧氏世系的《兰陵萧氏族谱》⑧,中有萧梁的广州刺史萧昂所作《广州绣衣坊纪事》,文中也有达摩在西关绣衣坊上岸之说。如今华林寺外围还有"西来正街""西来直街""西来后街""西来新街""西来西街""西来东街"等地名。

二、离幻元觉撰《华林寺开山碑记》

要了解"西来初地"的历史,立石于华林寺且见载于《(宣统)南海县志》卷一三《金石略二》的《华林寺开山碑记》,就是这类文献资料中的一种。

《华林寺开山碑记》,清康熙二十年（1681）岭南临济宗僧人离幻元觉撰。据成鹫《鼎湖山志》卷五《耆硕人物第九》载陶璜《石洞幻和尚传》,

---

① 《大正藏》,第 2076 部。
② 《大正藏》,第 2078 部。
③ 释祖琇:《隆兴佛教编年通论》,广东人民出版社 2020 年版,第 116 页。
④ 《卍新纂大日本续藏经》,第 1659 部。
⑤ 杨笑天《关于达摩和慧可的生平》一文称,达摩"初抵中国,是在刘宋时代（424—479）,所达到的地方是'南越',就是海南岛对岸一带地方"。该文之注还说"达摩最初到达的地方很可能是吴越——毕竟此地缘深",这都是无根之谈。见《法音》2000 年第 5 期。
⑥ 《兰陵萧氏族谱》附萧昂《广州绣衣坊纪事》云:"普通年间,外舶靠泊西庙,常年两三艘,转元前,已达十艘,禅商两旺,众口皆碑。"可悉在萧梁时绣衣坊是珠江边上的市廛。
⑦ 黄佛颐:《广州城坊志》,广东人民出版社 1994 年版,第 572 页。
⑧ 华林寺提供的《华林禅寺相关史料》。《兰陵萧氏族谱》资料的发现者易广行已故,据曾与易氏合撰过文章的华林寺现任方丈光明法师垂示,《兰陵萧氏族谱》似藏在韶关市档案馆或国家图书馆,但笔者未能查到。

及《罗浮山志会编》① 载宋广业《石洞禅师传》，元觉，字离幻，顺德简氏子。早年慕道。值鼎革，陷于兵，仅以身免。后在肇庆鼎湖山礼愚关老人宗符智华得度。初名成安，字离患。年三十，从鼎湖山庆云寺的开山祖离际道丘（即栖壑和尚）受具，研穷律部。一日，猛然有省，作偈呈智华："有离即有患，无患亦无离。证得离离患，即幻证真离。"智华深肯之，许以入室，为第一法嗣。后改今名，字离幻。顺治十七年（1660）秋，发足参方，留偈题影云："昔年尘债已经休，土面灰头又十秋。艳里烟花都落尽，岩松翠色为谁留。"遂腰包度岭，遍谒诸山，往来于吴越丛席，承事名宿。既而归觐愚关和尚，其时老人正以首任方丈的身份阐化华林，元觉乃立职西堂。康熙九年（1670）夏解职，请假往循州禁足，老人密授记莂，送行以偈，中有"吾家真种草，还须师子见"之句。元觉住循州一载后游罗浮山，过石洞禅院，因喜其幽邃，遂隐居于其中，自号石洞。康熙十年（1671）智华受云门请，以华林属，未几示寂，元觉遂以长子继主华林，为第二代住持。元觉在华林共主法10年，其间曾大建法幢，兴创土木，使华林寺的殿庑堂室、楼阁园林次第改观。平生坦怀接物，雅量容众，禅律兼通，才品并茂，故远近缁素翕然向风。作诗如行云流水，天籁自鸣。康熙二十年（1681）十月朔日示寂坐脱，世寿五十八，僧腊二十九。据《鼎湖山志》卷五《耆硕人物第九》陶璜《石洞幻和尚传》载：元觉圆寂前，曾"索笔砚自题前影偈云：'儱侗阿师，独立天地间，横身三界外。相非三十二，目有千通慧。大患不能侵，百苦何尝累。生死与涅盘，不憎亦不爱。一片毒心肠，虚空曾击碎。识得此老家风，方许随群逐队。'题毕，命侍者悬诸座间，顾大众云：'诸兄弟道似是不似？是似即打杀老僧，不似收却影子。'众不答。师代语云：'似则则矣，是则未是。'奄然脱去。"② 塔于鼎湖山庆云之谷。在法脉上，元觉属临济宗扬岐派虎丘支，为义玄第31世孙。③

《华林寺开山碑记》原由粤东督学使者楚黄陈肇昌书丹，翰林院修撰德清胡会恩篆额。碑原立在华林寺南舍北庑，清同治七年（1868）由南海陈文治补书，常住重新立石。全文如下：

---

① 宋广业辑：《罗浮山志会编》，康熙五十六年刊本。
② 释成鹫：《鼎湖山志》，广东教育出版社2015年版，第86页。
③ 有论者说元觉是"博山下五世孙"，大谬。按元觉为临济宗僧，博山系属曹洞宗，宗派并不相同；而且由无异元来创立的曹洞宗寿昌支博山系是按"弘道弘传一，忞光普照通。祖师隆法印，永传寿昌宗"20字诗偈演派的，"博山下五世"为"忞"字辈，与元觉的"元"字辈也不相合。

吾粤自卢祖传灯，曹溪滴水，洒遍天涯，后之溯宗门者，莫不首列南华。要之法乳渊源，西来一脉，我华林寺实肇其基焉。寺踞广州羊城西郭，一水迂回逦迤而达于珠江，潮汐潜通，葱葱郁郁，望气者谓主法王示现，出为苦海津梁之象。旧称西来庵，地曰"西来初地"，乃萧梁大通元年，达摩尊者自西域航海而来，登岸于此，故名。至今三摩地、西来古岸遗迹犹存。前明嘉靖间，慧坚老宿悬记云："一百单八年，当有大善知识在此建立法幢。"崇祯初季，我师宗符老人由漳州行脚入粤，路出西来。先一夕，庵主梦金翅鸟翱翔空际，光烛茆茨，及见师，大奇之，愿布坐具地，为建道场。师以志切游方，力辞不就。厥后遍参海内诸大名宿，传毗尼于云顶，印心法于天童，复飞锡南来。一时当道宰官暨绅士程可则、王念初、梁佩兰、陈恭尹诸公，仰师道范，为卜地西来，请转法轮。由是遐迩向风，输将恐后。爰拓基址，定方隅，引河流为功德水，植林木为祇树园。首建大雄宝殿，次及楼阁、堂庑、寮室、庖湢，无不圆成，榜曰"华林禅寺"，乃国朝顺治乙未岁也。师住持一十有七载，大建西来宗旨，常垂三关语，勘验诸方学者，道风远播，闻者景从。前后复开法双桂、勇猛、东湖、云门诸刹。嗣法门人离幻、铁航、识此、天藏，皈依弟子不可以数计。犹忆掩关石洞时，曾晤天然和尚，云："自少室潜踪，遗下一片闲田地，孕奇毓秀，于千载之外，所颙望师久矣。今乃应运崛兴，适符往识，地灵人杰，相得弥彰！"此论殆非虚誉。无何辛亥之夏，偶示微恙，未几归寂，宏法方毁，报缘莫续，讵非神龙变化见首不见尾者耶？元觉忝列门墙，虽经大冶陶熔，仍惭钝铁，安敢主盟保社，为世导师？奈承属个未了公案，只得努力向前。十载于斯，法之昌而明之，缘之辐而辏之，要皆先老人道隆德盛、感格人天所致。后之藉其荫而享其成者，自当饮水知源，善继善述。西来一脉之传，正未有艾也。是为记。①

三、《华林寺开山碑记》的文献价值

《华林寺开山碑记》扼要记述了华林寺的创建缘起、禅门地位、开辟时间、开山人物，给后人了解华林寺的早期历史提供了若干线索。

---

① 郑荣修，桂坫纂：《（宣统）南海县志》卷一三《金石略二》，清宣统二年刊本。

（一）《碑记》最早说华林寺为西来初地

文中说，羊城西郭在古代曾有"一水迂回逦迤而达于珠江，潮汐潜通"，其地"葱葱郁郁"，是环境优美且交通便利之地，故"望气者谓主法王示现，出为苦海津梁之象"。后来达摩尊者果于萧梁大通元年"自西域航海而来，登岸于此"，其地因得名"西来初地"。这是关于华林寺是"西来初地"的最早记录。《碑记》还提到，清初"三摩地"遗迹犹存。"三摩地"之名，唐代就已见诸文字。《张氏族谱》所录广州刺史张九皋的《天宝己丑西来亭赋》诗，便有"心香超千束，齐谒三摩地"① 之句。"三摩"，人或以为是梵文"正定"或"奥妙"的译音，其实不然，在此《碑记》中是指达摩。《景德传灯录》卷二《天竺三十五祖》载，香至王有三子，一曰月净多罗，二曰功德多罗（即后来的功德达奚），三曰菩提多罗（即后来的菩提达摩）。同书卷三《中华五祖并旁出尊宿共二十五人》载，达摩，"南天竺国香至王第三子也，姓刹帝力，本名菩提多罗。后遇二十七祖般若多罗，至本国受王供养。知师密迹，因试令与二兄辨所施宝珠，发明心要。既而尊者谓曰：'汝于诸法已得通量，夫达磨者通大之义也，宜名达磨。'因改号菩提达磨。"② 据说达摩初抵震旦，为了不暴露身份，曾以竺为姓，并按家中兄弟排行，取名"三摩"，故人称"三摩沙门"或"三摩和尚"。③ 学者易行广曾发现福建泉州版《竺氏家谱》，家谱开篇《广州南天竺一乘族》记道，达摩抵华后，"二王兄"——南天竺国王公优婆塞达奚曾乘船到中国寻弟，在广州扶胥码头（今黄埔南海神庙）上舶。④ 这则材料亦证明达摩排行第三。至于《碑记》提到的"西来古岸"，指的便是达摩上岸的码头，由于珠江河道变迁，今已不存，不过其位置仍可找到。现西来正街便立有石碑一方，碑文曰："西来古岸。萧梁大通元年达摩尊者自西域航海来，登岸于此。"

---

① 华林寺提供的《华林禅寺相关史料》。该材料未说明《张氏族谱》的版本信息。
② 《大正藏》，第2076部。
③ 曾昭璇：《禅宗与珠江文化》，见佛缘网站：http://www.foyuan.net/article-106795-1.html。
④ 华林寺提供的《华林禅寺相关史料》，易行广、光明《达摩来粤与禅宗的创立》（载《学术研究》2005年第2期），及易行广《佛教先传入广州所起的历史作用》（载《岭南文史》2006年第2期）。《竺氏族谱》对"广州南天竺一乘族"的介绍从行文来看有明显的现代风格，但其内容可能本自更早的材料。

（二）《碑记》明确说华林寺前身是西来庵

这是对华林寺与西来庵关系的最早记载。本来，西来庵是达摩抵华后的第一个弘法基地，也是岭南禅门的最早寺刹，在中国禅教史上占有相当重要的地位，然而奇怪的是，它竟然不彰于史！陈泽泓先生指出：

> 华林寺前身有旧称西来庵之说。所谓达摩在西来初地建庵说，屡见于今人之著述，然而并未见于可靠之记载。查北宋《舆地纪胜》、南宋《方舆胜览》、明嘉靖《广东通志稿》及《广东通志》、清康熙《新修广州府志》，均只字不提华林寺及西来庵。也就是说，直到清康熙十二年（1673年）纂修的《新修广州府志》，还未有关于华林寺或西来庵的记载。①

事实上，西来庵的确只是在一些文献中被偶尔提及。例如《岭海名胜记》卷一补编所收清陈兰芝《游华林》诗注云："（华林）即西来寺，在西郭外里许。达摩祖西来，初住此，额曰'西来初地'。最幽深，可游观。"②清初陈子升的《中洲草堂遗集》卷一四亦有《西来庵放生》《盂兰盘（盆）日西来庵舍利》两诗。《华林寺开山碑记》提到了西来庵，但没有记载它是在何时由何人创建的，更没有提及其继席者。倒是近年来发现的一些谱牒文字可补史志之缺。这些谱牒文字，除了上文提及的《兰陵萧氏族谱》附萧昂《广州绣衣坊纪事》与《竺氏家谱·广州南天竺一乘族》外，还包括记录江州世系的江西《康氏家谱·远祖宗支》。这些家谱虽有被近世修志者改写的痕迹，但所记内容可能本自更早的材料，并非空穴来风。《兰陵萧氏族谱》附萧昂《广州绣衣坊纪事》载："普通五年，达摩祖师至绣衣坊，在天竺侨民竺显罗住所东侧结草为庵，禅坐传教。"而《竺氏家谱·广州南天竺一乘族》则载，刘宋时有南天竺番商摩瓦多罗定居于广州绣衣坊，以竺为姓。其第三代名竺密多者，为商船船长，达摩就是乘其船抵达广州绣衣坊的。达摩上岸后，曾在竺宅东侧结草为庐，禅坐传教。竺密多有子竺显罗，为在广州绣衣坊一带定居的十国商人之"番领"。竺氏父子均为优婆塞，共信菩提达摩与其二兄功德达奚创建的"南天竺一乘宗"，竺氏亦因而自称

---

① 陈泽泓：《西来堂与华林寺小考——兼考悟性寺》，《学术研究》2005年第2期。
② 郭棐纂，陈兰芝增辑：《岭海名胜记》，清乾隆五十五年刊本。

"一乘族"。《广州绣衣坊纪事》更明确记载,在竺坊落脚的达摩在二兄达奚的帮助下,于普通八年(即大通元年)(527)四月在绣衣坊兴建了一所佛庵,并在开山时请他题额:

    应父老盛邀,余题写扁额曰"西来庵",四众簇拥祖师开山升座。二十八祖在西来庵暨王园①、王仁寺②奔波,远近四众蜂拥而至。

《纪事》还说到,梁武帝获悉达奚、达摩来华后,即诏请兄弟二人同到都城,达奚因身体原因未能成行,达摩则在萧昂护送下于大通元年十月一日抵达了建康。③《竺氏家谱·广州南天竺一乘族》记载,达奚在达摩赴都后,曾作为第二代庵主在西来庵围绕《心经》与《楞伽经》传道,弘法一如其弟。达奚圆寂前,把自己在王园寺译出的四卷本《楞伽经》授给了竺显罗,并推他为西来庵第三代庵主,而竺显罗则把西来庵称为"祖庵"。《广州绣衣坊记事》又载:"中大通二年戊申(530)刚转年号,奚王公安然坐寂于西来庵,全城寺庵垂白致悼,绣衣坊辍市三日,诵经超度。东、西龙王庙皆加奉奚公法像。"综合上述诸种谱牒材料,可悉西来庵实际上是达摩祖师创建的,前三任庵主分别是菩提达摩("竺三摩")、功德达奚与竺显罗,而不是后人为纪念达摩西来而建立的。西来庵创建后,一直香火不断。江西《康氏家谱·远祖宗支》载:"本支先祖康乐抒,即世居广州绣衣坊的开山祖。第二代康善宝,航海经商,抵南天竺经营时,拜达奚王公为师,领优婆塞法券。父子同参西来庵。""第三代康慕空,则承竺显罗为优婆塞,曾接待萧昂刺史造访。""第四代康承会拜竺慕空为师,领优婆塞法牒,在大唐贞观九年(635)至麟德二年(665)间任广州西来庵主。"④ 而《华林寺开山碑记》说,崇祯初季,"(西来)庵主梦金翅鸟翱翔空际,光烛茆茨"。这

---

① 广州光孝寺的前身。
② 应为仁王寺,西晋太康年间由梵僧迦摩罗尊者所建,在今海珠中路西侧上果里(据《广州日报》1987年9月20日载邓端本《广州早期的佛教传播》)。
③ 陈清香《达摩事迹与达摩图像》(《中华佛学学报》1999年第12期)一文认为萧昂并未担任过广州刺史,因此不可能把达摩到华之事奏告梁武帝,也不可能把达摩从广州护送至都城。萧昂可能是其侄萧励(曾任广州刺史)之误。作者系承袭北宋契嵩《传法正宗记》卷五的旧说。其实,契嵩所据为《南史》,而《梁书》卷二四《萧景传》附传,萧昂曾以轻车将军出为广州刺史,事在普通二年前。因此萧昂与达摩之交集,事无可疑。
④ 转引自曾昭璇《禅宗与珠江文化》,见佛缘网站:http://www.foyuan.net/article - 106795 - 1.html。

意味着，西来庵从萧梁大通元年（527）创建，至清顺治十二年（1655）华林寺开辟（见下文）前仍存在，其历史至少延续了1128年。今人不知事情的来龙去脉，因而对庵史存有误解。例如李伟云主编的《广州宗教志》称："后人在达摩登岸处建庵纪念，称西来庵。"① 云峰长老亦有言："后人为纪念（达摩）这位高僧，在登岸处立街名为西来初地，并建一寺名为西来庵。"② 这些说法都是不准确的。

行文及此，还有一个问题需顺加辨析，这就是西来堂与西来庵的关系。明朝《（成化）广州志》残本卷二五《寺》载有元陈植所撰《重修西来堂记》，其文如下：

> 凡寺名西来者，以达磨自西域入中国，而人信者众矣。番禺城之西南有堂，自唐迄今，盖亦有年，其地因兵革后为居民奄取。延祐丙辰，居士觉真刘公自庐陵来，奉佛为念，乃出己资，率众净财，与雍氏复之，广袤十方，乃建精舍、殿庑、云堂、山门、斋厨，既完且备。至顺辛未，悉毁于火。嗣法欧阳觉通，亦庐陵人也，抵兹院，誓必复兴。时连帅斡赤答失主盟，布舍云集，不一载而院宇鼎新。初，祝发僧智讯始正其额为"西来院"，而地藏乃刘庆堂创盖，重构轮藏，各有攸所，广济市上，筑客肆十有二间，岁收租以供香油之资。十方者辐凑，素无土田，日食常百数。讯应接未□之。院邻刘氏以院东偏为园亭，至元己卯，偕子孙舍其园亭归于院，讯将撤其地为观音阁，恐力未赡，又讯年老，以乡人故，来请记。余志其本末。③

陈泽泓认为此文是关于华林寺早期历史的"重要资料"，曾在《广东佛教》2004年第2期发表《从〈重修西来堂记〉看华林寺清以前沿革——兼考悟性寺沿革》一文阐述其价值，文指西来堂为华林寺"前身"。他说："华林寺历史上溯至唐代，时称西来堂，却未提及称西来庵，宋代仍之。……元至顺二年（1331年）寺又悉毁于火。由连帅（连州行政长官）斡赤答失主盟，发起募捐，得到响应，不到一年就将寺院重建起来，由僧智讯题额'西来院'。"作者其后又在《学术研究》2005年第2期发表《西来

---

① 李伟云：《广州宗教志》，广东人民出版社1996年版，第23页。
② 《佛教》，《广州宗教资料汇编》，1999年版，第一册，第133页。
③ 《（成化）广州志》，书目文献出版社2000年版，第1068页。

堂与华林寺小考——兼考悟性寺》一文，虽注意到了自己原先结论的矛盾，却不改基本观点。由于受他影响，华林寺印发的《华林禅寺相关史料》也收录了不少有关"西来堂"的文字。基于科学精神，笔者不得不指出，这是张冠李戴！明《（成化）广州志》残本卷二五《寺》"西来堂"条说得很清楚："西来堂，在郡泰通坊。"泰通坊就是今日的状元坊，地在今广州市人民南路，古属南海县，因宋代出了个状元张镇孙而易名；它与地在今广州下九路附近、古属番禺县的绣衣坊，并不在同一地方。且陈植《重修西来堂记》本来就清楚地记载，西来堂"自唐迄今，盖亦有年"，其创建年代比萧梁时已存在的西来庵晚得多。

（三）《碑记》对禅宗的"祖庭"提出了新见解

基于对为达摩手创、存世愈千年的西来庵的地位的认识，《碑记》对宗门把韶关南华寺视为禅宗"祖庭"的传统看法提出了异议，认为"法乳渊源，西来一脉，我华林寺实肇其基焉"。这一见解很值得我们重视。南华寺所以被视作禅宗的祖庭，乃是由于唐代六祖惠能曾驻锡其中。惠能对顿教法门的建立的确做出了划时代贡献，但是众所周知，惠能继承的是五祖弘忍的衣钵，而东山禅法与四祖道信、三祖僧璨、二祖慧可、初祖达摩一脉相承，达摩才是中国禅宗的始祖。既然如此，达摩在华弘法的第一个道场西来庵，不就是禅宗的真正祖庭么！学者姚卫群先生有言：

> 任何一个重要的宗教派别，都有一个从小到大，从影响不显著到影响较为显著的发展过程。禅宗作为中国佛教在后世影响最大的宗派，其最初在中国形成时的起点可能当时不引人注意，但正是有了这个起点，才为后来的发展提供了一个基础。因此，可以说，西来庵是禅宗在中国传播的一个重要起点，它在禅宗发展史上的地位是应当充分加以肯定的。①

姚卫群先生的见解，显然是很有道理的。从中国禅宗发展的历史来看，西来庵才是真正的禅宗祖庭。

---

① 姚卫群：《华林禅寺与达摩思想及其在中国佛教发展中的作用》，2016年8月23日召开的"西来初地·华林禅寺与海上丝绸之路"学术研讨会论文。

(四)《碑记》记录了清初华林寺的营建情况

根据《碑记》,我们可以知道,清初在西来庵基础上营建华林寺的主持人是元觉之师宗符智华。智华的事迹,在成鹫《鼎湖山志》卷五《耆硕人物第九》之《愚关和尚传》有记述:和尚名智华,字宗符,号愚关,闽之彰州林氏子。年十五,依本郡昭然禅师出家。二十行脚入粤,年二十五在肇庆鼎湖山谒云顶老人栖壑(即离际道丘)圆具,研穷律部,梵行精严。其后"别众出方,遍参丛席,如朝宗(通)忍、罗峰(弘)丽、天界(道)盛、三宜(明)盂、费隐(通)容、玉林(通)琇,莫不升堂入室,一见刮目,针芥相投。最后谒弘觉禅师木陈道忞于天童,机缘契合,棒喝之下,尽得其大机大用,遂受密印焉"①。这也就是说,他最后成了木陈道忞的法嗣。归粤后,智华在西来庵旧址创建华林寺,"大建西来宗旨,常设三问,勘验学者,道风远播,闻者景从"②。除华林寺外,智华还在广州府城内创建了双桂庵、勇猛庵,在东莞创建了东湖禅院,最后因中兴云门(乳源县大觉禅寺)而有"偃祖(文偃)再来"之誉。宗符智华共有四位法嗣——离幻元觉、萨云元海、识此元印、天藏元旻,传戒弟子一人——××元俨,受法弟子有纯觉元睿、成惠××、竺仙元奘及鼎湖山庆云寺的第四代住持契如元渠。他总共在华林寺主法17年,其间曾募化四方,艰辛经营,为该寺成为穗城的"五大丛林"奠定了基础。康熙十年辛亥(1671)示寂,僧腊三十四,世寿五十九。志传说"师虽主持宗门,然而范躬绵密,从始至终,一以尸罗为则。庆云会中,行解相应如愚关者,一人耳"③。生平言行见载于《云门语录》。

《碑记》记载说,在宗符智华明崇祯初年入粤前,西来庵主已有请他"布坐具地为建道场"之愿,但当时他志在游方,故力辞未就。直至遍参海内名宿,才飞锡南来,并在程可则、王念初、梁佩兰、陈恭尹等名流的拥戴下,于清顺治十二年乙未(1655)在"西来初地"拓基扩址,引水建园,开辟了华林寺。《碑记》所载智华开辟华林的史实,在其他文献资料中亦可获得佐证——不过时间略有出入。例如清仇巨川《羊城古钞》卷三"华林

---

① 释成鹫:《鼎湖山志》,广东教育出版社2015年版,第85页。
② 释成鹫:《鼎湖山志》,广东教育出版社2015年版,第85页。
③ 释成鹫:《鼎湖山志》,广东教育出版社2015年版,第85页。

寺"条载:"国朝顺治十一年,宗符禅师重修。"① 民国黄佛颐《广州城坊志》卷五载:"华林寺,在西关绣衣坊。……顺治十三年,僧人宗符大修之。"②

宗符智华禅师在西来庵基础上开辟的华林寺,与今日的华林寺刹的格局大不相同,不仅山门更加巍峨、殿堂更加庄严,而且寺内湖水清澄、林木蓊郁。清人佘锡纯《白侍亭诗钞》中的《夏日同诸子过华林访铁和尚》一诗云:"都忘溽暑竞追寻,路绕方塘玉殿深。几树断蝉新雨候,一溪流水老僧心。将修塔院依荒圃,渐觉人烟隔远林。不用攒眉过白社,禅房花木有清阴。"③ 诗家的吟咏,反映了华林寺的清幽。因为是环境优美的"西来初地",且有高僧驻锡,所以当时华林寺在信众中有很强的吸引力,礼佛与游览者接踵,不少诗家、墨客都在此留下了诗作。例如,梁佩兰《六莹堂集》卷五有《除夜宿华林寺呈宗公》,成鹫《咸陟堂诗集》卷一二有《华林客夜送僧十影还里》《华林除夕与诸子守岁赋得山中无历日寒尽不知年得无字》,黄河澄《葵村诗集》卷七有《华林寺作八首》,汪后来《鹿冈诗集》卷二有《华林寺寓斋病起与蔡素泉订游罗浮》《上元之集华林寺咏莲花灯》,卷四有《卧病华林寺呈魏明府》,胡天球《柳盟园诗集》卷二有《同诸子雅集华林》,佘锡纯《白侍亭诗钞》有《赠定崖大师(定师时秉拂华林)》,黄璞《战古堂集》卷二有《集华林僧舍咏玉芙蓉》,等等。

(原载《广州佛教与宗教中国化:广州佛教协会成立60周年学术研讨会论文集》,宗教文化出版社2022年7月版)

---

① 仇巨川:《羊城古钞》,广东人民出版社1993年版,第262页。
② 黄佛颐:《广州城坊志》,广东人民出版社1994年版,第572页。
③ 佘锡纯:《白侍亭诗钞》,清康熙、雍正间刊本。

灵鹫山四题

笔者 2016 年有缘到尼泊尔与印度考察佛教史迹，在此期间曾登临灵鹫山（Grdhrakūta），故对这座佛教圣山有所了解和关注。在早期的汉译佛教文献中，它被音译为耆阇崛山，亦作伊沙崛山、只阇崛山、耆阇多山，后来也被译作姞栗陀罗矩吒山、揭梨驮罗鸠月互山，意译则为灵鹫山、鹫峰、鹫岭、鹫台、灵山。山在古中天竺摩羯陀国（Magadha）首都王舍城附近，即今印度比哈尔邦（Bihar）的拉杰吉尔镇（Rajgir）东北，南距佛教的另一圣地菩提伽耶（Buddha-gaya）65 公里，北距那烂陀寺（Niilanda）10 公里。山之得名有两说：一是山顶有石似鹫，二是鹫鸟常集于此。当年如来在鹿野苑初转法轮后，曾率众来灵鹫山，受到虔信佛教的摩羯陀国频毗娑罗王礼遇。如来御世近五十载，曾有 12 年在此广说妙法，《法华经》《无量寿经》《观无量寿佛经》《大品般若经》等一批大乘经典，都是在这里宣讲的。在《法华经》《观无量寿佛经》等经的开篇，都有"如是我闻，一时佛住王舍城耆阇崛山中，与大比丘众……"等语。灵鹫山因为是如来居住、修行、讲经和集徒之地，所以在大乘佛教中成为令人瞩目的存在。① 它既是一座在现实中可寻、已为考古证实的实体山峰，也是一个内涵丰富、意义重大的宗教文化意象。它在印度佛教史上影响深远，在佛教东传过程中也曾发生过重要作用。本文将从几个不同视角，来谈论这座圣山。

一、求法僧在灵鹫山

在中国古代，曾有一些僧人，以坚忍不拔的毅力，到印度求法，为佛教传播与中印文化交流做出了卓越的贡献。在这些求法僧当中，最著名的是法显、玄奘与义净。他们在印度活动期间都上过灵鹫山，并留有文字记录。

第一位是东晋的法显。他是历史上最早到海外取经求法的高僧，俗姓龚，出生于平阳郡武阳县（今山西襄垣），3 岁出家，20 岁受大戒。他在学

---

① 小乘佛教未见提及此山，在四阿含及南方所传经典中，佛的说法之地多被记为给孤独园、迦兰陀竹园等。

佛的过程中，常受到经律舛缺问题困扰，因而立志寻求。隆安三年（399），已六十五高龄的法显从长安出发，开始了艰苦卓绝的西行。他涉流沙，越葱岭，经过数年的长途跋涉，克服了无数困难，终于到达了印度。而与其同行的僧人不是中途折回，便是客死异国。在印度，法显广参圣迹，深习梵文。义熙八年（412），他乘搭商船，带着在印度求得的梵文佛典，从海路回到中国。他此番西行，历时14年，行程4万多里，共游历了30多个国家。归国后，他在建康（今南京）的道场寺，与佛驮跋陀罗及宝云合作，译出了《摩诃僧祇律》《大般泥洹经》等六部佛典共63卷；他带回的其他佛典，在南朝时也被西僧译出。作为西行取经的第一人，法显曾把其在印度的见闻写成《佛国记》（也称《法显传》），该书记述了沿途各国的情况，是研究古代中亚、南亚诸国历史的珍贵资料，也是关于中外交通的最早记录。

法显曾在印度巡礼圣迹，到过灵鹫山。南朝梁僧慧皎撰《高僧传》卷三《译经下》载其事：

去王舍城三十余里，有一寺，逼冥过之。显明旦欲诣耆阇崛山，寺僧谏曰："路甚艰险阻，且多黑师子，亟经噉人，何由可至？"显曰："远涉数万，誓到灵鹫，身命不期，出息非保。岂可使积年之诚，既至而废耶？虽有险难，吾不惧也。"众莫能止。乃遣两僧送之。显既至山，日将曛夕，欲遂停宿，两僧危惧，舍之而还。显独留山中，烧香礼拜，翘感旧迹，如睹圣仪。至夜有三黑师子，来蹲显前，舐唇摇尾，显诵经不辍，一心念佛。师子乃低头下尾，伏显足前。显以手摩之，咒曰："若欲相害，待我诵竟，若见试者，可便退矣。"师子良久乃去。明晨还返，路穷幽梗，止有一径通行。未至里余，忽逢一道人，年可九十，容服粗素，而神气俊远。显虽觉其韵高，而不悟是神人。后又逢一少僧，显问曰："向者年是谁耶？"答云："头陀迦叶大弟子也。"显方惋恨。①

元释念常所集佛教编年史《佛祖历代通载》卷七、明朱棣撰《神僧传》卷二亦有相近的记述。剥离文中灵异之事，我们还是可以窥见法显在灵鹫山活动的史实的，其礼拜圣迹的诚意与决心尤其感人。对登临灵鹫山一事，法

---

① 释慧皎著，朱恒夫、王学钧、赵益注译：《高僧传》，陕西人民出版社2015年版，第132－133页。

显本人在《佛国记》中有更为翔实可信的记述：

> 入谷，搏山东南上十五里，到耆阇崛山。未至头三里，有石窟，南向，佛本于此坐禅。西北三十步，复有一石窟，阿难于中坐禅，天魔波旬化作雕鹫，住窟前恐阿难。佛以神足力隔石舒手摩阿难肩，怖即得止。鸟迹、手孔今悉在，故曰"雕鹫窟山"。
>
> 窟前有四佛坐处，又诸罗汉各各有石窟坐禅处，动有数百。佛在石室前，东西经行。调达于山北峻峨间，横掷石伤佛足指处，石犹在。佛说法堂已毁坏，止有砖壁基在。其山峰秀端严，是五山中最高。
>
> 法显于新城中买香、华、油、灯，倩二旧比丘送法显上耆阇崛山。华、香供养，然灯续明。慨然悲伤，收泪而言："佛昔于此住，说《首楞严》。法显生不值佛，但见遗迹处所而已。"即于石窟前诵《首楞严》。停止一宿，还向新城。①

《佛国记》对灵鹫山的所记，有不少到今日仍可获得实物印证，例如供僧人修炼的石窟、佛说法堂的砖基都还存世。法显所说的"新城"，指摩羯陀国在王舍城旧城以北约 4 里处新筑的都城，旧都城已毁于火。"五山"是指环绕在王舍城周边的五座山峰，它们分别是：南边的七叶窟山，东边的帝释窟山，西北的毗布罗山，东北的萨簸恕昆底迦山，略东偏北的耆阇崛山。

第二位是唐朝的玄奘。他是法显的异代追随者，俗姓陈，名祎，洛阳缑氏（今河南偃师）人，13 岁出家，21 岁受具足戒。曾游历全国各地，参访四方名师，重点研习《涅槃经》《摄大乘论》《杂阿毗昙心论》《俱舍论》等经论。在学佛的过程中，他发现有些问题师说不一，佛典所记亦不相同，于是发愿到印度去求法，以解迷惑。他曾陈表朝廷请行，但未获准。贞观三年（629），由于饥荒，朝廷准允百姓外出谋生，玄奘借此机会，从长安出发，经姑臧出敦煌，再从今新疆穿越中亚，来到了印度。在印度，他进入了佛教学术中心那烂陀寺深造，研习《瑜伽师地论》等典籍。五年后，他游历了印度东、南、西、北部数十国。返回那烂陀寺后，其师戒贤让其主讲《摄大乘论》《唯识决择论》。玄奘在那烂陀寺著有《会宗论》三千颂，其作融会空有二宗理论，极受戒贤赞赏。玄奘曾多次与印度僧人辩论，均胜出。戒日王慕其声望，特在曲女城设无遮大会，让他宣讲大乘教义。贞观十

---

① 法显著，袁维学校注：《佛国记》，三秦出版社 2017 年版，第 34－35 页。

九年（645），玄奘返回中国。玄奘到西天求法，用时17年，旅程5万里，所历138国，带回大小乘佛教经律论520夹657部。回国后他花了约20年时间在长安译经，先后译出大小乘经论75部1335卷，主要有《大般若经》《解深密经》《大菩萨藏经》《瑜伽师地论》《大毗婆沙论》《成唯识论》《俱舍论》等。他还把《老子》和《大乘起信论》译成梵文。并述到印途中的见闻，成《大唐西域记》12卷。

像法显一样，玄奘在印度期间也曾到灵鹫山朝圣，《大唐西域记》卷九记载有他自己在"鹫峰"——姞栗陀罗矩吒山（即耆阇崛山）的见闻：

> 宫城东北行十四五里，至姞栗陀罗矩吒山（唐言鹫峰，亦谓鹫台。旧曰耆阇崛山，讹也），接北山之阳，孤标特起，既栖鹫鸟，又类高台，空翠相映，浓淡分色。如来御世垂五十年，多居此山，广说妙法。频毗娑罗王为闻法故，兴发人徒，自山麓至峰岑，跨谷凌岩，编石为阶，广十余步，长五六里。中路有二小窣堵波，一谓下乘，即王至此徒行以进；一谓退凡，即简凡夫不令同往。其山顶则东西长、南北狭，临崖西垂有砖精舍，高广奇制，东辟其户，如来在昔多居说法。今作说法之像，量等如来之身。
>
> 精舍东有长石，如来经行所履也。傍有大石，高丈四五尺。周三十余步，是提婆达多遥掷击佛处也。其南崖下有窣堵波，在昔如来于此说《法华经》。
>
> 精舍南山崖侧有大石室，如来在昔于此入定。
>
> 佛石室西北，石室前有大磐石，阿难为魔怖处也。尊者阿难于此入定，魔王化作鹫鸟，于黑月夜分据其大石，奋翼惊鸣，以怖尊者。尊者是时惊惧无措，如来鉴见，伸手安慰，通过石壁，摩阿难顶，以大慈言而告之曰："魔所变化，宜无怖惧。"阿难蒙慰，身心安乐。石上鸟迹，崖中通穴，岁月虽久，于今尚存。
>
> 精舍侧有数石室，舍利子等大罗汉于此入定。舍利子石室前有一大井，枯涸无水，墟坎犹存。
>
> 精舍东北石涧中有大磐石，是如来晒袈裟之处，衣文明彻，皎如雕刻。其傍石上有佛脚迹，轮文虽暗，规模可察。
>
> 北山顶有窣堵波，是如来望摩揭陀城，于此七日说法。①

---

① 释玄奘撰，章撰点校：《大唐西域记》，上海人民出版社1977年版，第208－209页。

其文详细记录了灵鹫山的地理位置、摩羯陀国在山上的修造以及作者的亲眼所见。玄奘所说的"宫城"指上茅宫城，音译矩奢揭罗补罗（Kuṣāgrapura），即摩羯陀国的首都王舍城。频毗娑罗王是梵语 Bimbisāra 的音译，这个名字也意译为"影坚王"，他是摩羯陀国的国王，与释迦牟尼同时。佛教故事说他虔信佛教，是如来的热情赞助者。他为方便闻法而兴发人徒在鹫峰修建的石级路至今仍在发挥作用。"窣堵波"就是佛塔。玄奘特别详细地记述了建在鹫峰的平台上、被如来用于说法的砖精舍，并以其为中心，分别介绍了东、南、西、北四个方向的状况。后世的考古学家正是主要依靠玄奘的记载找到灵鹫山的。现在在灵鹫山的某石窟前，钉有一块标牌，上面用英文写道："这个洞穴可能是公元 7 世纪中国朝圣者玄奘曾见过的石窟的代表。"

第三位是唐代僧人、玄奘的后继者义净。义净是河北涿县人，俗姓张，字文明。幼年出家，遍访大德，博览群籍。20 岁受具足戒。因仰慕法显、玄奘，于唐咸亨二年（671）从广州出发，通过海路，经室利佛逝（巽他群岛的王国）到达印度。他曾巡礼鹫峰、鸡足山、鹿野苑、祇园精舍等佛教圣迹，并在那烂陀寺苦学 10 载，又至苏门答腊游学了 7 年，共游历了 30 余国。返国时，携梵本经论约 400 部、舍利 300 粒至洛阳，武后亲到上东门迎接他，敕住佛授记寺。其后参与《华严经》的新译与戒律、唯识、密教等典籍的汉译。从圣历二年（699）至景云二年（711），共译出佛典 56 部 230 卷，以律部居多，今传有部毗奈耶诸律，多出其手。

义净在回国途中，曾在南海的室利佛逝国（今苏门答腊岛）写了一本书，名叫《大唐西域求法高僧传》。在此书的卷下，他这样描述灵鹫山的景致：

> 每以觉树初绿，观洗沐于龙池；竹苑新黄，奉折华于鹫岭。（此二时者，春中也，皆是大节会，无间远近，道俗咸观洗菩提树也。又鹫峰山此时有黄华，大如手许，实同金色，人皆折以上呈。当此之时，弥覆山野，名春女华也。）①

"觉树"就是菩提树。"龙池"与"竹苑"都是佛教的名胜，离鹫岭不远。文中说，在春天时节，出家和在家的佛教徒都举行庆典，涤洗菩提树。

---

① 释义净撰：《大唐西域求法高僧传》卷下，金陵刻经处，2009 年。

这个时候的鹫岭，漫山遍野盛开着一种金色花朵，当地人称为"春女花"，人们纷纷采来奉佛。《大唐西域求法高僧传》还记载，这时，他与一位来自中国荆州江陵的无行禅师结伴游鹫岭，二人"瞻奉既讫，遐眺乡关，无任殷忧"，思念祖国之情油然而生。义净当时写了两首诗，较长的一首为杂言；较短的一首诗体别致，叫"一三五七九言"，字如果横写，形状很像一座佛塔，因此被称为"宝塔诗"，诗题为《在西国王舍城怀旧之作》：

游，愁。
赤县远，丹思抽。
鹫岭寒风驶，龙河激水流。
既喜朝闻日复日，不觉颓年秋更秋。
已毕耆山本愿诚难遇，终望持经振锡往神州。①

求法僧去国万里，远离家乡，多年流寓在外，故义净在灵鹫山思念祖国，是很自然的。

二、求那跋摩经营始兴灵鹫山

灵鹫山不仅在印度广有影响，而且随着佛教东传，山名被引入了中国，成为佛法传播的象征。其中较早出现的，有始兴的灵鹫山。

始兴是韶关的古称。清《（同治）韶州府志》卷二六《古迹略》载："灵鹫山寺，在（曲江）县北六里。东晋义熙中有天竺僧居之。"② 在住始兴灵鹫山寺的天竺僧，名叫求那跋摩（Gunavariman），意译功德铠。他在印度是刹帝利种姓，其家族世代以王者身份统治北天竺的罽宾国（今克什米尔）。求那跋摩20岁出家受戒，是著名的律师。他精通四阿含，能诵经百万余言，对律部尤有精深研究，时人称为三藏法师。识者说他已得初果（声闻乘中的预流果）。父王逝后，众人请其还俗继位，他不从，到狮子国（今斯里兰卡）弘法，又到阇婆国（今印尼爪哇岛）授戒。南朝刘宋时他乘商船去一个小国，不料船被风刮到了广州，他遂居止于中国。他是从海路来

---

① 释义净撰：《大唐西域求法高僧传》卷下，金陵刻经处，2009年。
② 额哲克等修，单兴诗纂：《（同治）韶州府志》，《中国地方志集成·广东府县志辑8》，上海书店出版社2013年版，第528页。

华传法活动范围较广的梵僧,曾在广州与道友倡造光孝寺,建戒坛并立碑,又在光孝寺附近建三藏寺。他的道化之声从岭南传至了京城,由于名德沙门慧观、慧聪等的推荐,宋文帝于元嘉元年(424)九月敕交州刺史送其晋京,可是求那跋摩一路拖延,直至元嘉八年(431)正月才到达京城建邺(今南京)。在建邺,他住祇洹寺,曾宣讲《法华经》《华严十地品》,并译出《菩萨戒经》《昙无德羯磨》《优婆塞五戒略论》等经论。

求那跋摩所以拖了这么久才抵达建邺,是因为一路弘法。他在途中所做的最重要的事情,是在始兴经营灵鹫寺。《高僧传》卷三《译经下》记其事:

> 文帝知跋摩已至南海,于是复敕州郡,令资发下京。路由始兴,经停岁许。始兴有虎市山,仪形耸孤,峰岭高绝,跋摩谓其仿佛耆阇,乃改名灵鹫。于山寺之外,别立禅室。室去寺数里,磬音不闻,每至鸣椎,跋摩已至,或冒雨不沾,或履泥不湿,时众道俗,莫不肃然增敬。寺有宝月殿,跋摩于殿北壁,手自画作罗云像,及定光儒童布发之形,像成之后,每夕放光,久之乃歇。始兴太守蔡茂之深加敬仰,后茂之将死,跋摩躬自往视,说法安慰,后家人梦见茂之在寺中与众僧讲法,实由跋摩化导之力也。此山本多虎灾,自跋摩居之,昼行夜往,或时值虎,以杖按头,抒之而去,于是山旅水宾,去来无梗。感德归化者,十有七八焉。跋摩尝于别室入禅,累日不出,寺僧遣沙弥往候之,见一白师子缘柱而立,亘空弥漫生青莲华。沙弥惊恐大呼,往逐师子,豁无所见。其灵异无方,类多如此。后文帝重敕观等复更敦请,乃泛舟下都,以元嘉八年正月达于建邺。①

根据《高僧传》,求那跋摩在始兴停留了一年多,因为他在路过始兴时,发现当地的虎市山"仿佛耆阇",因此他把山名改成了"灵鹫山",而把山上本有的寺院称为灵鹫寺。他在寺内的宝月殿绘制了一批壁画;又扩大寺院规模,在寺外别立禅室。

求那跋摩在始兴经营灵鹫寺之事,亦见载于南宋祖琇所撰佛教编年史《隆兴佛教编年通论》卷五,不过时间略有出入:

---

① 释慧皎著,朱恒夫、王学钧、赵益注译:《高僧传》,陕西人民出版社2015年版,第153—154页。

> 元嘉十一年，天竺三藏求那跋摩让国出家，解四阿含，精贯三藏，诵数百万言……。抵广州，诏听乘驿诣阙。道由始兴，爱其山类灵鹫，为留周期。寺有宝月殿，跋摩于东壁戏作定光儒童布发像，极妙，夜辄有光。尝在定，累日不出寺，僧遣沙弥候之。见白师子，仰蹑柱而戏，弥空皆青莲花，沙弥惊走大呼，寺僧争至，豁无所有。①

经求那跋摩扩建的灵鹫寺不仅建成时间早，而且建筑规模大，因此在岭南颇有地位，影响很大。除内典之外，教外文献也有记载。《太平寰宇记》卷一五九《岭南道三》"曲江县"条载："灵鹫山在县北六里。有寺一，曰虎市山，晋义熙中，有天竺僧居之，而虎乃越峻岭，一旦林丛鲜茂。"又引南朝宋王韶之《始兴记》云："灵鹫山，台殿宏丽，面象巧妙，岭海佛寺，此为最也。"②

三、"灵鹫东来"与佛教中国化

在佛教东传之前，中国是没有被称为"灵鹫"的山峰的；佛教传入中国后，"灵鹫山""鹫峰""鹫岭""灵山"等名字在中国大量出现。除了上面所记的始兴灵鹫寺外，五台山也有灵鹫寺，而北京西山、河北遵化、河北阳原、四川蓬溪都有鹫峰，福建则有鹫峰山脉，重庆合川有鹫峰峡，等等。这些寺院或山峰都是因为印度的影响而得名的，或者说它们的名字是从印度"移植"过来的。

在佛教传播史上，还有"灵鹫东来"的传说，杭州飞来峰就是一例。相传东晋时天竺僧慧理来中国，看到杭州灵隐寺后面的一座山峰外形与印度的灵鹫峰很像，便指认它是从印度"飞来"的，这座山峰因而被称作"飞来峰"。

上面所说的这件事，与求那跋摩把始兴虎市山易名为灵鹫山，异曲同工，隐含着相同的逻辑，这个逻辑，就是佛教中国化。佛教中国化是印度文化与中国文化结合、交融的结果，它体现在很多方面，如义理概念的中国化、思想观念的中国化、生活方式的中国化、艺术形象的中国化等等。灵鹫山作为一个宗教文化意象，在佛教中国化的过程中曾发挥过重要的作用。一

---

① 释祖琇撰，杨权整理：《隆兴佛教编年通论》，广东人民出版社2020年版，第75页。
② 乐史撰，王文楚等点校：《太平寰宇记》，中华书局2007年版，第3055页。

方面，一批被认为具有耆阇崛山形貌特征的山峰或山岭在中国各地被指认为"灵鹫"，成为佛教徒朝拜与修行的圣地；另一方面，本为印度佛教圣山的灵鹫山则被赋予了中国的文化内涵与象征意义。"灵鹫东来"说既象征佛法在中国传播，也暗喻佛法受到了中国式的解读。

说到中国，在佛经的话语体系中，印度也有一个"中国"。佛经所说的"中国"，是指恒河流域以王舍城为中心的摩羯陀国，这个地方无论从哪个方面看都是印度的中心，因此佛法甚盛；而那些位置偏僻、难闻佛法的地方则被认为是"边地"。如《出曜经》卷二〇说："佛兴出世，要在阎浮利地，生于中国，不在边地。"① 佛经对"中国"与"边地"的区分，既是地理的，也是政治的、经济的、文化的。相对于印度的边地，地处东方的华夏（另外一个"中国"）更是边之又边，它路途遥远，在佛法的传播与接受上有诸多不便。东晋道安就在其《阴持入经序》中说华夏"世不值佛，又处边国，音殊俗异，规矩不同。又以愚量圣，难以逮也"②。要消除这种差别，方法很多，把西天的圣山"移"来东土，使其成为本地的圣山，不失为一个便捷的方案。僧叡曾在为《中论》作序时说："幸哉此区之赤县，忽得移灵鹫以作镇，险陂之边情，乃蒙流光之余惠。而今而后，谈道之贤，始可与论实矣。"③ 他所说的"赤县"，便是华夏。他这段话，指出了"移灵鹫以作镇"的意义与作用，认为这样做可使"险陂"的边地获得佛光的普照，而有了这种恩惠，边地之贤说话就有底气而不心虚了。

四、灵鹫山是"教外别传"说的产生地

在离始兴灵鹫寺遗址一二十公里的韶关丹霞山，有一个由遗民僧澹归今释于清康熙初年开辟的寺院——别传寺，它是粤北的名寺，与南华寺、云门寺鼎足而立。澹归把寺名定为"别传"，系取意于禅宗所主的"不立文字，教外别传"说。"不立文字，教外别传"的意思是，世尊在寻常言教外，还有某些特别的传授，其内容是不说出来也不写出来的，只能以心传心。这种说法，源自佛门的一个公案——"拈花微笑"。南宋释普济《五灯会元》卷

---

① 《出曜经》，《大正藏》，中华书局2012年版，第4册，第717页。
② 释道安撰：《阴持入经序》，入南朝梁释僧佑《出三藏记集序》卷六，《大正藏》，中华书局2012年版，第55册，第45页。
③ 严可均编：《全上古三代秦汉三国六朝文》之《全晋文》卷160，中华书局1958年版，第2389页。

一《七佛》"释迦牟尼佛"条载：

> 世尊在灵山会上，拈花示众。是时众皆默然，唯迦叶尊者破颜微笑。世尊曰："吾有正法眼藏，涅槃妙心，实相无相，微妙法门，不立文字，教外别传，付嘱摩诃迦叶。"世尊至多子塔前，命摩诃迦叶分座令坐，以僧伽梨围之。遂告曰："吾以正法眼藏密付于汝，汝当护持，传付将来。"①

此公案也见载于北宋李遵勖《天圣广灯录·第一祖摩诃迦叶尊者》：

> 如来在灵山说法，诸天献华，世尊持华示众，迦叶微笑。世尊告众曰："吾有正法眼藏，涅槃妙心，付嘱摩诃迦叶，流布将来，勿令断绝。"仍以金缕僧伽梨衣付迦叶，以俟慈氏。②

为什么摩诃迦叶破颜微笑，世尊就把无上妙法传给了他呢？因为世尊从摩诃迦叶的微笑中知晓他已领悟了佛教的圆融境界，而这种境界是无法用语言文字来准确形容的。"拈花微笑"是佛教史上首次以心传心的实验，迦叶被禅宗尊为"西天第一代祖师"，道理正在此。

"拈花微笑"这个公案在中国流传很早③也流传很广，但是不可思议的是，它在古代翻译的佛经中竟找不到出处！它是不是中国僧人编造的呢？不是的。南宋智昭的《人天眼目》卷五《宗门杂录》"拈花"条载：

> 王荆公问佛慧泉禅师云："禅家所谓世尊拈花，出在何典？"泉云："《藏经》亦不载。"公曰："余顷在翰苑，偶见《大梵天王问佛决疑经》三卷，因阅之。经文所载甚详。梵王至灵山，以金色波罗花献佛，舍身为床座，请佛为众生说法。世尊登座，拈花示众，人天百万，悉皆罔措，独有金色头陀破颜微笑。世尊云：'吾有正法眼藏、涅槃妙心、

---

① 释普济著：《五灯会元》，中华书局1984年版，第10页。
② 李遵勖编：《天圣广灯录》，《卍续藏经》，日本京都藏经书院，1912年，第135册。
③ 它在中国流传不会晚于唐代，因为五代的宗镜禅师曾在《销释金刚经科仪》中说："庄严净土，锦上添花，徒劳任算沙。燃灯昔日，授记无差。因风吹火，末后拈花，谁人会得，迦叶便笑他！"而唐代裴休所编《黄檗断际禅师宛陵录》记黄檗禅师开示，结尾有"达摩西来无风起浪，世尊拈花一场败缺"之语。

实相无相分付摩诃大迦叶。'此经多谈帝王事佛请问，所以秘藏，世无闻者。"①

从上可悉，"拈花微笑"这则公案出自一部罕见的佛经——《大梵天王问佛决疑经》，北宋的王安石曾读过它。此经所记为隐喻世俗权力的大梵天王向佛问法事，不为世主所喜，因而被秘藏于翰苑，未在民间流传。

事实证明王安石所言不妄，这部后来在中国不知下落的《大梵天王问佛决疑经》实际上并没有佚失，它在日本仍有传本，最终应缘面世——1912年被日本京都藏经书院收入《卍续藏经》！经有一卷本和二卷本两个版本，前者七品，后者二十四品。此经的出现，为"不立文字，教外别传"说提供了经的依据。一卷本《大梵天王问佛决疑经·拈华品第二》是这样记述"拈花微笑"公案的：

> 尔时如来，坐此宝座，受此莲华，无说无言，但拈莲华入大会中。八万四千人天，时大众皆止默然。于时长老摩诃迦叶见佛拈华示众佛事，即今廓然，破颜微笑。佛即告言："是也，我有正法眼藏，涅槃妙心，实相无相，微妙法门，不立文字，教外别传。总持任持，凡夫成佛。第一义谛，今方付属摩诃迦叶。"言已默然。②

同品另一处则载：

> 尔时世尊着坐其座，廓然拈华。时众会中，百万人天及诸比丘，悉皆默然。时于会中，唯有尊者摩诃迦叶，即见其示，破颜微笑，从座而起，合掌正立，有气无言。尔时佛告摩诃迦叶言："吾有正法眼藏，涅槃妙心，实相无相，微妙法门，不立文字，教外别传，有智无智，得因缘证，今日付属摩诃迦叶。"③

两处记载都说"拈花微笑"之事是在大梵天王给佛陀敬献金色的大婆罗花、请佛陀宣说最上大法的会上发生的。这说明了"拈花微笑"的故事是有经

---

① 释智超编撰，尚之煜释读：《人天眼目》，上海古籍出版社2020年版，第203页。
② 《卍续藏经》第87册，日本京都藏经书院，1912年。
③ 同上。

典依据的，并非出自中国僧人的编造。然而，这次法会是在哪里举行的呢？《大梵天王问佛决疑经·序品第一》开篇有交代："如是我闻，一时佛在大灵鹫山，与大比丘八万人俱。"据此可悉，"不立文字，教外别传"说的产生地是灵鹫山！

（原载《广东佛教》2025 年第 1 期）

后 记

我17岁出道,在社会上摸爬滚打了48年之后,终于加入了"荣休"的队伍。我这48年,除了有两年半是在乡下插队务农之外,其余都是在不同地方、不同层次的学校里度过的,可见我与教育因缘之深。其中在中山大学工作时间最长——36年,以至于2017年校方以"无瑕疵服务"为由给我颁了一个"卓越服务奖",其实是因为熬够了年头。我很清楚自己在这所人才济济的著名大学里完全算不上"卓越",当然我也没有给中山大学抹黑。

我在中山大学的经历可分为两个阶段:前一阶段(1987年至2001年)在出版社从事编辑与管理工作;后一阶段(2001年至2023年)先在古文献所从事专职科研,后在中文系从事专任教师的工作。两个阶段的工作性质迥异,比较起来,我更喜欢后者。因为它给我提供了把职场要求与个人兴趣统一起来的可能,并且让我日积月累地产生一些学术成果——就像读者在本书中看到的。现在回过头看,我特别感谢中山大学中国古文献研究所和中文系,因为它们给我提供了一个能让我安身立命、发光发热的平台;特别感谢陈永正教授、欧阳光教授、黄仕忠教授与已故的李炜教授等同仁,因为他们曾给予我具有关键意义的提携。

在我"刀枪入库,马放南山"前夕,系主任彭玉平教授吩咐我选编一本个人的学术作品集,以收入本系的"中国语言文学文库·荣休文库"丛书。我经过思考,决定提供这本《沁庐岭南文史汇稿》。之所以做出这个决定,是因为岭南研究一直是我的主要学术领域之一,而我的研究对象与方式又具有文史结合的特征。收入《汇稿》的文章共29篇,它们大部分在期刊或论文集发表过。我把它们分为上、下两编:上编是对一些一般文史学术问题的探讨,以诗学为重心;下编是岭南佛教文献与历史专题研究,以清初的遗民僧为中心。自认为一些文章有独得之见,一些则是不够深入的浮泛讨论。无论如何,它们的内容都与我承担的两个项目存在着关联:一个是2015年度国家社会科学基金资助重大项目"岭南诗歌文献整理与诗派研究",一个是2014年度《广州大典》与广州历史文化专题研究重点项目

"海云禅系与清初岭南遗民僧研究"。由于文章撰写或发表于不同时期，汇合成帙之后，格式不一与内容重复的问题就难免凸显出来，敬祈读者海涵！

感谢中山大学出版社原副总编辑嵇春霞对出版本书的大力支持！感谢王延红、邓诗漫、梁锐萍等编辑为完善本书稿而付出的努力！

杨　权

2025 年 6 月 10 日